Faszination Psychologie – Berufsfelder und Karrierewege

Maximilian Mendius · Simon Werther
Herausgeber

Faszination Psychologie – Berufsfelder und Karrierewege

Mit Beiträgen von
Marcella Ammerschläger, Claudia Clos, Wolfgang Fastenmeier, Josef Fischer, Marie-Christine Fischer, Birgit Heppt, Sophie Herbst, Franziska Hirt, Viola Kraus, Martin Krause, Jan Mayer, Katharina Mendius, Maximilian Mendius, Luiza Olos, Tobias von der Recke, Hans Peter Schmalzl, Regina Staudenmaier, Birgit Stephan, Ulrich Stephany, Mahena Stief, Sigrid Stiemert-Strecker, Susanne Tippelt, Simon Werther, Jürgen Wolf, Elena Yundina

Springer VS

Herausgeber

Maximilian Mendius
Starnberg, Deutschland

Simon Werther
München, Deutschland

ISBN 978-3-642-37709-9 ISBN 978-3-642-37710-5 (eBook)
DOI 10.1007/978-3-642-37710-5

Die Deutsche Nationalbibliothek verzeichnet diese Publikation in der Deutschen Nationalbibliografie; detaillierte bibliografische Daten sind im Internet über http://dnb.d-nb.de abrufbar.

Springer VS

Planung und Lektorat: Marion Krämer, Martina Mechler
Redaktion: Renate Neuer
Cover designer: deblik, Berlin

Gedruckt auf säurefreiem und chlorfrei gebleichtem Papier.

Springer VS ist eine Marke von Springer DE. Springer DE ist Teil der Fachverlagsgruppe Springer Science+Business Media
www.springer-vs.de

Inhaltsverzeichnis

1 Einleitung und Zielsetzung

Maximilian Mendius und Simon Werther

M. Mendius und S. Werther (Hrsg.), *Faszination Psychologie – Berufsfelder und Karrierewege*,
DOI 10.1007/978-3-642-37710-5_1, © Springer-Verlag Berlin Heidelberg 2014

Liebe Leserinnen und Leser,
„Faszination Psychologie“ – es fiel uns nicht schwer, uns für diesen Titel zu entscheiden. Die Psychologie mit all ihren Eigenheiten und spannenden Facetten hat für uns Herausgeber eine besondere Bedeutung, die wir Ihnen auf den ersten Seiten gerne darstellen möchten. Wir freuen uns sehr, dass wir Ihr persönliches Interesse an der Psychologie und ihren Berufsfeldern wecken konnten und laden Sie ein, uns durch eine abwechslungsreiche Reise durch Berufsfelder und Studienmöglichkeiten zu begleiten. Das vorliegende Buch soll und kann kein Ersatz für eine vertiefte Auseinandersetzung mit der Psychologie im Rahmen eines Studiums sein, sondern soll Sie dabei unterstützen, für sich zu entscheiden, ob ein Beruf in einem psychologischen Tätigkeitsfeld für Sie in Frage kommen könnte. Dabei war es unser Anspruch, immer auch diejenigen zu Wort kommen zu lassen, die die Berufsfelder der Psychologie prägen und dazu beitragen, dass sich die Faszination Psychologie immer wieder erneuert und weiterentwickelt.

In diesem Buch wird aus Gründen der besseren Lesbarkeit immer nur eine Formulierung der Geschlechtsform gewählt, zum Beispiel Psychologe oder Psychotherapeut. Diese Formulierung schließt für uns jeweils sowohl die weibliche als auch die männliche Form mit ein. Wir danken an dieser Stelle für Ihr Verständnis.

Vor einigen Jahren waren wir selbst mitten im Psychologiestudium und haben uns immer wieder gefragt, welche Berufsfelder für Psychologen nach dem Studium zur Auswahl stehen und was diese konkret im Arbeitsalltag auszeichnet. Über das eine oder andere Praktikum und Kontakte zu Praktikern haben sich zwar erste Einblicke ergeben, doch haben wir einen umfassenden Überblick über die faszinierende Vielfalt der Berufsfelder für Psychologen vermisst. Aufgrund dieser Überlegungen entstand die Idee zu versuchen, selber ein entsprechendes Angebot auf die Beine zu stellen. Zur Umsetzung haben wir Anfang 2007 mit befreundeten Kommilitonen den gemeinnützigen Verein Psychologie in Beruf und Praxis e. V. (PBP) gegründet (www.pbp-muenchen.de). Satzungsgemäßes Ziel dieses Vereins ist es, interessierten Studierenden und Schülern einen berufsorientierten Einblick in die praktische Tätigkeit von Psychologen zu ermöglichen. Darüber hinaus wollten wir junge Studierende ermutigen, ihre Karriereplanung nicht anhand pauschaler Empfehlungen möglichst gleichförmig zu gestalten, sondern die eigenen Interessen im Sinne einer ganzheitlichen individuellen Karriereplanung in den Mittelpunkt zu stellen, auch wenn bisweilen Widerstände auftreten sollten. Der Austausch mit Praktikern, die die Psychologie seit Jahren mit Leben füllen, ist in diesem Zusammenhang essenziell. Aus diesem Grund veranstaltet der PBP in Kooperation mit der Fachschaft Psychologie und dem Department Psychologie der Ludwig-Maximilians-Universität München (LMU) seit 2007 jährlich einen Berufsinformationskongress für Psychologiestudierende aus dem gesamten deutschsprachigen Raum. Obwohl wir aufgrund von räumlichen Beschränkungen nie allen Interessenten die Möglichkeit geben konnten, am Berufsinformationskongress teilzunehmen, konnten wir schon fast 2000 an der Psychologie Interessierte mit Experten aus der Praxis vernetzen. Im Rahmen des 5. PBP-Kongresses 2011 entstand die Idee, diesen Austausch über ein Buchprojekt weiter zu vertiefen und somit das Grundmotiv des PBP noch intensiver in die Welt zu tragen. Das Ergebnis halten Sie nun in den Händen.

An dieser Stelle möchten wir uns bei allen ehemaligen und derzeitigen Vorständen, Mitgliedern, Helfern, Referenten, Moderatoren und Unterstützern des PBP bedanken, die mit ihrem wertvollen Engagement und ihrem umfangreichen zeitlichen Einsatz auch den Grundstein für dieses Buch gelegt haben. Der PBP steht als ein ambitioniertes studentisches Projekt vor der Herausforderung (die zugleich auch eine Chance ist), sich immer wieder personell zu erneuern. Bislang ist das gelungen und wir sind aufgrund der äußerst engagierten Vorstände und Mitglieder sehr optimistisch, dass das auch weiterhin der Fall sein wird. Wir werden den PBP jederzeit konstruktiv begleiten und hoffen, dass auch das vorgelegte Buch dazu beitragen kann.

Was dieses Buch kann – und was es nicht kann

Es soll Ihnen einen praxisnahen und vor allem authentischen Orientierungsrahmen an die Hand geben, der Sie bei Ihrer Studienwahl und -planung sowie bei Ihrem individuellen Berufseinstieg in die facettenreichen und faszinierenden Berufsfelder der Psychologie unterstützt. Insbesondere die

Vorstellung individueller Karrierewege und persönlicher Perspektiven ist uns dabei wichtig, da Sie über Schwerpunkte in Studium und Ausbildung einige Weichen stellen können, die den Erfolg in einem bestimmten Beruf wahrscheinlicher machen, auch wenn dieser sich im negativen wie im positiven Sinne nicht immer planen lässt. Es kann und darf nie Patentrezepte geben, sodass Sie immer Ihren eigenen Weg finden und gehen werden. Gerade über die individuellen Erfahrungsberichte und die dort vorgestellten vielfältigen Karrierewege wollen wir Ihnen aufzeigen, dass Sie das eigentliche Ziel manchmal erst über Umwege erreichen können oder sich manchmal auf dem Weg dahin eine völlig andere neue Alternative in den Vordergrund stellt, der Sie mit Offenheit begegnen sollten.

Die Kapitel dieses Buches folgen einer einheitlichen Gliederung: Beschreibungen des Berufsfelds werden gezielt durch Perspektiven aus der Wissenschaft und durch die Sicht von praktisch tätigen Psychologen ergänzt. Bitte wundern Sie sich nicht, wenn Aspekte doppelt genannt werden oder die von den Autoren dargestellten Sachverhalte nicht zu 100 % deckungsgleich mit den Meinungen der Wissenschaftler und Praktiker sind. Wir haben hier bewusst die Vielfalt und die unterschiedlichen Perspektiven beibehalten, die eine Tätigkeit als Psychologe eben mit sich bringt.

„Faszination Psychologie" möchte Sie, liebe Leserinnen und Leser, auf eine authentische und spannende Reise durch die verschiedenen Betätigungsfelder von Psychologen im Arbeitsleben einladen, dabei praktische Fragen hoher Alltagsrelevanz beantworten sowie gleichzeitig die individuelle Verantwortung für eine erfolgreiche Karriereplanung betonen. Bitte haben Sie Verständnis dafür, dass wir im Rahmen dieses Buches nicht auf das komplette Spektrum psychologischer Berufe eingehen können. Wir haben uns bemüht, Ihnen eine möglichst repräsentative und spannende Auswahl vorzustellen. Die Psychologie ist immer in Bewegung, da sich für diese relativ junge Disziplin immer wieder neue Forschungsperspektiven und damit mittelfristig neue Berufsbilder und Einsatzmöglichkeiten eröffnen. Nutzen Sie unser Buch als Ausgangspunkt und entdecken Sie selbst die weiteren Horizonte. Dieses Buch kann und will nicht den persönlichen Dialog mit Praktikern ersetzen, es soll Ihnen vielmehr eine Idee davon vermitteln, wie vielfältig und faszinierend die Möglichkeiten sind, die oftmals unter „Berufe in der Psychologie" zusammengefasst werden. Sie können für sich selbst entscheiden, welche Bereiche Sie vertieft in Praktika, auf Kongressen oder in Gesprächen kennenlernen möchten und was Ihnen persönlich besonders zusagt.

Uns ist es ein vorrangiges Anliegen, dass dieses Buch nicht als „Aufstiegsbeschleuniger" für möglichst geradlinige Karrieren und Lebensläufe ohne Ecken und Kanten verstanden wird. Wir plädieren ausdrücklich dafür und sehen uns hier auch in Gesprächen mit den Autoren und uns bekannten Praktikern aus den verschiedensten Tätigkeitsfeldern in unserer Auffassung bestätigt, dass so wohl das Studium als auch die Schwerpunktsetzung insbesondere von persönlichen Interessen geprägt sein sollten. Die Motivation für die Auswahl eines Berufs in der Psychologie sollte immer der eigene Antrieb sein und nicht die Aussicht auf hohe Verdienstmöglichkeiten oder anderweitige externe Anreize. Wir sind davon überzeugt, dass jeder Psychologe früher oder später einer spannenden und faszinierenden Tätigkeit im Rahmen seiner eigenen Interessen nachgehen kann, auch wenn sicherlich Durststrecken zu überwinden sind. Hier sprechen wir durchaus aus eigener Erfahrung, nachdem wir selbst Phasen der Arbeitslosigkeit und der Umorientierung nach dem Studium erlebt haben.

Ein bedeutendes Erfolgskriterium für alle psychologischen Berufsfelder ist für uns die persönliche Begeisterung und Faszination für das jeweilige Tätigkeitsfeld, ob im klinischen, im wirtschaftlichen oder in einem ganz anderen Bereich. Die Umstellung auf das Bachelor- und Mastersystem hat die Freiräume während des Studiums sicherlich nicht vergrößert, doch möchten wir Sie alle ermutigen, vielfältige Erfahrungen neben dem Studium zu sammeln und Ihren Interessen Raum zu geben. Ein Auslandsaufenthalt wird sie prägen und ein Leben lang begleiten, wenn Sie ihn antreten, weil sie darauf Lust haben – wird er nur als für den Lebenslauf erforderliche „Pflichtübung" verstanden, kann man auch darauf verzichten.

Wir sehen Psychologen gerade in der heutigen schnelllebigen und zahlengetriebenen Welt durchaus als wichtige Botschafter einer Humanisierung des Privat- und Arbeitslebens, die selbstverständlich stets im Kleinen bei einem selbst beginnt. Die beste und vor allem langfristig wirksamste Motivation für das eigene Handeln besteht immer aus echtem Interesse, echter Faszination und echter Begeisterung!

Unser herzlicher Dank gilt allen Autoren, die uns mit ihrer einzigartigen Expertise unterstützt haben und mit denen die Zusammenarbeit zu jedem Zeitpunkt eine große Freude war. Die für die Autoren und Herausgeber vorgesehenen Honorare werden im Übrigen vollständig für die Arbeit des gemeinnützigen Vereins PBP zur Verfügung gestellt.

Ganz herzlich bedanken wir uns bei allen wissenschaftlichen Experten und Praktikern, die für Beiträge und Interviews zur Verfügung standen. Wir bedanken uns darüber hinaus beim Springer Verlag, besonders bei Frau Marion Krämer und bei Frau Martina Mechler, für die überaus angenehme und unkomplizierte Zusammenarbeit und für die ausgezeichnete Betreuung. Große Unterstützung haben wir außerdem von Theresia Werther und Dr. Hans Gerhard Mendius erfahren, die uns jederzeit mit Rat und Tat und ihrem unermüdlichen Einsatz sowie mit ihrer großen Erfahrung zur Seite standen.

Wir wünschen Ihnen eine spannende, faszinierende und interessante Lektüre und viel Begeisterung auf Ihrer persönlichen Entdeckungsreise in die Faszination Psychologie!

Herzliche Grüße,
Maximilian Mendius und Simon Werther

2 Studienabschlüsse

Maximilian Mendius und Simon Werther

M. Mendius und S. Werther (Hrsg.), *Faszination Psychologie – Berufsfelder und Karrierewege*,
DOI 10.1007/978-3-642-37710-5_2, © Springer-Verlag Berlin Heidelberg 2014

Der erste Schritt zu einer spannenden Tätigkeit in einem der in den folgenden Kapiteln dargestellten Berufsfelder ist natürlich das Studium der Psychologie, das insbesondere nach der Bologna-Reform in unterschiedlichen Varianten im europäischen und internationalen Raum möglich ist. Im folgenden Kapitel fokussieren wir uns der Einfachheit halber auf deutschsprachige Universitäten und Hochschulen – viele Informationen sind allerdings auch auf andere Länder übertragbar.

2.1 Bedeutung der Psychologie

Die Bedeutung der Psychologie in der Gesellschaft hat in den letzten Jahrzehnten aus verschiedenen Gründen zugenommen, was sich auch in den Studierendenzahlen widerspiegelt. Tabelle 2.1 zeigt deutlich den positiven Trend auf, der allerdings vor allem durch die stark ansteigenden Studierendenzahlen an der Fernuni Hagen, an Fachhochschulen und an privaten Hochschulen zustande kommt. Die Anzahl an Studierenden an (staatlichen) Universitäten bleibt dabei nahezu konstant.

Aus Sicht des Arbeitsmarkts bedeutet diese positive Entwicklung natürlich auch, dass im Kontext von Personalentscheidungen nach strengeren Maßstäben gemessen werden kann und muss, da mehr Psychologieabsolventen verfügbar sind. Umso wichtiger ist deshalb im ersten Schritt eine bewusste Entscheidung für einen Bachelor, d. h. Bachelor of Science vs. Bachelor of Arts, Universität vs. (Fach-)Hochschule, allgemeiner Bachelor vs. spezifischer Bachelor. Es ist zum jetzigen Zeitpunkt noch nicht vorherzusehen, ob sich dieser Trend steigender Studierendenzahlen bei gleichzeitiger positiver Arbeitsmarktlage weiterhin fortsetzen wird. Allerdings kann man aufgrund des steigenden Bedarfs im klinischen Bereich und der im Wirtschaftsbereich anhaltenden Entwicklung zu Gunsten von Dienstleistungsberufen optimistisch in die Zukunft blicken, was die Berufsperspektiven für ausgebildete Psychologen angeht. Gleichzeitig führt diese positive Entwicklung aber auch dazu, dass Standards diskutiert werden müssen und von den Berufsverbänden auch politische Stellungnahmen notwendig sind: Was macht einen „vollwertigen" Bachelorstudiengang Psychologie aus? Welche Kompetenzen muss ein „vollwertiger" Psychologe mitbringen? Was unterscheidet ein sehr gutes Psychologie-Studium von einem weniger guten? Diese Fragen drängen sich immer mehr in den Vordergrund, da es nicht mehr das eine etablierte „Diplom" gibt, dessen Struktur weithin bekannt war, sondern gerade den Arbeitgebern oftmals die Unterschiede zwischen Bachelor of Arts, Bachelor of Science und die Konsequenzen für die Beschäftigungsfähigkeit in verschiedenen Kontexten noch weitestgehend unbekannt sind.

2.2 Überblick über Studienabschlüsse

Grundsätzlich kann zwischen Bachelor, Master, Promotion und Diplom unterschieden werden. Das Diplom ist allerdings an allen deutschsprachigen Universitäten auslaufend, sodass darauf nicht fokussiert eingegangen wird. Die bisherigen Diplomstudiengänge wurden vollständig an allen Universitäten in Bachelor- und Masterstudiengänge überführt, sodass eine intensivere Auseinandersetzung mit Bachelor- und Masterstudiengängen sinnvoller ist. Eine Besonderheit des Faches Psychologie stellt dabei auch die Psychotherapieausbildung dar, die nach derzeitigem Stand erst nach einem Masterstudiengang mit klinischen Inhalten möglich ist, wobei wir hier für weitere Details auf Kap. 3 verweisen möchten.

Der größte Unterschied zum Diplom ist das zweistufige Studiensystem, d. h. auf einen 3- bzw. 4-jährigen Bachelor folgt ein (in den meisten Fällen) 1- bis 2-jähriger Master. Das bedeutet vor allem auch, dass nach dem Bachelor eine weitere Bewerbungsphase notwendig ist, um einen Masterstudienplatz zu erhalten. Es kann somit nicht sicher davon ausgegangen werden, dass der Master an der gleichen Universität wie der Bachelor absolviert werden kann, da in den Masterstudiengängen aufgrund der zahlreichen Bewerber in Kombination mit begrenzten Plätzen ebenfalls umfangreiche Auswahlprozesse durchgeführt werden. Positiv formuliert bedeutet es aber auch, dass eine Veränderung des Studienschwerpunkts durch das zweistufige Studiensystem erleichtert wird, dass ein Wechsel der Universität vereinfacht wird, und dass ein früherer Berufseinstieg direkt nach dem Bachelor ebenfalls leichter möglich wird. Insofern bringt das

Tab. 2.1 Studierende der Psychologie von 2000–2010 (Statistisches Bundesamt, 2012)

Jahr	Gesamtanzahl Studierende	Studierende an Universitäten	Studierende an der Fernuni Hagen	Studierende an FHs/privaten Hochschulen
2000	33.943	–	–	–
2002	34.431	–	–	–
2004	31.680	–	–	–
2006	31.564	–	–	–
2008	35.153	29.071	4057	2025
2010	44.009	30.391	10.027	3591

neue Studiensystem sowohl Vor- als auch Nachteile mit sich, doch wir sind davon überzeugt, dass es sich nach den jüngst umgesetzten weitgreifenden Reformen und Überarbeitungen, die sich aus den Erfahrungen der Universitäten aus den ersten Jahren ableiteten, nicht zum Nachteil der Studierenden entwickeln wird. Letztlich liegt die Verantwortung bei jedem Einzelnen, sich zusätzlich zum Studium durch vielfältige Praxiserfahrungen und persönliche Weiterentwicklung intensiv mit der Psychologie zu beschäftigen – die Universität oder Hochschule ist hier immer nur die offizielle Grundlage für alle individuellen Möglichkeiten.

Bachelor

Beim Bachelor muss vor allem zwischen einem Bachelor of Science (B. Sc.) und einem Bachelor of Arts (B. A.) unterschieden werden. Insbesondere an privaten und staatlichen Hochschulen wird im Gegensatz zu Universitäten oftmals ein Bachelor of Arts (B. A.) vergeben (siehe z. B. www.ipu-berlin.de und www.hft-stuttgart.de). Dabei orientiert sich der Bachelor of Science mehr an einem wissenschaftlich orientierten Studium, was wiederum bei zahlreichen Arbeitgebern zu einer höheren Akzeptanz führt und bei den Berufs- und Dachverbänden akzeptierter ist. Das bedeutet allerdings nicht, dass ein Bachelor of Arts kein guter Studiengang sein kann, lediglich der wissenschaftliche Fokus ist hier nicht so dominant. Oftmals werden in diese an Fachhochschulen angebotenen Studiengänge bereits deutlich längere Praxisphasen in den Studienplan integriert. Gerade wenn direkt nach dem Bachelor ein Berufseinstieg in einem weniger wissenschaftlichen, sondern eher angewandten Feld angestrebt wird, kann ein Fachhochschulstudium eine interessante Alternative darstellen.

Einen Anhaltspunkt kann hier die Liste der anerkannten Bachelor- und Masterstudiengänge des Berufsverbands Deutscher Psychologinnen und Psychologen (BDP) liefern (www.bdp-verband.org/beruf/ba-ma/index.html). Eine weitere Übersicht liefert die Deutsche Gesellschaft für Psychologie (DGPs) auf ihren Internetseiten (www.dgps.de/studium). Die Gründe für eine fehlende Anerkennung durch den BDP können u. a. darin liegen, dass die Psychologie-Leistungspunkte im Studium nicht ausreichend vorgesehen sind. Das ist insbesondere bei kombinierten Studiengängen der Fall, z. B. bei Bachelorstudiengängen in Wirtschaftspsychologie. Außerdem müssen die zentralen psychologischen Grundlagenfächer, beispielsweise Allgemeine Psychologie, Persönlichkeitspsychologie, Entwicklungspsychologie, Biologische Psychologie, im Curriculum als Pflichtinhalte vorgesehen sein. Zum aktuellen Stand sind in dieser Auflistung jedoch auch viele Studiengänge als noch nicht anerkannt dargestellt, die explizit an den definierten Qualitätsmaßstäben ausgerichtet wurden. Einige Studiengänge sind schlicht noch zu „neu" und es lag zur Erstellungszeit dieses Buches noch keine finale Beurteilung vor. Sollte also Ihr Wunschstudiengang noch keine Anerkennung haben, ist das nicht automatisch ein schlechtes Zeichen, da die Anerkennung möglicherweise zeitverzögert erfolgt. Im Zweifel kontaktieren Sie einfach direkt den Studiengangskoordinator und erfragen, ob und bis wann mit einer offiziellen Anerkennung gerechnet werden kann.

Unserer Meinung nach ist es durchaus sinnvoll, sich im Bachelor intensiv mit den Grundlagenfächern auseinandersetzen, da diese eine wichtige

Basis für alle Anwendungsfelder darstellen. In den folgenden Kapiteln zu Anwendungsfeldern der Psychologie wird an vielen Stellen deutlich, dass die Grundlagenfächer alles andere als trockene Theorie darstellen, die man einmal für die Prüfung lernt und nie wieder benötigt. So spielen in der Klinischen Psychologie die Entwicklungspsychologie und die Biologische Psychologie eine besondere Rolle, in der Wirtschaftspsychologie sind die Sozialpsychologie und die Persönlichkeitspsychologie besonders wichtig, um exemplarisch zwei Beispiele zu nennen. Für uns zeichnet sich ein „echter" Psychologe insbesondere dadurch aus, dass er über den Tellerrand seines eigenen Anwendungsfelds schaut und die grundlegenden Theorien der Psychologie kennt, die oftmals übergreifend über mehrere Anwendungsfelder relevant sind – das ist erst einmal unabhängig von einem Bachelor of Science oder einem Bachelor of Arts. Es ist vielmehr eine Grundeinstellung, sich wirklich intensiv mit der Psychologie auseinandersetzen und auch über die Grenzen des Studiums hinweg persönliche Erfahrungen zu sammeln und interessante Themen zu vertiefen.

Neben der Entscheidung zwischen B. Sc. und B. A. steht auch die Entscheidung des Studienschwerpunkts und der Hochschulwahl an. Bei den meisten Bachelorstudiengängen in Psychologie an deutschen Universitäten handelt es sich um einen allgemeinen Bachelor ohne spezifischen Schwerpunkt. Die Schwerpunktsetzung erfolgt hier oftmals in fortgeschrittenen Semestern, z. B. können dann zwei aus vier Schwerpunkten gewählt werden. Das ist ein anderes Modell als an vielen privaten und staatlichen Hochschulen, bei denen kombinierte Studiengänge angeboten werden, z. B. Wirtschaftspsychologie oder Gesundheitspsychologie. Dabei ist der Vorteil, dass bereits eine intensive Schwerpunktsetzung im gesamten Studium erfolgt, was im Sinne eines Berufseinstiegs nach dem Bachelor sinnvoll erscheinen kann. Der Nachteil ist allerdings, dass Sie sich bereits vor Beginn des Bachelors für einen Schwerpunkt entscheiden müssen, obwohl die Vielfalt der Möglichkeiten im Fach Psychologie noch gar nicht greifbar ist. Vorteil und Nachteil zugleich stellt bei Studiengängen wie Wirtschaftspsychologie die Kombination aus Psychologie mit Betriebswirtschaftslehre dar – das ist einerseits im interdisziplinären Sinn sinnvoll, weil bei Tätigkeiten in der Wirtschaft auch BWL-Kenntnisse erforderlich sind. Andererseits schwingt hier oftmals von Berufsverbänden der Vorwurf mit, dass Studiengänge dieser Art nichts Halbes und nichts Ganzes sind, weil kein fundiertes Studium der Psychologie erfolgt und in vielen Fällen sinnvolle Grundlagenfächer fehlen.

Bei der Hochschulwahl kann in erster Linie zwischen Universitäten und Hochschulen unterschieden werden, wobei bei Hochschulen noch einmal zwischen staatlichen und privaten Hochschulen unterschieden werden muss. Grundsätzlich lässt sich festhalten, dass die etabliertesten Studiengänge der Psychologie an staatlichen Universitäten verortet sind. Das hängt sicherlich auch damit zusammen, dass diese die längste Geschichte haben, nachdem Psychologie an Hochschulen eine relativ junge Disziplin darstellt. Eine pauschale Empfehlung lässt sich hier nicht geben, da es immer von Ihren persönlichen Interessen und Vorstellungen abhängt. An Universitäten ist das Studium sicherlich in vielen Fällen wissenschaftlicher, wohingegen es an Hochschulen in vielen Fällen praxisbezogener ist, insbesondere da Professoren und Dozenten, die an Fachhochschulen tätig sind, umfangreiche Erfahrungen in der Praxis nachweisen müssen. Die Kehrseite der Medaille kann sein, dass diese Dozenten keine so starke Verankerung in der Forschung haben. Das kann für einen von Ihnen ein Vorteil sein, während es für einen anderen von Ihnen ein Nachteil ist. An vielen Universitäten und Hochschulen gibt es einen Tag der offenen Tür, bei dem in Lehrveranstaltungen hineingeschnuppert werden kann – das ist sicherlich eine tolle Möglichkeit, um ein Gefühl für die Passung zwischen Universität bzw. Hochschule und eigenen Vorstellungen zu bekommen.

Der Bachelor stellt laut Bologna-Reform bereits den ersten berufsqualifizierenden Abschluss dar, auch wenn dies von den Universitäten teilweise anders interpretiert wird. Nach dem Bericht zur Lage der Psychologie (Frensch 2013) haben bei einer Absolventenbefragung von Bachelorstudierenden allerdings nur 6 % angegeben, innerhalb eines halben Jahres nach dem Studium berufstätig geworden zu sein. Das hängt sicherlich auch damit zusammen, dass durch die Umstellung des Studiensystems momentan sowohl bei Absolventen als auch bei Professoren und Dozenten sowie bei Arbeitgebern etablierte Konzepte für die Anstellung von Bachelorabsolventen fehlen. In der Praxis nimmt die Offenheit allerdings zu, worauf auch in den folgenden Kapiteln eingegangen wird. Speziell sei hier auf Kap. 8 verwiesen, das zahlreiche zugehörige Themen aufgreift. Vom BDP gibt es einen Bachelor Reader 2.0 mit umfangreichen Informationen, der ebenfalls hilfreiche Informationen zur Verfügung stellt (www.bdp-verband.de/profession/bachelor.html).

Wir möchten an dieser Stelle noch einmal ausdrücklich betonen, dass in bestimmten Anwendungsfeldern der Psychologie, z. B. in der Wirtschaftspsychologie oder auch in Beratungsstellen, durchaus ein erfolgreicher Berufseinstieg direkt nach dem Bachelor möglich ist. Sowohl manche Berufs- und Dachverbände als auch einige Arbeitgeber sind noch sehr unsicher bzgl. der Qualifikationen von Bachelorstudierenden, doch wir sind davon überzeugt, dass ein fundiertes Studium auch innerhalb von drei bis vier Jahren möglich ist, wenn zusätzlich Angebote außerhalb des Studiums gesucht und wahrgenommen werden.

Master

Nachdem der Bachelor bereits der erste berufsqualifizierende Abschluss ist, dient der Master in erster Linie der wissenschaftlichen Ausbildung der Studierenden, insbesondere als Vorbereitung auf eine spätere wissenschaftliche Tätigkeit und eine Promotion. Von den Universitäten wird das unterschiedlich gehandhabt, doch steht die Wissenschaftlichkeit hier eindeutig im Vordergrund. Bei einer Entscheidung für einen Masterstudiengang muss also bewusst überlegt werden, ob er direkt im Anschluss an den Bachelor absolviert werden muss oder ob ein Berufseinstieg bereits sinnvoll und möglich ist. Letztlich hängt diese Entscheidung immer von den eigenen Interessen und der individuellen Lebensplanung ab. Alternativ kann es sich auch anbieten, ein sog. *gap year* einzulegen. Dieses Modell wird primär im wirtschaftlichen Kontext angeboten und zielt darauf ab, dass Studierende, die bereits ihren Masterplatz sicher haben, ein Jahr Pause zwischen Bachelor und Master nehmen und in diesem Jahr ein oder mehrere Praktika absolvieren.

Bei Interesse an einer klinischen Tätigkeit stellt sich diese Frage momentan nicht, da die Psychotherapeutenausbildung momentan nur nach einem Masterstudiengang absolviert werden kann. Weitere Informationen finden Sie dazu in Kap. 3. Es ist aber durchaus möglich, dass sich hier durch Reformen der Psychotherapieausbildung die rechtlichen Rahmenbedingungen verändern. Den aktuellen Stand erfahren Sie immer beim BDP (www.bdp-verband.org) oder auch bei der DGPs (www.dgps.de).

Grundsätzlich gelten für die Entscheidung für einen Masterstudiengang die gleichen Aspekte wie beim Bachelor. Allerdings ist hier eine Schwerpunktsetzung sinnvoll und empfehlenswert, da Sie bereits im Bachelor einen umfangreichen Überblick über die Psychologie erhalten haben. Dabei gibt es Masterstudiengänge mit Schwerpunktsetzung innerhalb des Studiengangs (d. h. Sie studieren einen Master in Psychologie und können sich innerhalb des Studiums entscheiden) sowie Masterstudiengänge zu einem einzigen Schwerpunkt (d. h. Sie studieren beispielsweise einen Master in Klinischer Psychologie und können dementsprechend keinen wirtschaftspsychologischen Schwerpunkt im Studium wählen). Auch bei Masterstudiengängen kann zwischen Universitäten und Hochschulen gewählt werden, wobei hier die gleichen Grundsätze gelten wie beim Bachelorstudiengang.

Einen Überblick über Masterstudiengänge und die jeweils gültigen Zugangsvoraussetzungen bietet die DGPs (www.dgps.de/studium/abschluesse). Dabei muss bei der Masterbewerbung berücksichtigt werden, dass oftmals langwierige Vorarbeiten notwendig sind, beispielsweise Englischtests oder vergleichbare Nachweise. Es empfiehlt sich deshalb auf jeden Fall, dass Sie sich frühzeitig über die Zugangsvoraussetzungen der von Ihnen präferierten Masterstudiengänge informieren und frühzeitig mit der Vorbereitung der Bewerbung beginnen. Darüber hinaus ist es auf jeden Fall sinnvoll, dass Sie sich für mehrere Masterstudiengänge bewerben, da die Auswahlverfahren sehr unterschiedlich sind und auch die Beliebtheit der Studienorte stark variiert. Dabei muss ein auf den ersten Blick weniger attraktiver Studienort kein Nachteil sein, da an kleineren Universitäten oftmals eine intensivere Betreuung der Studierenden möglich ist.

Promotion

Allgemein lässt sich sagen, dass bei Interesse an einer Promotion ein Studium an einer Universität empfehlenswert ist, da die Zugangsmöglichkeiten zur Promotion und auch die Kontaktmöglichkeiten mit potenziellen Betreuern hier erleichtert sind. Eine Entscheidung für eine Promotion sollte in jedem Fall bewusst getroffen werden, da es sich bei empirischen Promotionen im Fach Psychologie um umfangreiche Projekte handelt, die realistischerweise einen Zeitrahmen von drei bis fünf Jahren umfassen.

Weitere Informationen zur Promotion und zu damit verbundenen Berufsfeldern finden Sie in Kap. 6.

Fazit

Zusammenfassend können wir als Psychologen sehr positiv in die Zukunft blicken, was sich auch an den offenen gemeldeten Stellen der letzten Jahre zeigt (Frensch 2013). Arbeitslose Psychologen sind somit die Seltenheit, was sicherlich auch daran liegt, dass wir in unterschiedlichen Anwendungsfeldern tätig werden und somit auch wirtschaftliche Krisenzeiten besser abfedern können als sehr spezialisierte Disziplinen.

Dennoch wird die Entwicklung der nächsten Jahre spannend werden, da sowohl durch die zunehmende Bedeutung der Psychologie an (Fach-)Hochschulen als auch durch möglicherweise anstehende Reformen der Psychotherapieausbildung umfassende Veränderungen bevorstehen, die uns Psychologen direkt betreffen. Umso spannender wird es, wenn wir diese Veränderungen aktiv mitgestalten und somit unserem Berufsstand in Politik und Gesellschaft weiter Gehör verschaffen!

Literatur

Frensch, P. A. (2013). Zur Lage der Psychologie als Fach, Wissenschaft und Beruf. Psychologische Rundschau, 64(1), 1–15.

3 Berufsfelder für Klinische Psychologen

Marcella Ammerschläger, Marie-Christine Fischer, Katharina Mendius, Maximilian Mendius, Sigrid Stiemert-Strecker, Jürgen Wolf und Simon Werther

M. Mendius und S. Werther (Hrsg.), *Faszination Psychologie – Berufsfelder und Karrierewege*,
DOI 10.1007/978-3-642-37710-5_3, © Springer-Verlag Berlin Heidelberg 2014

3.1 Grundsätzliches zum Studium der Klinischen Psychologie

Maximilian Mendius und Simon Werther

Welches sind die Kernsymptome einer Schizophrenie? Welchen Fragebogen könnten Sie einsetzen, um eine Selbstauskunft über verschiedene psychopathologische Symptome zu erhalten? Welche Merkmale weisen erfolgreiche Präventionsprogramme auf? Welche Verfahren haben sich in der Behandlung von Phobien als wirksam herausgestellt?

Nach dem erfolgreichen Abschluss eines Studiums mit dem Schwerpunkt Klinische Psychologie sollten Sie in der Lage sein, die oben aufgeführten Fragen zu beantworten. Im Studium der Klinischen Psychologie wird über Beschreibung, Diagnostik, Prävention und Therapie von Störungen des menschlichen Erlebens und Verhaltens gelehrt. In diesem Rahmen kommt auch den Grundlagenfächern wie z. B. der Allgemeinen Psychologie oder der Biologischen Psychologie eine große Bedeutung zu, da die dort behandelten Prinzipien einen wichtigen Beitrag zum Verständnis klinischer Störungsbilder und Therapieformen leisten. Klinische Psychologie kann sowohl im Bachelor- als auch im Masterstudium belegt werden. Das Studium der Klinischen Psychologie bereitet auf eine Vielzahl von Tätigkeitsfeldern vor, wie Tätigkeiten in Kliniken (Abschn. 3.2), selbstständige Arbeit in eigener Praxis (Abschn. 3.3) und Tätigkeiten in Beratungsstellen (Abschn. 3.4). Darüber hinaus ist die Klinische Psychologie eine wichtige Grundlage zahlreicher weiterer Tätigkeiten, wie beispielsweise als Familienpsychologe (Abschn. 7.5), als Klinischer Neuropsychologe (Abschn. 7.6) oder auch als Gesundheitspsychologe (Abschn. 7.7).

Inhalte des Bachelorstudiums

Der Bachelor gilt nach der Bolognareform bereits als erster berufsqualifzierender Hochschulabschluss. Gleichzeitig muss er als erstes Studium auch wichtige Grundlagen vermitteln, auf denen dann ein eventuell anschließendes Masterstudium aufbauen kann. Für den Fachbereich der Klinischen Psychologie liegen die inhaltlichen Schwerpunkte auf der Vorstellung verschiedener Störungsbilder und ihrer Diagnostik: Störungen des Erlebens und Verhaltens werden klar definiert, ihre Symptomatik und ihre Einteilung/Klassifikation in verschiedene Kategorien werden beschrieben. Weiter werden mögliche Erklärungen für Entstehung und Verlauf der Störungsbilder gegeben sowie Methoden und Verfahren der Diagnostik gelehrt und kritisch diskutiert. Auch wenn Methoden der Intervention tendenziell ausführlich im Masterstudium behandelt werden, schließen bereits viele Bachelorstudiengänge Intervention im Studienplan ein.

Inhalte des Masterstudiums

Der Master ist ein – in der Regel fachlich auf dem Bachelor aufbauender – zweiter berufsqualifizierender Abschluss. Die im Bachelorstudium gelehrten Grundlagen werden vertieft. Dabei können sowohl forschungspraktische Aspekte behandelt werden (z. B. Methoden der Psychotherapieforschung) als auch psychologisch-therapeutische Arbeit (z. B. Verhaltenstherapie). Neben der vertieften Vermittlung von anwendungspraktischem Wissen dient das Masterstudium auch dazu, Studierende durch intensive Theoriearbeit auf eine spätere Forschungstätigkeit vorzubereiten. So ist an den meisten Universitäten der Masterabschluss Voraussetzung für eine spätere Promotion – vereinzelt werden inzwischen jedoch auch schon Promotionsmöglichkeiten nach dem Bachelor im Rahmen sog. Fast-Track-Modelle angeboten.

Was ist bei der Studienplanung zu bedenken?

Die verschiedenen Universitäten unterscheiden sich teilweise erheblich bezüglich des Umfangs, in dem Klinische Psychologie gelehrt wird.

Besteht der Wunsch, nach dem Bachelor ein Masterstudium aufzunehmen, ist es sehr wichtig, frühzeitig Informationen zur Anerkennung von Studienleistungen einzuholen und die belegten Studieninhalte dementsprechend gut zu planen. Gleiches gilt bei einem Wechsel der Universität oder einem Auslandsaufenthalt. Gerade die letzten beiden

Punkte haben sich jedoch auch mit der Bolognareform gegenüber den Diplomstudiengängen noch nicht wesentlich geändert.

Ist es das Ziel, nach dem Psychologie-Studium die Weiterbildung zum „Psychologischen Psychotherapeuten" (PP) oder zum „Kinder- und Jugendlichenpsychotherapeuten" (KJP) aufzunehmen, so ist es zwingend erforderlich, einen Master an das Bachelor-Psychologiestudium anzuschließen. Bei der Wahl des Masters ist es entscheidend zu überprüfen, ob Klinische Psychologie in ausreichendem Umfang gelehrt wird: Zunächst verlangen einige Masterstudiengänge in ihren Bewerbungsvoraussetzungen Kenntnisse in Klinischer Psychologie aus dem Bachelorstudium, andererseits müssen dann auch im Masterstudium bestimmte klinische Inhalte in von den Ausbildungsinstitutionen definierten Umfängen abgebildet sein, sodass die formalen Voraussetzungen zur Aufnahme einer Ausbildung erfüllt sind. Leider sind diese Voraussetzungen seit der Einführung der gestuften Studiengänge (Bachelor/Master) noch nicht klar definiert (www.bdp-verband.org/bdp/presse/2012/06_novellierung.html).

Zudem unterscheiden sich die Voraussetzungen für die Weiterbildungen zum Psychologischen Psychotherapeuten und Kinder- und Jugendlichenpsychotherapeuten. Die Ausbildung zum Psychologischen Psychotherapeuten kann nur mit einem „klinisch-psychologischen" Master aufgenommen werden. Ein Bachelorabschluss in Psychologie oder ein Masterabschluss in einem verwandten Fach (z. B. Pädagogik) reichen nicht aus. Für die Ausbildung zum Kinder- und Jugendlichenpsychotherapeuten ist ebenfalls ein „klinisch-psychologischer" Masterabschluss notwendig. Allerdings dürfen auch Bachelorabsolventen einer pädagogischen Fachrichtung die Ausbildung zum KJP aufnehmen, wohingegen ein Bachelorabschluss in Psychologie nicht genügt (www.bdp-verband.org/bdp/presse/2012/06_novellierung.html). Die Möglichkeit, die Ausbildungen zum Psychologischen Psychotherapeuten und zum Kinder- und Jugendlichenpsychotherapeuten als „Direktausbildung" in das Hochschulstudium zu integrieren, wird derzeit kritisch diskutiert. Genaue Informationen zum Aufbau der Ausbildungen erhalten Sie in den Abschn. 3.2 und 3.3. In jedem Fall ist es aber zu empfehlen, so früh wie möglich Kontakt zu dem jeweiligen Wunschausbildungsinstitut aufzunehmen, um die Zulassungsvoraussetzungen zu klären, da diese, wie bereits erwähnt, noch nicht abschließend geregelt sind.

Nach einem Masterstudium kann auch eine Promotion angeschlossen werden. Einen Überblick dazu bietet das Kap. 6. Eine aktuelle Untersuchung unter Diplom-Psychologen zeigt: Jeder sechste absolviert gleichzeitig eine Psychotherapieausbildung und eine Promotion. Dies sind häufiger Männer und Personen, bei denen keine Kinder im Haushalt leben. Promovenden gehen dabei nicht häufiger davon aus, die Psychotherapieausbildung nicht im vorgesehenen Zeitrahmen fertig stellen zu können: Über 50 % der Promovenden als auch Nicht-Promovenden gehen davon aus, länger als drei bzw. fünf Jahre zu brauchen (Sonntag et al. 2012).

Praxis schon im Studium

Praktisch-psychologische Arbeit muss bzw. sollte nicht erst nach dem Studium beginnen. Auch für Studierende bestehen eine Reihe von Möglichkeiten, schon während der Studienzeit anwendungspraktische Erfahrung zu sammeln. Zuerst sind an dieser Stelle die – (teilweise) in der Studienordnung festgelegten – Praktika zu nennen. Sie bieten umfassende Möglichkeiten, die verschiedenen Berufsfelder der Klinischen Psychologie unverbindlich kennen zu lernen. Einige Tätigkeiten können unter Supervision auch von den Praktikanten selbst ausgeführt werden. Im Gegensatz zum wirtschaftlichen Bereich werden klinische Praktika jedoch meistens nicht vergütet. Dementsprechend ist eine entsprechende Kostenplanung notwendig – eine Investition, die sich jedoch später in jedem Fall auszahlt. Entweder, weil man zusätzliche Praxiserfahrung für den Beruf als Klinischer Psychologe gesammelt hat, oder weil die Erkenntnis gereift ist, dass die Klinische Psychologie eventuell doch nicht das Berufsfeld ist, in dem man für eine lange Zeit tätig sein möchte.

Eine Verbindung von Vergütung und fachnahen Tätigkeiten bieten Stellen für Hilfswissenschaftler, beispielsweise für die Unterstützung von Forschungsprojekten. Auch in eine Abschlussarbeit kann praktisch klinische Tätigkeit einfließen, indem empirische Daten z. B. bei einer Patientengruppe erhoben und/oder ausgewertet werden. Da die Untersuchung klinischer Stichproben sehr komplex und demzufolge relativ zeitaufwändig ist, eignen sich entsprechende Themen besser für die Masterarbeit.

Möglicherweise besteht an Ihrer Universität auch eine Anamnesegruppe, innerhalb derer an Kliniken mit Patienten Anamnesegespräche geübt werden können (www.anamnesegruppen.eu).

Die Wahl der richtigen Universität

In der deutschen Hochschullandschaft wird eine breite Vielfalt an klinisch-psychologischen Studiengängen angeboten. Wie bei den meisten Entscheidungen im Leben gilt: Es gibt nicht das Patentrezept für die Wahl der richtigen Universität. Vielmehr ist darauf zu achten, dass unter Berücksichtigung festgelegter Einschränkungen (z. B. Numerus Clausus) sich eine möglichst optimale Passung zwischen den persönlichen Wünschen und den Angeboten der Universitäten ergibt. Dabei können im individuellen Fall neben den vermittelten Lehrinhalten auch der Studienort und die dortige Infrastruktur eine große Rolle spielen. Wichtig ist es an dieser Stelle zu erwähnen, dass der Numerus Clausus gerade an den renommierten Universitäten oft relativ streng ist. Sollte es aufgrund der Abiturnote nicht möglich sein, das Bachelorstudium an der Traumuniversität aufzunehmen, so besteht nach dem Bachelor auch noch die Möglichkeit, den Studienort zu wechseln. Hierfür ist es – wie bereits erwähnt – wichtig, sich frühzeitig über Zulassungsvoraussetzungen und eventuelle Notengrenzen zu informieren.

Bei der Auswahl der Universität kann auf eine Begutachtung des Berufsverbandes Deutscher Psychologinnen und Psychologen (BDP) zurückgegriffen werden. Von Seiten des BDP werden regelmäßig Bachelor- und Masterstudiengänge bezüglich Ihrer Qualität, der inhaltlichen Ausgestaltung und des Deckungsgrades zu den Empfehlungen der Kultusministerkonferenz oder des Europäischen Zertifikats in Psychologie geprüft. Die Ergebnisse dieser Begutachtung können aktuell auf der Homepage des BDP abgerufen werden (www.bdp-verband.org/beruf/ba-ma/index.html). So gibt es sowohl eine Auflistung der anerkannten Studiengänge als auch eine Negativliste der (momentan) nicht anerkannten Studiengänge. In den entsprechenden Listen ist ebenfalls spezifiziert, welche Spezialisierungen in den anerkannten Studiengängen möglich sind, z. B. Klinische Psychologie, Wirtschaftspsychologie etc. Es ist an dieser Stelle darauf hinzuweisen, dass aufgrund der kürzlich erfolgten Umstellung auf die gestufte Studienstruktur einige bereits etablierte Masterstudiengänge noch nicht in der Auflistung enthalten sind!

Informieren Sie sich also in jedem Fall auf den Internetseiten Ihrer Wunschuniversität bezüglich der angebotenen Inhalte und der Verteilung der ECTS-Punkte (Leistungspunkte, die nach dem European Credit Transfer System vergeben werden). Hilfreich sind in diesem Zusammenhang neben der Studienordnung vor allem die sog. Modulhandbücher, in denen Detailinformationen zu allen in dem Studiengang abgebildeten Inhalten sowie der entsprechenden Veranstaltungsform (z. B. Vorlesung, Seminar), den Semesterwochenstunden und der vergebenen ECTS-Punkte enthalten sind. Neben den Angeboten der offiziellen Studienberatungsstellen der Universitäten bieten oftmals auch Fachschaften der jeweiligen Universitäten Informationen von Studenten für Studenten an.

In den folgenden Kapiteln erhalten Sie nun einen Überblick zu den Tätigkeitsfeldern für Klinische Psychologen, sei es in Kliniken (Abschn. 3.2), in eigener Praxis (Abschn. 3.3) oder in Beratungsstellen (Abschn. 3.4).

Nutzen Sie Ihr Studium, um sich die Inhalte anzueignen, die Sie interessieren, und sammeln Sie bereits erste Erfahrungen in der Praxis. Es lohnt sich!

3.2 Tätigkeiten in Kliniken

Marcella Ammerschläger

Eine gängige Definition findet sich bei Brockhaus: „Die Psychiatrie ist ein Teilgebiet der Medizin, das sich mit der Erkennung und Behandlung, sowie Rückfallverhütung psychischer Störungen befasst" (Brockhaus-Enzyklopädie, Mannheim 2006, Band 22, 233).

Diese Definition ist allgemein formuliert und gilt sowohl für Psychiatrien für Erwachsene als auch für Spezialisierungen nach bestimmten Altersgruppen, wie z. B. Kinder- und Jugendpsychiatrien oder Gerontopsychiatrien für ältere Patienten.

Im folgenden Kapitel wird das Tätigkeitsfeld für Psychologen in einer Klinik bzw. Psychiatrie mit allen damit verbundenen Besonderheiten dargestellt.

Psychiatrie – was ist das?

Psychologen können sowohl im ambulanten als auch im stationären Bereich einer Psychiatrie arbeiten. Im ambulanten Bereich einer Psychiatrie werden überwiegend Patienten zur Diagnostik schwerer psychischer Störungen oder zur Begutachtung komplexer Krankheitsbilder vorgestellt. Im stationären Bereich gibt es die Möglichkeit einer Krisenintervention oder einer intensiven Therapie der diagnostizierten psychischen Erkrankung.

Viele Menschen haben in Deutschland eine große Abneigung oder Angst vor der Psychiatrie. Sie erzählen Horrorgeschichten über weiße Männer, die andere Menschen in eine Zwangsjacke stecken und mit einer großen Spritze ruhigstellen. Nach wie vor sind Psychiatrien deshalb ein beliebtes Thema in Film und Fernsehen, beispielsweise in „Einer flog über das Kuckucksnest", „Zeit des Erwachens" oder „A Beautiful Mind".

Psychologe in einer Psychiatrie – ein ganz besonderes Tätigkeitsfeld?

Die Tätigkeit eines in einer Psychiatrie tätigen Psychologen weist gegenüber anderen psychologischen Berufsbildern als Klinischer Psychologie charakteristische Besonderheiten auf, die in den folgenden Abschnitten näher dargestellt werden.

Aufgaben im Rahmen der Tätigkeit

Wie für viele andere Berufe gilt auch für die in der Psychiatrie arbeitenden Psychologen, dass es keinen Tagesablauf gibt, der stetig wiederkehrt. Jedoch gibt es typische Elemente, die den Tagesablauf prägen, wie in Abb. 3.1 exemplarisch dargestellt ist.

In den folgenden Abschnitten werden die verschiedenen Aufgabengebiete dargestellt, die im Rahmen der Tätigkeit als Psychologe im Arbeitsalltag in der Klinik relevant sind.

Zu den *diagnostischen Aufgaben* zählen beispielsweise die Erhebung der Krankheitsgeschichte (Anamnese), das Erstellen des psychopathologischen Befunds (Überblick über alle vorliegenden psychischen Störungen) und das Durchführen, Auswerten und Interpretieren von Testverfahren (z. B. Intelligenztest, Persönlichkeitstest). Die Informationen und Verhaltensauffälligkeiten werden in einer Diagnose nach dem internationalen Klassifikationssystem ICD-10 zusammengefasst. Das ICD-10 hilft anhand der genauen Definition der einzelnen Störungsbilder bei der Klassifikation oder Diagnostik. Die somatischen Störungen nehmen den Großteil des Klassifikationssystems ein, die psychologischen Störungen sind unter F zu finden, z. B. ist eine leichte depressive Episode mit dem Kürzel F32.0 codiert.

Der Psychologe informiert den Patienten im Rahmen der *Psychoedukation* über die Ergebnisse der diagnostischen Untersuchung, erklärt ihm die Diagnose und diskutiert mit ihm die weitere Behandlung. Der Patient erhält einen Überblick über die Ursachen und Konsequenzen seiner Erkrankung. Er lernt, was seine Erkrankung für ihn im Alltag bedeutet und welche Hilfsmöglichkeiten und Ressourcen es für ihn gibt.

Der Psychologe führt selbstständig *Therapiesitzungen* bei Patienten durch. Die Gestaltung einer Therapiestunde hängt von der Therapierichtung ab, in der der Psychologe ausgebildet wurde, z. B. psychoanalytisch, tiefenpsychologisch-orientiert, systemisch, gesprächspsychotherapeutisch oder verhaltenstherapeutisch. Die meisten Psychotherapeuten haben die Verhaltenstherapie als Schwerpunkt in ihrer Weiterbildung gewählt. In der Verhaltenstherapie werden die Auslöser für die Erkrankung und die Konsequenzen der Verhaltensauffälligkeit untersucht, z. B. dass das Ausgrenzen eines Mädchens aus der Klassengemeinschaft (Auslöser) zu ersten depressiven Verhaltensweisen (Verhaltensauffälligkeit) führt und eine Krankmeldung für die Schule Erleichterung, aber auch Problemvermeidung (Konsequenzen), mit sich bringt. Es werden sowohl Gedanken, Gefühle, physiologische Reaktionen, als auch Verhaltensweisen analysiert. In der Therapie soll der Patient lernen, wie er mit seinen Fähigkeiten die problematische Situation eigenständig wieder besser lösen kann. Oft wird zuerst in einem Rollenspiel trainiert, wie das adäquate

Ein Szenario

Ein 7-jähriges Mädchen verbarrikadiert sich in seinem Zimmer, weint und weigert sich, die Mutter ins Zimmer zu lassen. Das Mädchen schreit: „Ich habe Bauchschmerzen und kann nicht in die Schule."
Die Eltern sind verzweifelt und wissen nicht, was mit ihrer Tochter los ist. Sie melden das Mädchen in der Schule krank. Eine Nachbarin rät daraufhin den Eltern, sich für Ihre Tochter professionelle Hilfe – vielleicht in einer Kinder- und Jugendpsychiatrie – zu holen. Die Mutter ruft in der Klinik an und bittet um einen Untersuchungstermin, da ihre Tochter nicht mehr in die Schule wolle und drohe wegzulaufen. Die Mutter wird vom Klinikpersonal zuerst am Telefon beruhigt und erhält dann kurzfristig einen Termin.

Die Eltern kommen mit der Tochter in die Klinik und stellen sich vor. Dort erklärt ihnen der behandelnde Psychologe den Ablauf der geplanten Untersuchungen: Nach einem ersten ausführlichen Gespräch über das aktuelle Anliegen der Eltern findet eine körperliche Untersuchung durch einen Arzt, danach eine psychologische Testung und anschließend ein Beratungsgespräch über die diagnostischen Ergebnisse und Therapieempfehlungen statt.

Ziel des Gesprächs ist es, die aktuellen Probleme, die Entwicklungsgeschichte des Mädchens und die Ressourcen der Familie zu erfassen. Für die Familie aus dem Beispiel ergibt sich folgendes Bild:

Die Mutter (35 Jahre, Architektin) und der Vater (36 Jahre, KFZ-Mechatroniker) sind verheiratet und leben mit ihrer 7-jährigen Tochter in einer Großstadt. Sie verbringen ihre Freizeit gerne zu dritt in den Bergen. Bereits im Kindergarten hat sich das Mädchen eher zurückhaltend und schüchtern verhalten. Das Mädchen beschäftigt sich gerne alleine und hat die Hobbys Klavier spielen sowie Tierbilder ausmalen.

Mit dem Schulstart ist das Mädchen noch stiller geworden und erzählt kaum noch von der Schule. Die Eltern haben bemerkt, dass sie nur schwer einschlafen kann, wenig isst und einen ernsten Gesichtsausdruck hat. Anfangs hat ihre Tochter die Hausaufgaben noch sehr gewissenhaft erledigt, in letzter Zeit findet sie jedoch angeblich ihre Hefte nicht und lernt nichts mehr für die Schule.

Um die Gründe dafür zu erfahren, besucht die Mutter daraufhin die Sprechstunde der Lehrerin und erfährt, dass ihre Tochter zwar sehr gute Leistungen bringe, allerdings in der Klasse eine Außenseiterin sei.

Es werden die Stärken (z. B. Kreativität, Musikalität) und Verhaltensauffälligkeiten des Mädchens (z. B. sozialer Rückzug, Schulverweigerung) erfragt, um eine Diagnose stellen zu können. Danach untersucht ein Arzt das Mädchen auf körperliche Auffälligkeiten und Krankheiten. Die Einbeziehung einer medizinischen Perspektive ist für eine fundierte Diagnosestellung wichtig.

Die anschließende psychologische Testung wird auf die diagnostische Fragestellung abgestimmt. In ihr werden überwiegend Intelligenztests, Persönlichkeitsfragebögen oder klinische Verfahren, wie z. B. das BAV (Bochumer Angstverfahren) angewendet, um für die Diagnosestellung neben den Gesprächsinformationen auch standardisierte Daten erheben zu können.

Am Ende der diagnostischen Phase, nach ca. zwei Untersuchungsterminen, erfahren die Eltern in einem Gespräch die Diagnose und die Therapieempfehlung. Der Psychologe erklärt die Untersuchungsergebnisse und gibt den Eltern Informationen darüber, aus welchen Gründen ihre Tochter nicht mehr in die Schule gehen möchte und wie sie sich in Zukunft am besten verhalten können. Im geschilderten Fall wurde eine sehr gute intellektuelle Begabung bei dem Mädchen festgestellt, das bereits erste depressive Verhaltensweisen, wie heimliches Weinen, sozialen Rückzug, Schlafprobleme und Appetitmangel zeigte. Das Mädchen berichtete dem Psychologen, dass es sehr traurig darüber sei, dass es keine Freundinnen finden könne. Es dürfe bei seinen Klassenkameraden nicht mitspielen, werde geschubst und geschlagen. Es werde auch bedroht, dass es in ein Kellerloch eingesperrt werde, wenn es den Eltern davon erzähle.

In diesem Beispiel könnte der Psychologe den Eltern des 7-jährigen Mädchens mit der vermutlichen Diagnose einer emotionalen Störung mit sozialer Ängstlichkeit (F93.2) folgende Hypothesen erklären und Therapieempfehlungen geben: Aufgrund der guten Begabung macht sich das Mädchen vermutlich komplexe Gedanken in sozialen Situationen und verarbeitet soziale Reaktionen öfter sensibler als andere Gleichaltrige. Da die meisten sozial unsicheren Kinder sehr gute soziale Kompetenzen haben, sie jedoch aufgrund angstbesetzter Gedanken nicht in die Tat umsetzen können, empfiehlt man den Kindern „Mutmach-Gedanken" einzuüben und kleine „Mutproben mit Erfolgsgarantie" auszuprobieren.

Die Aufgabe des Psychologen hinsichtlich Diagnostik und Psychoedukation ist beendet. Es kann nun besprochen werden, ob der Psychologe in der Psychiatrie die Therapie selbst übernimmt oder ob die Patienten an einen niedergelassenen Psychotherapeuten weitervermittelt werden.

Uhrzeit	Tätigkeit
08:30	Interdisziplinäre Morgenbesprechung über die Ereignisse in der Nacht der stationären Patienten durch den Dienstarzt
09:00	Erstes Patientengespräch mit Erhebung der Krankheitsgeschichte, Anamnese
11:00	Schreiben des Befunds über den Patienten, Erhebung der Fremdanamnese durch Kontaktaufnahme zu Arzt und Schule nach Schweigepflichtentbindung
11:30	Besprechung mit Psychologenkollegen über neuen Persönlichkeitstest
12:00	Mittagessen
12:30	Besprechung im interdisziplinären Team mit Oberarzt über Patienten
13:30	Psychologische Untersuchung bei einem zweiten Patienten: Gespräch und Intelligenzdiagnostik, Persönlichkeitsdiagnostik
15:00	Therapie von einem ängstlichen Jungen
16:00	Therapie von einem hyperaktiven Mädchen
17:00	Arbeitsende

Abb. 3.1 Beispiel für einen Tagesablauf eines in der Psychiatrie arbeitenden Psychologen

Verhalten für die Krisensituation aussehen könnte. Danach wird der Patient motiviert, das Geübte im Alltag selbstständig auszuprobieren. Im Falle des Mädchens, sich z. B. auf dem Pausenhof Hilfe zu holen, wenn es geschlagen wird.

Im Vergleich zu einer Psychotherapie ist eine *Krisenintervention* eine kurzzeitige Intervention mit vielen organisatorischen Aufgaben. Ein Beispiel für eine Krisenintervention wäre ein aggressiver randalierender Jugendlicher in der Schule, der eine Amokdrohung ausgesprochen hat. Nun ist eine gute Zusammenarbeit mit Eltern, Schule, Polizei, Arzt und Sozialpädagogen gefragt, die folgendermaßen ablaufen könnte: Die Eltern werden von der Schule benachrichtigt. Bei stark verweigernd-oppositionellem Verhalten wird zusätzlich die Polizei eingeschaltet, die den Jugendlichen in die Kinder- und Jugendpsychiatrie bringt, um eine mögliche Fremdgefährdung auszuschließen. Ein Arzt, Psychologe und/oder Sozialpädagoge in der Psychiatrie beurteilt den Jugendlichen diagnostisch und gibt eine Einschätzung über die Fremdgefährdung ab. Für den Psychologen sind dann neben der Diagnostik des Jugendlichen viele organisatorische Aufgaben, wie Telefonate mit verschiedenen Personen, Einrichtungen und eine konkrete Planung der aktuellen Unterbringung zu erledigen.

Der Psychologe ist verpflichtet die Gesprächsinhalte oder Verhaltensübungen mit dem Patienten zu *dokumentieren*. Die Ergebnisse von Testverfahren, Krankheitssymptomen, Diagnosen und daraus abgeleiteten Therapieempfehlungen werden oft in einem Befund zusammengefasst. Der Befund darf nur nach Schweigepflichtentbindung durch den Patienten weitergeleitet werden.

Darüber hinaus kann der Psychologe auf Wunsch auch einen sehr umfangreichen Befund erstellen, der dann meist als *Gutachten* bezeichnet wird. Gutachten werden überwiegend im forensischen Bereich geschrieben, z. B. bei Fragestellungen bezüglich der Schuldfähigkeit eines 17-jährigen U-Bahn-Schlägers zum Tatzeitpunkt (Abschn. 7.2.). Gutachten werden oftmals gesondert vergütet, sodass die Möglichkeit besteht, sich mit der Tätigkeit als Gutachter etwas dazuzuverdienen.

Neben den schriftlichen Dokumentationen muss der Psychologe bei Teambesprechungen mit Vorgesetzten über seine Patienten mündlich referieren und seine *Fälle vorstellen*, z. B. das Vorgehen bei Diagnostik und Therapie beschreiben und unklare Fragestellungen und/oder Hypothesen darlegen. Dies trägt zur Qualitätssicherung der Behandlung bei.

Oft werden Patientenfälle durch Psychologen auch im Rahmen einer kollegialen Weiterbildung oder Supervision in der Klinik vorgestellt. Es gibt oftmals die Möglichkeit, Vorträge, Seminare oder Supervision für Kollegen aus unterschiedlichen Berufsgruppen anzubieten.

Der Psychologe in einer Psychiatrie führt selbstständig Aufgaben am Patienten durch, bespricht jedoch im Team unter Leitung eines Vorgesetzten die Behandlung oder setzt sie gemeinsam um. Die Rolle des Psychologen innerhalb des Teams und der Klinik ist individuell unterschiedlich, meist abhängig von der Fachkompetenz und dem selbstbewussten Auftreten des Einzelnen sowie den inneren Kommunikationsstrukturen und Hierarchien der Klinik.

Neben den Aufgabenbereichen eines Psychologen in der Psychiatrie sind bei einer beruflichen Entscheidung für oder gegen eine Anstellung in einer Psychiatrie oft die Rahmenbedingungen des Arbeitsverhältnisses entscheidend.

Patienten mit schweren psychischen Störungen

Patienten in einer Psychiatrie sind meist an komplexen psychischen Störungen mit starkem Ausprägungsgrad erkrankt. Es werden in einer Psychiatrie beispielsweise häufig schizophrene oder affektiv instabile Patienten oder Menschen mit Persönlichkeitsstörungen behandelt. Manchmal sind die Patienten gleichzeitig an mehreren psychischen Störungen erkrankt und zeigen z. B. sowohl depressive Symptome als auch eine Suchterkrankung. Bei diesem simultanen Vorliegen mehrerer psychischer Störungen spricht man von Komorbidität. Die von Fall zu Fall verschiedenen Patienten und ihre individuellen Lebens- und Krankheitsgeschichten stellen für Ärzte und Psychologen immer wieder große Herausforderungen dar.

Regelmäßige Kriseninterventionen

Eine besondere fachliche und menschliche Herausforderung sind Kriseninterventionen bei suizidalen Patienten, bei denen es um Entscheidungen um Leben und Tod gehen kann. Es werden in der Psychiatrie oftmals schwerstkranke Menschen behandelt, die beispielsweise hochgradig depressiv sind und – aufgrund erhöhten Suizidrisikos – nicht mehr ambulant in einer Praxis therapiert werden können. Es finden deshalb regelmäßig Kriseninterventionen in einer Psychiatrie statt, bei denen der Arzt und der Psychologe aktuelle Suizidgedanken erfragen und den Patienten bei akuter Suizidalität auf die Station aufnehmen. Besonders herausfordernd für alle Beteiligten sind Patienten, die versuchen mit Suizidalität andere Menschen zu manipulieren. Dementsprechend verlangt die Diagnostik und Therapie bei suizidalen Patienten hohe Fachkompetenz und eine gute Zusammenarbeit im Fachteam.

Interdisziplinäre Zusammenarbeit

Bei einer Tätigkeit in der Klinik ist die interdisziplinäre Zusammenarbeit zwischen Ärzten, Psychologen, Sozialpädagogen und anderen Therapeuten entscheidend. Jede Berufsgruppe sammelt ihren Kompetenzen entsprechend Informationen über den Patienten und tauscht sich im Team über Diagnose- und Therapieempfehlungen aus.

Hierarchische Arbeitsstruktur

In der Psychiatrie trägt immer der Vorgesetzte, meist ein Oberarzt, die Verantwortung für diagnostische und therapeutische Entscheidungen. Er korrigiert teilweise die Befunde oder bietet seinen Mitarbeitern bei schwierigen Patienten Supervision an. Besonders entlastend ist es, wenn der Oberarzt bei einer Krisenintervention mit suizidalen Patienten Unterstützung leistet. Je höher die fachliche Qualifizierung des einzelnen Psychologen ist, umso selbstständiger können Psychologen in einem Team unter der Leitung eines Oberarztes arbeiten. Letztlich liegt die Gesamtverantwortung jedoch immer bei einer leitenden Person.

Weiterbildung zum Psychologischen Psychotherapeuten

Um als Psychologe in einer Psychiatrie arbeiten zu können, wird als Qualifikation vorausgesetzt, dass er gerade die Weiterbildung zum Psychotherapeuten absolviert oder diese bereits abgeschlossen hat und approbiert ist.

Für die Approbation zum Psychotherapeuten ist im Anschluss an das Diplom oder den Master im Fach Psychologie eine 3- bis 5-jährige Weiterbildung an einem Institut erforderlich. In der Ausbildungs- und Prüfungsordnung für Psychologische Psychotherapeuten vom 18.12.1998 sind die Details dieser Weiterbildung geregelt. Sie umfasst 4200 Stunden und besteht aus einer praktischen Tätigkeit, einer theoretischen Ausbildung, einer praktischen Ausbildung mit Krankenbehandlung unter Supervision und einer Selbsterfahrung (d. h. Reflexion über eigenes therapeutisches Handeln). Dabei müssen mind. 600 Theoriestunden an den Wochenenden oder abends besucht werden sowie mind. 1200 Stunden in einer Psychiatrie, mind. 600 Stunden in einer psychosomatischen Klinik, mind. 600 Stunden Behandlung eigener Therapiefälle unter Supervision und mind. 120 Stunden Selbsterfahrung absolviert werden. Anschließend findet eine schriftliche und mündliche staatliche Prüfung statt. Im Falle des Bestehens wird die Approbation als Psychologischer Psychotherapeut erteilt.

Derzeit werden die Rahmenbedingungen der Weiterbildung berufspolitisch sehr stark diskutiert. Es wird versucht zu erreichen, dass die in der Fortbildung befindlichen Psychologen für die bisher meist unentgeltliche Tätigkeit in der Psychiatrie (1200 Stunden) vergütet werden. Außerdem wird diskutiert, inwieweit die Theorieseminare in das Masterstudium integriert werden können. Unter den aktuell gültigen Rahmenbedingungen ist die Weiterbildung noch sehr kosten- und zeitintensiv. Neben den 4200 Stunden fallen zusätzliche Kosten an, die sich je nach Theorieschule erheblich unterscheiden. In jedem Fall ist mit einem kleinen bis mittleren fünfstelligen Betrag zu rechnen.

In einer aktuellen Umfrage der Psychotherapeutenkammern (Ruoß et al.) aus dem Jahr 2011 stellt sich die Lage der Neuapprobierten folgendermaßen dar: Die meisten neu approbierten Psychologen sind ca. 40 Jahre alt und benötigten etwa fünf Jahre für die Ausbildung. Neben wenigen Pädagogen absolvieren überwiegend Psychologen die Ausbildung. Die Frauenquote beträgt 84 %. Es wird häufiger die Verhaltenstherapie als Schwerpunkt im Vergleich zu tiefenpsychologisch-orientierten Verfahren gewählt. Eine große Bandbreite an Möglichkeiten ergibt sich bei der beruflichen Situation nach der Approbation: Sie erstreckt sich von der Niederlassung in eigener Praxis mit ganzem Kassensitz (Abschn. 3.3) über Leitungspositionen in Kliniken bis hin zu stundenweiser Assistenz oder nichtberufstätig.

In Abhängigkeit vom aktuellen Ausbildungsstatus oder der Berufserfahrung gestaltet sich die Rolle oder der Aufgabenbereich des Psychologen in der Klinik sehr unterschiedlich. Junge Berufseinsteiger werden beispielsweise gerne bei sozialen Kompetenztrainings als Co-Therapeut mitgenommen oder dürfen psychologische Tests durchführen und auswerten. Dagegen gehört zum Aufgabenbereich eines eher erfahrenen Psychologen die selbstständige Betreuung des Patienten von der Diagnostik bis zur Therapie. Gerade die Aufgaben von jungen Berufseinsteigern sind von Klinik zu Klinik sehr unterschiedlich.

Arbeitszeit

In der Psychiatrie ist effektives Arbeiten eine wichtige Voraussetzung, um die anfallenden Aufgaben (Patientenbehandlung, Auswertung der Tests, vollständige Dokumentation und Befunderhebung) während der Arbeitszeit zu bewältigen. Im TVöD (Tarifvertrag für den öffentlichen Dienst) ist eine Psychologen-Vollzeitstelle mit 38,5 Wochenstunden angegeben. In der bereits dargestellten Umfrage von 2011 war tendenziell eine Teilzeitbeschäftigung mit einem Mittelwert von 29,5 Stunden bei Angestellten zu beobachten.

Gerade in der Psychiatrie, in der schwerstkranke Patienten behandelt werden, könnten Psychologen sehr lange und intensiv wöchentlich arbeiten. Deshalb ist wichtig, dass man sich als Psychologe selbst gut strukturieren kann und sich bezüglich der Diagnostik und Therapie auf spezifische Fragestellungen fokussiert.

Bei Notfällen kann es durchaus sein, dass man die Arbeitszeit an einem Tag verlängern muss. Die Überstunden können aber meist an einem anderen Tag wieder abgebaut werden. In wenigen Kliniken müssen Psychologen auch Nacht- oder Wochenenddienste leisten. Es ist aber in jedem Fall wichtig, vor einer Vertragsunterzeichnung abzuklären, inwiefern Überstunden in der Klinik erwünscht sind oder vorausgesetzt werden.

Einkommen

Im Vergleich zum hohen und intensiven Arbeitsaufkommen mit hoher Verantwortung in der Psychiatrie fällt das Einkommen in Kliniken eher gering aus. Es ist meist in Anlehnung an den TVöD geregelt, der eine Höhergruppierung in Abhängigkeit von der Berufserfahrung vorsieht. Psychologische Psychotherapeuten sind darin nicht ausdrücklich berücksichtigt. Es wird davon ausgegangen, dass ein approbierter Psychologe mindestens fünf Jahre Berufserfahrung vorweisen kann.

In der aktuellen TVöD Tabelle (Länder) vom 01.01.2012 stellt sich die Gehaltssituation folgendermaßen dar: Berufseinstieg als Psychologe ohne Approbation bei EG 13: Bruttogehalt von 3186 Euro

Berufserfahrung mind. fünf Jahre, nach Approbation bei EG 14: Bruttogehalt von 3456 Euro

Zusätzlich wird eine leistungsorientierte Bezahlung diskutiert, üblicherweise erhält man eine Jahressonderzahlung von 60 % des durchschnittlichen Bruttogehalts der letzten drei Monate einmalig im November. Bei privaten Krankenhauskonzernen gibt es oft Haustarifverträge, die vom TVöD abweichen können.

Leider ist eine Gleichstellung der angestellten approbierten Psychologen mit den angestellten Fachärzten, also eine Eingruppierung in EG 15, ein Einzelfall. Im Vergleich zum Arztgehalt verdienen approbierte Psychologen ungefähr 26 % weniger als ein angestellter Facharzt und 41 % weniger als ein Oberarzt.

In der Umfrage 2011 gaben die neu approbierten Psychotherapeuten überwiegend (53 %) ein Bruttogehalt von bis zu 4500 Euro monatlich an.

Karrieremöglichkeiten

Die Approbation zum Psychotherapeuten oder eine weitere Spezialisierung, beispielsweise als Gutachter, Supervisor oder Neuropsychologe, werden in Kliniken gern gesehen und unter Umständen im Rahmen einer freiwilligen Höhergruppierung durch den Arbeitgeber honoriert.

Es gibt auch Kollegen, die eine Doppelapprobation sowohl im Erwachsenen- als auch im Kinder- und Jugendlichenbereich anstreben oder sich nach einer Weiterbildung in der Verhaltenstherapie eine Zusatzqualifikation bei tiefenpsychologisch-orientierten Verfahren erarbeiten. Dies kann der Arbeitgeber ebenfalls durch Höhergruppierung vergüten.

An der Spitze steht die Besetzung einer Leitungsposition, z. B. als leitender Psychologe. Die damit verbundene Verantwortung schlägt sich durch die Eingruppierung in eine höhere Gehaltsstufe nieder. Allerdings sind Leitungspositionen selten und verlangen vom Bewerber hohe Fachkompetenz und langjährige klinische Praxis sowie eine dementsprechende zeitliche Investition bei der Ausübung der Leitungsposition.

Unabhängig von den Zusatzqualifizierungen ist es die Pflicht jedes Psychologen, sich regelmäßig fortzubilden, um die Behandlung der Patienten nach dem neuesten wissenschaftlichen Stand sicherzustellen. Es muss deshalb in regelmäßigen Abständen gegenüber den Psychotherapeutenkammern eine gewisse Anzahl an Fortbildungspunkten nachgewiesen werden, wie im folgenden Abschnitt erläutert wird.

Berufliche Weiterbildung

Die Psychotherapeutenkammer hat ein Punktesystem eingeführt, bei dem die Psychologen nach der Approbation in einem Zeitraum von fünf Jahren mind. 250 Fortbildungspunkte sammeln und bei der Kammer einreichen müssen. Berufliche Weiterbildung ist somit für alle Psychotherapeuten verpflichtend. Danach erhält man ein Fortbildungszertifikat, das die erfüllte Fortbildungspflicht bestätigt. Im TVöD sind fünf Fortbildungstage jährlich geplant, für die von der Klinik meist ein Zuschuss gezahlt wird.

Eine Qualifizierung durch regelmäßige Fortbildung wird von der Psychotherapeutenkammer sowohl bei angestellten als auch bei selbstständig tätigen Psychologen gefordert.

Selbstständigkeit

Nach erfolgreicher Approbation steht es jedem Psychologen frei, sich in einer eigenen Praxis niederzulassen (Abschn. 3.3). Dies bevorzugen nach einer Umfrage von 2011 57,5 % der Psychologen. Nur selten wird ein Angestelltenverhältnis mit einer Tätigkeit in der Praxis kombiniert (nur 9,8 % der 57,5 %), da dies in vielen Fällen nicht von der Klinikleitung genehmigt wird bzw. zeitlich schwer miteinander zu vereinbaren ist.

Es sind auch Veränderungen innerhalb einer selbstständigen Tätigkeit in der Praxis möglich, beispielsweise kann nach der Approbation mit den Krankenkassen direkt abgerechnet oder eine Sicherstellungsassistenz in einen halben Kassensitz umgewandelt werden.

Als Vorteile bei niedergelassenen Psychologen wurden in der Umfrage 2011 freie Zeiteinteilung und Wertschätzung der Arbeit durch Selbstwirksamkeitserfahrungen angegeben. Als Nachteile wurden aufgeführt: die Schwierigkeit, eine Kassenzulassung zu bekommen, Therapieanträge zu schreiben und der fehlende Austausch mit Kollegen.

Im Vergleich dazu trug bei den angestellten Psychologen besonders die Teamarbeit zur Zufriedenheit bei, daneben auch ein sicherer Arbeitsplatz mit geregelten Sozialleistungen. Unzufriedenheitsfaktoren waren schlechte Bezahlung, fehlende Anerkennung der beruflichen Qualifikation und geringe Aufstiegsmöglichkeiten in der Klinik.

Die Niederlassung in einer eigenen Praxis ist streng reglementiert. Man muss sich um einen Kassensitz bewerben und kann ihn nach einem aufwändigen Auswahlverfahren gegen Zahlung einer Ablösesumme übernehmen. Nur noch im Bundesgebiet Ost sind vereinzelt freie Kassensitze vorhanden, im Bundesgebiet West können nur Kassensitze von Psychologen, die in Rente gehen, erworben werden.

Kritisch diskutiert wird die Bedarfsplanung von Kassensitzen. Im Durchschnitt müssen Patienten oft ca. sechs Monate auf einen Therapieplatz warten, in ländlichen Regionen oft noch länger. Dennoch verweigert die kassenärztliche Vereinigung aktuell weiterhin eine erneute Bedarfsplanung, die neue Bevölkerungszahlen in der Berechnung berücksichtigen müsste.

Eine weitere Option ist die Selbstständigkeit in einer Privatpraxis, mit der man sich nach der Approbation ohne Kauf eines Kassensitzes niederlassen kann. Behandelt werden können Privatpatienten und Selbstzahler, wobei zu beachten ist, dass viele Tarife bei privaten Krankenversicherungen keine oder nur ein geringes Stundenkontingent an Psychotherapie übernehmen.

Die Rolle von Psychologen im Berufsfeld der Psychiatrie

Aktuell stellt die Tätigkeit in einer Psychiatrie sicherlich ein sehr interessantes Berufsfeld dar, da Psychologen dort sehr unterschiedliche Krankheitsbilder in verschiedener Ausprägung kennenlernen. Für junge Berufseinsteiger bedeutet dies eine hohe Lernkurve, sowohl hinsichtlich der Krankheitsbilder als auch im Umgang mit den einzelnen Patienten. Es macht Spaß, unterschiedliche Menschen kennenzulernen und die Behandlungserfolge seiner Patienten mitzuerleben. Wer gerne im Team arbeitet und sich einem Vorgesetzten unterordnen kann, ist hier als Psychologe genau richtig.

Da aktuell besonders viele Frauen im klinischen Bereich arbeiten, wird es eine Zukunftsaufgabe sein, männliche Psychologen/Psychotherapeuten für die Behandlung von Patienten und für die Übernahme geschlechtsspezifischer Aufgaben zu gewinnen. Die Zukunft der Psychiatrie und die Rolle des Psychologen bleiben spannend. Durch das neue Abrechnungssystem in der Psychiatrie OPS (Operationen- und Prozedurenschlüssel im Gesundheitswesen) werden mittlerweile auch psychotherapeutische Leistungen besonders berücksichtigt und erwirtschaften guten Gewinn. Der Psy-

Eine Perspektive aus der Wissenschaft

Prof. Dr. med. Dr. phil. Dorothea Huber ist Chefärztin an der Klinik für Psychosomatische Medizin und Psychotherapie, Klinikum Harlaching, Städtisches Klinikum München und Professorin an der International Psychoanalytic University (IPU), Berlin, in den Fächern Klinische Diagnostik und Forschungsmethoden:

Ich bin seit 35 Jahren in der Klinischen Psychologie tätig, sowohl an Universitätsinstituten, als auch an Universitätskrankenhäusern – es ist mir dabei noch keine fünf Minuten langweilig gewesen. Ein Haupteinsatzgebiet von Klinischen Psychologen an Psychosomatischen und Psychiatrischen Kliniken ist natürlich die psychotherapeutische Versorgung. Die zwei größten Therapieschulen, die auch vom deutschen Krankenkassensystem finanziert werden und an den meisten Kliniken praktiziert werden, sind die Psychodynamische Therapie und die Verhaltenstherapie. Ein weiteres großes Feld für Klinische Psychologen ist die klinische Diagnostik. Alle großen Psychiatrischen Kliniken haben eine eigene Abteilung mit mehreren Klinischen Psychologen. Es geht hier um Intelligenz- und Leistungsdiagnostik, aber auch um Persönlichkeitsdiagnostik, Diagnostik von bestimmten Krankheitsbildern und differenzialdiagnostische Überlegungen (z. B. die Unterscheidung von einem depressiven vs. einem dementen Konzentrations- und Leistungsdefizit).

Neben diesen beiden großen Einsatzbereichen von Klinischen Psychologen an Kliniken, nämlich der stationären Psychotherapie und der klinischen Diagnostik, werden Psychologen an Kliniken häufig in Forschungsprojekten wegen ihrer guten methodischen Ausbildung sehr geachtet und eingesetzt. Auch die Fähigkeit von Psychologen, basierend auf ihrer Ausbildung in Testaufbau und Testanalyse, für ganz spezifische Fragestellungen selbst Tests entwickeln zu können, ist hier häufig gefragt.

So wie ich es erlebt habe, bietet der klinische Bereich ein sehr abwechslungsreiches und vielfältiges Arbeitsfeld für Psychologen.

chotherapeut erfährt deshalb im Klinikalltag tendenziell eine Aufwertung. Aufgrund der aktuellen Abrechnungsmodalitäten besteht hoher Druck bei den Mitarbeitern in der Psychiatrie, die Patienten möglichst schnell und effektiv zu behandeln. Die Tendenz geht folglich dahin, dass ein Patient eher zu schnell entlassen wird. Es stellt sich zukünftig sicherlich die Frage nach einer angemessenen Effektivität bei der Patientenbehandlung mit einer sich anschließenden ambulanten Weiterbehandlung.

Eine effektive Behandlung ist oft nur durch eine gute interdisziplinäre Zusammenarbeit in der Psychiatrie möglich. Im interdisziplinären Fachteam wird es für die berufliche Zukunft des Psychologen wichtig sein, wie sich die Psychologen oder Psychotherapeuten weiterhin positionieren können. Eine entscheidende Aufgabe der Psychotherapeutenkammer wird sein, die Funktion und die Kompetenzen der Psychotherapeuten zu definieren und im Vergleich zu den Ärzten hervorzuheben und/oder abzugrenzen. Es sollte betont werden, dass sich insbesondere die Psychologen sowohl durch ihr Studium als auch durch die lange Weiterbildung für die selbstständige Durchführung von Psychotherapien qualifizieren.

Für eine positive Zukunftsperspektive ist es von Bedeutung, die berufliche Qualifikation von Psychologen der Allgemeinbevölkerung näher zu bringen. Sie muss darüber aufgeklärt werden, was es bedeutet, ein qualifizierter Psychotherapeut zu sein, und was der Unterschied zu einem Fachtherapeut ist, der nur Wochenendschulungen besucht hat. Die Gefahr besteht darin, dass der Begriff „Fachtherapeut" leicht mit „Facharzt" verwechselt wird. Seit 1999 ist der Titel „Psychotherapeut" durch das Psychotherapeutengesetz geschützt.

Die Psychiatrie bietet künftigen Psychologen ein spannendes Berufsfeld, das aber auch besondere Anforderungen an die Mitarbeiter stellt. Die Bereitschaft zur Weiterqualifizierung, große Lernfähigkeit sowie die Kunst des effektiven Arbeitens sind neben Stressbewältigungs- und Problemlösestrategien für Krisensituationen und sozialer Teamfähigkeit sicherlich wichtige Soft Skills für künftige Psychologen.

Anforderungen an eine Tätigkeit als Psychologe in der Psychiatrie

In den folgenden Abschnitten wird kurz dargestellt, wie man den Anforderungen, die an Psychologen in der Psychiatrie gestellt werden, begegnen kann.

Schwerpunktsetzung

Besonderes Interesse sollte man für die Diagnostik und Therapie klinischer Störungsbilder mitbringen. Ein Praxisseminar in Psychopathologie, in dem der Student erste Kontakte z. B. in einer Psychiatrie mit schizophrenen Patienten knüpfen kann, könnte hilfreich sein. Auch ein medizinisches Nebenfach, wie beispielsweise Psychosomatik, kann eine berufliche Weiche stellen. Auch die seit der Umstellung auf die gestuften Studiengänge immer häufiger angebotenen praxisorientierten Seminare über Kommunikationsfähigkeiten/soziale Kompetenzen – u. a. mit Hilfe von Videofeedback – können sofort bei Berufseinstieg gewinnbringend eingesetzt werden.

Bei der Diplom- oder Masterarbeit besteht manchmal die Möglichkeit, z. B. nach einem Praktikum in der Klinik eine wissenschaftliche Arbeit mit Patientendaten aus der Klinik zu verfassen. Neben der Möglichkeit, so schon während des Studiums anwendungspraktische Erkenntnisse zu sammeln und diese aufzubereiten, kann der angehende Psychologe sich auch gegenüber der Klinikleitung positionieren und über die von ihm zur Verfügung gestellten wissenschaftlichen Ergebnisse in Erinnerung bleiben.

Computer- und Sprachkenntnisse

Die gängigen Computerkenntnisse, wie Office-Anwendungen, sind wünschenswert. Sprachkenntnisse, z. B. Englisch oder Türkisch sind aufgrund einiger Patienten mit Migrationshintergrund sicherlich vorteilhaft.

Praktika

Sowohl im Diplom als auch in den Bachelor- und Masterstudiengängen sind in den entsprechenden Studienordnungen mehrwöchige Pflichtpraktika festgeschrieben. Aufgrund der oftmals großen Diskrepanz zwischen dem in den Lehrveranstaltungen vermittelten Wissen und dem psychologischen Berufsalltag ist es wichtig, sich über Praxiseinsätze, z. B. in einer Praxis oder Klinik, selbst ein realitätsnahes Bild von psychologischen Tätigkeiten zu machen. Bei Praktika ist eine intensive Anleitung des Praktikanten eine wichtige Voraussetzung für den Lernerfolg, sodass dies unbedingt bei einem Bewerbungsgespräch für eine Praktikumstelle durch den Praktikanten erfragt werden sollte.

Beurteilung des Psychologiestudiums aus Berufsperspektive

Im Psychologiestudium werden sehr viele interessante theoretische Inhalte vermittelt, die allerdings nicht direkt mit dem psychologischen Berufsalltag in einer Klinik zusammenhängen. So wäre es beispielsweise von Vorteil, die einzelnen psychischen Störungen intensiv anhand von Patienten während des Studiums durchzusprechen, was im Rahmen der oft anschließenden Weiterbildung zum Psychotherapeuten angerechnet werden könnte. Eine praxisorientierte Vorstellung der Durchführung, Auswertung und Interpretation von den in der Klinik relevanten Testverfahren erscheint ebenfalls sinnvoll. Aber auch Übungen für einen adäquaten Umgang mit Krisen- oder Stresssituationen sowie Kommunikations- und soziale Kompetenztrainings erleichtern den Einstieg in den psychotherapeutischen Berufsalltag.

Fazit

Ich bin sehr gern in der Kinder- und Jugendpsychiatrie tätig, da es für mich spannend ist, mit den unterschiedlichsten Patienten diagnostisch und therapeutisch zu arbeiten. Es macht mir auch viel Spaß, mich mit den Kollegen, die meist unterschiedlichste Spezialisierungen haben, auszutauschen und dazuzulernen.

Eine Perspektive aus der Praxis

Titel, Name	Dr. Katrin Rathgeber
Organisation	Freiberuflich in eigener Praxis, als Dozentin und Supervisorin; in der Leitung eines staatlich anerkannten Ausbildungsinstituts für PP/KJP; leitende Psychologin einer psychiatrischen Klinik – 1 Tag/Woche.
Berufsbezeichnung	Psychologische Psychotherapeutin
Schwerpunkte im Psychologiestudium	Klinische Psychologie und Organisationspsychologie
Wieso haben Sie sich für diese Tätigkeit entschieden?	Freiberuflichkeit: Flexibilität; breites Störungsspektrum und Freiheit in der Wahl von Spezialisierungen; Möglichkeit zu selbst gewählten Fort- und Weiterbildungen; im Rahmen der ambulanten Tätigkeit wird der komplette psychotherapeutische Behandlungsverlauf durchgeführt (nicht nur ausschnittsweise wie im stationären Rahmen); bessere Verdienstmöglichkeiten als im stationären Bereich; bessere Vereinbarkeit mit weiteren beruflichen Tätigkeiten sowie anderen Lebensbereichen; langfristig Möglichkeit der Arbeitszeitreduktion und ggf. neuer Praxisformen (Anstellung etc.). Ausbildungsinstitut: Möglichkeit zur Mitgestaltung von Ausbildungsstrukturen; Vermittlung von Wissen und Erfahrungen; Nähe zur Berufspolitik; Nähe zu Weiterentwicklungen psychotherapeutischer Methoden; anhaltende Reflexion therapeutischen Handelns. Psychiatrie: Interesse an Strukturen des Gesundheitssystems; Auseinandersetzung mit akuter und chronischer Symptomatik von psychischen Störungen sowie mit Psychopharmakotherapie; Berufspolitik – Psychologen in der Psychiatrie, Ausbildungskandidaten in der Psychiatrie.
Was glauben Sie, können Psychologen in diesem Berufsfeld bewegen?	Psychologen/Psychologische Psychotherapeuten sind eine zentrale Säule bei der Behandlung psychischer Störungen. Weder stationäre noch ambulante Behandlung psychischer Störungen ist noch ohne Psychotherapie, die überwiegend von Psychologen durchgeführt wird, vorstellbar. Die Psychologie stellt die theoretische Grundlage von Psychotherapie dar, sodass durch Psychologen auch Weiterentwicklungen der Psychotherapie zu erwarten sind. Durch erfolgreiche Arbeit ist von einer allmählichen Verbesserung des Berufsimages auszugehen sowie von realistischeren Vorstellungen über Psychotherapie in der Bevölkerung.
Was hat Sie an Ihrer Tätigkeit am meisten überrascht?	Dass keine Depression der anderen gleicht; das unerschöpfliche Weiterbildungspotenzial; dass das Vorurteil „Psychotherapie ist: ein wenig reden" so schwer auszumerzen ist.
Ist es überhaupt möglich, diesen Beruf mit einem normalen Familienleben zu vereinen?	Insbesondere die Freiberuflichkeit lässt sich gut auf die Bedürfnisse in anderen Lebensbereichen abstimmen.
Welchen Tipp haben Sie für Psychologen, die sich überlegen im klinischen Bereich zu arbeiten?	Sich bei jedem Klienten zu überlegen, weshalb die geplante Intervention genau bei dem Klienten wirken soll (also nach einem Erklärungsmodell zu arbeiten).
Stoßen Sie manchmal auf Vorurteile wegen Ihrer Ausbildung?	Leider ja. Dramatisch finde ich Vorurteile, wenn sie von nicht psychotherapeutisch tätigen Ärzten stammen.

Tab. 3.1 Bausteine der psychotherapeutischen Ausbildung

	Inhalt	Anzahl der Stunden	Kosten bzw. Verdienst
Theoretische Ausbildung	Grundkenntnisse	200 Stunden	Monatliche Ausbildungsgebühr (ab 50 Euro)
	Vertiefte Ausbildung, verfahrensspezifische Behandlungskonzepte und -techniken	400 Stunden	Monatliche Ausbildungsgebühr (ab 50 Euro)
Selbsterfahrung	Einzel-/Gruppenselbsterfahrung	Mind. 120 Stunden	Eine Stunde zwischen 50 und 75 Euro
Praktische Tätigkeit	Psychiatrisch klinische Einrichtung	Mind. 1200 Stunden	Meist unentgeltliche Tätigkeit, zwischen 0 und 1300 Euro
	Einrichtung der psychosomatisch/psychotherapeutischen Versorgung	Mind. 600 Stunden	Meist unentgeltliche Tätigkeit, zwischen 0 und 1300 Euro
Praktische Ausbildung	Patientenbehandlung meist in der Institutsambulanz	Mind. 600 Stunden	Evtl. Beteiligung an den Einnahmen durch die Abrechnung mit den Krankenkassen
	Supervision bei mind. 3 Supervisoren	Mind. 150 Stunden, davon mind. 50 Stunden Einzelsupervision	Eine Stunde zwischen 50 und 90 Euro
Freie Spitze	Literaturstudium, schriftliche Aufgaben, Workshops, Verwaltungsarbeit	Unterschiedliche Ausgestaltung je nach Ausbildungsinstitut	In der Regel keine Kosten

3.3 Tätigkeiten in eigener Praxis

Marie-Christine Fischer

Im folgenden Kapitel wird die Tätigkeit von Psychologen in eigener Praxis, insbesondere niedergelassenen Psychologischen Psychotherapeuten vorgestellt. Nach dem Psychologiestudium kann eine psychotherapeutische Ausbildung, wahlweise für Kinder und Jugendliche und/oder Erwachsene begonnen werden, mit der Option in einer Klinik oder in eigener Praxis Patienten psychotherapeutisch zu behandeln. Auch ist es möglich, als Psychologe ohne Psychotherapieausbildung selbstständig zu arbeiten. Laut dem Spiegel sind in Deutschland 13.369 Psychologische Psychotherapeuten und 3110 Kinder- und Jugendpsychotherapeuten mit Kassenzulassung tätig (Lubbadeh 2012). Anhand eines anschaulichen Beispiels wird der Alltag einer Psychologischen Psychotherapeutin beschrieben sowie im Anschluss auf die Anforderungen und Rahmenbedingungen der Tätigkeit als selbstständiger Psychotherapeut eingegangen. Zum Abschluss gewährt uns ein Experteninterview mit Fr. Dr. Stäbler einen persönlichen Einblick in den Alltag einer selbstständigen Psychotherapeutin.

Psychologe/Psychotherapeut in eigener Praxis – was ist das?

Die Berufe des Psychologischen Psychotherapeuten (PP) und Kinder- und Jugendpsychotherapeuten (KJP) basieren auf den gesetzlichen Grundlagen des „Gesetzes über die Berufe des Psychologischen Psychotherapeuten und des Kinder- und Jugendpsychotherapeuten" (PsychThG), das 1998 verabschiedet wurde. Aus dem PsychThG ist der Titelschutz des Psychotherapeuten, die Ermächtigung zur vertragsärztlichen Versorgung und die Mitgliedschaft zu den Kassenärztlichen Vereinigungen hervorgegangen. Die Ausbildung zum Psychotherapeuten wird im PsychThG ebenfalls beschrieben. Um im Rahmen einer niedergelassenen Tätigkeit in eigener Praxis die Therapiesitzungen mit den Krankenkassen abrechnen zu können, ist eine Approbation Voraussetzung. Man kann sich bei der Ausbildung zwischen unterschiedlichen Therapieformen entscheiden (Abschn. 3.1). Jedoch ist

Ein Szenario

Frau Müller, 35 Jahre alt, leidet seit einem halben Jahr an Antriebslosigkeit, empfundener Perspektivlosigkeit, an einem „Gefühl der Gefühllosigkeit" und an Zukunftsängsten. Nachts hat sie Schwierigkeiten ein- und durchzuschlafen und grübelt viel. Tagsüber ist sie schnell erschöpft und merkt, dass sie bei ihrer Arbeit als Kindererzieherin weniger belastbar ist. Nachdem Frau Müller ihrem Hausarzt ihre wahrgenommenen Veränderungen geschildert hat und dieser einen Verdacht auf eine depressive Episode als Ursprung ihrer Beschwerden erkennt, wird sie zu einem Psychologischen Psychotherapeuten überwiesen. Der Hausarzt empfiehlt ihr Frau Schneider, Psychologische Psychotherapeutin in Verhaltenstherapie, die noch freie Therapieplätze hat. Daraufhin vereinbart Frau Müller ein Erstgespräch bei Frau Schneider. Nach fünf probatorischen Sitzungen (Erstbehandlungssitzungen zur Klärung der Frage, ob Klient und Therapeut zusammenpassen und ob eine Psychotherapie sinnvoll ist) sowie nach einer ausführlichen Diagnostikphase erhebt Frau Schneider biografische und anamnestische Angaben, um der Krankenkasse von Frau Müller einen Antrag vorzulegen. Von Seiten der Krankenkasse wird die Therapie im Gesamtumfang von 45 Sitzungen à 50 Minuten/wöchentlich genehmigt. Vier Monate später geht es Frau Müller deutlich besser. Die depressiven Einbrüche kommen immer seltener vor, auch hat Frau Müller die dysfunktionalen Muster ihres Verhaltens erkannt.

Frau Müller ist eine von 18 Patienten, die von Frau Schneider ambulant behandelt werden. Frau Schneider teilt sich mit drei weiteren Kollegen (ein Arzt und zwei Psychologen mit anderer Therapieausrichtung) Praxisräume in München. Dabei gestaltet Frau Schneider ihre Arbeitszeiten selbstständig und verbringt von Montag bis Donnerstag täglich ca. acht Stunden in den eigenen Praxisräumen. Aufgrund der häufigen Berufstätigkeit ihrer Patienten bietet Frau Schneider auch Früh- und Spättermine um 7.00 Uhr und um 20.00 Uhr an. Seit einem halben Jahr hat sie zudem ihr Angebot für ihre Patienten um Beratung per E-Mail über einen geschützten Server erweitert. Neben den eigentlichen Therapiesitzungen teilt Frau Schneider ihren Stundenplan so ein, dass sie genug Zeit zur Vor- und Nachbereitung sowie für die Dokumentation der Sitzungen hat. Zudem plant sie Zeit ein für das Erstellen der Kassenanträge und der Therapieverlängerungen, für das Auswerten der Diagnostik- und Testbögen und das Erstellen von Berichten, wenn diese von Kliniken oder Kollegen benötigt werden. Aufgrund ihrer Zusatzqualifikation als Gruppentherapeutin bietet sie eine ambulante wöchentliche Gruppentherapie für junge Frauen mit Essstörungen, sowie ein wöchentliches Training sozialer Kompetenzen an. Um sich bei schwierigen Themen oder bei Unsicherheiten im Rahmen der Therapie Unterstützung zu holen, geht Frau Schneider einmal monatlich zu einer Supervisorin. Zum gegenseitigen Austausch hat Frau Schneider mit ehemaligen Ausbildungskollegen eine Intervisionsgruppe gebildet, die sich einmal monatlich in ihrer Praxis für ca. drei Stunden trifft. Frau Schneider nimmt außerdem regelmäßig an Fortbildungsveranstaltungen teil, die meist am Wochenende angeboten werden. Dabei sucht sie insbesondere nach Veranstaltungen zu ihren thematischen Schwerpunkten Essstörungen und depressive Störungen.

Ein halbes Jahr später geht es Frau Müller weiterhin zunehmend besser. In den Therapiesitzungen geht es aktuell nicht mehr vordergründig um die depressive Symptomatik, die sich erfreulicherweise stabilisiert hat. Der Fokus liegt auf dem Selbstwertaufbau und der Stärkung der Fähigkeiten, Grenzen zu setzen und Nein zu sagen.

Tab. 3.2 Vor- und Nachteile einer Psychotherapieausbildung

	Vorteile	Nachteile
Zeitrahmen	Teilzeitmodelle werden angeboten	Zeitintensive Ausbildung; Veranstaltungen an Abenden und Wochenenden (meist Freitag bis Sonntag)
Finanzielle Variablen	Finanzierungsmodelle möglich z. B. durch Bafög oder durch Bildungskredite, Finanzierungsprogramme durch Banken; Ermäßigungen bei den monatlichen Ausbildungskosten möglich	Kostenintensive Ausbildung (zwischen 10.000–100.000 Euro)
Vereinbarkeit von Familie und Beruf	Bei Teilzeitmodellen gute Vereinbarkeit möglich	Trotz Teilzeitmodell gute Organisation (z. B. bei Kindern) sowie finanzielle Absicherung notwendig
Vereinbarkeit von Ausbildung und Beruf	Teilzeitmodelle möglich; Verfugbarkeit weniger voll bezahlter Stellen zur Absolvierung der praktischen Tätigkeit; Möglichkeit einer Festanstellung nach Absolvierung der praktischen Tätigkeit	Bei Vollzeitmodellen Nebentätigkeit kaum moglich; Meistens sehr geringes Einkommen während der praktischen Tätigkeit
Psychotherapie	Kassenrechtliche Anerkennung für einen größeren Patientenkreis zugänglich; Möglichkeit zur Approbation	Einschränkung bei der Wahl des Therapieverfahrens; Großer bürokratischer Aufwand (Kassenanträge/Verlängerungsanträge etc.)
Inhalte der Ausbildung	Vertiefte Auseinandersetzung mit Basiskenntnissen aus dem Studium; Seminare und Workshops mit z. T. renommierten Psychotherapeuten/Praktikern	Inhalte sind nach Gegenstandskatalogen sortiert; Neuere/exotischere Therapieformen- und -Techniken werden meist nicht erlernt; Redundante Themen und qualitativ sehr heterogene Theorieworkshops
Vernetzung	Einbindung in einem Ausbildungskurs, dadurch Vernetzung und Austausch	

nicht jedes wissenschaftlich anerkannte Verfahren (beispielsweise Gestalttherapie oder Systemische Therapie) kassenrechtlich anerkannt und ermöglicht deshalb auch keine Abrechnung mit den Kassen im ambulanten Bereich. Nach den derzeit gültigen Psychotherapie-Richtlinien sind allein die tiefenpsychologisch-fundierte, die analytische und die verhaltenstherapeutische Psychotherapie kassenrechtlich anerkannte Verfahren. Mit diesem Ziel vor Augen ist nach dem Abschluss der Psychotherapie-Ausbildung, d. h. das Absolvieren der insgesamt mindestens 4200 Stunden (Abschn. 3.2) und das erfolgreiche Bestehen der schriftlichen und mündlichen Prüfung, zunächst die Approbation zu beantragen. Eine Übersicht über die unterschiedlichen Bausteine der Psychotherapie-Ausbildung bietet Tab. 3.1.

Wer sich niederlassen möchte, wie Frau Schneider im oben beschriebenen Beispiel, muss die Kassenzulassung beantragen. Dazu lassen sich PP bei der kassenärztlichen Vereinigung (KV) des jeweiligen Zulassungsbezirkes eintragen. Zurzeit werden Psychotherapeuten nach erfolgreicher Prüfung zunächst auf eine Warteliste gesetzt, da es in den meisten größeren Ballungsräumen (beispielsweise München, Berlin, Hamburg) aufgrund der „Überversorgung" keine Niederlassungsmöglichkeit – also keine freien Kassensitze – gibt. Approbierten Psychotherapeuten bleiben folgende Optionen: abwarten, sich in eine Praxis einkaufen (sehr kostenintensiv, 20.000 bis 50.000 Euro) oder über ein Job Sharing in eine bereits bestehende Praxis einsteigen. Laut den Bundespsychotherapeutenkammern leiden mindestens fünf Millionen Deutsche an einer psychischen Krankheit. Demgegenüber stehen Behandlungsplätze für höchstens 1,5 Millionen Patienten zur Verfügung. Auf ein Erstgespräch müssen Patienten durchschnittlich drei Monate warten. Aufgrund der Diskrepanz zwischen der hohen Nachfrage von Seiten der Patienten und der starken Reglementierung der Kassensitze entschließen sich viele approbierte Psychologen, eine Privatpraxis zu gründen. In Deutschland sind etwa 2000 Psychotherapeuten ohne Kassenzulassung tätig (Lubbadeh 2012). Aus Erfahrungswerten ist bekannt, dass Psychologen in eigener Privatpraxis aus finanziellen Gründen neben der Praxistätigkeit oftmals Teilzeitstellen in Kliniken und Jobs auf Honorarbasis aufnehmen. Wenn die Psychotherapieausbildung zu kostspielig oder zu zeitintensiv ist (die Kosten der Ausbildung liegen zwischen 10.000 und 100.000 Euro), besteht ebenfalls die Möglichkeit, als Psychologe ohne Psychotherapieausbildung eine eigene Privatpraxis zu gründen. Thematisch sind die Angebotsmöglichkeiten unendlich: Ob Stressprävention, Coaching oder Beratung – Psychologen können je nach Interessen und Wissen ihre Dienste anbieten.

In Tab. 3.2 finden Sie eine Zusammenfassung der möglichen Vor- und Nachteile einer Psychotherapieausbildung, die die Entscheidung bzgl. der Gründung einer Privatpraxis sicherlich beeinflussen.

Sobald Psychotherapeuten ihre Approbation erlangt haben, werden sie von den Psychotherapeutenkammern angeschrieben, da eine Mitgliedschaft in der jeweils zuständigen Psychotherapeutenkammer obligatorisch ist. Diese Mitgliedschaft bringt die Verpflichtung mit sich, neben dem Leisten von Mitgliedsbeiträgen (ca. 300 Euro) Fortbildungspunkte zu sammeln (250 Punkte in fünf Jahren). Fortbildungspunkte können u. a. durch die Teilnahme an Fort- und Weiterbildungen (die Kosten werden meist selbst getragen), Intervision, Supervision oder Lektüre von Fachliteratur erlangt werden.

Psychologen in eigener Praxis – ein ganz besonderes Tätigkeitsfeld?

In einer eigenen Praxis trifft man in der Regel keine Patienten mit schweren psychischen Störungen an, wie beispielsweise Patienten mit einer akuten Psychose. Meist kommen Patienten mit psychischen Störungen, die im Rahmen einer ambulanten Behandlung gut zu unterstützen und zu „halten" sind. Psychotherapeuten diagnostizieren und behandeln psychische Krankheiten, wobei hauptsächlich zwei Dinge wichtig sind: Zum einen der Aufbau einer tragfähigen therapeutischen Beziehung, zum anderen die Anwendung von Reflexionstechniken, und je nach Therapiemethode auch praktische Übungen und „Hausaufgaben", die während der Therapie gelernt und eingeübt werden.

Typischer Ablauf eines Therapieprozesses

Der Psychotherapeut vereinbart einen ersten Gesprächstermin zum Kennenlernen und zur Abklärung, ob eine behandlungsbedürftige Erkrankung vorliegt. Die ersten fünf Sitzungen (die sog. probatorischen Sitzungen, die von der Krankenkasse übernommen werden) geben die Möglichkeit, sich gegenseitig kennenzulernen und für beide Parteien herauszufinden, ob eine gemeinsame therapeutische Arbeit möglich ist oder nicht. Wenn eine gemeinsame Arbeit möglich ist, muss sowohl der Patient als auch der Psychotherapeut bei der Krankenkasse einen Antrag auf Psychotherapie stellen. Wird eine Langzeittherapie beantragt, muss der Therapeut zusätzlich einen Bericht schreiben, in dem er die Notwendigkeit der Behandlung begründen muss. Dieser Bericht wird von einem psychotherapeutischen Gutachter überprüft. Befürwortet der Gutachter die Behandlung, übernimmt die Krankenkasse die Kosten und es kann mit der Psychotherapie begonnen werden. Erst nach der Probatorik und der Kostenübernahme wird eine bestimmte Therapie mit Zielen und Teilschritten gemeinsam erarbeitet. In der ersten Therapiephase geht es darum, dass der Patient seine Erkrankung besser versteht (Psychoedukation) und dass eine vertrauensvolle und tragfähige therapeutische Beziehung entsteht. In der mittleren Therapiephase, welche den größten Teil der Behandlung ausmacht, geht es darum, sich mit den Themen und Problemen des Patienten auseinanderzusetzen und Wege und Strategien zu finden, diese zu bewältigen. Die Schwerpunkte und Inhalte der Psychotherapie sind sehr individuell und abhängig vom angewandten Therapieverfahren und von den Vorerfahrungen, Fähigkeiten und Ressourcen des Patienten. Der Abschluss einer Therapie geht immer einher mit Abschiednehmen und fällt vielen Patienten (und naturgemäß auch Therapeuten) oft schwer. In den letzten Therapiestunden sollte gemeinsam mit dem

Gründung einer Privatpraxis

Frau Natalie Fischer, Psychologin in eigener Praxis am Starnberger See berichtet von ihren Erfahrungen über die Gründung einer Privatpraxis:
Nach relativ weit fortgeschrittener Verhaltenstherapieausbildung ruht diese derzeit, um mehr Zeit für meine kleine Tochter und mich selbst zu haben, doch das Wissen daraus sowie aus einer Vielzahl von Zusatzausbildungen kann ich in meiner ambulanten Arbeit auch ohne Approbation und Kassenzulassung weitergeben. Die Verfahren, die ich anbiete, finden in der Regel – trotz ihrer Effizienz – sowieso keine Kostenübernahme durch die gesetzlichen Kassen. Ich arbeite als Zertifizierte Biofeedbacktherapeutin, habe Klinische Hypnose gelernt und lasse in meine achtsamkeitsbasierte Psychotherapie u. a. Meditations- und Entspannungstechniken mit einfließen. Außerdem gebe ich Seminare und Unterricht zu verschiedensten psychologischen Themen (u. a. Kommunikation, Stressbewältigung, Entspannung und Biofeedback). Die Leistungen, die ich psychotherapeutisch erbringe, werden auf Selbstzahlerbasis abgerechnet bzw. bei privaten Kassen in der Regel bezuschusst oder sogar übernommen (Basis hierfür ist die Psychotherapieerlaubnis nach dem Heilpraktikergesetz). Ich habe mich gegen die Weiterführung der Therapieausbildung entschieden, weil dieser Weg mit Familie und mehreren Jobs zeitlich und finanziell schwer zu vereinbaren ist. Ich habe es nicht bereut: Die Nachfrage nach meinen Leistungen ist da, und ich genieße es, inhaltlich frei arbeiten zu können und dabei keinen Kassenantrags- und Kostenabrechnungsaufwand betreiben zu müssen.

Patient das Abschiednehmen und die damit verbundenen Gefühle und Gedanken reflektiert werden. Außerdem geht es darum, dass der Patient die Therapie Revue passieren lässt und sich für seine weitere Zukunft rüstet. In diesem Zusammenhang begegnet man häufig folgenden Fragestellungen: Habe ich meine Ziele erreicht? Welches sind die weiteren Ziele? Was kann ich tun, wenn meine Beschwerden wieder auftreten? Es werden gewöhnlich Notfallpläne und Strategien zur Rückfallprophylaxe erarbeitet.

Rahmenbedingungen als Psychotherapeut

Als Psychologe ohne Therapieausbildung und in eigener Praxis ist die Gestaltung weniger abhängig von den Vorgaben der Krankenkassen. Das ermöglicht eine freiere Arbeitsgestaltung. Hier können gemeinsam mit dem Patienten Zeitrahmen und Ziele besprochen werden. In der Regel ist der Ablauf der Sitzungen wie oben beschrieben, kann jedoch auch variieren, wenn anstatt einer Psychotherapie eher eine Beratung oder ein Coaching im Vordergrund steht.

Der „Psychomarkt“ ist sicherlich eine Berufsnische mit Zukunft. Leider wird allerdings deutlich, dass immer mehr unseriöse und wenig wissenschaftlich gesicherte Therapieangebote Menschen in Not anziehen können und mit Angeboten von selbstständigen Psychologen in Konkurrenz stehen. Auch sind neben Psychologischen Psychotherapeuten viele Ärztliche Psychotherapeuten (ÄP) in eigener Praxis zu finden, die ebenfalls als Konkurrenten betrachtet werden können. In Deutschland sind etwa 5322 ÄP mit Kassenzulassung tätig. Anzumerken ist, dass Psychologische Psychotherapeuten die zeitlich intensivere Ausbildung zum Psychotherapeuten absolvieren. Das Curriculum für ÄP beinhaltet ca. 600 Stunden, das Curriculum für PP über 4000 Stunden.

Aufgaben und Arbeitszeiten im Rahmen der Tätigkeit

Die Arbeitszeiten sind meist flexibel, zumal man meist alleine in eigener Praxis arbeitet. Jedoch sind auch in diesem Berufsbereich der Psychologie die Arbeitszeiten stark von den Bedürfnissen der Patienten abhängig. In der Tat bieten niedergelassene Psychotherapeuten immer öfter Früh-, Spät- oder Wochenendtermine an, um sich den beruflichen Erfordernissen der Patienten anzupassen. Eine Terminplanung mit Erwachsenen scheint gestaltbarer zu sein als mit Kinder- und Jugendlichen, da diese an Kindergarten- und Schulzeiten fest gebunden sind.

In der Verhaltenstherapie findet in der Regel wöchentlich eine 50-minütige Sitzung statt. Eine Kurzzeittherapie umfasst 25 Sitzungen, eine Langzeittherapie 45 Sitzungen. In besonderen Fällen kann sie auf bis zu 80 Sitzungen verlängert werden. Die analytische Psychotherapie wird normalerweise mit zwei bis drei Sitzungen wöchentlich veranschlagt. Insgesamt umfasst in diesem Falle eine Psychotherapie in der Regel 160 Sitzungen, kann aber bis auf 300 Sitzungen verlängert werden. In der tiefenpsychologisch-fundierten Psychotherapie findet wöchentlich eine Sitzung statt. Diese umfasst bis zu 50 Sitzungen, kann aber bis auf 100 Sitzungen verlängert werden.

In einer Studie von Hessel et al. (2009) geben 55,7 % der befragten niedergelassenen Psychotherapeuten an, mehr als 45 Wochenstunden abzuleisten und 8,2 % geben sogar an, eine wöchentliche Arbeitszeit von mindestens 60 Stunden zu haben. Innerhalb dieser Arbeitszeiten werden durchschnittlich 27,7 Patienten pro Woche behandelt.

Die Aufgaben des Psychologen in niedergelassener Praxis gleichen denen, die in Abschn. 3.2 vorgestellt werden. Neben der Diagnostik, der Psychoedukation, den Therapiesitzungen, der Krisenintervention und eventueller Gutachtenerstellung beinhaltet die Tätigkeit als niedergelassener Therapeut folgende Aufgabenbereiche:

- Anträge stellen/Verlängerungen schreiben
- (Therapie-)berichte schreiben (für die Krankenkassen oder nach Beendigung der Therapie)
- Austausch mit Kollegen/Telefonanrufe bei Ärzten und Krankenkassen/evtl. Planung von Klinikaufenthalten etc.
- Vor- und Nachbereitungen der Sitzungen (z. B. Nachlesen von Therapiemanualen, Informationssuche über bestimmte Medikamente, Planung eines Konfrontationstrainings)
- Im Kinder und Jugendbereich: Schulbesuche, Vernetzung mit Lehrern, Logopäden, Sozialpädagogen etc.
- Dokumentation der Sitzungen (kurze Zusammenfassung der Therapiesitzung mit Zielen und nachfolgenden Schritten)
- Rechnungen schreiben
- Buchhaltung

Als Selbstständiger in eigener Praxis können zusätzliche Angebote wie Gruppentherapie oder Notfalltelefonate, Telefonsprechstunden, E-Mail- oder SMS-Kontakte mit dem Patienten individuell vereinbart werden. Dabei ist zu beachten, dass viele dieser Zusatzangebote (gerade Therapiemöglichkeiten mit neuen Medien beispielsweise Apps oder E-Mail-Chats etc.) von den Krankenkassen aktuell nicht in dieser Form übernommen werden.

Zu Beginn der Therapie können mit Zustimmung des Patienten zusätzlich Angehörige (z. B. Eltern oder Partner) zu einem gemeinsamen unterstützenden Gespräch eingeladen werden. Auch können bei störungsspezifischen Interventionen Hausbesuche oder Exkursionen notwendig werden, z. B. ein Hausbesuch mit Exposition bei einer Patientin mit Zwangsstörung oder eine Konfrontation im Tierpark bei einem Patienten mit spezifischer Spinnenphobie. In Abb. 3.2 werden die Aufgaben eines Psychotherapeuten in eigener Praxis dargestellt.

Psychotherapeuten können – auch wenn sie sich nicht mehr in der Ausbildung befinden – an Supervisionssitzungen (Besprechung von Patienten mit einem erfahrenen Psychotherapeuten) teilnehmen. Laut Angaben niedergelassener Psychotherapeuten werden diese in der Regel monatlich in Anspruch genommen.

Auch Intervision ist ein Angebot, das von vielen Psychotherapeuten genutzt wird. In diesen, meist monatlich angebotenen Sitzungen, werden Patienten mit weiteren Kollegen (beispielsweise in der eigenen Praxisgemeinschaft) besprochen. Intervisionen dienen dem Ideenaustausch, der Stärkung und Unterstützung im psychotherapeutischen Verlauf. Sie können störungsspezifisch (z. B. essstörungs-

Uhrzeit	Tätigkeit
08:15	Erste Therapiesitzung, Frau M., Patientin mit depressiver Episode (50 Minuten -- 5 Minuten Pause)
09:10	Zweite Psychotherapiesitzung, Herr S., Patient mit sozialer Phobie
10:10	Dritte Therapiesitzung, Frau H., Erstgespräch
11:00	Dokumentation der ersten drei Sitzungen, Beantworten von E-Mails
11:30	Vierte Therapiesitzung, Frau A., Patientin mit depressiver Episode
12:20	Mittagspause
13:00	Telefonsprechstunde
13:30	Dokumentation, Psychotherapieantrag für Frau S. schreiben
14:30	Fünfte Therapiesitzung, Frau A., Patientin mit Anorexia nervosa
15:30	Sechste Therapiesitzung, Herr T., Patient mit Somatisierungsstörung
16:30	Vorbereitung des sozialen Kompetenztrainings für einen Angstpatienten
17:00	Siebte Therapiesitzung, Herr M., Patient mit sozialer Phobie
17:50	Dokumentation der letzten vier Sitzungen, bürokratische Tätigkeiten
19:00	Feierabend

Abb. 3.2 Beispiel für einen Tagesablauf eines Psychotherapeuten in eigener Praxis

spezifische Intervision) oder störungsübergreifend genutzt werden und werden eigenständig von den Intervisionsteilnehmern oft in den eigenen Praxisräumen organisiert.

Internationalität als Psychotherapeut

Die Studiengänge und Qualifikationsanforderungen, die zu einer selbstständigen und eigenverantwortlichen Berufstätigkeit als Psychologe oder Psychotherapeut führen, unterscheiden sich weltweit teilweise erheblich. Womöglich wird sich das auch mit der Einführung der formal einheitlichen Studiengänge Bachelor und Master nicht oder nur geringfügig ändern. Auch können sich das Verständnis von Psychotherapie und die Zielsetzung von Therapien von Land zu Land erheblich unterscheiden. In Frankreich dient Psychotherapie neben der störungsspezifischen Zielsetzung der persönlichen Veränderung, Reifung und Stärkung im Sinne eines inneren Wachstumsprozesses (Sonnenmoser 2011). Zudem sind die Berufsbezeichnungen „Psychotherapeut“ und „Psychoanalytiker“ nicht geschützt, die Psychotherapie-Ausbildung nicht gesetzlich geregelt und Berufsausübende nicht registriert. Somit steht der Zugang zum Beruf des Psychotherapeuten jedem auch ohne Qualifizierung und fachliche Ausbildung offen. Ähnlich ist die Situation beispielsweise auch in Österreich, Polen oder Großbritannien. Auch können die Studiengänge unterschiedliche Schwerpunkte bzw. Orientierungen an bestimmten Psychotherapieschulen haben: In Frankreich ist die Ausbildung gekoppelt mit einer starken psychoanalytischen, in Spanien hingegen mit einer kognitiv-behavioralen Ausrichtung. In Ländern außerhalb Europas wie beispielsweise China wurde seit November 2002 damit begonnen, eine Art Staatsexamen für Psychotherapie in ganz China einzuführen, um die Ausübung der Psychotherapie zu lizenzieren. Unabhängig davon dürfen in China Personen mit ganz unterschiedlichen Bildungs- und Berufsabschlüssen Beratung und Psychotherapie anbieten.

Vor diesem Hintergrund ist eine Niederlassung in eigener Praxis außerhalb Deutschlands abhängig vom Status, von der Berufsbezeichnung, von den Anforderungen und Erwartungen der Patienten sowie von den Strukturen des Gesundheitssystems und somit mit einem gewissen Risiko verbunden. Noch ist wenig über Anerkennungsverfahren bekannt. Das Europäische Zertifikat in Psychologie der Vereinigung Europäischer Psychologenverbände European Federation of Psychologists Associations (EFPA) ist ein erster Ansatz, „europaweite gültige Bildungs- und Ausbildungsstandards zu bescheinigen und seinen Inhaber als einen in seinem Fachgebiet kompetenten und vertrauenswürdigen Psychologen auszuweisen“ (European Federation of Psychologists Associations 2012). Auch bilden sich immer mehr überregionale Kooperationsprojekte in der Psychotherapie, wie beispielsweise die

Deutsch-Chinesische Akademie für Psychotherapie e. V., die Deutsch-Türkische Gesellschaft für Psychiatrie, Psychotherapie und psychosoziale Gesundheit e. V. oder die gemeinnützige GmbH Psychologen über Grenzen.

Einkommen

Das Einkommen niedergelassener Psychotherapeuten oder Psychologen hängt von der Anzahl der abgeleisteten Therapiestunden und somit dem Arbeitsumfang ab. Auch unterscheidet sich das monatliche Einkommen von approbierten Psychotherapeuten von nichtapprobierten Psychotherapeuten und steht in einem engen Zusammenhang mit den angebotenen Leistungen: Eine Verhaltenstherapiesitzung kostet ca. 80–100 Euro, eine Biofeedbacksitzung ca. 110 Euro. Nach Angaben der Kassenärztlichen Bundesvereinigung verdient ein niedergelassener Psychotherapeut mit eigener Praxis durchschnittlich 65.500 Euro brutto im Jahr, d. h. von diesem Betrag müssen neben den üblichen Sozialabgaben noch die notwendigen Aufwendungen für Praxisräume und Infrastruktur sowie sonstige Praxiskosten abgezogen werden. In einem Artikel der *Zeitschrift für Medizinische Psychologie* (Hessel et al. 2009) zur Einkommenssituation von niedergelassenen Psychotherapeuten wird jedoch berichtet, dass im Jahr 2004 fast die Hälfte (47,2 %) aller an einer Befragung teilnehmenden Psychotherapeuten aus mehreren Bundesländern in Ost- und Westdeutschland ein Nettoeinkommen nach Abzug von Steuern und Sozialversicherungen von 30.000 Euro pro Jahr (entspricht ca. 2500 Euro/Monat) haben.

Persönliche Weiterbildung

Neben den obligatorischen 250 Fortbildungspunkten, die als Psychologischer Psychotherapeut alle fünf Jahre zu erbringen sind, empfiehlt es sich darüber hinaus, weitere zusätzliche Verfahren und Therapieformen zu erlernen, deren Anwendungsbereiche störungsübergreifend oder störungsspezifisch sein können. Dabei gilt es zu beachten, dass zusätzliche Therapieverfahren größtenteils privat abgerechnet werden müssen, da diese von den Kassen oft nicht rechtlich anerkannt sind. In den Tab. 3.3 und 3.4 werden unterschiedliche zusätzliche Therapieformen und Zusatzqualifikationen aufgezeigt. Die Mehrzahl der Psychotherapeuten/Psychologen bieten neben dem gewählten kassenrechtlich anerkannten Verfahren zusätzliche therapeutische Angebote an. Ein Blick auf die Visitenkarten und Webseiten niedergelassener Psychologen untermauert diese Annahme.

Tab. 3.3 Eine Auswahl kassenrechtlich nichtanerkannter Verfahren

Therapieform	Informationsquellen
Systemische Therapie	www.dgsf.org
Gestalttherapie	www.dgik.de
Logotherapie	www.logotherapie-gesellschaft.de
Psychodrama	www.psychodrama-deutschland.de
Körpertherapie	www.koerperpsychotherapie-dgk.de
Mal-/Kunst-/Gestaltungstherapie	www.dgkt.de
Musiktherapie	www.musiktherapie.de
Tanztherapie	www.dgt-tanztherapie.de
Hypnotherapie	www.dgh-hypnose.de
Provokative Therapie	provokativ.com.nx05.online-netz.de
Bio- und Neurofeedbacktherapie	www.dgbfb.de
Traumatherapie	www.degpt.de

Anforderungen an eine Tätigkeit als Psychologe in eigener Praxis

Neben den fachlichen Kompetenzen, die man im Studium und in ersten Praktika erworben haben sollte, sind Empathie, Offenheit, Interesse, Beziehungsfähigkeit und Reflexionsfähigkeit wichtige Grundvoraussetzungen für den psychotherapeutischen Beruf. In der Ausbildung geht es hauptsächlich darum, diese Fähigkeiten auszuweiten und zu lernen, wie Beziehungsprozesse ablaufen und dabei die eigenen Grenzen und die des Patienten wahrzunehmen und zu akzeptieren. Besonders wichtig ist es, auch die bei sich selbst ablaufenden Prozesse und aufkommenden Empfindungen zu reflektieren und diese von denen der Patienten abzugrenzen. Im Rahmen des Studiums und der Ausbildung ist ein Blick über den Tellerrand wichtig: Interesse für tiefergehende Kenntnisse von Störungen und

Eine Perspektive aus der Wissenschaft

Prof. Dr. Markos Maragkos ist Professor in Vertretung am Lehrstuhl für Klinische Psychologie und Psychotherapie an der Ludwig-Maximilians-Universität München, Psychologischer Psychotherapeut und lizenzierter Traumatherapeut. Im folgenden Abschnitt erläutert er, was Psychologen in eigener Praxis leisten können und was im Studium und auf dem Weg zu einer (niedergelassenen) Psychotherapeutentätigkeit zu empfehlen ist:

Psychologen in niedergelassener Praxis können meiner Meinung nach viel erreichen: Sie können Menschen in ausweglos erscheinenden Situationen (Schicksalsschlägen) helfen, wieder einen Faden zum Leben zu finden. Auch wird deutlich, dass sich Menschen im psychotherapeutischen Setting „berührbar" zeigen und dass in einem vertrauensvollen Rahmen der zwischenmenschliche Kontakt die beste Möglichkeit bietet, zu helfen. Ich empfehle, während des Studiums den Schwerpunkt auf den Bereich Klinische Psychologie zu legen und Interesse für Teilbereiche, beispielsweise Traumafolgestörungen oder Zwangsstörungen, zu entwickeln. Auch sollte die Diplom- bzw. Masterarbeit im Klinischen Bereich geschrieben werden. Eine Dissertation ist nicht obligatorisch, ist aber ein „schönes Aushängeschild" für die eigene Praxis. Im Rahmen des Studiums geben Praktika im klinischen Bereich einen guten Einblick in die Tätigkeit und somit einen Vorgeschmack auf die weitere, eventuelle freiberufliche Tätigkeit in eigener Praxis.

Auf dem Weg zur Psychotherapie-Ausbildung und zur Tätigkeit als niedergelassener Psychotherapeut sollten sich Studenten und junge Psychologen überlegen, ob sie es „aushalten", tagtäglich Menschen mit psychischen Schwierigkeiten zu sehen und ihnen Unterstützung zu geben. Für mich wäre das als alleinige Tätigkeit nicht auszuhalten, weswegen ich zusätzlich in der Lehre und in zahlreichen Projekten, beispielsweise im Bereich der Psychotraumatologie, tätig bin. Zu Beginn der psychotherapeutischen Tätigkeit hatte ich Angst vor der Verantwortung und davor, einen Fehler zu machen, der „kostet". Umso wichtiger ist es, Supervision und Intervision in Anspruch zu nehmen, bei der Wahl des Instituts darauf zu achten, welche (Unterstützungs-)Angebote möglich sind, Austausch mit Kollegen sowie gute und stabile Strategien zum „Abschalten" zu haben.

Angehenden Psychotherapeuten, insbesondere denjenigen, die eine Tätigkeit in niedergelassener Praxis anstreben, sollte klar sein, dass eine psychotherapeutische Tätigkeit anstrengend, zeitaufwändig und mit viel Bürokratie verbunden ist. Um Beruf und Familie zu vereinbaren, ist es wichtig einen Partner zu haben, der Verständnis für späte Arbeitszeiten oder Veranstaltungen am Wochenende hat. Auch sollte man als Psychotherapeut bereit sein, sich selbst auf eine gute Weise fortwährend in Frage zu stellen. In diesem Zusammenhang ist auch Selbsterfahrung notwendig und bereichernd.

Bezüglich der Tätigkeit als niedergelassener Psychologe begegnet man im privaten und ambulanten Bereich zahlreichen Vorurteilen und Unwissen von Seiten anderer. Aus meiner Berufserfahrung kenne ich die weitreichende Meinung, dass Psychologen alles wussten oder selbst keine Probleme oder Schwierigkeiten hätten. Der typische Satz, dem jeder in diesem Beruf begegnen kann und dem auch ich begegnet bin, lautet: „Du als Psychologe müsstest doch ..." Aufgrund dieser Vorurteile ist es im Rahmen einer ambulanten Therapie wichtig, dem Patienten die Möglichkeiten und Grenzen einer Psychotherapie zu erklären und genaue Berufsbezeichnungen und Unterschiede (z. B. zwischen der Rolle eines Psychiaters und eines Psychotherapeuten) zu erläutern.

Kurz zusammengefasst kann das Studium der Psychologie eine gute Basisqualifikation für die spannende und abwechslungsreiche Arbeit als (niedergelassener) Psychologe darstellen. Eine Ausbildung zum Psychotherapeuten stärkt die Verbindung zwischen Theorie und Praxis, die Auseinandersetzung mit sich selbst und die Kompetenzen zum Aufbau einer tragfähigen Therapeut-Patient-Beziehung.

Tab. 3.4 Eine Auswahl kassenrechtlich teils anerkannter Zusatzqualifikationen

Zusatzqualifikation	Informationsquellen
Psychoonkologie/Psychokardiologie	www.dapo-ev.de www.pso-ag.de dgk.org
Klinische Neuropsychologie	www.gnp.de
Notfallpsychologie	www.bdp-klinische-psychologie.de/fachgruppen/gruppe16.shtml
Entspannungsverfahren (Autogenes Training, PMR)	www.dg-e.de
Störungs- bzw. Problemspezifische Trainings (u. a. soziales Kompetenztraining, emotionales Kompetenztraining, ADHS-Training, Selbstsicherheitstraining, Anti-Aggressions-Training, Stressbewältigungstraining); Psychotherapeutische Therapieunterformen (beispielsweise Schematherapie, Katathymes Bilderleben, Akzeptanz- und Commitmenttherapie, dialektisch-behaviorale Therapie)	Diese werden in Ausbildungsinstituten, Kliniken oder Privatakademien in ganz Deutschland angeboten.

ihrer Genese, Interventionstechniken, neuere Forschungsergebnisse und Fertigkeiten sowie Fortbildungsmöglichkeiten sind Pflicht.

Der Weg zur Niederlassung in eigener Praxis ist auch mit Anstrengung und Risiken verbunden. Gerade Ausbildungskandidaten sollten in Anbetracht der geringen Bezahlung und der teils mangelhaften Betreuung im Rahmen der praktischen Ausbildung eine hohe Motivation und Frustrationstoleranz besitzen. In dieser oft stressreichen Zeit berichten Psychotherapeuten in Ausbildung (PiA), dass sie zwischen Unter- und Überforderung schwanken. 2012 kam es verstärkt zu Demonstrationen und Streiks („Psychotherapeuten in Ausbeutung"), um die desolaten Ausbildungszustände publik zu machen und eine Verbesserung des Vergütungszustandes zu erreichen. Um die aktuellen Entwicklungen und die Veränderungen der Psychotherapieausbildung zu verfolgen, empfiehlt sich zu Beginn der Psychotherapieausbildung die Vernetzung mit anderen Psychotherapeuten in Ausbildung sowie das Nutzen der Angebote von Berufsverbänden. Ein Überblick über diese Angebote wird in Tab. 3.5 dargestellt.

Jeder angehende Psychotherapeut sollte genau wissen, was sein eigenes Therapieverfahren leisten kann und sollte zusätzlich noch andere, kassenrechtlich nichtanerkannte Verfahren kennen.

Schwerpunktsetzung

Zu empfehlen ist ein Schwerpunkt im Bereich der Klinischen Psychologie oder ein Master mit Schwerpunkt Klinischer Psychologie (Abschn. 3.1). Klinische Psychologie vermittelt wissenschaftliche und praktische Kompetenzen bei der Erkennung und Behandlung psychischer Störungen. Wer eine Ausbildung in Kinder- und Jugendlichenpsychotherapie anstrebt, sollte bei der Wahl des Studienorts darauf achten, dass Entwicklungspsychologie als Schwerpunkt im Master angeboten wird.

Einige Universitäten bieten eine Anzahl an Nebenfächern, die von Psychologiestudierenden besucht werden können: empfehlenswert für eine psychotherapeutische Ausbildung bzw. eine Tätigkeit

Work-Life-Balance bei Psychotherapeuten

Eine Studie von Brähler et al. (2005) befragte Psychologen nach ihrer Zufriedenheit mit ihrer Tätigkeit. 55 % seien durch den Verwaltungsaufwand, 47 % durch zu wenig Zeit für das Privatleben und 46 % durch zu wenig Freizeit stark belastet. Weitere starke Belastungen seien u. a. Zeitdruck, finanzielle Sorgen, unsichere berufliche Zukunft und hohe Verantwortungsübernahme für Menschen. Auch im Bereich der Partnerschaft erfahren Psychotherapeuten, dass ihre Kapazität als einfühlsamer Zuhörer nach einem langen Arbeitstag erschöpft ist. Außerdem werden sie mit den Erwartungen von Partner und Familie konfrontiert, auch privat alle Probleme zu lösen (Müller 2003). Außerdem geben 19,1 % der Befragten an, dass der Beruf negative Einflüsse auf die Partnerschaft hat.

Auf dem Hintergrund dieser Studien scheint die Fähigkeit, zwischen Beruf und Privatleben/Familie zu trennen und als Psychologe/Psychotherapeut auf sich und seine eigenen Belastungsgrenzen zu achten, besonders wichtig zu sein. Fr. Dr. Stäbler (siehe Abschnitt „Eine Perspektive aus der Praxis") empfiehlt aus eigener Erfahrung Folgendes: „Für mich ist es wichtig, klare Arbeitszeiten festzulegen und einzuhalten, mir selber klare Regeln zu schaffen und Grenzen zu setzen (beispielsweise: wann ist das Notfallhandy an und wann nicht). Gleichzeitig sehe ich es als Notwendigkeit, mir genug und komplette Auszeiten zu gönnen, was durchaus bedeuten kann, dass im Urlaub Mail- und Handyfreie Zeit herrscht. Zudem erachte ich die Trennung von Wohn- und Arbeitsort als sinnvoll, da ich den Arbeitsweg zum ‚Umschalten' nutzen kann. Was mir zusätzlich hilft, sind Super- und Intervision sowie Tür- und Angelgespräche mit den Kollegen. In diesem Rahmen nutze ich die Zeit, um über Patientenprobleme zu sprechen".

Die Tätigkeit in eigener Praxis ermöglicht eine flexible Arbeitseinteilung, die eine Tätigkeit in Kombination mit dem Aufbau einer Familie möglich macht. Jedoch erwähnt Fr. Dr. Stäbler in diesem Zusammenhang: „Ein Problem ist, dass man mit Familie ja in der Regel nur Teilzeit arbeiten kann. Das bedeutet, man hat nur die Hälfte an Einkünften wie ein Vollzeit arbeitender Psychotherapeut, aber nahezu die gleichen Kosten!" Laut Fr. Dr. Stäbler ist, wie sicher in vielen anderen anspruchsvollen und zeitintensiven Berufen auch, eine niedergelassene Tätigkeit nur dann möglich, wenn man viel Unterstützung hat bzw. sich organisiert und eine gute „Logistik" hat: „D.h., dass man einen Partner hat, der voll hinter einem steht und die für ihn entstehende Mehrbelastung akzeptiert, dass man über Betreuungsplätze (Krippe, Kindergarten, Tagesmutter, Hort o. ä.) für die Kinder verfügt, und dass optimalerweise Großeltern oder Verwandte ‚Notfallbetreuung' übernehmen können".

Auch ist es wichtig zu erwähnen, dass die Arbeit in eigener Praxis strukturiertes, diszipliniertes und organisiertes Arbeiten notwendig macht und mit viel Bürokratie verbunden ist.

Trotz aller beruflichen und privaten Belastungen geben bei der Studie von Müller et al. (2003) 82,5 % der befragten Psychotherapeuten an, „eher zufrieden" mit ihrem Beruf zu sein. Auch würden sich 89 % aus Gründen der persönlichen Motivation heute noch einmal für diesen Beruf entscheiden (Brähler et al. 2005).

Tab. 3.5 Angebote für Psychotherapeuten in Ausbildung (PiA)

Anbieter	Website	Angebote
Psychotherapeuten in Ausbildung (PiA)	de.groups.yahoo.com/group/ppia-netz	Forum zur Vernetzung und zum Austausch von Psychotherapeuten in Ausbildung (PiA)
Bundesverband Deutscher Psychologinnen und Psychologen (BDP)	www.vpp-pia.de	Rechts-/Berufsweg-/Existenzgründungsberatung, Fortbildungsangebote, Instituts- und Klinikbewertungen, Linksammlung
Psychotherapeuten in Ausbildung (PiA)	www.pia-check.de	Klinikbewertungen zur 1600-stündigen praktischen Tätigkeit
Psychotherapeuten in Ausbildung (PiA)	www.psychotherapeutenwiki.de	Zusammenstellung von Informationen für PiA
Deutsche Psychotherapeutenvereinigung – PiA Portal	www.piaportal.de	Forum, Online-Lexikon „WikiPiA", Linksammlung, Vernetzung PiA vor Ort, Seminare/Workshops/Fortbildungsreihen, Liste der Ausbildungsinstitute

als niedergelassener Psychotherapeut sind Zusatzfächer oder Nebenfächer wie z. B. interkulturelle Kompetenz/Kommunikation, Kinder- und Jugendpsychiatrie, Pädiatrie und Kinderonkologie, Psychosomatik, Psychiatrie, Neuropsychiatrie, Erziehungswissenschaften, Soziologie oder Philosophie.

Eine Diplom- oder Masterarbeit im klinischen Bereich, meist in Kooperation mit einem Institut oder einer Klinik, ermöglicht die Vertiefung in einem Teilbereich der Klinischen Psychologie und Psychotherapie, die praktische Erfahrung und Auseinandersetzung mit Diagnostik und therapeutischen Interventionen und das Sammeln von Expertenwissen für eine spätere selbstständige Tätigkeit. Eine Dissertation ist für eine Tätigkeit in eigener Praxis keine zwingend notwendige Voraussetzung.

Gegen Ende des Studiums sollten sich Psychologen mit der Frage: „Psychotherapieausbildung, ja oder nein?" aktiv auseinandersetzen. An Universitäten werben Ausbildungsinstitute mit Informationsabenden oder Schnupperworkshops für Studierende: ein Blick auf das schwarze Brett der Universität oder in Foren der Fachschaften für Psychologie lohnt sich. Eine Übersicht über Ausbildungsinstitute bietet die jeweilige Landespsychotherapeutenkammer (www.bptk.de).

Computer- und Sprachkenntnisse

Die gängigen Computerkenntnisse, wie Office-Anwendungen, sind wünschenswert. Im Rahmen der Diagnostik sind Statistikkenntnisse und Fertigkeiten in einer der Statistik-Computer-Anwendungen durchaus zu empfehlen. Zahlreiche niedergelassene Psychotherapeuten nutzen eine Praxissoftware zur Verwaltung, zur Dokumentation, zur Abrechnung etc. Die Einarbeitung wird im Rahmen von Seminaren, Online-Tutorien oder durch Veranstaltungen von Berufsverbänden vereinfacht.

Sprachkenntnisse, z. B. Englisch, Französisch, Italienisch sowie Türkisch, Polnisch, Russisch, sind aufgrund wachsender Zahlen von Patienten mit Migrationshintergrund gerade in Ballungsräumen mit hohem Migrantenanteil vorteilhaft und wünschenswert. Laut der Deutschen Gesellschaft für Psychiatrie, Psychotherapie und Nervenheilkunde (DGPPN) repräsentieren Menschen mit Migrationshintergrund nur 14 % der Patienten in der ambulanten Psychotherapie, jedoch erkranken Migranten in Deutschland z. B. um fast 60 % häufiger an Depressionen als Einheimische. Hieraus wird deutlich, dass die psychotherapeutische Versorgung bei Migranten mangelhaft ist.

Praxis, Praxis, Praxis

Im Rahmen des Psychologiestudiums repräsentieren Praktika meist einen Teil der Leistungen, die zu erbringen sind. Für eine spätere Tätigkeit als niedergelassener Psychologe kann im Rahmen von Praxispraktika in das Berufsfeld „hineingeschnuppert" werden. In Praxen werden jedoch nur wenige Praktikumsplätze für Psychologiestudierende angeboten. Wer jedoch nicht darauf verzichten möch-

Eine Perspektive aus der Praxis

Titel, Name	**Frau Dr. Stäbler, Diplom-Psychologin, Psychologische Psychotherapeutin mit Schwerpunkt Verhaltenstherapie (approbiert, in eigener Praxis)**
Fortbildung	Psychoonkologie, Systemische Therapie und Beratung
Weitere Tätigkeiten	Dozentin und Supervisorin an verschiedenen Ausbildungsinstituten für Verhaltenstherapie und an der Universität Regensburg; Gruppentherapie im Rahmen einer Anstellung an der Universität Regensburg, Abteilung für Psychosomatische Medizin
Schwerpunkte im Psychologiestudium	Schwerpunkt in Klinischer Psychologie; Diplomarbeit und Promotion zum Thema Borderline Persönlichkeitsstörung
Wieso haben Sie sich für eine Tätigkeit als niedergelassene Psychotherapeutin entschieden?	Ich habe mich für eine Tätigkeit als niedergelassene Psychotherapeutin entschieden, weil das intensive Arbeiten mit Patienten mit sehr unterschiedlichen Störungsbildern möglich ist. Auch werden durch die längerfristige Begleitung der therapeutische Prozess sowie die Ergebnisse und Erfolge der Therapie sichtbar. Außerdem kann ich mich als Selbstständige besser weiterentwickeln und selbst verwirklichen, da die eigene Persönlichkeit und die eigenen Vorstellungen deutlicher in die Tätigkeit einfließen. Zudem bietet diese Tätigkeit eine gute Vereinbarkeit von Familie und Beruf und ermöglicht das Ausüben von parallelen Tätigkeiten, z. B. eine Dozententätigkeit.
Was glauben Sie, können Psychologen in diesem Berufsfeld bewegen?	Psychologen können durch ihre Tätigkeit die Bedeutung der Zuwendungsmedizin aufzeigen und stärken. Sie können dem Menschen als Individuum konkrete Hilfe, insbesondere auch Hilfe zur Selbsthilfe bei schweren (psychischen) Erkrankungen oder persönlichen Krisen bieten, sie bei der Vergangenheitsbewältigung unterstützen und/oder ihnen zu einem selbstbestimmteren, versöhnteren, stimmigeren und lebensbejahenderen Leben verhelfen. Auch leisten sie einen gesellschaftlichen Beitrag im Sinne von Wiederherstellung oder Erhaltung der Berufsfähigkeit des Patienten oder können durch Stabilisierung des Patienten auch dessen Beziehungen, Familie etc. stabilisieren. Ferner tragen Psychologen durch ihre Beratung und Begleitung dazu bei, die negativen Auswirkungen des modernen Berufslebens (ständige Verfügbarkeit, Konkurrenzkampf und Perfektionismus) oder der Mehrfachbelastung durch Beruf und Familienleben (Kinder, alte, pflegebedürftige Eltern) zu begrenzen. Dadurch können im Idealfall Folgeerkrankungen wie Burn-out und Depressionen verhindert werden. Auch können Psychologen Patienten angesichts schwindender religiöser Bindungen und einem veränderten Rollenverständnis bei der Sinnsuche unterstützen.
Was hat Sie an Ihrer Tätigkeit am meisten überrascht?	Es hat mich am meisten überrascht, dass z. T. in relativ kurzer Zeit gute Erfolge in der Therapie erzielt werden können, und dass jeder einzelne Patient, auch wenn er schwerstkrank ist, über z. T. unerwartete Ressourcen verfügt, die in der Therapie entdeckt und nutzbar gemacht werden können.
Welchen Tipp haben Sie für Psychologen, die sich überlegen, in eigener Praxis zu arbeiten?	Zusätzlich zu den im Abschnitt „Work-Life-Balance bei Psychotherapeuten" erwähnten Erfahrungswerten kann ich folgende Tipps, die für mich persönlich hilfreich waren, weitergeben: Um Nerven, Zeit und evtl. auch finanzielle Ressourcen zu schonen, kann es sinnvoll sein, sich erst dann als Psychotherapeut niederzulassen, wenn man sicher und endgültig einen Kassensitz zugesprochen bekommen hat (es geht natürlich auch erst einmal ohne, da ja auch Privatpatienten kommen und es die Möglichkeit der Kostenerstattung für gesetzlich Versicherte gibt, jedoch ist das Kostenerstattungsverfahren sehr nerven- und zeitaufwändig und z. T. auch geringer honoriert). In diesem Zusammenhang ist es sinnvoll, sich frühzeitig umzuhören, welcher (ältere) Kollege seine Praxis aufgibt oder einen halben Kassensitz verkaufen möchte. Ich selber habe mit anderen Psychotherapeuten eine Praxengemeinschaft gegründet (also nicht eine Gemeinschaftspraxis, sondern das Teilen von Räumen und Infrastruktur durch mehrere selbstständige Psychotherapeuten). Dies bringt viele Vorteile (weniger

„Einzelkämpfer"-Sein, Intervision, Netzwerk, z. T. verringern sich Kosten ...).
Es kann nützlich sein, viele und gute Kontakte zu Kollegen und Ärzten zu haben, im Sinne einer Zusammenarbeit und Kooperation.
Auch kann es sinnvoll sein, neben der selbstständigen Tätigkeit trotzdem noch eine Anstellung zu haben (nützliche Kontakte, regelmäßiger Verdienst).
Folgende Tipps kann ich zusätzlich empfehlen: bei der Agentur für Arbeit kann ein Existenzgründungszuschuss beantragt werden. Auch übernimmt die KfW Bankengruppe „Gründercoaching Deutschland" fast die gesamten Kosten für ein „Gründungs-Coaching" bei einem professionellen Coach. Auch ist es wichtig, sich bezüglich des Abschlusses diverser Versicherungen, beispielsweise einer Berufshaftpflichtversicherung, einer Krankentagegeldversicherung oder einer Berufsunfähigkeitsversicherung und bezüglich einer privaten Altersvorsorge eingehend beraten zu lassen.
Ich empfehle außerdem das Buch „Jetzt bin ich Psychotherapeut" von Marcus Rautenberg.

te, kann von Psychologen geführte Praxen direkt per Mail anschreiben und fragen, ob ein Praktikum möglich wäre. Auch empfehlen sich Anfragen bei Berufsverbänden wie dem Bundesverband Deutscher Psychologen (BDP) oder der Deutschen Gesellschaft für Psychologie (DGPs). Hier sind ebenfalls Praktikumsdatenbanken für Psychologiestudierende zu finden. Das Abschließen einer Mitgliedschaft ist für Studenten meistens kostenlos. Auch veröffentlichen einige Universitäten ihre Praktikumsdatenbanken für Psychologiestudierende im Internet: auch hier lohnt sich eine zeitintensive Recherche.

Wer unsicher ist, ob er in einer Klinik, in einer Beratungsstelle oder in eigener Praxis arbeiten möchte, sollte im Berufsfeld der klinisch tätigen Psychologen im Rahmen eines Psychosomatik- oder Psychiatriepraktikums erste Erfahrungen sammeln. Empfehlenswert ist ebenfalls ein Praktikum in einer Beratungsstelle, um den feinen Unterschied zwischen Beratung und Therapie kennenzulernen (Abschn. 3.3). Eigeninitiative in Form von telefonischer oder E-Mail-Kontaktaufnahme und Initiativbewerbungen lohnt sich! Vorsicht: Hegen Sie keine zu hohen Erwartungen. Das Hospitieren in Einzeltherapien ist in den wenigsten Praktika möglich!

Praktika im Ausland werden meistens in Klinikeinrichtungen oder Projekten (z. B. Straßenkinderprojekten) angeboten. Um möglichst kostengünstig Auslandserfahrungen zu sammeln, ist der Kontakt zu gemeinnützigen Vereinen oder zu von Studierenden entwickelten Programmen zu empfehlen (siehe z. B.www.via-ev.org oder www.asa-programm.de), die z. T. neben Volontäreinsätzen oder Freiwilligenprojekten fachgebundene Praktika im Bereich der Psychologie anbieten.

Vor einer Niederlassung in eigener Praxis

Vor einer Niederlassung empfiehlt sich eine Beratung durch Berufsverbände. Diese bieten kostenlose Beratungsgespräche für Mitglieder an. Auch vernetzen sich die Mitglieder in einzelnen Sektionen (z. B. freiberufliche Psychologen, Psychologische Psychotherapeuten) und können aufgrund ihrer Erfahrungswerte wertvolle Tipps und Tricks weitergeben. Die Deutsche Psychotherapeutenvereinigung (DPTV) und die Deutsche Psychologen Akademie (DPA) bieten Seminare für junge Psychotherapeuten u. a. zu den Themen Start in die Selbstständigkeit, Existenzgründung und Praxisführung an. Fr. Dr. Stäbler berichtet im Interview von weiteren Erfahrungen und Unterstützungsangeboten vor einer Niederlassung.

Fazit

Die Arbeit als Psychologe in eigener Praxis ist eine Tätigkeit, die den Raum für die Entfaltung individueller Ideen und Visionen im Bereich der psychotherapeutischen Arbeit ermöglicht. Von der Gestaltung der Therapieräume bis hin zu den angebotenen Therapiemöglichkeiten bietet die eigene Praxis eine abwechslungsreiche, dynamische und herausfordernde Arbeit. Diese Tätigkeit ist jedoch mit einem höheren Risiko und einer stärkeren, oft zu Beginn beängstigenden Autonomie verknüpft. Eine vorherige oder komplementäre Tätigkeit in einer Klinik ist im Sinne des Austausches sicherlich nicht falsch.

3.4 Tätigkeiten in Beratungseinrichtungen

Sigrid Stiemert-Strecker und Jürgen Wolf

In diesem Abschnitt wird die Tätigkeit als Psychologe in dem spannenden und vielfältigen Berufsfeld der Beratungsstellen vorgestellt. Erwähnt werden soll an dieser Stelle vor allem die Vielfalt an verschiedenen Beratungsstellen: Es gibt Ehe-, Familien- und Lebensberatungsstellen (EFL), Schwangerschaftsberatungsstellen, Kinderschutzzentren, Sozialpsychiatrische Dienste, Beratungsstellen/Psychologische Dienste für Ausländer, Beratungsstellen bei sexuellem Missbrauch (für Mädchen/Frauen und Jungen/Männer), Beratungsstellen für Essstörungen, Suchtberatungsstellen, Beratungsstellen bei Suizidgefährdung, Beratungsstellen mit Schwerpunkt Trennung und Scheidung. Diese Aufzählung ist sicherlich nicht vollständig und soll auch nur das breite Spektrum an psychosozialen Hilfen verdeutlichen. Kennzeichen aller Beratungsstellen ist ihre Kostenfreiheit (zumeist Mischfinanzierungen durch den Träger, die Kommune, den Bezirk und das Bundesland; mitunter auch Beteiligung durch den Gesundheitsbereich) und der niedrigschwellige Zugang für die Klientel. Die Tätigkeit unterscheidet sich im Hinblick auf die jeweiligen Themenschwerpunkte der Beratungsstelle.

Da die beiden Autoren dieses Kapitels langjährig in einer Erziehungsberatungsstelle tätig sind, haben wir uns weitestgehend auf diese Einrichtung des psychosozialen Beratungsbereichs fokussiert.

Anhand eines Fallbeispiels wird eine typische Beratungssituation dargestellt. Darauf folgend wird auf die Besonderheiten dieses Berufsfeldes eingegangen und es wird beschrieben, welche besondere Rolle Psychologen in diesem Bereich der psychosozialen Beratung spielen können. Ein Interview mit einer erfahrenen Erziehungsberaterin und mit einer langjährigen Mitarbeiterin eines Sozialpsychiatrischen Dienstes sowie das persönliche Statement der beiden Autoren zum Thema Erziehungsberatung ist am Ende des Kapitels zu lesen.

Beratungsstellen – was ist das?

Das herausragendste Merkmal der Arbeit in Beratungsstellen ist die kollegiale Zusammenarbeit im multiprofessionellen Team. Ein solches Team kann durch seine zwischenmenschliche Unterstützung viel zur Entlastung der einzelnen Teammitglieder beitragen, da es nahezu immer möglich ist, nach einer anstrengenden, mit belastenden Themen angefüllten Beratungsstunde mit einem Kollegen zu sprechen. Man muss schwierige Aufgaben nicht alleine bewältigen, sondern Fallbesprechungen im Team sowie Supervision durch eine Person von außen sind etablierte Formen der fachlich-kollegialen Unterstützung. Dies wird von allen Kolleginnen und Kollegen, die in Beratungseinrichtungen tätig sind, ausgesprochen wertgeschätzt.

Ein weiteres Kennzeichen für die Arbeit in Beratungsstellen ist die große Variantenbreite sowohl im Setting der Beratung als auch im zeitlichen Umfang. Beraten werden von Schwierigkeiten unmittelbar betroffene Personen, aber auch deren Angehörige sowie Menschen im persönlichen Umfeld, die mit dem Klienten zu tun haben. Jeder Bürger hat einen gesetzlich festgelegten Anspruch auf Hilfen und Beratung durch Beratungsstellen verschiedener Art. Für die Betroffenen entstehen keinerlei Kosten. Die Klienten können Probleme besprechen und sich über Hilfsmöglichkeiten informieren. Es können aber auch weitergehende therapeutische Angebote vermittelt werden. Zeitlich können sich Beratungen von einmaligen Terminen bis hin zur Betreuung über mehrere Jahre erstrecken; auch nach Beendigung einer Beratung haben die Klienten jederzeit die Möglichkeit, sich bei neuen Problemen wieder an die Beratungsstelle bzw. sogar an denselben Berater zu wenden. Die Mitarbeiter aller Beratungsstellen unterliegen der Schweigepflicht.

Nahezu alle in der Einführung genannten Beratungsstellen, Dienste und Zentren sind in den jeweiligen Bundesländern in Landesarbeitsgemein-

Ein Szenario

Barbara Fuchs ist seit zehn Jahren in der Beratungsstelle für Eltern, Kinder, Jugendliche und Familie in einem Stadtteil von München beschäftigt; sie arbeitet zusammen mit ihren sechs Fachkollegen (drei Sozialpädagogen, zwei Psychologen, ein Pädagoge) und einer Verwaltungsmitarbeiterin. Jeden Mittwochvormittag treffen sich alle zum gemeinsamen Team, um Fälle (Intervision) und Organisatorisches zu besprechen und um die Neuanmeldungen zu verteilen.

Frau Fuchs hat nächste Woche noch einen freien Sprechstundentermin und bekommt mitgeteilt, dass Frau Meier ihre nächste Klientin sein wird. Sie wird alleine kommen und es ist bislang bekannt, dass es ihr nicht gut geht, sie sich depressiv fühlt, sie mit ihren Töchtern Schwierigkeiten hat und deshalb dringend eine Beratung braucht. Als Frau Meier in der Sprechstunde erscheint, merken die beiden Frauen, dass sie sich wohl schon einmal gesehen haben. Frau Meiers Töchter, die mittlerweile zehn und sieben Jahre alt sind, waren früher einmal in der Kinderkrippe, die von Frau Fuchs schon viele Jahre als krippenpsychologischer Fachdienst begleitet wird.

Frau Meier erinnert sich an die Elternabende, die zusammen mit Frau Fuchs stattgefunden haben und die sie inhaltlich sehr interessant fand und die ihr auch hilfreich waren. Frau Meier fängt ohne Scheu an zu erzählen; der Druck, unter dem sie steht, wird geradezu greifbar. Sie fühle sich depressiv, aber meist nur dann, wenn sie mit ihrem Mann zusammen sei; bei ihrer Arbeit und auch in der Freizeit fühle sie sich wohl und spüre auch Lebenskraft. Sie spricht davon, dass eigentlich seit vielen Jahren die Ehe nicht mehr gut funktioniere, dass sie und ihr Mann sehr verschieden seien und sie sich in ihrer gegenseitigen Entwicklung eher behindern als unterstützen würden. Und auch die Kinder würden mittlerweile die spannungsgeladene Stimmung zuhause mitbekommen und sich manchmal auch einmischen, wenn es Auseinandersetzungen gäbe.

Frau Meier spürt im Verlauf des Gesprächs immer deutlicher, dass sie sich von ihrem Mann trennen will und dass es an der Zeit ist, die früher abgesprochene Vereinbarung, dass man den Kindern doch das gemeinsame Elternhaus erhalten wolle, in Frage zu stellen.

Frau Meier kommt noch zu zwei weiteren Einzelgesprächen, in denen ihre Entscheidung zur Trennung immer mehr Gestalt annimmt. In den Gesprächen bereitet sie sich auch darauf vor, ihren Mann von der Entscheidung in Kenntnis zu setzen. Sie sagt ihm auch, dass danach ein am besten gemeinsam geführtes Gespräch mit beiden Kindern anstehe, welches jedoch hier an der Beratungsstelle vorbereitet werden könne. Herr Meier nimmt das von seiner Frau mitgeteilte Beratungsangebot der EB (Erziehungs- und Familienberatungsstelle) an, zu einem Gespräch zu einem Kollegen von Frau Fuchs zu kommen. Beim Kollegen Martin Kusch hat er Zeit und Ruhe, über die für ihn doch plötzliche Entscheidung seiner Frau sich zu trennen zu sprechen und auch die entsprechenden Gefühle zuzulassen. Nach zwei Gesprächen bei Herrn Kusch willigt er ein, ein Gespräch zu viert zu führen, in dem die Trennung und das Gespräch mit den Töchtern darüber Thema sein soll. Trotz aller Gefühle der Verletzung (Wut, Ärger, Hilflosigkeit, Trauer, …) schaffen es die Eltern, mit ihren beiden Töchtern ein gutes Gespräch zu führen und wie erwachsene Personen die Verantwortung für ihr Handeln zu übernehmen und die Töchter so zumindest ein wenig zu entlasten.

Die nächste Zeit wird anstrengend für alle Familienmitglieder, da alle noch in einer Wohnung zusammenwohnen und die Eltern die Vereinbarung getroffen haben, dass derjenige Elternteil ausziehen wird, der zuerst eine Wohnung findet. Die Kinder sollten möglichst in der bisherigen Wohnung bleiben können. In dieser Zeit kommen die beiden Mädchen auf eigenen Wunsch – sie haben von den Eltern erfahren, dass diese in einer Beratungsstelle waren – zu Frau Fuchs und sprechen mit ihr über die Situation zuhause und wie anstrengend es manchmal mit den Eltern ist. Aber sie können auch ihre Trauer und ihre Wut über die Entscheidung der Eltern ausdrücken sowie ihre Bitte formulieren, dass doch Frau Fuchs mit ihrer Mutter sprechen solle, die immer so abwertend über ihren Papa reden würde. Der Papa täte das zwar auch, aber nicht so heftig wie die Mama. In einer nächsten gemeinsamen Sitzung wird dieses Thema angesprochen und versucht, den Eltern deutlich zu machen, dass sie bei jeder Abwertung des anderen Elternteils gleichzeitig auch einen Teil der Kinder abwerten, denn diese bestehen ja aus Anteilen beider Elternteile. In dieser und in weiteren Sitzungen zu viert werden auch die Bedingungen der Trennung sowie die Umgangs- (im Fall des gemeinsamen Haushalts also, wer wann bei den Kindern zuhause ist) und Ferienregelungen besprochen. Herr Meier findet schon bald eine Wohnung ganz in der Nähe, die groß genug für drei Personen und auch bezahlbar ist. Nach dem Auszug des Vaters beschließen die Eltern, dass die beiden Töchter die Hälfte der Zeit beim Vater und die andere Hälfte bei der Mutter leben sollen, was aufgrund der Nähe der beiden Wohnungen gut realisierbar erscheint. Viele Gespräche zu viert folgen, teilweise mit hoch emotionalem Inhalt und sinnlosem Kampf um das unwiederbringlich Verlorene. Parallel dazu sind aber auch die schulischen Schwierigkeiten der älteren Tochter Anna immer wieder ein Thema: die Rechtschreibung im Fach Deutsch ist ein riesiges Problem und die Lehrerin der vierten Klasse vermutet eine Rechtschreibstörung oder gar eine Legasthenie. In Absprache mit Anna, die sonst eine sehr gute Schülerin ist, beschließt Frau Fuchs eine diagnostische Abklärung im Hinblick auf eine vermutete Rechtschreibstörung. Eine solche bestätigt sich und Frau Fuchs schreibt ein entsprechendes Gutachten zur Vorlage beim Schulpsychologen, um Anna im Fach Deutsch einen Nachteilsausgleich zu gewähren.

Die Beratung der Eltern findet mit der Zeit in größeren Abständen statt; parallel zur Beratung läuft auch das gerichtliche Verfahren der Scheidung. Mit der Scheidung sind die wichtigsten – v. a. auch die finanziellen – Dinge geregelt und das neue Leben als getrennt lebende Eltern beginnt sich einzuspielen.

Frau und Herr Meier sowie die beiden Töchter haben jedoch jederzeit die Möglichkeit, sich direkt an Frau Fuchs bzw. an Herrn Kusch zu wenden, falls erneut Fragen oder Probleme auftauchen sollten.

schaften und/oder in bundesweit organisierten Dachverbänden organisiert. Für nähere Informationen zu den diversen Beratungseinrichtungen sind diese fachlichen Organisationen ausgesprochen hilfreich und bieten detaillierte Informationen zum jeweiligen Beratungsbereich.

Familienpsychologische Beratungsstellen und Aufsuchende Familientherapie

Es finden sich zahlreiche Beratungsstellen mit familienpsychologischen Schwerpunkten, auf die umfassend im Abschn. 7.5 eingegangen wird. Dabei ist eine interessante Form auch die Aufsuchende Familientherapie, bei der direkt in den Familien gearbeitet wird, d. h. die Familien müssen nicht eine Beratungsstelle aufsuchen, sondern werden direkt zuhause von Familienpsychologen aufgesucht.

Darüber hinaus ist bei familienpsychologischen Beratungen zu beachten, dass diese auch oftmals direkt an Jugendämter und andere Institutionen angebunden sind, da diese in letzter Instanz über das weitere Vorgehen entscheiden, wenn es beispielsweise um das Sorgerecht von Kindern und damit zusammenhängende Gutachten und familiengerichtliche Entscheidungen geht.

Erziehungsberatung

Korrekterweise spricht man von Beratungsstellen für Eltern, Kinder, Jugendliche und Familien, um so zu verdeutlichen, an wen sich das Beratungsangebot wendet. Meist handelt es sich um Beziehungsarbeit, sodass Erziehungsberatung nur einen Teilbereich der Beratungstätigkeit ausmacht. Dennoch spricht man oft nur von Erziehungs- und Familienberatungsstellen, da sich dies auch leicht mit EB abkürzen lässt. Erziehungsberatungsstellen sind spezialisierte Fachberatungsstellen, die eine Sozialleistung gemäß SGB VIII darstellen. Sie stellen pädagogisch-psychologisches Wissen bereit, um Kinder, Jugendliche und Eltern sowie ggf. pädagogische Fachkräfte bei Entwicklungs- und Erziehungsfragen oder Familien- und Schulproblemen frühzeitig zu unterstützen.

In Deutschland gibt es mehr als 1000 Erziehungsberatungsstellen, an denen insbesondere Sozialpädagogen und Psychologen, aber auch andere Professionen wie Heilpädagogen, Pädagogen, Logopäden und Kinder- und Jugendpsychiater zusammenarbeiten, um dem gesetzlichen Anspruch auf Multiprofessionalität des Beratungsteams optimal gerecht werden zu können.

Erziehungsberatung wird von verschiedenen Trägern kostenfrei angeboten:

- Öffentliche städtische und kreisangehörige Träger
- Freie Träger (Caritasverband, Diakonisches Werk, Arbeiterwohlfahrt, Pro Familia und eine Vielzahl von Vereinen, welche oft unter dem Dachverband des Deutschen Paritätischen Wohlfahrtsverbandes organisiert sind)

Die gesetzliche Grundlage in Deutschland ist der Rechtsanspruch auf Hilfen zur Erziehung für Eltern gem. § 27 SGB VIII im Allgemeinen und der § 28 SGB VIII – Erziehungsberatung – im Speziellen. Die Aufgaben der Erziehungsberatungsstellen sind in mehreren Vorschriften des Kinder- und Jugendhilfegesetzes (SGB VIII) geregelt (§§ 16 Abs. 2; 17; 18 Abs. 3; 28 SGB VIII), wobei in § 28 SGB VIII die Einrichtungen ausdrücklich als Anbieter genannt und Vorgaben an ihre Organisation und Arbeitsweise niedergelegt werden:

„Erziehungsberatungsstellen und andere Beratungsdienste und -einrichtungen sollen Kinder, Jugendliche, Eltern und andere Erziehungsberechtigte bei der Klärung und Bewältigung individueller und familienbezogener Probleme und der zugrunde liegenden Faktoren, bei der Lösung von Erziehungsfragen sowie bei Trennung und Scheidung unterstützen. Dabei sollen Fachkräfte verschiedener Fachrichtungen zusammenwirken, die mit unterschiedlichen methodischen Ansätzen vertraut sind."

Ratsuchende Eltern, Kinder und Jugendliche, aber auch Großeltern, Erzieher und Lehrer können sich unmittelbar an eine Beratungsstelle am Ort bzw. in der Region oder im Landkreis wenden. Die Beratung ist persönlich, vertraulich, auf Wunsch anonym und kostenfrei. Außerdem besteht ein Wahlrecht, an welcher Beratungsstelle man sich beraten lassen möchte.

Ein Schwerpunkt in der praktischen Arbeit ist u. a. die Beratung von Personensorgeberechtigten bei Trennung und Scheidung der Eltern und die Beratung von Alleinerziehenden. Häufig wird auch bei auffälligem Sozialverhalten und bei Schulproblemen von Kindern sowie bei Schwierigkeiten im Zusammenleben mit Jugendlichen Erziehungsberatung in Anspruch genommen. Die Erziehungsberatung und andere psychologische Beratungsstellen sind immer vertraulich; die Berater unterliegen der Schweigepflicht im Sinn des § 203 StGB (Offenbarung von Privatgeheimnissen). Kinder und Jugendliche können sich in Not- und Konfliktlagen auch selbstständig an Beratungsstellen wenden, darauf haben sie gem. § 8 Abs. 3 SGB VIII einen Rechtsanspruch. Viele Beratungsstellen stellen auch Spezialhilfen – „insoweit erfahrene Fachkräfte" – im Kontext Bundeskinderschutzgesetz gemäß § 8a SGB VIII zur Verfügung.

Hinzu kommen präventive Leistungen wie z. B. Elternabende, Elterntrainings und Gruppenangebote für Eltern und Kinder. Von den Hilfen zur Erziehung ist die Erziehungsberatungsstelle das niedrigschwelligste, kostengünstigste und präventivste Angebot, welches stark nachgefragt und wertgeschätzt wird. EBn wirken vor allem in die Breite, d. h. das Spektrum reicht von offenen Sprechstundenangeboten bis hin zu konkreten Kriseninterventionen.

Ein weiterer Schwerpunkt liegt in der Vernetzung und Kooperation mit anderen sozialen Einrichtungen, Institutionen des Schulsystems sowie Einrichtungen des Gesundheitswesens. Die Erziehungsberatungsstelle befindet sich an der Schnittstelle zwischen Jugendhilfe (Jugendamt, ambulante, teilstationäre und stationäre Hilfen zur Erziehung), dem Gesundheits- (Kinder- und Jugendpsychiatrie, Kinder- und Jugendärzte, niedergelassene Kinder- und Jugendlichepsychotherapeuten, aber auch Sozialpsychiatrische Dienste und Erwachsenenpsychiatrie) und Bildungssystem (Kindertagesstätten, Schule und Berufsausbildung) und füllt so eine wichtige Lücke zwischen den genannten Systemen, indem sie Aufgaben – teilweise auch als Hauptverantwortlicher im Fall und koordinierend im Sinne von *case management* – übernimmt, Diagnostik und Screenings durchführt und Hilfen vermittelt.

Neben den Betroffenen selbst gibt es auch andere Auftraggeber, die aufgrund der finanziellen Abhängigkeit der Beratungsstellen zunehmend die Dienstleistung Beratung in Anspruch nehmen und hierdurch vermehrt eine Fachberatung einfordern. In diesen Bereich der Familienberatung gehören Aufträge, die durch die Mitarbeiter des ASD (Allgemeiner Sozialdienst) bzw. der Sozialbürgerhäuser/Jugendämter – teilweise über regionale Fachteams empfohlen – an die Beratungsstellen vermittelt werden. Hierbei erfolgt die Beratung über einen Hilfeplan, sodass Themen und Ziele der Beratung teilweise den Familien mitgegeben werden. Die Beratung ist nur noch begrenzt freiwillig, Beratungskontrakte können nicht mehr so ohne weiteres verändert werden; zumindest ist eine bestimmte Absprache mit dem Fremdauftraggeber abzuklären. Hierzu gehören Fälle, in denen eine mögliche Kindeswohlgefährdung nicht ausgeschlossen werden kann, oder aber Familien, deren Kind stationär untergebracht ist und die Eltern die Auflage bekommen, familientherapeutische Gespräche in Anspruch zu nehmen, um die familiären Strukturen positiv zu verändern und so eventuell eine erfolgreiche Rückführung des Kindes in die Familie zu ermöglichen. Ein weiterer direkter Auftraggeber ist die Polizei im Hinblick auf die Beratung von straffällig gewordenen strafunmündigen Kindern unter 14 Jahren sowie die Familiengerichte, die über das sog. Münchner Modell eine Beteiligung der Beratungsstellen an familiengerichtlichen Prozessen vorsieht. Klientel dieser Beratung sind sogenannte High-Conflict-Fälle, die eine mediative Form der Familienberatung notwendig machen und viele Ressourcen personeller, zeitlicher und emotionaler Art binden. Die Beratungsaufträge leiten sich von den gerichtlichen Anträgen der Eltern im Hinblick auf Aufenthaltsbestimmung, Sorge- und Umgangsrecht ab.

Letztendlich liegt der Aufgabenschwerpunkt der Familienberatung aber originär in der Aktivierung und Stärkung der Ressourcen der Familie, die zur selbstständigen Lösung der familiären Probleme nötig sind. Die Berater geben Hinweise und Anregungen und versuchen gemeinsam mit der Familie Lösungswege und Handlungsmöglichkeiten zu erarbeiten. Jedoch muss die Familie zur Problembewältigung selbst aktiv werden, indem sie die erarbeiteten Lösungen umsetzt.

Psychologische Beratung – ein ganz besonderes Tätigkeitsfeld?

Im Folgenden werden Besonderheiten und Charakteristika dargestellt, die bei der Tätigkeit in Beratungseinrichtungen wichtig sind. Dabei können die Aufgaben von Beratern aufgrund der Vielfalt unterschiedlicher Beratungseinrichtungen mit ihren spezifischen Schwerpunkten stark variieren.

Aufgaben im Rahmen der Tätigkeit

Im Hinblick auf Zielsetzung und Vorgehen der Beratungstätigkeit in einer Beratungsstelle ist es hilfreich, den Beratungsprozess in drei Stufen zu untergliedern (nach Schneewind 1999):

1. Erfassung des „Ist-Zustandes“: Auseinandersetzung mit und Verstehen der aktuellen Problemlage.

2. Erfassung des „Soll-Zustandes“: Entwicklung und Bewertung von Zukunftsbildern und präzise Beschreibung der Ziele.
3. Umsetzung des „Soll-Zustandes“ in die Realität. Die Ratsuchenden werden bei der Verwirklichung der Ziele unterstützt.

Zudem werden drei Formen der Beratung (Schneewind 1999) unterschieden:

1. Die krisenbezogene Beratung bei akuten Notsituationen,
2. die problembezogene Beratung, die umfassende Informationen über das spezifische Problem beinhaltet und
3. die präventive Beratung, die der Aufklärung und Kompetenzentwicklung der Betroffenen dient.

Wie bereits oben beschrieben unterscheiden sich die Schwerpunkte je nach Beratungseinrichtung. Die Erziehungs- und Familienberatungsstellen helfen vor allem bei Fragen zur Entwicklung und Erziehung von Kindern; dazu gehören Erziehungsschwierigkeiten, Verhaltensauffälligkeiten, Entwicklungsverzögerungen und psychosomatische Beschwerden. Die Beratung setzt hierbei an der Beziehung an, insbesondere bei Eltern-Kind-Konflikten, aber auch bei Beziehungs- und Kommunikationsschwierigkeiten der Eltern. Dementsprechend wird Beratung oft bei Fragen der Partnerschaft, Trennung und Scheidung sowie der Ausübung des Umgangsrechts nichtsorgeberechtigter Elternteile in Anspruch genommen. Zusammenfassend kann man sagen, dass die Erziehungsberatungsstellen bei allen Fragen, die Eltern, Familien, Kinder und Jugendliche betreffen, generell als Erstansprechpartner herangezogen werden können. Diese niedrigschwellige Erstansprechbarkeit gilt entsprechend auch für alle anderen Beratungsstellen.

Die Beratung an sich kann in unterschiedlicher personeller Zusammensetzung erfolgen. Auch von der Beraterseite her ist es bisweilen sinnvoll, die Beratung co-therapeutisch durchzuführen, d. h. im günstigsten Fall mit zwei Beratern unterschiedlichen Geschlechts; sinnvoll ist dies insbesondere bei extrem problematischen Paardynamiken und Umgangsregelungen getrennt lebender Elternpaare.

Mobilitätsbereitschaft

Klassische Beratung findet fast immer in den Beratungsstellen statt, d. h. Grundlage der Beratung ist die sog. „Komm“-Struktur; die Klienten kommen zum jeweiligen Berater. Die Beratung findet dann entweder im Zimmer des Beraters oder – falls mehrere Personen oder ganze Familien beraten werden – in einem größeren Raum der Beratungsstelle statt.

Bei sozialpsychiatrischen Diensten z. B. ist die „Geh“-Struktur aufgrund der psychischen Problematik der Klientel wesentlich verbreiteter. Aber auch in Erziehungsberatungsstellen ist dies Teil der Arbeit. So finden Hausbesuche in Familien statt, bei denen z. B. ein Familienmitglied behindert und nur wenig mobil ist, oder es werden Hausbesuche zu diagnostischen Zwecken vereinbart. Eine gewisse Mobilität innerhalb des Stadtteils bzw. des Landkreises, für den man als Beratungsstelle tätig ist, ist mittlerweile Standard. So finden im Rahmen der Fallarbeit etwa Beobachtungen von Kindern in Kindertageseinrichtungen oder Schulen statt, oder die Beratungsstelle bietet Außensprechstunden in anderen Einrichtungen wie z. B. Kinderkrippen oder Familienzentren an. Auch im Rahmen der übergreifend fachlichen und fallbezogenen (Hilfeplangespräche, Helferkonferenzen) Vernetzung mit Kindertagesstätten, Schulen oder anderen Institutionen der Jugendhilfe oder des Gesundheitswesens werden oftmals Gespräche außerhalb der Beratungsstelle geführt. Gleiches gilt für Aktivitäten der Mitarbeiter von Beratungsstellen auf sozialpolitischer Ebene, wie z. B. die Teilnahme an überregionalen Arbeitskreisen oder an Kinder- und Jugendhilfeausschüssen.

Daneben kann aber im Rahmen von aufsuchender Beratung oder Therapie auch eine direkte Arbeit vor Ort bei den Familien und Jugendlichen stattfinden (Abschn. 7.5). In diesem Fall ist in den meisten Fällen ein Auto erforderlich, sofern die Familien oder Jugendlichen nicht mit öffentlichen Verkehrsmitteln erreichbar sind. Die Anfahrtszeit wird hier in den wenigsten Fällen vergütet, sodass dies entsprechend bei der Kalkulation berücksichtigt werden muss.

Arbeitszeit

Beim Umfang und der Einteilung der Arbeitszeit sind im Bereich der Beratung vielerlei Varianten

Online-Erziehungsberatung als neueste Entwicklung

Seit 2005 betreibt die Bundeskonferenz für Erziehungsberatung (bke) als politischer und fachlicher Dachverband eine mediengestützte, virtuelle Beratungsstelle (VBSt) für Eltern (www.bke-Elternberatung.de) und Jugendliche (www.bke-Jugendberatung.de). In dieser virtuellen Beratungsstelle arbeiten ca. 80 Berater aus EBn mit und ergänzen so das regionale Beratungsangebot. Gemäß der Definition der bke soll die VBSt jungen Menschen und Eltern bei Familien- und Erziehungsproblemen Hilfe anbieten, „für die die bestehenden Erziehungsberatungsstellen schwer erreichbar sind oder bei denen Hemmschwellen bestehen, diese Stellen aufzusuchen".

Besondere Vorteile der virtuellen Beratungsstelle:

- Es besteht eine extrem niedrige Hemmschwelle, diese aufzusuchen
- Sie ist 24 Stunden erreichbar
- Es gibt keine längere Wartezeit und keine Anmeldung
- Die Beratung ist anonym und kostenfrei

Hierbei gibt es unterschiedliche Möglichkeiten, die VBSt zu nutzen: entweder über das für alle Ratsuchenden (nach Anmeldung) und Interessierte (nur mitlesend) gleichermaßen zugängliche Forum, per E-Mail, über reservierte Einzelchats, Gruppenchat, Themenchats oder offene Sprechstunden.

Gerade Jugendliche finden so einen leichten Zugang und lernen Beratung kennen, da sie dort erreicht werden, wo sie sich ohnehin häufig aufhalten – im Internet. Außerdem fällt es ihnen aufgrund der Anonymität leichter, auch brisante Themen wie Missbrauch zu thematisieren.

Aber auch Eltern, die aufgrund ihrer Lebenssituation keine Beratungsstelle persönlich aufsuchen können, weil sie z. B. in ländlichen Regionen leben, finden so einen Weg, sich beraten zu lassen. Und manche Ratsuchende finden nach einer Onlineberatung nicht selten auch persönlich den Weg in eine Beratungsstelle.

möglich. Viele Berater arbeiten in Teilzeit, um eventuell auch noch die Möglichkeit zu haben, freiberuflich tätig sein zu können oder Zeit für ihre eigene Familie und die Kinder zu haben. Die Stundenanzahl in Beratungsstellen variiert von minimal fünf Wochenstunden bis hin zur Vollzeitstelle. Der Arbeitsumfang je Arbeitstag kann sehr verschieden sein, kann aber manchmal auch zehn Stunden betragen, wenn ein Krisenfall zu bewältigen ist oder Beratungsstunden am späten Nachmittag oder frühen Abend angeboten werden. Diese zeitbezogene Klientenfreundlichkeit ist qualitativ sinnvoll und insbesondere dann notwendig, wenn man einen Vater in die Beratung miteinbeziehen möchte, der den Großteil der Woche auswärts arbeitet und erst am Freitagabend um 18.00 Uhr zuhause ist. Neben der wöchentlichen festgelegten Arbeitszeit gibt es in den meisten Beratungsstellen aber auch eine sog. „Mobilzeit"-Regelung, d. h. in Zeiten vermehrter Beratungsnachfrage (z. B. bei Erziehungsberatungsstellen in Zeugniszeiten) ist es möglich, Überstunden zu sammeln und diese in Zeiten geringerer Nachfrage (Schulferienzeiten) entsprechend wieder abzubauen. Diese mobilen Arbeitszeitregelungen ermöglichen es den Mitarbeitern in allen Arten von Beratungsstellen, auf akute Krisen zeitnah und intensiv zu reagieren, was zum einen sehr klientenfreundlich ist, zum anderen aber den einzelnen Mitarbeitern ein gehöriges Maß an Selbstverantwortung dem Umfang der eigenen (Mehr-)Arbeitszeit bzw. der eigenen Psychohygiene gegenüber abverlangt.

Einkommen

Da es sich bei der Tätigkeit in Beratungsstellen fast immer um eine Festanstellung handelt, richtet sich die Bezahlung nach den tarifrechtlichen Verträgen, die die Träger der jeweiligen Einrichtung unterzeichnet haben. Aufgrund des mittlerweile fast überall eingeführten Tarifvertrages für den öffentli-

Tab. 3.6 Honorar und Gehalt in Beratungseinrichtungen

Tätigkeit	Honorarkraft	Festanstellung als Einsteiger	Festanstellung als Leiter
Stundenhonorar	38–45 Euro		
Bruttomonatsgehalt		Ca. 3000 Euro	Ca. 5000 Euro
Wochenarbeitszeit	5–30 Stunden	40 Stunden	40 Stunden
Bruttostundenlohn		18,75 Euro	31,45 Euro

chen Dienst (TVöD) ist das Gehalt eines Berufsanfängers etwas niedriger als noch vor einigen Jahren, ähnliches gilt für die nach Lebensalter ansteigenden Gehaltsstufen und das Gehalt nach dem Bewährungsaufstieg, d. h. wenn man z. B. mehr als zehn Jahre beim selben Träger beschäftigt ist. Neben der Festanstellung gibt es aber auch die Möglichkeit, als Honorarkraft in Beratungsstellen tätig zu sein. In München z. B. gibt es diese Möglichkeit im Rahmen der Tätigkeit eines krippenpsychologischen Fachdienstes, d. h. ein Psychologe ist monatlich eine gewisse Stundenanzahl vor Ort in einer Kinderkrippe tätig. Im Rahmen dieser Tätigkeit unterstützt er das Personal fachlich und hält Elternsprechstunden ab; diese Tätigkeit wird zusätzlich mit Fachleistungsstunden durch die Kommune finanziert. Tabelle 3.6 gibt einen Überblick über die Bezahlung in Beratungseinrichtungen.

Die Steigerung des Gehalts ist meist verbunden mit der Übernahme von Leitungsverantwortung, aber ergibt sich auch bei entsprechend langjähriger Tätigkeit beim selben Träger. Es kann allerdings auch passieren, dass man bei einem Wechsel der Arbeitsstelle von einem öffentlichen zu einem freien Träger (z. B. einem kirchlichen) oder umgekehrt Einbußen beim Gehalt in Kauf nehmen muss, da die jeweiligen Steigerungsstufen des Gehalts beim früheren Träger vom Träger der neuen Arbeitsstelle nicht übernommen werden müssen. Es ist also durchaus möglich, dass man trotz zwanzigjähriger Berufserfahrung beim früheren Träger quasi als Neueinsteiger an der neuen Arbeitsstelle anfängt. Dies ist bei Arbeitsstellenwechsel zu beachten, aber – wie so vieles – selbstverständlich Verhandlungssache.

Vorteilhaft bei der Festanstellung bei großen Trägern sind oft die Zusatzangebote wie die trägereigene Rentenversicherung und/oder die Zusatzkrankenversicherung. Aber auch Angebote der Gesundheitsprävention oder von Seminaren im Rahmen der Work-Life-Balance (z. B. Besinnungstage im Kloster), die als Arbeitszeit angerechnet werden (meist 3 Tage im Jahr bzw. entsprechende Stundenanzahl), sind psychohygienisch hilfreich und tragen zur Erhaltung der eigenen Arbeitskraft bei.

Karrieremöglichkeiten

Die Aufstiegsmöglichkeiten innerhalb von Beratungsstellen sind begrenzt. Meist arbeitet man sehr viele Jahre als Mitarbeiter und übernimmt eventuell die Position der stellvertretenden Leitung; allerdings sollte dann die eigene Wochenarbeitszeit mindestens 20 Stunden betragen. Wird die Leitungsstelle frei (bei den meisten Beratungsstellen durch Berentung des bisherigen Leiters), so kann man sich um diese bewerben, befindet sich dann aber meist in Konkurrenz mit anderen Bewerbern, da die Träger verpflichtet sind, alle Stellen öffentlich auszuschreiben. Die Übernahme der Leitung einer Beratungsstelle ist meist mit einer Gehaltserhöhung verbunden, es sei denn, man hat bei diesem Träger bereits die Endstufe des Bewährungsaufstiegs (meist nach zehn Arbeitsjahren) erreicht und befindet sich auf derselben Gehaltsstufe wie der Leiter.

Als Leiter einer Beratungsstelle hat man neben der üblichen Beratungstätigkeit noch viele weitere Aufgaben zu erfüllen, wie z. B.: Personalführung (Personalgespräche, Genehmigung von Fortbildungen); das Regeln aller Angelegenheiten, die die Beratungsstelle als Einrichtung betreffen (Räume, Ausstattung, Renovierung, ggf. Umzug); Zusammenarbeit mit weiteren Vorgesetzten des Trägers (Budget, Personal, Jahresplanung, Erweiterung der Tätigkeitsbereiche evtl. durch Zusatzfinanzierungen); Zusammenarbeit mit den Kooperationspartnern vor Ort wie z. B. dem Jugendamt und den kommunalen Geldgebern – hierzu gehört auch die hauptverantwortliche Erstellung des Jahresberichts.

Ein Drittel der Arbeitszeit bzw. ca. 13 Wochenstunden sind für diese Leitungstätigkeiten als Minimum zu veranschlagen. Als Leiter einer Beratungsstelle kann man sich auch kommunalpolitisch engagieren und sich in bestimmte politische Gremien einbringen, z. B. im Kinder- und Jugendhilfeausschuss oder Bezirksausschuss. Bei manchen Trägern werden den Leitern von Beratungsstellen auch noch andere Aufgabenbereiche übertragen wie z. B. die Fachaufsicht über Kindertagesstätten oder die Leitung anderer Beratungsstellen, was dann jeweils das Zeitbudget für die Beratungsarbeit mit Klienten entsprechend schmäler werden lässt.

Berufliche Weiterbildung

Für die Aufnahme einer Tätigkeit in einer Beratungsstelle benötigt man ein abgeschlossenes Hochschul- bzw. Fachhochschulstudium in einer psychologischen oder sozialwissenschaftlichen Disziplin (Psychologie, Sozialpädagogik/Sozialarbeit, Erziehungswissenschaft/Pädagogik, Heilpädagogik). Ein Masterstudiengang ist hierbei sicherlich empfehlenswert, aber auch mit einem Bachelorabschluss mit entsprechender therapeutischer Zusatzqualifikation besteht eine – wenn auch geringere – Einstellungschance.

Die am häufigsten anzutreffende therapeutische Zusatzausbildung in der Erziehungsberatung und auch in anderen Beratungsstellen ist die Systemische (Familien-)Therapie (manchmal auch Tiefenpsychologische Familientherapie), verbunden mit der Systemischen bzw. Hypnosystemischen Kinder- und Jugendlichenpsychotherapie (siehe beispielsweise www.dgsf.org). Es folgen Zusatzausbildungen im Bereich Psychodrama, der Gestalt- und der Gesprächspsychotherapie. Die kassenzugelassenen Therapieausbildungen wie die Verhaltenstherapie, die Psychoanalyse sowie tiefenpsychologisch-orientierte Therapien kommen hingegen seltener vor.

Aufgrund der hohen Zahl an Ratsuchenden aus dem Bereich Trennung und Scheidung erscheint auch eine Mediationsausbildung (www.bmev.de) sinnvoll, ebenso sinnvoll sind fundierte Kenntnisse im Familienrecht.

Im entwicklungspsychologischen Bereich erweist sich eine Weiterbildung zur integrativen Eltern-, Kinder- und Säuglingsberaterin nach Papousek oder die Weiterbildung zur bindungsbasierten Beratung und Therapie (oft videogestützte Verfahren) nach Karlheinz Brisch oder George Downing bzw. anderen Bindungstherapeuten (z. B. Marte Meo) als sehr hilfreich.

Aufgrund der Zunahme an psychisch belasteten Ratsuchenden werden Fortbildungen zur Traumafachberatung oder Traumatherapie in Beratungsstellen immer wichtiger. Gleiches gilt für Kenntnisse zum Bundeskinderschutzgesetz, insbesondere den § 8a SGB VIII betreffend. Spezielle Fortbildungen zu diesem Themenbereich bieten u. a. die Kinderschutzzentren an (www.kinderschutz-zentren.org).

Während ältere Berater oft im Rahmen der Übergangslösung noch die Approbation als Psychologischer Psychotherapeut bzw. als Kinder- und Jugendlichenpsychotherapeut erworben haben, ist zumindest die Approbation als Psychologischer Psychotherapeut nicht erforderlich. Der Erwerb der Approbation als Kinder- und Jugendlichenpsychotherapeut stellt hingegen weiterhin eine durchaus sinnvolle Ergänzung dar.

Bei der Bundeskonferenz für Erziehungsberatung (bke) kann neben einer Reihe von bereichsrelevanten Fortbildungen auch eine spezielle vierjährige Weiterbildung zum Erziehungs- und Familienberater absolviert werden (www.bke.de). Ebenso bietet auch das evangelische Zentralinstitut in Berlin (EZI) überregional eine dreijährige Weiterbildung zur integrierten familienorientierten Beratung an. Diese umfasst die Tätigkeit als Psychologischer Berater in den Bereichen Erziehungs- und Familienberatung, Paar- und Lebensberatung, Beratung im Zusammenhang mit Schwangerschaft und Schwangerschaftskonflikten.

Da das Aufgabengebiet in Beratungsstellen sehr vielfältig ist und immer wieder neue Schwerpunkte hinzukommen, werden laufend Weiterqualifizierungen in Form von themenspezifischen Fortbildungsangeboten sowohl gewünscht als auch erwartet. Normalerweise werden die Mitarbeiter hierfür bis zu einem gewissen Maß freigestellt und auch finanziell bezuschusst, was jedoch je nach Träger unterschiedlich sein kann.

Selbstständigkeit

Viele Berater in Beratungsstellen arbeiten Teilzeit und sind daher oft noch parallel freiberuflich tätig. Viele offerieren in freier Praxis Paar- und Famili-

Eine Perspektive aus der Wissenschaft

Prof. Dr. Heiner Keupp ist emeritierter Professor für Sozialpsychologie und Experte für Gemeindepsychologie. Im folgenden Abschnitt erläutert er, welche Rolle Psychologen im Beratungsbereich spielen:
Eine Rundreise durch die unterschiedlichen Beratungseinrichtungen der Stadt München wäre für mich eine wunderbare Wiederbegegnung mit vielen ehemaligen Studierenden aus unserem Vertiefungs- oder Schwerpunktfach „Beratung in psychosozialen Institutionen". Vor allem die sozialpsychiatrischen Beratungsangebote und Beratungsstellen für Familien, Kinder und Jugendliche (EB) nehmen hier einen besonders wichtigen Platz ein. In den 70er- und 80er-Jahren des letzten Jahrhunderts gab es die faszinierende Möglichkeit, diese Handlungsfelder aufzubauen bzw. weiterzuentwickeln. In dieser Zeit gab es ein gesamtgesellschaftliches Reformklima und es war mein Anliegen, dieses Veränderungsklima selbst und mit meinen Studierenden zu nutzen und für die Psychologie neue Bewährungsmöglichkeiten zu schaffen. Das bedeutete aber auch, den universitären Elfenbeinturm zu verlassen, der oft nur „Trockenschwimmen" anzubieten hatte. Mir war wichtig, dass unsere Studierenden erste Realerfahrungen in der Praxis machen sollten und ich habe mit ihnen in Zukunftswerkstätten darüber nachgedacht, welche psychosozialen Beratungsangebote wichtig sind bzw. erst aufgebaut werden müssten. In den Beratungseinrichtungen haben sie erfahrene Psychologen kennenlernen können, die selbst entscheidend daran mitgewirkt haben, dass es ihre Institution überhaupt gibt. Es war also wichtig, dass Psychologen nicht nur im berufsständischen Sinne mehr Selbstbewusstsein entwickeln sollten, sie sollten sich vor allem einen wachen Blick für gesellschaftliche Entwicklungen und deren Folgen für die davon betroffenen Menschen erarbeiten. Und sie sollten sich mit guten Ideen, fachlichen Innovationen und politischem Mut einmischen, was viele auch getan haben. Und als ich 2008 zu meiner Abschiedsvorlesung einlud, kamen gestandene und selbstbewusste Kollegen aus vielen vergangenen Generationen und es erfüllte mich mit Stolz, was sie geschaffen haben und welch einen Reichtum die Stadt München und das Land über die Grenzen der Stadt hinaus durch ihre tägliche Arbeit und durch ihre Bereitschaft, immer wieder neue Projekte zu schaffen, gewonnen hat.

entherapie (Abschn. 7.5). Einige sind auch im Fortbildungsbereich (Universitäten und Fachhochschulen, aber auch therapeutische Ausbildungsinstitute und sonstige Organisationen und Unternehmen) tätig oder bieten freiberuflich Supervision an (Abschn. 4.5 sowie Abschn. 5.3).

Die Rolle von Psychologen im Berufsfeld der Beratung

In Beratungsstellen gilt die Multiprofessionalität als Grundprinzip, d. h. im Team arbeiten neben Psychologen vor allem Sozialpädagogen, manchmal auch Pädagogen, Kinder- und Jugendpsychiater, Heilpädagogen oder andere Berufsgruppen; immer aber auch Verwaltungskräfte bzw. Teamassistentinnen. In Erziehungsberatungsstellen unterscheidet sich die Tätigkeit der Psychologen von denen der anderen Berufsgruppen vor allem im Bereich der Diagnostik, insbesondere die Entwicklungs- und Leistungsdiagnostik (hier v. a. auch die Teilleistungsschwächen) und den sozio-emotionalen Bereich betreffend. Die universitäre Ausbildung von Psychologen befähigt diese mehr und kompetenter für diagnostische Tätigkeiten. Mehr Grundwissen haben Psychologen auch im Bereich der Psychopathologie, bei Behandlungsmöglichkeiten psychischer Erkrankungen und bei der Diagnostik kinder- und jugendpsychiatrischer Störungsbilder. Das Wissen und die Kompetenzen der Psychologen werden im multiprofessionellen Team in Erziehungsberatungsstellen meist in Fallbesprechungen abgefragt, aber auch die ergänzende Diagnostik eines Kindes, dessen Familie bei einem Sozialpädagogen in Beratung ist, ist bisweilen notwendig. Die Erkenntnisse aus der Diagnostik fließen mit den vom sozialpädagogischen Kollegen gewonnenen Erkenntnissen zusammen und werden der Familie in reflektierter Form bei einem gemeinsamen Termin mitgeteilt. Die Zusammenarbeit mit den Kollegen der anderen Professionen ist eine gute Art und Weise, die Stärken und das Spezialwissen jedes einzelnen Teammitglieds im Sinne eines Synergieeffektes der Klientel zugutekommen zu lassen. Zur Diagnostik gehört selbstverständlich auch die Erstellung schriftlicher Stellungnahmen und Empfehlungen.

Anforderungen an eine Tätigkeit in einer Beratungseinrichtung

Ein Berater sollte vor allem über ein großes Fachwissen und praktische Erfahrung im sozialen Bereich verfügen. Neben der genannten Fachkompetenz ist vor allem eine große fachliche, organisatorische und zeitliche Flexibilität notwendig, um sich immer wieder auf die neuen Anforderungen einzustellen. Am allerwichtigsten erscheint jedoch eine hohe Konflikt- und Teamfähigkeit zu sein. Die Arbeit in den Beratungsstellen verlangt von den Beratern immer wieder ein hohes Innovationspotenzial, verbunden mit einer gehörigen Portion an Vernetzungsfähigkeit. Aber auch die Bereitschaft, sich aktuellen Entwicklungen im Bereich der Beratung zu stellen und kontinuierlich entsprechende Fortbildungen zu besuchen, gehört zum Anforderungsprofil. Im Bereich Beratung erweisen sich Grundkenntnisse in Gesprächspsychotherapie und Systemischer Gesprächsführung als unumgänglich, ergänzt durch spieltherapeutisches Fachwissen in Erziehungsberatungsstellen.

Außerdem ist ein Wissen um die jeweilige Sozialstruktur der Region und deren Angebote notwendig.

Jede Beraterin und jeder Berater sollte alle nachgefragten Problembereiche annähernd gleichermaßen abdecken können. Dennoch kommt es aufgrund spezieller Vorlieben und dementsprechender Fortbildungen zu einer gewissen Schwerpunktsetzung in den Teams.

Schwerpunktsetzung

Sicherlich scheint zunächst ein Studium mit einer Schwerpunktsetzung in der Klinischen Psychologie für die Tätigkeit als Berater sinnvoller als ein Studium mit wirtschaftspsychologischer oder neuropsychologischer Ausrichtung. Aber auch mit anderen Schwerpunktsetzungen ist ein Berufseinstieg in die Beratung gut möglich. Hilfreich ist jedoch sicherlich, sich eine Universität auszusuchen, die eine Ausrichtung auf den psychosozialen Bereich anbietet, z. B. Familienpsychologie, Sozialpsychologie, Gemeindepsychologie, Gesundheitspsychologie oder ähnliche Schwerpunkte.

Fachliche Inhalte

Als Nebenfach zu empfehlen ist nahezu alles, was den Blick über den psychologischen Tellerrand hinaus weitet. Naheliegend wären natürlich Seminare aus den Bereichen Pathologie oder Psychiatrie, aber auch ethnologische, theologische oder andere geisteswissenschaftliche Fächer können sinnvoll und wertvoll sein, insbesondere aufgrund der zunehmenden Bedeutung unterschiedlicher Kulturen und Religionen in der Beratung.

Computerkenntnisse

Computergestützte Diagnoseprogramme haben aufgrund der hohen Kosten bisher keinen Einzug in den Beratungsstellenalltag gefunden. Ansonsten werden die üblichen Computerkenntnisse und der Umgang mit gängigen Programmen erwartet und vorausgesetzt. Insbesondere das Erstellen einer PowerPoint-Präsentation für Vorträge und Schulungen sollte möglich sein. Da über die Beratungstätigkeit eine anonymisierte Statistik geführt wird, werden hierzu spezifische Kenntnisse vermittelt. Als Leiter einer Beratungsstelle ist es unabdingbar, mit der Auswertung der Jahresstatistik vertraut zu sein und auch Kenntnisse der grafischen Darstellung zu haben; dies ist der wichtigste Teil des Jahresberichts, der als Arbeitsnachweis zu erstellen ist und an die Geldgeber und Kooperationspartner verteilt wird.

Sprachkenntnisse

Da je nach regionaler Lage der Beratungsstellen die jeweilige Klientel zuweilen bis zu 70 % aus Personen mit Migrationshintergrund besteht, wären spezielle Sprachkenntnisse sehr wünschenswert. So kann in München beispielsweise in den Erziehungsberatungsstellen in folgenden Sprachen beraten werden: Englisch, Französisch, Spanisch, Italienisch, Kroatisch, Portugiesisch, Farsi, Türkisch, Russisch.

Auch auf spezielle Zielgruppen haben sich Beratungsstellen inzwischen eingestellt, so gibt es z. B. in München die Möglichkeit, dass sich Gehörlose in Gebärdensprache beraten lassen können. Außerdem gibt es Beratungsstellen, die sich auf die Beratung von Sinti und Roma spezialisiert haben und eine Beratungsstelle mit dem Schwerpunkt russischer Migranten.

Praxis, Praxis, Praxis

Neben dem Studium sind Erfahrungen mit praktischen Tätigkeiten im Sozialbereich sehr willkommen. Hierzu gehören insbesondere ehrenamtliche Tätigkeiten im Bereich Jugendleiter, Mitarbeit am „Kinder- und Jugendtelefon“ (KJT), der „Nummer gegen Kummer“, bei „Jugendliche beraten Jugendliche“ oder bei der Telefonseelsorge. Auf alle Fälle sollte man während des Studiums ein mindestens sechswöchiges Praktikum in einer Beratungsstelle absolviert haben, um so schon einmal die Möglichkeit zu haben, das Tätigkeitsgebiet und die spezifischen Abläufe einer Beratungsstelle kennenzulernen. Falls es während des Studiums die Möglichkeit gibt, ein Praktikum in „gestreckter“ Form absolvieren zu können, sollte man dies nutzen. Über einen längeren Zeitraum in einer Beratungseinrichtung mitarbeiten zu können ist eine ausgesprochen gute Möglichkeit, die Arbeit in diesem Bereich kennenzulernen, weil nur so auch die Mitarbeit an einem länger dauernden Fall erlebt und reflektiert werden kann. Weiterhin ergeben sich auch andere Kontakte zu bestimmten Mitarbeitern der Einrichtung und möglicherweise wird es Tätigkeiten geben, die selbstständig ausgeführt werden können, z. B. co-beraterisches Arbeiten oder Einzelgespräche mit Jugendlichen, während der Berater mit einem Elternteil arbeitet, oder auch die Einzelförderung mancher Kinder.

Für den Einstieg in das Berufsfeld der Beratung sollte man auf alle Fälle flexibel sein und sich nicht darauf versteifen, gleich nach dem Studium in seiner Wunscheinrichtung arbeiten zu können. Auch parallel zur (Teilzeit-)Arbeit in einem anderen Berufsfeld (z. B. der Forschung) gibt es immer wieder die Möglichkeit, stundenweise entweder als Honorarkraft zu arbeiten oder eine befristete Stelle als Elternzeitvertretung zu übernehmen. Darüber hinaus gibt es oftmals die Option auf Stundenbasis als Erziehungsbeistand oder im Rahmen Aufsuchender Familienberatung/-therapie tätig zu werden. Es empfiehlt sich, die Zeit nach dem Studium zu nutzen, um eine Therapieausbildung (z. B. in Systemischer Beratung und Familientherapie) zu beginnen und so die eigenen Einstellungschancen zu erhöhen. Während dieser Ausbildungszeit ist es jedoch notwendig, das theoretisch Gelernte auch praktisch anzuwenden. Falls man keine Festanstellung in einem solchen Bereich hat, lohnt es sich bei Beratungsstellen nachzufragen, ob man als Praktikant bei entsprechenden Therapien und zusammen mit erfahrenen Beratern, die am besten dieselbe Ausbildung absolviert haben, aktiv mitarbeiten kann.

Manchmal führt der Weg zum Ziel eben über Umwege. So haben die wenigsten – uns bekannten – Berater gleich nach dem Studium in dem Beratungskontext begonnen, in dem sie heute arbeiten. Oftmals waren sie in Einrichtungen der (teil-)stationären Jugendhilfe, als Legasthenie- oder Dyskalkulie-Therapeut, im Bereich der Frühförderung oder der Kinder- und Jugendpsychiatrie, aber auch universitär oder anderweitig in der Forschung tätig. All diese Tätigkeiten schmälern nicht die Chance auf einen Einstieg in den Wunschbereich einer Beratungsstelle, sondern erhöhen ihn vielmehr. Die gemachten Erfahrungen in diesen Arbeitsfeldern tragen dazu bei, sich in vielen Bereichen der Jugendhilfe zuhause zu fühlen und so die notwendige und sinnvolle Vernetzung der Arbeit in Beratungsstellen erfolgreich umsetzen zu können.

Eine Perspektive aus der Praxis

Titel, Name	Bettina Erifiu-Wolf Heidi Grolik
Organisation	Bettina Erifiu-Wolf: Caritas Beratungsstelle für Eltern, Kinder, Jugendliche und Familien, Freising; Leiterin der Einrichtung Heidi Grolik: Sozialpsychiatrischer Dienst/Caritas Beratungsstelle für psychische Gesundheit, München-Laim
Berufsbezeichnung	Bettina Erifiu-Wolf: Dipl.-Psychologin, Psychologische Psychotherapeutin, Psychodrama-Therapeutin Heidi Grolik: Dipl.-Psychologin, Psychologische Psychotherapeutin, Gesprächs-Psychotherapeutin
Schwerpunkte im Psychologiestudium	Bettina Erifiu-Wolf: Erziehungsberatung, Systemische Familienberatung (Freiburg) Heidi Grolik: Klinische Psychologie und Psychiatrie als Nachbarfach (München)
Wieso haben Sie sich für eine Tätigkeit in einer Beratungseinrichtung entschieden?	Bettina Erifiu-Wolf: Die Arbeit sollte eine im Beratungsbereich sein und mein Ziel war, mit Kindern und Jugendlichen zu arbeiten. EB ist ein sehr vielfältiger Arbeitsbereich, der sich nicht nur auf Beratung beschränkt, sondern er beinhaltet auch therapeutische Kindergruppen, Multiplikatorenarbeit, Prävention und Vorträge. Wichtig war für mich auch, im Team und vernetzt arbeiten zu können. Heidi Grolik: Schon im Studium hatte ich großes Interesse an der Psychiatrie und machte in diesem Bereich ein Praktikum. Zu arbeiten begann ich jedoch – eher untypisch für Psychologen – im Bereich der offenen Altenhilfe, der allgemeinen sozialen Beratung, der gemeindeorientierten sozialen Arbeit und der Schuldnerberatung. All diese Kenntnisse waren jedoch wichtig und hilfreich für meine jetzige Tätigkeit im gemeindepsychiatrischen Beratungsfeld SPDi. Besonders reizvoll ist es für mich, im multiprofessionellen Team zu arbeiten.
Was glauben Sie, können Psychologen in diesem Berufsfeld bewegen?	Bettina Erifiu-Wolf: Das klinisch-psychologische Wissen sowie neuropsychologische Kenntnisse werden in die Beratungsstellenarbeit integriert, was sich positiv auf die Zusammenarbeit mit dem Gesundheitsbereich auswirkt, da die Kooperation sozusagen auf Augenhöhe und mit einer gemeinsamen Sprache stattfinden kann. Heidi Grolik: Zielsetzung der SPDis ist die Hilfe zur Daseinsvorsorge, zur medizinischen Vorsorge, zur sozialen Rehabilitation sowie die Förderung der Lebensqualität von Menschen mit psychischen Erkrankungen. Dazu müssen medizinische, soziale und emotional-kognitive Aspekte ganzheitlich betrachtet werden. Als Psychologin lege ich evtl. mehr Gewicht auf den Beziehungsaspekt und nehme mir viel Zeit für den emotional-kognitiven Bereich bei den Patienten. Auch die Vermittlung der Patienten zu niedergelassenen Therapeuten (oft auch Psychologen) ist eine meiner Aufgaben.
Was hat Sie an Ihrer Tätigkeit am meisten überrascht?	Bettina Erifiu-Wolf: Die meisten Kinder kommen oft mit einer großen Offenheit, wenig Reserviertheit und durchaus neugierig in die Beratung, auch wenn sie meist nicht wissen, was sie in der Beratung erwartet. Heidi Grolik: Die Vielfältigkeit der Menschen und ihrer Lebensgeschichten sowie ihrer Problemlagen, aber auch das breite Spektrum an Tätigkeiten vom therapeutisch-beraterischen Einzelsetting bis zur lebenspraktischen Unterstützung und Begleitung im Alltag sowie bei Krisen.
Ist es überhaupt möglich, diesen Beruf mit einem normalen Familienleben zu vereinen?	Bettina Erifiu-Wolf: Die vielen Teilzeitstellen und auch das in den Schulferien geringere Arbeitsaufkommen machen es möglich, seinen Urlaub oft in den Ferienzeiten der eigenen Kinder zu nehmen. Heidi Grolik: Ja. Die Arbeitszeiten sind gut geregelt, es gibt z. B. auch keine Wochenenddienste. Vorteilhaft ist auch die flexible Gleitzeit, d. h. ich kann morgens später beginnen und dafür abends länger arbeiten.

Welchen Tipp haben Sie für Psychologen, die sich überlegen, in der Beratung zu arbeiten?	Bettina Erifiu-Wolf: Nur zu! Die EB ist mit Sicherheit ein Bereich, in dem in den nächsten Jahren viele junge Kollegen gesucht werden, da dieser Bereich tendenziell überaltert ist und viele Stellen neu besetzt werden. Heidi Grolik: Auf jeden Fall im Beratungsbereich ein Praktikum machen. Weiterhin sind nichtpsychologische Kenntnisse, z. B. aus dem (sozial-)rechtlichen Bereich, von Vorteil.
Stoßen Sie manchmal auf Vorurteile wegen Ihrer Ausbildung?	Bettina Erifiu-Wolf: Ja, manchmal; wird aber zunehmend weniger. Früher musste man sich mehr erklären, dass man nicht ständig, d. h. auch in seiner Freizeit, alle seine Mitmenschen „analysiert". Teilweise wird man gefragt, wie man mit all dem Schweren umgeht und gut für den eigenen Abstand, den eigenen Schutz sorgt. Heidi Grolik: Ich nenne hier nur zwei Zitate, die ich immer wieder gehört habe: „Ah, dann durchschaust du mich also sofort!" und „Ach, das ist aber ein harter Job!"
Was ist hilfreich, um ein guter Berater zu werden?	Bettina Erifiu-Wolf: Hilfreich für das beraterisch-therapeutische Arbeiten mit anderen Menschen ist es, sich selbst gut zu kennen und in Frage stellen zu können sowie das eigene Handeln zu reflektieren und ggf. zu verändern. Hier ist Selbsterfahrung bzw. eine eigene Therapie sehr nützlich; erst wenn ich selbst Klient war, weiß ich, wie sich das anfühlt, und ich kann die Offenheit und das Vertrauen meiner Klienten würdigen. Heidi Grolik: Eine eigene Selbsterfahrung, besser noch eine eigene Therapie ist ausgesprochen sinnvoll. Weiterhin ist es im Sinne der Work-Life-Balance hilfreich, im Privaten der Arbeit etwas entgegenzusetzen, was Freude macht, z. B. Gartenarbeit.

Fazit

Die psychologische Tätigkeit in einer Beratungsstelle – und in unserem Fall in einer Erziehungsberatungsstelle – ist ein so vielfältiges und auch befriedigendes Arbeitsfeld, dass es nicht verwundert, wie viele Kollegen meist bis zum Ende ihres Berufslebens in diesem Bereich und oftmals auch beim selben Träger tätig bleiben. Die Arbeit mit den Familien wird nie langweilig, da jede Familie ihre ganz besondere Geschichte und ihre ganz besonderen Eigenheiten hat; keine Familie ist wie die andere. Sich mit einer Familie oder einzelnen Familienmitgliedern auf die Suche nach den familiären Strukturen zu machen, erfordert schon eine gehörige Portion an Neugier, aber auch Beharrlichkeit und vor allem Offenheit für unterschiedliche Familienformen, für andere Kulturen und für Andersartigkeiten bzw. Besonderheiten. Ebenso wie in psychotherapeutischen Arbeitsfeldern spielen die (ausgedrückten oder auch unterdrückten) Emotionen des zu Beratenden eine herausragende Rolle. Das ist der Teil der Arbeit, der sie für den einzelnen Berater auch manchmal zur Belastung werden lässt. In den Beratungen bzw. Familientherapien sind wir ja mit unseren Emotionen und Empfindungen Spiegelbild der Familie und sollten ausreichend Fertigkeiten entwickeln, diese Emotionen sprachlich ausdrücken zu können und die Familie damit und mit anderen „Techniken" der jeweiligen Therapierichtung auf den Lösungsweg zu führen. Bisweilen geht es aber einfach ums Mitfühlen und Aushalten ausgesprochen schwieriger familiärer Situationen, z. B. wenn eine Familie ein behindertes oder chronisch erkranktes Kind hat oder wenn eine schwer depressive Mutter für Monate in eine Psychiatrische Klinik muss oder wenn ein an Krebs erkrankter Vater nach langer palliativer Pflege stirbt und die Mutter zusammen mit ihren drei Kindern, die zu Halbwaisen geworden sind, Unterstützung sucht. Dennoch sind oft gerade diese Fälle von zwischenmenschlicher Wärme geprägt und die persönlichen Dankmomente einiger Familien sind unschätzbar wertvoll und lassen einen diese Arbeit immer wieder gerne machen. Und man wird mit den Jahren und den vielen Fort- und Weiterbildungen sowie der eigenen zunehmenden Lebenserfahrung immer besser in seiner Tätigkeit. Mit 50 Jahren fühlt man sich als Berater sicherer als mit 30, was auch eine gewisse beruhigende Gelassenheit mit sich bringt und Zuversicht auf die letzten Jahre des Berufslebens ermöglicht.

3.5 Anforderungen an Tätigkeiten in der Klinischen Psychologie

Katharina Mendius und Maximilian Mendius

Im Folgenden soll ein Überblick bezüglich der Anforderungen gegeben werden, die an einen Psychologen gestellt werden, der sich für eine Beschäftigung in einem klinischen Tätigkeitsfeld entscheidet. Dabei werden die – für die meisten klinischen Tätigkeitsfelder gültigen – fachlichen und überfachlichen Anforderungen dargestellt. Schließlich werden Anregungen gegeben, wie bereits im Studium einige Voraussetzungen für eine erfolgreiche Bewährung in einem klinischen Berufsumfeld gelegt werden können. An dieser Stelle ist jedoch anzumerken, dass es aufgrund der Vielfalt der klinischen Theorieschulen und verschiedenster Karrierewege kein Patentrezept gibt, das perfekt auf den Berufseinstieg vorbereitet. Hinter jeder Karriere steht eine individuelle Geschichte, wie auch in den Experteninterviews aus den vorangegangenen Kapiteln deutlich wird.

Die Klinische Psychologie – eine angewandte Wissenschaft am und für den Menschen

Folgt man einer gängigen Definition von Schraml, so ist die Klinische Psychologie „diejenige Teildisziplin der Psychologie, die sich mit psychischen Störungen und den psychischen Aspekten somatischer Störungen befasst" (Schraml 1970, zit. bei Perrez & Baumann 2011, S. 32). Als Klinischer Psychologe kommen Sie also mit Klienten oder Patienten in Kontakt, die Ihre professionelle Hilfe benötigen, um ihren Alltag mit diesen psychischen Störungen oder die mit anderen Krankheiten zusammenhängenden psychologischen Beeinträchtigungen besser bewältigen zu können. Ziel einer psychologischen Tätigkeit im klinischen Kontext ist es nicht, sich als allwissenden „Heiler" zu positionieren, sondern den Menschen Hilfe zur Selbsthilfe anzubieten.

In sehr vielen Fällen gelingt es, den Betroffenen Kompetenzen und Methoden zu vermitteln, sodass sie ihren Alltag wieder eigenständig und erfüllt bewältigen können.

Jedoch ist es bei psychischen Erkrankungen genau so unmöglich wie bei medizinischen Erkrankungen, die Beeinträchtigungen aller Klienten oder Patienten zu lindern oder zu beseitigen oder ihnen einen angemessenen Umgang mit einer chronischen seelischen Behinderung zu vermitteln.

Es gehört also in diesem Tätigkeitsbereich zur Tagesordnung, mit dem Leid anderer Mitmenschen konfrontiert zu werden. Die Therapie von Kindern nach Kindesmisshandlung, Behandlung von Menschen mit Suchtkrankheiten, Beratung von Angehörigen psychiatrisch erkrankter Menschen, Rehabilitationsmaßnahmen von Menschen mit Gedächtnisstörungen etc. gehören zum Berufsbild von klinisch tätigen Psychologen. Eine sehr belastende Situation ist sicher auch ein trotz intensivster therapeutischer Bemühungen erfolgter Suizid eines Patienten.

Für jeden klinisch tätigen Psychologen gibt es individuell bestimmte Krankheitsbilder oder Situationen, die er als besonders belastend empfindet. Es ist wichtig, für sich herauszufinden, welche das sind, um sich auf die individuellen Stärken konzentrieren zu können.

Diese Schilderung soll Sie nicht davon abschrecken, eine Entscheidung für ein klinisch psychologisches Tätigkeitsfeld zu treffen. Die Arbeit erfolgt immer mit dem Menschen als Ganzes, seiner individuellen Lebensgeschichte und seiner Persönlichkeit. Dies macht den Berufsalltag sehr abwechslungsreich. Außerdem werden Sie bei einer Tätigkeit als Klinischer Psychologe sehr oft Menschen begleiten und unterstützen können und somit eine hohe Sinnhaftigkeit der eigenen Tätigkeit erleben. Im Gegensatz zu vielen Tätigkeiten in der Wirtschaft sind die Ergebnisse erfolgreicher klinischer Arbeit deutlich erkennbar, z. B. wenn es einem Patient mit Agoraphobie (Platzangst) gelingt, wieder die U-Bahn zu benutzen.

Als Klinischer Psychologe arbeiten Sie so unmittelbar wie wenige andere „am Menschen" – mit allen positiven und negativen Erfahrungen, die das mit sich bringt.

Eine zentrale Anforderung für eine erfolgreiche und zufriedenstellende Karriere in der Klinischen Psychologie ist es, für sich zu entscheiden, ob man sich diese Arbeit zutraut. Daher ist es umso wichtiger, bereits während des Studiums im geschützten Raum als Praktikant oder bei Besuchen in der

Psychiatrie realitätsnahe Erfahrungen zu sammeln. Wie für alle anderen Berufsbilder gilt: Wenn man das Gefühl hat, von den Belastungen, die ein Tätigkeitsfeld mit sich bringt, dauerhaft überfordert zu sein, so sollte man sich mit Rücksicht auf die eigene psychische Gesundheit ein alternatives Tätigkeitsfeld in der Psychologie oder einem gänzlich anderen Bereich suchen.

Fachliche und überfachliche Anforderungen an eine Tätigkeit im Bereich der Klinischen Psychologie

In den vorangehenden Abschnitten werden zahlreiche Anforderungen an Tätigkeiten im klinischen Bereich spezifiziert. Diese sollen hier kurz zusammenfassend betrachtet werden.

Fachliche Anforderungen

Wie bereits in Abschn. 3.1 beschrieben bietet es sich an, sich im Bachelor eine stabile Ausbildung im Bereich der Grundlagenfächer Allgemeine Psychologie, Biologische Psychologie oder Sozialpsychologie zu erarbeiten, die Sie dann im zweiten Teil des Bachelorstudiums aber vor allem im Masterstudium um Inhalte aus der Klinischen Psychologie, der Neuropsychologie oder der Familienpsychologie ergänzen können. Für beide Studienabschnitte ist es von zentraler Bedeutung, sich intensiv mit den Themenfeldern psychologische Methodenlehre und Diagnostik auseinanderzusetzen, da Sie die dort vermittelten Inhalte, Modelle und Kompetenzen in fast allen psychologischen Tätigkeitsfeldern benötigen. Außerdem helfen speziell diese Methodenkenntnisse, sich von anderen Fachgruppen im interdisziplinären Team zu unterscheiden und damit auch die eigene Position zu stärken. Es lohnt sich also durchaus, eine gewisse Energie in diese für manche anfänglich praxisfern und abstrakt wirkenden Disziplinen zu investieren.

Grundsätzlich sollten Sie Wahlfächer dazu nutzen, Ihre individuelle universitäre Lernbiografie zu gestalten. Dabei sollten Sie versuchen, persönliches Interesse und die Anforderungen des späteren Wunschberufs zu kombinieren. So können z. B. wirtschaftspsychologische Kenntnisse über Teamentwicklung und Gruppendynamik eine gute Ergänzung sein, wenn Sie häufig in interdisziplinären Teams arbeiten. Wie bereits ausgeführt, gibt es jedoch einige unabdingbare Voraussetzungen, wenn Sie an das Studium eine Weiterbildung zum „Psychologischen Psychotherapeuten“ (PP) oder zum „Kinder- und Jugendlichenpsychotherapeuten“ (KJP) anschließen wollen (Abschn. 3.1).

Auch solide Computerkenntnisse und die Beherrschung gängiger Office-Anwendungen sind für praktisch alle klinischen Berufsfelder von Bedeutung. Wenn im gewählten Berufsbild zudem diagnostische Tätigkeiten anfallen, oder z. B. eine Therapiemethode auf ihre Wirksamkeit evaluiert werden soll, ist die Kenntnis von Statistikprogrammen hilfreich. Da jedoch viele Einrichtungen mit einer eigenen Administrationssoftware arbeiten, erfolgt die Vermittlung dieses Wissens häufig *on the job.*

Sprachkenntnisse sind zwar in vielen klinischen Kontexten kein Muss. Spätestens jedoch dann, wenn man sich über aktuelle Entwicklungen in der psychologischen Forschung auf dem Laufenden halten möchte sind solide Englischkenntnisse erforderlich. Wie in den Kapiteln zu Tätigkeiten in Kliniken (Abschn. 3.2), in eigener Praxis (Abschn. 3.3) und in Beratungsstellen (Abschn. 3.4) dargestellt, steigt der Anteil der Klienten oder Patienten mit Migrationshintergrund stetig an. Insofern können Sie Ihre eigene Position weiter stärken, wenn Sie über weitere Fremdsprachenkenntnisse und vor allem über relevantes interkulturelles Wissen verfügen.

Überfachliche Anforderungen

Neben den dargestellten fachlichen Anforderungen spielen besonders im klinisch psychologischen Bereich bestimmte Soft Skills eine große Rolle. Besonders wichtig ist es, über Fähigkeiten und Techniken der Gesprächsführung zu verfügen. An manchen Universitäten werden Wahlfächer oder Trainings angeboten, in denen man diese Fähigkeiten erwerben kann.

Außerdem ist es wichtig, ein großes Interesse an seinem Gegenüber mitzubringen und ihm eine wertschätzende Haltung, Offenheit und Aufgeschlossenheit zu zeigen, damit der Aufbau einer tragfähigen Beziehung zwischen Klient und Berater bzw. zwischen Patient und Therapeut gelingen kann. Auch Kreativität und Flexibilität sind von großer Bedeutung, da sich alle Klienten bzw. Patienten voneinander unterscheiden und jeder von ihnen individuell behandelt werden sollte.

Neben den Kompetenzen, die dazu befähigen erfolgreich mit Klienten bzw. Patienten zu arbeiten, ist die eigene Selbstfürsorge wichtig. Man darf die eigenen Bedürfnisse nicht außer Acht lassen, auch wenn die Arbeit bisweilen hohe Anforderungen an einem stellt. In diesem Zusammenhang ist die Fähigkeit zur Selbstreflexion für Tätigkeiten im klinischen Bereich von großer Bedeutung. Es ist wichtig zu erkennen, was die Interaktion mit Klient bzw. Patient mit der eigenen Person macht und welche Prozesse bei einem selbst ablaufen, um diese richtig einzuordnen. Wie in den vorangegangenen Kapiteln dargestellt können Supervisions- oder Intervisionsangebote diese Reflexion unterstützen.

Da man sowohl in Kliniken als auch in Beratungsstellen oftmals in interdisziplinären Teams zusammenarbeitet, ist die Offenheit gegenüber anderen Berufsgruppen hilfreich, insbesondere um auch persönlich von den Lernmöglichkeiten, die die Arbeit in einem diversen Team mit sich bringt, profitieren zu können.

Fazit

Tätigkeiten in der Klinischen Psychologie sind aufgrund der immer wieder neuen Interaktionssituationen und Bedingungsgefügen außerst abwechslungsreich. Man sieht sich stetig neuen Herausforderungen gegenüber, hat aber durch die eigene psychologische Kompetenz und die Zusammenarbeit mit Fachexperten anderer Berufsgruppen große Ressourcen, um diese zu meistern.

Literatur

Weiterführende Literatur und Internetadressen Abschn. 3.1

Sonntag, A., Spangenberg, L., Brähler, E., Strauß, B. & Glaesmer, H. (2012). Zur Vereinbarkeit von Promotion und Psychotherapieausbildung für Psychologinnen und Psychologen. *Zeitschrift für Klinische Psychologie und Psychotherapie,* 41, 125–129.

www.bdp-verband.org/bdp/presse/2012/06_novellierung.html

www.bdp-verband.org/beruf/ba-ma/index.html

www.anamnesegruppen.eu

www.klinische-psychologie-psychotherapie.de/aktuelle_information.html

Weiterführende Literatur und Internetadressen Abschn. 3.2

Ruoß, M., Ochs, M. Jeschke, K. & Peplau, L. (2012). Berufssituation, Zufriedenheit und Zukunftsperspektiven von Neuapprobierten PP/KJP. *Psychotherapeutenjournal* 2/2012. Bayerische Landeskammer der Psychologischen Psychotherapeuten und der Kinder- und Jugendlichenpsychotherapeuten.

www.bdp-klinische-psychologie.de

www.klinische-psychologie-psychotherapie.de

Weiterführende Literatur und Internetadressen Abschn. 3.3

Best, D., et al. (2008). *Approbiert, was nun? Berufseinstieg für Psychologische Psychotherapeuten und Kinder- und Jugendlichenpsychotherapeuten.* Berlin: Psychotherapeutenverlag

Brähler, E., Geyer, M. & Hessel, A. (2005). *Lebensqualität, Wohlbefinden, berufliche Gratifikationskrisen bei niedergelassenen Psychologischen Psychotherapeuten.* Vortrag 07.11.2005, Köln.

Gross, W., & Goshöfer-Neubert, A. (2012). *Erfolgreich selbständig. Gründung und Führung einer psychologischen Praxis.* Heidelberg: Springer.

Hessel, A., Brähler, E., Geyer, M., & Eichenberg, C. (2009). Zur Einkommenssituation niedergelassener Psychologischer Psychotherapeuten. *Zeitschrift für Medizinische Psychologie,* 3/4, 180–188.

Kernberg, O., et al. (2009). *Wir: Psychotherapeuten über sich und ihren unmöglichen Beruf.* Stuttgart: Schattauer.

Lubbadeh, J. (2012). Psychologen-Mangel in Deutschland: Therapeut verzweifelt. www.spiegel.de/gesundheit/psychologie/psychotherapie-warum-es-zu-wenige-psychologen-in-deutschland-gibt-a-820748.html. Zugegriffen: September 2012.

Maier, W. (2012). www.dgppn.de/aktuelles/startseite-detailansicht/article/100/positionspap-2.html. Deutsche Gesellschaft für Psychiatrie, Psychotherapie und Nervenheilkunde. Zugegriffen: September 2012.

Müller, P., Gunkel, S. & Kruse, G. (2003). Zufriedene Psychotherapeuten – auch wenn es mit der Partnerschaft etwas hapert. Befragungsergebnisse Langeoog 2002. In G. Kruse & S. Gunkel (Hrsg.), *Werte im Wandel – Wandel als Wert?. Ein Wirkungsfeld der Psychotherapie.* (S. 311–330). Hannover: Hannoversche Ärzte-Verlags-Union.

Rautenberg, M., & Frederichs, J. (2011). *Jetzt bin ich Psychotherapeut.* Berlin: Deutscher Psychologen Verlag.

Ruoß et al. (2011). www.psychotherapeutenjournal.de/ptk/web.nsf/gfx/F5F61403C797D11441257A240049AD77/$file/Langfassung_Ruo%C3%9F_et_al_ptj_2012-2.pdf. Bayerische Landeskammer der Psychologischen Psychotherapeuten und der Kinder- und Jugendlichenpsychotherapeuten. Zugegriffen: Oktober 2012.

Sonnenmoser, M. (2011). Reihe Psychotherapie in Europa: Frankreich, Hochburg der Psychoanalyse. *Deutsches Ärzteblatt.* www.aerzteblatt.de/archiv/81279/Reihe-Psychotherapie-in-Europa-Frankreich-Hochburg-der-Psychoanalyse. Zugegriffen: September 2012.

www.bptk.de

www.europsy.de

siehe Tab. 3.3 Eine Auswahl kassenrechtlich nichtanerkannter Verfahren

siehe Tab. 3.4 Eine Auswahl kassenrechtlich teils anerkannter Zusatzqualifikationen siehe Tab. 3.5 Angebote für Psychotherapeuten in Ausbildung (PiA)

Weiterführende Literatur und Internetadressen Abschn. 3.4

Keupp, H. (1994). *Psychologisches Handeln in der Risikogesellschaft: Gemeindepsychologische Perspektiven.* München: Quintessenz.

Hundsalz, A. (1995). *Die Erziehungsberatung. Grundlagen, Organisation, Konzepte und Methoden.* Weinheim und München: Juventa.

Matuszczyk, G. & Wolf, J. & Britten, U. (2011). *Der Elterncoach. Aus der Online-Beratung mit Jugendlichen.* Bonn: Balance.

Menne, K. & Scheuerer-Englisch, H. & Hundsalz, A. (2012). *Jahrbuch für Erziehungsberatung. Band 9.* Weinheim und Basel: Juventa.

Schneewind, K.A. (1999). *Familienpsychologie.* Göttingen: Hogrefe.

Textor, R. (Kein Jahr). Familienberatung. In: *Das Online-Familienhandbuch.* www.familienhandbuch.de

www.bke.de

www.bmev.de

www.bmfsfj.de

www.dgsf.org

www.kinderschutz-zentren.org

Weiterführende Literatur Abschn. 3.5

Perrez, M. & Baumann, U. (Hrsg.). (2011). *Lehrbuch klinische Psychologie – Psychotherapie.* Zürich, Hans Huber Verlag.

4 Berufsfelder für Wirtschaftspsychologen

Katharina Mendius, Maximilian Mendius, Luiza Olos, Birgit Stephan, Ulrich Stephany und Simon Werther

M. Mendius und S. Werther (Hrsg.), *Faszination Psychologie – Berufsfelder und Karrierewege*,
DOI 10.1007/978-3-642-37710-5_4, © Springer-Verlag Berlin Heidelberg 2014

4.1 Grundsätzliches zum Studium der Wirtschaftspsychologie

Katharina Mendius und Maximilian Mendius

Wie muss der Arbeitsplatz in einem Unternehmen gestaltet sein, damit der Mitarbeiter bestmöglich arbeiten kann? Wie lassen sich passende, qualifizierte Mitarbeiter für offene Stellen in einem mittelständischen Unternehmen auswählen? Wie lässt sich eine Mitarbeiterbefragung in einem Großkonzern umsetzen? Wie lässt sich untersuchen, welche Produkte von Konsumenten präferiert werden und wie Werbekampagnen zur Vermarktung dieser Produkte am besten gestaltet werden können?

Mit diesen Fragen beschäftigen Sie sich im Rahmen eines Studiums mit dem Schwerpunkt Wirtschaftspsychologie. Die Bandbreite der Anwendungsszenarien der Wirtschaftspsychologie ist dabei breit gefächert, was in den folgenden Kapiteln sehr deutlich wird – von Organisationspsychologie über Training und Coaching bis hin zu Marktforschung handelt es sich um ein vielfältiges Spektrum an teilweise sehr unterschiedlichen Tätigkeiten. Dabei können Sie Wirtschaftspsychologie an den meisten Universitäten sowohl im Bachelor als auch im Master studieren bzw. als Schwerpunkt wählen. Darüber hinaus ist zu beachten, dass es neben universitären Studiengängen auch vermehrt Studiengänge an oftmals privaten (Fach-)Hochschulen gibt. Diese Studiengänge können ebenfalls gute Studienbedingungen bieten, doch sind sie in vielen Fällen nicht von der DGPs oder vom BDP anerkannt, sodass ein weiterführendes Masterstudium an Universitäten oftmals nur unter erschwerten Bedingungen möglich ist.

Inhalte des Bachelorstudiums

Eines der Ziele der Bolognareform war es, im Vergleich zu den bestehenden Studienstrukturen jungen Menschen die Möglichkeit zu geben, mit einem berufsqualifizierenden ersten Hochschulabschluss schon früher in das Arbeitsleben zu starten – diese Rolle übernimmt aktuell der Bachelor. Im Bachelor wird also nicht nur das theoretische Fundament gelegt, auf das dann Masterstudiengänge zur weiteren inhaltlichen und methodischen Vertiefung aufbauen können. Im Idealfall werden dort bereits anwendungspraktische Kompetenzen vermittelt, die ein Absolvent für einen direkten Berufseinstieg nutzen kann. Hier zeigt sich ein Unterschied zwischen Studiengängen an Fachhochschulen und Universitäten. Erstere legen einen deutlich stärkeren Fokus auf praktische Erfahrung. Oftmals sind an Fachhochschulstudiengängen bereits im Bachelor ganze Praxissemester sowie umfangreiche Praxisprojekte vorgesehen. Damit ergibt sich oftmals eine Studiendauer von sieben Semestern. An Universitäten erfolgt eine stärkere Betonung der Grundlagenfächer und das Bachelorstudium ist in den meisten Fällen nach sechs Semestern abgeschlossen. Praxiserfahrung ist in den Studienordnungen der Universitäten meist in einem deutlich geringeren Umfang vorgesehen. Selbstverständlich kann man diese aber auch dort z. B. über ein Urlaubssemester in größerem Umfang erwerben – allerdings ergibt sich dadurch meist ein höherer Koordinationsaufwand.

Erfolgt an den Universitäten meist eine Ausbildung in einem allgemeinen Bachelor der Psychologie mit starkem Grundlagenfokus und der Wahl von Anwendungsfächern zur Mitte oder zum Ende des Studiums, gibt es insbesondere an Fachhochschulen bereits von Beginn an spezialisierte Bachelorstudiengänge, z. B. den Bachelorstudiengang Wirtschaftspsychologie. Gerade wenn ein direkter Berufseinstieg in ein wirtschaftspsychologisches Tätigkeitsfeld nach dem Bachelor angestrebt wird, stellen diese Studiengänge eine interessante Alternative dar. Möchte man sich jedoch offen halten, später in der Grundlagen- oder Anwendungsforschung zu arbeiten, ist eine breite Ausbildung in den etablierten Grundlagendisziplinen und der psychologischen Methodenlehre und Diagnostik, wie sie an den nicht spezialisierten universitären Studiengängen angeboten wird, zu empfehlen. Außerdem legt die Ausrichtung des Bachelorstudiums bereits zu einem gewissen Teil fest, welche Masterstudiengänge gewählt werden können. So ist es z. B. nicht ohne weiteres möglich, nach einem Bachelorstudiengang an einer Fachhochschule in ein Masterprogramm einer Universität zu wechseln.

Was die Inhalte im Bachelorstudium angeht, so sollte für eine Tätigkeit in der Wirtschaftspsychologie spezielles Augenmerk auf die Grundlagenfächer Allgemeine Psychologie, Sozialpsychologie, Differenzielle Psychologie und Persönlichkeitspsychologie sowie auf eine gute Methoden- und Diagnostikausbildung gelegt werden. Als Anwendungsfächer empfehlen sich auf den ersten Blick Arbeits- und Organisationspsychologie oder Markt- und Konsumentenpsychologie. Wie in den folgenden Kapiteln dargestellt, macht es aber je nach Berufswunsch durchaus Sinn, hier auch vermeintlich exotischere Anwendungsfächer zu wählen, z. B. Human Factors in Engineering für Arbeitspsychologie oder Klinische Psychologie und Pädagogische Psychologie für eine Tätigkeit im Coaching und Training. Bei der Wahl des Nebenfachs gelten ähnliche Leitlinien: Naheliegend sind insbesondere BWL, VWL oder Jura – sofern sie sich in die individuellen Interessen und Karrieremodelle einfügen. Gleichzeitig bieten aber auch gänzlich andere Nebenfächer, z. B. Informatik oder Philosophie wertvolle Einblicke.

Inhalte des Masterstudiums

Der Master setzt im Regelfall fachlich auf dem Bachelor auf und dient dazu, die Grundlagenausbildung gezielt zu vertiefen. Eines der Kernziele von Masterstudiengängen an Universitaten ist es, die Teilnehmer auf eine spätere wissenschaftliche Tätigkeit und damit insbesondere auf eine Promotion vorzubereiten – insofern liegt hier ein starker Fokus auf der Vermittlung aktuellster wissenschaftlicher Erkenntnisse und fortgeschrittener Methoden der Datenerhebung und -auswertung. Gleichzeitig bietet der Master auch genügend Raum, um vertiefte anwendungspraktische Erfahrungen zu sammeln – auch hier mit einem nochmals höheren Anteil zu Gunsten der Fachhochschulstudiengänge. Inhaltlich bieten sich für eine Tätigkeit als Wirtschaftspsychologe insbesondere Masterstudiengänge mit den Schwerpunkten Arbeits-, Betriebs- und Organisationspsychologie, angewandte Sozialpsychologie, Markt- und Konsumentenpsychologie oder Pädagogische Psychologie mit Schwerpunkt Erwachsenenbildung an (siehe auch Kap. 5). Für die Wahl der Nebenfächer finden die im Abschnitt „Inhalte des Bachelorstudiums" getroffenen Aussagen ebenso Anwendung.

Was ist bei der Studienplanung zu bedenken?

Das Lehrangebot an Themenbereichen, die für eine Tätigkeit als Wirtschaftspsychologe relevant sind, unterscheidet sich von Universität zu Universität und von Hochschule zu Hochschule. Auch die Durchlässigkeit zwischen Universitäten und Hochschulen ist, wie bereits beschrieben, stark beschränkt.

Haben Sie den Wunsch, nach Abschluss des Bachelors ein bestimmtes Masterstudium zu beginnen, sollten Sie darauf achten, dass die relevanten zur Zulassung erforderlichen Inhalte im Bachelorstudium auch erworben werden können. Informieren Sie sich rechtzeitig über die Aufnahmevoraussetzungen und passen Sie ihre Studienplanung gegebenenfalls entsprechend an.

Insbesondere wenn Sie ein Auslandssemester planen, sollten Sie sich detailliert darüber informieren, welche an der angestrebten Partnerhochschule angebotenen Lehrveranstaltungen an Ihrer Heimathochschule bzw. Universität anerkannt werden können.

Möchten Sie sich offenhalten, nach einem wirtschaftspsychologisch ausgerichteten Studium dennoch später in einem Tätigkeitsfeld als Klinischer Psychologe mit einer Ausbildung zum „Psychologischen Psychotherapeuten" oder zum „Kinder- und Jugendlichenpsychotherapeuten" zu arbeiten, ist es wichtig, die Studienplanung so anzupassen, dass die formalen Voraussetzungen zur Aufnahme einer dieser Ausbildungen erfüllt sind. Weitere Informationen finden Sie im Abschn. 3.1.

Nach dem erfolgreichen Abschluss eines Masterstudiums oder in Ausnahmefällen über ein Fast-Track-Modell nach einem Bachelorstudium kann eine Promotion aufgenommen werden. Grundsätzliche Informationen dazu finden Sie im Kap. 6. Auch hier ist es wichtig, sich rechtzeitig über die gültigen Zulassungsvoraussetzungen zu informieren, insbesondere wenn die Ausbildung im Bachelor oder Master an einer Fachhochschule absolviert wurde.

Praxis schon im Studium

Gerade für Tätigkeitsfelder im wirtschaftlichen Bereich ist es von essenzieller Bedeutung, bereits parallel zur akademischen Ausbildung fachbezogene anwendungspraktische Erfahrungen zu sammeln. Hat man die Absicht, in einem renommierten Großunternehmen zu arbeiten, wird man voraussichtlich mit vielen Mitbewerbern um eine Stelle konkurrieren. Bei vergleichbaren Abschlussnoten können der Nachweis vertiefter Praxiserfahrung und entsprechende Branchenkenntnisse zum ausschlaggebenden Faktor bei der Personalentscheidung werden. Im Idealfall sollte die Praxiserfahrung einen inhaltlichen Bezug zu der angestrebten Tätigkeit aufweisen.

Es bieten sich verschiedene Möglichkeiten an, um schon im Studium entsprechende Erfahrungen zu sammeln. Die gängigste Methode sind in der Studienordnung festgelegte oder freiwillige Praktika. Praktika bieten eine attraktive Möglichkeit, das Aufgabenspektrum von Wirtschaftspsychologen in einem geschützten Raum unverbindlich kennenzulernen und selbst erste praktische Erfahrungen zu sammeln. Auch wenn in der Studienordnung teilweise nur kurze Zeiträume für Praktika vorgesehen sind, z. B. sechs Wochen Pflichtpraktikum, sollten Sie erwägen, das Praktikum z. B. über ein Urlaubssemester auf drei bis sechs Monate zu verlängern. Dies hat für Sie den Vorteil, das Tätigkeitsfeld mit allen Vor- und Nachteilen ausführlich kennenzulernen und nach einem repräsentativen Zeitraum zu beurteilen, ob Sie sich eine Berufstätigkeit in diesem Bereich vorstellen können. Setzt man eine Einarbeitungszeit von zwei bis vier Wochen an, um sich mit den gängigen Abläufen und Prozessen einer Arbeitsstelle vertraut zu machen, so werden Sie nach dieser Einarbeitungszeit auch für die aufnehmende Organisation immer attraktiver. Dies kann dazu führen, dass Sie nach und nach mehr Verantwortung oder eigene kleine Projekte übertragen bekommen. Wichtig ist in diesem Zusammenhang jedoch, darauf zu achten, dass ein Praktikum in erster Linie als Lernmöglichkeit für den Praktikanten und nicht als billige Arbeitskapazität für die einstellende Organisation genutzt werden sollte. Im Regelfall werden Praktika im wirtschaftlichen Bereich vergütet. Es ist sinnvoll, bei einem Bewerbungsgespräch die entsprechenden Konditionen zu erfragen und mit anderen Angeboten zu vergleichen.

Neben dem Praktikum können Sie über Werkstudententätigkeiten oder Hilfswissenschaftlerstellen erste praktische Erfahrungen sammeln. Hier steht jedoch nicht primär das Lernziel im Vordergrund, sondern Sie werden gezielt zur Ausführung einer bestimmten Aufgabe eingestellt.

Auch Studienabschlussarbeiten können in Kooperation mit Unternehmen in der Wirtschaft durchgeführt werden. Wichtig ist es hier, sich rechtzeitig darum zu kümmern, einen entsprechenden Betreuer an der Hochschule zu finden – Unternehmen können und dürfen keine Prüfungsleistungen abnehmen. Insbesondere an Universitäten ist darauf zu achten, dass die praktische Studienabschlussarbeit den festgelegten wissenschaftlichen Kriterien genügt. Es steht jedem Hochschuldozenten jederzeit frei, die Betreuung eines Themas aus diesem Grund abzulehnen.

Die Wahl der richtigen Universität

Wie bereits angedeutet, gibt es ein breites Angebot an wirtschaftspsychologisch ausgerichteten Studiengängen an Universitäten und Fachhochschulen. Eine universell gültige Richtlinie zur Auswahl der besten Hochschule können und wollen wir hier nicht darstellen. Besonders wichtig ist es, dass die Anforderungen und Möglichkeiten, die eine Hochschule bietet, mit Ihren Interessen und Fähigkeiten übereinstimmen. Meist werden nicht alle Lehrinhalte an allen Hochschulen angeboten, insofern ist es auch wichtig für sich zu entscheiden, in welche Region man bereit ist für die akademische Ausbildung zu gehen. Auch hier sind wieder die individuellen Präferenzen und Anforderungen an einen Lebensmittelpunkt maßgebend. Insbesondere an renommierten Universitäten ist der Numerus Clausus relativ streng. Entsprechend ist es möglich, dass das Bachelorstudium zunächst nicht an der präferierten Universität aufgenommen werden kann, sondern auf einen anderen Standort ausgewichen werden muss. Im Verlauf des Studiums oder zwischen Bachelor und Master bieten sich aber auch hier unter Berücksichtigung der Zulassungsvoraussetzungen, Anerkennungsmöglichkeiten und eventueller Notengrenzen wieder Möglichkeiten zum Wechsel.

Der Berufsverband Deutscher Psychologinnen und Psychologen (BDP) stellt eine Übersicht zur Verfügung, die die Wahl von Studienort und Hochschule unterstützen kann (www.bdp-verband.org/beruf/ba-ma/index.html). Der BDP evaluiert regelmäßig Bachelor- und Masterstudiengänge bezüglich ihrer Qualität, der inhaltlichen Ausgestaltung und der Passung zu den von der Kultusministerkonferenz und des Europäischen Zertifikats in Psychologie definierten Anforderungen. Aus dieser Prüfung resultiert eine nach Fachgebiet differenzierte Kategorisierung bestehender Studiengänge in eine Positivliste empfohlener Studiengänge und eine Negativliste aktuell nicht empfohlener Studiengänge. Allerdings ist diese Liste nicht tagesaktuell. Derzeit sind einige qualitativ hochwertige an den Richtlinien des BDP orientierte Studiengänge noch nicht aufgeführt.

Daher sollten Sie, wenn Sie eine Universität oder Fachhochschule für sich in Erwägung ziehen, weitere Recherchen vornehmen. Besuchen Sie den entsprechenden Internetauftritt und informieren Sie sich über Studienstruktur, -inhalte und Zulassungsvoraussetzungen, kontaktieren Sie die Fachschaften, um realitätsnahe Erfahrungsberichte von Studierenden zu erhalten oder nutzen Sie die Studienberatungsstellen.

Die folgenden Abschnitte bieten Ihnen vertiefte Einblicke in verschiedene Tätigkeitsfelder für Wirtschaftspsychologen. Dort erhalten Sie dann auch jeweils individuell auf den einzelnen Beruf abgestimmte Ratschläge, wie das Studium gestaltet werden könnte. Viel Spaß in der spannenden und vielfältigen Welt der Wirtschaftspsychologie!

4.2 Tätigkeit als Arbeitspsychologe

Luiza Olos

Was haben Ihr Smartphone, das einfache Surfen im Internet, Ihr Drehstuhl, der Schutzhelm des Bauarbeiters auf der Baustelle und Ihre erfolgreiche Suche nach einem passenden Tätigkeitsfeld gemeinsam? Die Antwort ist: Arbeitspsychologie! Denn überall stehen im Hintergrund auch Überlegungen von Arbeitspsychologen, die an der intuitiven Bedienbarkeit Ihres Smartphones, der Usability von Internetseiten, der ergonomischen Gestaltung des Bürostuhls, an der Arbeitssicherheit auf Baustellen oder an Beratungen und Büchern im Bereich Berufsfindung (mit-)arbeiten. In diesem Beitrag erfahren Sie mehr über ihre Tätigkeit und ihre Aufgaben, über die unterschiedlichen arbeitspsychologischen Praxisfelder und die typischen Arbeit- bzw. Auftraggeber. Sie lernen sowohl die Sichtweise eines Wissenschaftlers zu diesem Berufsfeld, als auch die einer Praktikerin kennen. Und Sie erfahren, was Sie selbst mitbringen sollten, wenn Sie in diesem Bereich tätig werden möchten, welche Anforderungen an persönliche, fachliche und methodische Kompetenzen gestellt werden. Einleitend lernen Sie anhand des folgenden Szenarios eine typische Situation in der Arbeitswelt kennen, in der eine Organisation auf die Dienste einer Arbeitspsychologin zurückgreift.

Arbeitspsychologie – was ist das?

Wie das obige Beispiel verdeutlicht, sind Arbeitspsychologen Experten für die Analyse, Bewertung und Gestaltung von Arbeitstätigkeiten und Arbeitssystemen. Ziel ist es, die Arbeit so zu gestalten, dass die Gesundheit und Leistungsfähigkeit der Beschäftigten bewahrt wird und sie ihnen Lern- und Entwicklungsmöglichkeiten bietet.

Arbeit ist eine grundlegende, identitätsstiftende und existenzsichernde Komponente menschlicher Tätigkeit. Arbeitspsychologen interessieren sich für deren unterschiedliche Aspekte, angefangen von der Berufssuche bis zum Übergang in den Ruhestand. Sie beschäftigen sich mit der Passung zwischen individuellen Eigenschaften/Kompetenzen und beruflichem Umfeld, mit Arbeitsmotivation, -bedingungen, -aufgaben und deren Gestaltung, mit den Auswirkungen von Arbeit (z. B. Stress), mit der Zusammenarbeit in Arbeitsgruppen und mit der Einbindung von Beschäftigten im gesamten Organisationskontext, mit der Interaktion Mensch-Technik-Organisation usw. Arbeitspsychologen befassen sich nicht nur mit Erwerbsarbeit, sondern auch mit Hausarbeit, mit ehrenamtlicher Arbeit, mit Freizeit, mit der Vereinbarkeit von Berufs- und Privatleben, und auch mit gesellschaftlichen Fragen wie Arbeitslosigkeit oder Entfremdung von Arbeit. Sie sind in fast allen Branchen

Ein Szenario

Die Arbeitswoche von Michael Feuerbach – Leiter der Abteilung „Arbeitsschutz" des Kohlekraftwerks Grunewald – hat schlecht angefangen: Es ist erst Montagnachmittag und schon liegen zwei Unfallmeldungen vor. Zum Glück nichts Gravierendes – ein Mitarbeiter hat sich geschnitten und ein anderer ist auf dem Weg zum Kamin gestürzt. Letzte Woche gab es auch ein paar Vorkommnisse und zum Monatsende müssen die Unfallstatistiken an die Berufsgenossenschaft Energie (BG ETEM) weitergeleitet werden. Deren Aufgabe ist es, Arbeitsunfällen und Berufskrankheiten vorzubeugen. Der Mitarbeiter des Geschäftsbereichs Prävention, Herr Schütze, berät und betreut die Mitgliedsunternehmen vor Ort, stellt Informationen zur Verfügung und untersucht Betriebsunfälle. Für Michael Feuerbach steht also bald wieder ein Gespräch mit Herrn Schütze an, und es wird nicht einfach sein zu erklären, warum Unfälle im Kraftwerk immer wieder vorkommen und die Unfallzahlen partout nicht sinken wollen. Michael Feuerbach kann sich das selbst nicht erklären – er und sein Team haben doch alles richtig gemacht: Die Mitarbeiter werden regelmäßig geschult und pauken die Arbeitsschutzvorschriften. Zudem gibt es für alle Tätigkeiten Gefährdungsbeurteilungen, die die erforderlichen Schutzmaßnahmen festlegen. Wenn festgestellt wird, dass die Vorschriften nicht eingehalten werden, was leider viel zu oft vorkommt, wird sofort eine neue Unterweisung durchgeführt, manchmal für gesamte Mitarbeiterteams. Man könnte sogar sagen, dass Mitarbeiter im Laufe des Jahres regelrechte „Belehrungsmarathons" durchlaufen. Warum greifen diese Maßnahmen nicht? Michael Feuerbach hat die ganze Palette seiner Handlungsmöglichkeiten erschöpft, und zwar ohne Erfolg. Er muss etwas tun, bevor ein noch schlimmerer Unfall passiert. Neue Lösungen müssen her! Er setzt sich mit Personalleiterin Claudia Sonnentag und mit dem Betriebsarzt zusammen, um Antworten auf folgende zwei Fragen zu suchen: „Warum sinken unsere Unfallzahlen nicht, obwohl wir so viel Geld in Schulungen und Unterweisungen zur Arbeitssicherheit investieren?" und „Wie können wir unsere Methoden zur Analyse von Unfällen im Kraftwerk verbessern?". Im Laufe der Diskussion wird erstens deutlich, dass die Probleme nur von einem Experten in diesem Bereich gelöst werden können und zweitens, dass dieser Experte von außen kommen muss, um die blinden Flecken im Unternehmen bzw. im Bereich Arbeitsschutz aufzudecken. Claudia Sonnentag fällt dabei jemand ein: Frau Herzberg, die im letzten Monat Konfliktmanagementtrainings in der Zentrale durchgeführt hat. Sie ist eine sehr kompetente Arbeitspsychologin, ihre Trainings waren nicht nur wirksam, sondern haben auch viel Spaß gemacht. Michael Feuerbach beschließt, ihre Hilfe anzufordern. Er nimmt Kontakt auf, schildert die Problematik und bittet um ein Angebot. Frau Herzberg erstellt ein Angebot mit dem methodischen Vorgehen und handelt die Rahmenbedingungen (Zeitrahmen, Honorar) aus. Danach nimmt sie ihre Tätigkeit im Kraftwerk auf: Sie beobachtet und analysiert die Arbeitsabläufe, befragt die Mitarbeiter und studiert die Unfallzahlen. Bei der Befragung der Mitarbeiter wird deutlich, dass diese die Arbeitsschutzunterweisungen als lästig ansehen und die Wiederholungen sogar als Bestrafung. Sie verstehen den Sinn vieler Maßnahmen nicht, sehen einen Großteil der Sicherheitsvorkehrungen als Behinderung der „richtigen" Arbeit an und umgehen viele Sicherheitsregeln. Diejenigen Mitarbeiter, die alle Vorschriften befolgen, werden von ihren Kollegen sogar als „Memmen" verspottet. Ergebnisse der Analyse der Unfallzahlen zeigen weiterhin, dass bislang nur die Unfälle, bei denen eine ärztliche Behandlung notwendig ist, im Fokus der Aufmerksamkeit standen. Im betrieblichen Alltag passieren

jedoch viel häufiger scheinbar harmlose Unfälle, die vom kraftwerkseigenen Sanitäter behandelt werden. Auffallend viele dieser Unfälle sind Stolper-, Sturz- und Umknickunfälle, die sich auf dem Weg von einem Gebäudeteil zum anderen ereignen. Daraufhin analysiert Frau Herzberg diese Wege und ermittelt die gefährlichsten Stellen. Auf der Basis der Untersuchungsergebnisse entwirft die Arbeitspsychologin Lösungsvorschläge auf zwei Ebenen: Erstens sollten die Mitarbeiter im Rahmen von Kommunikationsmaßnahmen vom Sinn der Sicherheitsvorschriften überzeugt und zu deren Umsetzung motiviert werden. Regeln werden meist nur dann befolgt, wenn sie erklärt werden und begründet sind. Bei unbequemen Vorschriften und Verhaltensweisen wollen Menschen von deren Notwendigkeit überzeugt sein, bevor sie diese freiwillig umsetzen. Zweitens werden die identifizierten Gefahrenquellen auf den Betriebswegen beseitigt bzw. die Betriebswege sicherer gestaltet. Diese Maßnahmen werden dann im Laufe der nächsten Wochen mit Unterstützung von Frau Herzberg erfolgreich durchgeführt.
Ein halbes Jahr später: Michael Feuerbach trifft sich mit Herrn Schütze von der BG und kann nun stolz berichten: „Das Sicherheitsbewusstsein unserer Mitarbeiter ist gestiegen und sie arbeiten viel umsichtiger. Unsere Unfallzahlen haben sich halbiert!"

tätig, in Institutionen des Öffentlichen Dienstes (z. B. Ministerien, Arbeitsagenturen, Hochschulen) wie auch in der Privatwirtschaft in großen Unternehmen oder im Kultur- und Non-Profit-Bereich (und sogar auf hoher See als Schifffahrtspsychologen).

Die Tätigkeit von Arbeitspsychologen ist besonders dort nützlich und nachgefragt, wo Menschen als Mitarbeiter, Kunden oder Zielgruppen bedeutend sind – z. B. in Unternehmen mit hoher Personalquote und großer Wertschöpfung, wo die Leistungsfähigkeit einzelner Mitarbeiter erhalten oder gesteigert werden soll (wie im IT-Sektor). Auch in Branchen mit hohen Risiken für den Arbeitsschutz (z. B. in Transportunternehmen) und/oder die Umwelt (z. B. Kernenergie) können Arbeitspsychologen dazu beitragen, menschliches Versagen zu minimieren bzw. über technologische Risiken aufzuklären.

Die Arbeitswelt wandelt sich kontinuierlich und damit auch die arbeitspsychologischen Tätigkeitsbereiche und Aufgaben. Immer neue Fragestellungen und Nischen auf dem Arbeitsmarkt ergeben sich für Psychologen infolge der Globalisierung (z. B. Zusammenarbeit in interkulturellen Teams), der Durchdringung aller Arbeitsbereiche mit neuen Technologien (Softwaregestaltung), der Individualisierung von Arbeitsverhältnissen und Arbeitszeiten (Wirkungen von Telearbeit) etc.

Arbeitspsychologie – ein ganz besonderes Tätigkeitsfeld?

Die menschliche Arbeit kann nicht losgelöst von ihren betrieblichen und gesellschaftlichen Kontexten betrachtet werden, deshalb lässt sich das arbeitspsychologische Tätigkeitsfeld nicht trennscharf abgrenzen: Es überschneidet sich mit den Bereichen der Organisations-, Personal-und Gesundheitspsychologie sowie mit der Arbeitswissenschaft. Aus diesem Grund sind für Arbeitspsychologen eine interdisziplinäre Perspektive und Kenntnisse aus den benachbarten Disziplinen wichtig.

Die Arbeitspsychologie fokussiert hauptsächlich Themen auf der individuellen Ebene in Organisationen: die Arbeit, das Verhalten und Erleben von Individuen in Organisationen bzw. am Arbeitsplatz. Hier lassen sich drei große Tätigkeitsbereiche unterscheiden, in denen es erstens um Individuen und ihre berufliche Entwicklung, zweitens um Bedingungen und Wirkungen von Arbeit und drittens um die Analyse und Gestaltung von Arbeitstätigkeiten geht (Kals 2009). Im Folgenden werden beispielhaft zwei Tätigkeitsbereiche genauer vorgestellt: Arbeitssicherheit und Gesundheitsschutz sowie Psychologie in der Arbeitswissenschaft (Ergonomie).

Tätigkeitsbereich Arbeitssicherheit und Gesundheitsschutz

Ziele von Arbeitspsychologen in diesem klassischem Tätigkeitsfeld sind, wie das Eingangsbeispiel verdeutlicht, Arbeitsunfälle im Unternehmen zu reduzieren, Beschäftigte zum sicherheitsgerechten Verhalten zu motivieren und zu Verhaltens- und Einstellungsänderungen zu bewegen.

Im Laufe des Strukturwandels der Arbeit, der mit einer Restrukturierung von Organisationen, mit Verdichtung der Arbeit, Flexibilisierung von Arbeitsformen und -zeiten einhergeht, steigen auch die Belastungen für die Beschäftigten. Phänomene wie Mobbing, stressbedingte Erkrankungen und psychosomatische Störungen nehmen immer mehr zu. Deshalb haben sich die arbeitspsychologischen Aufgaben in Richtung Prävention und betriebliches Gesundheitsmanagement entwickelt, wie z. B.:

- Konzeption und Durchführung von Maßnahmen zur betrieblichen Gesundheitsförderung
- Entwicklung und Durchführung von Schulungs- und Trainingsprogrammen
- Beratung zur Verbesserung der betrieblichen Zusammenarbeit und zum Konfliktmanagement
- Beratung zu Themen wie Stress, Burn-out und Mobbing

Arbeit- bzw. Auftraggeber von Arbeitspsychologen im Bereich Arbeitsschutz sind Berufsgenossenschaften, der TÜV, Bundesbehörden, Hersteller und Betreiber im Transportwesen (Luftfahrtindustrie, Kfz-Hersteller, Schienenverkehr) oder in der Prozessindustrie (chemische Industrie, Elektrizitätsherstellung).

Tätigkeitsbereiche Ergonomie und Mensch-Technik-Interaktion

Das Ziel ist hier, die menschliche Arbeit ausführbar, erträglich, zumutbar und zufriedenstellend zu machen. Die klassische Vorgehensweise zur Bewertung von Arbeitssystemen basiert auf dem Belastungs-Beanspruchungskonzept, dabei setzt die Ergonomie an der Belastungsseite an, um optimale Voraussetzungen für das menschliche Handeln zu schaffen. Technische und organisatorische Leistungsbedingungen sollten an prinzipielle menschliche Eigenschaften und Fähigkeiten angepasst werden. Praxisfelder finden sich in der ganzheitlichen Gestaltung von Arbeitsplätzen, -abläufen, -inhalten, -mitteln und -bedingungen durch die Gestaltung der technischen Produkte (Produktergonomie, Usability) oder der Fertigung (Produktionsergonomie).

An der Schnittstelle zur Ergonomie und zur Ingenieurspsychologie liegen Tätigkeitsbereiche, die sich mit Fragestellungen zur Mensch-Technik-Interaktion befassen. Heute werden überall intelligente Informations- und Kommunikationstechnologie eingesetzt, und Menschen müssen immer komplexere Maschinen bedienen. Arbeitspsychologische Fragen betreffen dabei z. B. die Technikgestaltung, die den Bedürfnissen und Fähigkeiten von Menschen entspricht oder die neuen Herausforderungen, die sich in Zusammenhang mit der Nutzung moderner und zukünftiger Technologien stellen. Das Ziel ist dabei, die Mensch-Technik-Interaktion zu optimieren und eine menschenzentrierte Technikgestaltung zu ermöglichen. Darauf beruhen z. B. Tätigkeitsbereiche in der Fahrzeugtechnik, der Luft- und Raumfahrt, der Medizintechnik, der Automationspsychologie oder in der Psychologie neuer Medien (z. B. Beratung bei der Entwicklung komplexer Mensch-Maschine-Systeme wie Cockpits etc.).

Aufgaben im Rahmen der Tätigkeit

Im gesamten Bereich der Arbeitspsychologie findet man drei übergreifende Aufgabentypen, die bestimmte Anforderungen für die Professionsangehörigen mit sich bringen (in Anlehnung an Jörin Fux und Stoll 2006):

- Investigative bzw. Forschungsaufgaben wie die Analyse von Arbeitsformen und -systemen mithilfe systematischer Beobachtung und Forschung. Hierzu sind mathematisch-methodische Kompetenzen gefragt.
- Sozial-erzieherische Aufgaben – unterrichten, ausbilden. Erforderliche persönliche Stärken sind das Interesse an zwischenmenschlichen Beziehungen und sozialen Kompetenzen.

- Unternehmerische Aufgaben, d. h. andere Menschen motivieren, führen. Hierzu sind Überzeugungs- und Führungsqualitäten notwendig.

Je nach Kontext haben Arbeitspsychologen eine große Vielfalt konkreter Aufgaben. Neben den bereits erwähnten inhaltlichen Aufgaben im Bereich der Analyse, Bewertung und Gestaltung von Arbeitstätigkeiten und Arbeitssystemen führen Arbeitspsychologen auch Beratungen hinsichtlich bestehender Probleme am Arbeitsplatz durch und erarbeiten Lösungsmöglichkeiten. Darüber hinaus halten sie arbeitspsychologische Vorträge, leiten Seminare und führen Workshops durch. Durch die starke Einbindung in Unternehmenskontexte umfasst ein wichtiger Teil ihrer Arbeit organisatorische und kommunikative Aufgaben (z. B. Besprechungen im interdisziplinären Zusammenhang).

Viele ihrer (diagnostischen) Aufgaben erledigen Arbeitspsychologen eigenständig, wobei sie sich auf ihre analytischen Fähigkeiten stützen. Bei der Erarbeitung von Lösungsmöglichkeiten kooperieren sie mit Personalfachkräften und Experten anderer Berufsgruppen. Arbeitspsychologen pendeln üblicherweise zwischen ihrem eigenen Büro und den Kundenbetrieben. Aus ihrem Büro heraus planen und organisieren sie ihre Tätigkeit, dort führen sie auch Beratungsgespräche (z. B. zu Themen wie Mobbing oder Stress). In den Organisationen der Kunden führen sie Arbeitsplatz- und Arbeitsablaufuntersuchungen durch oder trainieren Mitarbeiter im Rahmen von Workshops. Bei alldem ist eine hohe Mobilitätsbereitschaft gefragt.

Karrieremöglichkeiten

Der Berufseinstieg von Psychologen kann sich als Suchphase von ein bis drei Jahren gestalten, in der unterschiedliche ggf. parallele Tätigkeiten im Rahmen von Praktika, Teilzeitarbeit oder befristeten Jobs ausprobiert werden. Diese anfängliche Doppel- und Mehrgleisigkeit setzt sich für nicht wenige Psychologen sogar über den gesamten Berufsweg hinweg fort, sie entwickeln sogenannte Portfolio-Karrieren (d. h. mit einem Portfolio unterschiedlicher Tätigkeiten, z. B. in der Arbeits-, Verkehrspsychologie und im Coaching-Bereich wie im Fall der Autorin dieses Kapitels). Typisch für die Berufswege von Psychologen ist weiterhin der Wechsel von Arbeitgebern und Beschäftigungsformen, woraus diskontinuierliche Berufsverläufe entstehen. Diese sind insbesondere für Frauen charakteristisch.

Speziell den Arbeitspsychologen eröffnen sich gute berufliche Perspektiven, denn die Rolle psychologischer Fragestellungen nimmt durch die zunehmende Komplexität der Arbeitssysteme, durch die Ausbreitung neuer Informationstechnologien und deren Folgen für die Arbeitswelt immer mehr zu.

Persönliche Weiterbildung

Graduierte Psychologen sind einerseits laut Berufsordnung zur Weiterbildung verpflichtet, andererseits sind sie eine sehr fortbildungsfreudige Berufsgruppe. Arbeitspsychologen können ihre Weiterbildungspfade frei gestalten und sich dabei nach eigenen Interessen, Vorlieben und/oder Markterfordernissen richten. Vielfältige zertifizierte Weiterbildungsangebote im arbeitspsychologischen Feld bietet die Deutsche Psychologen Akademie (DPA), z. B. im Bereich „Psychologische Grundlagen der Arbeitssicherheit und des Gesundheitsschutzes" oder „Gesundheitsförderung und Prävention – Schwerpunkt Betriebliches Gesundheitsmanagement" (www.psychologenakademie.de). Wichtiger als Trainerausbildungen und Zertifikate sind für selbstständige Arbeitspsychologen Lernerfahrungen durch umfangreiche Praxisprojekte oder die Ausbildung durch erfahrene selbstständige Psychologen, wobei man bessere Einblicke in die Bereiche Akquisition, Projektaufbau und allgemeine Unternehmensführung als in größeren Unternehmen erhält. Weiterhin sind Existenzgründungskurse bzw. betriebswirtschaftliche Seminare empfehlenswert (Abschn. 8.3).

Für Arbeitspsychologen im Bereich Arbeitsschutz ist die Zusatzqualifikation „Fachkraft für Arbeitssicherheit" sinnvoll. Regelmäßiger fachlicher Austausch auf Tagungen und Kongressen trägt zur Weiterbildung und Netzwerkbildung von Arbeitspsychologen bei, z. B. auf dem Kongress für Wirtschaftspsychologie des BDP (www.psychologie-in-der-wirtschaft.de) oder im Rahmen des interdisziplinären Workshops „Psychologie im Arbeitsschutz".

Selbstständigkeit

Die Selbstständigkeit ist eine lohnende Option für Arbeitspsychologen, am besten nachdem sie bereits längere Praxiserfahrungen gesammelt haben. Da der Markt für psychologische Dienstleistungen frei ist, haben selbstständige Arbeitspsychologen einen großen Gestaltungsspielraum bezüglich der Auswahl und Kombination von Aufgabenfeldern und Tätigkeitsschwerpunkten. Das Anwendungsfeld ist so breit und vielfältig, dass es die Möglichkeit der Realisierung ganz unterschiedlicher fachlicher Interessen bietet. Selbstständige Arbeitspsychologen haben zudem die Möglichkeit, ihre Arbeit selbstbestimmt zu gestalten, individuelle Arbeitszeitformen zu wählen und in gewissen Grenzen ihre Einkommenshöhe selbst zu steuern. Die Verdienstmöglichkeiten sind insbesondere im Vergleich zu Tätigkeiten im klinischen Bereich sehr gut.

Herausforderungen der Selbstständigkeit sind die hohen Anforderungen an Selbstmanagement- und Selbstmarketingkompetenzen. Arbeitspsychologen müssen sich immer wieder auf neue Kunden mit unterschiedlichen Vorstellungen und Themen einstellen, sie müssen ihre Dienstleistungen schnell und fristgerecht erbringen und häufig auf kurzfristige Änderungswünsche der Kunden eingehen. Sie richten sich nach den zeitlichen Wünschen und Bedürfnissen ihrer Klienten und Auftraggeber. Sie konkurrieren mit anderen Anbietern mit teils anderem fachlichen Hintergrund: Dies sind z. B. Arbeitswissenschaftler und Arbeitsmediziner, Berater, großer (internationaler) Unternehmensberatungen, die den Kunden umfangreiche Lösungspakete mit interdisziplinären Teams bieten. Deshalb ist es sinnvoll, sich als Arbeitspsychologe mit anderen zusammenzuschließen und in Netzwerken aktiv zu sein. Wenige selbstständige Psychologen haben nur die Spezialisierung Arbeitspsychologie. Typisch ist vielmehr, wie bereits erwähnt, eine Doppel- und Mehrgleisigkeit von Tätigkeiten mit einem breiten wirtschaftspsychologischen Leistungsspektrum, das auch berufs-, organisations-, gesundheitspsychologische und andere Angebote (darunter Psychotherapie) umfasst. Damit können Selbstständige einerseits unterschiedliche individuelle Interessen verfolgen und andererseits die Risiken der Selbstständigkeit minimieren (Olos 2011).

Die Rolle von Psychologen im Berufsfeld Arbeitspsychologie

Arbeitspsychologen haben eine besondere Rolle im „Mittelfeld" zwischen Organisationsebenen und Berufsgruppen und brauchen dafür besondere Mediationskompetenzen. Einerseits kooperieren sie sowohl mit Arbeitgebern bzw. Personalabteilungen als auch mit Arbeitnehmern bzw. Arbeitnehmervertretern (in der Regel Betriebsräten). Sie versuchen dabei, die Interessen beider Seiten zu berücksichtigen und entsprechende Lösungsvorschläge zu erarbeiten. Andererseits ist in fast allen arbeitspsychologischen Berufsfeldern die Zusammenarbeit mit unterschiedlichen anderen Berufsgruppen, die z. T. eine völlig andere Sprache sprechen und methodisch und inhaltlich andere Zielvorstellungen und Vorgehensweisen haben, charakteristisch. Psychologen im Bereich Arbeitsschutz arbeiten mit Technikern und Arbeitsmedizinern zusammen, Ergonomen kooperieren mit Informatikern, Elektrotechnikern oder Maschinenbauingenieuren, Betriebswirten oder Wirtschaftsinformatikern. Deshalb ist es besonders sinnvoll, wenn Arbeitspsychologen einen interdisziplinären Ausbildungshintergrund oder Kenntnisse in anderen Disziplinen haben.

Auch die Frage nach den Geschlechterverhältnissen im Tätigkeitsfeld ist interessant: Während die Psychologie ein Frauenberuf ist (d. h., dass die Frauenanteile unter den Erwerbstätigen bei über 70 % und unter Studierenden bei über 80 % liegen), sind die Geschlechterverhältnisse im Tätigkeitsfeld Arbeitspsychologie noch relativ ausgeglichen (44 % Männer- und 56 % Frauenanteile in der Sektion Wirtschaftspsychologie des BDP nach Auskunft des BDP Mitgliederservice), aber die Frauenanteile nehmen auch hier kontinuierlich zu. Auf der Kundenseite stehen dagegen, insbesondere im Bereich Arbeitsschutz oder Ergonomie, hauptsächlich Männer. Daraus ergeben sich besondere Herausforderungen, aber auch Chancen für Arbeitspsychologinnen, wie das abschließende Interview zeigt. In technikaffinen Bereichen, in der Zusammenarbeit mit großen Unternehmen und in Leitungspositionen sind männliche Psychologen jedoch überrepräsentiert.

Eine Perspektive aus der Wissenschaft

PD Dr. Hans-Uwe Hohner ist Privatdozent und Akademischer Rat im Bereich Arbeits-, Berufs- und Organisationspsychologie an der Freien Universität Berlin. Hier erläutert er die Möglichkeiten von Arbeitspsychologen: Diese sind sowohl in klassischen Bereichen tätig, in denen es z. B. um Arbeitssicherheit oder um die Wirkungen von Arbeit und ihre Gestaltung nach Humankriterien geht, als auch in neuen Bereichen, die sich durch den Wandel der Arbeitsgesellschaft ergeben wie z. B. die Themen Stress und Burn-out, die Analyse und Bewertung der Wirkungen der Telekooperation oder die Gestaltung von Work-Life-Balance (Abschn. 7.7). Sie beschäftigen sich zunehmend auch mit neuen Arbeitsformen, beispielsweise mit den potenzierten Auswirkungen von gleichzeitiger Arbeitsverdichtung, unsicheren Arbeitsverhältnissen und familiärer Belastung bei vielen Beschäftigten. Weitere Themen ergeben sich aus dem Kontext projektförmiger Arbeit wie z. B. Autonomie versus Selbstausbeutung.

Organisationen sind komplexe Systeme, in denen Tätigkeiten, Personen (als Individuen und als Gruppen) und Strukturen miteinander verwoben sind. Arbeitspsychologen sollten sich deshalb eine systemische, interaktionistische Betrachtungsweise zu eigen machen, d. h., sie sollen die Phänomene in ihren Zusammenhängen betrachten (z. B. die Arbeit im Bezug auf das Privatleben) sowie die Veränderungen dieser Dynamik über eine Zeitspanne hinweg berücksichtigen. Weiterhin sind gute Methodenkenntnisse und die Beherrschung von bedingungs- und personenbezogenen Arbeitsanalyseverfahren besonders sinnvoll. Die Faszination des Berufsfeldes Arbeitspsychologie liegt einerseits in der großen Vielfalt der fachspezifischen Aufgaben, weshalb die Berufsangehörigen ganz unterschiedliche individuelle Interessen verfolgen können, andererseits ist das Berufsfeld am Puls der Zeit: Der kontinuierliche Strukturwandel der Arbeit spiegelt sich unmittelbar in spannenden neuen Aufgaben. Einem Arbeitspsychologen kann es deshalb gar nicht langweilig werden!

Anforderungen an eine Tätigkeit als Arbeitspsychologe

Die Tätigkeit als Arbeitspsychologe setzt in der Regel ein abgeschlossenes Studium im Bereich Psychologie voraus. Führungspositionen oder wissenschaftliche Tätigkeiten erfordern meist ein Masterstudium, ggf. auch die Promotion. Das Masterstudium sollte eine spezifische Ausrichtung aufweisen wie Arbeits- und Organisationspsychologie, Wirtschaftspsychologie (z. B. an Fachhochschulen) oder Psychologie mit dem Schwerpunkt „Arbeits- und Organisationspsychologie". Eine Promotion erhöht die Einstiegs- und Aufstiegschancen in der Praxis, insofern die Dissertation eine Praxisrelevanz vorweist und für Organisationen verwertbare Ergebnisse zur Verfügung stellt bzw. in Kooperation mit Organisationen verfasst wird. Wichtig ist dabei, dass sich dadurch der Praxiseinstieg nicht zu lange verzögert.

Schwerpunktsetzung im Studium

Die Arbeitspsychologie ist ein Anwendungsfach, in dem viele psychologische Theorien, Methoden und Konzepte aus den Grundlagen- und Anwendungsfächern auf Arbeitskontexte angewandt werden. Erfahrene ABO-Berufspraktiker schreiben neben der Arbeits- und Organisationspsychologie folgenden Studienfächern, in denen interessierte Studierende ihre Schwerpunkte im Studium setzen sollten, die höchste Praxisrelevanz zu (Kanning et al. 2012):

- Sozialpsychologie (das Wissen um Gruppenprozesse hilft z. B. bei der Begleitung von Umstrukturierungsmaßnahmen)

Eine Perspektive aus der Praxis

Titel, Name	**Dr. Christien Zedler**
Organisation	Institut für Arbeitspsychologie, Organisation und Prozessgestaltung, Berlin
Berufsbezeichnung	Dipl.-Psych., promovierte Wirtschaftswiss. (Dr. rer. Pol.)
Schwerpunkte im Psychologiestudium?	Als *option lover* belegte ich sowohl ABO- als auch Klinische Psychologie. Im ABO-Bereich besuchte ich Veranstaltungen wie Personaldiagnostik, Organisationsberatung und machte Praktika bei einer Großbank und einer Unternehmensberatung.
Berufliche Stationen?	Bereits im Studium war mir klar, dass ich mich selbstständig machen möchte. Deshalb jobbte ich anfangs in einer Unternehmensberatung und gründete danach eine eigene studentische Unternehmensberatung (STUNT e. V.), die bis heute erfolgreich anspruchsvolle Projekte durchführt. Nach dem Studium promovierte ich, auch um mehr Standing als Selbstständige zu haben. Parallel arbeitete ich als freiberufliche Dozentin an der Hochschule und führte kleinere Beratungsprojekte durch. Dann führte ich für eine Risikomanagement-Beratungsfirma Verhaltenstrainings und Schulungen zu Arbeitssicherheit in Kraftwerken durch. Nach der Promotion gründete ich mein eigenes Institut mit dem Ziel, beratend tätig zu sein und meine Projekte und Tätigkeiten frei gestalten zu können.
Was glauben Sie, können Psychologen in diesem Berufsfeld bewegen?	Psychologen können im Energiesektor sogar sehr viel bewegen: Dort herrscht ein eher „mechanistisches" Menschenbild, Mitarbeiter sollen hauptsächlich durch Vorschriften und Unterweisungen „gesteuert" werden. Psychologen bringen Technikern eine neue Sichtweise nahe: Sie nehmen Mitarbeiter als Menschen wahr und setzen effektive Methoden der Kommunikation und der Verhaltensänderung ein.
Was hat Sie an Ihrer Tätigkeit am meisten überrascht?	Dass im Energiesektor Psychologen bereits mit ihrem geschulten Blickwinkel, gesundem Menschenverstand und mit einfachen psychologischen Konzepten (z. B. zum Themenbereich Motivation, Wahrnehmung und Gruppeninteraktion) viele Probleme lösen können.
Ist es überhaupt möglich, diesen Beruf mit einem normalen Familienleben zu vereinbaren?	Es könnte schwierig sein: Hohe Arbeitszeiten in bestimmten Projektphasen, einige Projekte dauern drei Monate am Stück und man reist viel.
Welchen Tipp haben Sie für diejenigen, die als selbstständige Arbeitspsychologen arbeiten möchten?	Selbstständige Arbeitspsychologen brauchen ein gesundes Selbstbewusstsein, ihre Dienstleistungen müssen beim Kunden anschlussfähig sein, sie sollten dessen Sprache sprechen und die Problemwahrnehmung der Kunden verstehen, d. h. was für die Kunden relevant ist. Und sie brauchen für den Einstieg einen Fuß in der Tür durch Jobs, Praktika oder Kontakte.
Stoßen Sie manchmal auf Vorurteile wegen Ihrer psychologischen Ausbildung?	Ja, manche fragen „muss ich jetzt aufpassen, was ich sage?" oder „komme ich jetzt auf die Couch?". Der Respekt vor einem „psychologischen" Blickwinkel ist aber hoch, und ich habe den Eindruck, eher auf dem Level eines Betriebsarztes wahrgenommen zu werden, wozu der Doktortitel sicher mit beiträgt.
Wie fühlen Sie sich als Frau in der Männerdomäne Energiesektor?	Ich sehe es als Vorteil bei psychologischen Themen, bei denen Techniker (ca. 95 % Männer) oftmals verunsichert sind. Einerseits helfen der Doktortitel und ein selbstbewusstes Auftreten, um die nötige Distanz herzustellen und ernstgenommen zu werden, andererseits sprechen die Mitarbeiter etwas offener mit Psychologinnen.

- Methodenlehre (Statistik braucht man z. B. für die Überprüfung des Erfolgs einer bestimmten Maßnahme)
- Evaluation (z. B. für die Evaluation der Einführung neuer Arbeitszeitmodelle),
- Allgemeine/Experimentelle Psychologie (Wahrnehmungs- und Aufmerksamkeitserkenntnisse sind notwendig, um Arbeitsplätze und -systeme zu optimieren)
- Biologische Psychologie (Stressmodelle liefern die Grundlage für die Prävention von Stress am Arbeitsplatz)
- Klinische Psychologie (Kenntnisse im Suchtbereich helfen bei der Prophylaxe von Suchterkrankungen am Arbeitsplatz)
- BWL (im Nebenfach – erlaubt wertvolle Blicke über den Tellerrand hinaus)

Fachliche Inhalte

Folgende Methodenkenntnisse sind für eine arbeitspsychologische Tätigkeit notwendig:

- Kenntnisse in der deskriptiven und analytischen Statistik (inkl. entsprechende Programme) für den angemessenen Einsatz arbeitspsychologischer Erhebungsmethoden
- Erstellung von Versuchs- und Beobachtungsdesigns
- Methoden zur Datengewinnung: Zeitstudien, Aufgaben- und Tätigkeitsanalysen, verhaltensorientierte Beobachtungsanalysen, Interview- und Fragebogentechniken, physiologische Beanspruchungsmessungen
- Komplexe Auswertungs- und Analysemethoden

Anforderungen an die Person

Über fachliche Kompetenzen hinaus benötigen (insbesondere selbstständig tätige) Arbeitspsychologen ausgeprägte Sozialkompetenzen, ein professionelles Auftreten, die Bereitschaft und Fähigkeit, sich schnell und lösungsorientiert auf die Inhalte und Bezugssysteme der Kunden einzustellen und die Nutzenpotenziale der eigenen Dienstleistungen zu vermitteln. Je nach Tätigkeitsbereich und Aufgabenprofil sind folgende Kompetenzen und Fähigkeiten gefragt:

- Kommunikative Kompetenzen im Bereich der Präsentation, Gesprächsführung und Beratung
- Einfühlungsvermögen und die Fähigkeit, genau zuzuhören
- Bereitschaft und Fähigkeit, interdisziplinär mit Angehörigen anderer Berufe zusammenzuarbeiten
- Systemisches Denken
- Strategische, unternehmerische Kompetenzen

Praxis, Praxis, Praxis

Einblicke in die Realität der Arbeitswelt sind für Berufseinsteiger unerlässlich. ABO-Berufspraktiker bewerten folgende Komponenten im Studium als praxisrelevant (Kanning et al. 2012): Mehrere längere Praktika, Übungen/Projektseminare, Vorträge von Praktikern, Exkursionen sowie Projektkooperationen mit der Wirtschaft bzw. Verwaltung. Praxiserfahrungen sollten möglichst frühzeitig erworben und können auf folgenden Wegen erreicht werden:

- Bachelor-, Masterarbeit oder Promotion in Unternehmen schreiben
- Mitgliedschaft in Berufsverbänden wie z. B. in der Sektion Wirtschaftspsychologie im BDP, wo interessante Kontakte zu Berufspraktikern entstehen
- Kontakte über soziale Netzwerke, z. B. XING (Forum „Arbeit – Betrieb – Organisation“)

Fazit

Worin die Faszination des Tätigkeitsfeldes Arbeitspsychologie für mich persönlich besteht? Ich arbeite selbst sehr gerne und habe meine Berufung in diesem Bereich gefunden: Andere Menschen dabei zu unterstützen, ihren beruflichen Weg zu finden und ihre Tätigkeit sinnvoll und gesundheitsförderlich zu gestalten sowie voller Freude auszuüben.

4.3 Tätigkeit als Personalpsychologe

Maximilian Mendius und Simon Werther

Die Personalpsychologie, deren Wurzeln bereits in der Psychotechnik aus dem frühen 20. Jahrhundert liegen, gehört sicherlich zu den am längsten etablierten Disziplinen der Arbeits- und Organisationspsychologie. Personalpsychologen befassen sich mit vielfältigen Fragestellungen der Auswahl, Beurteilung und Entwicklung von Mitarbeitern und

Ein Szenario

Die Firma Exampleexcellence ist ein global tätiger Konzern im Bereich der Kunststofffertigung und beschäftigt ca. 90.000 Mitarbeiter an Standorten in 13 Ländern. Das Topmanagement hat jüngst beschlossen, zur Sicherung des Führungskräftenachwuchses in Deutschland ein Traineeprogramm mit internationalen Elementen einzuführen. Die Struktur und die Inhalte des Programms sind bereits entwickelt und abgestimmt, es ist jedoch noch offen, wie sich die Auswahl der Teilnehmer für die insgesamt 15 verfügbaren Plätze gestalten soll. Erste von einer externen Marktforschung durchgeführte Untersuchungen haben ergeben, dass Exampleexcellence mit bis zu 700 Bewerbungen je ausgeschriebener Traineestelle rechnen muss.

Sybille Schneider, Leiterin der Abteilung für Eignungsdiagnostik, erhält daraufhin von Seiten des Personalvorstands den Auftrag, ein Auswahlverfahren für das Traineeprogramm zu entwickeln, das sicherstellt, dass mit vertretbarem Aufwand aus der großen Masse der Bewerber die bestgeeignetsten ausgewählt werden.

Frau Schneider bespricht die neue Aufgabe im nächsten Teammeeting mit ihren Mitarbeitern, um das weitere Vorgehen zu planen. Am Ende des Termins haben Frau Schneider und ihr Team folgende Strategie entwickelt:

- Gemäß des Betriebsverfassungsgesetzes sind Entscheidungen über Verfahren und Instrumente zur Auswahl von Mitarbeitern voll mitbestimmungspflichtig. Das bedeutet für das Team von Frau Schneider, dass während des gesamten Prozesses der Verfahrensentwicklung und -einführung eine enge Zusammenarbeit und Abstimmung mit der Arbeitnehmervertretung – dem Betriebsrat – notwendig ist.
- Um die richtigen Personen für eine Position auszuwählen, ist es zunächst wichtig, die Anforderungen zu kennen, die für eine erfolgreiche Ausübung der Tätigkeit notwendig sind. Deshalb muss im ersten Schritt eine Anforderungsanalyse durchgeführt werden.
- Die Ergebnisse der Anforderungsanalyse müssen dann in genau beschriebene Auswahlkriterien übersetzt werden.
- Basierend auf den Auswahlkriterien werden Instrumente ausgewählt bzw. entwickelt, über die diese besonders gut abgebildet werden können.
- Der Einsatz der Instrumente soll so aufeinander abgestimmt werden, dass eine möglichst ressourceneffektive, aber gleichzeitig valide Auswahl getroffen werden kann.

Sieben Monate später haben die Experten aus dem Team von Frau Schneider in enger Abstimmung mit dem Betriebsrat ein Auswahlverfahren entwickelt und abgestimmt. Für die Anforderungsanalyse wurden sowohl die Anforderungen erfasst, die das Traineeprogramm an die Teilnehmer stellt, aber zugleich auch die Anforderungen berücksichtigt, denen sich spätere Führungskräfte im Alltag stellen müssen.

Als Kriterien wurden u. a. logisch-schlussfolgerndes Denken, Veränderungsbereitschaft, Kulturpassung und Kommunikationsfähigkeiten identifiziert. Es wurde beschlossen, darauf basierend ein dreistufiges Auswahlverfahren zu entwickeln, das auf einer Online-Bewerbung aufbaut. Im ersten Schritt werden gewisse K.-o.-Kriterien, z. B. Auslandserfahrung und Vorliegen eines Studienabschlusses oder einer Arbeitserlaubnis, über das Online-System abgeprüft und entsprechend vorausgewählt. Die verbleibenden Kandidaten werden zu einem Online-Test eingeladen, der logisch-schlussfolgerndes Denken und die Persönlichkeitseigenschaft Veränderungsbereitschaft erfasst. Bewerber, die diese beiden Hürden erfolgreich gemeistert haben, erhalten eine Einladung zu einem zweitägigen Assessment

Center, in dem die Passung zu den definierten Kriterien in mehreren Übungen, Tests und einem Interview überprüft wird. Dabei werden die Bewerber von einem geschulten Beobachterteam anhand klar definierter verhaltensbezogener Kriterien beurteilt. Durch die Kombination aus Online-Vortest und Assessment Center ist es gelungen, die große Anzahl der Bewerber im ersten Schritt durch aussagekräftige Prädiktoren zu reduzieren und zugleich im zweiten Schritt die persönliche Passung der Teilnehmer in realitätsnahen Situationen zu überprüfen.

Führungskräften unter der Nutzung verschiedener diagnostischer Methoden. Das folgende Kapitel gibt Ihnen einen Überblick über die Aufgabengebiete und Besonderheiten der personalpsychologischen Arbeit und fokussiert dabei schwerpunktmäßig auf die Bereiche Eignungs- und Entwicklungsdiagnostik und Beurteilung. Auf die Ausgestaltung von Personalentwicklungsmaßnahmen wird im Abschn. 4.5 sowie im Abschn. 5.3 näher eingegangen.

Personalpsychologie – was ist das?

Das eignungsdiagnostische Szenario, mit dem sich Frau Schneider in unserem fiktiven Beispiel konfrontiert sah, ist nur ein Anwendungsfeld der Personalpsychologie. Schuler (2006) definiert den Gegenstandsbereich der Personalpsychologie wie folgt: „Die Personalpsychologie betrachtet das Individuum in seinen Verhaltens-, Befindens-, Leistungs- und Entwicklungszusammenhängen als Mitarbeiter einer Organisation und ist damit ein Teilgebiet der Arbeits- und Organisationspsychologie." Im Mittelpunkt der Personalpsychologie steht also der Mensch mit seinen Fähigkeiten, Motiven und Eigenschaften. Die Personalpsychologie bildet eine wichtige Klammer zwischen den Wünschen und Bedürfnissen des Individuums und den Anforderungen der Organisationen an die Menschen. So strebt beinahe jede Person danach, einer Tätigkeit nachzugehen, die zum einen ihrer Qualifikation und ihren Talenten entspricht, gleichzeitig aber auch den persönlichen Bedürfnissen nach Selbstentfaltung und Zugehörigkeit Rechnung trägt. Organisationen sind zur Verwirklichung ihrer Zielsetzung auf die Tatkraft ihrer Mitarbeiter angewiesen. In jüngster Zeit wird dem sog. Humankapital, also der Mitarbeiterschaft, eine immer größere Bedeutung als erfolgsdifferenzierender Faktor im Wettbewerb zugeschrieben. Organisationen müssen also zum einen als potenzieller Arbeitgeber bekannt und attraktiv werden. Dann gilt es, diejenigen Mitarbeiter auszuwählen, die Eigenschaften mitbringen, welche für die Verfolgung der Unternehmensziele benötigt werden, sich aber gleichzeitig gut in die bestehende Kultur einfügen. Schließlich sind Maßnahmen zu treffen, die es den Mitarbeitern ermöglichen, sich fachlich und persönlich weiterzuentwickeln, und gleichzeitig zu einer hohen emotionalen Bindung an die Organisation führen. Die Personalpsychologie bietet also ein breites Spektrum von Beschäftigungsfeldern für Psychologen an, welche im Folgenden kurz skizziert werden sollen.

Employer Branding und Personalmarketing

Aufgrund des demografischen Wandels und der damit verbundenen zunehmenden Verknappung des Erwerbspotenzials wird es immer wichtiger für ein Unternehmen, sich bei der relevanten Zielgruppe als attraktiver Arbeitgeber zu präsentieren. Grundsätzlich hat sich in vielen Bereichen (vor allem den technischen) eine komplette Verschiebung des Verhältnisses von Bewerbern zu offenen Stellen ergeben. Für manche ausgeschriebenen Stellen findet sich nur noch eine geringe Anzahl an entsprechend ausgebildeten Bewerbern. Um diese potenziellen Mitarbeiter zu erreichen, ist es notwendig, das eigene Unternehmen mit einer starken Arbeitgebermarke – der sog. Employer Brand – zu positionieren. Die Employer Brand bildet meist einige Wertversprechen ab, über die Arbeitgeber versuchen, sich abseits des Produkts und anderer unveränderbarer Fakten von den Wettbewerbern zu differenzieren. Diese Wertversprechen bilden oft auch die Basis für die Entwicklung von gezielten Personalmarketingaktivitäten. Personalmarketingaktivitäten sind meist dann erfolgreich, wenn sie authentisch aufzeigen, dass zwischen den Wertversprechen der Unternehmen und den Wünschen der Zielgruppe eine große Übereinstimmung besteht. Personalpsychologen nutzen in diesem Kontext beispielsweise Befragungen oder Studien, um die Bedürfnisse der Zielgruppe zu erschließen und gemeinsam mit den Kollegen anderer Fachrichtungen gezielte Maßnahmen abzuleiten. Eine Grundlage liefern dabei Ergebnisse, wie sie im Abschn. 4.7 dargestellt werden.

Ein gutes und gezieltes Personalmarketing ist auch für die im nächsten Abschnitt vorgestellte Eignungsdiagnostik von zentraler Bedeutung. Nur wenn sich Personen bewerben, die über die zur erfolgreichen Ausführung einer Aufgabe notwendigen Fähigkeiten und Eigenschaften verfügen, kann eine Personalauswahl erfolgreich verlaufen. Geht man davon aus, dass die gewünschten Eigenschaften in der Gesamtbevölkerung normalverteilt vorliegen, so ist es also wichtig, eine große Gruppe potenzieller Merkmalsträger anzusprechen und damit in der Bewerbermasse eine ausreichende Grundquote an geeigneten Personen zu haben.

Personalauswahl und Eignungsdiagnostik

Wie im Eingangsszenario beschrieben, ist es eines der Hauptaufgabenfelder der Personalpsychologie, dafür zu sorgen, dass in einer Organisation die richtigen Mitarbeiter ausgewählt und an dem für sie richtigen Platz eingesetzt werden. Das Wort „richtig" bezieht sich dabei keinesfalls nur auf vermeintliche objektive Leistungsmerkmale wie Abschlussnoten oder Anzahl von Auslandsaufenthalten. Vielmehr geht es darum, den Kandidaten auszuwählen, der von seiner gesamten Persönlichkeit – also der individuellen Ausprägung an Eigenschaften und Motiven – am besten zu dem in der Anforderungsanalyse spezifizierten Bedarf und zur bestehenden Unternehmenskultur passt. Um bei der Auswahl der Kandidaten diese bestmögliche Passung zu erzielen, kann die Personalpsychologie auf eine Vielzahl eignungsdiagnostischer Verfahren zugreifen. Beispielhaft sollen hier gängige Methoden, wie z. B. Interviewtechniken, Leistungs- und Persönlichkeitstests oder Arbeitsproben, genannt werden. Es gibt jedoch noch eine Vielzahl weiterer Instrumente und Methoden. Einen guten Überblick bietet das Buch *Psychologische Personalauswahl* von Schuler. Manchmal werden auch mehrere eignungsdiagnostische Verfahren zu sog. Assessment Centern zusammengefasst. In einem Assessment Center werden ein oder mehrere Bewerber von mehreren geschulten Beobachtern in mehreren Übungen bezüglich der in der Anforderungsanalyse definierten Kriterien beurteilt. Der Zeitraum erstreckt sich zwischen einem und drei Tagen. Assessment Center werden von vielen Unternehmen eingesetzt, da sie neben der Beurteilung der Bewerber auch als Marketing- und als Personalentwicklungsinstrument dienen können. Gerade in der Zeit von Social Media ist es durchaus wichtig, für ein angenehmes Bewerbererlebnis zu sorgen, da die Bewerber dies in ihren Netzwerken auch entsprechend kommunizieren und somit wiederum für zusätzliche Interessenten sorgen könnten. Mitarbeiter des Unternehmens, die als Beobachter an einem Assessment Center teilnehmen, können hier oftmals ihre Beobachtungs- und Beurteilungsfähigkeit verbessern und erhalten zudem oft spezielle Vorbereitungstrainings.

Personalbeurteilungssysteme und Entwicklungsdiagnostik

Ebenso wichtig wie die Auswahl der richtigen Mitarbeiter ist es, regelmäßig zu prüfen, ob die bestehenden Mitarbeiter ihren Stärken und Möglichkeiten entsprechend eingesetzt sind und auch die von ihnen erwartete Leistung erbringen. Um Mitarbeiter gezielt weiterzuentwickeln, ist es zudem von großer Bedeutung, Ansätze für Personalentwicklungsmaßnahmen zu identifizieren. Die Personalpsychologie kann über die Entwicklung und Bereitstellung von Methoden zur Personalbeurteilung und Entwicklungsdiagnostik die Organisation zu einem erfolgreichen Umgang mit diesen Herausforderungen befähigen. Im Bereich der Beurteilungssysteme können z. B. basierend auf dem definierten Kompetenzmodell einer Organisation Leitfäden für jährliche Beurteilungsgespräche zwischen Führungskraft und Mitarbeiter entwickelt werden, über die die Führungskraft dem Mitarbeiter detailliertes Feedback zu seiner Leistung auf den einzelnen Dimensionen geben kann. Zur Entwicklungsdiagnostik kann z. B. ein sog. Development Center genutzt werden. Es basiert auf einem ähnlichen Vorgehen wie das Assessment Center und wird vorrangig für Mitarbeiter genutzt, die möglicherweise für die Übernahme einer Funktion auf einer höheren Ebene in Betracht kommen. Ziel ist es hier aber nicht, eine einfache „geeignet-ungeeignet"-Entscheidung zu treffen, sondern gerade für die „ungeeignete" Gruppe geeignete Maßnahmen zu identifizieren, wie die aktuell auftretende Diskrepanz zwischen den gezeigten Kompetenzen der Person und den Anforderungen der Funktion geschlossen werden kann. Beurteilungssysteme und Entwicklungsdiagnostik haben damit enge Schnittstellen zum Themenbereich Personalentwicklung, aber auch mittelbar zu den Bereichen Entgeltplanung oder Personalplanung.

Personalentwicklung

Oftmals resultieren aus den Personalbeurteilungen oder der Entwicklungsdiagnostik Empfehlungen, wie der einzelne Mitarbeiter seine bestehenden Kompetenzen aufgaben- und zielentsprechend erweitern kann. Ein weiterer Ausgangspunkt für Personalentwicklungsmaßnahmen können auch strategische Überlegungen der Unternehmensleitung sein. Entscheidet der Vorstand beispielsweise, dass die Organisation in Zukunft ein neues Produkt anbieten will, so müssen personalseitig die Voraussetzungen dafür geschaffen werden. Es kann z. B. sein, dass zur Entwicklung und Produktion des neuen Produkts Kompetenzen notwendig sind, die es im Unternehmen noch nicht ausreichend gibt. Natürlich kann man sich diese Kompetenzen von extern holen, es ist jedoch auch möglich, bestehende Mitarbeiter gezielt weiterzuqualifizieren, damit sie diese neuen Aufgaben erfolgreich ausführen können. So ist es eine weitere zentrale Aufgabe der Personalpsychologie, Mitarbeiter bei ihrer Weiterentwicklung zu unterstützen sowie entsprechende Angebote zu entwickeln und zur Verfügung zu stellen. Detaillierte Informationen zu diesem Thema finden Sie im Abschn. 5.3.

Retention Management

Eine der zentralen personalseitigen Herausforderungen, vor die Unternehmen aktuell gestellt werden, ist der Fachkräftemangel und die damit verbundene Notwendigkeit, qualifizierte Mitarbeiter nicht nur über Employer-Branding-Maßnahmen zu gewinnen, sondern auch langfristig zu binden. Besonders auf einigen aufstrebenden Arbeitsmärkten sind Arbeitgeber mit einer hohen Fluktuation, d. h. einer hohen Wechselbereitschaft ihrer Mitarbeiter konfrontiert. Hier setzt das Retention Management an. Wie bei vielen anderen Fragestellungen in der Personalarbeit, ist der Ausgangspunkt für die Gestaltung gezielter Maßnahmen, wie z. B. Bindungsprogramme, eine klare Definition der Zielstellungen des Retention Managements sowie eine umfassende Datensammlung. Aus der reinen Unternehmenssicht gibt es Mitarbeitergruppen, vor allem sog. Mangelkompetenzträger, die über Qualifikationen verfügen, die auf dem Arbeitsmarkt nur schwer zu beschaffen sind und deren Verlust für das Unternehmen besonders schwer wiegt – insbesondere auch deswegen, weil die Gefahr besteht, dass diese Personen ihr Wissen mit zu einem Konkurrenten nehmen könnten. Es gibt jedoch auch Zielgruppen, bei denen sogar ein gewisses Interesse an einer natürlichen Fluktuation besteht, da diese eine stetige Erneuerung der Mitarbeiterkompetenzen eines Unternehmens mit sich bringt. Retention Management zielt vorrangig auf die erste Gruppe ab. In einem nächsten Schritt ist es wichtig, die Motive und Beweggründe zu erschließen, die dazu führen, dass Mitarbeiter einen Unternehmenswechsel in Erwägung ziehen bzw. gerade nicht in Erwägung ziehen. Dazu bietet sich der Einsatz verschiedener Befragungs- und Interviewtechniken und natürlich der Abgleich mit etablierten psychologischen Konzepten (z. B. Commitment) an. Ausgehend von dieser Datenbasis können dann Konzepte zur gezielten Mitarbeiterbindung entwickelt und in das Gesamtportfolio der Personalentwicklungsmaßnahmen aufgenommen werden.

Evaluation

Personalarbeit ist für Organisationen in erster Linie nicht wertschöpfend – das Personalwesen verdient also nicht direkt Geld für das Unternehmen. Auch wenn Personalpsychologen von extern (z. B. von Unternehmensberatungen) für ein Projekt zugekauft werden, entstehen der Organisation zunächst einige Kosten. Die Effekte guter Personalarbeit auf das Geschäftsergebnis zeigen sich eher indirekt. Werden z. B. über ein neu konzipiertes

Auswahlverfahren mehr Mitarbeiter mit optimaler Passung zu den Anforderungen der Tätigkeit ausgewählt als mit den bestehenden Instrumenten, kann dies dazu führen, dass diese eine höhere Leistung erbringen und damit auch zum Geschäftserfolg beitragen. Ebenso können oftmals Kosten eingespart werden, wenn es gelingt, für neue Aufgabenfelder bestehende Mitarbeiter weiterzuentwickeln anstatt sich neue von außen hereinzuholen. Personalpsychologen haben also ein großes Interesse daran, die Wirksamkeit der von ihnen entwickelten und genutzten Verfahren zu belegen, um der Geschäftsführung bzw. dem Auftraggeber zu belegen, dass es sich auch lohnt, in den Personalbereich zu investieren. Zu diesem Zweck setzen Personalpsychologen Evaluationssysteme ein, die z. B. Leistungsdaten vor dem Einsatz eines neuen Verfahrens mit den Daten nach dem erstmaligen Einsatz und nach drei Jahren seit der Einführung mit Hilfe von statistischen Methoden vergleichen.

Personalpsychologie – ein ganz besonderes Tätigkeitsfeld?

Betrachtet man die im vorigen Abschnitt dargestellten personalpsychologisch relevanten Bereiche, so wird schnell deutlich, dass eine Abgrenzung von Personalpsychologie zu Tätigkeiten im Personalwesen oder dem heute gängigen Begriff Human Ressource Management nur schwer möglich ist. Personalpsychologie hat für beinahe das komplette Spektrum der Personalarbeit hohe Relevanz. Ausnahmen bilden hier z. B. die Bereiche operative Personalbetreuung und Vertragswesen, Compensation & Benefits oder Arbeitssicherheit. Jedoch sind auch für Tätigkeiten in diesen Bereichen psychologisches Grundwissen und soziale Kompetenzen sicher hilfreich. In den folgenden Abschnitten sollen nun einige Besonderheiten der Tätigkeit im Personalbereich und, sofern differenziert möglich, der Tätigkeit als Personalpsychologe dargestellt werden.

Aufgaben im Rahmen der Tätigkeit

Im Abschnitt „Personalpsychologie – was ist das?“ wurden gängige Einsatzgebiete für Personalpsychologen vorgestellt. Alle die dort dargestellten Tätigkeiten haben zentrale Eigenschaften gemein. Der Fokus liegt eher auf konzeptuellen als auf rein operativen Tätigkeiten. Beispielsweise werden von Personalpsychologen Leitfäden zur Personalbeurteilung entwickelt. Eingesetzt werden diese jedoch primär von den Führungskräften einer Organisation, die dabei in manchen Fällen von nicht zwangsweise psychologisch ausgebildeten Mitarbeitern aus dem operativen Personalwesen unterstützt werden. Für konzeptuelle Arbeiten sind eine methodische Vorgehensweise und die Kenntnis relevanter Theorien von großer Bedeutung, um ein in sich schlüssiges qualitativ hochwertiges Konzept entwickeln zu können. Da die entwickelten Konzepte jedoch in bestehende Unternehmenssysteme einfließen, ist es besonders wichtig, bereits früh in der Konzeptphase alle betroffenen Schnittstellenpartner mit einzubeziehen. Dabei handelt es sich, je nach Tragweite des Konzepts, um die Kollegen des operativen Personalwesens, eine höhere Führungsebene, die Konzern-IT und die Arbeitnehmervertretung, den Betriebsrat. Das Thema Auswahlverfahren in Deutschland ist beispielsweise voll mitbestimmungspflichtig. Das bedeutet, dass der Betriebsrat als Interessensvertretung der Arbeitnehmer bei derartigen Fragestellungen von Anfang an mit einzubeziehen ist. Neben der eigentlichen inhaltlichen konzeptuellen Arbeit sind Personalpsychologen also häufig in Abstimmprozesse eingebunden.

Mobilitätsbereitschaft

Konzeptionelle Personalarbeit gehört bei den meisten Unternehmen zu den sog. Zentralfunktionen. Das bedeutet, dass die dort tätigen Mitarbeiter bei großen Unternehmen zumeist in der Unternehmenszentrale oder in großen Ländergesellschaften tätig sind. Operative Personalarbeit spielt sich überall ab. Demzufolge gibt es an fast allen Standorten eigene Personalabteilungen z. B. für das Recruiting, die Personalauswahl oder die Beurteilungssysteme. Je nachdem in welcher Funktion man tätig ist, ergeben sich unterschiedliche Anforderungen an die Reisetätigkeiten. Bei in der Zentrale verorteten konzeptuellen Tätigkeiten kann es notwendig sein, zu Abstimmungszwecken die von der Konzeptänderung betroffenen Standorte im In- und Ausland zu besuchen. Manchmal werden Dienstreisen hier auch aufgrund des Expertenwissens zu bestimmten personalpsychologischen Fragestellungen nötig, z. B. zur Personalauswahl. Die eigentliche Arbeit findet jedoch primär an einem festen Arbeitsplatz statt. Im operativen Bereich – insbesondere in kleineren Unternehmen mit vielen Außenstellen – kann es notwendig sein, für die Personalbetreuung von Standort zu Standort zu fahren. Die Anforderungen an die Mobilität sind also stark unterschiedlich und sollten daher im Rahmen einer Bewerbung abgeklärt werden.

Arbeitszeit und Bezahlung

In den meisten Fällen sind Personalpsychologen fest in einer Organisation angestellt. Der Bedarf nach konzeptioneller personalpsychologischer Arbeit besteht in der Regel erst ab einer gewissen Unternehmensgröße. Dementsprechend findet sich ein Großteil der relevanten Stellen in mittelständischen Unternehmen und großen Konzernen, die im Regelfall den tariflichen Bestimmungen der jeweiligen Branchen unterliegen bzw. diese um eigene Betriebsvereinbarungen ergänzt haben. Demnach können die aktuell gültigen Regelungen auf den Homepages der entsprechenden Gewerkschaften abgerufen werden. So kommt z. B. bei einer Tätigkeit in der Automobilbranche der Tarifvertrag für die Metall- und Elektroindustrie zum Tragen oder bei Tätigkeiten bei öffentlichen Trägern die Regelungen der Tarifverträge für den öffentlichen Dienst des Bundes bzw. der Länder. In diesen Verträgen werden u. a. Arbeitszeiten, die Höhe des Urlaubsanspruchs, Arbeitszeitmodelle wie z. B. Gleitzeit, Zusatzleistungen wie Weihnachtsgeld oder Urlaubsgeld geregelt, aber auch mögliche Gehaltsstufen und die damit verbundenen Qualifikationsanforderungen für Bewerber festgelegt. Vor einer Vertragsverhandlung ist es daher dringend zu empfehlen, sich mit den für das Unternehmen gültigen Tarifregelungen auseinanderzusetzen. Unternehmen, die nicht unter den Geltungsbereich bestimmter Tarifverträge fallen, schreiben in Stellenausschreiben häufig „Die Bezahlung erfolgt angelehnt an den Tarif XY" – insofern bieten sich auch hier Ansatzpunkte zur Vorbereitung. Neben der Anstellung zu tariflichen Bedingungen sind auch Beschäftigungsverhältnisse im außertariflichen Bereich möglich. Diese gelten meist nicht für Berufseinsteiger, sondern für Bewerber mit vorhandener Berufserfahrung. Meistens erfolgt hier eine deutlich höhere Vergütung, aber keine exakte Zeiterfassung, sodass sich nicht zwangsläufig ein höherer absoluter Stundenlohn ergibt. Hier kommen die tariflichen Regelungen nicht zur Anwendung, und Arbeitszeiten, Gehalt und Zusatzleistungen können zu einem großen Teil individuell verhandelt werden. Details bezüglich der Arbeitszeiten und der Vergütung für in Unternehmensberatungen tätigen Personalpsychologen finden Sie im Abschn. 4.6.

Karrieremöglichkeiten

Bezüglich der Karrieremöglichkeiten ist zwischen einer sog. Expertenkarriere und einer Führungskarriere zu unterscheiden. Personalpsychologen haben durch ihren in vielen Organisationen einzigartigen Ausbildungshintergrund die Möglichkeit, sich für bestimmte Fachgebiete als Experten zu positionieren, z. B. im Bereich der Eignungsdiagnostik. Ein Karriereziel kann es sein, in einem großen Unternehmen zum Hauptansprechpartner für alle eignungsdiagnostischen Fragen zu werden. Um eine derartige Position zu erreichen, ist es notwendig, kontinuierlich fachlich zu überzeugen und sich ein gutes Netzwerk aufzubauen. Eine Expertenkarriere bedeutet jedoch nicht zwangsläufig die Übernahme einer disziplinarischen Führungsrolle.

Demgegenüber steht die klassische Linienkarriere, wie sie in vielen Organisationen anzutreffen ist. Erfolgt eine kontinuierliche Bewährung auf der eigenen Position und gelingt es, die eigene Führungskraft und das entsprechende Netzwerk davon zu überzeugen, dass man für eine Führungsrolle geeignet ist, so ist eine Übernahme einer Funktion auf einer höheren Ebene möglich. In diesem Kontext muss sich dann auch ein Personalpsychologe selbst mit den definierten Anforderungen und Kompetenzausprägungen für die Zielfunktion auseinandersetzen und ggf. entsprechende Auswahl- und Entwicklungsverfahren durchlaufen. In diesen höherrangigen Funktionen steht dann weniger die fachliche Expertentätigkeit an personalpsychologischen Fragestellungen im Vordergrund, sondern vermehrt die disziplinarische Führung eines eigenen Teams sowie viele koordinative Funktionen, um die Arbeit der eigenen Gruppe stimmig im Gesamtbild der Personalarbeit zu verorten. Meistens geht mit der Übernahme von Führungsverantwortung auch ein finanzieller Aufstieg einher.

Persönliche Weiterbildung

Solange man in Expertenfunktionen tätig ist, ist es wichtig, sich bezüglich relevanter Entwicklungen in der Psychologie auf dem Laufenden zu halten. Insbesondere bei Tätigkeiten im Themenfeld Eignungsdiagnostik sollte zudem eine Zertifizierung nach DIN 33430 „Anforderungen an Verfahren und deren Einsatz bei berufsbezogenen Eignungsbeurteilungen" in Erwägung gezogen werden (www.bdp-verband.de/bdp/politik/din.shtml). Weiterbildungen im Bereich Arbeits- und Sozialrecht sind ebenfalls zu empfehlen – insbesondere, wenn man häufig an Konzepten arbeitet, die unter die Mitbestimmung der Arbeitgebervertretung fallen.

Selbstständigkeit

Personalpsychologische Dienstleistungen können selbstverständlich auch aus einer externen Position angeboten werden. Weitere Details dazu finden Sie im Abschn. 4.6, sodass an dieser Stelle nicht detailliert darauf eingegangen wird. Allgemeine Hinweise und Perspektiven zur Selbstständigkeit finden Sie im Kap. 8.

Die Rolle von Psychologen im Kontext der Personalarbeit

Psychologen sind aufgrund ihrer spezifischen Ausbildung insbesondere für die Übernahme konzeptioneller Tätigkeiten in den oben dargestellten personalpsychologischen Einsatzfeldern geeignet. In vielen Organisationen ist das Personalwesen bezüglich der fachlichen Hintergründe der Mitarbeiter sehr heterogen aufgestellt, so sind neben betriebs- und volkswirtschaftlichen auch juristische, pädagogische und soziologische Hintergründe anzutreffen. Es gibt jedoch einige Bereiche wie z. B. die Eignungsdiagnostik, in denen sich Psychologen eine eigene Nische erarbeiten können. Manche psychologische Testverfahren dürfen nämlich ausschließlich von Psychologen eingesetzt und ausgewertet werden. In anderen Kontexten ist eine enge Zusammenarbeit mit den anderen Fachgruppen vorteilhaft, da sich nur durch die Integration aller Sichtweisen inhaltlich fundierte und zugleich wirtschaftlich begründbare und rechtssichere Konzepte entwickeln lassen.

Anforderungen an eine Tätigkeit als Personalpsychologe

Im Folgenden werden Hinweise gegeben, wie bereits während der akademischen Ausbildung einige Weichen in Richtung einer erfolgreichen Tätigkeit als Personalpsychologe gestellt werden können. Wie bei allen anderen Berufsfeldern gibt es hier jedoch auch nicht den einen Königsweg, sondern es gibt unterschiedlichste Pfade und persönliche Entwicklungsmöglichkeiten, die zum Ziel führen können.

Schwerpunktsetzung

Wird angestrebt, bereits nach dem Bachelor in das Erwerbsleben zu starten, sollte sich eine wirtschaftspsychologische Schwerpunktsetzung schon dort wiederfinden. Wird eine Tätigkeit in der Personalentwicklung angestrebt, bietet sich als weiterer Schwerpunkt die Pädagogische Psychologie an. Aufgrund der häufigen interdisziplinären Arbeit sind als Nebenfächer besonders Betriebs- oder Volkswirtschaftslehre, Pädagogik oder Arbeits- und Sozialrecht geeignet.

Fachliche Inhalte

Je nach Einsatzwunsch bietet es sich an, gezielt Veranstaltungen z. B. in der Eignungsdiagnostik oder im Bereich der Personalentwicklung zu belegen. Beinahe zwingend ist es jedoch, solides Expertenwissen in Testtheorie, Statistik und Methodenlehre zu erwerben. Dieses Wissen ist die Basis für jegliche Tätigkeit im Bereich der Testung oder der Evaluation und stellt zudem ein zentrales Alleinstellungsmerkmal gegenüber vielen Mitbewerbern aus anderen Fachgruppen dar.

Computerkenntnisse

Gute Anwenderkenntnisse der gängigen Office-Anwendungen sind ebenso erforderlich wie die Erfahrung mit Statistikprogrammen wie z. B. SPSS oder R. Im operativen Personalwesen sind zudem Grundkenntnisse in SAP HR hilfreich – diese kön-

Eine Perspektive aus der Wissenschaft

Prof. Dr. phil. habil. Uwe P. Kanning, Dipl.-Psych., ist seit 2009 Professor für Wirtschaftspsychologie an der Hochschule Osnabrück. Seine Schwerpunkte in Forschung und Praxis sind Personaldiagnostik, Evaluation, Soziale Kompetenzen und Personalentwicklung. Im folgenden Abschnitt erläutert er, welche Rolle Psychologen in der Personalpsychologie spielen:

Das Berufsfeld der Personalpsychologie ist in den letzten Jahrzehnten kontinuierlich gewachsen. Arbeitslosigkeit scheint es nicht zu geben, vielmehr erhalten auch Berufsanfänger in aller Regel schnell eine Anstellung. Personalpsychologen konkurrieren mit unterschiedlichsten Berufsgruppen, von denen die meisten für die anliegenden Aufgaben (Personaldiagnostik, -entwicklung, Evaluation etc.) nicht einmal annähernd so gut qualifiziert sind wie Psychologen. Dies gilt insbesondere für Pädagogen, Juristen und Absolventen geisteswissenschaftlicher Studiengänge. Die besondere Stärke der Psychologie liegt in ihrer quantitativ-empirischen Ausrichtung. Absolventen der Psychologie haben in ihrem Studium gelernt, Behauptungen, Glaubenssätze, Meinungen etc. als solche zu erkennen und von empirisch abgesicherten Erkenntnissen zu unterscheiden. Die naturwissenschaftliche Ausrichtung des Studiums fördert das systematische Denken und trägt maßgeblich dazu bei, dass man sich an wissenschaftlichen Befunden und nicht primär an Werthaltungen orientiert. Psychologen sind in der Lage, empirische Publikationen zu verstehen und eigenständig Studien (z. B. zur Evaluation) in Unternehmen durchzuführen. In manchen Arbeitsfeldern – insbesondere der Diagnostik – kommt beinahe das gesamte wissenschaftliche Wissen aus der Psychologie zum Tragen. Hier sind Psychologen besonders im Vorteil. Trotz der hervorragenden Fachausbildung ist es sinnvoll, sich Grundlagenwissen in den Bereichen Betriebswirtschaftlehre und Arbeitsrecht anzueignen. Den größten beruflichen Erfolg dürften Personalpsychologen aber haben, wenn sie offensiv ihre besonderen Kompetenzen zum Einsatz bringen und nicht versuchen, „der bessere BWLer" zu werden.

nen jedoch auch oft im Rahmen der Berufstätigkeit erworben werden.

Sprachkenntnisse

Gerade in großen Organisationen werden sehr gute bis verhandlungssichere Englischkenntnisse als Einstiegskriterium vorausgesetzt. Über weitere Fremdsprachenkenntnisse – insbesondere für aufkommende Arbeitsmärkte wie z. B. Brasilien, China, Indien, Mexico oder Russland – kann die eigene Position in einem Bewerbungsverfahren weiter gestärkt werden.

Praxis, Praxis, Praxis

Der Arbeitsmarkt für Festanstellungen im Personalbereich ist umkämpft. Insofern können es sich viele Unternehmen erlauben, eine strenge Vorauswahl der Bewerber zu treffen. Nutzt man das Studium, um sich bereits früh in der eigenen Karriere relevante Praxiserfahrung in personalpsychologischen Fragestellungen zu erarbeiten, z. B. über Praktika, Werkstudententätigkeiten oder das Verfassen der eigenen Studienabschlussarbeit in einem Unternehmen, so kann man sich gegenüber Mitbewerbern mit wenig oder keiner Praxiserfahrung eventuell entscheidend absetzen. Der zweite Vorteil von frühzeitiger Praxiserfahrung ist, dass diese die Möglichkeit bietet, für sich zu entscheiden, ob eine Tätigkeit im Personalbereich ein Berufsfeld ist, das einem liegt und das man sich für die tägliche Arbeit vorstellen kann.

Eine Perspektive aus der Praxis

Titel, Name	**Jasmin Promberger**
Organisation	Personic GmbH
Berufsbezeichnung	Geschäftsführung (Recruiterin)
Schwerpunkte im Psychologiestudium	Arbeits- und Organisationspsychologie, Human Ressource Management
Wieso haben Sie sich für eine Tätigkeit als Personalpsychologin entschieden?	Während meines Psychologiestudiums entdeckte ich über Praktika mein Interesse für die freie Wirtschaft. Die Personalpsychologie bietet für mich die gelungene Schnittmenge aus diesem Interesse und meinen psychologischen Kenntnissen.
Was glauben Sie, können Psychologen in diesem Berufsfeld bewegen?	Die Psychologie gibt uns gute Tools für die Personalauswahl und -entwicklung an die Hand. Außerdem glaube ich, dass das Psychologiestudium meine Menschenkenntnis geschult hat, was mir im Arbeitskontext schon oft gute Dienste geleistet hat. Auch meine Kenntnisse in Gesprächsführung sowie Mediator-Fähigkeiten haben mir bei kritischen Themen (mit Kollegen, Mitarbeitern oder Kunden) oft weitergeholfen.
Was hat Sie an Ihrer Tätigkeit am meisten überrascht?	Ich glaube, dass die Psychologie gerade für das Recruitment (als Schnittmenge aus Personal und Sales) eine ideale Grundlage bietet. Mich hat dabei vor allem überrascht, wie gut meine psychologischen Kenntnisse für den Vertriebsbereich einsetzbar sind.
Ist es möglich, diesen Beruf mit einem normalen Familienleben zu vereinen?	In der Selbstständigkeit (mit eigener Firma und angestellten Mitarbeitern) habe ich die Freiheit, mir meine Zeit selbst einzuteilen, und ich bin optimistisch, dass auch die Gründung einer Familie mit diesem Modell vereinbar ist. Auch in der Festanstellung empfand ich die Arbeit als sehr selbstbestimmt. Die Abende oder Wochenenden kann man sich sehr gut frei halten. Trotz allem ist die Arbeit im Recruitment nach meinem Verständnis ein Vollzeitjob, der z. B. als 50 %-Stelle nur schwer auszufüllen sein dürfte. Allerdings sind andere familienfreundliche Modelle (z. B. Homeoffice) gut möglich.
Welchen Tipp haben Sie für Psychologen, die sich überlegen als Personalpsychologe zu arbeiten?	In der Personalsuche sind extrovertierte Psychologen gefragt, die gerne mit vielen verschiedenen Menschen Kontakt haben. Ein Praktikum in diesem Bereich ist sicher der ideale Einstieg und hilft einzuschätzen, ob der Job zu einem passt. Interessierte können sich gerne an mich wenden unter info@personic.de.
Stoßen Sie manchmal auf Vorurteile wegen Ihrer Ausbildung?	In meinem Umfeld arbeiten nur sehr wenige Psychologen, deshalb habe ich das Gefühl, als etwas Besonderes wahrgenommen zu werden. Die Ausbildung ruft eher Respekt hervor als Ablehnung und ich werde oft nach einer psychologischen Beurteilung gefragt.

Fazit

Ich, Maximilian Mendius, freue mich jeden Tag auf meine Arbeit im Personalwesen der BMW Group. Die Beschäftigung mit Fragestellungen zu Arbeitgeberattraktivität, Auswahlverfahren oder Nachwuchssicherung ist zukunftsorientiert und stellt den Mitarbeiter als Erfolgsfaktor in den Mittelpunkt. Personalpsychologen können Organisationen dabei unterstützen, die personalseitigen Voraussetzungen dafür zu schaffen, dass die strategischen Ziele erreicht werden können. Gleichzeitig können wir einen Beitrag dazu leisten, dass sich der einzelne Mitarbeiter mit seinen individuellen Stärken optimal entfalten und weiterentwickeln kann. Ich bin froh, mich für eine Tätigkeit im Personalbereich entschieden zu haben.

4.4 Tätigkeit als Organisationspsychologe

Ulrich Stephany

Der Kernnutzen von Organisationspsychologen ist es, Organisationen beim Erreichen ihrer Ziele durch das Gestalten von Organisationselementen zu unterstützen. Organisationsziele sind zu einem Teil primär businessgetrieben. Organisationen haben aber auch Image- und Nachhaltigkeitsziele oder organisationsinterne Ziele, wie z. B. das Verbessern von Qualitäts oder Gesundheitsquoten. Gestaltbare Organisationselemente können über verschiedene Zugangskanäle gefunden werden. Begreift man Organisation als Kontext, finden sich Variablen wie die Strategie, Strukturen und Prozesse oder auch die Gestaltung von Arbeitsplätzen und -abläufen. Sieht man die Organisation als soziales System, würde man beispielsweise die Interaktion zwischen Schlüsselakteuren der Organisation ganz gezielt gestalten. Solche Schlüsselakteure sind das Top Management, das Mittlere Management, Führungskräfte auf unteren Ebenen, Mitarbeiter als Teams und der Einzelne. Neben grundlegenden Techniken wie Formaten für Kommunikation, Interaktion und Dialog können Organisationspsychologen Hinweise zur Gestaltung von sozialen Systemen aus Erkenntnissen der Sozialpsychologie ableiten, beispielsweise bei der Gestaltung von Gruppenzielen, dem Grad an Autonomie bei Entscheidungen im Team oder dem Zusammenspiel von Entlohnungssystemen auf Team- und Individualebene.

Ein besonders spannendes Feld der Organisationspsychologie entstand, als Kurt Lewin Mitte des letzten Jahrhunderts soziale Systeme in Veränderungsprozessen beschrieb und dabei die grundlegende Idee vom Nutzen lieferte, den Beratung im Kontext von Veränderungen stiften kann. Diese Art von Veränderungsbegleitung wird als Organisationsentwicklung oder auch als Change-Management-Beratung bezeichnet und stellt ein wachsendes Wirkungsfeld für Organisationspsychologen in der Wirtschaft dar. Inhaltlich umfasst dieses Feld Tätigkeiten, die sich entweder stärker am Entwickeln der Organisationsstruktur entsprechend der Aufbau- und Ablauforganisation orientieren oder am Gestalten von Transformationsprozessen in sozialen Systemen mit dem gezielten Managen von Eingangsvariablen wie Information über Kommunikation und Dialog oder Qualifizierungen, um sich auf Ergebnisvariablen auszuwirken wie Emotionen, Vertrauen, Experimentierfreudigkeit, Innovations- und Veränderungsbereitschaft und natürlich Verhalten.

In diesem Abschnitt wird als exemplarische Tätigkeit eines Organisationspsychologen in der Wirtschaft die eines organisationsinternen Change-Management-Beraters genauer betrachtet.

Organisationspsychologie – was ist das?

Ganz grundlegend hat die Organisationspsychologie das Erleben und Verhalten von Menschen in Organisationen zum Gegenstand. Wie kann eine Organisation das Verhalten ihrer Organisationsmitglieder so gestalten, dass es zu den Zielen der Organisation beiträgt? Organisation ist in diesem Versuchsaufbau die Kontextvariable als Eingangsvariable, das entsprechende Zielverhalten der Organisationsmitglieder ist die Ergebnisvariable. Diese kann sich auf individueller Ebene (z. B. Anstrengung, Qualität der Leistung, Bindung an das Unternehmen, Gesundheit, Wohlbefinden), auf Gruppenebene (z. B. Teamklima, Gruppenleistung) und auf der Organisationsebene wiederfinden (z. B. aggregierte Qualitäts- und Leistungszahlen, Organisationskultur). In diesem Buch wird die Organisationspsychologie am wachsenden Feld der Organisationsentwicklung bzw. des Change Managements genauer beschrieben. Das ist besonders spannend, weil im Change, also bei der Transformation einer Organisation vom Ist- in den Soll-Zustand, viele der angesprochenen Ebenen und Variablen miteinander in Bewegung geraten und gestaltet werden. Wer sich für andere Aspekte der Organisationspsychologie tiefergehend interessiert, findet Informationen zu diesem weiten Feld bei von Rosenstiel (2011).

Der Organisationspsychologe berät das Management als Change-Management-Berater bei der Planung und Umsetzung von Veränderungszielen und -projekten. Die Berater begleiten dabei den kompletten Veränderungsprozess von der Initialphase über die Konzeptentwicklung bis hin

Ein Szenario

Der Gesamtvorstand hat sich ein Jahr zurückgezogen, um eine Strategie für die erfolgreiche Zukunft der Organisation zu entwickeln. Trends wurden ausgewertet, SWOT-(Strengths-Weakness-Opportunities-Threats-) Analysen durchgeführt, Ideen auf Machbarkeit geprüft und mehrfach modifiziert oder verworfen. Als der Plan im Detail abgeschlossen ist, stellt sich die Frage: Wie kann die neue Strategie vom Papier, auf dem sie steht, in gelebtes Verhalten überführt werden, damit die Vision der erfolgreichen Zukunft Realität wird?

An diesem Punkt kommt die Change-Management-Kompetenz der Organisation zum Zug. Damit ist nicht die Abteilung für Change-Management-Beratung gemeint, denn Change Management ist eine Facette von Führung. Die entsprechende Beratung übernimmt die Funktion, diese Facette zu stärken, indem sie Optionen und Möglichkeiten aufzeigt, Empfehlungen abgibt und konkrete Umsetzungsvorschläge ausarbeitet. Die Entscheidung aber bleibt beim zuständigen Management.

Für das aufgezeigte Beispiel der Unternehmensstrategie bedeutet das, von der Change-Management-Beratung werden Ideen erarbeitet, wie zunächst die frühe Phase der Strategieimplementierung aussehen kann. Es werden die drei Zielfelder Klarheit der Strategieinhalte, Vertrauen in den Umsetzungserfolg und Ergebnisorientierung definiert. Zunächst soll jeder verstehen, was das Ziel der Strategie ist (Klarheit). Erst wenn die Mitarbeiter überzeugt sind, dass dieses Ziel Erfolg haben wird (Vertrauen) und den eigenen Beitrag zum Erreichen des Ziels kennen, können sie sich in die Umsetzung der Strategie aktiv einbringen (Ergebnisorientierung).

Für die drei Ziele werden in einem Mix aus Groß- und Kleingruppenformaten dialogische Kommunikationsformate für die Zielgruppen Top Management, Mittleres Management und Mitarbeiter entwickelt.

Während das Top Management eher die generelle Ausrichtung vermittelt, hat das Mittlere Management die Aufgabe, konkrete Ableitungen für den Fachbereich zu treffen. Entsprechend unterscheiden sich die Tätigkeiten und Inhalte auf diesen Ebenen voneinander und müssen auch im Prozess unterschiedlich berücksichtigt und unterstützt werden.

Außerdem wird ein Plan erstellt, wie Quick Wins erzielt und in die Kommunikation integriert werden können.

Damit sind rasche, konkrete Ergebnisse gemeint, in denen die Umsetzung der Strategie als Teilerfolg exemplarisch sichtbar wird, was das Vertrauen in den Erfolg der weiteren Umsetzung stärkt.

Um nachzuhalten, inwiefern die Annäherung des Ist-Zustandes an den Soll-Zustand funktioniert, wird ein Monitoring-System entwickelt und vorgeschlagen.

Es bildet neben den Zielvariablen Klarheit, Vertrauen und Ergebnisorientierung verschiedene Prozessbefähiger wie Gruppenstimmung, Führung und Organisational Alignment ab und liefert somit neben der Transparenz über den aktuellen Prozessstand konkrete Anhaltspunkte zur Steuerungsfähigkeit.

zur endgültigen Umsetzung und Erfolgskontrolle. Grundidee von dieser Art von Beratung ist, dass Organisationen soziale Systeme sind, die eine Tendenz zu sicherheitsvermittelnden Routinen haben, während Veränderung zunächst eine Irritation ist, die Unsicherheiten und Ängste auslösen kann. Werden diese Faktoren nicht sauber gemanagt, bremsen Widerstände den Veränderungsprozess und verzögern die angestrebten Veränderungsziele oder verhindern diese vollends.

Während das klassische Projektmanagement den Prozess eher vor dem Hintergrund von Meilensteinen im Sinne der businessgetriebenen Projektziele betrachtet, unterstützt der Organisationspsychologe bei der Entwicklung des Veränderungsprozesses mit Blick auf die Organisation als soziales System. Beide Perspektiven unterstützen das Erreichen dieser businessgetriebenen Projektziele, haben aber eine unterschiedliche Herangehensweise, die sich im besten Fall ergänzt. Eine typische Frage im klassischen Projektmanagement bei der Entwicklung eines prozesshaften Projektplans wäre:„Wie viel Kapazität benötigen wir, um Aufgabe X zu erledigen?“. Eine typische Frage in der Change-Management-Beratung bei der Entwicklung eines Change Designs wäre: „Was muss passieren, damit die potenziellen Widerstände abgebaut und treibende Kräfte ausgebaut werden?“. Das mag zunächst sehr soft klingen. Tatsächlich geht es um Themen, die zunächst nicht so greifbar sind wie andere KPIs (Key Performance Indicators, d. h. Leistungsparameter wie z. B. Return on Invest, Krankenquote etc.). In der Realität der Veränderung werden diese Aspekte aber schnell sehr konkret, beispielsweise dann, wenn eine Führungskraft in einer Schlüsselposition die Veränderung verhindert, weil sie befürchtet, dass der eigene Machtbereich verringert wird. Erst wenn diese Führungskraft für sich eine attraktive Vision von der Situation nach der Veränderung entwickelt hat, wird sie ihren Widerstand aufgeben.

Organisationspsychologie – ein ganz besonderes Tätigkeitsfeld?

Egal in welchem konkreten Arbeitsfeld er sich bewegt, greift der Organisationspsychologe bei seiner Arbeit auf gesichertes Wissen aus Studien zurück. Evidenzbasiert ist die Wirksamkeit einer Maßnahme dann, wenn sie wissenschaftlich belegt ist. Die Organisationspsychologie stellt zunächst Modelle über Sachverhalte bereit (typisch für solche Modelle ist beispielsweise die Bedürfnispyramide von Maslow). Auf Basis dieser Modelle können dann Annahmen dazu getroffen werden, welche Arten von Interventionen erfolgsversprechend sind. Organisationspsychologen haben das Handwerkszeug, um solche Interventionen sauber abzuleiten, durchzuführen und anschließend zu evaluieren. Die Ergebnisse der Wirkungsevaluation lassen dann Rückschlüsse auf die Qualität des jeweiligen Modells zu.

Als Change-Management-Berater unterstützt der Organisationspsychologe in strategisch-konzeptionellen Dimensionen zur gesamthaften Ausrichtung des Veränderungsprozesses genauso wie bei der Umsetzung ganz konkreter Prozessbausteine: Zum einen erstellt er zusammen mit der zuständigen Führungskraft eine Change-Architektur. Dahinter verbirgt sich das Koordinieren von veränderungsrelevanten Aktivitäten entlang des Zeitplans, der für das Projekt vorgesehen ist. Dabei handelt es sich um einen Mix aus medialer und dialogischer Kommunikation, gezielter Qualifikation und dem Managen von wichtigen einzelnen Schlüsselpersonen (Stakeholdern), Multiplikatoren und Interessensgruppen. Das Planen dieser Aktivitäten entlang der Change-Architektur ist eher konzeptionell-strategisch.

Zum anderen übernimmt der Organisationspsychologe als Change-Management-Berater aber ebenso die Vorbereitung und Umsetzung der einzelnen Bausteine der Architektur. Dazu können Tätigkeiten des Eventmanagements für Großgruppenveranstaltungen ebenso gehören wie die Moderation bei einem Treffen von Konfliktparteien oder Basisqualifizierungen zum Thema „Grundlagen des Veränderungsmanagements“ für die betroffenen Führungskräfte in einem Projekt. Im Unterschied zu Moderatoren und Trainern, die im Bedarfsfall auch für singuläre Elemente eingesetzt werden können, hat der Organisationspsychologe als Change-Management-Berater nur dann eine aktive Rolle, wenn der einzelne Baustein zu einem Prozess gehört, den er aktiv unterstützt. Erst vor dem Hintergrund der Prozessperspektive (was ist das Ziel, wo kommt der betroffene Bereich her, was

Eine Perspektive aus der Wissenschaft

Prof. Dr. Dieter Frey leitet den Lehrstuhl für Sozialpsychologie an der Ludwig-Maximilians-Universität München und unterstützt den Verein Psychologie in Beruf und Praxis e. V. (siehe Kap. 1) seit seiner Gründung. Im folgenden Abschnitt stellt Prof. Dr. Dieter Frey dar, warum gerade Organisationspsychologen für die Arbeit in oder die Unterstützung von sozialen und kommerziellen Organisationen besonders geeignet sind. Außerdem stellt er die Faszination und die Handlungsmöglichkeiten vor, die dieser Beruf mit sich bringt und gibt Hinweise, wie man sich bereits im Studium auf eine spätere Tätigkeit als Organisationspsychologe vorbereiten kann. Die ebenfalls enthaltenen übergreifenden Aussagen zum Rollenverständnis und mit dem Berufsstand des Psychologen einhergehenden Leitgedanken haben Gültigkeit für viele der in den vorigen und folgenden Kapiteln vorgestellten Berufsbilder im wirtschaftlichen und sozialen Kontext:

Der Beruf des Organisationspsychologen ist aus mehreren Gründen faszinierend:

1. Bereits Karl Marx sagte, dass das ökonomische Sein – und er meinte damit auch z. B. den Beruf, seine Entlohnung, die Zufriedenheit mit dieser Tätigkeit – das Bewusstsein bestimmt. Da die meisten Menschen mehr als die Hälfte ihres Lebens in Organisationen verbringen, ist das ökonomische Sein von zentraler Bedeutung, auch wenn die Psychologie diese Grundlage von Erleben und Verhalten oft ignoriert.
2. Wenn man beide Aspekte berücksichtigt, die Wichtigkeit des ökonomischen Seins, aber auch die Wichtigkeit der Zufriedenheit und der Selbstverwirklichungschance der eigenen Tätigkeit für das Leben insgesamt, dann weiß man, wie wichtig die Arbeit des Organisationspsychologen ist. Streng genommen ist er der Vermittler von Problemen der Organisation und ihrer Mitglieder auf der einen Seite sowie des Know-hows, wie man diese Probleme löst auf der anderen Seite.
3. Tätigkeiten, die Menschen in sozialen und kommerziellen Organisationen ausüben, prägen insgesamt sehr stark ihr Erleben und Verhalten, haben Rückwirkungen auch auf das Privatleben. Man weiß deshalb als Organisationspsychologe, wie wichtig die Tätigkeit ist.
4. Die Tätigkeit, die man in sozialen und kommerziellen Organisationen ausübt, kann sowohl begleitet sein durch krankmachende Bedingungen (z. B. schlechte Führung, schlechte Unternehmenskultur, intrigierende Kollegen, Überforderung der Kunden, überfordernde, belastende, monotone Tätigkeiten, kein Spielraum für eigene Entscheidungen usw.) als auch durch positive Bedingungen, die ganz entscheidend zur Lebenszufriedenheit und zur Selbstverwirklichung beitragen.
5. Die Fähigkeit von sozialen und kommerziellen Organisationen, sich national und international durch innovative Prozesse, Produkte und Dienstleistungen zu behaupten, ist letztlich Grundvoraussetzung dafür, dass wir unseren Lebensstandard halten können. Wenn unsere Organisationen nicht erfolgreich sind, weil die Produkte und Serviceleistungen keine Abnehmer im nationalen und internationalen Markt finden, dann können wir auch zentrale Werte, die uns wichtig sind und die als Privileg zu gelten haben nicht aufrechterhalten: z. B. den Wert einer offenen Gesellschaft und Demokratie sowie den Wert einer sozialökologischen Marktwirtschaft. Der Lebensstandard steht und fällt letztlich mit dem Erfolg unserer Organisationen, und ebenso die Aufrechterhaltung der Werte. Umso wichtiger ist es auch, dass die Organisationen durch ihren Erfolg und die Art der Unternehmensphilosophie und Unternehmenskultur den Menschen eine Perspektive bieten, sodass sie ihre Fähigkeiten und Fertigkeiten optimal einbringen und entwickeln können und so die Chance zur Selbstverwirklichung haben.

Der gute Organisationspsychologe müsste deshalb auch der „kritische Geist" sein, der dort, wo Menschenwürde verletzt wird oder Strukturen und Kulturen sowie Führungsverhalten gezeigt wird, das diametral einer Kultur von Menschenwürde und einer Kultur von Exzellenz widerspricht, der erste sein, der Zivilcourage zeigt, der widerspricht und interveniert.
Ein guter Organisationspsychologe ist also ein Studierter, der fit ist in Grundlagenforschung, Angewandter Forschung sowie Anwendung von Forschung. Er hat gleichzeitig ein klares Wertesystem, ähnlich einem Kompass, und ist sich bewusst, dass ökonomischer Erfolg sowie Innovationen nur möglich sind, wenn man die Würde des Menschen achtet. Er begegnet Menschen mit Wertschätzung und Menschlichkeit (Motto „Wertschöpfung durch Wertschätzung") und setzt sich weniger für kurzfristige Aspekte ein, sondern auch für Langfristigkeit und für Nachhaltigkeit.
Auch wenn man sehr oft innerhalb sozialer und kommerzieller Organisationen in Konkurrenz zum Juristen, zum Betriebswirt, zum Volkswirt oder zum Soziologen steht, so bleibt unbestritten, dass der Psychologe ein Know-how hat, das für viele Grundprobleme von Organisationen evident ist. Hier nur einige Beispiele:

- Wie sieht eine optimale Auswahl von Mitarbeitern aus? Was taugen Assessment Center oder Interviews? Wie erhöht man den Pool von Bewerbern usw.?
- Wie sieht die optimale Einführung in den ersten hundert Tagen aus, v. a. wenn man weiß, dass während dieser Zeit bereits die ersten Symptome für eine Kündigung entstehen? Wie sieht Menschenführung aus, um Mitarbeiter zu motivieren, v. a. dahingehend, dass sie sich mit der Führungskraft, der Aufgabe und der Organisation identifizieren? Dies gilt insbesondere für Mitarbeiter, die aus der sog. Generation Y kommen, die High Potentials sind und hohe Ansprüche haben. Oder anders ausgedrückt: Was muss man als attraktiver Arbeitgeber tun, um solche Menschen zu halten?
- Wie sieht moderne Unternehmensführung aus, damit man auf dem Markt gegenüber den Wettbewerbern bestehen kann, dass man Kernkompetenzen hat, den Kunden und den Markt ebenso wie die Wettbewerber kennt?
- Welche Kulturen muss man schaffen, um einen Prozess der kontinuierlichen und auch der substanziellen Verbesserung von Ideen und Innovationen zu haben? Was muss man tun, damit ein Betriebsklima herrscht, in dem Menschen sich wohl fühlen? Wie sieht eine professionelle Konfliktregulierung aus, da überall wo Menschen sind Konflikte entstehen? Und das allerschlimmste ist, wenn diese Konflikte unter den Teppich gekehrt und nicht angesprochen werden. Wie sieht ein modernes Vorschlagswesen aus? Wie kann man Synergieeffekte in Teams aktivieren?

Fragen über Fragen. Man könnte dieses beliebig fortsetzen. Da organisationales Handeln immer auch Handeln von Menschen mit unterschiedlichem Geschlecht, unterschiedlichen Kulturen, unterschiedlichen Disziplinen ist, ist die Psychologie überall gefragt.
Umso wichtiger ist, dass Psychologen lernen, dass nahezu jede Erkenntnis, jede Theorie, die sie im Studium gelernt haben, unmittelbar anwendbar ist für das Lösen, für die Analyse, für die Erklärung, für die Vorhersage und auch für die Verbesserung von Phänomenen in Organisationen. Streng genommen können wir uns an Kurt Lewin orientieren, der sehr häufig auch in Organisationen tätig war und gezeigt hat, wie man Grundlagenforschung, Angewandte Forschung und Anwendung von Forschung verbindet,.
Psychologen können (und müssen) also sehr selbstbewusst auftreten, weil sie sehr viel Wissen aus dem Fach Psychologie mitbringen, was unmittelbar anwendbar ist im Bereich sozialer und kommerzieller Organisationen. Das bezieht sich sowohl auf methodisches wie statistisches Wissen, viel mehr aber auch auf rein theoretisches Wissen sowie die Umsetzung von Wissen.
Sie brauchen sich nicht zu verstecken und schon gar kein

Minderwertigkeitsgefühl gegenüber anderen Wissenschaftlern zu haben. Es gilt die Aussage: Wer das psychologische Know-how nicht abruft, ist selbst schuld. Sicherlich ist es relevant, dass man schon im Studium Kontakte zu Firmen hat, sei es durch Praktika, sei es durch Einladung von Repräsentanten von Firmen in die Universität. Es ist sehr wichtig, dass man sich über Probleme austauscht, mit denen Firmen konfrontiert sind und bei denen die Psychologie möglicherweise Lösungsmöglichkeiten zu bieten hat.

Entscheidend ist es, deutlich zu machen, dass man als Psychologe sehr viel Problemlösekompetenz hat. Gleichzeitig aber auch klarzumachen, dass Entscheidungen oft mit vielen Unsicherheitsfaktoren einhergehen und man keineswegs „Röntgenaugen" hat. Auch die besten Assessment Center führen oft zu Fehlentscheidungen, weil sich Menschen oft erst nach einer gewissen Zeit entlarven, z. B. wenn sie eine Machtposition haben oder in einer Stresssituation sind. Es gibt also letztlich kein einziges Auswahlverfahren, das diesbezüglich fehlerfrei ist. Das muss man sich auch als seriöser Psychologe immer wieder eingestehen.

Wichtig ist es, schon während des Studiums durch Workshops in Firmen hineinzuschnuppern. In unserer eigenen Vertiefung haben wir unsere Studenten immer auch verpflichtet, ihr Know-how bei externen Firmen anzubieten. Und es war interessant, dass wir sehr viel Erfolg damit hatten, dieses Know-how bei Firmen wie McDonalds, BurgerKing, BMW, Allianz, MunichRe, Stadtwerke, Stadt München usw. anzubieten. Die Themen waren sehr vielfältig: Leadership, Zeit- und Stressmanagement, Innovation, Work-Life-Balance usw. Auch die Umsetzung war unterschiedlich, seien es Symposien und Quasi-Kongressveranstaltungen, zu denen Firmenmitglieder eingeladen wurden oder Inhouse-Veranstaltungen, auf denen die Gruppen die Thematik in den Firmen vorgestellt hatten (entweder vor High Potentials oder vor Führungskräften). Wichtig ist die Überlegung, wo man sich als Psychologe selbstständig machen kann. Meine These ist, dass wir genügend Know-how haben, mit dem wir uns jederzeit selbstständig machen können. Man muss das Alleinstellungsmerkmal herausarbeiten, das einem als Psychologe von vielen Unternehmensberatern oder Anbietern von Symposien und Kongressen unterscheidet (umfangreiches psychologisches Wissen, Methodenkompetenz wie z. B. die Durchführung einer Evaluation etc.).

Während im klinischen Bereich sehr elaborierte Ausbildungsmöglichkeiten und -notwendigkeiten vorhanden sind, ist die Begriff „Organisationspsychologe" nicht geschützt und jeder kann sich so nennen. Deshalb ist eine professionelle Ausbildung die Grundvoraussetzung, bevor man seine organisationspsychologischen Fähigkeiten zur Anwendung bringt.

Hinsichtlich der Vermittlung des Wissens sollte man sich an Lewin orientieren: Nichts ist praktischer als eine gute Theorie und man sollte deshalb nicht damit geizen, theoretischen Background zu transportieren. Das ist der Added Value gegenüber jeder Unternehmensberatung und jedem anderen professionellen Anbieter. Die Teilnehmer eines Workshops sind deshalb sehr dankbar und angetan, weil sie nun ihrem Phänomen, das sie mit sich herumtragen, einen Namen geben können. Zum andern gilt natürlich auch, permanent zu reflektieren: Wo findet sich die Praxis in den Theorien wieder? Im Sinne von nichts ist theoretisch relevanter als eine gut oder schlecht funktionierende Praxis. Damit ist der Psychologe letztlich immer gefordert Theorie und Praxis zu verbinden.

Der Organisationspsychologe ist jedoch auch permanent konfrontiert mit der Herausforderung von Werten und Wertkonflikten: Wie stark steht er auf der Seite der Organisation, die möglichst viel aus den Menschen herausholen möchte? Wie sehr steht er auf der Seite der Menschen, die gute Work-Life-Balance brauchen, die die Chance für „Tankstellen" benötigen und die die Chance zur Regeneration brauchen? Wie sehr ist er bereit, auch bei potenziellen Kündigungen mitzuspielen? Und wie sehr kämpft er für humane Arbeitsbedingungen, aber auch für humanes Kündigen? Wie sehr unterstützt er, dass in der Mitarbeiter- und Unternehmensführung humanitäre Prinzipien am Arbeitsplatz umgesetzt werden und nicht nur kurzfristiges Gewinnstreben herrscht? Der Organisationspsychologe steht somit in einem permanenten Loyalitätskonflikt: Insbesondere wenn die Geschäftsführung auf kurzfristige Gewinne aus ist, muss er gleichzeitig Loyalität zeigen gegenüber der Geschäftsführung, gegenüber den Mitarbeitern und deren Fitness, Gesundheit usw. sowie gegenüber seinem eigenen Wertesystem. Wie der Konflikt ausgetragen wird, dafür gibt es keine Patentrezepte. Allerdings wäre es entsprechend unserer Auffassung wichtig, Kulturen einzuführen mit drei Säulen, nämlich a) ethikorientierte Führungspersönlichkeiten, die glaubwürdig, integer und verantwortlich sind für b) eine Kultur von Exzellenz, also von Innovationen, Qualität und Leistung, sowie c) für eine Kultur von Menschenwürde, also von hoher Wertschätzung, von Fairness und Vertrauen. Unseres Erachtens müsste es das Ziel der Organisationspsychologie sein, diese wissenschaftlichen Erkenntnisse weiterzutransportieren.

sind die besonderen Herausforderungen und Ressourcen zum aktuellen Zeitpunkt?) kann er gegenüber klassischen Trainern oder Moderatoren den entsprechenden Mehrwert für das Veränderungsvorhaben liefern.

Neben Basisqualifikationen eher operativer Art wie dem Umgang mit Moderationsmedien (Metaplankarten, Flipcharts etc.) und Moderationstechniken (Rhetorik, Anleitung von Groß- und Kleingruppensettings etc.) werden in der Change-Management Beratung also Organisationskenntnisse sowie die Kompetenz zur Metaperspektive verlangt und in der Tätigkeit in Einklang gebracht.

Aufgaben im Rahmen der Tätigkeit

Oftmals werden organisationspsychologische Fragestellungen von Mitarbeitern in Unternehmensberatungen übernommen (Abschn. 4.6). Es gibt jedoch auch Organisationspsychologen, die direkt in einer Firma beschäftigt sind, sog. interne Berater. Im Regelfall werden interne Berater nur von großen Unternehmen angestellt, bei denen ein kontinuierlicher Bedarf an organisationspsychologischen Leistungen besteht – kleine und mittelständische Unternehmen greifen hingegen häufig auf die Dienste von Unternehmensberatern zurück. In den folgenden Abschnitten wird auf die Spezifika dieses internen Beraterdaseins eingegangen.

Die Aufgaben eines Organisationspsychologen richten sich stark nach seinem Handlungsauftrag. Dieser ist in tiefgreifenden Veränderungsprozessen natürlich komplexer als in punktuellen Optimierungsaufträgen. Deswegen wird im Folgenden das Vorgehen eines Organisationspsychologen als Change-Management-Berater dargestellt. Denkbar wären auch einzelne Teilaufgaben als Aufgabenschwerpunkt, wie z. B. die Organisationsdiagnose.

Die spezifischen Tätigkeiten eines Change-Management-Beraters orientieren sich stark an der jeweiligen Phase im Veränderungsprozess.

Die Auftragsklärung startet mit dem Erstkontakt zwischen Auftraggeber und Berater. Im zumeist bilateralen Setting wird geklärt, was die Ziele, Inhalte, Tätigkeiten und Grenzen der Beratungs- oder Entwicklungsleistung im konkreten Fall sind. Am Ende dieses ersten Schrittes steht eine schriftliche Leistungsvereinbarung, die den Rahmen für die weitere Zusammenarbeit absteckt.

Danach wird das Veränderungsvorhaben gründlich analysiert. Für eine Einschätzung der Veränderungsnotwendigkeit und des Veränderungswillens der betroffenen Zielgruppen verschafft sich der Organisationspsychologe als Change-Management-Berater einen detaillierten Überblick vom aktuellen Ist-Zustand mit der zugehörigen Historie, von den unterschiedlichen Sichtweisen verschiedener Zielgruppen bzgl. des Soll-Zustands (denn hier herrschen oft unterschiedliche Bilder vor) und davon, was die Inhaber von Schlüsselpositionen in der Veränderung für Risiken und Chancen sehen. Zu der Stakeholder-Analyse gehören oft auch Interviews mit den entsprechenden Führungskräften.

Ist die Analysephase abgeschlossen, folgt die Entwicklung des Change Designs und der Change-Architektur, die mit dem Auftraggeber abgestimmt wird. In Zuge dessen kann es sinnvoll sein, einen Change-Steuerkreis zu implementieren, der aus Führungskräften besteht, die im Rahmen der Veränderung eine relevante Position haben. Die Organisation der Treffen dieses Steuerkreises sowie die Agendasteuerung fallen ebenfalls in den Aufgabenbereich des Change-Management-Beraters.

Steht der Fahrplan für den Prozess, folgt die Implementierung der Veränderung entlang der vorgesehenen Prozessbausteine. Der Change-Management-Berater hat nun diverse Rollen zu erfüllen: Beratung der ausführenden Führungskraft, Moderation, Mediation, Eventmanagement für Großgruppenveranstaltungen und Steuern von anderen Funktionen wie z. B. Kommunikation und Qualifizierung. Je nach Größe des Projektes gibt es zur Erledigung dieser Aufgaben durchaus auch Teams von Change-Management-Beratern oder Teams, die paritätisch mit Change-Management-Beratern, Projektmanagern, Kommunikations- und Qualifikationsexperten besetzt sind.

Im fortschreitenden Veränderungsprozess wird es den Wunsch danach geben, das bisher Erreichte sichtbar zu machen. Neben der kommunikativen Aufarbeitung von Quick Wins geht es in diesem Bereich um ein Monitoring der relevanten Change-Dimensionen. Der Organisationspsychologe als Change-Management-Berater wird in diesem Schritt zum Berater für Prozessevaluation und gestaltet ein machtvolles Werkzeug zur Steuerung von Aufmerksamkeit von Management und Mitarbeitern.

Mobilitätsbereitschaft

Für selbstständige Organisationspsychologen gelten dieselben Hinweise wie für Unternehmensberater (Abschn. 4.6), denn auch hier findet die Beratung natürlich beim Kunden statt. Als intern angestellter Organisationspsychologe – zugegeben der seltenere Fall – hat man diesbezüglich zunächst einen kleinen Vorteil: Man ist ja schon beim Kunden. Das bedeutet aber nicht, dass die Mobilitätsbereitschaft völlig von der Liste relevanter Berufskennzeichen eines internen Beraters gecancelt werden könnte. In der Funktion als interner Berater ist man entweder im Auftrag eines Fachbereichs, eines Themas oder des Gesamtunternehmens engagiert. Insbesondere bei Projekten, in denen ein zentral entwickeltes Konzept international implementiert werden soll, kann es zu Reisetätigkeiten kommen. Das ist z. B. dann der Fall, wenn bei der Umsetzung in dezentralen Bereichen die ersten Lernerfahrungen aus der Zentrale genutzt werden soll.

Während die Umsetzung einer Mitarbeiterbefragung noch ganz gut durch Videokonferenzen mit internationalen HR-(Human Resources-) Managern gesteuert werden kann, wird ein Erlebnisraum zum Thema Führung (bei der BMW AG wird so ein Projekt im „Treffpunkt Führung" umgesetzt, siehe dazu Hoffmann und Jäckel 2011) durchaus auch international durch Besuche vor Ort betreut.

Arbeitszeit

Wer als interner Berater bei einem Konzern angestellt ist, unterliegt den Konditionen von Betriebsvereinbarungen zur Ausgestaltung der Anstellungsverhältnisse. Betriebsvereinbarungen und Rahmenverträge mit Gewerkschaften regeln hier vor allem Konditionen im tariflichen Bereich. So kann es einem intern angestellten Berater widerfahren, dass er sich in einer 35- oder 40-Stunden-Woche mit der Vorgabe wiederfindet, Überstunden- und Urlaubskonto am Jahresende auf null ausgeglichen zu haben. Zugegeben ein für den Beruf des Beraters untypisches Setting, deswegen aber nicht unangenehm.

Trotzdem sind Projekte von Organisationspsychologen Termingeschäfte und durchlaufen wie alle anderen Projekte zeitlich intensive Phasen. Überstunden entstehen in solchen Projektphasen quasi automatisch, und eine gewisse Leidensfähigkeit gepaart mit der Kompetenz, sich auch in beanspruchenden Phasen für ein Thema zu begeistern, gehören zu den Voraussetzungen, um in diesem Job Erfolg zu haben.

Einkommen

Change-Management-Berater können sowohl im tariflichen als auch im außertariflichen Bereich angestellt sein. Im Großkonzern findet man je nach Vorgeschichte des einzelnen Beraters alle Schattierungen von oberen Tarifstufen bis in den höheren außertariflichen Bereich. Wichtig für Berufseinsteiger ist es, sich vor dem Bewerbungsgespräch nicht nur mit den typischen Gehaltsübersichten für Psychologen auseinanderzusetzen. In diesem Tätigkeitsfeld kann man sich getrost auch an Verdienstmöglichkeiten von Wirtschaftswissenschaftlern orientieren. Wer ein Vorstellungsgespräch bei einem Konzern hat, sollte sich im Vorfeld die Verdiensttabellen der entsprechenden Gewerkschaft ansehen. Wichtig ist neben dem monatlichen Bruttogehalt die Information, wie viele Gehälter das Unternehmen im Jahr auszahlt, ob es eine Gewinnbeteiligung ausschüttet und ob diese Zusatzbezüge in irgendeiner Form gestaffelt werden. Für eine Tätigkeit als selbstständiger Organisationspsychologe gelten die Darstellungen des Abschnitts „Selbstständigkeit" sowie die relevanten Abschnitte von Kap. 4 zu den anderen Tätigkeitsfeldern.

Karrieremöglichkeiten

Karrieren in Großorganisationen entsprechen einer für das jeweilige Unternehmen kulturtypischen Karrierelogik. In traditionellen, hierarchieorientierten Großkonzernen gibt es nach wie vor den klassischen Linienaufstieg. Die Logik dabei ist, dass man seine aktuelle Funktion übererfüllen muss (Zauberwort Vorleistung), um für den Aufstieg in die nächsthöhere Einstufung für geeignet befunden zu werden. Als Leistungsindikator fließt in klassischen Linienorganisationen u. a. hierarchieorientiertes Verhalten in die Personenwahrnehmung ein. Hierarchieangepasst ist man dann, wenn man die Meinung der Vorgesetzten bestätigt und die erwartete Leistung erbringt oder übererfüllt.

Die Rolle eines Organisationspsychologen erfordert es, funktional systemkritisch zu sein, Spannungen aufzubauen und auszuhalten und Irritationen als Lernimpulse auszulösen, um Kreativität zu ermöglichen. Bei näherem Hinsehen wird eine Person, die diese Funktionen konsequent erfüllt, weniger als linientreu wahrgenommen, sondern fällt mehr als Störimpuls oder Querdenker auf (was im Sinne der Rolle prima ist). Was einen guten Organisationspsychologen ausmacht, unterstützt also nicht notwendigerweise die klassische Linienkarriere.

Ganz generell hat man als interner Organisationspsychologe aber jede Menge Möglichkeiten, sich in diverse Abteilungen des Unternehmens zu vernetzen, die möglicherweise Anschlussbeschäftigungen bereithalten. Oft ist die Funktion der Organisationsberatung in der Personalabteilung verankert (Abschn. 4.3), sodass auch in diesem Umfeld entsprechende Themen für eine Anschlussbeschäftigung in Frage kommen.

Am Ende kommt es darauf an, persönlich zu klären, was Karriere bedeutet. Ist es ein Entwicklungsziel, eine klassische Linienkarriere zu machen, so bieten sich andere Funktionen mitunter noch stärker an als die Change-Management-Beratung. Versteht man unter Karriere aber wachsende Autonomie, so kann die Change-Management-Beratung ein gelungener erster Schritt sein, um sich von dort aus Optionen zu erarbeiten und Türen zu öffnen.

Persönliche Weiterbildung

Organisationspsychologie ist ein facettenreiches Berufsfeld und deshalb entsprechend weiterbildungsintensiv. Neben einer fundierten Grundausbildung zu Theorien der Organisationsentwicklung, Gruppendynamik und Führung gehören zu den Qualitäten eines Organisationspsychologen Rhetorik-, Präsentations-, Moderations-, Mediations- und auch Coachingkompetenzen. Entsprechend viele Themen kommen in Frage, in denen man sich parallel zum Job weiterqualifizieren kann und die einem bei der täglichen Arbeit direkt helfen.

Standards, wie viele Tage man pro Jahr Anspruch auf Weiterbildung hat, welche Qualifizierungen vom Arbeitgeber bezahlt werden etc. sind von Unternehmen zu Unternehmen verschieden und sollten vor Vertragsunterzeichnung diskutiert und vertraglich festgehalten werden.

Selbstständigkeit

Im Vergleich zur internen Tätigkeit als Organisationspsychologe ist es individuell zu bewerten, ob die Alternative als externer Berater organisationspsychologische Projekte zu begleiten eine Option ist. Generell birgt die externe Tätigkeit verschiedene Vorteile – beispielsweise können Impulse vor dem Hintergrund des Erfahrungstransfers aus verschiedenen Organisationsrealitäten gestaltet werden. Vor allem für den Umgang mit Vorbehalten, ob das vorgeschlagene Prozessdesign zu den gewünschten Ergebnissen führt, kann von einem externen Organisationspsychologen Glaubwürdigkeit durch den Rückgriff auf Erfahrungen aus anderen Firmen hergestellt werden.

Ein weiterer, sehr wichtiger Aspekt mit Bezug auf die zu erbringende Beratungsleistung ist die Unabhängigkeit vom Klientensystem: Zwar will auch der externe Berater Folgeaufträge bekommen. Da er aber nicht selbst Teil der Organisation ist, unterliegt er nicht den unternehmenskulturellen Spielregeln, denen jeder Interne ausgesetzt ist.

Der externe Organisationspsychologe behält sich außerdem eine im Grundsatz höhere Freiheit bei, da er nicht den internen Spielregeln bzgl. Karrierelogik, Belohnungs- und Sanktionierungsmechanismen verhaftet ist. Die seiner Funktion zugedachte Rolle konsequent zu leben, ist für den externen Berater angemessen und stellt exakt die Leistung dar, die vom Auftraggeber eingekauft wurde. Selbstverständlich kann auch ein externer Berater seinen Bonus oder den Zuschlag für den Folgeauftrag verspielen, die Messlatte hierfür hängt aber höher, als für den internen Berater, da er Teil des sozialen Systems ist, das er gleichzeitig berät. Der Vorteil des internen Organisationsberaters ist, dass er eine höhere Kulturkenntnis besitzt als der Externe und deswegen ein besseres Gespür dafür hat, welche Interventionen sich für das Klientensystem eignen und welche nicht. Im Idealfall übernehmen interne Organisationspsychologen deswegen genau diese Funktion und steuern externe Berater, die neben kreativen Impulsen stärker die operative Umsetzung übernehmen.

Generell kann für externe Organisationspsychologen prognostiziert werden, dass die Nachfrage in Zukunft stärker wachsen wird. Veränderungen finden in kürzeren Zyklen und mit steigender Veränderungstiefe statt. Gleichzeitig können sich nicht alle Unternehmen eine interne Abteilung für dieses Thema leisten oder gestalten die Funktion so schlank, dass externe Ressourcen zusätzlich benötigt werden. Als Vorbereitung für die Tätigkeit als externer Organisationspsychologe ist eine Phase in der internen Beratung natürlich sehr vorteilhaft, da nur so die Innenperspektive gelernt werden kann. Wer erlebt hat, welchen politischen Kräften man in einer Organisation ausgesetzt sein kann, hat es als externer Berater leichter, das Klientensystem zu verstehen und entsprechend anschlussfähig in den Vorschlägen zu Prozessgestaltungen zu sein. Das führt zu einer Bewegung aus der Festanstellung heraus in die selbstständige Beratung, was für Berater aus klassischen Managementberatungen untypisch ist – hier zeigt sich eher die Struktur zunächst von extern zu beraten, um später bei einem der Kunden in die Festanstellung zu wechseln.

Die Rolle von Psychologen im Berufsfeld der Organisationsdiagnose und -entwicklung

Die Ausbildungshintergründe der Personen, die in der internen Beratung tätig sind, können sehr unterschiedlich sein. Der Grund dafür ist, dass sich im internen Stellenmarkt einer Organisation alle Interessierten bewerben können. Für eine erfolgreiche interne Beratungstätigkeit ist neben den fachlichen Hintergründen eine gute Systemkenntnis von Vorteil, für die Beratung von höheren Führungskräften kann es außerdem von Vorteil sein, wenn der Bewerber selbst Führungserfahrung mitbringt. Entsprechend finden sich in der internen Organisationsberatung auch Wirtschaftsingenieure oder Physiker, die sich die Grundlagen von Veränderungen in sozialen Systemen *on the job* erarbeiten. Psychologen bringen durch ihr Studium fachlich und im Bereich der Sozialkompetenzen eine solide Basis für das Berufsbild mit und haben insbesondere im empirischen Bereich eine Spezialkompetenz vorzuweisen. Die für Organisationspsychologen typische Ableitung von Interventionsvorschlägen aus Modellvorstellungen ist ein Vorteil, da Absolventen anderer Studiengänge das Wissen um solche Modelle oft fehlt. Die grundlegende Idee davon, wann ein Beleg als Beweis für kausale Verkettungen von Ursachen- und Wirkungsvariablen gedeutet werden kann und wann lediglich ein Beleg über einen Zusammenhang vorliegt, ist für Ableitungen für die Organisation von essenzieller Bedeutung. Anderen Professionen fällt es oft schwer, den Unterschied nachzuvollziehen. Das Wissen um Versuchsdesigns hilft bei der Evaluation von Interventionswirkungen und bringt oft auch konkrete Vorteile für den Beleg der eigenen Wirksamkeit im Unternehmen.

Auch die gelungene Darstellung von Ergebnisstatistiken fällt Psychologen im Vergleich zu Absolventen vieler anderer Studiengänge leicht.

Anforderungen an eine Tätigkeit als Organisationspsychologe

Anhand der verschiedenen Anforderungen an die Tätigkeiten eines Organisationspsychologen lassen sich Ableitungen treffen, wie man sich schon im Studium gut auf diesen Beruf vorbereiten kann.

Schwerpunktsetzung

Organisationspsychologie ist das Arbeiten am Gesamtsystem. Um sich im Studium einen Begriff von diesem Gesamtsystem zu erarbeiten, sind Kenntnisse von Organisationen eine gute Grundlage. Schwerpunkt im Psychologiestudium sollte deswegen Wirtschafts- und Organisationspsychologie sein. Kenntnisse der Personal- oder auch der Klinischen Psychologie schaden nicht, reichen aber für eine Tätigkeit als Organisationspsychologe nicht aus. Als Nebenfächer können neben BWL und VWL auch Inhalte aus Arbeits-, Sozial-, und auch Kulturwissenschaften hilfreich sein. Wer sich zudem noch grundlegende Expertisen in Gesundheitsthemen aufbauen möchte, kann sich in der Medizin oder bei den Sportwissenschaften gute Impulse für Themen abholen, die im Zuge des demografischen Wandels noch weiter an Fahrt aufnehmen werden.

Fachliche Inhalte

Wer die Grundlagen von Kurt Lewin, Argyris und Schön, Luhmann, Kotter und Doppler kennt, hat bei der Diskussion über Organisation und Veränderung klar die Nase vorn. Hier fällt es im Berufsfeld anderen Diskussionsteilnehmern manchmal schwer, Meinung von Wissen zu unterscheiden. Entsprechend relevant ist es, sich schon im Studium einen Begriff von evidenzbasierter Beratung zu erarbeiten. Diese Inhalte werden in Vorlesungen und Seminaren zur Organisationspsychologie vermittelt. Natürlich sind auch Kurse oder Seminare mit dem Titel Change Management interessant und bieten zudem oft auch schon die Möglichkeit, anhand von Fallarbeiten näher an die Praxis zu rücken.

Ebenso wichtig ist Hintergrundwissen zu Kultur (z. B. Hofstede (1980) sowie die GLOBE-Studie (2007)) und Organisationskultur (Schein 1995).

Ein weiteres Kompetenzcluster ist rund um das Thema Messung, Evaluation und Monitoring angesiedelt. Universitäre Angebote in diesem Feld heißen Testtheorie, Testkonstruktion und Multivariate Analysen. Das klingt natürlich zunächst etwas trocken, was es für die meisten ja auch ist. Wer in einem Changeprozess eine gute Befragung designt und knackige Ergebnisse entstehen lässt, die das Management betroffen machen und dadurch den Prozess mit Energie versorgen, der kann mit diesem trockenen Handwerkszeug allerdings sehr viel bewegen.

Im Bereich der Sozialkompetenzen ist an oberster Stelle diplomatisches Verhalten zu nennen, das zum Tragen kommt, wenn man zwischen verschiedenen Interessensgruppen vermittelt. Auch die Sozialkompetenz im eigenen Arbeitsteam kann insbesondere in den intensiveren Projektphasen gezeigt werden (nett sein, wenn alles gut läuft, kann jeder – konstruktiv bleiben, wenn es eng wird, ist die Herausforderung!). Diesen Bereich kann man während des Studiums in den eigenen Arbeitsgruppen lernen. Neben spezifischen Seminaren gibt es für Studenten oft auch Rabatte für außeruniversitäre Ausbildungen in Trainings- oder Moderationsmethoden, Mediation, Coaching oder Systemischer Beratung. Diese Grundlagen sind gute Möglichkeiten, sich auf eine Tätigkeit als Organisationspsychologe vorzubereiten.

Computerkenntnisse

Der sichere Umgang mit MS Office wird vorausgesetzt, insbesondere PowerPoint, Word und Excel gehören zur täglichen Arbeit. Von Vorteil sind auch der sichere Umgang mit qualitativen Analyseprogrammen (z. B. MaxQDA für das Auswerten von Stakeholder-Interviews) und quantitativen Analysenprogrammen (z. B. SPSS für die Auswertung von Fragebogenerhebungen) sowie Bildbearbeitungsprogrammen (z. B. Photoshop für das Nachbearbeiten von Fotoprotokollen) und alternativen Präsentationsprogrammen (z. B. Prezi für Abwechslung in der Darstellung bei Konzeptpräsentationen).

Eine Perspektive aus der Praxis

Titel, Name	Christian Jacobs (Geschäftsführender Gesellschafter, Unternehmensentwickler: Schwerpunkt Kultur, Diplom- Psychologe, Kulturwissenschaftler, Verleger) Dr. Ulrich Stephany, BMW AG (Change-Management-Berater)
Schwerpunkte im Psychologiestudium	Christian Jacobs: Klinische Psychologie und ABO-Psychologie; Neue Pädagogische Konzepte; Ursprungsphilosophien Chinas Ulrich Stephany: Organisations- und Wirtschaftspsychologie
Wieso haben Sie sich für Ihre derzeitige Tätigkeit entschieden?	Christian Jacobs: Ich bin an der gesellschaftlichen Entwicklung interessiert sowie daran, wie Menschen diese gestalten. Ein starkes Feld gesellschaftlicher Entwicklung ist das Betriebssystem Wirtschaft. Ulrich Stephany: Als nach meiner Anstellung als Doktorand bei der BMW AG das Angebot vorlag, nahtlos übernommen zu werden, habe ich nicht lange überlegt.
Was glauben Sie, können Psychologen in diesem Berufsfeld bewegen?	Christian Jacobs: Sie können humanere Zukunftsszenarien entwerfen. Sie können Menschen und Organisationen in der Transformation begleiten. Ulrich Stephany: Impulse setzen; irritieren; Routinen stoppen; Verkrustungen lockern; Muster brechen; Lernen ermöglichen; Kommunikation auslösen, die Entscheidungen nach sich zieht; Dinge besprechbar machen; Prozessdesigner sein; Loops'n'Learnings
Was hat Sie an Ihrer Tätigkeit am meisten überrascht?	Christian Jacobs: Wie unwissend Menschen in der Wirtschaft bzgl. kultureller und psychosozialer Zusammenhänge sind. Ulrich Stephany: Die organisationale Verankerung dieser Funktion in der Linie, da hier die Anforderung an die Leistung der Funktion der organisatorischen Logik der Linienhörigkeit widerspricht und vermeidbare Konflikte auslöst, die sich in der Beratungsleistung niederschlagen müssen.
Ist es überhaupt möglich, diesen Beruf mit einem normalen Familienleben zu vereinen?	Christian Jacobs: Ich bin verheiratet. Wir haben vier Kinder. Meine Kinder und meine Frau sagen, dass sie mich lieben. Und was meinen Sie überhaupt mit „normalen Familienleben"? Ulrich Stephany: Ja, klar. Im Tarifbereich durch die Begrenzung der Arbeitszeit überhaupt kein Problem, im außertariflichen Bereich je nach Projektphase manchmal sicherlich angespannter.
Welchen Tipp haben Sie für Psychologen, die sich überlegen in der Beratung zu arbeiten?	Christian Jacobs: Wenn ich darauf etwas ausführlicher antworten sollte, würde ich ihnen raten, sich intensiv mit dem System Wirtschaft auseinanderzusetzen. Ulrich Stephany: Der wichtigste Punkt ist wohl, für sich herauszufinden, ob man sich in der Festanstellung bei einem größeren Unternehmen wohl und wirksam fühlt oder ob man sich eher zu einer Tätigkeit als externer Berater hingezogen fühlt. Gute Möglichkeiten sind Praktika, Abschlussarbeiten in Kooperation mit Organisationen und auch Anstellungen als Werkstudent.
Stoßen Sie manchmal auf Vorurteile wegen Ihrer Ausbildung?	Christian Jacobs: Selbstverständlich gibt es ab und zu Menschen im Betriebssystem Wirtschaft, die nicht glauben können, dass wir etwas von Wirtschaft oder deren Leben verstehen. Ulrich Stephany: Nein: immer! Viele haben noch ein 70er-Jahre Image von Psychologie, das dem entspricht, was ich mir heute unter Sozialpädagogik vorstelle. Alle denken an Gruppendynamik, wie fühlen wir uns heute, was macht das mit uns, wo steht das Wohlbefinden. Wirtschaftspsychologie im Sinne von Human- und Prozessfaktoren als unabhängige Variablen oder Stellhebel sowie Wirtschaftskennzahlen als abhängige Variablen oder Output assoziiert niemand spontan, wenn er einen Psychologen im Konzern kennenlernt. Daran werden wir Psychologen in der Wirtschaft auch weiter arbeiten müssen. Interessanterweise werden wir imagebezogen gerade von den Beratern untergraben, die selbst keine psychologischen Grundlagen studiert haben, aber in ihrer Beratung oder in ihrem Training auf psychologische Grundlagen zurückgreifen. Von diesen Profilen gibt es mehr als genug, das Image, was hier von der Psychologie als Wissenschaft vermittelt wird, ist oft mehr als fragwürdig. Mit KPIs, Evidence Based Consulting und Wettbewerbsvorteilen hat das dann meistens nichts zu tun.

Sprachkenntnisse

Sprachkenntnisse und interkulturelle Kompetenzen lernt man am besten durch Auslandsaufenthalte. Urlaub zählt natürlich nicht dazu, gemeint sind Aufenthalte von mehr als drei Monaten unter aktiver Einbindung in eine fremde Kultur. Möglichkeiten liefern Aufenthalte durch Auslandspraktika oder Auslandssemester als Stipendiat (z. B. Erasmus oder DAAD). Eine Verlängerung des Studiums um ein Auslandssemester lohnt sich zweifellos. Außerdem besteht die Möglichkeit, das Bachelor- oder Masterstudium komplett im Ausland zu absolvieren.

Praxis, Praxis, Praxis

Praxis kann man bei Großkonzernen als Praktikant, Werksstudent oder Verfasser einer Abschlussarbeit sammeln. Auch bei kleineren Unternehmen oder externen Beratungsfirmen gibt es Möglichkeiten, bereits während des Studiums Erfahrungen zu sammeln und Geld zu verdienen. Gut ist, wenn man schlüssig erzählen kann, warum einem die Organisationspsychologie interessiert. Von Vorteil ist auch, wenn man zusätzlich eine Seminar- oder sogar Bachelorarbeit mit thematischer Relevanz vorweisen kann oder man inhaltliche Seminare zu diesem Themenschwerpunkt absolviert hat. Erste Praxiserfahrungen im Bereich Training und Moderation sind selbstverständlich von Vorteil – diese können auch aus dem universitären oder privaten Bereich stammen und müssen nicht im wirtschaftlichen Umfeld erworben worden sein.

Fazit

Die Tätigkeit als Organisationspsychologe ist der ideale Beruf, um einen Überblick zu erlangen, wie „Organisation" in den Dimensionen Strategie, Vision, Kultur, Prozesse und Führung funktioniert. Gerade die Wechselwirkungen von Kontext und Individuum stehen dabei im Fokus und verleihen dem Job eine anregende Komplexität. Neben unterschiedlichen Möglichkeiten sich weiterzubilden ergeben sich vielfältige Vernetzungsmöglichkeiten innerhalb des Konzerns, zu externen Beratern und zu Universitäten, die im Feld der Organisationsentwicklung forschen.

4.5 Tätigkeit als Trainer oder Coach

Maximilian Mendius und Simon Werther

Tätigkeiten als Trainer oder Coach sind ein häufiges Einsatzfeld von Psychologen. Dabei können zum einen klassische wirtschaftspsychologische, zum anderen aber auch allgemeine psychologische Themengebiete im Vordergrund stehen. Das liegt insbesondere daran, dass durch das Studium der Psychologie als Wissenschaft des Erlebens und Verhaltens des Menschen zahlreiche Grundlagen und anwendungsbezogene Inhalte vermittelt werden, die für Trainer oder Coaches wichtig sind. In diesem Abschnitt wird anhand eines Szenarios ein typisches Beispiel für einen Trainings- und Coachingprozess dargestellt. Darüber hinaus werden wichtige Rahmenbedingungen dieses Tätigkeitsfelds sowie damit verbundene Zugangsvoraussetzungen erörtert. Der Fokus ist gerichtet auf die Tätigkeit als freiberuflicher und selbstständiger Trainer oder Coach, wohingegen im Abschn. 5.3 die Fort- und Weiterbildung für Erwachsene in Institutionen unterschiedlichster Art als Tätigkeitsfeld darstellt wird.

Training und Coaching – was ist das?

Das Szenario zeigt bereits, dass die Tätigkeit als Trainer oder Coach zwei grundsätzliche Unterschiede mit sich bringt. Als Trainer steht in den meisten Fällen die eigenständige oder auf einem vorhandenen Leitfaden basierende Aufbereitung und Vermittlung von Inhalten in einem festen zeitlichen Rahmen mit mehreren Teilnehmern im Vordergrund. Im Gegensatz dazu handelt es sich bei einem Coaching um lediglich einen Klienten und einen Coach, die in einer individuell gestalteten Sitzung an den derzeitigen situativen Erfordernissen des Klienten arbeiten. Dabei stehen die persönliche Weiterentwicklung des Klienten sowie die Lösung aktueller Herausforderungen des Klienten im Mittelpunkt der Arbeit. Gleichzeitig bringen diese beiden Tätigkeiten allerdings eine zentrale Gemeinsamkeit mit sich, da es bei beiden immer darum

Ein Szenario

Martin Müller ist seit acht Jahren in einem mittelständischen Maschinenbauunternehmen als Ingenieur angestellt und steht kurz vor einer Beförderung zum Abteilungsleiter. Die letzten Jahre arbeitete er in unterschiedlichen Positionen und Abteilungen als Experte für Konstruktion und Entwicklung von Baumaschinen. Durch seine erfolgreiche und zuverlässige Arbeitsweise hat er sich nach mehreren Beförderungen für eine Führungslaufbahn empfohlen.

Die Entscheidung fällt Martin Müller allerdings nicht leicht, da er sich aufgrund seines Studiums und seiner bisherigen Erfahrungen zwar als fachlicher Experte versteht, ihm aber seiner Meinung nach wichtige Führungskompetenzen fehlen bzw. er bisher nicht mit diesen Anforderungen konfrontiert wurde, da seine fachliche Tätigkeit im Vordergrund stand. Auf seine fachliche Tätigkeit hat ihn sein Studium sehr gut vorbereitet, doch bezüglich der bevorstehenden beruflichen Veränderung ist Martin Müller unsicher.

Er teilt seine Bedenken mit seinem Vorgesetzten. Dieser empfiehlt Herrn Müller, sich an die Personalabteilung zu wenden, die Entwicklungsprogramme für Führungskräfte anbietet. In einem Gespräch mit einer Vertreterin aus der Personalabteilung wird deutlich, dass Martin Müller eine Kombination aus Training und Coaching weiterhelfen könnte. Vor Antritt der neuen Stelle bekommt Herr Müller erste Inhalte und Handlungskompetenzen in einem Führungstraining vermittelt, bei dem er sich zusätzlich mit anderen Kollegen austauschen kann, die vor ähnlichen Herausforderungen stehen. Darüber hinaus wird er nach Funktionsübernahme über sechs Monate in zweiwöchentlichem Rhythmus von einem Coach begleitet, um aktuelle Herausforderungen zeitnah und individuell zu besprechen und sich somit persönlich weiterentwickeln zu können.

Da die Personalabteilung nicht immer ausreichend interne Trainer vorhalten kann, wurde in Herrn Müllers Firma ein externer Trainerpool aufgebaut, auf den je nach Bedarfslage zurückgegriffen werden kann. Herr Müller bekommt für sein Führungstraining den externen Trainer Thomas Triller zugeteilt. Der Trainingsleitfaden, der inhaltliche und strukturelle Rahmenbedingungen für das Training definiert, wurde von der Personalabteilung in Zusammenarbeit mit einem Trainer ausgearbeitet, sodass eine größtmögliche Standardisierung und Qualitätssicherung realisiert wird. Thomas Triller bekommt also umfangreiche Unterlagen an die Hand, auf deren Basis er das 5-tägige Training für die angehenden Führungskräfte des Unternehmens umsetzen wird. Im Training steht neben der Vermittlung der führungsrelevanten Inhalte auch das eigene Erleben und Verhalten der Teilnehmer im Vordergrund. So muss Martin Müller u. a. auch einen Fragebogen zur Selbsteinschätzung seiner Person ausfüllen. Die Ergebnisse ermöglichen es dem Trainer Thomas Triller, das Training trotz standardisierter Inhalte möglichst individuell auf Martin Müller und die anderen Teilnehmer abzustimmen, um einen größtmöglichen Lernerfolg zu gewährleisten.

Nach Abschluss des Präsenztrainings erhalten die Teilnehmer von Thomas Triller in regelmäßigen Abständen kurze Erinnerungsnachrichten, damit sie das Gelernte auch in die Praxis umsetzen und ggf. offene Punkte noch einmal klären können. Das ist der Personalabteilung insbesondere deshalb wichtig, weil erst der Transfer des Gelernten zu einer echten Veränderung des Verhaltens der Mitarbeiter führt und diese langfristige Perspektive für das Gesamtunternehmen erfolgsversprechend ist.

Martin Müller übernimmt zwei Wochen nach Trainingsende seine neue Position als Abteilungsleiter. Dies bringt für ihn umfangreiche Veränderungen mit sich, da er jetzt disziplinarische Verantwortung für die gesamte Abteilung besitzt und damit neben dem Tagesgeschäft auch für die Führung und Entwicklung seiner Mitarbeiter verantwortlich ist. Der Coach Claus Cremer unterstützt ihn dabei von der ersten Stunde an in 14-täglichen Sitzungen von jeweils zwei Stunden. In diesen Sitzungen stehen die aktuellen Herausforderungen im Führungsalltag im Vordergrund und der Coach begleitet Martin Müller durch eine ressourcenorientierte Perspektive und lösungsorientierte Methoden. Auch der Coach Claus Cremer wird ebenfalls extern von der Personalabteilung gebucht, da die Unabhängigkeit und umfassende Erfahrung des Coaches für das Unternehmen sehr wichtig sind und ein fest angestellter Mitarbeiter zu hohe laufende Kosten verursachen würde. Der Coach besitzt bei seiner Arbeit mit Martin Müller großen Handlungsspielraum, da er keine festen Inhalte vorbereitet, sondern individuell auf seinen Klienten eingeht und abhängig von seinen aktuellen Herausforderungen entsprechende Methoden einbringt oder auch kleine Entwicklungsaufgaben bis zur nächsten Sitzung vorschlägt. Insgesamt ist Martin Müller mit der Begleitung seines Stellenwechsels sehr zufrieden, da er aus der Kombination von Training und Coaching sehr profitiert, und insbesondere die individuelle Betreuung im Rahmen des Coachings parallel zu seiner Führungstätigkeit und aufbauend auf seinen individuellen Herausforderungen für ihn eine wertvolle Entwicklungsmöglichkeit darstellt. Er beantragt deshalb bei der Personalabteilung eine Fortführung der Coachingsitzungen, allerdings in einem 4-wöchentlichen Wechsel, nachdem er nach der anfänglichen Eingewöhnungszeit aufgrund wachsender Routine einen geringeren Unterstützungsbedarf für sich sieht.

geht, Menschen in ihrer persönlichen oder fachlichen Entwicklung zu unterstützen. Die Nähe von Training und Coaching wird auch dadurch deutlich, dass Fachverbände wie der Deutsche Verband für Coaching und Training (dvct) e. V. (www.dvct.de) sowohl Trainer als auch Coaches vertreten. Laut dem dvct beschäftigt sich Coaching intensiv mit der Entwicklung der individuellen Lösungskompetenz des Klienten, während Trainings – auf vorhandenen Stärken und Bedürfnissen der Teilnehmer aufbauend – neue Kompetenzen verleihen sollen.

Ein Training kann dabei sowohl verhaltensbezogene, z. B. im Rahmen eines Führungs- oder Konflikttrainings, als auch fachliche Schwerpunkte, z. B. die Fähigkeit zum Umgang mit Computerprogrammen oder die Vermittlung von betriebswirtschaftlichem Wissen, besitzen. In einem Coaching liegt der Fokus dagegen in den meisten Fällen auf der Unterstützung der persönlichen Weiterentwicklung der Klienten durch die Vermittlung von Lösungskompetenzen ohne fachlichen Fokus, d. h. die Veränderung des Verhaltens der Klienten steht im Vordergrund. Aufgrund ihrer Methoden- und Sozialkompetenz werden Psychologen im Trainingsbereich oftmals persönliche Inhalte vermitteln, da hierzu auch umfassende Zusatzausbildungen notwendig sind und bereits im Psychologiestudium zentrale Aspekte vermittelt werden. Im Training steht die Zielsetzung bereits vor dem Training im Rahmen einer Beschreibung des Trainingsrahmens fest, wohingegen in einem Coaching die Zielsetzung vom Klienten definiert wird und sich diese auch während des Prozesses verändern kann.

Training und Coaching – ein ganz besonderes Tätigkeitsfeld?

Das Tätigkeitsfeld als Trainer oder Coach ist deshalb besonders spannend und abwechslungsreich, da man sich bei jedem Training oder Coaching neu auf die Teilnehmer und Klienten einstellen muss und dabei immer wieder neue Persönlichkeiten, Berufsgruppen und Anforderungen kennenlernt. Darüber hinaus führt die Nachfrage nach bislang noch nicht abgedeckten Themengebieten zu einer intensiven Auseinandersetzung mit neuen Inhalten. Ständig aktualisiertes Fachwissen stellt einen zentralen Aspekt bei der erfolgreichen Konzeption eines neuen Trainings dar, um sich von bestehenden Ansätzen abzuheben. Der Einblick in den Arbeitsalltag der Trainingsteilnehmer und Klienten im Coaching ist außerdem eine wertvolle Erfahrung, da somit wiederum zahlreiche Erfahrungen der Teilnehmer und Klienten in zukünftige Trainings und Coachings einfließen können.

Aufgaben im Rahmen der Tätigkeit

Als Trainer oder Coach arbeitet man in einem abwechslungsreichen Tätigkeitsfeld, das grundsätzlich in die Phasen der Konzeption, der Durchführung und der Nachbereitung eingeteilt werden kann.

Zusätzlich spielt als freiberuflicher und selbstständiger Trainer oder Coach noch die Auftrags- und Kundenakquise eine zentrale Rolle, damit die genannten Phasen überhaupt relevant werden. Bei der Akquise ist es wichtig, dass man auf ein Netzwerk an Kontakten zurückgreifen kann und nicht nur auf Kaltakquise angewiesen ist, da sich diese oftmals sehr schwierig und langwierig gestaltet. Außerdem können bei Akquise über vorhandene Beziehungen in vielen Fällen auch bessere Tagessätze realisiert werden. Gerade beim Einstieg in dieses Tätigkeitsfeld nimmt die Akquise mehr Zeit in Anspruch und auch Rückschläge bleiben nicht aus. Wichtig ist es, sich hier erste Sporen zu verdienen, auf denen man aufbauen kann. Als etablierter Trainer oder Coach hingegen muss man sich oftmals zwischen Aufträgen entscheiden, weil man zum einen nicht alle gleichzeitig bearbeiten kann, andere eventuell aber auch nicht zur eigenen Philosophie passen.

Die Konzeptionsphase zeichnet sich dadurch aus, dass die Anforderungen an das Training oder das Coaching mit dem Auftraggeber geklärt werden, damit ein entsprechendes Konzept ausgearbeitet werden kann. Für ein Training muss dieses Konzept sehr genau ausgearbeitet sein, für ein Coaching ist es mehr ein grober Rahmen, da sich die Inhalte und der Ablauf des Coachings an den individuellen Anforderungen und Fragestellungen des Klienten orientieren. Bei einem Training spielt die Vorbereitung von Folien und Inputs auf Flipchart oder in anderer Form eine genauso wichtige Rolle wie die Erarbeitung und Auswahl von Übungen und interaktiven Elementen. Ein gutes Training sollte immer nur gut dosierten Input enthalten und viel Raum für das persönliche Erfahren und Üben sowie für die Integration des Gelernten in den Alltag der Teilnehmer bieten. Die Durchführungsphase beginnt mit der Anreise und ggf. Vorbereitung der Räume, setzt sich fort mit der eigentlichen Durchführung des Trainings oder des Coachings und endet mit dem Fotografieren der erarbeiten Unterlagen und Flipcharts zur Dokumentation und der Abreise. Die Nachbereitungsphase ist wichtig, wenn man sich als professioneller Trainer oder Coach positionieren möchte, um sich für weitere Aufträge zu empfehlen. Es sollte immer eine Dokumentation an die Teilnehmer verschickt werden – im Idealfall mit einer Fotodokumentation der erarbeiteten Inhalte, ggf. der vorgestellten Folien und ergänzender Zusatzliteratur. Darüber hinaus sollte während des Trainings oder nach dem Training oder Coaching eine Evaluation erfolgen, damit Verbesserungsmöglichkeiten für zukünftige Projekte identifiziert werden. Bei der Tätigkeit für Trainingsinstitute, Bildungsträger oder Stiftungen erfolgt die Evaluation oftmals zentral über den Auftraggeber, da die Qualität der Trainer darüber beurteilt wird und zukünftige Einsätze direkt davon abhängen. Es empfiehlt sich aber, immer nach den Ergebnissen der Evaluation zu fragen, damit auch eine persönliche Weiterentwicklung möglich ist. Weiterführende Informationen zu relevanten Phasen in der Fort- und Weiterbildung, die selbstverständlich ebenfalls für freiberufliche und selbstständige Trainer relevant sind, finden Sie im Abschn. 5.3.

Mobilitätsbereitschaft

Die Anforderungen an die Mobilitätsbereitschaft als selbstständiger oder freiberuflicher Trainer oder Coach sind sehr stark von der Kundenstruktur abhängig. Wenn sich diese über ganz Deutschland oder sogar international erstreckt, dann ist die tägliche Arbeit selbstverständlich mit sehr großem Reiseaufwand verbunden, da zusätzlich An- und Abreisetage eingeplant werden müssen, wenn die Trainings bereits am Vormittag beginnen oder bis zum Abend dauern sollen. Dies muss letztlich auch in der Kalkulation berücksichtigt werden, da dadurch weniger Trainingstage möglich sind. Bei Coachings stellt es sich grundsätzlich anders dar, da diese selten länger als zwei bis drei Stunden dauern, sodass bei räumlicher Distanz der Klienten sehr hohe Reisezeiten in Kauf genommen werden müssen.

Natürlich gibt es auch Trainer oder Coaches, die über einen festen Kundenstamm innerhalb einer Stadt oder Region verfügen und somit nur geringe Fahrtzeiten in Kauf nehmen müssen und Hotelübernachtungen größtenteils vermeiden können. Die Regel ist allerdings eine Kombination aus Einsätzen in der Heimatregion und Einsätzen in entfernten Gebieten. Mit steigender Erfahrung treten die Reisekosten für die Kunden zunehmend in den Hintergrund, sodass Trainer unabhängig von ihrem Standort gebucht werden und lediglich die Erfahrung und das Kompetenzprofil der Trainer oder Coaches ausschlaggebend sind.

Insbesondere im Top Management Coaching ist es darüber hinaus üblich, dass der Coach selbst bei einem Wechsel zu einem anderen Unternehmen weiter für den Klienten arbeitet, was dementsprechende Mobilitätsbereitschaft erfordern kann, aber gleichzeitig ein wichtiger Hinweis auf eine sehr starke Kundenbindung ist.

Arbeitszeit

Grundsätzlich ist es als Trainer oder Coach üblich, dass auch Abendstunden und Wochenenden in Anspruch genommen werden, da man sich immer nach den Bedürfnissen der Kunden richten muss. Insbesondere bei offenen Trainings kann es sich um Angebote an Wochenenden handeln, damit Berufstätige keinen Urlaub für die Teilnahme am Training nehmen müssen. Durch die bereits angesprochenen Reisezeiten wird man oft erst spät am Abend zurückkommen oder Nächte in Hotels verbringen müssen, sodass feste Arbeitszeiten die Ausnahme darstellen.

Das Konzept der Überstunden existiert als Selbstständiger oder Freiberufler in dieser Form nicht, d. h. die Wochenarbeitszeit richtet sich in erster Linie nach der Anzahl an akquirierten Projekten. Mit Vorbereitung, Konzeption und Nachbereitung von Trainings und Coachingsitzungen kann es oftmals zu Verwaltungs- und Büroarbeiten am Abend und am Wochenende kommen, da man tagsüber üblicherweise Präsenz beim jeweiligen Kunden zeigt.

Einkommen

Die Bezahlung als Trainer oder Coach ist in erster Linie davon abhängig, ob man bei einem Unternehmen angestellt ist oder als Selbstständiger oder Freiberufler arbeitet. Der Vorteil einer Tätigkeit als angestellter Trainer (im Coachingbereich sind Angestelltenverhältnisse nicht gängig) ist ohne Zweifel die Sicherheit und die Planbarkeit der eigenen Tätigkeit. Man verfügt über einen Arbeitsvertrag mit klar definierten Arbeitszeiten und einem festgelegten Gehalt. Die Bezahlung in der Wirtschaft orientiert sich dabei an den üblichen Gehältern für Berufseinsteiger und Akademiker. Umfassende Informationen zu dieser Arbeitsform finden sich im Abschn. 5.3.

Als Selbstständiger oder Freiberufler stellt sich die Situation selbstverständlich anders dar, da hier eigenständig Aufträge akquiriert werden müssen und somit keine Planbarkeit und weniger finanzielle Sicherheit bestehen. Die Bezahlung erfolgt bei Trainings üblicherweise in Tagessätzen, die eine hohe Bandbreite aufweisen. Sie beginnen bei 250 Euro und reichen bis zu mehreren tausend Euro, wobei die Tagessätze häufig zwischen 500 und 1000 Euro liegen. Letztlich entscheidet natürlich die Erfahrung und die Reputation als Trainer darüber, welche Tagessätze man verlangen kann und welche Trainingsaufträge man dementsprechend erhält. Bei Trainings ohne feste Leitfäden und Unterlagen wird in vielen Fällen eine Konzeptionspauschale gezahlt, die allerdings in wenigen Fällen dem tatsächlichen Aufwand entspricht. Darüber hinaus ist es natürlich wichtig, ob Anfahrt, Unterkunft und Spesen übernommen werden, da diese Kosten ansonsten die Einnahmen entsprechend verringern. Als Coach erfolgt die Bezahlung in Stunden, weil ganze Tage hier nicht üblich sind. Die Stundensätze variieren ebenfalls sehr stark, gängige Stundensätze bewegen sich hier zwischen 100–150 Euro, je nach Branche und Klientel.

Selbstverständlich gibt es sowohl bei Trainern als auch Coaches Ausnahmen, die weit höhere Verdienste erzielen, doch muss hier realistisch gesagt werden, dass es sich um einen sehr kompetitiven

Markt handelt, sodass man sich als Selbstständiger oder Freiberufler erst seine Reputation und seinen Kundenstamm aufbauen muss.

Karrieremöglichkeiten

Die Weiterentwicklung als Trainer oder Coach definiert sich in erster Linie über Art und Umfang der akquirierten Aufträge sowie über die erzielten Stunden- bzw. Tagessätze.

Zu beachten ist allerdings, dass letztlich immer nur die eigene Arbeitszeit am Kunden bezahlt wird, d. h. es ist immer eine Präsenz vor Ort notwendig, sofern man sich nicht als Institutsleiter oder Trainingsinstitut einen Namen macht und somit über die Koordination anderer Trainer oder Coaches Umsatz generiert. So ist der Weiterentwicklung quantitativ automatisch eine Grenze gesetzt, da ein bestimmtes Level an Trainingstagen schwer überschritten werden kann – eine Möglichkeit ist hier beispielsweise das Zurückgreifen auf Unterstützung im Backoffice, die Konzepte vorbereitet und Unterlagen ausarbeitet, damit man sich selbst ausschließlich auf die Durchführung der Trainings oder die Coachingsitzungen fokussieren kann.

Berufliche Weiterbildung

Als Selbstständiger und Freiberufler spielt die persönliche Weiterentwicklung eine zentrale Rolle bei der Akquise neuer Kunden, da nur über ein umfangreiches Kompetenzprofil und das Aufgreifen aktueller Methoden und Strömungen eine erfolgreiche Tätigkeit als Trainer oder Coach möglich ist. Gerade für das Berufsfeld Training und Coaching gilt es, die Maxime lebenslangen Lernens zu beherzigen. Neben der eigentlichen Tätigkeit mit Kunden und Klienten ist es deshalb notwendig, stets Weiterbildungen und Ausbildungen zu besuchen. Man kann nicht davon ausgehen, dass die nächste Weiterbildung ausreicht, denn man hat nie ausgelernt und kann sich immer noch neue Perspektiven aneignen. So kann beispielsweise auf eine systemische Ausbildung eine Fortbildung zu hypnotherapeutischen Methoden folgen, danach kommen Ansätze des Psychodramas usw.

Wie so oft gilt es auch hier, die richtige Balance zwischen einem stimmigen und individuellen Kompetenzprofil und dem Druck, vermeintlich jede Fortbildung machen zu müssen, zu finden. Schließlich sollten auch nicht die gesamten Erträge in die eigene Weiterentwicklung investiert werden, sondern das eigene Profil gezielt geschärft werden.

Bei der persönlichen Weiterbildung als Selbstständiger und Freiberufler sollte allerdings immer darauf geachtet werden, dass es sich um qualitativ hochwertige Institute handelt, an denen die eigenen Ausbildungen absolviert werden. Hier bieten Dachverbände mit Qualitätssiegeln und Zertifizierungen einen wichtigen Anhaltspunkt, beispielsweise die Deutsche Gesellschaft für Systemische Therapie, Beratung und Familientherapie e. V. (DGSF). Zertifizierte Mitgliedsinstitute ermöglichen den Erwerb von Zertifikaten nach Ende der Weiterbildungen, sodass die Qualität auch für die eigenen Kunden nachvollziehbar und objektiv dokumentiert werden kann.

Positionierung am Markt

Eine der größten Herausforderungen für selbstständige und freiberufliche Tätigkeiten als Trainer oder Coach ist sicherlich die erfolgreiche Positionierung am Markt. Wie baut man sich einen tragfähigen Kundenstamm auf? Worauf muss man am Anfang der beruflichen Laufbahn achten, damit man sich auch finanziell und bezüglich des Anspruchs der Aufträge weiterentwickeln kann? Ein wichtiger Punkt ist zweifellos das Etablieren eines individuellen Kompetenzprofils, das sich sowohl über den Lebenslauf und die Erfahrungen als auch über die bereits durchgeführten Trainings und Coachings definiert. Hier ist es sinnvoll und empfehlenswert, bereits während des Studiums Erfahrungen in studentischen Unternehmensberatungen, Vereinen oder Praxisprojekten an der Universität zu sammeln, damit bereits von Beginn an erste Referenzen existieren.

In der weiteren beruflichen Entwicklung hat es sich bewährt, nicht alle Aufträge anzunehmen und auch nicht um jeden Preis Trainings- oder Coachingaufträge zu bearbeiten. Dies ist aus finanzieller Perspektive sicherlich eine Gratwanderung, doch zahlt es sich mittel- bis langfristig aus. Der Tages- und Stundensatz, den ein Kunde für die Dienste eines bestimmten Trainers oder Coaches aufwenden müsste, ist neben den Referenzen ein weiterer Anhaltspunkt dafür, wie etabliert ein Trainer ist und wie kompetent er sich selbst einschätzt. Wenn man sich zu Tagessätzen von 250 Euro verkauft, dann wertet das auch die eigene Leistung ab und führt zu einer anderen Wahrnehmung durch potenzielle Kunden, die schließlich auch untereinander vernetzt sind.

Oftmals ist es hilfreich, wenn direkt nach dem Studium im Namen eines Trainingsanbieters, Bildungsträgers oder einer Stiftung Trainings oder auch Coachings durchgeführt werden, da die Auftragsakquise hier durch den Trainingsanbieter erfolgt und somit ein schnellerer Einstieg in den Markt möglich ist. Der Preis ist hierbei natürlich ein geringerer Tages- oder Stundensatz, da der Anbieter selbst einen Anteil für Akquise und laufende Kosten einbehält. Nichtsdestoweniger stellt das eine gute Möglichkeit dar, um sich bei potenziellen Kunden bekannt zu machen und gleichzeitig wertvolle Praxiserfahrungen zu sammeln, in vielen Fällen auch im Trainerteam, sodass zusätzlich eine persönliche Weiterentwicklung und Reflexion unterstützt wird.

Die Rolle von Psychologen im Berufsfeld des Training und Coaching

Letztlich gibt es Trainer oder Coaches mit unterschiedlichsten beruflichen Hintergründen, nachdem viele nach einer längeren beruflichen Tätigkeit den Schritt in die Selbstständigkeit wagen. Es finden sich in diesem Tätigkeitsfeld zahlreiche Betriebswirte, aber genauso Sozialwissenschaftler und Naturwissenschaftler. Psychologen haben allerdings den großen Vorteil, dass sie sich bereits im Studium mit zahlreichen Themengebieten intensiv beschäftigt haben, die für Training und Coaching von großer Bedeutung sind: So geht es immer um die Veränderung von Verhalten und das Erarbeiten von Lernfeldern.

Der Berufsverband Deutscher Psychologinnen und Psychologen e. V. (BDP) bietet dabei eigene Zertifizierungen für Trainer oder Coaches an, doch muss hier darauf geachtet werden, dass oftmals die Zertifikate übergreifender Dachverbände, beispielsweise „Systemischer Coach (DGSF)" der Deutschen Gesellschaft für Systemische Therapie, Beratung und Familientherapie e. V. (DGSF), aufgrund der weiteren Verbreitung bei Unternehmen und Organisationen akzeptierter sind. Grundsätzlich haben Psychologen als Trainer oder Coaches aber eine sehr gute Ausgangsposition durch ihr umfassendes und fundiertes Studium und werden entsprechend positiv am Markt wahrgenommen.

Anforderungen an eine Tätigkeit als Trainer oder Coach

Die folgenden Abschnitte stellen die Anforderungen an eine Tätigkeit als Trainer oder Coach dar. Dabei wird insbesondere auf sinnvolle Qualifikationen fokussiert, die bereits während des Studiums erfolgen können und somit von vornherein den Start in das Berufsfeld als Trainer oder Coach erleichtern.

Schwerpunktsetzung

Im Studium ist ein Schwerpunkt in Wirtschafts- oder Sozialpsychologie oder Pädagogischer Psychologie aufgrund ihrer inhaltlichen Nähe zur Tätigkeit als Trainer oder Coach auf jeden Fall sinnvoll. Letztlich helfen aber viele Schwerpunkte im Studium, nachdem es auch in der Klinischen Psychologie um die Veränderung von Verhalten geht und durchaus strukturelle Parallelen zwischen bestimmten Therapieformen und dem Vorgehen beim Coaching eines Klienten bestehen. Im Coaching kann ergänzend ein klinischer Schwerpunkt durchaus sinnvoll sein, da notwendige therapeutische Qualifikationen von Coaches immer wieder von Fachverbänden diskutiert werden.

Fachliche Inhalte

Besondere Nebenfächer sind für die Tätigkeit als Trainer oder Coach nicht notwendig, doch sind Zusatzveranstaltungen zu sog. Soft Skills und Train-the-Trainer-Kurse an den Universitäten selbstverständlich eine gute Vorbereitung und Zusatzqualifikation – gerade für den Berufseinstieg. Darüber hinaus muss man sich als Trainer entscheiden, ob man auch fachliche Trainings, beispielsweise zu betriebswirtschaftlichen oder technischen Themen, anbieten möchte. In diesen Fällen sind zusätzliche Nebenfächer oder auch außeruniversitäre Zusatzqualifikationen empfehlenswert, um Kompetenzen in diesen Themengebieten nachzuweisen. Gerade wenn eine Karriere in der Selbstständigkeit angestrebt wird, sollte man bereits im Studium versuchen, Grundkenntnisse im Bereich Betriebswirtschaftslehre und Arbeitsrecht zu erwerben.

Eine Perspektive aus der Wissenschaft

Prof. Dr. Simone Kauffeld ist Professorin für Arbeits-, Organisations- und Sozialpsychologie an der TU Braunschweig und Gründerin der Beratung 4A-SIDE GmbH. Im folgenden Abschnitt erläutert sie, welche Rolle Psychologen im Training und Coaching spielen:

Psychologen sind für Training und Coaching prädestiniert, da sie in ihrem Studium viel über Lernprozesse sowie die Interaktion in sozialen Kontexten vermittelt bekommen haben. Darüber hinaus verfügen sie über ein breites Diagnosewissen. Sie lernen Trainingsansätze theoretisch zu verankern, einzuordnen und zu bewerten. Sie haben in der Regel im Rahmen ihres Studiums gelernt, Sachverhalte verständlich für andere darzustellen, sie lernen strukturiertes Arbeiten und werden in verschiedenen Anwendungsfächern mit Methoden der Gesprächsführung und -steuerung und des Beziehungsaufbaus vertraut gemacht. Bei Referaten wird zumindest in den von mir verantworteten Lehrveranstaltungen Wert darauf gelegt, dass neben dem Vermitteln von Wissen in Form von Referaten Gruppenübungen angeleitet werden müssen. In den Studiengängen an einigen Universitäten, wie z. B. an der TU Braunschweig oder der Universität Salzburg, sind Module zum Coaching vorgesehen, in denen neben theoretischem Wissen erste berufspraktische Fähigkeiten erworben werden können. Die in den Präsenzveranstaltungen erlernten Inhalte werden im Rahmen von Selbsterfahrungsübungen vertieft: Jeder Teilnehmer durchläuft einen vollständigen Coachingprozess sowohl als Klient als auch als Coach. Im Client Coaching erhalten die Studierenden die Möglichkeit, direkt als Karrierecoach tätig zu werden. Es ist immer empfehlenswert, schon während des Studiums vergleichbare Angebote der Hochschule oder auch anderer Einrichtungen zu nutzen, um sich intensiv mit dem Berufsbild vertraut zu machen.

Zudem können die Studierenden im Rahmen von Praktika am Lehrstuhl Erfahrungen als Co-Trainer in Trainingsangeboten für Studierende aller Fakultäten sammeln und dabei erste zentrale berufsrelevante Fähigkeiten aufbauen. Unternehmenskooperationen bieten Studierenden die Möglichkeit, passgenaue Anwendungsfelder für das im Studium akquirierte Wissen v. a. im Bereich Training zu finden.

Was gibt es darüber hinaus für Möglichkeiten, den Berufseinstieg als Trainer und/oder Coach zu erleichtern? Ich selbst konnte in meiner Schulzeit und später im Studium vielfältige Erfahrungen mit Gruppen und als Trainerin durch Einsätze in der kirchlichen, städtischen und gewerkschaftlichen Jugendbildungsarbeit erwerben. Sie sollten sich mit dem Arbeitsumfeld und der Arbeitsrealität Ihrer Teilnehmer vertraut machen, um Feldkompetenz zu erwerben, die u. a. zur Akzeptanz der Teilnehmer notwendig ist. Sie sollten Möglichkeiten finden, Ihr Tun auch mit anderen zu reflektieren.

Computerkenntnisse

Gerade bei der Vor- und Nachbereitung von Trainings ist es wichtig, dass man die gängigen Office-Programme beherrscht und insbesondere gut mit PowerPoint umgehen kann. Lernumgebungen und E-Learning gewinnen darüber hinaus zunehmend an Bedeutung, sodass auch Medien- und Internetaffinität hilfreich ist, damit auch Filmausschnitte und andere mediale Beiträge in den Trainings eingesetzt werden können. Hier ist aber wichtig zu erwähnen, dass sich gute Trainings gerade durch einen Wechsel der Medien kennzeichnen, sodass im Gegensatz zu einer Vorlesung an der Universität eben nicht 50 Folien präsentiert werden, sondern abwechselnd mit Folien, Filmen, Flipchart etc. gearbeitet wird.

Eine Perspektive aus der Praxis

Titel, Name	Ria Ströhlein
Organisation	Freiberuflerin
Berufsbezeichnung	Trainerin, Coach
Schwerpunkte im Psychologiestudium	Arbeits- und Organisationspsychologie, Klinische Psychologie
Wieso haben Sie sich für eine Tätigkeit als Trainerin und Coach entschieden?	Ich habe durch ein Praktikum während des Studiums erste Erfahrungen als Co-Trainerin sammeln können. Außerdem habe ich durch meine langjährige Tätigkeit bei der Dt. Lufthansa AG nach Beendigung meines Studiums einen Job als Referentin/Trainerin für das Cockpit und Kabinenpersonal angeboten bekommen. Für mich ist es eine sehr abwechslungsreiche Tätigkeit mit einem breiten Arbeitsspektrum. Die Tätigkeit ermöglicht einen Einblick in unterschiedlichste Branchen und Arbeitsabläufe. Zudem lernt man viele unterschiedliche Menschen aller Hierarchieebenen und Berufsgruppen kennen. Sich immer wieder auf neue Branchen, Leute mit ihren Sorgen, Nöten und Erwartungen einzustellen, macht diese Tätigkeit besonders interessant und herausfordernd.
Was glauben Sie, können Psychologen in diesem Berufsfeld bewegen?	Insbesondere in technischen aber auch in wirtschaftlich orientierten Berufen werden „weiche Themen" eher vernachlässigt. Da muss die Maschine laufen oder die Zahlen müssen stimmen. Themen wie beispielsweise der Umgang untereinander, die Kommunikation, Führung, der Umgang mit Stress, Teamwork etc. werden oft als zweitrangig behandelt. Professionelle und praxisnahe Trainings durch Psychologen können helfen, dieses Delta zu schließen.
Was hat Sie an Ihrer Tätigkeit am meisten überrascht?	Seminar ist nicht gleich Seminar. Trotz identischem Ablauf gleicht ein Seminar nicht dem anderen. Das macht die Arbeit aber auch spannend.
Wie lässt sich Ihre Tätigkeit mit Ihrem Privatleben vereinbaren?	Es ist auf jeden Fall ein sehr unregelmäßiges Arbeitsleben. Dessen sollte man sich bewusst sein, bevor man diesen Beruf ergreift. Je nach Auftragslage arbeite ich manchmal sechs Wochen durch, dann habe ich wieder vier Wochen frei etc. Auch an den Wochenenden muss ich mich oft auf neue Trainings vorbereiten bzw. alte Trainings nachbereiten.
Welchen Tipp haben Sie für Psychologen, die sich überlegen als Trainer und Coach zu arbeiten?	Die Tätigkeit erfordert ein hohes Maß an Selbstdisziplin und Flexibilität. Ein geregeltes Einkommen hat man normalerweise nicht. Das variiert nach Auftragslage. Dafür sind die Aufträge in der Regel gut bezahlt. Man sollte sich darauf einstellen, viel unterwegs zu sein. In meinem Fall ist es so, dass alle meine Kunden nicht an meinem Wohnort ansässig sind und ich somit viel in Hotels wohne und pendle.
Was hat Ihnen auf dem Weg in die freiberufliche Tätigkeit am meisten geholfen?	Meine Erfahrung aus dem Praktikum und natürlich meine langjährige Zugehörigkeit zur Lufthansa. Aber auch Eigenschaften wie Zielstrebigkeit und Durchhaltevermögen haben mir letztendlich den Weg bereitet. Und dann habe ich zum richtigen Zeitpunkt die richtigen Menschen getroffen, die mir einen Einstieg in diverse Trainings ermöglicht haben.
Stoßen Sie manchmal auf Vorurteile wegen Ihrer Ausbildung als Psychologin?	Ja, insbesondere bei den Teilnehmern mit technischem Background. Durch praxisnahe und weniger abstrakte Inhalte kann man diesen aber ganz gut entgegenwirken.

Sprachkenntnisse

Die Anforderungen an Sprachkenntnisse und Auslandsaufenthalte sind von dem regionalen Einzugsgebiet abhängig. Bei Trainings und Coachings in Deutschland sind deutsche Sprachkenntnisse ausreichend, doch kann es immer zu englischen Trainings in internationalen Unternehmen kommen. Inhalte zur Vorbereitung sollten ebenfalls abhängig von der Relevanz herangezogen werden, egal ob sie auf Englisch oder Deutsch verfasst sind. Es ist folglich immer von Vorteil, wenn Trainings und Coachings in mehreren Fremdsprachen angeboten werden können, da man sich darüber breiter positionieren kann und somit die Akquisemöglichkeiten vergrößert und die Einsatzszenarien aus Kundensicht erweitert.

Zertifizierungen

Gerade am Anfang der Berufstätigkeit als Trainer oder Coach ist es wichtig, umfassende Kompetenzen nachzuweisen. Dies erfolgt in vielen Fällen über Zertifizierungen von anerkannten Berufs- und Dachverbänden. Sie bieten potenziellen Auftraggebern einen Anhaltspunkt für eine fundierte Ausbildung des jeweiligen Trainers oder Coaches. Es existiert eine Vielzahl an Dachverbänden, die für Training und Coaching Zertifikate anbieten, sodass immer im Einzelfall entschieden werden sollte, welche Zertifizierung sinnvoll ist. Grundsätzlich gilt hier in den meisten Fällen, dass strengere Zertifizierungen mit höheren Anforderungen an die Ausbildung und die nachzuweisende Praxis- und Selbsterfahrung auch eine höhere Akzeptanz bei den Auftraggebern mit sich bringen. Zertifikate einzelner Ausbildungsinstitute sind hier kritisch zu beurteilen, da diese keinen anerkannten und objektiven Qualitätsnachweis darstellen.

Praxis, Praxis, Praxis

Bereits während des Studiums sollte die Möglichkeit genutzt werden, Trainings- oder Coachingerfahrung zu sammeln. Trainings werden oftmals von studentischen Unternehmensberatungen oder studentischen Vereinen angeboten, beispielsweise die bundesweit aktive Organisation AIESEC. Coachings können mit Mentorenprogrammen verglichen werden, in denen ältere Studenten jüngeren Studenten mit Rat und Tat zur Seite stehen. Erste Ausbildungen im Studium wie eine systemische Kompaktweiterbildung bei einem Weiterbildungsinstitut oder eine Trainerausbildung als Schwerpunkt im Studium stellen zweifellos ein gutes Sprungbrett in eine selbstständige Tätigkeit als Trainer oder Coach dar.

Fazit

Für mich, Simon Werther, ist die Besonderheit an der Tätigkeit als Trainer und Coach insbesondere die Vielfältigkeit und Abwechslung, die jeder neue Auftrag mit sich bringt. Selbst bei vermeintlich identischen inhaltlichen Themen entwickelt sich jedes Training und jedes Coaching durch die individuellen Persönlichkeiten der Teilnehmer in eine andere Richtung, sodass ich immer wieder mit besonderen Herausforderungen konfrontiert werde. Es ist außerdem sehr spannend, die Veränderung von Menschen zu begleiten. Jeder von uns weiß von sich selbst, dass die wenigsten Veränderungen leicht sind und dass wir uns natürlich sehr an unsere individuellen Muster gewöhnt haben – die in vielen Fällen schließlich auch funktional und hilfreich sind. Umso interessanter ist es, oftmals sehr persönliche Veränderungsprozesse zu begleiten, wenn aus unterschiedlichsten Gründen die Notwendigkeit für Wandel deutlich wird. Damit ist die Tätigkeit als Trainer und Coach außerordentlich abwechslungsreich und somit auch nach längerer Berufserfahrung immer wieder spannend!

4.6 Tätigkeit als Unternehmensberater

Maximilian Mendius und Simon Werther

Ein Tätigkeitsfeld, das über die letzten Jahre beständig gewachsen ist und Absolventen nahezu aller Studiengänge interessante Berufsperspektiven bieten kann, ist die Unternehmensberatung. Als Unternehmensberater führt man im Kundenauftrag definierte Aufgabenpakete aus, die der Kunde entweder nicht alleine ausführen kann oder will. Im Folgenden wird dargestellt, in welchen Kontexten Psychologen als Unternehmensberater agieren und welchen Mehrwert sie in dieser Branche stiften können. Anhand eines Beispiels wird zunächst eine typische Situation dargestellt, in der eine Organisation auf die Dienste einer Beratung zurückgreift. In den folgenden Abschnitten wird dann auf die Be-

Ein Szenario

Alexander Vogel leitet die Abteilung für interne IT-Systeme in der Firma Musterwork GmbH, die 6500 Mitarbeiter an Standorten in acht Ländern beschäftigt. Herr Vogel und seine 16 Mitarbeiter sind u. a. für die IT-Systeme des Personalwesens zuständig. Mit diesen IT-Systemen werden neben der obligatorischen Verwaltung der Personalstammdaten weitere Anwendungen für den Personalbereich betrieben, beispielsweise eine laufend aktualisierte individuelle Entwicklungshistorie, die für jeden Mitarbeiter Aufzeichnungen über alle Beurteilungsgespräche, Beförderungen und Personalentwicklungsmaßnahmen enthält.

Bislang existieren in jedem Land, in dem die Firma Musterwork tätig ist, unterschiedliche IT-Systeme. Im Rahmen einer vom Vorstand angestoßenen Initiative zur Steigerung der Profitabilität erhält Herr Vogel den Auftrag, ein neues globales IT-System für den Personalbereich einzuführen, das alle bis dahin vorhandenen lokalen Lösungen ablösen soll. Fortan soll an allen Standorten mit demselben System gearbeitet werden, wodurch sich der Vorstand neben Kostensenkungen auch eine höhere Transparenz und Austauschbarkeit der Daten erhofft.

Herr Vogel kommt ins Grübeln: „Die technische Umsetzung für Deutschland kann ich mit meiner Mannschaft realisieren, aber wie sollen wir es schaffen, mit 16 Mitarbeitern die Daten aus allen globalen Systemen zusammenzuführen, Benutzeroberflächen in mehreren Sprachen zu programmieren und dabei auch noch die unterschiedlichen Datenschutzstandards abzubilden?"

Je intensiver Herr Vogel sich mit der Problematik beschäftigt, umso deutlicher wird ihm, dass die geplante Änderung an der IT tiefgreifende Auswirkungen hat, die weit über seinen Zuständigkeitsbereich hinausreichen: „Wir müssen den Personalern erklären, dass es erforderlich ist, ihr gewohntes System aufzugeben. Dann geht es darum, die Funktionsweise der neuen Systeme über Schulungen zu vermitteln. Nicht zuletzt muss der Betriebsrat angemessen eingebunden werden. Das schaffen wir auf uns allein gestellt nicht."

Herr Vogel bespricht die Situation mit seinem Bereichsleiter und äußert seine Bedenken. Nach eingehender Diskussion kommen sie zu der gemeinsamen Schlussfolgerung, dass es externer Unterstützung bedarf, um die Umstellung der IT-Systeme mit allen notwendigen Abstimmungs- und Qualifizierungsmaßnahmen so zu gestalten, dass sich ein wirklich nachhaltiger Nutzen für Musterwork ergibt. Da sein Vorgesetzter diese Einschätzungen teilt, erhält Herr Vogel daraufhin den Auftrag, bei verschiedenen Unternehmensberatungen anzufragen, welche Möglichkeiten sie anbieten können, den Prozess zu begleiten.

Bei der Musterwork GmbH müssen – wie bei den meisten Unternehmen – bei der Vergabe externer Aufträge ab einer bestimmten Größenordnung immer mehrere Vergleichsangebote eingeholt werden. In einer ersten Recherche identifiziert Herr Vogel eine Reihe von Beratungsunternehmen, die für die Aufgabe geeignet zu sein scheinen. Dann entwirft er mit seinen Mitarbeitern eine Beschreibung der Problemstellung und des Leistungsumfangs, für den externe Unterstützung benötigt wird, und fügt noch einige Strukturinformationen über Musterwork bei. Diese Ausschreibungsunterlagen werden dann an die identifizierten Beratungen versendet mit der Bitte, innerhalb der nächsten vier Wochen ein Angebot, das aus einem ersten Konzept zur Problemlösung, sowie einer Kosten- und Aufwandsschätzung für das gesamte Projekt besteht, einzureichen.

Dieses Angebot kommt u. a. bei der Firma IT-Beispielconsult an. Dort werden zwei Berater beauftragt, das Angebot und das Erstkonzept für Musterwork zu erstellen und zu überlegen, welche Experten für die einzelnen Arbeitspakte benötigt werden und ob diese im gewünschten Zeitraum zur Verfügung stehen. Die Anfrage von Musterwork bedeutet für die IT-Beispielconsult erst einmal viel Arbeit im Bereich Konzeptentwicklung und Projektmanagement, ohne dass der Zuschlag des Kunden garantiert ist.
Nach vier Wochen liegen Herrn Vogel eine Reihe von Angeboten vor. Nach einer ersten Sichtung beschließt er insgesamt drei Firmen, u. a. die IT-Beispielconsult, zu Vorstellungsterminen einzuladen. Bei den Terminen sollen zum einen offene fachliche Fragen diskutiert werden, vor allem aber interessiert Herrn Vogel, mit welchen Personen er in der Zukunft zusammenarbeiten würde und ob diese zur Firmenkultur und zu seinem Team passen.
Bei der Auswahl des Beratungspartners spielen zahlreiche Aspekte eine Rolle. Natürlich wird Herr Vogel auch versuchen, einen Beratungspartner zu finden, der über einen Standort verfügt, der nicht zu weit von der eigenen Firma entfernt ist, um den Aufwand für Reisekosten, Übernachtungen und Spesen der Berater möglichst gering zu halten. Dieses Kriterium kann aber nur bei ansonsten gleichwertigen Angeboten zum Tragen kommen, denn primär geht es darum, die am besten geeignete Unternehmensberatung als Partner zu finden. In diesem Fall ist das eine Beratung, die in den Bereichen Zusammenführung von IT-Systemen, Change Management und Trainingsentwicklung große Expertise und belegbare Erfolge vorweisen und ein plausibles Gesamtkonzept vorlegen kann. Außerdem müssen entsprechende Fachexperten in ausreichendem Maß und zum gewünschten Zeitpunkt zur Verfügung stehen, damit das Projekt zügig bearbeitet werden kann.
Im Verlauf dieses Prozesses stellt sich heraus, dass IT-Beispielconsult zwar die Berater für die Systemzusammenführung aus einem nahezu Musterwork gelegenen Büro stellen kann. Für die Gestaltung der Trainingsmaßnahmen für das Personalwesen sind jedoch nur Experten aus weiter entfernten Standorten verfügbar, deshalb bietet der Verhandlungsführer der IT-Beispielconsult an, zwei Berater mit Expertise in der Gestaltung von Lernmedien aus dem benachbarten Ausland für die nächsten drei Monate für Musterwork einzusetzen.
Da Herr Vogel sowohl vom fachlichen Konzept und den vorgeschlagenen Mitarbeitern überzeugt ist und das Preis-Leistungsverhältnis stimmt, empfiehlt er seinem Bereichsleiter eine Zusammenarbeit mit der IT-Beispielconsult, die dann den Auftrag erhält.

sonderheiten dieses Berufsfelds eingegangen und es wird skizziert, welche Rolle Psychologen in diesem Kontext spielen können. Ein Experteninterview mit einer erfahrenen Unternehmensberaterin bildet den Abschluss des Kapitels.

Unternehmensberatung – was ist das?

Situationen, wie die, der sich Herr Vogel gegenübersieht, sind durchaus typisch für den Arbeitsalltag in Unternehmen. Oftmals werden Veränderungen notwendig, die die Firma mit ihren vorhandenen Ressourcen nicht umsetzen kann oder will (weil sie beispielsweise anderweitig unbedingt benötigt werden). Aus einer betriebswirtschaftlichen Perspektive ist es in solchen Fällen keineswegs immer sinnvoll, die Belegschaft zu vergrößern – insbesondere wenn ein erhöhter Arbeitsbedarf im Zuge der Veränderung nur temporär besteht. Einige unternehmerische Entscheidungen, z. B. die Identifizierung von Einsparungen bei den Personalkosten, stellen für Unternehmer darüber hinaus eine herausfordernde Situation dar. Oftmals wird von den Organisationen starker Wert auf eine möglichst objektive externe Perspektive gelegt, um in solchen komplexen Situationen die richtigen Entscheidungen zu treffen, sie mit beweiskräftigen Fakten zu untermauern, sie breit zu kommunizieren und sie dann zielgerichtet umzusetzen. Daher liegt es bei derartigen Konstellationen nahe, auf die Expertise von Unternehmensberatungen zurückzugreifen.

Unternehmensberatung – ein ganz besonderes Tätigkeitsfeld?

Der Bundesverband Deutscher Unternehmensberater BDU e. V. definiert den Beruf des Unternehmensberaters wie folgt (www.bdu.de/karriere.html):

> Unternehmensberatung ist Rat und Mithilfe bei der Erarbeitung und Umsetzung von Problemlösungen in allen unternehmerischen, betriebswirtschaftlichen und technischen Funktionsbereichen.

Ganz offensichtlich ist diese Definition sehr allgemein gefasst – und das völlig zu Recht. Es gibt weder den typischen Unternehmensberater noch die typische Unternehmensberatung. In der Branche sind Berater mit nahezu jedem fachlichen Hintergrund vertreten, die entweder als Selbstständige agieren oder in mittelständischen sowie nicht zuletzt in großen Beratungsunternehmen mit über 200.000 Mitarbeitern organisiert sind. Das Aufgabenspektrum reicht vom Projektmanagement über Entwicklung von Trainingskonzepten bis hin zur Implementierung kompletter IT-Systeme.

Für die Mitarbeiter besteht der fundamentale Unterschied zu einer Anstellung in einem Unternehmen oder einer öffentlichen Einrichtung darin, dass Beratung immer Dienstleistung beim Kunden und für den Kunden bedeutet. Dieser wendet sich an eine Beratung mit der festen Erwartung, dass diese eine Problemstellung zunächst erfasst und analysiert und dann Lösungen innerhalb einer definierten Zeit und meist im Rahmen eines definierten Budgets selbst implementiert oder gemeinsam mit dem Kunden erfolgversprechende Lösungsszenarien entwickelt und die Umsetzung begleitet. Ein Unternehmensberater kommt also in der Regel zu einem Kunden, um für ihn Lösungen zu erarbeiten und ggf. umzusetzen.

Aufgrund dieser Ausgangslage ergeben sich einige Besonderheiten, die charakteristisch für das Berufsfeld des Unternehmensberaters sind. Selbstverständlich können sich im Einzelfall durch die große Bandbreite an Tätigkeiten Abweichungen von den hier beschriebenen Charakteristika ergeben.

Aufgaben im Rahmen der Tätigkeit

Die genauen Aufgabenpakete und die sog. Liefertermine, d. h., der Zeitpunkt, wann die Bearbeitung der Aufgaben abgeschlossen sein sollte, werden in der Regel beim Projektstart zwischen dem Projektleiter und dem Kundenansprechpartner besprochen. Am Anfang steht typischerweise das Suchen und Aufbereiten projektrelevanter Informationen zur exakten Definition der zu bearbeitenden Problemstellung. Hier steht Recherchearbeit in verschiedenen Dokumenten und Datenbanken im Vordergrund. Im Anschluss erfolgt eine Konzeptentwicklungsphase, in der die gefundenen Rechercheergebnisse mit dem Kunden diskutiert werden mit dem Ziel, konkrete Handlungsableitungen zu treffen. Schließlich erfolgt die Umsetzung der definierten Handlungsschritte. Übergreifend sind Berater auf Projekten meist auch für das Projektmanagement zuständig, das von der Planung der personellen Besetzung des Projekts bis zum Einkauf von Druckerpapier und Buchungen von Räumen praktisch alle organisatorischen Tätigkeiten umfassen kann. Es ist leicht erkennbar, dass es schwierig ist, einen typischen Arbeitstag eines Beraters zu beschreiben, da jeder Berater auf jedem Projekt einer komplett anderen Aufgabe und einem anderen Kunden gegenübersteht. Mal kann dieser von intensiven Recherche- und Benchmarktätigkeiten geprägt sein, mal ist es erforderlich, verschiedene Daten und Anforderungen zu verdichten, um ein Lösungsszenario zu entwickeln. Ein zentrales Element ist aber in jedem Fall die Kommunikation mit dem Kunden. Persönliche und telefonische Abstimmgespräche, Vorbereitung zahlreicher Präsentationen für Kundengremien oder das Monitoring des Projektfortschritts über IT-Systeme sind so ebenfalls typische Aufgabengebiete.

Mobilitätsbereitschaft

Beratung findet beim Kunden statt. Die meiste Zeit seiner Tätigkeit verbringt ein Berater in der Regel auf Kundenprojekten zur Bearbeitung definierter Arbeitspakete. Wie im Eingangsbeispiel beschrieben, gehören jedoch auch Konzeptentwicklung und Angebotserstellung zu den Aufgaben von Beratern. Diese werden im Regelfall aus dem Büro der Beratung oder zuhause im sog. Homeoffice vorbereitet.

Unternehmensberatungen verfügen über eine feste Heimatadresse. Große etablierte Unternehmensberatungen sind weltweit tätig und unterhalten eine Vielzahl an Büros, die in wichtigen Ballungszentren angesiedelt sind. Berater wählen in der Regel einen Wohnsitz in der Nähe des Heimatbüros.

Es gibt durchaus Berater, die sich darauf beschränken (können), in einem engen Umkreis um ihre Heimatadresse zu agieren, da sie dort über einen stabilen Kundenstamm verfügen. Auch Mitarbeiter großer Beratungsgesellschaften werden, wenn die entsprechenden Voraussetzungen vorliegen, nach Möglichkeit Projekten zugeordnet, die möglichst nah bei ihrem Heimatbüro bearbeitet werden. In der Regel gestaltet sich die Situation jedoch etwas anders.

Ein Berater muss damit rechnen, aufgrund seiner Expertise und/oder aufgrund einer starken Nachfrage nach Beratern in einem für das Beratungsunternehmen wichtigen Großprojekt außerhalb der Heimatregion tätig zu sein. Je nachdem, wie groß die Entfernung zwischen Heimat- und Einsatzort ist, kann es sein, dass man nur am Wochenende zu Hause ist. Bei großen Entfernungen kann sich dieses Intervall jedoch auch auf ein bis zwei Monate verlängern.

Dieser Beruf erfordert also oftmals ein großes Maß an Mobilität und damit nicht nur vom Betroffenen, sondern ggf. auch von Partnern, Familie und Freunden ein ebenso starkes Maß an Flexibilität.

Arbeitszeit

Auch bei der Arbeitszeit sind Berater stark von den Bedürfnissen ihres Kunden abhängig. Im Regelfall sind sie zeitgleich mit den Mitarbeitern des Kunden im Unternehmen. Durch oftmals anfallende An- und Abreisezeiten ergibt sich jedoch, dass die Berater länger „vor Ort" arbeiten. In besonders kritischen Phasen der Projekte müssen Berater durchaus außerhalb der gewöhnlichen Arbeitszeiten tätig sein, da die Aufrechterhaltung der Arbeitsfähigkeit des Kunden zu jedem Zeitpunkt oberste Priorität hat.

Ein Berater muss also damit rechnen, dass er fallweise am Wochenende oder sogar nachts am Wochenende aktiv sein muss, um bei einer Konzeptumsetzung den laufenden Geschäftsbetrieb des Kunden möglichst wenig zu beeinträchtigen.

In einigen Beratungsunternehmen wird gerne und selbstbewusst von der unumgänglichen „70-Stunden"-Woche gesprochen. Es gibt definitiv Berater, die morgens um 8 Uhr die Arbeit aufnehmen und erst um 24 Uhr wieder in das Hotel zurückkehren. Die Frage ist allerdings, ob diese Extrembeispiele repräsentativ für ein ganzes Berufsfeld und für zahlreiche Beratungsunternehmen sind. Darüber hinaus muss kritisch diskutiert werden, welche Folgen ein derartig exzessiver Arbeitsstil mittel- und längerfristig für die Betroffenen, aber auch für die nachhaltige Qualität der erbrachten Leistung hat.

Fest steht in jedem Fall, dass es über das Arbeitszeitgesetz klare gesetzliche Regelungen für die tägliche (max. 10 Stunden) und wöchentliche Höchstarbeitszeit (max. 50 Stunden) gibt. Weitere Details zu diesem Thema finden Sie im Kap. 8.

Bezahlung

Gerade um die Bezahlung von Unternehmensberatern ranken sich zahlreiche Mythen. Richtig ist, dass es nur sehr wenige Branchen gibt, in der man als Berufseinsteiger vergleichbar verdienen kann wie in der Beratung. Wichtig an dieser Feststellung ist jedoch auch das Wort „kann". In großen renommierten Strategieberatungen sind bereits in Einstiegspositionen Verdienste möglich, die in manchen anderen Berufsfeldern erst nach vielen Jahren oder niemals zu erreichen sind. Genauso gibt es Beratungen, die mit einem relativ durchschnittlichen oder verglichen mit Tarifverträgen im Bereich Pharma & Chemie oder Metall & Elektro tendenziell unterdurchschnittlichen Verdienst beginnen. In diesem Zusammenhang sollte man deshalb immer den realen Stundenlohn (unter Berücksichtigung der tatsächlich geleisteten Arbeitszeit und der Erfassung und Vergütung von Mehrarbeit) betrachten. Die oftmals sehr hohen Tagessätze (für Berufseinsteiger

Ein Szenario

Im obigen Beispiel Musterwork hängt die Funktionsfähigkeit der Personalabteilung davon ab, ob die notwendigen IT-Systeme verfügbar sind und stabil laufen. Würde die finale Umschaltung auf das neue globale IT-System während der normalen Bürozeiten erfolgen, so könnte die Personalabteilung während dieser Zeit ihre Aufgaben nicht oder nur unzureichend ausführen. Aufgrund der weltweiten Aktivitäten von Musterwork in unterschiedlichen Zeitzonen würde auch eine Umstellung während der Nacht das Problem nicht lösen. Die Betriebsleitung beschloss deshalb gemeinsam mit IT-Beispielconsult die Datenumstellung an einem verlängerten Wochenende im Dreischichtbetrieb durchzuführen.

Tab. 4.1 Bezahlung von Unternehmensberatern

Tätigkeit	Einsteiger in großem Beratungsunternehmen	Mitarbeiter im Personalwesen eines Automobilkonzerns
Tagessatz/Stundensatz	1800 Euro/225 Euro	
Bruttomonatsgehalt	5500 Euro	4100 Euro
Wochenarbeitszeit	55 Stunden	35 Stunden
Bruttostundenlohn	25 Euro	29,30 Euro

in der Regel zwischen 900 Euro und 2500 Euro), die eine Beratung dem Kunden in Rechnung stellt, fließen selbstverständlich nicht annähernd eins zu eins an die Berater weiter. Aus Tab. 4.1 wird dies deutlich.

Es ist klar ersichtlich, dass man als Berater zwar absolut gesehen ein hohes Gehalt erzielen kann. Im Vergleich mit einer Beschäftigung in einem Angestelltenverhältnis geht mit der oftmals überproportional hohen Anforderung an die Arbeitszeit jedoch nur eine unterproportionale Steigerung des Gehalts einher.

Typisch für Beratungsfirmen ist es, dass ein erheblicher Gehaltsanteil leistungsabhängig bezahlt wird. So kann ein Berater z. B. ein Grundgehalt von 41.000 Euro im Jahr haben und aufgrund seiner Leistung bis zu 5000 Euro jährlicher Bonuszahlung erreichen. Das Einkommen kann zudem durch Spesenzahlungen im Rahmen auswärtiger Einsätze noch weiter steigen.

Karrieremöglichkeiten

Grow or go oder *up or out* sind typische Bezeichnungen für die Karrierepfade in Beratungsunternehmen. Wie bereits angesprochen werden in diesem Berufsfeld oftmals hohe Anforderungen an Mobilität und zeitliche Verfügbarkeit gestellt. Berater, die sich in diesem anspruchsvollen Umfeld bewähren, können jedoch deutlich schneller als in anderen Branchen auf der Karriereleiter nach oben klettern. Im Regelfall stehen alle 18 bis 24 Monate Beförderungen an, die zum einen signifikante Gehaltsverbesserungen und zum anderen mehr Verantwortung sowie mehr Gestaltungsmöglichkeiten mit sich bringen. Bereits nach vier bis fünf Jahren können erste disziplinarische Führungsfunktionen übernommen werden. Dann sind Berater neben ihrer eigentlichen Tätigkeit auch maßgeblich für die Akquisition neuer Aufträge bei Kunden verantwortlich. Verglichen mit einer Tätigkeit in einem Großkonzern kommen Berater also wesentlich schneller in Führungspositionen mit hoher Eigenverantwortung und guten Verdienstmöglichkeiten. Die Kehrseite der Medaille ist, dass diese Entwicklung nur gelingt, wenn weit überdurchschnittliche Leistungen erbracht werden. Mindestens einmal pro Jahr wird die individuelle Leistung mit der Leistung anderer Berater auf der gleichen Ebene verglichen – sofern man sich hier überdurchschnittlich positionieren kann, steht der weiteren Karriereentwicklung nichts im Weg (*up*). Wenn ein Berater jedoch weniger gut abschneidet, so wird meist eine Frist gewährt, um das geforderte Niveau zu erreichen. Sollte das nicht gelingen, wird oftmals nahegelegt, sich „in beiderseitigem Interesse" eine neue berufliche Herausforderung zu suchen (*out*).

Am oberen Ende der Karriereleiter steht bei vielen Beratungen die Beförderung zum Partner. Partner erwerben Anteile des eigenen Beratungsunternehmens und werden damit juristisch betrachtet zu Mitgesellschaftern. Damit ist ein Partner direkt am Unternehmenserfolg beteiligt und kann von Dividenden und Gewinnausschüttungen profitieren. Zudem besitzen sie Informations-, Kontroll- und Mitentscheidungsrechte eines Gesellschafters und können über die zukünftige Ausrichtung einer Beratung mitentscheiden. Realistisch gesehen erreicht aber nur ein kleiner Bruchteil an Beratern die Position als Partner, in den meisten Fällen scheiden Berater früher aus und wechseln direkt in Unternehmen oder machen sich beispielsweise selbstständig.

Persönliche Weiterbildung

Das größte Potenzial von Beratungsunternehmen sind die Menschen und deren Fähigkeiten. Aus diesem Grund bietet die Branche überdurchschnittliche Personalentwicklungsmöglichkeiten, sodass zwei bis drei Wochen für Trainings und Qualifizierungen pro Jahr keine Seltenheit darstellen. Neben fachlichen Inhalten wird auch besonderer Wert auf gute Kommunikations- und Präsentationsfähigkeiten, Verhandlungsgeschick, strukturiertes Problemlösen und die Kenntnis globaler betriebswirtschaftlicher Zusammenhänge gelegt. Bei internationalen Projekten besteht ggf. die Möglichkeit, eine weitere Fremdsprache zu erlernen oder an interkulturellen Trainings teilzunehmen.

In einigen Beratungen erhalten Mitarbeiter die Gelegenheit, berufsbegleitend einen weiteren Abschluss, beispielsweise einen Doktortitel oder einen MBA, zu erwerben. Damit steigern die Berater zum einen ihr persönliches Wissen, zum andern aber auch ihren Marktwert für ihren Arbeitgeber, da besser ausgebildete Mitarbeiter gegenüber dem Kunden meist auch die Berechnung eines höheren Tagessatzes rechtfertigen.

Selbstständigkeit

Gerade im Bereich der Unternehmensberatung sind zudem zahlreiche Selbstständige anzutreffen. Hier gestaltet sich die Verdienstsituation naturgemäß anders. Von dem Tagessatz, den ein Berater bei einem Kunden durchsetzen kann, landet ein höherer Prozentsatz in der eigenen Tasche. Allerdings müssen von diesem Geld auch Büroräume, Technik, Krankenversicherung, Akquisekosten etc. finanziert werden. Außerdem verdienen Selbstständige nur dann Geld, wenn sie entsprechende Aufträge akquirieren und durchführen können – sie müssen also mit ungleichmäßiger Auslastung und schwankendem Einkommen rechnen. Oftmals kann es sich lohnen, erst in einem relativ sicheren Angestelltenverhältnis Erfahrungen als Unternehmensberater zu sammeln und sich so einerseits eine große Expertise, andererseits jedoch auch einen gewissen Namen (einschließlich entsprechender Kontakte) aufzubauen. Der Schritt in die Selbstständigkeit wird dadurch erheblich leichter. Weitere Details zu diesem Thema finden Sie im Kap. 8.

Die Rolle von Psychologen im Berufsfeld des Unternehmensberaters

Es stellt sich die Frage, welche Möglichkeiten dieses Berufsfeld (künftigen) Psychologen bietet. Das hängt zum einen maßgeblich von der Wahl des Arbeitgebers ab, zum anderen aber auch von der persönlichen Bereitschaft, immer wieder neue Wege einzuschlagen und sich verändernden Anforderungen zu stellen.

Es gibt einige Beratungen, die sich explizit auf typisch psychologische Themenbereiche spezialisiert haben, wie wir sie beispielsweise in den Abschn. 4.3 oder 4.4 vorgestellt haben. Der zentrale Unterschied zur Tätigkeit in einem Angestelltenverhältnis ist, dass diese Funktionen nicht im eigenen Unternehmen, sondern für ein Kundenunternehmen wahrgenommen werden. Gerade im Bereich Eignungs- und Entwicklungsdiagnostik trifft man auf viele etablierte Beratungsunternehmen, die sich neben der Dienstleistung beim Kunden auch auf eigene Forschung und Verfahrensentwicklung fokussieren, um sich über psychologisches Expertenwissen Wettbewerbsvorteile zu

Eine Perspektive aus der Wissenschaft

Prof. Dr. Felix Brodbeck ist Ordinarius für Wirtschafts- und Organisationspsychologie an der Ludwig-Maximilians-Universität in München und Partner der Unternehmensberatung LOGIT Management Consulting, München. Im folgenden Abschnitt erläutert er, welche Rolle Psychologen in Unternehmensberatungen spielen:

Ich hatte das Privileg, seit meinem Psychologiestudium Unternehmensberatung hautnah aus verschiedenen Perspektiven zu erleben und zu betreiben, sowohl im Inland als auch im englischsprachigen Ausland. Aus eigener Erfahrung und anhand jener, die ehemalige Kommilitonen und Studenten von mir berichteten, weiß ich, dass die Ausbildung zum Psychologen, sei es generell, sei es im klinisch-therapeutischen, pädagogischen oder wirtschafts- und organisationspsychologischen Bereich, eine ganz wertvolle Basis hierfür darstellt. Diese Basis gilt es für die jeweils angestrebten Tätigkeitskontexte der Beratung gezielt zu erweitern. Also über den Tellerrand hinausblicken, ohne dabei eine systematisch reflektierte und psychologische Grundhaltung zu verlieren.
Als Unternehmensberater mit Psychologiestudium ist es wichtig, sich in die Denkweise Ihrer Kollegen und Kunden gut hineinversetzen zu können. Dabei hilft es sehr, wenn Sie sich Grundzüge in VWL, BWL, Marketing, Finanzwesen und anderen für Ihre Praxis relevanten Bereichen aneignen. Auch werden Sie feststellen, dass man Sie als Psychologe braucht, weil man sich als Laie nicht so leicht in die Grundzüge einer wirklich psychologischen Sichtwiese einarbeiten kann. Pop-Psychologie gibt es überall, aber wirkliche Aufklärung über Möglichkeiten und Grenzen psychologischer Theorien, Methoden, empirischer Befunde und Interventionen ist schwer zu finden. Ihre Rolle wird sein, immer wieder für eine ernsthafte psychologische Herangehensweise zu werben. Sie werden auch erfahren, dass es bei Unternehmensberatung im Kern stets um menschliches Erleben, Denken und Verhalten geht und vor allem darum, etwas zu bewirken. Das bedeutet letztlich immer Verhaltensänderung – das Schwierigste überhaupt. Auch hier können Sie als Psychologe einen einzigartigen Beitrag leisten. Bedenken Sie dabei, dass auch die psychologische Betrachtungsweise nicht den menschlichen Zugang ersetzt. Streben Sie an, sich vom „psychologischen" Menschenbetrachter zum Menschenkenner (auch von sich selbst) zu entwickeln. Das Zweitschwierigste vermutlich wird sein, zu akzeptieren, dass es in der Unternehmensberatung zwar immer um den Menschen geht, nicht aber darum gehen kann, ihn zu verändern. Sumantra Ghoschal, Professor an der London Business School, fasste dies einmal sehr treffend zusammen: „Menschen kann man nicht ändern, aber Kontexte." Und um das Erkennen und Verändern von Kontexten geht es im Kern jeder Unternehmensberatung. Wenn Sie das beherrschen, dann wird man Sie auch in Ihrer Rolle als Unternehmensberater, der Psychologe ist, akzeptieren und anerkennen.

verschaffen. Als fundiert ausgebildeter Psychologe kann man sich selbstverständlich in einem Spezialgebiet (z. B. Kommunikation oder Konfliktmanagement) als Selbständiger auf dem Beratermarkt positionieren, wobei hier oftmals Überschneidungen mit selbstständigen Trainern auftreten. Dieses Berufsfeld wird im Abschn. 4.5 beschrieben.

Man kann aber auch in Strategie-, Management- oder IT-Beratungen arbeiten, die keinen eigentlichen psychologischen Schwerpunkt haben. Viele der im Psychologiestudium vermittelten Kompetenzen, wie z. B. fundierte Methodenkenntnis und Kommunikationsfertigkeiten, lassen sich in gänzlich anderen Kontexten ebenfalls erfolgreich einsetzen. Wichtig ist, dass Berater eine gewisse Offenheit für neue Herausforderungen mitbringen und daran glauben, dass zunächst völlig fachfremde Projekteinsätze nicht zuletzt auch eine große Lernchance für die persönliche Weiterentwicklung bedeuten können. In diesen Kontexten ergibt sich oft die Gelegenheit, in interdisziplinären Teams an einer übergeordneten Fragestellung zu arbeiten und so einerseits die anderen Teammitglieder über psychologisches Wissen zu unterstützen, andererseits aber auch selbst von deren Kompetenzen und Sichtweisen zu profitieren. Im Endeffekt entscheidet der Kunde oftmals aus persönlicher Sympathie, ob und in welcher Rolle ein Berater für ihn arbeitet. Wenn man sich z. B. als Fachexperte bei der Gestaltung einer Trainingsmaßnahme für einen Kunden bewährt hat und ein guter persönlicher Kontakt aufgebaut wurde, so ist es wahrscheinlich, dass der Kunde auch bei einem für den Berater völlig fachfremden Folgeprojekt auf seine Unterstützung zurückgreifen möchte.

Kurz zusammengefasst lässt sich sagen, dass es ein besonders spannendes Charakteristikum des Beraterberufs ist, eigentlich nie genau zu wissen, für wen man welche Aufgabe als nächstes übernimmt. Bis zu einem gewissen Grad ist dieser Prozess durch die Auswahl des Arbeitgebers jedoch steuerbar, doch bleibt es aufgrund der unterschiedlichen Auftraggeber der Projekte immer eine vielfältige und abwechslungsreiche Tätigkeit.

Anforderungen an eine Tätigkeit als Unternehmensberater

Im Folgenden werden Aspekte angesprochen, die hilfreich für eine erfolgreiche Tätigkeit als Psychologe in der Beratung sind. Für Patentrezepte ist dieses Berufsfeld, wie viele andere, jedoch viel zu komplex, und letztlich entscheidet immer das individuelle Profil als Bewerber sowie die daraus hervorgehenden besonderen Erfahrungen.

Schwerpunktsetzung

Sicherlich scheint auf den ersten Blick ein Studium mit einer Schwerpunktsetzung in der Wirtschaftspsychologie für die Tätigkeit als Berater naheliegender als ein Studium mit klinischer oder pädagogischer Schwerpunktsetzung. Aber auch mit anderen Schwerpunktsetzungen ist ein Berufseinstieg in die Beratung gut möglich. Wichtig ist nur, dass man in einer Bewerbungssituation gut argumentieren kann, warum man gerade für diesen Job am besten geeignet ist.

Fachliche Inhalte

Je nach Einsatzwunsch bietet es sich an, gezielt Veranstaltungen z. B. in der Eignungsdiagnostik oder im Change Management zu belegen. In jedem Fall sollte man aber die Chance nutzen, Expertenwissen in Statistik und Methodenlehre zu erwerben, da dieses Wissen ein Alleinstellungsmerkmal gegenüber vielen Mitbewerbern aus anderen Fachbereichen darstellt. Insbesondere übergreifende Kompetenzen, beispielsweise Kommunikations- und Präsentationsfertigkeit, sind für eine Arbeit in der Beratung absolut unerlässlich.

Kunden erwarten von Beratern, dass diese über ein vertieftes Verständnis bezüglich unternehmerischer Zusammenhänge und wirtschaftlicher Kenngrößen verfügen. Ein Nebenfachstudium der Betriebs- oder Volkswirtschaftslehre ist folglich sehr zu empfehlen.

Eine Perspektive aus der Praxis

Titel, Name	Dipl.-Psych. Tanja Kopietz
Organisation	Accenture GmbH, Management Consulting, Senior Manager
Berufsbezeichnung	Unternehmensberaterin
Schwerpunkte im Psychologiestudium	Arbeits-, Betriebs- und Organisationspsychologie, Kommunikation und Betriebswirtschaft
Wieso haben Sie sich für eine Tätigkeit in der Unternehmensberatung entschieden?	Nach meiner Diplomarbeit in der Industrie und zwei Jahren selbstständiger Beratung kleiner Firmen faszinierte mich die Vorstellung, in einem großen, globalen Team, große Kunden und Projekte zu begleiten, dort gemeinsam die gesetzten Ziele zu erreichen und die Menschen bei den Veränderungen zu unterstützen. Ich wollte gerne unabhängig vom Projektkontext durch gezieltes Veränderungsmanagement, Analysen und Anforderungen, Training und Kommunikation die Effektivität der Organisation erhöhen und neue Strukturen mit motivierten Mitarbeitern implementieren. Die Dynamik und Schnelligkeit, die die Welt der Berater mit sich bringt, schien mir ein ideales Lernumfeld und versprach spannende Herausforderungen und umfassende Erfahrungen.
Was glauben Sie, können Psychologen in diesem Berufsfeld bewegen?	Meiner Ansicht nach können Psychologen, immer wenn es um Veränderungen in Organisationen geht, mit ihrem Fokus auf den Menschen einen wichtigen Beitrag leisten. Oft gehen Systeme, Prozesse oder strategische Aspekte vor, der Mensch wird nur passiv „mitgenommen". Durch den Einsatz von z. B. Psychologen kann dies anders ablaufen. Die Fähigkeiten, die Motivation und die Stärke der betroffenen Mitarbeiter können so wesentlich effizienter identifiziert, genutzt und gefördert werden. Für unsere Kunden bedeutet dies, dass sie ihre Ziele schneller und mit engagierten Mitarbeitern erreichen. Da alle unsere Kunden immer auch eine große Gruppe von unterschiedlichsten Menschen sind, sollten diese immer im Fokus stehen.
Was hat Sie an Ihrer Tätigkeit am meisten überrascht?	Es überrascht mich bis heute, wie oft man in Projekten versucht im Trainings- und Kommunikationskontext einzusparen. Wenn Budgetkürzungen nötig sind, finden sie oft zuerst dort statt. Wenn dann die Mitarbeiter nicht adäquat am Ziel ankommen – nicht ausgebildet, informiert oder gar motiviert das Neue unterstützen, wundern sich immer noch viele Projektleiter darüber. Das Offensichtliche wird nicht gesehen, das überrascht immer wieder.
Ist es überhaupt möglich, diesen Beruf mit einem normalen Familienleben zu vereinen?	Ja, klar. Ich mache das seit vielen Jahren, habe mein Karriere ohne Kinder begonnen und mit Kindern erfolgreich fortgesetzt. Heute leite ich große Projekte in Part Time – natürlich erfordert es an manchen Stellen einen Spagat zwischen den Bedürfnissen der Familie und denen der Kunden/Kollegen. Mit offener Kommunikation und guter Organisation lässt sich dieser aber bisher immer bewältigen und beide Welten sind miteinander vereinbar. Man könnte sich nun über den Begriff normales Familienlieben austauschen – für uns ist es so normal, wir nehmen unsere Herausforderungen so an wie sie sind und finden den Alltag normal. Jede Welt hat ihren Raum und ihre Zeit, so funktioniert es bisher ganz gut.
Welchen Tipp haben Sie für Psychologen, die sich überlegen in der Beratung zu arbeiten?	Ich finde es wichtig, als Psychologe schon während des Studiums über den Tellerrand zu sehen, betriebswirtschaftliche Vorlesungen zu besuchen, sich Praktika in der Industrie zu organisieren und ein möglichst praktisches Wissen aufzubauen, das die im Studium gelernten psychologischen Phänomene anwendet, hinterfragt und integriert. Mit der universitären Theorie hat unsere Arbeit nur wenig zu tun. Es geht vielmehr darum, die Theorie auf die Praxis zu übertragen und in einzelnen Bereichen wie Wissensmanagement, Lernen, Kommunikation, Veränderungsmanagement, Organisationsdesign, HR-Management, Organisationseffizienz etc. praktische Modelle zu entwickeln und anzuwenden. Jungen Psychologen kann ich nur raten, damit schon in den Jahren des Masterstudiums zu starten.

Stoßen Sie manchmal auf Vorurteile wegen Ihrer Ausbildung?	Heute nicht mehr. Manchmal kommt der typische Spruch: „Muss ich aufpassen, dass Du mich nicht durchleuchtest?". Dieser ist aber eher von individuellen Unsicherheiten geprägt. Im Umfeld von Beratungen sind inzwischen so viele „exotische" Studienfächer relevant, da ist kein Platz für Vorurteile.
Was fasziniert Sie an Ihrem Beruf? Warum macht er Ihnen Spaß?	An meinem Beruf fasziniert mich, dass ich unterschiedlichste Menschen bei großen Veränderungen begleiten kann und mit dazu beitrage, ihnen diese Veränderungen „schmackhafter" zu machen. Außerdem fasziniert mich, dass wir in großen Teams, zusammengesetzt aus unterschiedlichsten Personen, gemeinsam schwierige und herausfordernde Ziele erreichen und dabei viel voneinander lernen. Die Tatsache, dass man anfänglich unbewältigbar scheinende Herausforderungen erfolgreich umsetzen kann, Menschen auf neue Wege führt und sie darin unterstützt, ihren Platz immer wieder neu zu erfinden, ist eine tolle Belohnung für den vollen Alltag und die viele Arbeit. Es macht Spaß sich auszutauschen, Dinge immer wieder kritisch von verschiedenen Seiten zu hinterfragen, selbst kontinuierlich zu wachsen, Begeisterung zu erzeugen in den eigenen Teams und bei unseren Kunden sowie gemeinsam nach großen Zielen zu streben.

Computerkenntnisse

Gute Kenntnisse der gängigen Office-Anwendungen sind eine Grundvoraussetzung für den Einstieg als Berater. Gerade zu Anfang der Karriere wird man oft Präsentationen erstellen und Berechnungen durchführen, sodass einem die Arbeit mit Powerpoint oder Excel im Idealfall Spaß machen sollte.

Sprachkenntnisse

Sehr gute bis verhandlungssichere Englischkenntnisse sind v. a. in internationalen Beratungen unerlässlich. Über die Kenntnis weiterer Fremdsprachen kann man sich für internationale Projekteinsätze empfehlen.

Bei der Bewerbung wird oftmals auch nach Auslandsaufenthalten gefragt. Die Chance auf eine Anstellung in der Beratung steigt somit deutlich, sofern man die Gelegenheit eines Auslandssemesters oder -praktikums genutzt hat. Das soll aber keinesfalls bedeuten, dass man zwangsweise einen Auslandsaufenthalt im Studium absolvieren muss.

Praxis, Praxis, Praxis

Man sollte das Studium nutzen, um neben dem theoretischen Wissen auch möglichst umfassende Praxiserfahrung zu sammeln. Viele Beratungen bieten bereits für Bachelorstudierende Praktika an, in denen sie an Kundenprojekten mitarbeiten können. Diese Praktika sind in der Regel verhältnismäßig gut bezahlt und ermöglichen es, den Beraterberuf realistisch kennenzulernen. Durch ein Praktikum kann man bereits frühzeitig prüfen, ob die Arbeitskultur und die Rahmenbedingungen dieses Berufsfelds zu den eigenen Wünschen und Vorstellungen passen. Außerdem kann man in einem Bewerbungsprozess durch das Praktikum bereits relevante Berufserfahrung nachweisen.

Fazit

Eine Tätigkeit in einer Unternehmensberatung ermöglicht es, über verschiedene Projekte vielfältige Einblicke in unterschiedlichste kleine, mittelständische und große Organisationen zu erhalten und dort im definierten Umfang aktiv mitzugestalten. Als Unternehmensberater entwickelt man so mit jedem Projekteinsatz seine Kompetenzen und sein Wissen weiter und kann sich zudem ein großes und tragfähiges Netzwerk aufbauen, was wiederum beim Gang in die Selbstständigkeit oder, wenn eine Festanstellung in einer anderen Organisation gewünscht wird, von großem Nutzen sein kann. Unternehmensberatung eignet sich daher auch hervorragend als erste Station in der persönlichen Karriereplanung. Insbesondere der Abwechslungsreichtum der Aufgaben und die immer wieder neuen Herausforderungen haben uns immer viel Spaß bereitet und wir möchten diesen Abschnitt in unserer Karriere auf keinen Fall missen.

4.7 Tätigkeit als Markt- und Meinungsforscher

Birgit Stephan

Die Tätigkeit als Markt- und Meinungsforscher ist ein Einsatzgebiet, in dem eine Vielzahl von Personen unterschiedlicher Studienhintergründe zusammentreffen. Möglicherweise ist es aus diesem Grund ein kaum behandelter Bereich im wirtschaftspsychologischen Studium. Dennoch bieten sich für Psychologen hierbei vielseitige Möglichkeiten. Ein Marktforscher kann sowohl auf der Seite einer Agentur für Unternehmen Marktforschungsprojekte durchführen als auch direkt auf betrieblicher Seite arbeiten. Im Folgenden wird das Berufsfeld des Markt- und Meinungsforschers anhand eines Szenarios vorgestellt und es werden typische Fragestellungen erläutert. Ein Schwerpunkt liegt in der Vorstellung der organisationalen sowie branchenspezifischen Struktur des Berufsfelds und der Rolle, die ein Psychologe darin einnimmt.

Markt- und Meinungsforschung – was ist das?

Der folgende Exkurs „Ein Szenario" zeigt nur ein Einsatzgebiet der Markt- und Meinungsforschung. Grundsätzlich lässt sich zwischen betrieblicher Marktforschung und Marktforschungsagenturen unterscheiden. Große Industrieunternehmen verfügen oft über eigene Marktforschungsabteilungen, die teilweise Studien komplett selbstständig durchführen. Dazu gehören die Konzeption, Durchführung und Auswertung. Bei kleineren Unternehmen kann die gleiche Abteilung, die die Studie durchgeführt hat, auch in die auf den Forschungsergebnissen basierenden Folgeprozesse des Produktmanagements oder Marketings eingebunden sein.

Für größere Studien greifen Unternehmen jedoch in der Regel auf Agenturen zurück. Marktforschungsagenturen sind meist nach zu behandelnden Fragestellungen sowie Branchen unterteilt. Tabelle 4.2 zeigt die Vielfalt solcher Fragestellungen. So lässt sich ein Schwerpunkt auf Themen legen, die den Marketing-Mix innerhalb des Unternehmens betreffen. Darunter fallen beispielsweise Projekte, die sich – wie im Szenario – mit Produktneueinführungen beschäftigen. In einem weiteren Projekt könnte auch die Markenwahrnehmung im Vergleich zu Wettbewerbern in der Branche untersucht werden, um daraus Strategien für eine Positionierung des Unternehmens zu entwickeln. Neben marketingspezifischen Themenbereichen gibt es auch solche, die den Kunden in das Zentrum stellen. Dazu gehören klassische Felder der Meinungsforschung wie Kundenzufriedenheit oder Reichweitenmessungen verschiedener Medien. Große Marktforschungsunternehmen setzen zudem Schwerpunkte auf Branchen wie z. B. Telekommunikation oder die Automobilindustrie.

Für einen Psychologen in der Marktforschung steht grundsätzlich jedes Themen- oder Branchenfeld offen. Aufgrund des starken Fokus auf Datengewinnung und Auswertung ist eine fundierte Methodenkenntnis ein erfolgskritischer Faktor für dieses Berufsfeld. Je nach Teilbereich unterscheiden sich die Methoden darin, ob sie qualitativer oder quantitativer Natur sind. Qualitative Methoden finden sich oft in Studien zur Markenwahrnehmung oder zu Produktinnovationen. Diese stellen ein exploratives Vorgehen dar, mithilfe dessen die subjektive Sichtweise von Probanden und damit die Ursachen von Verhalten oder Einstellungen ergründet werden sollen. Klassische Methoden hierfür sind Gruppendiskussionen oder Beobachtungen, für die kleine Stichproben verwendet werden. Quantitative Methoden sind dagegen in Studien zur Reichweite von Medien sowie Kundenzufriedenheit essenziell. Diese zeichnen sich durch ein standardisiertes, hypothesengeleitetes Vorgehen mit einer großen Stichprobenzahl aus. Typische Methoden sind schriftliche Befragungen mit Fragebögen oder auch telefonische Umfragen. Die Aufteilung in qualitative und quantitative Marktforschung ist eine weit verbreitete Klassifizierung für Agenturen, die sich z. B. insbesondere auf quantitative Forschungsmethoden spezialisieren.

Die Tätigkeiten in der Markt- und Meinungsforschung weisen Gemeinsamkeiten zu Forschungsprojekten auf, die Psychologen während des Studiums durchführen. So müssen auch hier Hypothesen aufgestellt, eine geeignete Methode zur Überprüfung gewählt und nach Durchführung die Ergeb-

Ein Szenario

Der Joghurthersteller Sanani vertreibt ein breites Sortiment an Joghurtprodukten, die auf unterschiedliche Zielgruppen sowie Konsumsituationen ausgelegt sind. In letzter Zeit wurde jedoch von Produktmanagern die Idee entwickelt, ein neues Produkt auf den Markt zu bringen, das das Portfolio erweitern und auf veränderte Bedürfnisse der Kunden eingehen soll. Die Idee ist, einen Joghurt zu entwickeln, der sich individuell in seiner Zusammensetzung aus Joghurt, Fruchtmark und Getreideart zusammenstellen lässt. Bevor ein großer finanzieller Aufwand in die Entwicklung, Produktion sowie die Markteinführung gesteckt wird, erhält die Marketingabteilung den Auftrag, in einer Marktforschung herauszufinden, wie die Kunden ein solches Produkt bewerten und auf welche Art sie durch Marketing angesprochen werden wollen. Da die Marketingabteilung, in der Martin Bauer tätig ist, selbst wenig Erfahrung in der Durchführung solcher Studien und auch keinen Zugriff auf mögliche Studienteilnehmer hat, wendet sie sich an die Marktforschungsagentur Consinsight, mit der sie bereits mehrere Studien durchgeführt hat.

Dipl.-Psych. Barbara Peters ist langjährige Ansprechpartnerin für Aufträge von Sanani und bespricht mit Martin Bauer die Zielvorstellungen der geplanten Studie. Auf Grundlage der Ziele erarbeitet sie ein Studienkonzept, in dem die relevanten Fragestellungen und das Vorgehen inklusive einer Abschätzung des zeitlichen und finanziellen Aufwands enthalten sind. Sie überlegt sich hierfür, dass es sinnvoll wäre, eine Fokusgruppe mit Kunden von Sanani und Kunden von Wettbewerbern zu bilden. Zu Beginn der Studie werden die Teilnehmer nach ihren allgemeinen Konsumgewohnheiten befragt, anschließend werden die neue Produktidee und zuletzt konkrete Marketingkonzepte vorgestellt und bewertet.

Barbara Peters profitiert bei diesem Projekt insbesondere von ihren Kenntnissen gängiger Forschungsmethoden, die im Psychologiestudium vermittelt werden. Sie weiß, wie man einen Leitfaden inhaltlich gestaltet, worauf in der Rolle als Diskussionsleiterin einer Fokusgruppe zu achten ist und wie man das von den Studienteilnehmern Gesagte auf objektive Art auswertet.

Erster Schritt der Studie ist die Rekrutierung der Teilnehmer. Hierfür gibt es eine eigene Abteilung bei Consinsight, die Zugriff auf einen großen Pool an potenziellen Probanden hat und deren Aufgabe darin besteht, für festgelegte Termine eine ausreichende Anzahl an Personen einzuladen. Da Barbara Peters weiß, dass ein Großteil der definierten Zielgruppe berufstätig ist, finden die Termine für die Fokusgruppen abends ab 18 Uhr statt.

Zu den Fokusgruppen werden auch Martin Bauer und einige seiner Kollegen eingeladen, die vorab Rohkonzepte für Marketingansprachen entwickelt haben, die den Teilnehmern vorgelegt werden sollen. Außerdem möchten die Mitarbeiter der Marketingabteilung sich ein eigenes Bild über die Teilnehmer und deren Präferenzen machen. Zu diesem Zweck können sie die Fokusgruppe hinter einer einseitig durchsichtigen Wand beobachten. Barbara Peters führt die Studienteilnehmer in einer Stunde durch verschiedene Diskussionsthemen. Im Nachgang der Studiendurchführung liest Barbara Peters die Transkripte der Fokusgruppen und wertet diese nach den davor festgelegten Fragestellungen aus. Der Schwerpunkt liegt bei diesem Auftrag darauf, aufzuzeigen, welche Bedürfnisse der Kunden durch das neue Produkt angesprochen werden, welche Änderungen sie sich für die bestehende Produktidee wünschen und welches der Marketingkonzepte aus welchem Grund am besten geeignet ist. Die Herausforderung ist für Barbara Peters, aus der Vielzahl an unterschiedlichen Meinungen, die durch individuelle Erfahrungen geprägt sind, eine Tendenz herauszufiltern.

Aufgrund dieser Tendenzen entwickelt sie Handlungsempfehlungen für Sanani, die sie in einer Präsentation darstellt und vor der Marketingabteilung sowie anderen Unternehmensvertretern vorstellt. Sie ist in dieser Runde die Expertin für die Sichtweise der Kunden sowie für die den Kundenpräferenzen zugrunde liegenden Motive.

Nach der Präsentation ist der Auftrag für Barbara Peters beendet. Nun ist es Aufgabe der Marketingabteilung, auf Grundlage der Studienergebnisse und Einschätzung von Barbara Peters zu entscheiden, ob sie die Produktidee durchsetzen und wenn ja, inwieweit sie das Produkt und die Ansprache der Kunden anpassen. Nach weiteren internen Diskussionsrunden beschließt Martin Bauer mit seinen Kollegen, die Produktinnovation auf den Markt zu bringen. Sie passen jedoch ihr Marketingkonzept an, da sie in den Fokusgruppen erkannt haben, dass die Kunden die Vorteile des neuen Produktes in anderen Aspekten sehen als sie zunächst vermutet hatten.

nisse ausgewertet werden. Agenturen legen oftmals Wert auf ihre Reputation in bestimmten Feldern und steigern diese, indem sie auch wissenschaftliche Forschung betreiben, um sie in Fachjournalen zu veröffentlichen. Außerdem entwickeln Agenturen kontinuierlich neue Methoden, durch die sie sich von ihren Wettbewerbern abgrenzen können.

Markt- und Meinungsforschung – ein ganz besonderes Tätigkeitsfeld?

Das Tätigkeitsfeld der Markt- und Meinungsforschung ist besonders spannend, da es insbesondere in Agenturen die Möglichkeit gibt, eine Vielzahl an Themenfeldern und Branchen kennenzulernen. Durch den Kontakt mit Kunden sind Marktforscher in aktuelle Geschäftsentwicklungen der eigenen oder der Kundenorganisation eingebunden, wie z. B. in die Einführung eines neuen Produkts. Nach der Durchführung der Studie nehmen sie dann die Rolle eines Beraters aus Sicht des Endkonsumenten ein. So kann ein Marktforscher sich entweder langfristig auf eine Branche spezialisieren und in dieser Kunden betreuen, er kann aber auch Spezialist in einer Methodik werden und als Stabstelle anderen Kollegen branchenübergreifend in der Konzeption und Auswertung ihrer Studien zur Seite stehen. Interessant ist somit die Vielfalt der Methoden, die angepasst an die Gegebenheiten des Marktes angewendet werden können sowie auch die Vielfalt an Fragestellungen, die mit einer Methodik beantwortet werden können.

In Deutschland gibt es einige sehr große Agenturen, die in verschiedenen Branchen aktiv sind und die damit verbundenen Methoden anbieten. Zu den größten Agenturen gehören die GfK Gruppe, TNS Infratest, AC Nielsen und Ipsos. Kleinere Agenturen bedienen meist spezielle Methoden, wie beispielsweise qualitative Marktforschung, oder sind auf wenige Branchen beschränkt. Neuere Nischeagenturen beschäftigen sich schwerpunktmäßig mit neurokognitiven Studien oder Social-Media-Forschung.

Aufgaben im Rahmen der Tätigkeit

Das Szenario beschreibt bereits den klassischen Prozess eines Marktforschungsauftrags. Dieser beginnt, sofern es keine unternehmenseigene Marktforschungsabteilung gibt, bei der Ausschreibung der Unternehmen an verschiedene Agenturen. Die Agenturen bekommen den Auftrag, ein kundenspezifisches Angebot zu erstellen und dieses nach einer eventuellen Vorauswahl in einem *pitch* (Präsentation) vor den Unternehmensvertretern vorzustellen, um den Auftrag zu gewinnen. Anschließend wird entsprechend der Fragestellung ein Konzept für die Studie entwickelt, operationalisiert und nach Rekrutierung der Probanden durchgeführt und ausgewertet. Das Projekt wird mit einer Präsentationserstellung und Vorstellung der Ergebnisse abgeschlossen.

Die wichtigste Grundlage in der Konzeption ist, die Fragestellung und die Ziele des Projekts mit dem Kunden diskutiert und verstanden zu haben.

Tab. 4.2 Fachliche Schwerpunkte von Forschungsprojekten

Sichtweise	Themenbereich	Beispiele
Marketing-Mix	Produkt	Produktinnovation Produktvariation
	Preis	Preissetzung Preismodelle
	Kommunikation	Markenwahrnehmung Werbemittelforschung Konzepttests
	Distribution	Absatzkanäle
Kunden	Kundenmeinung	Kundenzufriedenheit Kundenloyalität
	Konsumgewohnheit	Entscheidungsverhalten Suchverhalten Nutzungsverhalten
	Reichweiten	Medienreichweite (Radio, Fernsehen) Absatzprognosen

Auf dieser Basis wird entweder eine bestehende geeignete Methodik ausgewählt oder es werden projektspezifische neue Methoden entwickelt. Dies ist beispielsweise dann der Fall, wenn ein Kunde langfristig mehrere gleichartige Projekte durchführen will und bisher kein passendes Instrument besteht. Ein Beispiel hierfür wäre die Entwicklung eines Instruments, mit dem das Markeninvolvement im Internet über die Aktivität in sozialen Netzwerken erfasst wird. Solche Instrumente wurden in letzter Zeit von verschiedensten Agenturen entwickelt und sind unter der Bezeichnung „Social Media Research" bekannt. Eine gute Marktforschungsmethode ist eine, die auf bestehende Methoden der Agentur zurückgreift, diese aber individuell an die Fragestellung des Kunden anpasst. Somit können sowohl die Kosten niedrig gehalten als auch die Effizienz gesteigert werden. Die Operationalisierung der Fragestellung liegt in der Hand des Marktforschers, wird jedoch vor Durchführung der Studie insbesondere bei quantitativen Methoden mit dem Kunden besprochen. Die Schwierigkeit in der Aufgabe für einen Psychologen ist der Spagat zwischen Wissenschaft und Praxis. Einerseits ist dieser durch seine Ausbildung die Anwendung validierter Skalen gewohnt, andererseits ist in der Umsetzung einer Studie für Kunden oftmals eine pragmatischere Lösung notwendig. Somit muss dieser bei Berücksichtigung der wissenschaftlichen Qualitätsmerkmale einer Studie individuell auf die Wünsche des Kunden eingehen.

Die zweite Phase der Studiendurchführung beginnt mit der Rekrutierung der Probanden, die bei Kundenzufriedenheitsstudien teilweise durch das beauftragende Unternehmen bereitgestellt werden oder von der Agentur aus einem bestehenden Pool oder kalt (d. h. ohne vorherigen Kontakt) akquiriert werden müssen. Meist übernehmen das eigene Abteilungen innerhalb der Agentur. Die Studiendurchführung ist stark von der gewählten Methodik und Stichprobe abhängig. In dieser Phase behält sich der Marktforscher die Entscheidungsrechte vor. Bei qualitativen Studien wie z. B. Gruppendiskussionen ist die Durchführung mit viel Organisationsaufwand wie der Einladung der Probanden, Verpflegung und Incentivierung (meist in Form einer Aufwandsentschädigung oder kleiner Produktproben etc.) verbunden. Der Marktforscher muss sich dabei nach den vorgegebenen Zeiten richten und führt meist mehrere Diskussionen nacheinander durch. Quantitative Studien, die oftmals online durchgeführt werden, erfordern nicht, dass der Marktforscher die gesamte Zeit die Untersuchung begleitet, sondern man beschränkt sich hier auf eine stichprobenartige Kontrolle der verwendeten Systeme.

Die anschließende dritte Phase ist die der Auswertung. Dabei ist wieder ein Abwägen aus Wissenschaftlichkeit und Praxisorientierung notwendig. Insbesondere bei quantitativen Studien beinhaltet dies eine Plausibilitätsüberprüfung der Daten sowie eine Überprüfung der Skalenstruktur. Je nach Datenqualität dürfen nämlich bestimmte Auswertungsverfahren gar nicht oder nur mit gewissen Korrekturen genutzt werden. Erst im Anschluss wird mit der Auswertung begonnen, die sich an den aufgestellten Hypothesen bzw. Fragestellungen des Kunden orientiert. Während bei quantitativen Studien die visuelle Darstellung der Ergebnisse zentral für das Verständnis und die Zufriedenheit der Kunden ist, wird in qualitativen Studien mehr Wert auf die persönliche Einschätzung des Marktforschers bezüglich der Validität und Repräsentativität der Ergebnisse gelegt. Dieser sollte sich an dieser Stelle seiner eigenen Meinung in Bezug auf die geführten Diskussionen bewusst sein, um möglichst objektive Ergebnisse liefern zu können. Erst im Anschluss darf die persönliche Bewertung der Ergebnisse wieder zugelassen werden. Die Phase der Auswertung endet mit der Präsentation und Diskussion der Ergebnisse mit dem Kunden.

Da ein Marktforscher meist mehrere Kunden und Projekte gleichzeitig betreut, besteht ein typischer Arbeitstag aus verschiedenen Aufgaben in unterschiedlichen Stadien des Projekts. So könnte an einem Tag vormittags die Konzeption einer Studie im Vordergrund stehen, der Nachmittag für die Auswertung einer bereits durchgeführten Studie genutzt werden, um abends Interviews mit Probanden für ein drittes Projekt durchzuführen.

Die Tätigkeiten in der betrieblichen Marktforschung umfassen die gleichen Studienphasen, sofern die Studie selbst durchgeführt wird. Je nach vorhandenen Ressourcen der Abteilung und Studienumfang können jedoch auch organisatorische Tätigkeiten hinzukommen, die durch die Beauftragung einer Agentur entstehen. Der Marktforscher stellt in diesem Fall im Unternehmen die Schnittstelle zwischen Fachbereich und externen Agenturen dar. Er ist damit Ansprechpartner für die Zielsetzungen der Fachbereiche, wählt eine geeignete Agentur aus und steuert mit dieser die Durchführung der Studie. Somit fallen für extern beauftragte Studien klassische Projektmanagementaufgaben an.

Mobilitätsbereitschaft

Die Anforderungen an die Mobilitätsbereitschaft eines Markt- und Meinungsforschers sind stark von den angewandten Methoden sowie der Internationalität der Kunden abhängig. Meist ist für die Durchführung von Studien die Herkunft der Probanden nicht entscheidend, weshalb diese aus der Umgebung des Agentursitzes rekrutiert werden. Vorteil davon ist, dass die eigenen Labore genutzt werden können und Zeit und Kosten für Reisetätigkeiten der Marktforscher gespart werden. Für bestimmte Fragestellungen ist es jedoch notwendig, Probanden in verschiedenen Städten Deutschlands oder auch international zu befragen. Bei einer Methode wie der Gruppendiskussion muss der Marktforscher daher für jeweils zwei bis drei Tage in die Städte reisen, in denen die Probanden erreichbar sind. Je nach Verfügbarkeit der Probanden kann es sein, dass er tagsüber an anderen Projekten arbeitet und nur abends die Studien durchführt. Generell halten sich jedoch Reisetätigkeiten in andere Städte in Grenzen, insbesondere da sich in jüngerer Zeit ein deutlicher Trend hin zu ortsunabhängigen online durchgeführten Studien ergibt.

Arbeitszeit

Auch die Arbeitszeit des Marktforschers ist von der Art der Projekte und der Branche abhängig. Die Termine für die Durchführung der Studien orientieren sich an den Arbeitszeiten der Probanden. Da diese meist berufstätig sind und nebenbei an Studien teilnehmen, um Geld zu verdienen, finden solche Termine oft ab 18 Uhr statt und dauern manchmal bis 23 Uhr. Die Studien finden beispielsweise geblockt an zwei Tagen in der Woche statt, wodurch sich die Arbeitszeit an diesen Tagen bis in die Nacht erstreckt. Neben der Durchführung der Studien sind Marktforscher in Agenturen aber zu üblichen Zeiten von 9 bis 18 Uhr Ansprechpartner für Kunden, die Fragen oder neue Projekte besprechen wollen. Während einzelner Studien sind jedoch längere Arbeitszeiten bis in die Nacht hinein insbesondere bei persönlichem Kontakt mit Probanden unverzichtbar. Natürlich wird die Arbeitszeit an Folgetagen wieder ausgeglichen, sodass Marktforscher nicht die gesetzlich geregelten Arbeitsstunden überschreiten.

Die Arbeitszeit in der betrieblichen Marktforschung orientiert sich mit steigendem Anteil extern beauftragter Studien an den üblichen Bürozeiten. Bei eigener Durchführung von Studien treffen eher die Arbeitszeiten von Agenturen zu.

Bezahlung

Die Bezahlung im Bereich der Markt- und Meinungsforschung ist insbesondere abhängig von der Unternehmensart und -größe. Während die Bezahlung in der betrieblichen Markforschung etwas höher ist als in Agenturen, zeigt sich in solchen Instituten eine breite Spanne an Gehältern je nach Größe der Agentur (www.marktforschung.de). Die Einstiegsgehälter variieren daher zwischen 25.000 Euro Bruttojahresgehalt für Trainee-Stellen bei kleineren Agenturen und 35.000–40.000 Euro bei großen Agenturen. Bei Einstiegsstellen in der betrieblichen Marktforschung sind vereinzelt auch höhere Gehälter möglich. Generell lohnt es sich jedoch, bei Einstiegsstellen individuell zu verhandeln.

Karrieremöglichkeiten

Karrieremöglichkeiten beziehen sich in der Markt- und Meinungsforschung auf Umfang und Verantwortung der Aufträge. Innerhalb der gleichen Hierarchieebene gibt es somit bei höherer Seniorität die Möglichkeit, Studien mit größerem Umfang zu übernehmen, die damit für die Agentur mit höherem Umsatz verbunden sind. Außerdem stellt die eigenverantwortliche Betreuung eines oder mehrerer Kunden einen weiteren Karriereschritt dar. In großen Agenturen gibt es Teamleitungsstellen, die das Team bei der Durchführung der Projekte für einen Kunden oder auch auf Abteilungsebene für eine Branche koordinieren. Für eine Führungsposition auf Abteilungsebene ist jedoch oft eine abgeschlossene Promotion erforderlich. Solche Positionen erfordern hohe Ambitionen und Managementkenntnisse von Psychologen. Man sieht also, dass die Karrieremöglichkeiten ohne Promotion auf eine Teamleiterstelle begrenzt sein können, aber nicht müssen. Neben dem Verbleib in einer Agentur gibt es zudem die Möglichkeit, im Rahmen der Projekte ein Netzwerk mit Kunden zu bilden und mit den gewonnenen Erfahrungen direkt in die organisationseigene Marktforschung zu wechseln. Zusammenfassend definieren sich die Karrieremöglichkeiten eines Marktforschers aber mehr über die Vielfältigkeit der Tätigkeiten als über einen Aufstieg in eine Führungsebene.

Die Rolle von Psychologen im Berufsfeld des Markt- und Meinungsforschers

Wie viele Berufsfelder von Psychologen ist das des Markt- und Meinungsforschers eines, in dem Personen unterschiedlicher Ausbildungshintergründe aufeinander treffen. So teilen sich Psychologen dieses Feld mit BWLern, VWLern, Soziologen und manchmal auch Mathematikern. Grundsätzlich übernehmen Personen aller Studienhintergründe die gleichen Tätigkeiten, jedoch zeichnet sich ein Psychologe insbesondere durch seine fundierten Kenntnisse in Forschungsmethoden und Statistik aus. Ein weiteres Alleinstellungsmerkmal sind die erlernten Grundlagen der Psychologie, durch die Psychologen das Erleben und Verhalten der Konsumenten besser erfassen und einschätzen können. Besonders die gute Statistikausbildung von Psychologen in Kombination mit der Erfahrung aus eigenen wissenschaftlichen Forschungsprojekten ermöglicht es, auf Grundlage einer vom Kunden gestellten Fragestellung Hypothesen aufzustellen, für diese geeignete Methoden zu finden und diese mit an der Universität angeeigneter Routine auszuwerten. Psychologen finden daher oft auch in der Entwicklung neuer Instrumente für Agenturen hohe Wertschätzung. Einen klaren Vorteil stellen jedoch auch die psychologischen Grundlagen dar, die bereits im Bachelor erlernt werden. Diese umfassen je nach Curriculum die Wahrnehmung, das Entscheidungsverhalten oder auch die Entstehung von Zufriedenheit bei Konsumenten. Auch wenn diese Grundlagen nicht explizit Anwendung in der Tätigkeit eines Marktforschers finden, erhöhen sie die Sensitivität bezüglich der Einschätzung der Aussagen von Probanden und verbessern damit auch die Fähigkeit, die Ergebnisse einer Studie für den Kunden zu interpretieren.

Eine Perspektive aus der Wissenschaft

Prof. Dr. Georg Felser ist Professor für Wirtschaftspsychologie mit dem Schwerpunkt Markt- und Konsumentenpsychologie an der Hochschule Harz. Im Folgenden erläutert er, welche Fähigkeiten Psychologen in der Marktforschung auszeichnen und wie sie sich gezielt im Studium auf eine Tätigkeit in der Markt- und Meinungsforschung vorbereiten können:

Vor nicht allzu langer Zeit habe ich mit einem Kollegen, der in der Marktforschung tätig ist, über die Rolle der Psychologie in seinem Arbeitsalltag gesprochen. Schon seine einleitenden Worte bringen es sicherlich besser auf den Punkt, als ich das aus der „akademischen Außenperspektive" könnte: „Psychologen sind für diesen Beruf am besten ausgebildet. Es gibt keinen besseren Studiengang dafür als Psychologie".

Die Stellungnahme mag durch die Sympathie für das eigene Fach verzerrt sein. Aber sie ist authentisch und wird auch begründet: Was sind denn die Tätigkeiten der Marktforschung, in denen Psychologen dann einen Vorteil haben?

Da sind zunächst die beiden Bereiche qualitative und quantitative Marktforschung. Die inhaltsanalytische Auswertung qualitativer Daten wird in der Methodenausbildung vieler Psychologiestudiengänge vielleicht eher vernachlässigt. Dies lernt man – wie die meisten anderen Kollegen aus anderen Disziplinen auch – erst *on the job*. Die Konzeption von Interviewleitfäden und das Formulieren von Fragen haben Sie dagegen im Studium schon eher geübt. Aber: „Das hauptsächliche ‚Know-how', das du als Psychologe einbringst, betrifft die Interviewsituation. Du bist eben schon durch die Ausbildung geschult, neutral ein Interview durchzuführen."

Weitere Vorteile haben Psychologen bei der Konzeption empirischer Studien: „Das experimentelle Vorgehen, das Wissen hierzu hat niemand so gut wie die Psychologen. Auch das statistische Verständnis (z. B. was ist eine Stichprobe, wozu brauche ich Tests …) bringen Psychologen eher mit als Absolventen anderer Disziplinen."

Aber auch zu den inhaltlichen Stärken hatte der Kollege etwas zu sagen: „Unser Vorteil ist sicher auch unser theoretisches Verständnis. Wir bringen eben gut fundierte Vorstellungen mit zu Fragen wie: Wie funktioniert der Mensch? Wie kann ich etwas operationalisieren? Da sind andere Disziplinen schneller an ihren Grenzen."

Es sollte Sie nicht überraschen, dass der Praktiker hier vor allem die Methoden betont. Dies wird, wenn Sie in die Marktforschung gehen, in erster Linie das Pfund sein, mit dem Sie wuchern werden. Insofern sind es sicherlich die Methodenfächer Statistik, experimentelle Planung, Datenanalyse, Skalierungsmethoden usw., die Sie auf den Beruf vorbereiten. Manche Methoden sind in der Marktforschung besonders gefragt, weswegen es ein Pluspunkt sein könnte, wenn Sie die Gelegenheit dazu haben, diese zu vertiefen. Hin und wieder höre ich das auch von Absolventen in der Marktforschung, wenn bestimmte Inhalte unserer Ausbildung ihnen einen besonderen Vorteil eingebracht haben. Das waren dann z. B.: Conjoint-Analyse, Blickbewegungsanalysen, SPSS mit Syntax oder Erfahrungen mit den sog. impliziten Messverfahren (z. B. dem impliziten Assoziationstest). Freilich werden diese besonderen Fähigkeiten von manchen Instituten nachgefragt, andere Institute legen auf anderes größeren Wert.

Aber die Tätigkeit in der Marktforschung verlangt auch, dass Sie sich immer wieder auf neue inhaltlich anders gelagerte Bereiche des (Konsum-)Verhaltens einlassen. Und hier zahlt es sich aus, wenn Sie sich in der Disziplin auskennen, die wie keine andere auf die Frage spezialisiert ist: „Wie funktioniert der Mensch?"

Anforderungen an eine Tätigkeit als Markt- und Meinungsforscher

Neben dem persönlichen Interesse und der Identifikation mit diesem Berufsfeld gibt es einige Anforderungen an die Tätigkeit als Markt- und Meinungsforscher, die im Folgenden dargestellt werden. Der Schwerpunkt wird dabei auf die Qualifikationen gelegt, die während des Studiums angeeignet werden können, damit der Einstieg in die Marktforschung erleichtert wird.

Schwerpunktsetzung

Ein Schwerpunkt auf Wirtschaftspsychologie ist für die Tätigkeit in der Marktforschung am sinnvollsten. Teilweise wird innerhalb dieses Schwerpunkts eine Spezialisierung im Bereich der Markt- und Konsumentenpsychologie angeboten. Wichtig sind dabei Grundlagen in Werbung und Werbeeffektivität, das Verständnis dafür, wie eine Kaufentscheidung entsteht und von welchen Faktoren diese beeinflusst wird sowie Methoden, Märkte zu segmentieren. Wenn es die Möglichkeit gibt, diese Schwerpunkte zu belegen, erscheint dies sinnvoll, ist jedoch meist kein absolut notwendiges Wissen für einen Einstieg.

Fachliche Inhalte

Nachdem der Schwerpunkt Wirtschaftspsychologie nur teilweise für die Marktforschung vorbereitet, können bestimmte Nebenfächer gewählt werden, um neben den psychologischen Grundlagen breitere Qualifikationen vorzuweisen. Hierfür eignet sich Betriebswirtschaftslehre besonders gut, da sich ein Psychologe in der Marktforschung oft im Kreis von Unternehmensvertretern mit wirtschaftlichem Hintergrund befindet. Eine Basisausbildung in Betriebswirtschaftslehre führt dazu, dass auch diese speziellen Fragestellungen und deren Bedeutung für den Unternehmenserfolg besser verstanden werden können. Insbesondere in der betrieblichen Marktforschung arbeiten Psychologen eng mit anderen wirtschaftlichen Fachbereichen wie dem Produktmanagement oder Marketing zusammen. Außerdem bietet sich Statistik als Nebenfach an, wodurch ein Psychologe seine fundierte Ausbildung noch weiter vertiefen kann. Dies ist jedoch meist nur dann relevant, wenn er im Bereich der Methodenentwicklung tätig sein möchte. Für Studierende, die sich für Neurokognitive Psychologie interessieren, bietet sich auch damit eine sinnvolle Verknüpfung an, da einige Marktforschungsinstitute dem Trend folgen, Expertise in der neurokognitiven Forschung aufzubauen. In diesem Bereich stehen jedoch bisher wenige Personen mit einer geeigneten Ausbildung zur Verfügung, die sich auch mit der Bedienung der Messinstrumente auskennen.

Computerkenntnisse

Ein Marktforscher sollte fundierte Kenntnisse der gängigen Office-Programme aufweisen. Dabei sind insbesondere Powerpoint für die Präsentation vor dem Kunden sowie je nach Fachbereich Excel wichtig. Diese Fähigkeiten können beispielsweise in extracurriculären Kursen angeeignet, aber auch durch *learning by doing* erlangt werden. In der quantitativen Marktforschung wird zumeist SPSS als Statistikprogramm genutzt, weshalb gute Kenntnisse im Umgang und der Auswertung von Daten mit dieser Software eine notwendige Voraussetzung für einen Bewerber in diesem Bereich sind. Diese Fähigkeit differenziert ihn meist auch von Mitbewerbern der wirtschaftswissenschaftlichen Disziplinen.

Praxis, Praxis, Praxis

Bereits während des Studiums können und sollten Studenten wertvolle Erfahrungen für die Berufspraxis sammeln. Dazu dienen Forschungsprojekte im Rahmen des regulären Curriculums an der Universität oder Hochschule, in denen Studenten bereits die Operationalisierung und Testung von Fragestellungen mit unterschiedlichsten Methoden üben können. Wer die Möglichkeit hat, ein Projekt in Zusammenarbeit mit einem Praxispartner durchzuführen, sollte dies nutzen, um relevante Fragestellungen kennenzulernen und dabei den Konflikt zwischen einem pragmatisch-praxisorientierten und einem streng wissenschaftlichen Vorgehen zu erleben. Neben Praxisprojekten innerhalb des Studiums sind jedoch auch Praktika notwendig, um extrauniversitäre Erfahrungen zu sammeln, aber auch um für sich selbst herauszufinden, welcher Bereich der Marktforschung den eigenen Interessen entspricht. Hierfür eignen sich Praktika sowohl mit quantitativem als auch mit qualitativem Schwerpunkt. Während bereits auf

Eine Perspektive aus der Praxis

Titel, Name	Dipl.-Psych. Madeleine Kröper
Organisation	HYVE Innovation Research GmbH
Berufsbezeichnung	Innovation Researcher (Projektmanager)
Schwerpunkte im Psychologiestudium	Arbeits- und Organisationspsychologie
Wieso haben Sie sich für eine Tätigkeit in der Markt- und Meinungsforschung entschieden?	Im Hauptstudium habe ich einige Kurse in Kreativität und Innovationsmethoden belegt und war als Werkstudentin am Hasso-Plattner-Institut in Potsdam tätig, wo ich die Innovationsmethode „Design Thinking" kennengelernt habe. Die qualitative Herangehensweise an komplexe Problemstellungen in interdisziplinären Teams mit dem Ziel der Entwicklung neuer und innovativer Lösungen hat mich auf Anhieb überzeugt. Daraufhin habe ich mich bald entschieden, das Zusatzstudium zum Design Thinker an der d. school selbst zu machen und auch meine Diplomarbeit über diese Methode zu schreiben. Nach meinem Studium wollte ich diese Art der Arbeit weiterführen und habe beschlossen, in einem Innovationsunternehmen zu arbeiten, um meine psychologische Expertise und mein Innovationswissen einzusetzen.
Was mögen Sie in Ihrer Tätigkeit am meisten?	Es gibt viele Aspekte, die mir an meiner Tätigkeit gefallen. Menschen und ihre Motive, (tieferliegenden) Bedürfnisse und Wünsche mit den unterschiedlichsten (qualitativen und quantitativen) Methoden zu erforschen. Außerdem dieses Wissen in interdisziplinären Teams in konkrete Produktideen zu übersetzen und somit den gesamten Innovationsprozess zu begleiten. Ich arbeite mit Kunden aus den unterschiedlichsten Branchen zusammen, woraus die Aneignung eines sehr breiten Wissens resultiert. Letzten Endes gibt es kein Thema, das nicht spannend oder interessant ist, sobald man sich damit tiefergehend auseinandersetzt.
Was hat Sie an Ihrer Tätigkeit am meisten überrascht?	Viele Unternehmen, mit denen wir erstmalig zusammenarbeiten, haben vorher noch nie direkt mit dem Endverbraucher zusammengearbeitet und hören im Zuge unserer Projekte zum ersten Mal die „Stimme des Konsumenten". Es ist einerseits erschreckend, andererseits sehr schön zu sehen, wie überrascht oder fasziniert die Unternehmen sind, wenn man sie mit der Perspektive ihrer Kunden oder Endverbraucher konfrontiert. Dass Nutzerintegration in Innovationsprozesse noch so wenig stattfindet, finde ich nach wie vor sehr überraschend.
Was sehen Sie als die größte Herausforderung bei Ihrer Tätigkeit?	Unsere Research-Projekte erstrecken sich in etwa über einen Zeitraum von sechs bis zehn Wochen. In dieser Zeit muss man nicht nur mit dem Unternehmen die eigentlichen Fragestellungen herausarbeiten, sondern auch die geeignete Research-Methode auswählen und in das – meistens noch komplett unbekannte und teilweise recht komplexe – Themenfeld eintauchen. Das bedarf einer großen Empathiefähigkeit und (geistigen) Flexibilität. Mit den Research-Ergebnissen beginnt dann die eigentliche Arbeit, nämlich Schlüsse zu ziehen und in die Zukunft zu denken: Was bedeuten die Ergebnisse für das Unternehmen, was könnten mögliche neue Produkt- und Serviceideen sein, was sind die nächsten Schritte usw.
Was glauben Sie, können Psychologen in diesem Berufsfeld bewegen?	Durch unsere Ausbildung und unsere Neigung, Menschen ganzheitlich verstehen zu wollen, sind Psychologen für die Markt- und Innovationsforschung prädestiniert. Man sollte in dieses Berufsfeld noch viel stärker psychologische Konstrukte einbeziehen, um die oft sehr klassische betriebswirtschaftliche Unternehmensperspektive zu erweitern und zu bereichern.
Was sehen Sie als grundlegende Anforderungen und Qualifikationen für Psychologen in Ihrem Arbeitsfeld?	Eine fundierte Methodenausbildung ist in diesem Arbeitsfeld sehr wichtig. Diese sollte im Idealfall nicht nur quantitative, sondern auch qualitative Methoden umfassen. Weiterhin wichtig sind eine ausgeprägte Empathiefähigkeit sowie ein starkes Interesse daran, warum sich Menschen wie verhalten. Auch ist eine hohe Belastungsfähigkeit essenziell, da jedes Projekt auf eine relativ kurze Dauer beschränkt ist und man in einer sehr kurzen Zeit zu aussagekräftigen Ergebnissen kommen muss.

Welchen Tipp haben Sie für Psychologen, die sich überlegen, in der Markt- und Meinungsforschung zu arbeiten?	Neben einer guten Methodenausbildung ist es wichtig, Praxiserfahrung zu sammeln. Wenn möglich sollte man schon während des Studiums Praktika in der Markforschung, im Marketing oder in Research&Development-Abteilungen machen.
Stoßen Sie manchmal auf Vorurteile wegen Ihrer Ausbildung?	Nicht im Kontext meiner Arbeit, ganz im Gegenteil: Hier mache ich immer sehr positive Erfahrungen. Psychologen sind in der Innovationsberatung eher die Ausnahme als die Regel und die Ausbildung wird wertgeschätzt.

Unterschiede der betrieblichen Marktforschung zur Marktforschung in Agenturen eingegangen wurde, empfiehlt sich für Studenten, Praktika besonders bei Agenturen zu absolvieren, um dort eine breitere Vielfalt an Fragestellungen, Methoden und Branchen kennenzulernen. Wer neben dem Studium Zeit hat, kann als freier Mitarbeiter bei Marktforschungsprojekten mitarbeiten. Diese Stellen sind jedoch nicht immer ausgeschrieben und sollten proaktiv bei Agenturen nachgefragt werden.

Fazit

Mich fasziniert das Feld der Marktforschung insbesondere aufgrund der Vielfalt an Themenstellungen unterschiedlichster Branchen, die man in seiner Arbeit untersucht. Es bleibt auch langfristig spannend, sich immer wieder in neue Themen einzuarbeiten, dafür neue Methoden zu entwickeln und damit dem Kunden einen Mehrwert zu bieten. Nach einer durchgeführten Studie macht es aber zuletzt stolz, die Ergebnisse in einer überarbeiteten Produktgestaltung oder Kundenansprache zu sehen und selbst einen Teil dazu beigetragen zu haben, Kunden zielgerecht und damit erfolgreich anzusprechen.

4.8 Anforderungen an Tätigkeiten in der Wirtschaftspsychologie

Maximilian Mendius und Simon Werther

Die vielfältigen Berufsfelder in der Wirtschaftspsychologie wurden in den vorherigen Abschnitten detailliert dargestellt. Dabei wird deutlich, dass es sich um ein sehr vielfältiges Tätigkeitsfeld mit unterschiedlichen Anforderungen handelt. In diesem Abschnitt wird deshalb ein Überblick über allgemeine Anforderungen der wirtschaftspsychologischen Tätigkeitsfelder gegeben. Darüber hinaus gibt es zahlreiche Überschneidungen mit anderen psychologischen Berufsfeldern, die z. B. in den Abschn. 5.3 oder 7.7 beschrieben werden.

Folglich müssen Sie immer im Hinterkopf behalten, dass es aufgrund der Vielfalt der Tätigkeiten innerhalb der Wirtschaftspsychologie kein Patentrezept für die erfolgreiche Karriereplanung geben kann. Das gilt für die Wirtschaftspsychologie genauso wie für die Psychologie im Allgemeinen.

Die Wirtschaftspsychologie als Spannungsfeld zwischen Optimierung und Humanisierung

Bei allen Tätigkeiten innerhalb der Wirtschaftspsychologie geht es um das Erleben und Verhalten des Menschen in unterschiedlichen wirtschaftlichen Kontexten. Der Oberbegriff „wirtschaftspsychologische Tätigkeit" fasst ein sehr breites Themenspektrum zusammen: Begonnen bei ergonomischen Fragestellungen, z. B. dem Erleben und Verhalten des Autofahrers in Interaktion mit einem Navigationssystem, bis hin zu marktpsychologischen Fragestellungen, d. h. dem Erleben und Verhalten des Verbrauchers, wenn er z. B. mit einer neuen Werbekampagne konfrontiert wird.

Schwerpunkte der Tätigkeit bilden dabei letztlich immer die Optimierung und Humanisierung der Arbeitsumgebung und der sozialen Kontexte, in denen gearbeitet wird. Dabei bewegen wir uns als Psychologen in einem Spannungsfeld zwischen den Interessen der Unternehmen und den Interessen der Mitarbeiter. So kann es bei der Tätigkeit als Unternehmensberater oder auch als Organisationspsychologe um Steigerungen der Leistungsfähigkeit gehen, was mitunter zu Stellenabbau und ähnlichen Maßnahmen führen kann. Wir müssen uns also bei unserer Tätigkeit als Wirtschaftspsychologe durchaus damit auseinandersetzen, welchen ethischen und moralischen Werten wir uns verpflichtet fühlen. Gleichzeitig kann ein Stellenabbau aber auch zur Steigerung oder Erhaltung der Wettbewerbsfähigkeit beitragen, sodass dadurch zumindest die restlichen Arbeitsplätze gesichert sind. Insofern gibt es immer zwei Seiten einer Medaille, egal in welchem persönlichen Spannungsfeld wir uns bewegen.

Gleichzeitig bringt dieses Spannungsfeld natürlich die Chance mit sich, dass wir als Wirtschaftspsychologen viel bewegen können und viel zu einer humanen Arbeitsgestaltung beitragen können: Beispielsweise kann die Entwicklung optimaler Arbeitsplätze zu weniger Stress bei den Mitarbeitern führen. Aus der Durchführung von Coachings kann eine bessere Führungskompetenz der Führungskräfte resultieren, wovon auch die Mitarbeiter profitieren. Die Etablierung von Gesundheitskonzepten in der Organisation kann die Work-Life-Balance der Mitarbeiter unterstützen. Die Erforschung der Bedürfnisse der Konsumenten resultiert in individuellen Produkten und Innovationen.

Fachliche und überfachliche Anforderungen an eine Tätigkeit im Bereich der Wirtschaftspsychologie

Zahlreiche fachliche und überfachliche Anforderungen an Tätigkeiten als Wirtschaftspsychologe wurden bereits in den vorherigen Abschnitten dargestellt. Im Folgenden werden diese zusammengefasst, um Gemeinsamkeiten unterschiedlicher wirtschaftspsychologischer Tätigkeitsfelder herauszuarbeiten.

Fachliche Anforderungen

In der Wirtschaftspsychologie ist eine fundierte Ausbildung auch in den Grundlagenfächern der Psychologie von großem Vorteil. Relevant sind hier insbesondere Allgemeine Psychologie (z. B. wenn es um die Motivation von Mitarbeitern geht), Biologische Psychologie (z. B. wenn Stressmodelle diskutiert werden), Persönlichkeitspsychologie (z. B. wenn die Auswahl von neuen Führungskräften anhand von Persönlichkeitseigenschaften erfolgen soll) und Sozialpsychologie (z. B. wenn ein gruppendynamisches Training gestaltet werden soll). Über alle Fragestellungen hinweg sind Kenntnisse in Statistik, Methoden und Diagnostik besonders wichtig, da diese als Alleinstellungsmerkmal von Psychologen gegenüber Betriebswirten, Juristen und anderen Disziplinen angesehen werden. Letztlich geht es bei fast allen Tätigkeiten in der Wirtschaftspsychologie auch immer darum, wie Maßnahmen evaluiert werden können, um deren Wirksamkeit in Zahlen auszudrücken. Für diese Evaluationen sind methodische und diagnostische Kenntnisse von großer Bedeutung. Kann die Wirksamkeit einer wirtschaftspsychologischen Intervention nachgewiesen werden, kann dies die Bereitschaft der betroffenen Institution für weitere Maßnahmen erhöhen. Es lohnt sich also auf jeden Fall, sich mit diesen vermeintlich trockenen Fächern auseinanderzusetzen, um sich entsprechende Kompetenzen und Fähigkeiten anzueignen.

Bei der Schwerpunktwahl oder der Wahl des Masterstudiengangs bietet sich ein wirtschaftspsychologischer Schwerpunkt an. Genauso sinnvoll kann aber auch eine Schwerpunktsetzung in der Pädagogischen Psychologie sein, da es hier zahlreiche Überschneidungen gibt. Darüber hinaus werden an zahlreichen Universitäten und Hochschulen keine spezifischen wirtschaftspsychologischen Schwerpunkte angeboten – beispielsweise werden Arbeitspsychologie oder Markt- und Konsumentenpsychologie bisweilen nicht gelehrt. Das muss zwar kein Nachteil sein, da ein Quereinstieg immer möglich ist und gerade bei diesen Berufsfeldern insbesondere auch Grundlagenfächer und statistische Methoden eine wichtige Rolle spielen. Es bietet sich jedoch an, sich vor der Entscheidung für einen Studienort auch über die angebotenen Schwerpunkte und deren inhaltliche Ausgestaltung zu informieren. Als ergänzende Nebenfächer bieten sich in erster Linie natürlich BWL, VWL oder Arbeits- und Sozialrecht an. Genauso kommen aber andere Fächerkombinationen in Frage – zentral sind auch bei dieser Entscheidung wieder Ihre individuellen Interessen.

Gute bis sehr gute Computerkenntnisse sind in allen wirtschaftspsychologischen Tätigkeitsfeldern wichtig. Dabei variiert der genaue Fokus, doch sind sichere Anwenderkenntnisse von Office-Anwendungen inzwischen als Standard zu verstehen. Dabei geht es sowohl um Textverarbeitung als auch um Präsentationen und um Datenverwaltung. Gerade bei Evaluationsprojekten oder auch in der Marktforschung sind Statistikprogramme hoch relevant, beispielsweise SPSS oder R für quantitative Auswertungen, aber auch MAXQDA und andere Anwendungen zur Auswertung qualitativer Daten. Darüber hinaus werden oftmals individuelle IT-Systeme oder SAP für Personalverwaltung oder andere Einsatzzwecke eingesetzt, doch erfolgt die Einarbeitung hier in den meisten Fällen direkt im Job.

Gute bis verhandlungssichere Englischkenntnisse sind inzwischen Standardvoraussetzung für Tätigkeiten in der Wirtschaft, da durch die zunehmende Globalisierung und durch vermehrte Standorte und Kooperationen im Ausland internationale Kontakte immer mehr zunehmen. Darüber hinaus sind weitere Sprachkenntnisse natürlich immer von Vorteil, doch sollte das von Ihren persönlichen Präferenzen abhängig gemacht werden. Auch wenn die Bedeutung aufstrebender Länder wie Brasilien, China, Indien, Russland wächst, sollten das Erlernen einer Fremdsprache oder ein Auslandsaufenthalt nie aus rein strategischen Gründen erfolgen, wie auch im Kap. 8 ausführlich dargestellt wird.

Überfachliche Anforderungen

Mit den genannten fachlichen Anforderungen haben Sie bereits eine fundierte Grundlage für eine wirtschaftspsychologische Tätigkeit geschaffen. Darüber hinaus sind zahlreiche Soft Skills relevant, die allerdings auch von Berufsfeld zu Berufsfeld variieren können.

Allgemein sind Präsentations- und Kommunikationskompetenzen von großer Bedeutung, da es in praktisch jedem wirtschaftspsychologischen Berufsfeld um die Vorstellung von Methoden, Konzepten und Ergebnissen geht, auch wenn die inhaltliche Ausgestaltung sehr unterschiedlich sein kann. Darüber hinaus spielen Kommunikationskompetenzen im Allgemeinen und insbesondere vertiefte Kenntnisse der Gesprächsführung und der Interviewtechniken ebenfalls eine große Rolle, z. B. in der Personalpsychologie bei der Personalauswahl oder in der Marktforschung bei der Durchführung qualitativer Interviews. An vielen Universitäten und Hochschulen werden außercurricular Seminare und Angebote vermittelt, die die Vermittlung und Weiterentwicklung von Soft Skills zum Ziel haben – eine in jedem Fall lohnende Investition. Gleichzeitig kann aber auch das Engagement in einem Verein oder eine andere gemeinnützige Tätigkeit die Möglichkeit der Weiterentwicklung Ihrer sozialen Kompetenzen bieten.

Eine Offenheit für Neues – im Sinne neuer Herangehensweisen, neuer Thematiken, neuer Methoden – ist in jedem Berufsfeld wichtig. Sie können nicht davon ausgehen, dass Sie mit dem im Studium Gelernten die nächsten 30 Jahre erfolgreich in der Praxis bestehen. Von essenzieller Bedeutung ist somit die Lektüre von Fachzeitschriften, die Auseinandersetzung mit aktuellen Themen, der Besuch von Kongressen, um mit vorherrschenden Trends und neuen Entwicklungen vertraut zu sein. Gerade bei Tätigkeiten für größere Unternehmen ist es zudem wichtig, sich kontinuierlich über die allgemeinen wirtschaftlichen, rechtlichen und politischen Rahmenbedingungen zu informieren. Das gilt letztlich für jeden Bereich in der Wirtschaftspsychologie, sodass eine gesunde Neugier und eine Leidenschaft für Kreativität und Innovation sicherlich zu einem erfolgreichen Berufseinstieg beitragen.

Unternehmerisches Denken und Handeln ist für den Erfolg in vielen Tätigkeiten zentral, da sich Ihre Arbeit letztlich für die Organisation auszahlen muss. Das Abbilden von psychologischen Interventionen auf klassische Kennzahlen ist meist nur schwer zu realisieren. Deshalb ist es besonders wichtig, neben der eigentlichen Intervention auch geeignete Messgrößen zur Bewertung zu entwickeln. Es ist unerlässlich, stets die gesamte Organisation und deren Interessen im Blick zu behalten, um sicherzustellen, dass Ihre Intervention einen schlüssig begründbaren Beitrag zum Gesamterfolg leistet. Die Einnahme einer systemischen Sichtweise ist hilfreich, um die einzelnen Abteilungen und „Bausteine" innerhalb der Organisation und deren Verknüpfung und übergeordnete Zusammenhänge zu verstehen, um geeignete Ansatzpunkte für Interventionen zu identifizieren.

Fragestellungen der Wirtschaftspsychologie spielen sich nicht im luftleeren Raum ab. Im Regelfall agiert man in einem interdisziplinären Kontext. Eine Offenheit gegenüber anderen Berufsgruppen und deren individuelle Ansätze bei der Problemanalyse und -lösung ist daher ebenfalls eine erfolgskritische Voraussetzung für eine erfolgreiche Tätigkeit. Neben Sozial- und Geisteswissenschaftlern werden Sie mit Wirtschaftswissenschaftlern und Juristen, aber genauso mit Naturwissenschaftlern oder Ingenieuren in Kontakt kommen. Dabei ist es zwar wesentlich, die eigene Identität als Psychologe zu behalten und auch Ihre Alleinstellungsmerkmale zu pflegen, aber gleichzeitig ist ein offener Umgang auf Augenhöhe und auch eine Neugier für andere Perspektiven und Herangehensweisen von hoher Bedeutung.

Fazit

Insgesamt lässt sich festhalten, dass Tätigkeiten innerhalb der Wirtschaftspsychologie großen Abwechslungsreichtum und eine breite Aufgabenvielfalt mit sich bringen, was auch durch die persönlichen Erfahrungsberichte in den vorangegangenen Abschnitten gestützt wird. Durch neue Entwicklungen und sich verändernde Rahmenbedingungen müssen Sie immer in Bewegung bleiben und sich stetig neu erfinden und weiterentwickeln, um Ihre eigene Beschäftigungsfähigkeit zu erhalten. Unsere psychologische Kompetenz öffnet uns dabei viele Türen für eine wertvolle Bereicherung von Organisationen, um sowohl deren Existenz zu sichern als auch deren Mitarbeitern bestmögliche Arbeitsbedingungen zu schaffen.

Literatur

Weiterführende Literatur Abschn. 4.2

Jörin Fux, S. & Stoll, F. (2006). EXPLOJOB – Das Werkzeug zur Beschreibung von Berufsanforderungen und -tätigkeiten. Bern: Huber.

Kanning U. P., Thielsch, M.T., Traeumer, L., Brandenburg, T. (2012). Gaudeamus Igitur?

Das Psychologiestudium aus Sicht von Berufspraktikern. *Report Psychologie* 10/12, 390–398.

Kals, E. (2009). Arbeits- und Organisationspsychologie kompakt. Weinheim: Beltz.

Olos, L. (2011). Doppel- und mehrgleisige Berufsverläufe als Erwerbsbiografien der Zukunft? Berlin: Deutscher Psychologen Verlag.

Schorr, A. (2003). Psychologie als Profession: Das Handbuch. Bern: Huber.

Sennett, R. (2012). Zusammenarbeit: Was unsere Gesellschaft zusammenhält. Berlin: Hanser.

Sennett, R. (2000). *Der flexible Mensch*. München: btb.

Ulich, E. (2005). *Arbeitspsychologie*. Zürich: vdf Hochschulverlag.

Weiterführende Literatur Abschn. 4.3

Schuler, H. (Hrsg.). (2006, 2. Auflage). *Lehrbuch der Personalpsychologie*. Göttingen: Hogrefe.

Weiterführende Literatur Abschn. 4.4

Chhokar, J. S., Brodbeck, F. C. & House, R. J. (2007). *Culture's and Leadership Across the World: The Globe Book of In-Depth Studies of 25 Societies*. Lawrence Erlbaum.

Doppler, K. & Lauterburg, C. (2008). *Change Management. Den Unternehmenswandel gestalten*. Frankfurt: Campus.

Heitger, B. & Doujak, A. (2002). *Harte Schnitte – neues Wachstum*. Wien: Ueberreuter.

Hoffmann, J., & Jäckel, I. (2011). Bewusstsein für exzellente Führung. *Personalwirtschaft*, 11, 33–35.

Hofstede, G. (1980). *Cultures consequences: International differences in work-related values*. Beverly Hills: Sage.

Rosenstiel, L. v., & Comelli, G. (2003). *Führung zwischen Stabilität und Wandel*. München: Vahlen.

Rosenstiel, L. v. (2011). *Grundlagen der Organisationspsychologie. (7. Aufl.)*. Stuttgart: Schäffer-Poeschel.

Koerner, S., Bruch, H., & Stephany, U. (2012). Mit Energie und Vertrauen voran: Der BMW Group Change Monitor. *Zeitschrift für Organisationsentwicklung*, 1, 32–37.

Schein, E. H. (1995). *Unternehmenskultur. Ein Handbuch für Führungskräfte*. Frankfurt: Campus.

Stephany, U., Gutzan, S., & Schultz-Gambard, J. (2012). Wenn die Großen Fragen. Mitarbeiterbefragungen bei deutschen Großunternehmen. *Personalentwicklung*, 5, 64–66.

Weiterführende Literatur und Internetadressen Abschn. 4.5

Schermuly, C. C., Schröder, T., Nachtwei, J., Kauffeld, S. & Gläs, K. (2012). Die Zukunft der Personalentwicklung. Zeitschrift für Arbeits- und Organisationspsychologie, 56(3), 111–122.

Gessnitzer, S., Kauffeld, S. & Braumandl. I. (2011). Karriere-Coaching: Personalentwicklung für Berufseinsteiger. *PERSONALquarterly*, 63, 12–17.

www.dbvc.de

www.dgsf.org

www.dvct.de

Weiterführende Internetadressen Abschn. 4.6

www.bdsu.de

www.bdu.de

Weiterführende Literatur und Internetadressen Abschn. 4.7

Baumann, A. & Wagner, G. (2010). *Einstieg in die Marktforschung*. Mannheim: Verlag Wissenschaft & Praxis.

Berekoven, L., Eckert, W. & Ellenrieder, P. (2009).

Marktforschung: Methodische Grundlagen und praktische Anwendung. Wiesbaden: Gabler Verlag.
Naderer, G. & Balzer, E. (2011). Qualitative Marktforschung in Theorie und Praxis: Grundlagen, Methoden und Anwendung. Wiesbaden: Gabler Verlag.
Plattner, H., Meinel, C. & Weinberg, U. (2009). *Design-Thinking*. München: FinanzBuch Verlag.
www.bvm.org
www.adm-ev.de
www.marktforschung.de

Weiterführende Literatur Abschn. 4.8

Moser, K. (2007). *Wirtschaftspsychologie.* Heidelberg, Springer.
von Rosenstiel, L. & Nerdinger, F. W. (2011). *Grundlagen der Organisationspsychologie: Basiswissen und Anwendungshinweise*. Stuttgart, Schäffer-Poeschel
Sonntag, K., Frieling, E., Stegmaier, R. (2012). *Lehrbuch Arbeitspsychologie*. Bern, Huber.

5 Berufsfelder für Pädagogische Psychologen

Josef Fischer und Martin Krause

M. Mendius und S. Werther (Hrsg.), *Faszination Psychologie – Berufsfelder und Karrierewege*,
DOI 10.1007/978-3-642-37710-5_5,

5.1 Grundsätzliches zum Studium der Pädagogischen Psychologie

Martin Krause

Gegenstand der Pädagogischen Psychologie ist die Beschreibung und Erklärung menschlichen Erlebens und Verhaltens in Erziehungs-, Lern- und Unterrichtssituationen. Dabei können sowohl institutionalisierte Lern- und Sozialisationsprozesse betrachtet werden (z. B. in der Schule oder in der Kindertagesstätte) als auch nichtinstitutionalisierte wie sie z. B. in der Familie stattfinden. Historisch betrachtet ist die Pädagogische Psychologie eines der ältesten Anwendungsfächer der Psychologie. Zahlreiche Begriffe und Theorien (wie z. B. das Konzept des Intelligenzquotienten, IQ) entstanden ursprünglich in einem pädagogischen Kontext. Das Fach weist eine große Nähe zu anderen Disziplinen auf: Fragestellungen der Pädagogischen Psychologie werden z. B. auch in den Erziehungswissenschaften oder der empirischen Pädagogik aufgegriffen.

Die Pädagogische Psychologie ist seit jeher eng mit dem Bildungssektor verknüpft und somit in hohem Maße von aktuellen gesellschaftlichen Rahmenbedingungen geprägt. Inhalte und Ausrichtungen sind stark von bildungs- und sozialpolitischen Strömungen abhängig, weshalb sich die Aufgaben und Anforderungen in diesem Arbeitsfeld stetig wandeln.

In Deutschland liegt die Kulturhoheit bei den einzelnen Bundesländern. Dies bedeutet, dass jedes Land in Bezug auf sein Bildungswesen eigene Gesetze erlassen kann. Somit unterscheiden sich die professionellen Strukturen im Schul- und Kitabereich zwischen den einzelnen Ländern teilweise erheblich. Entsprechend variieren auch die beruflichen Perspektiven für Pädagogische Psychologen. Diese länderspezifischen Besonderheiten gilt es bei der Studienplanung zu beachten.

Aufgabenfelder in der Pädagogischen Psychologie

Die wichtigsten Aufgabenfelder, in denen pädagogisch-psychologische Erkenntnisse zur Anwendung kommen, werden im Folgenden kurz skizziert.

Erziehungs- und Familienberatung

Dieses Handlungsfeld zielt darauf ab, Eltern und andere Personensorgeberechtigte bei der Erziehung von Kindern und Jugendlichen zu unterstützen und somit Sozialisationsbedingungen zu gewährleisten, die dem Wohl des Kindes bzw. Jugendlichen förderlich sind. Erziehungs- und Familienberatung erfolgt in der Regel durch spezialisierte Beratungsstellen, welche von öffentlichen oder freien Trägern betrieben werden. Die gesetzliche Grundlage hierfür bildet der Rechtsanspruch auf Hilfen zur Erziehung gemäß § 27 SGB VIII. Häufige Anlässe für die Inanspruchnahme von Erziehungs- und Familienberatung sind Probleme im Zusammenhang mit der Trennung von Eltern, auffälliges Sozialverhalten, schulische Probleme, Entwicklungsverzögerungen oder eine belastete Eltern-Kind-Beziehung. Erziehungs- und Familienberatung (Abschn. 3.4) weist inhaltlich eine große Nähe zum Arbeitsfeld der Familienpsychologie (Abschn. 7.5) auf, weshalb an dieser Stelle auf eine nähere Darstellung verzichtet wird.

Schulpsychologische Beratung

Die Schulpsychologie setzt psychologische Erkenntnisse und Methoden ein, um Schulen in ihrem öffentlichen Bildungs- und Erziehungsauftrag zu unterstützen. Sie will Kinder und Jugendliche in ihren schulischen Lern- und Entwicklungsprozessen fördern und sie darin unterstützen, einen angemessenen Bildungsabschluss zu erlangen. Häufige Beratungsanlässe sind: allgemeine Lern- und Konzentrationsschwierigkeiten, spezifische Probleme in einzelnen Fächern, Schul- und Prüfungsangst sowie Probleme mit Mitschülern. Zielgruppe können neben Schülern auch Eltern und Lehrer sein. Die schulpsychologische Beratung ist nicht in allen Bundesländern gesetzlich verankert. Entsprechend variiert die Organisationsstruktur stark und die Ausbildung zum Schulpsychologen ist in den einzelnen Ländern teilweise sehr unterschiedlich geregelt. In vielen Bundesländern ist ein Diplom bzw. Master in Psychologie Voraussetzung für eine Anstellung als Schulpsychologe. In einigen Bundesländern wie z. B. Berlin wird allerdings eine Doppelqualifikation als Lehrer *und* Psychologe verlangt. In Bayern erfolgt schulpsychologische Beratung durch Lehrer mit einer speziellen Zusatzqualifikation. Die Ausbildung zum Schulpsychologen ist fest in die Lehrerausbildung integriert und das Fach „Psychologie mit schulpsychologischem Schwerpunkt" kann im Rahmen des Lehramtsstudiums anstelle eines Unterrichtsfachs gewählt werden.

Schulpsychologische Beratung erfolgt somit nicht in allen Bundesländern durch Psychologen im engeren Sinn. Entsprechend wird in diesem Abschnitt auch auf eine vertiefende Darstellung des Berufsfeldes verzichtet. Studieninteressierte mit dem Berufsziel „Schulpsychologe" sollten sich unbedingt über Strukturen und Einstellungsvoraussetzungen des jeweiligen Bundeslandes informieren. Auskünfte erteilen die Kultusministerien und die Berufs- und Landesverbände für Schulpsychologen der einzelnen Länder.

Fort- und Weiterbildung

Ziel von Maßnahmen der Fort- und Weiterbildung ist die bedarfsorientierte Vermittlung von Kenntnissen und Fertigkeiten, die für die Ausübung eines Berufes relevant sind. In der Regel wird hierbei auf Kompetenzen aufgebaut, die im Rahmen einer vorangegangenen beruflichen Ausbildung erworben wurden. Zielgruppe von Fort- und Weiterbildungsmaßnahmen sind in der Regel Erwachsene. Auftraggeber können sowohl öffentliche Institutionen (Behörden, Ämter, Stiftungen) als auch privatwirtschaftliche Unternehmen sein. Inhalt und Form von Fort- und Weiterbildungsmaßnahmen können stark variieren und reichen von Computerkursen über Verkäuferschulungen bis hin zu Führungskräftetrainings. Ein umfassender Überblick über das Berufsfeld wird im Abschn. 5.3 gegeben, darüber hinaus gibt es zahlreiche Gemeinsamkeiten mit der Tätigkeit als Trainer und Coach, die im Abschn. 4.5 dargestellt wird.

Beratung von öffentlichen und freien Bildungsträgern

Die Beratung von öffentlichen und freien Bildungsträgern (z. B. Ministerien, Schul- und Jugendämter, Trägerverbände und private Einrichtungsträger) stellt ein zentrales pädagogisch-psychologisches Berufsfeld dar, welches in den letzten Jahren stark an Bedeutung gewonnen hat. Der Bereich ist eng mit dem Feld der Bildungsforschung und -evaluation verbunden, weshalb oft Psychologen zum Einsatz kommen, welche als Wissenschaftler an einer Universität oder einer anderen Forschungseinrichtung tätig sind. Einen Einblick in das Berufsfeld bietet Abschn. 5.2.

Studium der pädagogischen Psychologie

Die folgenden Abschnitte beschreiben, welche Inhalte sich im Psychologiestudium anbieten, wenn eine zukünftige Tätigkeit als Pädagogischer Psychologe angestrebt wird und welche Aspekte bei der Studienplanung zu beachten sind.

Inhalte Bachelor

Das Fach „Pädagogische Psychologie" ist für Bachelorstudierende in der Regel nicht als Pflichtfach vorgesehen. Eine Ausnahme bildet der Studiengang „Psychologie mit Schwerpunkt Pädagogische Psychologie (B.Sc.)" an der Universität Hildesheim, welcher explizit auf eine spätere Tätigkeit im pädagogisch-psychologischen Bereich vorbereiten will. An einigen Universitäten werden jedoch Vertiefungen mit pädagogisch-psychologischer Ausrichtung als Wahlfach angeboten, teilweise im Rahmen von Modulen, die unter Überbegriffen wie „Entwicklung, Lernen und Instruktion" o. ä. stehen. Als angehender Pädagogischer Psychologe sollte man das Bachelorstudium nutzen, um sich ein breites psychologisches Grundlagenwissen anzueignen. Von besonderer Bedeutung sind Kenntnisse über Lern- und Sozialisationsprozesse wie sie im Rahmen der Fächer „Allgemeine Psychologie I & II" und „Entwicklungspsychologie" gelehrt werden. Auch Wissen im klinischen Bereich (z. B. über Lern- und Entwicklungsstörungen) sowie diagnostische Kenntnisse können für die spätere Arbeit von Bedeutung sein. Wenn eine Tätigkeit in der beruflichen Fort- und Weiterbildung angestrebt wird, ist es sinnvoll, vertiefende Kenntnisse in der Arbeits- und Organisationspsychologie zu erlangen und z. B. Veranstaltungen in Personalmanagement oder Mitarbeiterführung zu besuchen.

Inhalte Master

Zahlreiche Universitäten bieten im Rahmen eines allgemeinen universitären Masterstudiengangs Psychologie (M.Sc.) eine Vertiefung im Bereich „Pädagogische Psychologie" an. Masterstudiengänge mit explizit pädagogisch-psychologischer Ausrichtung werden derzeit nur von wenigen Hochschulen angeboten. An einigen Universitäten werden Inhalte der Pädagogischen Psychologie im Rahmen von eher forschungsorientierten Masterstudiengängen vermittelt (z. B. am Munich Center of the Learning Sciences der Ludwig-Maximilians-Universität München; siehe www.en.mcls.lmu.de). Je nach Ausrichtung des Studiengangs können im Rahmen des Masterstudiums vertiefte Kenntnisse in pädagogisch-psychologischer Diagnostik und Intervention erworben werden, oder es werden Methoden der Bildungsforschung und -evaluation vermittelt.

Was ist bei der Studienplanung zu bedenken?

Seit der Einführung von Bachelor und Master gilt mehr denn je: „Nicht überall, wo Psychologie drauf steht, ist auch wirklich Psychologie drin". Zahlreiche Universitäten bieten psychologische Studiengänge und Abschlüsse an, welche nicht mit dem ehemaligen Diplomstudiengang „Psychologie" zu vergleichen sind und dem Absolventen somit nur eingeschränkte Chancen auf dem Arbeitsmarkt einräumen. Einen guten Anhaltspunkt für die Wertigkeit eines Studienabschlusses bietet eine vom Berufsverband deutscher Psychologinnen und Psychologen (BDP) veröffentlichte Liste anerkannter Studiengänge (www.bdp-verband.de/beruf/bama/clips/anerkannt.pdf). Der Liste ist zu entnehmen, welche Studiengänge im Hinblick auf eine BDP-Mitgliedschaft als vollwertige psychologische Studiengänge anerkannt sind. Allerdings ist an dieser Stelle darauf hinzuweisen, dass einige Masterstudiengänge erst seit kurzer Zeit angeboten werden und deshalb noch nicht in dieser Liste enthalten sein können. Im Zweifel können Sie sich auch direkt beim BDP erkundigen, ob ein von Ihrer Seite favorisierter Studiengang die Qualitätsmaßstäbe erfüllt.

Wie bereits erwähnt, ergeben sich aus den verschiedenen Sozial- und Bildungssystemen der einzelnen Bundesländer unterschiedliche berufliche Perspektiven im Bereich der Pädagogischen Psychologie: Ein Abschluss bzw. eine Studienausrichtung, die in einem Bundesland gute Berufschancen im Bildungssektor bietet, ist u. U. in einem anderen wenig sinnvoll. Studieninteressierte sollten sich deshalb bereits vor Antritt des Studiums mit landesspezifischen Regelungen vertraut machen und Informationen darüber einholen, welche Qualifikationen für eine bestimmte berufliche Position verlangt werden. Auskünfte hierüber erteilen die Studienberatungen der Universitäten, psychologische Berufs- und Landesverbände oder die für den Bildungssektor verantwortlichen Landesministerien.

Wenn eine beratende Tätigkeit angestrebt wird (z. B. in der Erziehungs- oder Familienhilfe), kann eine Weiterbildung zum „Psychologischen Psychotherapeuten" (PP) oder zum „Kinder- und Jugendlichenpsychotherapeuten" (KJP) oder eine systemische Weiterbildung sinnvoll sein. Nicht wenige Psychologen im Berufsfeld der Pädagogischen Psychologie haben eine entsprechende Ausbildung berufsbegleitend absolviert. Auch wenn kein unmittelbarer Wunsch nach einer Therapieausbildung besteht, ist es ratsam, sich diese Option für das spätere Berufsleben offenzuhalten. Voraussetzung für die Zulassung zur Therapieausbildung ist in der Regel ein abgeschlossenes Masterstudium, im Rahmen dessen das Fach „Klinische Psychologie" in ausreichendem Umfang gelehrt wird. Genauere Informationen zur Therapieausbildung erhalten Sie im Kap. 3.

Wird eine Tätigkeit im Bereich der Bildungsforschung und -evaluation bzw. der Politikberatung angestrebt, ist es u. U. sinnvoll, eine Promotion ins Auge zu fassen. Diese schließt sich in der Regel an ein abgeschlossenes Masterstudium an. Genauere Informationen zu den Möglichkeiten einer Promotion finden Sie im Kap. 6.

Praxis schon im Studium

Wie für alle anderen Psychologiestudierenden empfiehlt es sich auch für angehende Pädagogische Psychologen, bereits während des Studiums so viel praktische Erfahrung wie möglich zu sammeln. Gelegenheiten hierfür bieten sich an Beratungsstellen, Heil- und Sonderpädagogischen Einrichtungen, Schulen, Sozial- und Jugendämtern oder Fort- und Weiterbildungsinstituten.

Auch eine ehrenamtliche Tätigkeit (z. B. in der Hausaufgabenbetreuung oder als Jugendleiter) kann gute Einblicke in den Bildungs- und Erziehungsbereich bieten und für pädagogische Probleme und Fragestellungen sensibilisieren.

Für Studierende, die später im Bereich der Bildungsforschung und -evaluation arbeiten wollen, kann es sinnvoll sein, ein Forschungspraktikum an einem einschlägigen Institut zu absolvieren. Auch eine Tätigkeit als studentische Hilfskraft (Hiwi) gibt gute Einblicke in den Forschungsprozess und bietet zudem die Möglichkeit, nebenher Geld zu verdienen.

5.2 Tätigkeiten im Bereich der Bildungsberatung und -evaluation

Martin Krause

Die deutsche Bildungslandschaft befindet sich mehr denn je im Wandel. Der Begriff des „Lebenslangen Lernens" ist in aller Munde und die Erkenntnis, dass Bildung lange vor der Schule beginnt und im Grunde nie endet, hat sich in weiten Kreisen durchgesetzt. Die PISA-Studien der OECD haben der Öffentlichkeit eindrücklich vor Augen geführt, wie stark der individuelle Schulerfolg eines Kindes vom sozialen Umfeld und dem Bildungshintergrund der Eltern abhängig ist. Entsprechend sollen Kinder bereits vor dem Eintritt in die Grundschule individuell gefördert werden, weshalb zunehmend auch Kitas, also Kindertagesstätten (d. h. sowohl Kindergärten als auch Kinderkrippen) als Bildungsorte verstanden werden. Die zunehmende Flexibilisierung am Arbeitsmarkt und die wachsende Vielfalt in unserer Gesellschaft stellen die deutschen Bildungssysteme vor zusätzliche Herausforderungen. Es gilt, Betreuungsmodelle und Schulformen zu entwickeln, die zum einen Forderungen aus Politik und Wirtschaft aufgreifen und zum anderen das Wohl des einzelnen Kindes nicht aus den Augen verlieren.

Für Psychologen bieten sich vor dem Hintergrund der o. g. Entwicklungen interessante berufliche Perspektivem im Bereich der Bildungsberatung und -evaluation. Aufgrund ihrer theoretischen Ausbildung verfügen sie über ein breites Wissen in Bezug auf menschliche Lern- und Entwicklungsprozesse. Bildungsverantwortliche wissen diese fundierten Kenntnisse zu schätzen und greifen deshalb häufig auf den Rat von Psychologen zurück, wenn es um die Entwicklung von neuen pädagogischen Konzepten und Handlungsrichtlinien geht. In Zeiten leerer öffentlicher Kassen ist zudem der Druck, die vorhandenen finanziellen Mittel so effizient wie möglich einzusetzen, größer denn je. Deshalb müssen neue Finanzierungs- und Steuerungsmodelle gefunden werden. Psychologen können hierbei aufgrund ihrer forschungsmethodischen und statistischen Kenntnisse einen wichtigen Beitrag leisten. Im folgenden Abschnitt soll das Feld der Bildungsberatung und -evaluation, welches eng mit dem Bereich der Bildungsforschung verknüpft ist, vorgestellt werden. Hierfür wird zunächst ein typisches Szenario geschildert, in dem ein Kita-Verantwortlicher auf die Dienste eines Psychologen zurückgreift.

Bildungsberatung und -evaluation – was ist das?

Wie bereits beschrieben, ist das Feld der Bildungsberatung und -evaluation eng mit dem Feld der Bildungsforschung verbunden. Beratungsinhalte sind abhängig vom aktuellen Stand der Bildungsforschung, und umgekehrt richtet die – oftmals staatlich finanzierte – Bildungsforschung ihre Inhalte stark am Beratungs- und Erkenntnisbedarf der öffentlichen Bildungsträger aus. Anders ausgedrückt: Kompetente Bildungsberatung setzt vorangegangene Bildungsforschung voraus, und folglich wird vor allem in Bereichen geforscht, in denen es Beratungsbedarf gibt. Somit liegt es nahe, dass in der Bildungsberatung überwiegend Psychologen zum Einsatz kommen, die an einer Universität oder einer anderen Forschungseinrichtung wissenschaftlich tätig sind.

Ein großer Erkenntnisbedarf bestand lange Zeit in Bezug auf Lern- und Erziehungsprozesse in klassischen Bildungsinstitutionen wie z. B. der Schule. Hierbei werden hauptsachlich Lehr- und Unterrichtssituationen untersucht und die Bedingungen betrachtet, unter denen das Lernen in diesen Einrichtungen erfolgt. Im Gegensatz hierzu rücken heutzutage immer mehr Fragen in den Vordergrund, welche sich auf nichtinstitutionalisierte

Ein Szenario

Peter Nürth ist Verwaltungsbeamter in Musterstadt, einer mittelgroßen deutschen Kommune mit ca. 120.000 Einwohnern. Er ist Leiter des Amts für Familie, Senioren und Soziales, welches die sozialen Aufgaben der Stadt Musterstadt übernimmt. In seinen Zuständigkeitsbereich fallen neben anderen sozialen Einrichtungen auch die Kindertagesstätten in Musterstadt. Als örtlicher Träger der Jugendhilfe hat die Stadt den Bedarf an Betreuungsplätzen für Vorschulkinder regelmäßig zu erfassen und diese in ausreichendem Umfang zur Verfügung zu stellen. Die städtischen Kitas sind Herrn Nürth direkt unterstellt, für die Einrichtungen der freien Träger hat sein Amt die Fachaufsicht, d. h. es kontrolliert, ob gesetzliche Vorgaben eingehalten und umgesetzt werden. Außerdem entscheidet es über finanzielle Zuschüsse und die Verteilung von Fördergeldern.

Nach den Kommunalwahlen beschließt der frisch gewählte Stadtrat eine Neuausrichtung der Sozialpolitik. Ab dem nächsten Kindergartenjahr sollen jährlich ca. fünf Millionen Euro zusätzlich in den Ausbau der Kindertagesbetreuung investiert werden. Dieser Betrag soll in sinnvolle Maßnahmen in den einzelnen Stadtteilen fließen. Es ist geplant, die Ressourcenausstattung einzelner Kitas bedarfsgerecht zu verbessern und z. B. zusätzliches Personal einzustellen oder spezielle Förderprogramme abzuhalten. Die bewilligten Gelder sollen nach bestimmten Vergabekriterien an einzelne Einrichtungen verteilt werden und es soll zudem überprüft werden, ob die getätigten Investitionen auch sinnvoll sind. Herr Nürth wird mit der Koordination dieses Prozesses beauftragt.

Die neue Aufgabe bereitet Herrn Nürth großes Kopfzerbrechen. Als städtischer Beamter hat er gelernt, Verwaltungsvorschriften umzusetzen und gesetzliche Rahmenbedingungen zu beachten. Mit der Evaluation erzieherischer Maßnahmen hat er sich nie beschäftigt – kann man die pädagogische Qualität einer Kita überhaupt messen? Und lässt sich belegen, ob Kinder von einem bestimmten Sprachförderprogramm mehr profitieren als von einem anderen? Herr Nürth merkt sehr schnell, dass weder er noch einer seiner Mitarbeiter über das nötige Wissen verfügen, um die geforderte Evaluation der Fördermaßnahmen durchzuführen. Nach reiflicher Überlegung beschließt er daher, sich externe Hilfe zu holen. Nach geraumer Zeit und vielen Verhandlungen wird ein Kooperationsvertrag mit der PÄDAGOGIKA GmbH geschlossen. Das Projekt soll zunächst über drei Jahre laufen.

Die PÄDAGOGIKA GmbH ist ein Kooperationsinstitut einer renommierten deutschen Universität. Das Institut führt seit mehr als 30 Jahren sowohl anwendungsbezogene Untersuchungen als auch Grundlagenforschung im Bereich der Frühpädagogik durch. Gegenüber Kommunen und Kita-Trägern tritt das Institut als Dienstleister auf, der externe Evaluationen der pädagogischen Qualität, aber auch Fortbildungs- und Zertifizierungsprogramme anbietet.

Seitens der PÄDAGOGIKA GmbH wird Michael Kunze das Projekt anvertraut. Herr Kunze ist Dipl.-Psychologe und seit vier Jahren als wissenschaftlicher Mitarbeiter am Institut tätig. Für ihn bedeutet das Kooperationsprojekt mit Musterstadt die erste Projektleitung. Sein Team besteht noch aus einer weiteren Mitarbeiterin. Diese wurde eigens für das Projekt eingestellt und erhielt dementsprechend nur einen befristeten Arbeitsvertrag.

Bald wird in Musterstadt ein erstes Treffen zwischen dem Team von Herrn Kunze, Vertretern der Stadtverwaltung, wichtigen Trägervertretern und diversen anderen Stakeholdern angesetzt. In diesem Rahmen stellt Herr Kunze das von ihm ausgearbeitete Erhebungsdesign vor: In den Kitas, die zusätzliche finanzielle Mittel erhalten, soll zu insgesamt drei Zeitpunkten die pädagogische Prozessqualität erfasst werden. Für diese Messungen sollen vornehmlich standardisierte Selbstevaluationsbögen eingesetzt werden. Darüber hinaus sollen aber auch geschulte Rater in die Kitas gehen und anhand von strukturierten Beobachtungsinstrumenten wichtige Faktoren der pädagogischen Qualität beurteilen. Außerdem sollen an einer kleinen Stichprobe von Vorschulkindern zu verschiedenen Zeitpunkten Sprachstandmessungen durchgeführt werden. Herr Kunze ist stolz auf sein Design und prophezeit, dass sich aus der Zusammenschau der verschiedenen Erhebungen interessante Erkenntnisse über den Nutzen und die Effektivität der getätigten Fördermaßnahmen ableiten ließen. Diese könnten in Zukunft gut für die Steuerung von Bildungsprozessen genutzt werden und als Grundlage für die Vergabe weiterer finanzieller Mittel dienen.

Die Vorschläge von Herrn Kunze führen bei den anwesenden Personen zu sehr geteilten Reaktionen. Bei der Stadtverwaltung ist man begeistert. Endlich – so hofft man – wird sich der Nutzen von Bildungsinvestitionen quantifizieren lassen. Man wird genau wissen, wofür es sich lohnt, Geld auszugeben, und wofür nicht. Die anwesenden Vertreter der freien Träger sind allerdings skeptisch. Sie fürchten, dass ihre Kitas besonders genau unter die Lupe genommen werden und man in einen sehr großen Rechtfertigungsdruck kommen könnte. Auch die anwesenden Kita-Leitungen und eine Personalratsvertreterin sind nicht überzeugt. Sie fühlen sich durch die angekündigten Erhebungen kontrolliert und fürchten, in ihrer Arbeit behindert zu werden. Die Arbeitsbelastung sei für die Erzieherinnen ohnehin schon viel zu hoch und die kommenden Untersuchungen würden viel Zeit in Anspruch nehmen, welche dann für die pädagogische Arbeit mit den Kindern fehle. Zu guter Letzt teilt eine als Elternvertretung eingeladene Mutter Herrn Kunze noch mit, dass sie die geplanten Sprachstanderhebungen grundsätzlich ablehnt. Sie fürchtet, dass die Kinder durch die Testungen seelischen Schaden nehmen könnten.

Herr Kunze merkt, dass er noch viel Überzeugungsarbeit leisten muss, bevor er mit seiner Studie beginnen kann. Aus Erfahrung weiß er, dass es für den Erfolg eines Projektes entscheidend ist, dass es von allen Beteiligten mitgetragen wird. Deshalb nimmt er sich viel Zeit und geht auf jeden einzelnen Kritikpunkt ein. Durch seine sachliche und zugleich wertschätzende Art gelingt es ihm schließlich, die meisten Befürchtungen auszuräumen und fast alle Anwesenden vom Sinn des Vorhabens zu überzeugen. Dem Beginn der Evaluationsstudie steht nun nichts mehr im Wege.

Lernprozesse beziehen; Bildung wird als ein fortwährender Prozess über die gesamte Lebensspanne begriffen. Entsprechend wird auch das familiäre Umfeld zunehmend als Bildungsort betrachtet und Prozesse des selbstgesteuerten Lernens und der Selbstbildung rücken verstärkt in den Fokus.

Unter Bildungsevaluation versteht man Untersuchungen, mit denen die Effektivität und Effizienz von Bildungsmaßnahmen beurteilt werden soll. In der Regel geht es hierbei darum, den Wissens- oder Kompetenzzuwachs bei einer Gruppe von Personen zu messen, um so das Ergebnis einer pädagogischen Maßnahme unmittelbar beurteilen zu können. Es kommt aber ebenfalls vor, dass nicht der Lernfortschritt an sich, sondern Merkmale der Lernumgebung (z. B. die Ausgestaltung des Unterrichtsraums) oder die Qualität des pädagogischen Prozesses, wie das Verhalten einer Erzieherin, untersucht und bewertet werden. Gegenstand von Evaluationsmaßnahmen können Prozesse in einer einzelnen Gruppe, in einer kompletten Einrichtung oder sogar in einem ganzen Land sein. Die Übergänge zwischen Bildungsevaluation und Bildungsforschung sind somit fließend, besonders wenn sich Erkenntnisse in Bezug auf einzelne Maßnahmen verallgemeinern lassen.

5

Zusammenfassend lässt sich sagen: Bildungsforschung als angewandte Wissenschaft bildet die Grundlage für kompetente Bildungsberatung und bildungspolitische Entscheidungen. Das Ziel von Bildungsberatung ist es letztendlich, die pädagogische Arbeit in Kitas, Schulen, Universitäten, Berufsbildungszentren etc. zu optimieren. Bildungsevaluation kommt im Rahmen der Qualitätsentwicklung in den oben genannten Institutionen eine zentrale Rolle zu. Sie trägt dazu bei, die Nachhaltigkeit von pädagogischen Maßnahmen zu sichern und die größtmögliche Effizienz des Bildungssystems zu gewährleisten.

Bildungsberatung und -evaluation – ein ganz besonderes Tätigkeitsfeld?

Wie kaum ein anderes Berufsfeld ist der Bildungsbereich von Interdisziplinarität und dem komplexen Zusammenspiel verschiedener Professionen und Institutionen geprägt. Die Arbeit spielt sich in der Regel immer zwischen drei Interessensgruppen ab: Politik, Wissenschaft und Praxis. Jede der drei Interessensgruppen ist von spezifischen Sichtweisen, Standards und teilweise auch von einer eigenen Sprache geprägt. Die Erwartungen und Anforderungen der drei Bereiche können u. U. stark voneinander abweichen: So sind beispielsweise für die Politik parlamentarische Beschlüsse und gesetzliche Grundlagen ausschlaggebend, wohingegen für die Wissenschaft der aktuelle Forschungsstand und empirische Fakten relevant sind. Darüber hinaus erwartet die Wissenschaft Publikationen, die fachspezifischen Richtlinien genügen, die Praxis hingegen verlangt nach gut verständlichen Texten, die im Rahmen der Arbeit der Fachkräfte vor Ort direkt genutzt werden können. Politik, Wissenschaft und Praxis stehen also in einem Spannungsverhältnis zueinander, und als Psychologe sitzt man oftmals zwischen den Stühlen. Andererseits bietet kaum ein Berufsfeld so gute Möglichkeiten, Brücken zwischen Theorie und Praxis zu schlagen und bedeutsame gesellschaftliche Prozesse aktiv mitzugestalten.

Aufgaben im Rahmen der Tätigkeit

Die Aufgaben können höchst unterschiedlich ausfallen. In Abhängigkeit von Arbeitgeber, Projektziel und individueller Ausrichtung ergeben sich somit diverse Tätigkeits- und Anforderungsprofile. Im Folgenden werden einige Tätigkeitsfelder genannt:

- Pädagogische Grundlagenforschung
- Evaluation und Zertifizierung von pädagogischen Maßnahmen und Einrichtungen
- Beratung von Einrichtungsträgern und politischen Verantwortlichen
- Erstellen von Praxismaterialien und Handreichungen für pädagogische Fachkräfte
- Entwicklung von Bildungsleitlinien und Curricula
- Fort- und Weiterbildung von pädagogischen Fachkräften

Aus den genannten Tätigkeitsfeldern ergibt sich eine Vielzahl von Arbeiten, die alle in den Aufgabenbereich eines Psychologen fallen können. Dazu gehören umfangreiche Recherchetätigkeiten, die Planung und Durchführung von Erhebungen vor Ort, die Auswertung und Aufbereitung von Daten sowie das Verfassen von wissenschaftlichen und fachpraktischen praxisorientieren Abhandlungen. Außerdem zählen dazu die Präsentation von Ergebnissen in Rahmen von politischen Gremien und Kongressen sowie das Abhalten von Fortbildungen und Informationsveranstaltungen für Fachkräfte.

In Abhängigkeit von der personellen Besetzung des jeweiligen Projekts und den administrativen Strukturen, auf die zurückgegriffen werden kann, müssen auch zahlreiche organisatorische Aufgaben übernommen werden. Diese können von der Finanzplanung bis hin zum Einkauf von Verbrauchsmaterialien reichen.

Mobilitätsbereitschaft

Die Reisetätigkeit richtet sich sehr stark nach der genauen Tätigkeit und den zu betreuenden Projekten. Arbeits- und Vernetzungstreffen mit Kooperationspartnern wie Ämtern, Ministerien und Einrichtungsträgern finden in aller Regel an deren Dienstort statt. Je nach Entfernung des Dienstortes können also regelmäßig längere Reisen anfallen. Oftmals arbeitet man mit kleinen und mittelgroßen Städten und Kommunen zusammen, die u. U. in strukturschwachen Regionen liegen und mit dem Flugzeug gar nicht und mit der Bahn nicht direkt zu erreichen sind. Das bedeutet folglich, dass sehr lange Reisezeiten anfallen können. Arbeitet man in größeren, möglicherweise länderübergreifenden Projekten mit mehreren Projektbeteiligten und Institutionen zusammen, sind regelmäßige Vernetzungstreffen unumgänglich, für die ebenfalls mehrtägige Dienstreisen anfallen können.

Arbeitszeit

An den meisten Tagen wird man seine Arbeit zu den normalen Bürozeiten verrichten. Gleitzeitregelungen sind in den meisten Instituten üblich, sodass eine flexible Einteilung der Arbeitszeit möglich ist. Sitzungen und Arbeitstreffen mit Kooperationspartnern finden in der Regel während der Bürozeiten statt. Bei Terminen außerhalb des Wohnorts können allerdings längere Reisezeiten entstehen, die teilweise nicht in vollem Umfang angerechnet werden. Bildungsforschung bedeutet fast immer Projektarbeit, d. h. in „heißen" Phasen (z. B. wenn vor Beginn einer Feldphase Erhebungsunterlagen fertiggestellt werden müssen, oder wenn ein Bericht kurz vor der Abgabe steht) können erhebliche Überstunden anfallen. Idealerweise können diese aber in ruhigeren Projektphasen wieder abgebaut werden. Ob und wie Überstunden abgegolten werden, hängt von der Art des Dienstverhältnisses ab. Im öffentlichen Dienst kann fast immer Zeitausgleich genommen werden, bei anderen Arbeitgebern kann es sein, dass unbezahlte Überstunden erwartet werden.

Bezahlung und Aufstiegschancen

Bei Anstellungen im öffentlichen Dienst kommt je nach Arbeitgeber in der Regel der Tarifvertrag für den Öffentlichen Dienst (TVöD) oder der Tarifvertrag für den Öffentlichen Dienst der Länder (TV-L) zur Anwendung (www.oeffentlicher-dienst.info/einstieg). Wenn die genannten Tarifverträge dem Arbeitsverhältnis nicht unmittelbar zugrundegelegt werden, erfolgt die Bezahlung oftmals in Anlehnung an diese. Die Gehaltssteigerungen im öffentlichen Dienst richten sich nach der Dienstzugehörigkeit und sind in den genannten Tarifverträgen genau geregelt. In einigen Bereichen des öffentlichen Dienstes wurden in den letzten Jahren leistungsorientierte Vergütungssysteme eingeführt, d. h. ein Teil des Gehalts wird in Abhängigkeit von der erbrachten Leistung des Arbeitnehmers ausgezahlt. Die leistungsabhängige Komponente des Gehalts ist im öffentlichen Dienst jedoch deutlich geringer als bei einer Tätigkeit in der freien Wirtschaft und beträgt in der Regel nicht mehr als 1–2 % des Jahresgehalts. Die Eingruppierung für einen Berufsanfänger mit Diplom oder Master erfolgt üblicherweise in die Entgeltgruppe E13. Mit einer niedrigeren Gruppe sollte man sich folglich nicht zufrieden geben. Bezüglich der Eingruppierung von Bachelorabsolventen gibt es derzeit im öffentlichen Dienst noch eine gewisse Unsicherheit und somit Unterschiede. Sie erfolgt in der Regel zwischen den Entgeltstufen E9 und E12. Hier kann es sich als Berufsanfänger u. U. lohnen, auf eine höhere Eingruppierung zu bestehen. Die genaue Höhe des Gehalts richtet sich nach der aktuellen Tarifvereinbarung und dem Tarifgebiet. Sie kann anhand der entsprechen Tabellen genau bestimmt werden.

Als Berufsanfänger wird man in aller Regel noch keine Projektverantwortung tragen. Entsprechend ist – wie bereits erwähnt – eine TVöD/TV-L Eingruppierung in die Stufe E13 realistisch. Für eine Tätigkeit als Projektleitung ist die Stufe E14 vorgesehen. Je nach Arbeitsstelle sind auch höhere Eingruppierungen möglich. Diese sind dann zumeist mit der Übernahme von größerer Personalverantwortung, einer Abteilungsleitung o. ä. verbunden.

Persönliche Weiterbildung

Wie in fast allen psychologischen Berufsfeldern ist es auch im Bereich der Bildungsberatung und -evaluation wichtig, sich kontinuierlich weiterzubilden und über den aktuellen Forschungsstand informiert zu sein. Die regelmäßige Lektüre von Fachzeitschriften und wissenschaftlichen Journals sollte selbstverständlich sein. Auch Kongresse und Tagungen müssen regelmäßig besucht werden, um Kontakte mit anderen Wissenschaftlern aufzubauen und zu pflegen. Das Bildungssystem ist in administrative und gesellschaftliche Strukturen eingebettet und wird daher von politischen Vorgaben und gesetzlichen Beschlüssen geformt. Diese haben somit einen großen Einfluss auf die Arbeit. Entsprechend sollte man gesellschaftliche und politische Diskurse verfolgen und über bildungspolitische Entscheidungen stets auf dem Laufenden sein.

Über kurz oder lang sollte eine Promotion ins Auge gefasst werden. Der Doktortitel gilt als Nachweis für die Fähigkeit zum selbstständigen wissenschaftlichen Arbeiten und wird von einigen Arbeitgebern als obligatorisch für eine leitende

Tätigkeit erachtet. An vielen Instituten wird von einem Berufsanfänger die Bereitschaft zur Promotion ausdrücklich erwartet, und nicht wenige Stellen sind explizit als Qualifikationsstellen ausgeschrieben. Aber auch in Projekten, in denen dies nicht von vornherein vorgesehen ist, bietet sich oftmals die Chance, einen Doktortitel zu erwerben.

Selbstständigkeit

Wenn man als Psychologe im Feld der Bildungsberatung und -evaluation tätig ist, wird man zumeist als wissenschaftlicher Mitarbeiter oder Referent an einem Institut, einer Behörde oder einer Hochschule angestellt sein. Staatliche Aufträge und Drittmittel werden in aller Regel nur an renommierte Institutionen vergeben und Kooperationsverträge mit Bildungsträgern kommen in der Regel nicht mit Privatpersonen zustande. Selbstständige sind daher im Bereich der Bildungsberatung eher selten anzutreffen. Das Feld bietet allerdings gute Möglichkeiten für nebenberufliche Tätigkeiten, z. B. als Autor von Expertisen, als Gutachter, Referent oder Fortbilder.

Die Rolle von Psychologen in der Bildungsforschung

Im öffentlichen Bildungswesen und im Bereich der Bildungsforschung ist eine Vielzahl von Qualifikationen und Ausbildungshintergründen vertreten. In Anbetracht der Tatsache, dass es eine fast unüberschaubare Anzahl von Studiengängen und Berufen gibt, die sich im weitesten Sinne mit Lern- und Erziehungsprozessen beschäftigen, ist dies auch nicht verwunderlich. So trifft man u. a. auf Pädagogen, Erziehungswissenschaftler, Soziologen, Sozialpädagogen, Sozialarbeiter, Kindheitspädagogen, Sprachwissenschaftler und Lehrer. Da die Tätigkeit eng in administrative und politische Strukturen eingebunden ist, wird man oftmals auch mit Juristen und Verwaltungsbeamten zusammenarbeiten. Jede dieser Berufsgruppen ist durch spezifische Profile und Basiskompetenzen, aber auch durch einen berufsgruppenspezifischen Habitus, eine eigene Sprache und einen eigenen Blickwinkel gekennzeichnet.

Die Rolle, die einem Psychologen in diesem Konglomerat aus unterschiedlichen Professionen häufig zufällt, ist die des Empirikers und Methodenexperten. In der Tat sind die diagnostischen und testtheoretischen Kenntnisse das wesentliche Alleinstellungsmerkmal des Psychologen. In keinem anderen Studium lernt man, wie Entwicklungstests konstruiert werden oder wie die sozialen Kompetenzen von Menschen gemessen und mit statistischen Mitteln verglichen werden können. Gute Methoden- und Statistikkenntnisse werden von einem Psychologen in der Bildungsforschung erwartet und sind somit unerlässlich. Die Psychologie ist im Gegensatz zu vielen der o. g. Disziplinen eine empirische und evidenzbasierte Wissenschaft. Einen guten Psychologen zeichnen somit auch sein strukturiertes, systematisches Vorgehen und seine fundierten theoretischen Kenntnisse aus.

Ein weiteres Alleinstellungsmerkmal des Psychologen kann sein klinisches Wissen sein. Insbesondere in Bezug auf Lern- und Entwicklungsstörungen, Reifeverzögerungen etc. sind diese Kenntnisse u. U. sehr hilfreich.

Anforderungen an eine Tätigkeit als Psychologe in der Bildungsberatung und -evaluation

Im Folgenden sollen wichtige Punkte angesprochen werden, die für angehende Psychologen relevant sein können, die eine forschende oder beratende Funktion im Bildungssystem anstreben.

Die deutsche Bildungslandschaft ist extrem heterogen und von Multiprofessionalität geprägt. Entsprechend unterschiedlich können Karrierepfade in diesem Berufsfeld verlaufen und entsprechend schwer ist es, allgemeingültige Hinweise für eine Schwerpunktsetzung oder individuelle Studienausrichtung zu geben.

Schwerpunktsetzung und fachliche Inhalte

Es ist mit Sicherheit von Vorteil, im Studium seine Schwerpunkte in der Pädagogischen Psychologie oder der Entwicklungspsychologie zu setzen. Die Aufgaben und Anforderungen in der Bildungsforschung sind jedoch so vielfältig, dass Psychologen u. U. auch mit anderen Studienausrichtungen gute Chancen haben. So können z. B. Kenntnisse in der Arbeits- und Organisationspsychologie hilf-

Eine Perspektive aus der Praxis

Titel, Name	Dr. Monika Wertfein
Organisation	Staatsinstitut für Frühpädagogik
Berufsbezeichnung	Wissenschaftliche Referentin
Schwerpunkte im Psychologiestudium	Klinische Psychologie, Familienpsychologie
Wieso haben Sie sich für eine Tätigkeit in diesem Berufsfeld entschieden?	Das Feld ist extrem abwechslungsreich: Es verbindet die Bereiche Forschung, Lehre und Beratung. Insbesondere gefällt mir das teamorientierte Arbeiten, die eigenverantwortliche Durchführung und Leitung von Forschungsprojekten. Besonders schätze ich auch die guten Fortbildungsmöglichkeiten und den Austausch mit anderen Wissenschaftlern. Auch die Kooperation mit anderen Instituten ist ein spannender Bestandteil meiner Arbeit.
Was glauben Sie, können Psychologen in diesem Berufsfeld bewegen?	Viel! Durch gute, qualitativ hochwertige Forschung und Publikationen sowie durch die Verzahnung von Forschung und Praxis. Ergebnisse aus der Forschung können unmittelbar weitergegeben werden und tragen somit direkt zur Weiterentwicklung im Feld bei. Durch Politikberatung besteht – zumindest indirekt – die Möglichkeit, politischen und gesellschaftlichen Einfluss zu nehmen. Außerdem besteht in meinem Beruf die Möglichkeit, Studierende und Nachwuchswissenschaftler aktiv zu fördern. Man kann Modell sein für einen wertschätzenden, ressourcenorientierten Umgang mit Kollegen, Auftraggebern und Personen in der Praxis sowie für eine systemisch orientierte Denk- und Arbeitsweise.
Was hat Sie an Ihrer Tätigkeit am meisten überrascht?	Dass sich alle Stationen und Umwege in meinem bisherigen beruflichen Werdegang durch diese Tätigkeit als sinnvoll erwiesen haben. Außerdem bin ich überrascht, wie erfüllend meine Tätigkeit auch nach sechs Jahren noch sein kann – es gibt immer Neues zu entdecken und zu lernen.
Ist es überhaupt möglich, diesen Beruf mit einem normalen Familienleben zu vereinen?	Ja, ich denke schon, auch wenn bestehende zeitliche Spielräume und eine hohe Autonomie bei der Arbeitsaufteilung immer auch mit dem Risiko verbunden sind, dass die berufliche Tätigkeit viel Raum einnimmt und die Familienzeiten beeinträchtigt. Das liegt aber weitgehend in der eigenen persönlichen Verantwortung.
Welchen Tipp haben Sie für Psychologen, die sich überlegen, in diesem Feld zu arbeiten?	Wichtig sind Vorerfahrungen in der Frühpädagogik und fundierte Kenntnisse in Forschungsmethoden. Vorteilhaft ist ein pädagogischer Erstberuf, z. B. als Erzieherin oder Heilpädagogin. Empfehlenswert ist ein längeres Forschungspraktikum (mindestens sechs Wochen) oder eine studentische Hilfskrafttätigkeit während des Studiums. Auch eine Promotion schadet nicht.
Stoßen Sie manchmal auf Vorurteile wegen Ihrer Ausbildung?	Kaum – Vorurteile kenne ich eher aus dem therapeutischen Tätigkeitsbereich von Psychologen.

reich sein, wenn es um Beratung von Bildungsträgern geht, oder klinisches Wissen, wenn man sich schwerpunktmäßig mit sonderpädagogischen Fragestellungen beschäftigt. Wem sich die Gelegenheit bietet, vertiefte Kenntnisse in Forschungsmethoden zu erlangen, sollte diese auf jeden Fall nutzen. Auch sollten angehende Psychologen sich bereits während des Studiums Wissen über Trägerstrukturen, gesetzliche Grundlagen und bildungspolitische Zusammenhänge aneignen.

Computerkenntnisse

Gute bis sehr gute Kenntnisse in den gängigen Office-Anwendungen sind unumgänglich. Ein Forscher verbringt einen Großteil seiner Arbeitszeit vor dem Computer. Das Verfassen und Gestalten von Schriftstücken und das Erstellen von PowerPoint-Präsentationen sollten folglich keine Schwierigkeiten bereiten. Eine Grundvoraussetzung ist der sichere Umgang mit gängigen Statistikprogrammen wie SPSS. Auch die Literaturrecherche und -beschaffung via onlinebasierter Datenbanken sollten beherrscht werden.

Sprachkenntnisse

In Vergleich zu privatwirtschaftlichen Berufsfeldern sind aktive Fremdsprachenkenntnisse im Bereich der Bildungsberatung weniger zentral. Vertragspartner sind in aller Regel deutschsprachige Kommunen oder Institutionen und die Verhandlungs- und Geschäftssprache ist in der Regel Deutsch. Im Rahmen von länderübergreifenden Projekten und beim Besuch von internationalen Kongressen und Tagungen sind Englischkenntnisse natürlich unumgänglich.

Wie in jedem anderen Wissenschaftsbereich ist auch in der Bildungsforschung ein Großteil der relevanten Literatur in englischer Sprache verfasst. Zumindest das Lesen von englischsprachlichen Texten sollte also keine Schwierigkeiten bereiten.

Praxis, Praxis, Praxis

Wie für jedes andere Berufsfeld empfiehlt es sich auch für den Bereich der Bildungsberatung und -evaluation, bereits während des Studiums möglichst umfassende Praxiserfahrungen zu sammeln. Besonders geeignet sind hierfür sog. Forschungspraktika, wie sie von vielen Lehrstühlen, aber auch von außeruniversitären Institutionen angeboten werden. Im Rahmen dieser Praktika können erste Einblicke in den Bereich der angewandten Bildungsforschung gewonnen werden. Bezahlt werden Forschungspraktika in der Regel nicht. Auch eine Tätigkeit als studentische Hilfskraft (Hiwi) ermöglicht es einem, erste Erfahrungen im Bereich der Forschung und Evaluation zu machen – und nebenher Geld zu verdienen. Auch Praktika im sozialen oder pädagogischen Bereich (z. B. bei einer Erziehungsberatungsstelle oder einer Kita) werden gerne gesehen. Mit Sicherheit hilfreich, aber natürlich nicht notwendig, ist eine bereits abgeschlossene soziale oder erzieherische Ausbildung, z. B. als staatlich anerkannte Erzieherin oder Hebamme. Erfahrungsgemäß haben Personen mit einschlägiger Berufserfahrung bei Kooperationspartnern ein gutes Ansehen und genießen eine hohe Glaubwürdigkeit.

Fazit

Wie kaum ein anderes Berufsfeld bietet der Bereich der Bildungsberatung und -evaluation die Möglichkeit, gesellschaftliche und sozialpolitische Prozesse unmittelbar zu erleben und selbst mitzugestalten. Im Rahmen der Tätigkeit lassen sich die Bildungs- und Entwicklungsbedingungen von Kindern und Jugendlichen beeinflussen und nachhaltig verbessern. Der Beruf bietet die Möglichkeit, Brücken zwischen Wissenschaft, Politik und Praxis zu schlagen und mit Menschen aus den unterschiedlichsten gesellschaftlichen Bereichen zusammenzuarbeiten.

5.3 Tätigkeiten in der Fort- und Weiterbildung

Josef Fischer

Im Studium der Psychologie beschäftigt man sich ausführlich mit dem Themenkomplex „Lernen und Entwicklung". Eine Tätigkeit in der Fort- und Weiterbildung ist deshalb ein mögliches Berufsfeld für Psychologen, das in diesem Kapitel näher vorgestellt wird. Zunächst soll ein Beispielszenario einen realistischen Einblick in die Tätigkeit gewähren. Im Anschluss wird auf die charakteristischen Merkmale dieses Berufsfelds eingegangen. Zudem wird beschrieben, welchen Beitrag Psychologen in diesem Berufsfeld leisten können, und skizziert, wie man sich während des Studiums auf diese Tätigkeit vorbereiten kann. Das Kapitel wird abgerundet durch ein Experteninterview mit einer erfahrenen Psychologin, die über langjährige Erfahrung in vielfältigen Bereichen der Fort- und Weiterbildung verfügt. Während in Abschn. 4.5 insbesondere das Berufsfeld eines freiberuflichen Trainers vorgestellt wird, bezieht sich dieser Beitrag auf die Rolle eines Psychologen in der Fort- und Weiterbildung, der für eine Institution tätig ist.

Die Fort- und Weiterbildung verfolgt das Ziel, Erwerbstätige bei der Entwicklung von berufsrelevanten Kompetenzen zu unterstützen, um sie damit zum Ausüben ihrer Arbeitstätigkeit zu befähigen. Diese Aufgabe umfasst eine Vielzahl unterschiedlicher Tätigkeiten: Nach Ermittlung des Qualifizierungsbedarfs werden Bildungsveranstaltungen ausgearbeitet, durchgeführt und anschließend evaluiert. Eine wichtige Herausforderung besteht darin, die Weiterbildungsangebote auf den Berufsalltag der jeweiligen Zielgruppe abzustimmen und anzupassen.

Fort- und Weiterbildung – was ist das?

Immer häufiger erleben Erwerbstätige eine Situation, die mit der der Mitarbeiter bei der Pharmatiko-Muster AG im Exkurs „Ein Szenario" vergleichbar ist: In den meisten Berufsgruppen reicht das durch die Erstausbildung oder das Studium erworbene Kompetenzniveau nicht aus, um den sich ständig ändernden beruflichen Anforderungen gerecht zu werden. Im Laufe ihrer Erwerbstätigkeit müssen Mitarbeiter deshalb ihr Wissen und ihre Fähigkeiten immer wieder auf den aktuellen Stand bringen und sich neue Kompetenzen aneignen. Zudem können sie eigeninitiativ durch den Erwerb zusätzlicher Qualifikationen eine berufliche Weiterentwicklung anregen. Ein breites Kompetenzprofil wird oftmals mit aussichtsreichen Karriereperspektiven in Verbindung gebracht. Auch aus der Perspektive der Arbeitgeber rückt die Bildung der Beschäftigten immer mehr in den Fokus. Durch gezielte Qualifizierung können sie ihre Mitarbeiter dazu befähigen, ihre Arbeit erfolgreich zu verrichten. Die berufliche Fort- und Weiterbildung gewinnt deshalb sowohl für Arbeitnehmer als auch Arbeitgeber an Bedeutung und wird zunehmend als strategischer Erfolgsfaktor gesehen. Eine kontinuierliche und hochwertige Qualifizierung

1. erhöht die Aussicht auf beruflichen Erfolg für Erwerbstätige und
2. gewährleistet den Erfolg von Institutionen und Organisationen.

Das Wissen und die Kompetenzen der Erwerbstätigen werden gerne auch als das „intellektuelle Kapital" einer Gesellschaft oder eines Wirtschaftsstandorts gesehen. Dementsprechend wichtig ist hierbei der Beitrag, den das Tätigkeitsfeld der Fort- und Weiterbildung zu leisten vermag.

Fort- und Weiterbildung – ein ganz besonderes Tätigkeitsfeld?

Der Deutsche Bildungsrat (1970, S. 197) definiert die Fort- und Weiterbildung als „Fortsetzung oder Wiederaufnahme organisierten Lernens nach Abschluss einer unterschiedlich ausgedehnten ersten Bildungsphase".

Auf den ersten Blick mag diese Definition überholt und allenfalls vage formuliert erscheinen. Allerdings deckt sie drei Kernmerkmale ab, die für die Tätigkeit in der Fort- und Weiterbildung nach wie vor charakteristisch sind. Mit dem „Abschluss einer unterschiedlich ausgedehnten ersten Bildungsphase" wird deutlich, dass Fort- und Weiterbildung auf den bisher erworbenen Qualifikationen von Erwerbstätigen aufbaut, individuelle Bildungsunterschiede berücksichtigt und sich mit ihren Angeboten an unterschiedliche Zielgruppen richtet. Im beschriebenen fiktiven Szenario passt die Pharmatiko-Muster AG die Schulungen an das Vorwissen der Mitarbeiter an, da hier je nach Ausbildungshintergrund und Berufserfahrung ein unterschiedlicher Bedarf besteht. Die „Fortsetzung oder Wiederaufnahme" deutet darauf hin, dass die letzten Bildungsaktivitäten länger zurückliegen. In der Regel wird der Erwerb von Bildung, der nach dem Abschluss der ersten Bildungsphase stattfindet, durch einen bestimmten Anlass ausgelöst. Fort- und Weiterbildung erfüllt deswegen keinen Selbstzweck, sondern ist mit dem Ziel und

Ein Szenario

Die Pharmatiko-Muster AG ist ein großes Pharmaunternehmen. Der Schwerpunkt ihres Geschäftsbereichs liegt im deutschsprachigen Raum. Wegen grundlegenden Gesetzesänderungen im deutschen Gesundheitswesen müssen bestimmte Produkte der Pharmatiko-Muster AG an die neuen rechtlichen Vorgaben angepasst werden. Sämtliche überarbeitete Produkte sollen in einer neu geschaffenen Produktlinie zusammengefasst und vermarktet werden. Dabei ist es wichtig, dass die Mitarbeiter der Pharmatiko-Muster AG auf der einen Seite die wichtigen Gesetzesänderungen und auf der anderen Seite auch die Angebote der neuen Produktlinie kennen. Vor allem die Mitarbeiter in der Produktberatung sind von diesen Änderungen betroffen. Bei der Betreuung und Beratung von gewerblichen und privaten Kunden müssen sie gut über die aktuelle Gesetzeslage und die technischen Produktdetails informiert sein. Umfassende Schulungs- und Qualifizierungsprogramme sollen helfen, das Wissen der Mitarbeiter auf den neuesten Stand zu bringen. Zudem bemängelt die Geschäftsführung, dass die Verkaufszahlen der Mitarbeiter im Vertrieb seit längerem nicht ihren Erwartungen entsprechen.
Herr Meier arbeitet als Psychologe im Personalbereich der Pharmatiko-Muster AG. Als Verantwortlicher für den Bereich „Qualifizierung und Bildung" wird er damit beauftragt, einen Lösungsvorschlag für den Qualifizierungsbedarf zu entwickeln. Er ist dazu angehalten, ein möglichst nachhaltiges und effektives Weiterbildungskonzept zu erstellen. Zudem soll er prüfen, inwiefern die Leistung der Vertriebsmitarbeiter durch spezielle Trainings verbessert werden kann.
Im ersten Schritt möchte Herr Meier sich erst einmal selbst ein Bild von der Situation machen und den Qualifizierungsbedarf ermitteln. Zusammen mit den Ansprechpartnern aus den Fachbereichen Produktberatung und Vertrieb identifiziert er die Themen und Inhalte, bei denen der Schulungsbedarf besonders hoch ist. In der Kundenberatung beschäftigt die Pharmatiko-Muster AG zahlreiche Quereinsteiger, die über vergleichsweise wenig Erfahrung in dieser Branche verfügen. Der Fachbereich sieht hier weiteren Nachholbedarf und befürwortet, dass diese Mitarbeiter besonders umfassend geschult werden. Herr Meier will ihnen deshalb Zugang zu Seminaren ermöglichen, die grundlegende Inhalte für die Produktberatung vermitteln und über die eigentliche Schulung zur neuen Produktlinie hinausgehen. Zudem erfährt Herr Meier, dass bei der Weiterbildung der Vertriebsmitarbeiter bis jetzt überwiegend fachliche Schwerpunkte gesetzt wurden. Er möchte diese um Seminare erweitern, die an der Außenwirkung der Vertriebsmitarbeiter in der Verkaufssituation ansetzen.
Für ein solch aufwendiges Qualifizierungsprojekt arbeitet die Pharmatiko-Muster AG mit externen Bildungs- und Trainingsanbietern zusammen. Herr Meier veröffentlicht deshalb eine Ausschreibung, um sich dabei von unterschiedlichen externen Anbietern die Angebote und Konzepte zur Umsetzung des Qualifizierungsvorhabens einzuholen. An der Ausschreibung beteiligt sich auch e-Ducational Training, die neben klassischen Präsenzseminaren auch moderne E-Learning-Lösungen anbietet. Dieser Bildungs- und Trainingsanbieter hat bereits vergleichbare Qualifizierungsprojekte durchgeführt. Zudem beschäftigt dieser Anbieter Trainer, die sich auf den Vertrieb spezialisiert haben und bereits mehrere Kunden in der Pharmaindustrie betreut haben.
Nach Durchsicht und Vergleich der Angebote und Konzepte entschließt sich Herr Meier dazu, mit e-Ducational Training zusammenzuarbeiten. Besonders interessant erscheint ihm dabei der Vorschlag, dass die Schulungen zu den rechtlichen Rahmenbedingungen und für die neue Produktlinie durch eine Kombination aus Präsenzveranstaltungen und E-Learning abgedeckt werden sollen. Die Mitarbeiter haben

die Möglichkeit, ihr Lernpensum individuell anzupassen und in den Präsenzveranstaltungen das erworbene Wissen zu diskutieren und in Übungen anzuwenden. Herr Meier verspricht sich zudem von diesem Qualifizierungsansatz, dass durch die internetbasierten Angebote eine besonders breite Zielgruppe qualifiziert werden kann. Reisekosten und Ausgaben für Seminarhotels können damit zusätzlich eingespart werden. Die Vertriebsmitarbeiter sollen auch spezielle Verkaufstrainings bekommen, um damit ihr Auftreten und ihre Präsentationen vor dem Kunden zu verbessern. Dabei sollen sowohl Seminarleiter der Pharmatiko-Muster AG, als auch auf den Vertrieb spezialisierte Trainer der e-Ducational Training eingesetzt werden.
Herr Meier trifft sich deswegen mit Vertretern von e-Ducational Training, um mit ihnen das Qualifizierungsprojekt zu planen. Zusammen erarbeiten sie ein konkretes Bildungsprogramm für die unterschiedlichen Zielgruppen. Sie verständigen sich darauf, wie die Inhalte auf E-Learning und Präsenzveranstaltungen verteilt werden sollen.
Die Mitarbeiter der Pharmatiko-Muster AG werden die Teilnahme an den Weiterbildungsmaßnahmen mit ihren hohen terminlichen Verpflichtungen vereinbaren müssen. Um die Mitarbeiter vom Sinn und Nutzen des Qualifizierungsprogramms zu überzeugen und damit die Akzeptanz zu erhöhen, will Herr Meier rechtzeitig und umfassend über die Hintergründe und den Ablauf informieren. Hierfür ist es besonders wichtig, intensiv mit den Fachbereichen zusammenarbeiten.
Da Herr Meier an die Geschäftsführung über die Effektivität des Qualifizierungsprojekts zu berichten hat, möchte er Kriterien aufstellen, anhand derer die Bildungsveranstaltungen evaluiert werden können. Zudem will er ein Konzept vorstellen, wie die Mitarbeiter im Anschluss an die Seminare bei der Anwendung der Inhalte im Berufsalltag unterstützt werden können. Herr Meier ist sich sicher, dass ein ganzheitliches Verständnis der Fort- und Weiterbildung ein wesentlicher Erfolgsfaktor für ein solches Qualifizierungsprojekt ist.

der Erwartung verbunden, den persönlichen Bildungsbedarf zu erfüllen. Beispielsweise reagiert die Pharmatiko-Muster AG auf die durch die neue Produktlinie entstandene Wissenslücke der Mitarbeiter mit einer umfassenden Qualifizierungsmaßnahme. Sie verspricht sich davon, dass die Mitarbeiter wieder über ausreichend Informationen verfügen, um ihre Kunden zufriedenstellend beraten zu können. Schließlich meint „organisiertes Lernen", dass Fort- und Weiterbildung in einem strukturierten Rahmen stattfindet und die Lernenden beim Wissens- und Kompetenzerwerb nicht auf sich allein gestellt sind. Sie werden durch die Fort- und Weiterbildung vielmehr systematisch begleitet und unterstützt. Zu diesem strukturierten Rahmen zählen u. a. die Auswahl und Aufbereitung von Inhalten und Themen sowie die Art und Weise der Wissensvermittlung. Herr Meier versucht beispielsweise das Lernen der Mitarbeiter der Pharmatiko-Muster AG durch ein Wechselspiel aus E-Learning und Präsenztrainings zu strukturieren.

Zusammenfassend kann man also sagen, dass Fort- und Weiterbildung versucht, sich am gegenwärtigen Kompetenzstand ihrer jeweiligen Zielgruppe zu orientieren, das angestrebte Kompetenzniveau zu erkennen und diese Lücke durch entsprechende Bildungsprogramme gezielt zu schließen. Ob das angestrebte Kompetenzniveau durch eine Notwendigkeit (z. B. steigende berufliche Anforderungen) oder persönliche Motive (z. B. fachliches Interesse oder persönliche Weiterentwicklung) festgelegt wird, ist dabei unerheblich.

Aufgaben im Rahmen der Tätigkeit

Ganz allgemein kann man bezüglich des Aufgabenbereichs in der Fort- und Weiterbildung zwei unterschiedliche Ausrichtungen unterscheiden: konzeptionell-inhaltliche und operative Tätigkeiten.

Wie im Szenario geschildert, sollte vor jeder Bildungsmaßnahme der eigentliche Qualifizierungsbedarf ermittelt werden. In enger Zusammenarbeit mit den Vertretern aus den Fachbereichen versucht die Fort- und Weiterbildung herauszufinden, in welchen Kompetenzen die Mitarbeiter trainiert werden sollten. Im Anschluss daran wird ein Plan zur konkreten Umsetzung des Bildungsprogramms ausgearbeitet. Dabei wird u. a. festgelegt, aus wie vielen Bausteinen eine Seminarreihe besteht und wie man die einzelnen Module inhaltlich sinnvoll aufeinander abstimmen kann. Gegebenenfalls greift man bereits an dieser Stelle auf die Expertise externer Trainer zurück. Diese unterstützen bei der Konzeption des Bildungsprogramms. Ob und in welchem Umfang sich eine Institution hier Beratung von außen holt, hängt u. a. davon ab, inwieweit die Mitarbeiter in der Fort- und Weiterbildung selber über spezifische Kenntnisse in der Trainingsgestaltung und Umsetzung verfügen. Mit dem externen Trainer werden beispielsweise der konkrete Ablauf der Bildungsveranstaltungen und die Seminarunterlagen erarbeitet oder aber die gesamte Entwicklung eines Bildungsbausteins an ihn ausgelagert. Beim Einsatz von E-Learning sollte man sehr früh den externen Anbieter mit einbeziehen, um die technische Umsetzung abzuklären. Auch die Durchführung der Trainings und Bildungsveranstaltungen wird meistens durch externe Trainer und Seminarleiter unterstützt. Häufig ist dies notwendig, da Institutionen in der Regel personell nicht ausreichend besetzt sind, um die Schulungen vollkommen selbstständig durchführen zu können.

Neben der inhaltlichen Vorbereitung einer Bildungsveranstaltung fallen eine Vielzahl an operativen Aufgaben an. Dabei besteht ein hoher Bedarf an Planung und Organisation. Mit externen Trainern und der Zielgruppe der Bildungsveranstaltungen müssen Termine abgestimmt und ggf. Seminarhotels oder -räume ausgewählt und gebucht werden. Vor allem Verhandlungen bezüglich des Bildungsbudgets können zusätzliche Zeit in Anspruch nehmen. Unmittelbar vor einer Veranstaltung müssen Druck und Versand der Teilnehmer- und Präsentationsunterlagen für das Seminar koordiniert werden. Auf den ersten Blick mögen diese Tätigkeiten als basale organisatorische Aufgaben erscheinen. Tatsächlich nehmen sie viel Zeit in Anspruch und können je nach Phase den Großteil des Tagesgeschäfts ausmachen. Eine gute Vorbereitung ist wichtig für den reibungslosen Ablauf und ein ernst zu nehmender Erfolgsfaktor von Bildungsprogrammen.

Auch nach Abschluss einer Bildungsveranstaltung kommen weitere Aufgaben auf die Fort- und Weiterbildung zu. Zur Qualitätssicherung und kontinuierlichen Verbesserung wird in der Regel jedes Seminar im Anschluss anhand eines Fragebogens evaluiert. Dabei wird üblicherweise nach der Zufriedenheit der Teilnehmer mit dem Seminar und dem Trainer gefragt. Zudem sollen die Teilnehmer immer häufiger die Relevanz des Seminars für ihren beruflichen Alltag einschätzen. Da die Investition in Bildung mit Kosten verbunden ist, gewinnt die Frage nach der Nachhaltigkeit von Bildungsveranstaltungen zunehmend an Bedeutung. Aufgabe der Fort- und Weiterbildung ist dabei, Lösungen zu erarbeiten, um den Praxistransfer und damit die konkrete Anwendung des vermittelten Wissens während der Arbeit zu verbessern.

Eine Tätigkeit in der Fort- und Weiterbildung umfasst damit sowohl konzeptionell-inhaltliche als auch operative Aufgaben, denen je nach Phase unterschiedliche Bedeutung zukommt. In Abb. 5.1 ist dargestellt, wie sich konzeptionelle und operative Aufgaben im Verlauf eines Bildungsprogramms verteilen. Dabei soll angemerkt sein, dass es je nach Bildungsprogramm auch durchaus zu Abweichungen kommen kann.

Mögliche Beschäftigungsfelder

Da die Fort- und Weiterbildung ihr Angebot auf unterschiedliche Zielgruppen ausrichten muss, sind entsprechend vielfältige Beschäftigungsmöglichkeiten denkbar.

Ein mögliches Beschäftigungsfeld bietet die freie Wirtschaft. Wie im obigen Szenario beschrieben, investieren immer mehr Wirtschaftsunternehmen in die Kompetenzen ihrer Mitarbeiter, um durch bedarfsgerechte Qualifizierungen ihre Wettbewerbsfähigkeit zu gewährleisten. Aber auch Gewerkschaften sowie Industrie- und Berufsverbände ermöglichen ihren Mitgliedern den Zugang zu berufsbegleitender Bildung und sind damit ein potenzieller Arbeitgeber. Zudem etablieren sich auch immer mehr private Bildungsanbieter. Durch den

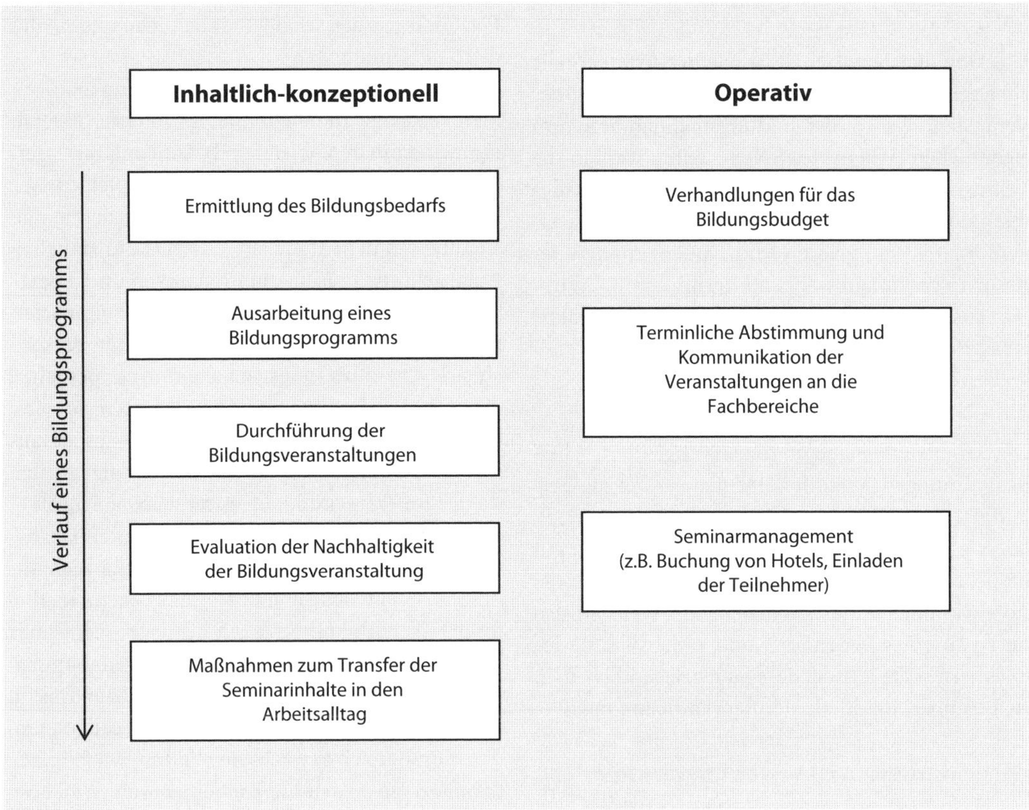

Abb. 5.1 Aufgabenspektrum bei Tätigkeiten in der Fort- und Weiterbildung

Besuch ihrer offenen und in der Regel sehr fachspezifischen Seminarreihen können berufsbegleitende Zusatzqualifikationen erworben werden. Beispiele für private Bildungsanbieter aus dem Bereich der Psychologie sind Ausbildungsinstitute für Psychologische Psychotherapeuten oder für Coaches und Berater.

Je nach Beschäftigungsart können sich die Tätigkeitsschwerpunkte unterscheiden. Bei privaten Bildungseinrichtungen stellen die Weiterbildungsangebote das Hauptgeschäftsfeld dar. Die Mitarbeiter im Bildungsbereich können ihren Arbeitsschwerpunkt tendenziell eher auf die Vorbereitung und Durchführung der Seminare legen. In Institutionen oder Berufsverbänden stellt der Bereich der Fort- und Weiterbildung lediglich einen Teilbereich der unternehmerischen Tätigkeit dar. Die Fort- und Weiterbildung hat hierbei die strategische Aufgabe, Mitarbeiter bei der Ausübung ihrer Tätigkeit und der kontinuierlichen Kompetenzentwicklung zu unterstützen. Ein wesentlicher Erfolgsfaktor dabei ist die Abstimmung und das Zusammenspiel mit anderen Unternehmens- und Geschäftsbereichen. Für Mitarbeiter im Bereich Fort- und Weiterbildung, die für eine Institution oder einen Verband tätig sind, besteht deswegen die besondere Aufgabe darin, ihre Bildungs- und Qualifizierungsangebote an den Bedarf und die Prozesse der einzelnen Fachbereiche anzupassen. Eine weitere Herausforderung ist es, die eigenen Qualifizierungsangebote an die entsprechenden Zielgruppen zu kommunizieren und für diese zu werben. Eine zusätzliche Besonderheit ergibt sich oftmals für Mitarbeiter in der Fort- und Weiterbildung, die in kleineren Institutionen tätig sind: Häufig betreuen sie auch noch den Bereich Ausbildung und begleiten damit die Entwicklung von Personen, die sich in ihrer ersten Bildungsphase befinden (z. B. Auszubildende).

Mobilitätsbereitschaft

Die Mobilitätsbereitschaft ist von der Art der Stelle abhängig. Ausschlaggebend ist die Entfernung des Veranstaltungsorts der Bildungsmaßnahmen vom eigentlichen Arbeitsplatz. Nicht selten werden die Veranstaltungen in Trainings- und Bildungsakademien durchgeführt, die entfernt vom Hauptsitz einer Organisation gelegen sind. Zudem können der Besuch von Kongressen und Termine mit Vertretern aus den Fachbereichen eine erhöhte Reiseaktivität erfordern.

Arbeitszeit

Die Arbeitszeiten sind an die jeweiligen tariflichen Bestimmungen gebunden. Häufig werden die Termine für die Bildungsveranstaltungen so gelegt, dass sie von Erwerbstätigen neben ihrer Arbeit gut besucht werden können. Das betrifft vor allem die Abendstunden und das Wochenende. Wer sich also für das Berufsfeld der Fort- und Weiterbildung interessiert, sollte wissen, dass man gelegentlich auch zu Terminen außerhalb der Regel arbeiten muss.

Besonderheiten des Arbeitsmarktes

Die Bedeutung der ganzheitlichen Qualifizierung von Erwerbstätigen für den Wirtschaftsstandort Deutschland hat in der öffentlichen Diskussion deutlich an Gewicht gewonnen. Durch verstärkte Investitionen von Staat und Wirtschaft konnten hier viele neue Stellen geschaffen werden. Allerdings ist die Aussicht auf Beschäftigung – analog zu anderen Berufsgruppen – erfahrungsgemäß konjunkturellen Schwankungen unterworfen. Dies gilt für die Anstellungsmöglichkeiten in sämtlichen Tätigkeitsbereichen der Fort- und Weiterbildung. Unternehmen in der freien Wirtschaft werden bei finanziellen Engpässen in der Regel die Besetzung von Stellen im betrieblichen Bildungsbereich prüfen. Gleiches gilt für eine Tätigkeit in einer staatlichen Bildungseinrichtung, da die Beschäftigungspolitik an die Bewilligung von Fördermitteln gebunden ist.

Persönliche Weiterbildung

Auch Beschäftigte in der Fort- und Weiterbildung müssen ihre Kompetenzen auf dem aktuellen Stand halten und sich weiterbilden. Ganz allgemein lassen sich dabei zwei unterschiedliche Ausrichtungen der Fortbildung unterscheiden: inhaltliche und methodische Fortbildungen.

Durch inhaltliche Fortbildungen kann man Themen vertiefen, zu denen man als interner Referent eigene Seminare anbietet (z. B. Umgang mit Stress, Konfliktlösung am Arbeitsplatz). Empfehlenswert ist es zudem, sich zur Methodik der Seminargestaltung auf dem aktuellen Wissenstand zu halten. Dazu gehören Präsentationstechniken und didaktische Konzepte, die den Lernerfolg der Seminarteilnehmer begünstigen. Hierfür kann man entsprechende Qualifizierungsveranstaltungen besuchen, die sich auch an externe Trainer richten. Je nachdem, wie sehr vom Arbeitgeber gewünscht und gefördert, kann man dabei eine vollständige Ausbildung zum Trainer oder Moderator absolvieren. Die strategische Ausrichtung der persönlichen Fortbildungen hängt stark davon ab, in welche Richtung man sich entwickeln möchte. Vor allem methodische Weiterbildungen sind hilfreich, wenn man selbst verstärkt als interner Referent eigene Seminare halten möchte. Außerdem ist ein Verständnis für aktuelle Trends und für allgemeine Qualitätsstandards im Bereich Erwachsenenbildung wichtig, um damit geeignete externe Trainer auswählen zu können.

Eine beliebte Form der Weiterbildung für diese Berufsgruppe ist der Besuch von Fachmessen und Kongressen. Bildungsträger informieren dabei über ihre Angebote. Oftmals hat man dabei die Gelegenheit, neue didaktische Konzepte kennenzulernen und selbst auszuprobieren. Schließlich profitiert man vom Erfahrungsaustausch mit Vertretern aus anderen Institutionen über bewährte Bildungsansätze.

Die Rolle von Psychologen im Berufsfeld der Fort- und Weiterbildung

Die Beschäftigung im Bereich der Fort- und Weiterbildung ist nicht auf einzelne Studienrichtungen beschränkt. Da die meisten Erwerbstätigen mit dem Thema Weiterbildung in Berührung kommen, findet man hier Vertreter aus unterschiedlichen Fachdisziplinen.

An Psychologen wird besonders geschätzt, dass sie über umfassende Kenntnisse zum Themenkomplex „Lernen und Entwicklung“ verfügen. Bereits

Eine Perspektive aus der Wissenschaft

Prof. Dr. Heinz Mandl ist emeritierter Professor für empirische Pädagogik und Pädagogische Psychologie und Experte auf dem Gebiet der Erwachsenenbildung. Im folgenden Abschnitt erläutert er, welche Rolle Psychologen für die Fort- und Weiterbildung spielen:

Vor dem Hintergrund der technischen, wirtschaftlichen und sozialen Entwicklung und damit verbundenen Veränderungen in der Lebens- und Arbeitswelt gewinnt Weiterbildung in unserer Gesellschaft zunehmend an Bedeutung.

Um einen guten Berufseinstieg im Bereich Weiterbildung zu erhalten, sollten Studierende der Psychologie spezifische Angebote von Bachelor- und Masterstudiengängen nutzen. Beispielsweise werden im Bereich der Wirtschafts- und Organisationspsychologie oder der Pädagogischen Psychologie Bachelor-Studiengänge angeboten, die durch ihre anwendungsorientierte Ausrichtung weiterbildungsrelevante Themenfelder abdecken. Oftmals können Studierende dabei Basiskompetenzen wie etwa Kommunikationsfähigkeit und psychologische Gesprächsführung erwerben. Hervorzuheben ist die Möglichkeit eines Praktikums, das auch in Weiterbildungsinstitutionen geleistet werden kann.

Auch bei den Masterstudiengängen gibt es die Möglichkeit für weiterbildungsaffine Studienangebote. Neben theoretischen Grundlagen können bei zahlreichen Masterstudiengängen im Bereich Wirtschafts-, Organisations- und Sozialpsychologie auch praktische Kompetenzen u. a. im Bereich Intervention, Evaluation, Präsentations- und Moderationstechniken erworben werden. Auch Masterstudiengänge im Bereich der Pädagogischen Psychologie bieten weiterbildungsrelevante Inhalte zu Lernen, Instruktion und Training an. Darüber hinaus kommt Schlüsselqualifikationen wie Informations- und Medienkompetenz, Vermittlungskompetenz sowie Team- und Kommunikationsfähigkeit besondere Bedeutung zu.

Zu empfehlen ist auch, bereits während des Studiums mit Weiterbildungsinstitutionen Kontakt aufzunehmen und dort praktische Erfahrungen zu sammeln.

durch die Grundlagenfächer der Psychologie (z. B. Biologische Psychologie, Entwicklungspsychologie und Allgemeine Psychologie) setzen sich Studierende der Psychologie intensiv mit menschlichen Lernprozessen auseinander. Somit begegnen Psychologen dem Thema „Lernen und Entwicklung" mit einem ganzheitlichen Blick. Sie wissen, nach welchen grundlegenden Mechanismen menschliches Lernen erfolgt. Diese Fähigkeiten sind u. a. förderlich, um die Inhalte eines Seminars zielgruppengerecht zu vermitteln. Darüber hinaus können Psychologen Empfehlungen aussprechen, welche Kontextfaktoren eine kontinuierliche Entwicklung begünstigen und welche Bedeutung das Thema Lernen für den Menschen hat. Diese Kompetenzen sind hilfreich, um die Teilnehmer der Bildungsveranstaltungen zu unterstützen, das im Seminar vermittelte Wissen auch im Praxisalltag anzuwenden. Damit kann ein wichtiger Beitrag zur Nachhaltigkeit der Bildungsveranstaltungen geleistet werden.

Anforderungen an eine Tätigkeit in der Fort- und Weiterbildung

Im Folgenden soll dargelegt werden, wie man bereits während des Studiums durch das Setzen von Schwerpunkten gezielt sein individuelles Kompetenzprofil schärfen kann. Allerdings dürfen diese Ausführungen nicht als Patentrezept oder verbindliche Empfehlungen verstanden werden. Aufgrund der mannigfaltigen Beschäftigungsmöglichkeiten in diesem Bereich sind hier durchaus unterschiedliche Karrierewege möglich.

Schwerpunktsetzung

Im Rahmen dieses Buches ist das Berufsfeld der Fort- und Weiterbildung der Pädagogischen Psychologie zugeordnet, doch es gibt selbstverständlich zahlreiche Parallelen zum Abschn. 4.5. Die Zuordnung zur Pädagogischen Psychologie erscheint sinnvoll, da sich Pädagogische Psychologen im Allgemeinen mit der Entwicklung von Menschen in unterschiedlichen Kontexten beschäftigen. Studierende der Psychologie, die sich für eine Beschäftigung in der Fort- und Weiterbildung interessieren, können deswegen Inhalte der Pädagogischen Psychologie in Erwägung ziehen. Allerdings sollte vor der Wahl von Masterstudiengängen oder anderweitigen Vertiefungen geprüft werden, ob ausreichend Veranstaltungen belegt werden können, die sich mit der Bildung im Erwachsenenalter beschäftigen. Auch viele Studiengänge mit wirtschaftspsychologischer Vertiefung decken diesen Themenbereich ab. Fort- und Weiterbildung ist eine allgemeine Berufsform, denn Bildungsveranstaltungen werden fach- und disziplinenübergreifend angeboten. Es ist deshalb durchaus denkbar, mit der Wahl eines anderen Studienschwerpunktes seinen Weg in die Fort- und Weiterbildung zu finden. Letztlich ist es immer ausschlaggebend, dass die individuellen Erfahrungen und Kompetenzen eines Bewerbers zu den spezifischen Anforderungen einer Stelle passen.

Fachliche Inhalte

Es ist sicher zu empfehlen, Veranstaltungen zu besuchen, die sich mit den Themen der Erwachsenenbildung beschäftigen (z. B. „Wissensvermittlung bei Erwachsenen" und „Bildungs- und Entwicklungsmotivation"). Man sollte die Möglichkeit ergreifen, sich anwendungsorientiertes Fachwissen in Statistik und Datenanalyse anzueignen. Methodische Kompetenzen sind oftmals ein Alleinstellungsmerkmal von Psychologen und beispielsweise bei der Evaluation und der Bewertung der Nachhaltigkeit von Bildungsveranstaltungen hilfreich. Ferner ist es zu empfehlen, sich frühzeitig mit E-Learning zu beschäftigen. Beispielsweise kann man sich durch den Besuch virtueller Lehrveranstaltungen mit der Teilnehmerperspektive beim E-Learning vertraut machen. Zusätzlich kann man durch eine unterstützende Tätigkeit in der akademischen Lehre einen ersten Einblick in die Vorbereitung und Durchführung von Bildungsveranstaltungen erhalten (z. B. als Tutor oder studentische Hilfskraft). Auf die Bedeutung von Erfahrungen in der akademischen Lehre wird im Abschnitt „Praxis, Praxis, Praxis" vertiefend eingegangen.

Manche Lehrstühle bieten neben ihrem regulären Lehrangebot auch Zusatzqualifizierungen an, die Studierende auf eine Tätigkeit in der Fort- und Weiterbildung vorbereiten. Dazu zählen u. a. Kompaktausbildungen zum Verhaltenstrainer oder Tutor für virtuelle Seminare.

Computerkenntnisse

Eine gewisse IT-Affinität ist für eine Tätigkeit in der Fort- und Weiterbildung durchaus förderlich. Der sichere Umgang mit gängigen Microsoft-Office-Produkten ist – wie auch in anderen Tätigkeitsfeldern – eine Grundvoraussetzung. Häufig wird man auch mit organisationsspezifischen Softwarelösungen konfrontiert, um damit administrative Aufgaben des Seminarmanagements erledigen zu können. Durch den verstärkten Einsatz von E-Learning entsteht ein zusätzlicher Berührungspunkt mit Technologie. Neben klassischen Computer- oder internetbasierten Bildungsprogrammen werden immer häufiger auch neuartige multimediale Produkte als Lernmedien eingesetzt (z. B. Smartphones). Zudem werden sog. soziale Medien verstärkt als didaktische Elemente genutzt. Deshalb kann es sein, dass man sich aktiv mit Kommunikations-Tools wie Blogs, Chat-Programmen oder Foren auseinanderzusetzen hat. Deshalb sollten Interessenten für das Berufsfeld Fort- und Weiterbildung die grundsätzliche Bereitschaft zeigen, sich mit neuartigen technischen Herausforderungen und Innovationen auseinanderzusetzen. In Abhängigkeit vom konkreten Aufgabengebiet ist deshalb auch eine vertiefte Zusammenarbeit mit Berufsgruppen aus technischen Disziplinen möglich.

Praxis, Praxis, Praxis

Durch studienbegleitende Praktika kann man umfassende Praxiserfahrungen sammeln, um das theoretische Wissen zu erweitern. Für Interessenten an der Fort- und Weiterbildung bieten sich vielfältige Alternativen an. Durch ein Praktikum

Eine Perspektive aus der Praxis

Titel, Name	Vikoria Bauza
Organisation	Stadtsparkasse München
Berufsbezeichnung	Leiterin Personalentwicklung
Schwerpunkte im Psychologiestudium	Arbeits- und Organisationspsychologie; Markt- und Werbepsychologie; Human Resources; Klinische Psychologie
Wieso haben Sie sich für eine Tätigkeit im Bereich Fort- und Weiterbildung entschieden?	Schon früh habe ich festgestellt, dass es mir Freude bereitet, Gruppen zu leiten und Menschen bei ihren Lernprozessen zu unterstützen. Bereits vor und während meines Studiums habe ich Seminare und Workshops geleitet. Von diesen Erfahrungen habe ich mich bei der Wahl meines Berufsfelds leiten lassen. Ich empfinde es nach wie vor als sehr schön, unsere Mitarbeiter bei ihren individuellen Entwicklungsprozessen zu begleiten.
Was glauben Sie, können Psychologen in diesem Berufsfeld bewegen?	Psychologen haben ein grundlegendes Verständnis dafür, wie man Einstellungen und Verhalten langfristig ändern kann. Diese Perspektive ist in meinen Augen eine wichtige Grundlage für eine nachhaltige und damit erfolgreiche Fort- und Weiterbildung. Vielleicht ist diese Fähigkeit sogar ein Alleinstellungsmerkmal für unsere Disziplin.
Was hat Sie an Ihrer Tätigkeit am meisten überrascht?	Ich war davon überrascht, welche unterschiedlichen Effekte interne und externe Trainer auf die Seminarteilnehmer haben: Interne Seminarleiter kennen zwar die Kultur des Unternehmens gut; externe Trainer können aber ein anderes Verhältnis zu den Seminarteilnehmern aufbauen, da sie oftmals neutraler erlebt werden. Die Mischung macht es aber aus. Deswegen ist es ideal, möglichst früh Erfahrungen aus beiden Perspektiven zu sammeln.
Ist es überhaupt möglich, diesen Beruf mit einem normalen Familienleben zu vereinen?	Absolut. Allerdings finden Veranstaltungen zur Mitarbeiterqualifizierung häufig in den Abendstunden oder am Wochenende statt. Das erfordert natürlich auch eine gewisse zeitliche Flexibilität. Allerdings besteht hier oft ein ausreichender zeitlicher Planungshorizont.
Welchen Tipp haben Sie für Psychologen, die sich überlegen, in der Beratung zu arbeiten?	Ich möchte ihnen ans Herz legen, sich möglichst früh damit zu beschäftigen, ihre persönlichen Stärken genau kennenzulernen, um somit ihr eigenes Profil zu schärfen. In der Fort- und Weiterbildung ist es sehr wichtig, dass man sich auf bestimmte Themen spezialisiert, für die man sich selber begeistern kann, um sie an andere Menschen vermitteln zu können. Man sollte sich gut überlegen, bei welchen Themen man einen Mehrwert schaffen kann.
Stoßen Sie manchmal auf Vorurteile wegen Ihrer Ausbildung?	Als Psychologe ist man in einem Wirtschaftsumfeld nach wie vor ein Exot, wenn auch nicht mehr so extrem wie vor zehn oder 20 Jahren. Allerdings merke ich auch, dass unser Beitrag zunehmend stärker akzeptiert und gewürdigt wird. Ab und zu wenden sich z. B. Seminarteilnehmer auch an uns und bitten um eine kurze Beratung in privaten Angelegenheiten.

bei einem Bildungsanbieter oder einem Unternehmen kann man einen guten Einblick in das Tagesgeschäft der Fort- und Weiterbildung gewinnen. Um zusätzlich die Perspektive des externen Referenten kennenzulernen, lohnt es sich u. U. auch noch ein Praktikum bei einem freiberuflichen Trainer zu absolvieren. In beiden Fällen kann man in der Regel bei der Konzeption und der operativen Vorbereitung von Bildungsveranstaltungen mitarbeiten. Ob man selber bei der Durchführung von Trainingseinheiten beteiligt wird (z. B. als Seminarassistent), sollte man vor Praktikumsbeginn klären. Hierbei ist es vorteilhaft, wenn man bereits über erste praktische Erfahrung verfügt. Eine Lerngelegenheit bietet hierfür die akademische Lehre. Beispielsweise hat man als Tutor die Gelegenheit, Lehrveranstaltungen vorzubereiten oder Seminareinheiten selber zu gestalten. Der universitäre

Kontext bietet dabei einen weitestgehend geschützten Rahmen, um sich kritischen Fragen zu stellen und eine Seminargruppe beim Wissenserwerb zu begleiten.

Obige Punkte ermöglichen es, einen realistischen Einblick in dieses Berufsfeld zu erlangen. Man kann für sich persönlich abwägen, ob es den persönlichen Vorstellungen und Erwartungen entspricht. Zudem kann man sich in einem Bewerbungsprozess durch diese studienbegleitenden Erfahrungen empfehlen.

Fazit

Die Arbeit in der Fort- und Weiterbildung ist sehr abwechslungsreich, wie z. B. das Wechselspiel von operativen und inhaltlich-konzeptionellen Aufgaben zeigt. Ein weiterer Punkt ist die zukunftsorientierte Ausrichtung. Man kann Menschen bei ihrer persönlichen Entwicklung unterstützen und sie bei diesem Prozess begleiten. Durch die Weiterbildungsveranstaltungen kommt man mit unterschiedlichen Berufsgruppen in Berührung und erhält einen Einblick in vielfältige Arbeits- und Lebensrealitäten. Zudem kommt man dabei mit unterschiedlichen Themen in Kontakt, die von aktueller Bedeutung sind. Dadurch ist man selber immer gefordert, sich mit neuen Inhalten auseinanderzusetzen und erfährt dadurch einen Anstoß für seine persönliche Weiterentwicklung.

5.4 Anforderungen an Tätigkeiten in der Pädagogischen Psychologie

Josef Fischer

In den vorangehenden Abschnitten wurden die Tätigkeiten von Pädagogischen Psychologen vorgestellt, die in staatlichen Bildungseinrichtungen sowie in der Fort- und Weiterbildung arbeiten. Im folgenden Beitrag wird dargestellt, wie diese beiden Tätigkeiten zusammenhängen, welche Gemeinsamkeiten und Unterschiede bestehen. Es wird skizziert, in welcher Form bestimmte Kompetenzen eines Psychologen für die jeweiligen Tätigkeitsfelder bedeutsam sind. Hierbei wird besonders auf den unterschiedlichen Einsatz von Methodenkompetenzen in beiden Tätigkeitsfeldern eingegangen. Zudem wird herausgearbeitet, in welchen interdisziplinären Kontext beide Tätigkeiten eingebettet sind. Abschließend wird diskutiert, welche Implikationen die unterschiedlichen Kompetenzprofile beider Tätigkeitsfelder für die Schwerpunktsetzung während des Psychologiestudiums haben können.

Die Tätigkeitsfelder der Pädagogischen Psychologie – eine ganzheitliche Perspektive

Die Pädagogische Psychologie hat den ganzheitlichen Anspruch, Menschen bei ihrer Entwicklung über ihre Lebensspanne hinweg zu begleiten und bei der Bewältigung ihrer altersabhängigen Entwicklungsherausforderungen zu unterstützen.

Psychologen aus Fort- und Weiterbildung und Psychologen in staatlichen Bildungseinrichtungen beschäftigen sich dabei mit verschiedenen Zielgruppen, die sich jeweils in unterschiedlichen Stadien ihres Entwicklungsverlaufs befinden. Während sich Psychologen in staatlichen Bildungseinrichtungen vornehmlich mit Personen im Kindes- und Jugendalter beschäftigen, richtet sich das Angebot der Fort- und Weiterbildung in der Regel an Erwachsene. Pädagogische Psychologen in staatlichen Bildungseinrichtungen sind bestrebt, möglichst optimale Bedingungen für den Entwicklungs- und Reifungsprozess von Kindern und Jugendlichen zu schaffen. Die Fort- und Weiterbildung versucht hingegen durch die bedarfsorientierte Vermittlung von berufsrelevanten Kompetenzen Erwerbstätige zur Verrichtung ihrer Arbeit zu befähigen oder diese Befähigung aufrechtzuerhalten. Unter dem Blickwinkel eines ganzheitlichen Ansatzes der Pädagogischen Psychologie kann man also feststellen, dass sich die beiden Tätigkeitsfelder gegenseitig ergänzen. Die Rahmenbedingungen der Entwicklung im Kindes- und Jugendalter können durchaus Einfluss auf die Weiterbildungsfähigkeit und das Weiterbildungsverhalten im erwerbsfähigen Alter haben. Legt man den ganzheitlichen Anspruch der Pädagogischen Psychologie zu Grunde, dann sollten die Anstrengungen der Psychologen in staatlichen Bildungseinrichtungen eine Grundlage schaffen, auf der die Tätigkeit der Fort- und Weiterbildung zu einem späteren Zeitpunkt aufbauen kann.

Gemeinsamkeiten in den Tätigkeitsfeldern der Pädagogischen Psychologie

Bei der Gegenüberstellung der beiden Tätigkeitsfelder lassen sich zwei grundlegende Gemeinsamkeiten festhalten: Bei beiden geht es darum, Wissen altersgerecht zu vermitteln und lernförderliche Rahmenbedingungen zu gestalten. Damit sollen Lern- und Entwicklungsverläufe begünstigt werden. Zudem nehmen Pädagogische Psychologen in beiden Fällen die Rolle eines Dienstleisters ein. So treten bei beiden Tätigkeitsfeldern unterschiedliche Auftraggeber an Pädagogische Psychologen mit dem Anliegen heran, geeignete Lösungen im Bildungsbereich zu erarbeiten. Zu den Auftraggebern von staatlichen Bildungseinrichtungen zählen z. B. Verwaltungen oder Bildungsträger, in der Fort- und Weiterbildung sind es Fachabteilungen von Unternehmen und Organisationen oder Privatkunden. Pädagogische Psychologen müssen sich also in jedem Fall darum bemühen, die Anliegen ihres jeweiligen Auftraggebers zu verstehen, um etwaige Missverständnisse erkennen und klären zu können. Ein gewisses diplomatisches Geschick, sicheres Auftreten und Überzeugungsstärke sind hierbei von Vorteil.

Unterschiede in den Tätigkeitsfeldern der Pädagogischen Psychologie

Unter der ganzheitlichen Perspektive bauen die beiden Tätigkeitsfelder der Pädagogischen Psychologie aufeinander auf und ergänzen sich dadurch gegenseitig. Im Umkehrschluss lässt sich daraus ableiten, dass sie sich inhaltlich vergleichsweise geringfügig überschneiden. Je nachdem, ob man mit Personen in einer früheren (Kindes- oder Jugendalter) oder späteren Entwicklungsphase (Erwachsenenalter) arbeitet, bestehen verschiedenartige Anforderungen. Folglich sind unterschiedliche Qualifikationen und Kompetenzen hilfreich. Tabelle 5.1 versucht diese Unterschiede zu veranschaulichen.

Es fällt auf, dass man für beide Tätigkeitsfelder eine Vielzahl an Kompetenzen benötigt, die man im Rahmen des Studiums der Psychologie erwerben kann. Aufgrund der Unterschiede im Tätigkeitsprofil werden diese Kompetenzen jeweils auf unterschiedliche Art und Weise angewendet. Dies soll exemplarisch am Beispiel der Methoden- und Statistikkenntnisse veranschaulicht werden, die auch als Alleinstellungsmerkmal von Psychologen gelten:

- Pädagogische Psychologen in staatlichen Bildungseinrichtungen können ihre Methodenkenntnisse zum Zwecke empirischer Forschung einsetzen. In der Regel werden dabei Fragestellungen bearbeitet, die für eine breite Zielgruppe relevant sind. Ihr Ziel ist es, einen Mehrwert an Wissen zu generieren, der sowohl für Wissenschaftler als auch unterschiedliche Vertreter aus der Praxis relevant erscheint (z. B. Psychologen aus anderen Bildungseinrichtungen, Vertreter von Interessensverbänden und Politik). Grundsätzliche wissenschaftliche Spielregeln sollten dabei eingehalten werden. Die Ergebnisse werden durch Aufsätze und Beiträge in unterschiedlichen Zeitschriften kommuniziert. Hierbei ist also auch die Fähigkeit gefragt, als Autor ein sprachliches Geschick zu entwickeln, um die Beiträge für den Leser ansprechend zu gestalten. Die Resultate der statistischen Analyse und deren Interpretation sollten in eine geeignete Sprache übersetzt werden, die das Verstandnis, die Interpretation und die Verarbeitung der Ergebnisse begünstigen. Zusätzlich sollte berücksichtig werden, dass wissenschaftliche und praxisorientierte Publikationen unterschiedliche Anforderungen an den sprachlichen Ausdruck haben.
- Für Pädagogische Psychologen in der Fort- und Weiterbildung sind ebenfalls grundlegende Statistikkenntnisse und eine Affinität zum Umgang mit Zahlen von Vorteil. Allerdings verfolgen sie nicht den Anspruch, empirische Forschung zu betreiben und damit allgemeine wissenschaftliche Erkenntnis zu schaffen. Vielmehr werden spezifische Fragestellungen bearbeitet, die in der Regel nur für die jeweilige Organisation von Relevanz sind. Beispielsweise könnte die Geschäftsführung eines Unternehmens an die Abteilung für Fort- und Weiterbildung mit dem Auftrag herantreten, dass die Effektivität der angebotenen Bildungsveranstaltungen überprüft werden soll. Bei der Bearbeitung eines solchen Auftrags ist die Berücksichtigung von wissen-

Tab. 5.1 Gegenüberstellung von charakteristischen Tätigkeiten in staatlichen Bildungseinrichtungen und in der Fort- und Weiterbildung

	Staatliche Bildungseinrichtungen	**Fort- und Weiterbildung**
Mit welcher Zielgruppe arbeitet man?	Kinder und Jugendliche	Erwachsene
Welches Ziel wird durch die Tätigkeit verfolgt?	Verbesserungen der entwicklungsförderlichen Rahmenbedingungen	Vermittlung von Kompetenzen durch Bildungsveranstaltungen
Welche psychologischen Fachkenntnisse sind gefragt?	Wissen über erfolgreiche Entwicklungs- und Sozialisationsverläufe; Klinische Störungsbilder	Wissen über Weiterbildungsmotivation und -verhalten; Didaktische Fähigkeiten
Welche Arbeitgeber sind typisch?	Bildungseinrichtungen staatlicher Träger	Überwiegend Institutionen im wirtschaftlichen Kontext (z. B. Unternehmen, private Bildungsakademien)
Bei welchen Themen sollte man sich auf dem neuesten Stand halten?	Aktuelle Themen der Bildungs- und Sozialpolitik; Gesellschaftliche und demographische Entwicklung	Branchenkenntnisse (z. B. wirtschaftliche Entwicklung der Branchen); Qualifizierungsbedarf der Kunden (z. B. Wandel der Bildungsanforderungen von bestimmten Berufsgruppen)
Zu welchem Zweck werden Statistik- und Methodenkompetenz benötigt?	Empirische Forschung; Bearbeitung von Fragestellungen, die für Wissenschaft und Praxis relevant sind	Nachvollziehbare Analysen; Bearbeitung von organisationsspezifischen Fragestellungen; Evaluation von Bildungsmaßnahmen
Mit welchen anderen Berufsgruppen arbeitet man häufig zusammen?	Sozialarbeiter/Lehrer (etc.); Politik & Verwaltung	Vertreter aus den Fachbereichen; Betriebsräte
Welche Computerkenntnisse sind wünschenswert?	Sicherer Umgang mit Office-Anwendungen	Sicherer Umgang mit Office-Anwendungen; Interesse an (neuen) Medien ist von Vorteil
Welche Fremdsprachenkenntnisse sind vorteilhaft?	Basiskenntnisse in Englisch sind von Vorteil	Verhandlungssicheres Englisch (v. a. bei der Tätigkeit in internationalen Organisationen)

schaftlichen Standards selbstverständlich wünschenswert. Jedoch liegt hier der Schwerpunkte auf der Nachvollziehbarkeit der Datenanalyse durch Nichtpsychologen. Methodenkompetenz zeichnet sich in diesem Tätigkeitsfeld durch eine intuitive und weitestgehend selbsterklärende Darstellung des Vorgehens und der Ergebnisse aus. Daher ist es entscheidend, dass Hintergründe und Ergebnisse in einem verständlichen Sprachstil präsentiert und prägnant auf wenigen Folien zusammengefasst werden. Ein Qualitätsmerkmal eines erfolgreichen Einsatzes von statistischen Methoden besteht letztlich darin, dass Entscheidungsträger innerhalb einer Organisation das Resultat einer Datenanalyse möglichst unmittelbar interpretieren und praktisch verarbeiten können.

Neben dem unterschiedlichen Einsatz von psychologischen Fachkompetenzen gibt es weitere Besonderheiten, die die beiden Tätigkeitsfelder voneinander unterscheiden: z. B. sind beide Tätigkeiten in unterschiedliche strukturelle Rahmen eingebettet. Die Tätigkeit in einer staatlichen Bildungseinrichtung ist oftmals mit einer Beamtenlaufbahn verbunden. Im Gegensatz dazu sind die Psychologen in der Fort- und Weiterbildung häufig in Kontexten der freien Wirtschaft tätig, wie z. B. Unternehmen, private Bildungsanbieter oder Institutionen von Wirtschafts- und Berufsverbänden. Zwischen diesen beiden Arbeitskontexten sind durchaus Unterschiede denkbar (z. B. Gehalt, Urlaubsanspruch, sowie Kriterien für Aufstiegs- und Entwicklungsmöglichkeiten).

Unterschiede in der Ausrichtung im Studium

Wenn man sich für eine Tätigkeit als Pädagogischer Psychologe interessiert, dann erscheint es sinnvoll, sich frühzeitig und ausführlich damit auseinanderzusetzen, in welche Richtung man sich entwickeln möchte. Beide Tätigkeitsfelder der Pädagogischen Psychologie sind durch jeweils unterschiedliche Anforderungen charakterisiert und erfordern damit auch verschiedene Kompetenzprofile. Deshalb erscheinen auch unterschiedliche berufsvorbereitende Studiengänge sinnvoll.

Für Psychologen in staatlichen Bildungseinrichtungen sind entwicklungspsychologische und auch klinische Fachkenntnisse von Vorteil. Im Gegensatz dazu erfordert eine Tätigkeit in der Fort- und Weiterbildung hauptsächlich Fertigkeiten, die im Bereich der Erwachsenenbildung liegen. Diese Kompetenzen werden beispielsweise durch Studiengänge der Pädagogischen Psychologie vermittelt, die durch eine inhaltliche Überschneidung zu Angeboten der Organisations- und Wirtschaftspsychologie gekennzeichnet sind. Entwicklungspsychologische Inhalte spielen hier erfahrungsgemäß eine untergeordnete Rolle.

Selbstverständlich soll nicht ausgeschlossen werden, dass man sich durch eine geeignete Ausrichtung im Studium auf beide Tätigkeitsfelder vorbereiten kann. Letztlich sind es immer individuelle Bildungsverläufe, die Erwerbstätige befähigen, eine bestimmte Tätigkeit erfolgreich auszuüben. Eine Möglichkeit bietet hierfür beispielsweise eine strategische Kombination der Vertiefung im Bachelor- und Masterstudium oder das Absolvieren fachspezifischer Praktika. Allerdings soll darauf hingewiesen werden, dass ein Wechsel zwischen den beiden Tätigkeitsfeldern eingeschränkt möglich ist.

Interdisziplinäre Ausrichtung als Besonderheit der Pädagogischen Psychologie

Als empirische Wissenschaft ist die Pädagogische Psychologie das Bindeglied zwischen der Pädagogik und der Psychologie. Auch der Praxisalltag der beiden vorgestellten Tätigkeitsfelder ist dementsprechend durch eine starke interdisziplinäre Ausrichtung geprägt.

Bei der Arbeit in staatlichen Bildungseinrichtungen ist die Zusammenarbeit mit einer besonders großen Bandbreite von Vertretern aus anderen Bereichen nötig. Im Tagesgeschäft treffen Pädagogische Psychologen häufig auf Sozialpädagogen, Sozialarbeiter und Kindheitspädagogen. In Abhängigkeit der konkreten Arbeitsaufgabe kann zudem ein verstärkter Austausch mit Lehrern und Sprachwissenschaftlern notwendig sein. Aufgrund der sozial- und bildungspolitischen Natur dieses Tätigkeitsfeldes ist oftmals auch die Zusammenarbeit mit Juristen, Verwaltungsbeamten und Vertretern aus der Politik erforderlich.

Ähnlich verhält es sich bei Pädagogischen Psychologen, die in der Fort- und Weiterbildung einer Organisation beschäftig sind. Ob betriebliche Qualifizierungsprogramme den erhofften Mehrwert leisten können, ist oftmals davon abhängig, wie gut die Fort- und Weiterbildung mit den jeweiligen Fachbereichen zusammenarbeitet. Erst im interdisziplinären Austausch kann der Bildungsbedarf ermittelt und eine passende Qualifizierungsstrategie erarbeitet werden. Auch bei der der Tätigkeit bei privaten Bildungsanbietern ist eine intensive Zusammenarbeit mit anderen Disziplinen denkbar. Beispielsweise müssen Psychologen eng mit Informatikern bei der Entwicklung einer E-Learning-Umgebung zusammenarbeiten, sodass lernförderliche Gestaltungselemente bereits während der technischen Umsetzung integriert werden können.

Die Arbeit im interdisziplinären Kontext gleicht oftmals der viel zitierten Medaille mit zwei unterschiedlichen Seiten: Auf der einen Seite mag eine interdisziplinäre Tätigkeit abwechslungsreich und interessant sein. Als Psychologe erhält man einen Einblick in andere Disziplinen und kann somit eine fachübergreifende Perspektive entwickeln. Diese Erfahrung kann für die persönliche Entwicklung förderlich und fruchtbar sein. Auf der anderen Seite kann diese Form der Beschäftigung auch als ungewohnt und anstrengend erlebt werden. Vor allem zum Beginn einer Tätigkeit im interdisziplinären Kontext treten häufig Missverständnisse bei der Kommunikation auf. Vertreter unterschiedlicher Disziplinen verfügen in der Regel über unterschiedliche Wissensstände und verfolgen unterschiedliche Arbeits- und Lösungsstrategien. Selbstverständlich sind diese Herausforderungen im Laufe der Zusammenarbeit überwindbar, sie können aber große Anforderungen an die eigene Frustrationstoleranz und Veränderungsbereitschaft stellen.

Wer sich also für eine Tätigkeit in der Pädagogischen Psychologie interessiert, sollte sich mit den vielfältigen Vor- und Nachteilen eines interdisziplinären Arbeitsfelds auseinandersetzen.

Fazit

Die hier vorgestellten Praxisfelder der Pädagogischen Psychologie beinhalten abwechslungsreiche und reizvolle Aufgaben- und Verantwortungsbereiche. Alle Tätigkeitsbereiche sind bestrebt, optimale Bedingungen für die Entwicklung ihrer jeweiligen Zielgruppen zu schaffen. Sie erlauben, dass man als Psychologe gestaltend tätig werden und eigene Schwerpunkte setzen kann. Zudem sind beide durch eine zukunftsorientierte Ausrichtung gekennzeichnet: Die Tätigkeitsfelder der Pädagogischen Psychologie versuchen Menschen bei ihrer persönlichen (Weiter-)Entwicklung zu unterstützen und sie zu befähigen, bevorstehende Herausforderungen zu bewältigen.

Literatur

Weiterführende Literatur und Internetadressen Abschn. 5.1

Fleischer, T., Grewe, N., Jötten, K., Seifried, K. & Sieland, B. (Hrsg.). (2007). *Handbuch Schulpsychologie: Psychologie für die Schule*. Stuttgart: Kohlhammer.

Hofer, M., Wild, E. & Pikowsky, B. (Hrsg.). (1996). Pädagogisch-Psychologische Berufsfelder. Beratung zwischen Theorie und Praxis. Bern: Huber.

Krapp, A. & Weidenmann, B. (Hrsg). (2006). *Pädagogische Psychologie. Ein Lehrbuch*. Weinheim: Belz.

www.bdp-verband.de/beruf/ba-ma/clips/anerkannt.pdf

Kontaktadresse des schulpsychologischen Landesverband Baden-Württemberg: www.schulpsychologie-bw.de

Kontaktadresse des schulpsychologischen Landesverband Bayern: www.lbsp.de

Kontaktadresse des schulpsychologischen Landesverband Hessen: www.bhs-hessen.de

Kontaktadresse des schulpsychologischen Landesverband Nordrhein-Westfalen: www.schulpsychologie-nrw.de

Weiterführende Internetadressen Abschn. 5.2

Baden-Württemberg, Landesinstitut für Schulentwicklung (LS): www.ls-bw.de

Bayern, Deutsches Jugendinstitut e. V.: www.dji.de

Bayern, Staatsinstitut für Frühpädagogik (ifp): www.ifp.bayern.de

Bayern, Staatsinstitut für Schulqualität und Bildungsforschung: www.isb.bayern.de

Bayern, Institut für Soziale und Kulturelle Arbeit (ISKA) gemeinnützige GmbH: www.iska-nuernberg.de

Berlin, Forschungsinstitut für Bildungs- und Sozialökonomie (FiBS): www.fibs.eu

Berlin, Pädagogische Qualitäts-Informations-Systeme gGmbH (pädQUIS): www.paedquis.de

Hamburg, Landesinstitut für Lehrerbildung und Schulentwicklung: www.li.hamburg.de

Hessen, Institut für Qualitätsentwicklung (Hessen) (IQ): www.iq.hessen.de

Niedersachsen, Niedersächsisches Institut für frühkindliche Bildung und Entwicklung e. V.: www.nifbe.de

Niedersachsen, Niedersächsisches Landesinstitut für schulische Qualitätsentwicklung (NLQ): www.nibis.de

Rheinland-Pfalz, Institut für Kinder- und Jugendhilfe (IKJ): www.ikj-mainz.de

Sachsen, Sächsisches Bildungsinstitut (SBI): www.sbi.smk.sachsen.de

Weiterführende Literatur Abschn. 5.3

Deutscher Bildungsrat (1970). Empfehlungen der Bildungskommission. Strukturplan für das Bildungswesen. Bonn.

Etzel, G. (2010). Besser mit Weiterbildung!: Trainingsexperten präsentieren erfolgreiche Konzepte. Norderstedt: Books On Demand.

Kauffeld, S. (2010). Nachhaltige Weiterbildung. Betriebliche Seminare und Trainings entwickeln, Erfolge messen, Transfer sichern. Berlin: Springer.

Kraft, S. (2011). Berufsfeld Weiterbildung. In R. Tippelt & A. von Hippel (Hrsg.). *Handbuch Erwachsenenbildung/Weiterbildung*. Wiesbaden: VS Verlag für Sozialwissenschaften. S. 405–426.

Negri, C. (2010). Angewandte Psychologie für die Personalentwicklung. Konzepte und Methoden für Bildungsmanagement, betriebliche Aus- und Weiterbildung. Berlin: Springer.

Weiterführende Literatur Abschn. 5.4

Krapp, A., Prenzel, M. & Weidenmann, B. (2006). Geschichte, Gegenstandsbereich und Aufgaben der Pädagogischen Psychologie. In A. Krapp & B. Weidenmann (Hrsg.), *Pädagogische Psychologie* (5. Aufl.) (S. 1–32). Weinheim: Beltz.

Schnotz, W. (2011). Einführung: Gegenstand und Aufgaben der Pädagogischen Psychologie. In Schnotz, W. (Hrsg), *Pädagogische Psychologie kompakt* (2. Aufl.) (S. 13–22). Weinheim: Beltz.

6 Berufsfelder für Forscher und Dozenten

Birgit Heppt, Sophie Herbst, Regina Staudenmaier und Mahena Stief

M. Mendius und S. Werther (Hrsg.), *Faszination Psychologie – Berufsfelder und Karrierewege*,
DOI 10.1007/978-3-642-37710-5_6,

6.1 Tätigkeiten an Universitäten

Birgit Heppt und Regina Staudenmaier

Das folgende Kapitel bezieht sich auf Tätigkeiten und Arbeitsbedingungen von Psychologen, die an Universitäten beschäftigt sind und dort vorrangig Aufgaben im Bereich der Forschung und Lehre übernehmen. Anhand eines Beispielszenarios wird zunächst ein typischer Arbeitstag einer wissenschaftlichen Mitarbeiterin dargestellt, die gerade letzte Vorbereitungen für eine Datenerhebung trifft und Unterlagen für eine Seminarsitzung erstellt. Daraufhin werden konkrete Tätigkeiten wie z. B. Datenauswertung und Manuskripterstellung beschrieben und die Anforderungen an Psychologen in diesem Berufsfeld erläutert. Den Abschluss des Kapitels bildet ein Experteninterview mit einem erfahrenen wissenschaftlichen Mitarbeiter.

Arbeiten an Universitäten – was ist das?

Als wissenschaftlicher Mitarbeiter sieht man sich mit vielen unterschiedlichen Aufgaben und Anforderungen konfrontiert. In den meisten Fällen gehören sowohl die Forschung als auch die Lehre zu den Hauptaufgaben eines wissenschaftlichen Mitarbeiters. In der Regel möchte man neben den Aufgaben, die im Rahmen des Arbeitsvertrags zu erledigen sind, auch die persönliche Weiterbildung in Form einer Promotion voranbringen. Im Anschluss an diese kann die Habilitation erfolgen, woraufhin die Möglichkeit besteht, eine Professur zu erhalten.

Arbeiten an Universitäten – ein ganz besonderes Tätigkeitsfeld?

Nach § 53 des Hochschulrahmengesetzes in der Fassung vom 12. April 2007 werden wissenschaftliche Mitarbeiter und ihr Tätigkeitsfeld folgendermaßen definiert:

„(1) Wissenschaftliche Mitarbeiterinnen und Mitarbeiter sind die Beamtinnen, Beamten und Angestellten, denen wissenschaftliche Dienstleistungen obliegen. [...] In begründeten Fällen kann wissenschaftlichen Mitarbeiterinnen und Mitarbeitern auch die selbständige Wahrnehmung von Aufgaben in Forschung und Lehre übertragen werden." Diese sehr breit gefasste Definition kann auch auf Forscher und Dozenten an Universitäten übertragen werden, deren Tätigkeiten sich stark voneinander unterscheiden, je nachdem, in welchem Fachbereich sie tätig sind.

So gilt das Untersuchungsinteresse in Abhängigkeit vom jeweiligen psychologischen Fachgebiet unterschiedlichen Personengruppen. Ebenso können sich Erhebungs- und Auswertungsmethoden und die zur Datenanalyse eingesetzten Computerprogramme zwischen den einzelnen Disziplinen deutlich voneinander unterscheiden. Beispielsweise stehen in der Pädagogischen Psychologie bzw. der Empirischen Bildungsforschung häufig Schüler und Lehrer im Fokus der Forschung, während sich die Klinische Psychologie mit psychisch erkrankten Personen beschäftigt. Die Forschung auf dem Gebiet der Arbeits- und Organisationspsychologie interessiert sich insbesondere für Arbeitnehmer und Arbeitgeber. In diesem Zusammenhang kann darüber hinaus zwischen Grundlagenforschung und Anwendungsforschung unterschieden werden. Während erstere primär dazu dient, neues Wissen über bisher unbekannte Prozesse im Erleben und Verhalten des Menschen zu generieren, weist letztere einen unmittelbaren Praxisbezug auf. Ziel hierbei ist es, Fragen zu klären, die von praktischer Relevanz sind und die dabei gewonnenen Erkenntnisse für die praktische Tätigkeit nutzbar zu machen.

Ebenso kann die Datenerhebung in den verschiedenen Fachgebieten unterschiedlich erfolgen. In vielen Bereichen sind Fragebögen, Interviews und psychologische Tests die Standarderhebungsinstrumente, in der Biologischen Psychologie bzw. Neuropsychologie hingegen werden häufig auch EEG- oder fMRI-Studien durchgeführt. Die unterschiedlichen Erhebungsmethoden gehen Hand in Hand mit unterschiedlichen Auswertungsmethoden. Um fMRI-Daten auszuwerten, werden andere Programme benötigt (z. B. SPM) als beispielsweise zur Auswertung von Fragebogendaten (z. B. SPSS).

Schließlich teilt sich die Forschergemeinde noch in Anhänger von qualitativer und quantitativer Forschung. Im Allgemeinen liegt der Schwerpunkt zwar nach wie vor auf der quantitativen Forschung (Breuer 2003), dennoch werden mittlerweile in vielen Fällen auch Kombinationen qualitati-

Ein Szenario

Katharina Merz arbeitet am Lehrstuhl für Pädagogische Psychologie an der Musteruniversität. Dort ist sie verantwortlich für die Planung und Durchführung eines Forschungsprojekts zur Förderung rechenschwacher Kinder im Grundschulalter. Außerdem hält sie ein Seminar mit dem Titel „Lern- und Verhaltensstörungen". Während der vergangenen Wochen und Monate hat sich Katharina intensiv mit früheren Studien auseinandergesetzt, in denen Programme zur Förderung mathematischer Kompetenzen entwickelt und evaluiert wurden. Darauf aufbauend entwickelte sie in enger Zusammenarbeit mit zwei Kolleginnen, einer Erziehungswissenschaftlerin und einer Mathematikdidaktikerin, einen neuen Förderansatz, der Kinder insbesondere bei der Bearbeitung mathematischer Sachaufgaben unterstützen sollte. Nun soll die Wirksamkeit des Trainings überprüft werden, wozu – im Anschluss an eine erste kleine Pilotstudie – ein klassisches feldexperimentelles Design mit Versuchs- (Treatment-) und Kontrollgruppe sowie Prä-, Post- und Follow-up-Messung realisiert wird. Hierzu konnten Katharina und ihre Kolleginnen rund 400 Kinder gewinnen, die dem Lehrerurteil zufolge bei der Bearbeitung von Textaufgaben besonders schwache Leistungen erzielen. Bevor die Versuchsgruppe in wenigen Wochen die erste Fördereinheit erhält, sollen nun im Rahmen des Prätests die mathematischen Kompetenzen aller teilnehmenden Schüler sowie eine Reihe von Kontrollvariablen (z. B. kognitive Grundfähigkeiten, Arbeitsgedächtniskapazität) erfasst werden. Als wir Katharina treffen, sind es nur noch wenige Tage bis zum Beginn der Datenerhebungen und dementsprechend laufen die letzten Vorbereitungen auf Hochtouren. Kaum hat Katharina morgens ihr Büro betreten, ruft sie sofort in den beiden Schulen an, in denen die ersten Testungen stattfinden sollen, um die genauen Termine und Uhrzeiten abzusprechen. Im Anschluss daran gibt sie – nach einer letzten eingehenden Kontrolle – die 400 Testhefte in den Druck und beantwortet einige E-Mails von Testleiterinnen, bei denen sich noch ein paar Fragen hinsichtlich des genauen Testablaufs ergeben haben: Gibt es bei der Bearbeitung des Mathetests eine Zeitbegrenzung oder nicht? Darf ich die Instruktion zweimal vorlesen, falls mich ein Kind darum bittet? Was mache ich, wenn von einem Kind keine elterliche Einverständniserklärung vorliegt? Nachdem Katharina auf all diese Anfragen reagiert hat, hat sie nun ein bisschen Zeit, auf Grundlage der Daten der Pilotstudie erste Varianz- und Kovarianzanalysen mit dem Statistikprogramm SPSS zu berechnen, die sie für ihren Vortrag auf dem DGPs-Kongress (Kongress der Deutschen Gesellschaft für Psychologie) benötigt. Da der Kongress bereits in wenigen Wochen stattfindet, wird Katharina nächste Woche im Rahmen des institutsinternen Forschungskolloquiums einen ersten Probevortrag halten, für den sie in den nächsten Tagen noch die entsprechenden PowerPoint-Folien erstellen wird. Heute wird sie nicht mehr dazu kommen, da sie dringend noch letzte Vorbereitungen für ihre morgige Seminarsitzung treffen muss. Einige einführende Folien in das Thema „Legasthenie" hat sie bereits fertiggestellt, jedoch wollte sie darüber hinaus noch Materialien für ein Gruppenpuzzle vorbereiten, bei dem sich die Studierenden in Kleingruppen selbst Wissen aneignen und einander vermitteln. Sie teilt das Themenfeld daher in drei Bereiche (Symptome der LRS nach ICD-10 und Prävalenz, Diskrepanzdefinition von Lernstörungen, Tests zur Diagnose von LRS) ein und macht sich gemeinsam mit ihrer studentischen Hilfskraft daran, in Literaturdatenbanken und im OPAC (Online Public Access Catalogue) der Universitätsbibliothek nach passender Literatur zu recherchieren.

ver und quantitativer Methoden eingesetzt. Neben der konkreten Forschungsfrage und dem Untersuchungsgegenstand wird die Wahl der Methode auch vom jeweiligen Forschungsstand beeinflusst: Während sich die qualitative Forschung besonders zur Exploration neuer Forschungsfelder und zur Hypothesengenerierung anbietet, sollten quantitative Forschungsmethoden vor allem dann eingesetzt werden, wenn mithilfe größerer Stichproben Hypothesen überprüft und allgemeingültige Schlüsse gezogen werden sollen.

Aufgaben im Rahmen der Tätigkeit

Die Beschäftigung an einer Universität kann zwar je nach psychologischem Fachgebiet sehr unterschiedlich aussehen, allen wissenschaftlichen Mitarbeitern ist jedoch gemein, dass sie im Rahmen ihrer Tätigkeit für die Planung, Organisation, Durchführung und Auswertung von empirischen Studien zuständig sind. Unabhängig vom jeweiligen Fachbereich muss dabei zunächst der aktuelle Forschungsstand aufbereitet werden, um sinnvolle und bisher unbeantwortete Forschungsfragen generieren und anschließend ein geeignetes Untersuchungsdesign entwickeln zu können. Dessen konkrete Ausgestaltung sowie die Datenerhebung und -analyse können sich abhängig von der Disziplin, Forschungstradition und Zielsetzung natürlich deutlich voneinander unterscheiden: Wissenschaftliche Mitarbeiter sind hierbei beispielsweise für die Auswahl und Entwicklung von Testaufgaben und Fragebogenskalen, für die Konzeption von Interviewleitfäden oder für die Programmierung von Reaktionszeitexperimenten am Computer verantwortlich. Im Zuge der Datenerhebungen übernehmen sie organisatorische Tätigkeiten wie etwa die Rekrutierung geeigneter Studienteilnehmer, die Schulung studentischer Mitarbeiter im Umgang mit den eingesetzten Instrumenten oder auch die Terminkoordination. Die Datenauswertung bezieht sich in der quantitativen Forschung fast ausschließlich auf die Durchführung statistischer Analysen, z. B. mit den Programmen SPSS, Amos, MPlus. In der qualitativen Forschung kommen stärker interpretative Verfahren wie etwa die qualitative Inhaltsanalyse nach Mayring zum Einsatz, die mit Hilfe von Programmen wie MAXQDA durchgeführt werden kann.

Im Anschluss an die Analyse sollen die Daten einem breiten Fachpublikum zugänglich gemacht werden. Eine wesentliche Aufgabe von wissenschaftlichen Mitarbeitern besteht deshalb in der Bekanntgabe und Verbreitung der Ergebnisse im Rahmen von Tagungsbeiträgen (z. B. Poster, Vorträge) und wissenschaftlichen Publikationen, insbesondere in Fachzeitschriften mit dem Peer-Review-Verfahren.

Weitere Tätigkeiten können in Abhängigkeit vom genauen Anforderungsprofil und der Beschaffenheit der jeweiligen Stelle variieren. So sind beispielsweise Inhaber von Haushaltsstellen, für deren Finanzierung die Universität selbst aufkommt, durch ihr Lehrdeputat dazu verpflichtet, sich aktiv in die Lehre einzubringen. Neben der Vorbereitung und Durchführung von Lehrveranstaltungen umfasst dies u. a. auch die Erstellung und Korrektur von Klausuren sowie die Beratung und Betreuung von Studierenden bei Referaten und Abschlussarbeiten. Für Drittmittelbeschäftigte, deren Stellen durch externe Geldgeber wie die Deutsche Forschungsgemeinschaft (DFG) oder das Bundesministerium für Bildung und Forschung (BMBF) finanziert werden, besteht demgegenüber in der Regel keine Lehrverpflichtung. Dafür übernehmen sie häufig Tätigkeiten im Rahmen der Drittmittelverwaltung (z. B. Budgetplanung, Einholen von Angeboten, Vergabe von Aufträgen). Darüber hinaus sind wissenschaftliche Mitarbeiter oftmals auch an der Antragstellung zur Einwerbung von Drittmitteln beteiligt, wirken bei der Organisation von Tagungen mit oder engagieren sich in Gremien (z. B. Berufungskommissionen).

Mobilitätsbereitschaft

Wie bereits angesprochen, gehört es zu den Aufgaben eines wissenschaftlichen Mitarbeiters, eigene Forschungsergebnisse auf nationalen und internationalen Tagungen vorzustellen. Speziell bei Beschäftigten in Drittmittelprojekten sind zudem Reisen zu Kooperationspartnern nicht unüblich. Darüber hinaus können je nach konkretem Forschungsprojekt während der Datenerhebung Reisen zu Schulungs- oder Erhebungsterminen erforderlich sein. Im weiteren Verlauf einer Wissenschaftlerkarriere gewinnt das Thema „Mobilitätsbereitschaft“ zunehmend an Bedeutung: Da auch Postdocstellen in der Regel zeitlich auf wenige Jah-

Was ist das Peer-Review-Verfahren?

Bei dem Peer-Review-Verfahren werden nach Ware (2008) die bei einer Zeitschrift eingereichten Artikel zuerst vom Herausgeber der Zeitschrift auf ihre generelle Tauglichkeit geprüft, beispielsweise bezogen auf die Vollständigkeit des Manuskripts. Nach dieser ersten Prüfung wird das Manuskript an wissenschaftliche Experten – im Normalfall zwei bis drei Reviewer – weitergegeben, die die Qualität des eingereichten Manuskripts beurteilen. Die Schwerpunktsetzung bei der Beurteilung unterscheidet sich von Zeitschrift zu Zeitschrift. Im Normalfall wird darauf geachtet, ob das Design zur Fragestellung passt, ob die Forschungsfrage von Bedeutung ist und Neues zur wissenschaftlichen Debatte in diesem Themenbereich beiträgt. Bei diesem Verfahren wird am häufigsten der Double-Blind-Ansatz verfolgt, bei dem sowohl den Reviewern als auch dem Autor die Identität des jeweils anderen unbekannt ist, um möglichen Vorurteilen bzw. Begünstigungen vorzubeugen.

re befristet sind, ist der Weg zur Professur häufig mit mehreren Ortswechseln verbunden. Zudem sind sog. Hausberufungen, bei denen Wissenschaftler einen Ruf an diejenige Universität erhalten, an der sie ihre Habilitation angefertigt haben, zwar rechtlich mittlerweile möglich, jedoch nach wie vor unüblich (Wissenschaftsrat 2005). Spätestens mit der ersten Professur wird daher ein erneuter Ortswechsel meist unvermeidbar.

Arbeitszeit

Während der Promotionsphase sind wissenschaftliche Mitarbeiter zumeist auf halben Stellen beschäftigt, von einzelnen Forschungsförderern werden aber zunehmend auch 65 %-Stellen bewilligt. Hierbei sollte jedoch beachtet werden, dass das tatsächliche Arbeitsvolumen die finanziell vergütete Stundenzahl teilweise deutlich übersteigt (Grühn et al. 2009). Dies hängt auch damit zusammen, dass eine klare Trennung zwischen projektbezogenen Tätigkeiten und Arbeiten, die primär der eigenen Weiterqualifizierung dienen, oftmals kaum möglich ist. Ganze Stellen sind üblicherweise erst ab der Postdocebene möglich, auch wenn Ausnahmen möglich sind.

Einkommen

Das Einkommen von wissenschaftlichen Mitarbeitern richtet sich nach dem Tarifvertrag für den öffentlichen Dienst (TVöD/TV-L), dessen Regelsätze transparent und allgemein zugänglich sind (siehe www.oeffentlicher-dienst.info). Während ihrer Promotionsphase werden Psychologen in Entgeltgruppe 13 eingruppiert, was bei einer Beschäftigung auf einer halben Stelle je nach Bundesland und Erfahrungsstufe auf ein Nettogehalt von rund 1100 Euro hinausläuft. Weniger einheitlich geregelt ist die Vergütung von Lehraufträgen. Zwar gibt es hierzu Empfehlungen der Kultusministerkonferenz, tatsächlich unterscheiden sich die Sätze für eine Lehrveranstaltungsstunde (45 Minuten) je nach Universität allerdings deutlich voneinander. Im Mittel werden aber nicht mehr als 30 Euro pro Stunde gezahlt, womit auch die Zeiten für Vor- und Nachbereitung der Lehrveranstaltung, Klausuraufsicht und Korrekturarbeiten abgegolten sind. Professoren hingegen erhalten ein durch eine Besoldungsordnung festgelegtes Grundgehalt, das in den Besoldungsgruppen W2 und W3 – nicht jedoch in der Besoldungsgruppe für Juniorprofessuren (W1) – durch variable Leistungsbezüge ergänzt werden kann. Diese zusätzlichen Bezüge werden gewährt, wenn eine Person beispielsweise besonders erfolgreich Drittmittel eingeworben oder Funktionen im Rahmen der Hochschulselbstverwaltung eingenommen hat. Weitere Informationen sind im Gesetz zur Reform der Professorenbesoldung (2002) zu finden.

Karrieremöglichkeiten

Wird eine universitäre Laufbahn angestrebt, so führt der klassische Karriereweg über die Promotion und die Habilitation zur Professur. Jedoch gibt es mittlerweile auch in Deutschland das sog. Tenure-Track-Modell, bei dem man nicht erst durch die Habilitation die Befähigung zu selbstständiger Forschung und Lehre erhält, sondern bereits durch die Berufung zum Juniorprofessor nach der Promotion (Kreckel 2010).

Im Normalfall wird man nach dem Studienabschluss als wissenschaftlicher Mitarbeiter eingestellt. Dabei sollte man beachten, dass die meisten dieser Stellen befristet sind (Abb. 6.1). Unbefristete Stellen sind sehr rar und werden meistens an Personen vergeben, die schon einige Jahre an der Universität tätig sind (Jakob und Teichler 2011).

Persönliche Weiterbildung

Bei den meisten Stellen an Universitäten, auf die man sich als Psychologe direkt nach dem Studienabschluss bewerben kann, handelt es sich explizit um Qualifikationsstellen. Insofern steht außer Frage, dass die persönliche Weiterbildung in Form einer Promotion bei einer Beschäftigung als wissenschaftlicher Mitarbeiter von zentraler Bedeutung ist, was sich in den bereits erwähnten 50 %-Arbeitszeitverträgen widerspiegelt. So sollte die ideale Zeiteinteilung darauf hinauslaufen, dass der Promovend die eine Hälfte der Zeit mit Projektarbeiten bzw. Lehrstuhlaufgaben verbringt und die andere Hälfte auf die Anfertigung der Dissertation verwendet. Um die dafür notwendigen methodischen Kompetenzen zu erwerben, aber auch um z. B. die eigenen Lehrkompetenzen zu erweitern oder Präsentationsfertigkeiten zu schulen, bestehen in der Regel vielfältige Möglichkeiten zur Weiterbildung. Diese reichen von selbstorganisierten Workshops durch den jeweiligen Lehrstuhl über Angebote von universitären Weiterbildungszentren (z. B. Berliner Zentrum für Hochschullehre) bis hin zu mehrtägigen Weiterbildungsveranstaltungen im Rahmen von Summer Schools, Herbstakademien und dergleichen. Letztere werden häufig von Forschungsinstituten oder Graduiertenschulen angeboten, die die Teilnehmer im Zuge eines kompetitiven Bewerbungsverfahrens auswählen. Zudem bietet die Teilnahme an Tagungen verschiedene Lerngelegenheiten. Häufig werden in deren Vorfeld Workshops für junge Forscher angeboten. Während der Tagungen selbst erweitert man einerseits sein Wissen durch Vorträge und Poster sowie durch den fachbezogenen Austausch mit anderen Forschern, andererseits schult man durch die aktive Übernahme von Posterpräsentationen oder Vorträgen seine eigenen Präsentationsfertigkeiten. Gerade um dies in einem geschützten Rahmen üben zu können, werden zum Teil auch Konferenzen angeboten, die sich explizit an junge Wissenschaftler richten, beispielsweise die JURE (Junior Researchers)-Konferenz der EARLI (European Association for Research on Learning and Instruction).

Die Rolle von Psychologen an Universitäten

Obwohl man als Psychologe natürlich häufig an Psychologielehrstühlen und in mehrheitlich aus Psychologen bestehenden Teams arbeitet, gibt es dennoch vielfältige andere, nicht ausschließlich psychologische Projekte, in denen Psychologen tätig werden können. Viele Forschungsprojekte sind interdisziplinär ausgerichtet: In der Bildungsforschung, wo unter anderem Vertreter aus Psychologie, Erziehungswissenschaften, Pädagogik, Didaktik, Soziologie und Ökonomie zusammenarbeiten, in medizinischen Projekten, an denen Ärzte und Psychologen mitwirken, und in der Arbeits- und Organisationspsychologie bzw. Markt- und Werbepsychologie, wo sich Psychologen, Betriebswissenschaftler und andere zusammenschließen. In den meisten Fällen profilieren sich Psychologen in interdisziplinären Teams vor allem durch ihre vertiefte Ausbildung in Statistik und Forschungsmethoden. Auch Diagnostik und Testentwicklung, die auf testtheoretischen Grundlagen basieren, gehören zum Aufgabenrepertoire von Psychologen.

Anforderungen an eine Tätigkeit an Universitäten

Um die Arbeit als wissenschaftlicher Mitarbeiter an der Universität bewältigen zu können, gibt es kein Patentrezept und auch keinen Idealkandidaten. Dennoch sind einige der im Folgenden be-

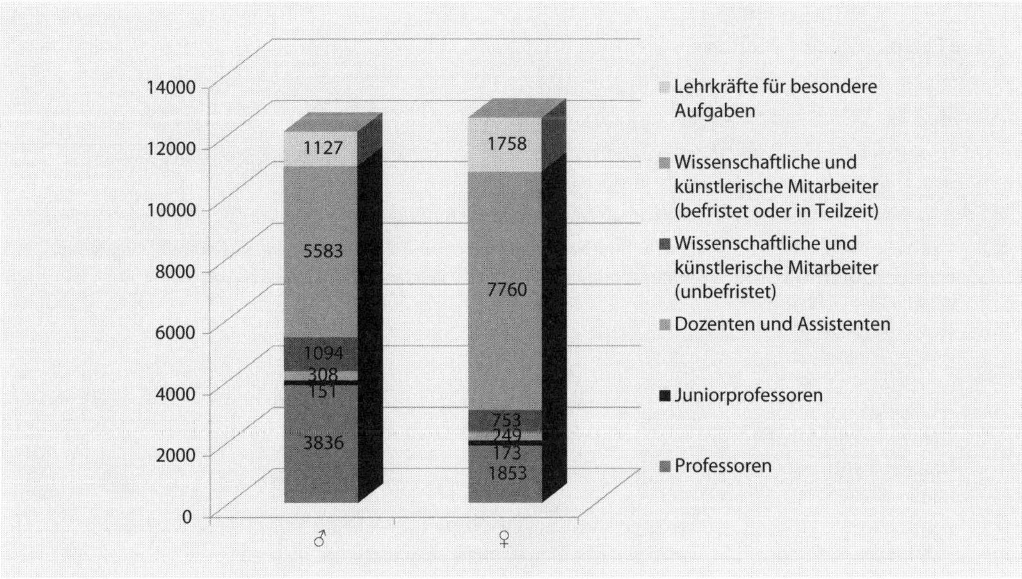

Abb. 6.1 Wissenschaftliches und künstlerisches Personal an deutschen Hochschulen in den Sprach- und Kulturwissenschaften im Jahr 2010, zu denen neben einer Reihe weiterer Fächer auch die Psychologie gehört (eigene Darstellung, Statistisches Bundesamt 2011)

schrieben Qualifikationen sehr nützlich für diese Tätigkeit.

Schwerpunktsetzung

Das Studium an der Universität, zumindest in den meisten Masterstudiengängen, ist in erster Linie darauf ausgerichtet, für die Wissenschaft auszubilden. Dadurch ist es grundsätzlich möglich, in jedem psychologischen Fachbereich an einer Universität zu arbeiten, weshalb zur Schwerpunktsetzung keine sinnvollen Ratschläge gegeben werden können. Natürlich sollten die gewählten Schwerpunkte der Ausrichtung des Lehrstuhls entsprechen, an dem man sich bewerben möchte. Beispielsweise ist die Wahrscheinlichkeit größer, an einem Lehrstuhl für Wirtschaftspsychologie arbeiten zu können, wenn man als Schwerpunkt Arbeits- und Organisationspsychologie gewählt hat, als wenn die Schwerpunkte Klinische Psychologie und Neuropsychologie gewählt wurden. Dennoch gibt es hier keine allgemeingültigen Empfehlungen. Einzig eine solide Ausbildung in Forschungsmethoden wird in den meisten Fällen vorausgesetzt. Dabei ist es natürlich von Vorteil, wenn man bereits im Studium Spaß und Interesse an Statistik und forschungsnahen Seminaren (z. B. Experimentalpraktika) hatte.

Computerkenntnisse

Vorausgesetzt werden gute Kenntnisse in MS-Office sowie der sichere Umgang mit SPSS. Da in quantitativ ausgerichteten Arbeitsbereichen zunehmend auch andere Statistikprogramme nachgefragt werden, kann man mit Kenntnissen in Programmen wie R, MPlus, AMOS, Winmira oder HLM sicherlich punkten.

Sprachkenntnisse

Da viele Fachartikel in englischsprachigen Zeitschriften veröffentlicht werden, sind sehr gute Englischkenntnisse eine wesentliche Voraussetzung. Diese kann man sich auch durch zusätzliche Kurse (z. B. zum Scientific Writing) oder durch Forschungsaufenthalte im Ausland, die jedoch zumindest zu Beginn der universitären Laufbahn nicht zwingend notwendig sind, aneignen.

Praxis, Praxis, Praxis

Wer schon während des Studiums Einblicke in die wissenschaftliche Arbeit erhalten möchte, hat dazu bei Forschungspraktika an Lehrstühlen bzw. bei der Tätigkeit als studentische Hilfskraft oder Testleiter die Möglichkeit. Dies ist u. a. deshalb empfehlens-

Eine Perspektive aus der Praxis

Titel, Name	Dr. Lars Michael
Organisation	Arbeitsbereich Allgemeine Psychologie und Neuropsychologie an der Freien Universität Berlin
Berufsbezeichnung	Wissenschaftlicher Mitarbeiter (Postdoc)
Welche Schwerpunkte hatten Sie in Ihrem Psychologiestudium? Waren diese ausschlaggebend für Ihre aktuelle Tätigkeit?	Meine Schwerpunkte waren Biopsychologie und Kognitive Neuropsychologie. In diesen Bereichen habe ich auch promoviert und meine Postdocphase absolviert.
Wieso haben Sie sich für eine Tätigkeit als wissenschaftlicher Mitarbeiter bzw. Forscher an einer Universität entschieden?	Interesse an den Inhalten, große inhaltliche Freiheit, angenehme Atmosphäre am Institut
Was glauben Sie, können Psychologen in diesem Berufsfeld bewegen?	Grundlagenforschung für spätere Anwendungen, v. a. im klinischen Bereich. Fundierte Ausbildung künftiger Wissenschaftler, Therapeuten etc.
Was hat Sie an Ihrer Tätigkeit am meisten überrascht?	Es gab keine Überraschungen.
Wie steht es um die Vereinbarkeit von Beruf und Familie bei einer Tätigkeit an einer Universität?	1. Schlecht: kurze Vertragslaufzeiten, oft nur wenige Monate, insbesondere nach der Promotion. Oft nur halbe Stellen möglich. 2. Gut: flexible Gestaltung der Arbeitszeiten.
Welchen Tipp haben Sie für Psychologen, die sich überlegen, an einer Universität zu arbeiten?	Möglichst früh Alternativen abklären, Dauerstellen gibt es für die wenigsten …
Welche konkreten Tätigkeiten bereiten Ihnen in Ihrer Arbeit die größte Freude?	Versuchsplanung, Auswertung, Lehre, Gremienarbeit, Umgang mit Kollegen/Studierenden

wert, da es bei der Bewerbung um eine Doktorandenstelle sicherlich von Vorteil ist, wenn man bereits als Student an einem Lehrstuhl gearbeitet hat und entsprechende Erfahrungen im Bereich Forschung und Lehre vorweisen kann. Darüber hinaus ermöglicht es einem die Anbindung an einen Lehrstuhl, bereits frühzeitig Kontakte zu knüpfen und über Karrierewege in Forschung und Lehre auf dem Laufenden zu bleiben.

Fazit

Die Arbeit an einer Universität ist auf jeden Fall lehrreich und voller Abwechslung. So besteht die Gelegenheit, viele unterschiedliche Aufgaben zu übernehmen, sei es die Lehre und Betreuung von Studierenden, die Planung und Durchführung eines Forschungsprojekts oder auch das Engagement in universitären Gremien. Aus unserer Sicht ist die Tätigkeit an einer Universität aber vor allem auch deshalb besonders reizvoll, weil sie großen Gestaltungsspielraum bietet und ermöglicht, selbstverantwortlich zu arbeiten sowie eigene Ideen zu entwickeln und umzusetzen. Jedoch sollte man sich darüber im Klaren sein, dass die tatsächliche Arbeitszeit häufig über die vertraglich geregelte hinausgeht und dass vor allem zu Beginn der universitären Karriere keine langfristige Arbeitsplatzsicherheit gegeben ist.

6.2 Tätigkeiten an Hochschulen

Mahena Stief

„Stell dir vor, ich habe gerade eine Kollegin kennengelernt, die mit 37 Jahren schon Professorin ist und das ohne Habilitation!". Dieser Satz fiel kürzlich auf einem Psychologiekongress in Bonn im Gespräch zweier erfahrener Wirtschaftspsychologen. Wie diesen beiden ist auch vielen weiteren Psychologen und Psychologinnen eine attraktive Karriereoption wenig präsent, nämlich die Hochschulprofessur. Mit Hochschule sind alle Fachhochschulen, Hochschulen für Angewandte Wissenschaften und Technische Hochschulen gemeint, ob in staatlicher, kirchlicher oder privater Trägerschaft. Dazu gehören auch Verwaltungsfachhochschulen und Duale Hochschulen. Die Hochschule eröffnet einigen Psychologen die Möglichkeit auf eine zweite Karriere, nachdem sie bereits einige Jahre in der Forschung und in der psychologischen Berufspraxis tätig waren. Das Tätigkeitsfeld an Hochschulen unterscheidet sich wesentlich von dem an Universitäten (Abschn. 6.1), daher wird es in diesem Kapitel gesondert vorgestellt.

Tätigkeit an Hochschulen – was ist das?

Für Psychologen gibt es an Hochschulen vor allem ein Tätigkeitsfeld im Hauptberuf: die Professur. Möglicherweise treffen Sie an Hochschulen auch den einen oder anderen Psychologen in der Studierendenberatung, auf einer Stabsstelle für Didaktik oder in einem angewandten Forschungsprojekt. Diese Funktionen sind jedoch eher selten. Am häufigsten sind neben Professuren selbstständige oder nebenberufliche Lehrbeauftragte an Hochschulen anzutreffen. Diese unterrichten verschiedene angewandte psychologische Themen. Die Motivation von selbstständigen oder festangestellten Psychologen, nebenberuflich an der Hochschule zu unterrichten, liegt wohl weniger in den Stundensätzen, die durchschnittlich deutlich niedriger sind als in der Privatwirtschaft. Die Freude an der Zusammenarbeit mit Studierenden, der Kontakt zur Hochschule und eine Abrundung des eigenen Kompetenzprofils sind die zentralen Motivatoren.

Zurück also zur Professur, d. h. der Tätigkeit in Festanstellung an Hochschulen. Obwohl Psychologiestudiengänge in Deutschland vorwiegend an Universitäten angesiedelt sind, gibt es doch zahlreiche Psychologieprofessuren an Hochschulen. Zum Vergleich: Es gibt im Jahr 2012 in Deutschland etwas mehr als 100 Universitäten, während es ca. 240 Hochschulen gibt. Hinzu kommen ungefähr 40 Hochschulen in der Schweiz und in Österreich. Insbesondere Wirtschaftspsychologiestudiengänge (Bachelor und Master) werden zunehmend auch an Hochschulen angeboten. Heute haben bereits mehr als 20 Hochschulen ein entsprechendes Studienangebot, Tendenz steigend (siehe www.wirtschaftspsychologie-studieren.de).

An Hochschulen mit Psychologiestudiengängen sind Professoren in verschiedenen psychologischen Bereichen im Einsatz. Daneben gib es psychologische Professuren in nichtpsychologischen Fakultäten, beispielsweise „Organisations- und Sozialpsychologie" für Studierende der Verwaltungswissenschaften oder „Entwicklungspsychologie" im Studiengang „Soziale Arbeit". Fast jedes angewandte psychologische Fach, wie Entwicklungspsychologie, Forensische Psychologie, Gesundheitspsychologie, Klinische Psychologie, Markt- und Werbepsychologie, Sozialpsychologie etc. können Sie an Hochschulen finden. Einige Professoren haben ihren Schwerpunkt ganz oder teilweise im Bereich „Soziale Kompetenzen". Deren Kernaufgabe ist es, Studierende in trainingsorientierten Seminaren gezielt bei der Optimierung ihrer Handlungskompetenzen zu unterstützen.

Tätigkeiten an Hochschulen – ein ganz besonderes Tätigkeitsfeld?

Bei Tätigkeiten an Universitäten steht die Forschung im Mittelpunkt, an Hochschulen ist das Aufgabenfeld eines Professors dominiert durch die Lehre. Die Lehrverpflichtung beträgt bei einer Vollzeitstelle 18 Semesterwochenstunden, während sie an Universitäten acht bis neun Stunden umfasst. Die Inhalte der Module an Hochschulen sind dabei wesentlich praktischer orientiert als das Studium an Universitäten, das ja gezielt auf eine Forschertätigkeit vorbereiten soll. Daher wird an Hochschulen viel Wert auf breite Kompetenzförderung gelegt, die

Ein Szenario

Anfang Juni, Dienstag, 9 Uhr, das heute vierstündige Seminar „Change Management" für 25 Studierende des Studiengangs Betriebswirtschaftslehre (Bachelor) im fünften Semester startet. Der Professor für Wirtschaftspsychologie Herr Prof. Dr. Weber ist etwas früher da, holt Kopien für heute ab, bereitet Materialien vor und beantwortet erste Fragen von Studierenden. Heute werden die Ergebnisse kleiner Praxisprojekte zur Unternehmenskultur vorgestellt und zusammenfassend diskutiert. Besonders spannend ist dabei, wie stark sich die gelebte Kultur und die schriftlich verfassten Werte in einigen der Unternehmen unterscheiden.
13 Uhr: Das Seminar ist beendet. Am Ende hat Herr Weber noch einigen Studierenden ein Feedback zu ihrer Präsentation gegeben, das die Sichtweise der Mitstudierenden zu den Vorträgen vertiefte.
14 Uhr: Die Noten der heutigen Vorträge stellt er in den nächsten Tagen fertig. Denn nach einer kurzen Pause und einem dringenden Telefonat mit einem Lehrbeauftragten geht es gleich weiter mit einer Vorlesung (Thema „Personalauswahl") für 70 Studierende im dritten Semester. Heute geht es um Assessment Center. Der interaktive Vorlesungsstil und die intensive Fachdiskussion anhand von Fallbeispielen sind typisch für die Lehre an der Hochschule.
15.45 Uhr: Die sechs Stunden Lehre am heutigen Tag sind abgeschlossen – und damit ein knappes Drittel des Wochenpensums.
Danach bearbeitet Herr Weber im Büro seinen E-Mail Posteingang, um die wichtigsten Dinge gleich zu erledigen. Der Posteingang ist bunt gemischt: Einige Studierende haben Fragen zu Seminaren oder bitten um Termine wegen ihrer Forschungsprojekte; Werbung zu Kongressen und für den Fachverband; interne Anfragen und Informationen zu kommenden Besprechungen mit Kollegen. Außerdem bittet eine Firma um Terminvorschläge für einen Vortrag vor Führungskräften ihres Unternehmens. Alles weniger Dringende muss warten bis zum nächsten Tag. Vor der Fakultätsratssitzung am Nachmittag hat er Zeit für aktuelle Fragen der Studierenden, Kollegen und Kolleginnen, Lehrbeauftragten und Kooperationspartner.
17.30 Uhr: Ein Student kommt zur Besprechung der Bachelorarbeit. Heute gibt es aktuelle Fragen zu Auswertung und ersten Ergebnissen der durchgeführten Interviews.
18.30 Uhr: Herr Weber verlässt das Büro. Im Zug nach Hause liest er noch einen aktuellen Artikel einer Kollegin. Herr Weber blickt zurück auf den vollgepackten Tag und freut sich, dass morgen wieder andere Dinge auf der Agenda stehen, denn er schätzt die Abwechslung. Ganz sicher ist: Während des laufenden Semesters bleibt es turbulent. Für umfangreichere Themen wie ein neues Forschungsprojekt, das Schreiben einer Veröffentlichung, Kongressbesuche oder die Ausarbeitung eines neuen Seminars ist wieder mehr Zeit während der Semesterferien – neben dem Urlaub mit der Familie natürlich!

beispielsweise durch Studienprojekte zu angewandten Fragestellungen sowie durch Kooperationsprojekte mit Unternehmen erreicht wird.

Angewandte Forschung, angewandte Projekte und die Mitarbeit in der Hochschulorganisation und -entwicklung (Selbstverwaltung) sind neben der Lehre die beiden wichtigsten Hauptaufgaben. Wie sich die neben der Lehrtätigkeit verbleibende Zeit auf angewandte Forschung oder Selbstverwaltung verteilt, ist sehr unterschiedlich und liegt im Ermessensspielraum des Professors. Die extrem großen Freiräume zur Selbstbestimmung bedeuten aber auch eine hohe Eigenverantwortung. Das muss man mögen. Wer es jedoch schätzt, eigenverantwortlich zu arbeiten, genießt hier einen der ganz wesentlichen Vorteile der Tätigkeit an Hochschulen.

Aufgaben im Rahmen der Tätigkeit

In den folgenden Abschnitten werden die Aufgaben eines Hochschulprofessors dargestellt. Diese reichen von Lehre über angewandte Forschung und Projektarbeit bis hin zur Organisation der Hochschule sowie der damit verbundenen Selbstverwaltung.

Lehre

Lehre an Hochschulen ist praxis- und anwendungsorientiert, richtet sie sich doch an zukünftige Praktiker. Neben Vorlesungen werden an Hochschulen, soweit es organisatorisch umsetzbar ist, Inhalte vor allem in kleinen Seminaren vermittelt. Praxisprojekte, Fallstudien, Moderationsmethodik, Kleingruppenmethoden etc. finden dabei besonders häufig Anwendung. Typisch für die Hochschule ist eine vergleichsweise intensive Betreuung der Studierenden, persönlich, per E-Mail und in Form von Online-Kursen. Durch die hohe Lehrverpflichtung besteht ein enger Kontakt zu den Studierenden, die man dadurch intensiv über mehrere Jahre begleiten kann.

Welche Inhalte zu unterrichten sind, steht häufig durch Studienpläne und Modulbeschreibungen der Bachelor- und Masterstudiengänge fest. Die konkreten Inhalte der Vorlesungen und Seminare sowie die Didaktik verantwortet man gänzlich selbst, wobei man sehr große Freiheiten hat. Professoren sind an Hochschulen in der Lehre meist viel breiter eingesetzt als an Universitäten. Ein breiter Überblick über die eigene Disziplin und angrenzende Bereiche, hohe Flexibilität, Praxisorientierung und eine gute Portion an Selbstbewusstsein sind also von Vorteil.

Zur Lehre gehören auch die Leistungserfassung, also der Entwurf von Prüfungen und studienbegleitenden Leistungserfassungen und die Benotung der Leistungen. Es ist durchaus typisch, dass man jedes Semester ungefähr 200 Prüfungen zu benoten hat.

Angewandte Forschung/angewandte Projekte

Forschung an Hochschulen ist angewandte Forschung. Typisch sind praxisorientierte Kooperationsprojekte zusammen mit Studierenden und Firmen aus der Region. Wie im Eingangsszenario beschrieben, decken Hochschulprofessoren ein breites Spektrum an Aufgaben ab. Gerade Forschung erfordert jedoch die intensive Auseinandersetzung mit einem Forschungsgegenstand – deshalb ist es nur durch ein gutes Zeit- und Selbstmanagement möglich, neben den übrigen Anforderungen, Forschung zu betreiben. Praxisorientierte oder auch interdisziplinäre Projekte sind prinzipiell leichter zu verwirklichen als Grundlagenforschung. Dabei ist es hilfreich, dass es die Möglichkeit gibt, sich ca. alle drei bis vier Jahre ein Semester lang von seiner Lehrverpflichtung freistellen zu lassen, indem man ein Forschungs- oder Praxissemester nimmt.

In der Forschung an Hochschulen ist man insgesamt sehr selbstbestimmt, kann seine Themen und Studien selbst festlegen, steht dann aber auch ganz in der Verantwortung, die Umsetzungen vorzunehmen. Die wenigsten Professoren an Hochschulen haben dabei feste Mitarbeiter oder Mitarbeiterinnen, an die man Aufgaben delegieren kann.

Hochschulorganisation/Selbstverwaltung

Erwartet wird an Hochschulen immer, dass Professoren Aufgaben in der Selbstverwaltung übernehmen. Das Feld ist breit: Man kann an Themen und Projekten in Arbeitsgruppen mitarbeiten (z. B. Neuentwicklung von Studiengängen) oder temporär eine besondere Funktion bzw. Managementaufgabe übernehmen. Zur Auswahl stehen hier sehr verschiedene Funktionen wie Dekan/in, Studiendekan/in, Studiengangsleitung, Frauenbeauftragte/r, Auslandskoordinator/in o.Ä. Diejenigen, die eine Funktion übernehmen, unterrichten zumeist weniger Wochenstunden.

Mobilitätsbereitschaft

Inwieweit man Reisen zu nationalen und internationalen Partnerhochschulen, Kongressen oder Firmen tätigt, oder auch einmal ein Forschungsfreisemester woanders verbringt, hängt ganz von den eigenen Interessen, Themen und Zielen ab.

Mobilität ist eine wichtige Voraussetzung für die Aufnahme einer Professur. Bei der vergleichsweise geringen Anzahl an Psychologieprofessuren ist es sehr unwahrscheinlich, in der eigenen Traumstadt eine Stelle zu finden. Die meisten Professoren pendeln also zum Hochschulstandort oder ziehen um, um eine angebotene Stelle anzunehmen.

Arbeitszeiten

Die Tätigkeit als Professor ist, wie bereits erwähnt, eine sehr selbstbestimmte Tätigkeit. Freiheit besteht nicht nur in Bezug auf Inhalte und Themen von Lehre und Forschung. Bei dem zwar insgesamt hohen Zeiteinsatz hat man doch auch einige Freiheiten bei der Zeitgestaltung. Während des Semesters kann man an den meisten deutschen Hochschulen jede Woche einen Tag von zu Hause aus arbeiten. In Prüfungszeiten und vorlesungsfreien Zeiten besteht noch mehr Spielraum bei der Wahl des Arbeitsortes. Bei gutem Selbstmanagement lässt sich bei dieser Tätigkeit eine gute Work-Life-Balance erreichen, was manchmal noch unterstützt wird durch hochschuleigene Kindergärten oder eine familienfreundliche Personalpolitik (z. B. das Siegel „Familienfreundliche Hochschule"). Man sollte sich aber nicht täuschen lassen – die durchschnittliche Arbeitszeit liegt vermutlich im Schnitt bei deutlich mehr als 40 Stunden. Ganz wesentlich auf die Arbeitsbedingungen wirkt sich auch aus, an welcher Hochschule man ist:

- Es gibt private Hochschulen, die vor allem berufsbegleitende Studiengänge anbieten. Dort sind also die Hauptunterrichtszeiten abends und am Wochenende.
- Es gibt private Hochschulen, die vor allem Teilzeitprofessoren einstellen, d. h. man braucht hier weiterhin ein zweites Standbein.
- Es gibt einige Hochschulen, die in Trimestern unterrichten (z. B. Verwaltungsfachhochschulen), während ansonsten Semester üblich sind. Bei Trimestern hat man als Professor/in weitaus weniger Freiheiten, da die meiste Zeit des Jahres Unterricht oder Prüfungen stattfinden.

Einkommen

Die Bezahlung ist an deutschen staatlichen Hochschulen klar geregelt. Das Grundgehalt ist in der Stufe W2 festgelegt (variiert nach Bundesländern, aktuell ca. 4000 Euro brutto/Monat in Berlin bis 4600 Euro in Baden-Württemberg). Derzeit ist nach einem Urteil des Verfassungsgerichts eine Erhöhung der W-Besoldung in Diskussion, sodass sich hier bereits 2013 Veränderungen ergeben könnten. Zulagen, die verhandelt werden, sind zu Beginn meist nur gering. Gehaltssteigerungen, die meist moderat ausfallen, ergeben sich durch Leistungszulagen, nächste Gehaltsstufen oder in Verbindung mit Funktionen (z. B. Dekanszulage). Das W2-Grundgehalt liegt über dem Grundgehalt typischer staatlicher Psychologenstellen (z. B. Tarifvertrag des öffentlichen Dienstes). Wer in der Wirtschaft vorher gut verdient hat, macht oft einen Rückschritt in punkto Gehalt. Das Gehalt ist aber nicht die primäre Motivation, diesen Weg einzuschlagen. Weitere Vorteile können sich durch eine Verbeamtung ergeben, die sofort (auf Zeit oder unbefristet) oder nach einiger Zeit erfolgen kann. Dadurch erhöht sich das Nettogehalt deutlich und man erwirbt Pensionsansprüche, die über der garantierten Rente in vergleichbaren Anstellungen in der freien Wirtschaft liegen. Eine unbefristete Professur garantiert darüber hinaus Stellensicherheit. Allerdings gibt es durchaus den Trend, dass Verbeamtungen oder unbefristete Stellen nicht (mehr) flächendeckend üblich sind.

Private Hochschulen legen ihre Gehaltsstrukturen nicht offen. Die Möglichkeit der Verbeamtung gibt es hier nicht. Teilweise sind Professuren als Teilzeitstellen angelegt, bei denen man die Präsenzzeiten prüfen sollte, damit sich die Stelle ggf. mit einem zweiten Standbein vereinbaren lässt. Insgesamt kann man davon ausgehen, dass private Hochschulen nicht durchgängig bessere Bedingungen anbieten als staatliche Hochschulen.

Berufliche Weiterbildung und Karrieremöglichkeiten

Weiterbildungen sind nicht nur möglich, sondern absolut erforderlich, damit man auch nach mehreren Jahren in der Funktion noch am Puls der Zeit ist. Weiterentwicklung wird unterstützt durch Reisemittel, Internationalisierungsmittel sowie Forschungs- und Praxissemester. Die Schwerpunkte und Richtung der eigenen Entwicklung setzt man selbst, in Abstimmung mit den Fakultäts- und Hochschulleitungen.

An Hochschulen gibt es ganz verschiedene Möglichkeiten, weitere Karrierestufen zu erklimmen, beispielsweise in der Fakultäts- oder Hochschulleitung. Kompetente und motivierte Personen erhalten meistens eine Chance, sich zur Wahl zu stellen. Das ist eine weitere Besonderheit an Hochschulen: Es gibt demokratische Entscheidungsgremien, die über Besetzungen von Ämtern entscheiden. Wer etwas bewirken möchte und andere durch Mikropolitik für sich einnimmt, erhält meist eine gute Chance.

Viele Hochschulprofessoren engagieren sich nebenberuflich auch in Praxisprojekten, sie sind als Berater, Coach, Therapeut o. ä. tätig, meist in Form einer genehmigten Nebentätigkeit. Die Motivation dafür ist gemischt: Es ist eine Form, sich weiterzuentwickeln, man kann damit sein Gehalt aufbessern und man bleibt in der Praxis am Ball, was wiederum zur guten Lehre beiträgt.

Anforderungen an eine Tätigkeit als Hochschulprofessor

Professuren an Hochschulen werden durch Berufungsverfahren besetzt. Dabei existieren meist Regularien der Hochschulen, in denen die Spielregeln beschrieben sind. Die drei zentralen Anforderungen an zukünftige Hochschulprofessoren sind:

1. Wissenschaftliche Tätigkeit: Voraussetzung für eine Berufung ist eine mehrjährige Tätigkeit in der Forschung, gleichgültig ob haupt- oder nebenberuflich. In der Regel werden eine Promotion und einige Veröffentlichungen erwartet, die zeigen, dass Forschung ein beruflicher Fokus ist. Eine Habilitation ist nicht nötig und stellt meist auch keinen Vorteil dar. Die wissenschaftlichen Anforderungen haben insgesamt nicht den gleichen Stellenwert wie bei einer Professur an einer Universität, z. B. bezüglich des Impact-Faktors und der Anzahl der Veröffentlichungen.
2. Praxis: Das Studium an Hochschulen ist praxisnah. Das wird darüber garantiert, dass Personen in der Lehre tätig sind, die selbst die Praxis in verantwortlicher Funktion kennengelernt haben. Daher wird eine mindestens fünfjährige einschlägige Berufserfahrung in dem Feld der ausgeschriebenen Professur erwartet, wovon drei Jahre außerhalb des Hochschulbereichs verbracht wurden.
3. Lehre/Didaktik (pädagogische Eignung): Durch Lehrerfahrungen und didaktische Weiterbildungen kann die pädagogische Eignung nachgewiesen werden. Probelehrveranstaltungen dienen dazu, dass die Berufungskommission sich persönlich ein Bild der didaktischen Kompetenzen machen kann.

Die Berufungsvoraussetzungen zeigen, dass eine Hochschulprofessur eine zweite Karriereoption für Personen ist, die in Forschung und Praxis tätig waren und nun ihre Erfahrungen in der Ausbildung von Studierenden einsetzen möchten. Da es meist viele Bewerber auf eine Stelle gibt, ist es wichtig, dem Profil gut zu entsprechen, um eine wirkliche Chance zu haben. Wer sich bewirbt, sollte sich auf ein aufwändiges mehrmonatiges Bewerbungsverfahren einstellen, das Probevorträge und intensive Gespräche mit einer Kommission umfasst. Frauen werden dabei bei gleicher Qualifikation bevorzugt eingestellt.

Schwerpunktsetzung und fachliche Inhalte

Wer sich schon früh für eine Hochschulprofessur interessiert, sollte erst einmal seine Liebe zu einer angewandten psychologischen Disziplin entdecken und in diesem Feld wirklich gut sein, darin promovieren und einschlägige Berufserfahrungen sammeln. Ob am Ende eine Professur an einer Hochschule in diesem Feld zum richtigen Zeitpunkt frei ist, ist nicht wirklich planbar. Einen Plan B zu haben, ist dabei immer eine gute Idee. Die Bewerbung an die Hochschule klappt meist nicht beim ersten Versuch und man sollte sich auf mehrere Jahre Bewerbungszeit einstellen. Wenn es dann schneller klappt, umso besser! Ein Switch zwischen Hochschul- und Universitätsprofessur ist meist nicht möglich, hier muss man sich also frühzeitig für einen Weg entscheiden.

Sprachkenntnisse

Hochschulen werden immer internationaler, d. h. sehr gute Englischkenntnisse, die Bereitschaft auf Englisch zu unterrichten und Auslandserfahrungen sind sicher hilfreich, teilweise Einstellungsvoraussetzung, nicht aber in jedem Fall ein Muss.

Praxis, Praxis, Praxis

Relevante Praxiserfahrung ist bei Hochschulprofessoren sehr wichtig. Ein Feld zu seinem zu machen, ist dabei eine gute Voraussetzung. Am besten sammelt man darin viele und breite Erfahrungen.

Eine Perspektive aus der Praxis

Titel, Name	Prof. Dr. Stefanie Winter
Organisation	h_da Hochschule Darmstadt – University of Applied Sciences
Berufsbezeichnung	Professur für Sozialpsychologie
Schwerpunkte im Psychologiestudium	Wirtschaftspsychologie (Markt- und Werbepsychologie, Arbeits- und Organisationspsychologie)
Warum haben Sie sich für eine Hochschulprofessur entschieden?	1. Weil mir der Umgang mit Menschen schon immer viel Spaß gemacht hat. 2. Weil ich die Herausforderung liebe, Wissen auf anschauliche, verständliche Weise zusammenzufassen und zu vermitteln. 3. Weil ich das Gefühl habe, hier viel Gutes bewirken und bewegen zu können.
Was glauben Sie, können Psychologen in diesem Berufsfeld bewegen?	Psychologen an der Hochschule können Studierenden (in der Lehre) und der Allgemeinheit (durch die Forschung) dabei helfen, andere Menschen sowie unser eigenes Denken, Fühlen und Verhalten etwas besser zu verstehen. Und sie können (und sollten) natürlich selbst in ihrem eigenen Verhalten ein Vorbild für andere sein.
Was hat Sie an Ihrer Tätigkeit am meisten überrascht?	Zu Beginn war ich doch überrascht, wie hoch (im Unterschied zur Universität) der zeitliche Anteil der Lehre im Hochschulalltag ist, und dass man sich für Forschung und andere Projekte zeitliche Freiräume schaffen muss. Aber mit zunehmender Routine funktioniert das.
Ist es überhaupt möglich, diesen Beruf mit einem normalen Familienleben zu vereinen?	Absolut. Viele Tätigkeiten wie die Vorbereitung der Lehre, Korrekturen oder Forschungskonzepte kann man auch gut von zu Hause aus erledigen und in der Planung der Unterrichtszeiten können individuelle Wünsche berücksichtigt werden.
Welchen Tipp haben Sie für Psychologen, die sich überlegen, an der Hochschule zu arbeiten?	In einem spannenden, praxisnahen Thema promovieren; frühzeitig durch Lehraufträge Lehrerfahrungen sammeln und dabei auch prüfen, ob das Lehren wirklich eine Leidenschaft ist – und dann einfach trauen, sich zu bewerben.
Stoßen Sie manchmal auf Vorurteile wegen Ihrer Ausbildung?	Sowohl das Psychologiestudium als auch die Professur flößen manchen Gesprächspartnern enorm viel Respekt ein und verunsichern dadurch. Aber das ist gleichzeitig immer ein gutes Gesprächsthema.
Was sind die größten Vorteile Ihrer Tätigkeit?	Die Freiheit, die Dinge, die ich gerne tue (lehren, forschen, Ideen entwickeln) auf meine eigene Weise zu tun.
Was sind Nachteile, die Sie in Kauf nehmen?	Sicherlich würde ich in einer Unternehmensberatung mehr Geld verdienen als an der Hochschule – aber da Geld erwiesenermaßen nicht das Wichtigste im Leben ist, nehme ich das gerne in Kauf.

Führungs- und Managementkompetenzen können das Profil ergänzen, sind aber nicht prinzipiell Voraussetzung.

Wer sich beispielsweise auf eine Professur „Personalmanagement“ bewirbt, steht in sehr starker Konkurrenz zu Betriebswirten, die ein breites Profil in Theorie und Praxis abdecken (z. B. in operativer, strategischer und internationaler Personalarbeit) sowie auf dem Gebiet des Arbeitsrechtes Kenntnisse aufweisen. Um bei solchen Verfahren in nicht eigens psychologischen Feldern überhaupt eine Chance zu haben, ist es wichtig nachzuweisen, dass man ebenfalls über dieses breite Wissen und breite Erfahrungen verfügt.

Unterrichtserfahrung zählt auch zur Praxiserfahrung. Wer sich für Hochschulprofessuren interessiert, sollte so früh wie möglich unterrichten (z. B. in Form von Lehraufträgen), viele Vorträge halten, Erfahrungen mit Trainings und Moderationen sammeln und sich mit aktivierender moderner Didaktik auseinandersetzen.

Fazit

Sowohl in diesem Kapitel als auch im Interview mit Prof. Dr. Stefanie Winter wird deutlich, dass es sich bei der Hochschulprofessur um einen manchmal durchaus stressigen Beruf handelt, dabei aber immer um einen Beruf, der sehr große Freiheiten sowohl bei der Gestaltung der Inhalte als auch der Rahmenbedingungen gewährt. Gleichzeitig gibt einem die Hochschulprofessur ein durchaus hohes Maß an Sicherheit und Planbarkeit, z. B. auch in punkto Work-Life-Balance. Begleitung von Studierenden, angewandte Lehre und Forschung, interessante Praxisprojekte und die Möglichkeit, selbstbestimmt Management- und Führungsaufgaben zu übernehmen, sind für mich persönlich eine absolut ideale Kombination – langweilig wird es dabei überaus selten.

6.3 Tätigkeiten an Forschungseinrichtungen

Sophie Herbst

Dieses Kapitel stellt die Tätigkeit von Psychologen an Forschungseinrichtungen vor und bezieht sich dabei vorrangig auf den Bereich der Grundlagenforschung.

Bei einer Forschungseinrichtung handelt es sich um eine (meist öffentliche) Institution, die sich zum Ziel gesetzt hat, zu einem oder mehreren Themen wissenschaftliche Forschung zu betreiben. Größtenteils verfügt die jeweilige Einrichtung über ein eigenes Budget und ist finanziell und organisatorisch von Universitäten unabhängig. Oftmals bestehen jedoch Kollaborationen mit universitären Instituten. Die 2012 beschlossene Neuerung des Wissenschaftsfreiheitsgesetzes („Gesetz zur Flexibilisierung von haushaltsrechtlichen Rahmenbedingungen außeruniversitärer Wissenschaftseinrichtungen") verstärkt die Autonomie der öffentlichen Forschungsinstitutionen. Somit können die Institute ihre Schwerpunkte und deren Finanzierung so frei wie möglich regeln, was den hier tätigen Forschern ein großes Maß an Flexibilität bietet. Die Tätigkeit an Forschungsinstituten ähnelt in vielen Aspekten der an Universitäten, es gibt jedoch auch Unterschiede, wie im Folgenden dargestellt wird.

In diesem Kapitel wird einleitend ein typischer Arbeitstag eines Forschers vorgestellt. Des Weiteren werden einige Besonderheiten des Berufsfeldes beleuchtet, auch im Unterschied zur Tätigkeit an Universitäten, sowie die Rolle von Psychologen in diesem Feld skizziert. Zum Abschluss des Kapitels berichtet ein Experte im Interview von seinen Erfahrungen.

Arbeiten in einer Forschungseinrichtung – was ist das?

Deutschlandweit gibt es unzählige Forschungsinstitute und Einrichtungen mit unterschiedlichster Schwerpunktsetzung, die von reiner Grundlagenforschung bis zu anwendungsbezogenen Gebieten reichen. Einen Überblick bieten die Internetseiten des Bundesministeriums für Bildung und Forschung (www.forschungsportal.net/de/forschungslandschaft).

Die größten und bekanntesten öffentlichen Forschungseinrichtungen in Deutschland sind Einrichtungen der Max-Planck-Gesellschaft, der Fraunhofer-Gesellschaft, der Leibnitz-Gemeinschaft und der Helmholtz-Gemeinschaft, die jeweils zahlreiche Institute unter ihrem Dach vereinen. Dabei variiert die Ausrichtung von überwiegend Grundlagenforschung an den Max-Planck-Instituten zu angewandter Forschung an den Fraunhofer-Instituten. Grundlagenforschung bezieht sich im psychologischen Bereich auf die Untersuchung von (meist menschlichem) Verhalten und Erleben in den verschiedensten Kontexten, oft auch im Zusammenhang mit den neuronalen Grundlagen der betreffenden Prozesse. Hierbei besteht kein direkter Anwendungsbezug. Angewandte Forschung bezieht sich auf Untersuchungen, aus denen ein direkter Nutzen für die Bevölkerung (außer dem Verständnis der zugrunde liegenden Prozesse) abgeleitet werden kann, z. B. eine Therapie für eine bestimmte Krankheit oder pädagogische Handlungsempfehlungen.

Die Einrichtungen finanzieren sich überwiegend aus öffentlichen Mitteln von Bund und Ländern sowie aus Mitteln der Privatwirtschaft.

Beispielsweise deckt sich das Budget der Max-Planck-Gesellschaft, die in 80 Einrichtungen mehr als 13.300 Mitarbeiter beschäftigt (davon 4800 Wissenschaftler) zu 95 % aus öffentlichen Mitteln (Bundesministerium für Bildung und Forschung 2010).

6

Ein Szenario

Anna Beck ist Postdoc am Albert-Einstein-Institut für Kognitive Neurowissenschaften in Marburg. Sie arbeitet dort seit einem Jahr in der Arbeitsgruppe von Professor Fritz Stein im Forschungsbereich Kognitive Psychologie auf einer für zwei Jahre befristeten und durch Drittmittel geförderten Stelle. Drittmittel sind Gelder, die den Forschern von externen Auftraggebern (wie u. a. von der Deutschen Forschungsgemeinschaft) auf Antrag zur Verfügung gestellt werden, um jeweils ein bestimmtes Forschungsprojekt zu bearbeiten.

Da es keine genauen Zeitvorgaben gibt, beginnt Anna ihren Arbeitstag meist gegen neun Uhr. Annas Projekt beschäftigt sich mit der menschlichen Zeitwahrnehmung im Sekundenbereich. Sie untersucht, mittels welcher kognitiven Mechanismen wir Zeit aus der Umwelt extrahieren, und wieso bestimmte Zeitintervalle subjektiv länger erscheinen als andere. Während ihrer Doktorarbeit hat sie schon einige Studien zu diesem Thema durchgeführt und zwei Artikel publiziert. Es war für sie sehr wichtig, die Stelle in der Arbeitsgruppe von Prof. Stein zu bekommen, da sie hier die Arbeit am Thema „Zeitwahrnehmung" fortsetzen und dabei eigene Ideen in einem erfahrenen Team verwirklichen kann.

Momentan plant sie eine neue Studie zum Thema „Emotionsverarbeitung und Zeitwahrnehmung", die möglichst bald beginnen soll.

Morgens geht sie zuerst ein paar neu erschienene Artikel durch, um auf dem aktuellen Stand zu bleiben.

Gerade ist sie dabei, das Skript zu programmieren, mittels dessen den Probanden am Computer Bilder gezeigt werden sollen und mittels dessen auch die Antworten der Probanden aufgezeichnet werden sollen. Obwohl Anna während ihrer Doktorarbeit Erfahrung im Programmieren gesammelt hat, gibt es noch ein paar technische Probleme mit dem Skript, z. B. das zeitlich genaue Erscheinen der Bilder zu kalibrieren. In der Studie werden Reaktionszeiten gemessen, sodass die Bilder bis auf Millisekunden genau am Bildschirm erscheinen müssen. Nach einer Stunde Herumprobieren entschließt sich Anna, einen Kollegen mit Informatikkenntnissen um Rat zu fragen. Dieser hat Zeit und hilft ihr, die entsprechende Stelle richtig zu stellen. Für den Nachmittag reserviert Anna den Versuchsraum, um das Skript vor Ort zu testen.

Um elf Uhr trifft Anna einen Praktikanten, der an ihrem Projekt mitarbeitet, um mit ihm einzelne Schritte der Datenanalyse zu besprechen.

Zwischendurch kommt eine Doktorandin vorbei und bittet um Rat, da sie bei der Auswahl ihrer Stimuli unsicher ist. Anna schreibt ihr ein paar Links zu Datenbanken auf und gibt ihr eine Datei mit Bildern, die sie in einer vorherigen Studie benutzt hat.

Zum Mittagessen trifft sie andere Forscher des Instituts, die bei einem gemeinsamen Science Lunch über ihre aktuellen Projekte diskutieren und sich über andere Aktualitäten am Institut austauschen.

Bevor sie in den Versuchsraum geht, setzt Anna sich noch kurz an einen Abstract für einen Konferenzbeitrag. Sie hat von ihrem Chef Korrekturen bekommen, die bis heute Abend eingearbeitet werden müssen, damit die Einreichung noch rechtzeitig erfolgt. Den Großteil des Nachmittags verbringt sie im Testraum mit dem Testen ihres Skripts. Es ist geplant, dass der Praktikant ab nächster Woche Probanden testet – bis dahin muss alles fertig sein.

Sie prüft, ob die Reize am Bildschirm hell genug erscheinen und ob jeder Reiz wirklich zur richtigen Zeit kommt. Die Forschungsfrage und die Studie hat Anna selbst entwickelt. Sie möchte damit zeigen, wie emotional gefärbte Reize die nachfolgende Wahrnehmung neutraler Reize verändern. Dabei sollen zunächst Reaktionszeiten gemessen werden. Sollte sich ein Effekt zeigen, plant Anna, eine EEG-Studie anzuschließen, bei der sie die elektrische Gehirnaktivität in Zusammenhang mit den Reizen misst.

Am frühen Abend steht ein Treffen mit dem Chef an, der über Ergebnisse ihrer aktuellen Studie informiert werden möchte. Außerdem hat er ihren neuen Entwurf für einen gemeinsamen Artikel durchgearbeitet und gibt ein paar Änderungsvorschläge und Anmerkungen zur Analyse. Nach dem Gespräch setzt Anna sich noch für zwei Stunden an den Schreibtisch und implementiert seine Änderungsvorschläge in der Analyse. Sie möchte den Artikel unbedingt bald einreichen, da sie gerade einen neuen Drittmittelantrag zur Einreichung bei der Deutschen Forschungsgemeinschaft vorbereitet, der auf ihren vorherigen Studien aufbaut. Um damit möglichst große Chancen zu haben, sollte ihre Publikationsliste so umfassend wie möglich sein. Gegen 19 Uhr macht sie sich noch ein paar Notizen dazu, was sie am nächsten Tag zu tun plant. Außer einer Arbeitsgruppenbesprechung steht ein Kompetenzworkshop für junge ForscherInnen an, ansonsten kann sie sich den Tag frei einteilen.

Forschung – ein ganz besonderes Tätigkeitsfeld?

Es ist schwer, eine genaue Definition der Tätigkeit eines Psychologen an Forschungseinrichtungen zu geben, da die Aufgaben je nach Institution und Karrierestadium stark variieren können. In vielen Aspekten gleicht die Tätigkeit der an Universitäten, wie sie in Abschn. 6.1 beschrieben wurde.

Die typischen Karrierestadien lauten: Promotion, Postdoc, Arbeitsgruppenleiter bis hin zum Institutsleiter. Dabei wird oftmals zwischen Instituten im In- und Ausland sowie Universitäten gewechselt oder mit Universitäten sowie der Wirtschaft kooperiert.

So vielfältig wie die einzelnen Institute sind auch die Themengebiete, woraus eine große Freiheit bei der Schwerpunktsetzung resultiert. Mehr oder weniger alle aus dem Psychologiestudium bekannten Themen können beforscht werden, mit Überschneidungen zu den Bereichen Pädagogik, Soziologie, Philosophie, Biologie, Neurowissenschaft oder Medizin.

Im typischen Karriereverlauf verfestigt sich das Schwerpunkthema ab der Promotion und es werden eigene Modelle und Theorien entwickelt, die mittels Publikationen an den eigenen Namen geknüpft sind. Jedoch können Fragestellung und gewählte Methodik durchaus Veränderungen durchlaufen und werden oft stark vom Arbeitsumfeld beeinflusst. Selbstverständlich ist die Beliebtheit von Themen häufig vom Zeitgeist geprägt, so wie z. B. momentan die Erforschung sozialer Kognition. Dabei bestimmen Finanzierungsmöglichkeiten maßgeblich, welche Themen bearbeitet werden können und oftmals ist es einfacher, Drittmittel für ein Thema einzuwerben, das auf breite Akzeptanz in der Öffentlichkeit stößt. Gleichfalls bleibt die Wahl der Methodik (z. B. behaviorale Methoden, qualitative Beobachtungsforschung oder Einzelzellableitung) dem Forscher bzw. der Arbeitsgruppe selbst überlassen. Dabei ist oft sehr viel Eigeninitiative bei der Auswahl des richtigen Vorgehens erforderlich – man arbeitet schließlich an der Erweiterung des vorhandenen Wissens, was somit automatisch die Bewegung auf Neuland bedeutet.

Vom Doktoranden bis zum Arbeitsgruppen- oder gar Institutsleiter verlagert sich der Tätigkeitsschwerpunkt oftmals von der konkreten Planung und Durchführung der Forschung hin zu Führungs- und Managementaufgaben. Die Promotion gleicht dabei einer Art Lehre, in der die wichtigen Kenntnisse unter Anleitung des Doktorvaters/der Doktormutter bzw. der jeweiligen Arbeitsgruppe erlernt und geübt werden. In späteren Phasen wird dann immer mehr Unabhängigkeit vorausgesetzt, ebenso die Weitergabe der Fähigkeiten an Nachwuchsforscher, die bezüglich ihrer beruflichen Entwicklung noch am Anfang stehen.

Ein Arbeitstag wie oben beschrieben ist typisch für den Alltag an einem Forschungsinstitut.

Die Arbeit erfolgt projektbezogen und oft erlauben die Strukturen eine freie Einteilung des Arbeitsablaufs. Auch die Auswahl der Projekte sowie deren Planung und Durchführung bis zur Publikation liegen zum großen Teil in der Verantwortung der einzelnen Forscher bzw. des Arbeitsgruppenleiters. Die Fähigkeiten, die für gutes wissenschaftliches Arbeiten unabdingbar sind, werden zum Teil während des Studiums, insbesondere aber während der Doktorarbeit und während eines Postdocs erlernt und vertieft. An Forschungsinstituten steht die Forschung im Mittelpunkt und die Mitarbeiter haben keine formelle Lehrverpflichtung. Die Arbeitsgruppen verwalten sich oft selbst, sodass auch hier Aufgaben anfallen. Da die Verträge häufig befristet sind, gilt es, sich rechtzeitig um Drittmittel bzw. eine neue Finanzierung zu bemühen. Der Erfolg dieser Bemühungen hängt oft maßgeblich von der Qualität der vorangegangenen Publikationen ab.

Der Publikationsprozess spielt dabei eine zentrale Rolle (siehe Beschreibung des Peer-Review-Systems in Abschn. 6.1). Oft wird hierbei die Tatsache kritisiert, dass durch das Publikationssystem so gut wie nur positive Ergebnisse publiziert werden können (Yong 2012), was zu einer Verzerrung führt. Dies liegt u. a. daran, dass als Voraussetzung für die Annahme eines Artikels bei einer Fachzeitschrift ein signifikanter Effekt gegeben sein muss, und deshalb Nulleffekte nicht veröffentlicht werden. Momentan gibt es kein übergreifendes System, um auch Studien, die keinen Effekt finden, publik zu machen. An der momentan geführten Diskussion zeigt sich jedoch, dass ein Umdenken stattfindet und beispielsweise die Replikation einmal gefundener Effekte gefordert wird, um dem Publikationsbias entgegenzuwirken.

Zusammenfassend bietet dieses Tätigkeitsfeld sehr viele Freiheiten bei der Auswahl der Themen, der Methodik und der Strukturierung der Arbeitsgruppe. Gleichzeitig werden aber auch hoher Einsatz und Flexibilität gefordert. Das Lernen hört hier sicherlich nie auf, aber aus Fehlern lernt man eben am besten, was manchmal mühsame Umwege und viel Eigenantrieb erfordert. Auch die Unsicherheit, die eine Forscherkarriere prägt, ist zweifellos charakteristisch. Feste Verträge gibt es immer weniger und, wenn überhaupt, erst im mittleren bis fortgeschrittenen Karrierestadium. Gleichzeitig erfordern Orts- und Stellenwechsel ein sehr hohes Maß an Flexibilität.

Aufgaben im Rahmen der Tätigkeit

Die Aufgaben von Forschern lassen sich grob in folgende fünf Felder zusammenfassen: Forschung, Kommunikation und Publikation, Lehre und Nachwuchsförderung, Einwerben von Forschungsgeldern, Verwaltungs- und Organisationsaufgaben. Die Abb. 6.2 zeigt eine schematische Aufteilung in die einzelnen Bereiche. Die abgebildeten Verhältnisse repräsentieren den realen Zeitanteil nur schematisch, tatsächlich kann der proportionale Zeitanteil der einzelnen Bereiche je nach Karrierestadium und individueller Situation stark variieren.

Forschung

Die eigentliche Haupttätigkeit nimmt einen großen Anteil an Zeit ein, besonders im frühen Karrierestadium. Forschung erfolgt projektorientiert und beinhaltet Hypothesengenerierung und Planung, Datenerhebung, Auswertung, Darstellung und Interpretation der Ergebnisse.

Diese Arbeit kann im Labor oder im Feld erfolgen, was je nach Projekt ganz unterschiedliche Anforderungen bedeuten kann. Oftmals basieren psychologische Experimente auf relativ kleinen Stichproben von gesunden jungen Erwachsenen (Studenten), es kann sich aber z. B. auch um wesentlich größer angelegte Fragebogenstudien, Verhaltensbeobachtung an Menschen oder Tieren und vieles mehr handeln. Oftmals kommen auch neurowissenschaftliche Methoden wie die Magnetresonanztomographie (MRT) oder Elektroenzephalographie (EEG) zum Einsatz. Hierbei handelt es sich um Verfahren, mit denen neuronale Prozesse sichtbar gemacht werden können, z. B. welche Gehirnregionen gerade besonders aktiv sind (MRT) oder der zeitliche Verlauf elektrischer Gehirnaktivität (EEG). Diese haben in den letzten Jahren sehr an Popularität gewonnen, erfordern aber gewisse mathematische, technische und statistische Fähigkeiten bei der Auswertung.

Kommunikation und Publikation

Forschungsergebnisse alleine bringen noch keinen Fortschritt, wichtig ist die Kommunikation innerhalb und außerhalb des Forschungsbereichs. An erster Stelle steht hier die Publikation in Fachzeitschriften. Aber auch Präsentationen auf internationalen Konferenzen sowie an anderen Instituten ge-

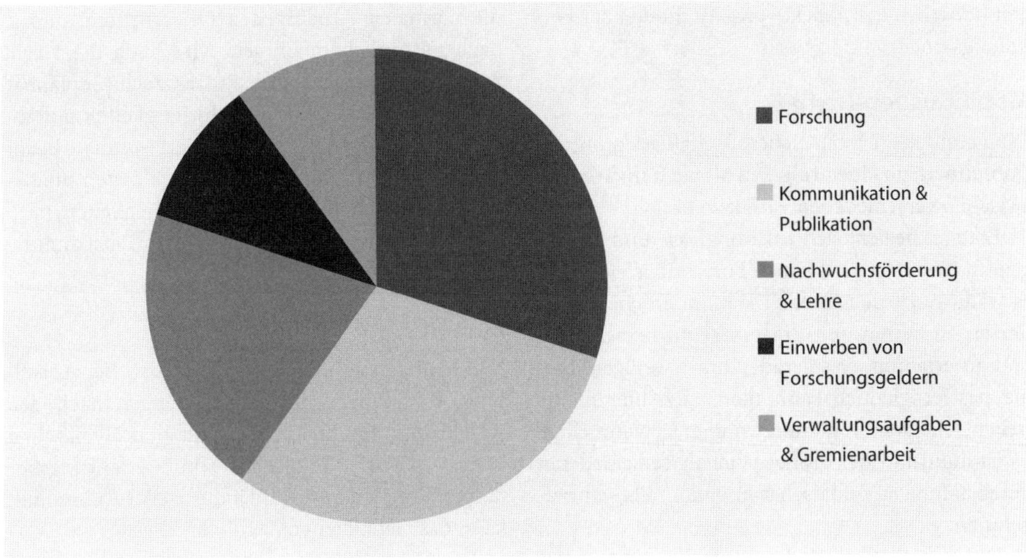

Abb. 6.2 Schematische Darstellung der Arbeitsbereiche im Tätigkeitsfeld Forschung und Lehre

hören zum Forscheralltag. Des Weiteren ist es wichtig, die Ergebnisse der Öffentlichkeit zugänglich zu machen und somit die Kommunikation mit Medien und den relevanten Anwendungsbereichen (z. B. Bildungseinrichtungen oder Kliniken) zu pflegen.

Nachwuchsförderung und Lehre

Die Betreuung von Nachwuchswissenschaftlern nimmt einen elementaren Stellenwert im Forscheralltag ein. Masterstudenten, Doktoranden und Postdocs führen einen Großteil der Forschung durch und benötigen fachliche Anleitung und Supervision. Innerhalb einer Forschungsgruppe sind diese Positionen oft eng miteinander vernetzt, sodass Projekte in Kooperation bearbeitet werden und dadurch ein Austausch von Wissen und Kompetenzen erfolgt.

Lehre spielt an Forschungsinstituten keine so große Rolle wie an Universitäten, sondern bleibt meist dem freiwilligen Engagement der Forscher überlassen. In institutseigenen Graduiertenschulen (wie z. B. den International Research Schools an Max-Planck-Instituten) oder mittels universitärer Kooperationen bieten sich jedoch zahlreiche Möglichkeiten, Wissen weiterzugeben und damit auch zur Nachwuchsförderung beizutragen. Lehrerfahrung ist besonders bei einem geplanten Wechsel an eine Universität eine wichtige Voraussetzung. Laut Internetseite der Max-Planck-Gesellschaft sind 80 % der habilitierten Forscher an den Instituten aktiv in die universitäre Lehre eingebunden (www.mpg.de).

Einwerben von Forschungsgeldern

So wie die Forschung selbst erfolgt auch die Finanzierung zu großen Teilen projektbezogen. Obwohl den Forschern ein gewisses Budget seitens des Instituts zur Verfügung steht, gilt es sog. Drittmittel von externen Geldgebern einzuwerben und damit eigene Projekte und Mitarbeiter zu finanzieren. Anträge werden größtenteils an die Deutsche Forschungsgemeinschaft, aber auch an die Industrie und andere staatliche und private Träger gestellt. Das Einwerben von Geldern ist nicht nur unerlässlich für das Vorantreiben der eigenen Forschung, es dient auch als Maß für den Erfolg einer Forscherkarriere und wird im Auswahlprozess mitberücksichtigt.

Verwaltungsaufgaben/Gremienarbeit

Spätestens ab der Position des Forschungsgruppenleiters fallen mehr Verwaltungsaufgaben an. Außerdem sind viele Forscher in den Gremien ihres jeweiligen Instituts involviert, was oftmals nicht wenig Zeit beansprucht. Gleichzeitig erlaubt diese Art der Selbstverwaltung große Bestimmungsfreiheit bezüglich der Aspekte und Methoden der Forschungsarbeit.

Mobilitätsbereitschaft

Die geforderte Mobilitätsbereitschaft ist groß, sowohl innerhalb einer Tätigkeit als auch im Wechsel zwischen verschiedenen Tätigkeiten.

Ersteres bezieht sich auf Kongresse und Tagungen. Insbesondere in kleinen Forschungsfeldern ist es wichtig, zu den jährlich stattfindenden Konferenzen zu fahren, um Ergebnisse zu präsentieren und zu erfahren, was gerade zum jeweiligen Thema passiert. Jedoch kann man auch hier relativ frei entscheiden, wann und wo man sich anmeldet. Es ist aufgrund der großen Vielfalt verschiedener Veranstaltungen praktisch unmöglich, alle wahrzunehmen.

Die Mobilität im Wechsel zwischen verschiedenen Anstellungen stellt eine größere Herausforderung dar, und die damit verbundene Unsicherheit ist für viele junge Forscher ein Grund sich umzuorientieren. Aufgrund der zu Beginn der Karriere fast ausschließlich befristeten Verträge sehen sich Doktoranden und Postdocs bzw. wissenschaftliche Mitarbeiter oft gezwungen, Arbeitsplatz, Arbeitsort und sogar das Land zu wechseln. Der Arbeitsmarkt ist international, sodass Möglichkeiten aber auch Mitbewerber aus aller Herren Länder kommen. Festanstellungen sind rar und erfolgen tendenziell zu einem späten Zeitpunkt im Karriereverlauf. Natürlich stellt das die persönliche Lebens- und Familienplanung vor immer neue Herausforderungen.

Viele Universitäten und Forschungseinrichtungen versuchen hier Hilfestellung zu bieten, z. B. hilft ein *International Office* bei Visa-Fragen und der Eingliederung im Land, oder Dual-Career-Programme bieten Hilfestellung bei der beruflichen Eingliederung des Partners.

Arbeitszeit

Die vertraglich geregelten Arbeitszeiten belaufen sich in der Regel auf 38.5–40 Stunden pro Woche, eine Zeiterfassung findet jedoch so gut wie nie statt. Je nach Vorgabe des Instituts oder der Arbeitsgruppe sind die Zeiten komplett frei wählbar, d. h. es ist oft möglich, einen Teil der Tätigkeit von zu Hause aus zu erledigen. Wenn Fristen anstehen oder ein Projekt länger dauert als geplant, werden oft die normalen Arbeitszeiten überschritten, und je nach persönlichem Ehrgeiz wird auch die Nacht zum Tag gemacht. Da viele Prozesse schwer planbar sind und oft unerwartete Schwierigkeiten auftauchen, muss oft viel Zeit investiert werden, bevor Erfolge sichtbar werden. Allerdings bieten die flexiblen Arbeitszeiten auch gute Möglichkeiten, nach einer intensiven Phase für etwas mehr Entspannung zu sorgen.

Einkommen

Viele Forschungsinstitute richten sich bei Anstellung, Bezahlung und Sozialleistungen nach den Regelungen des Tarifvertrags für den öffentlichen Dienst (TVöD). Je nach Institut, erfahrungsbedingter Eingliederung und industrieller Anbindung kann das Gehalt jedoch variieren.

Stipendien können während der Doktorarbeit oder auch während der Postdocphase eine gute Möglichkeit der Finanzierung darstellen. Da Stipendiaten nicht weisungsgebunden sind, ermöglicht diese Art der Finanzierung Unabhängigkeit bei der Auswahl und Durchführung der zu bearbeitenden Forschungsfragen sowie bei Auslandsaufenthalten. Stipendien vergeben z. B. politische Stiftungen sowie die Deutsche Forschungsgemeinschaft (auch für Postdocs) oder das Marie-Curie-Programm. Einen guten Überblick bieten die Seiten der Gewerkschaft Erziehung und Wissenschaft (ww.gew.de) oder Stipendium Plus (www.stipendiumplus.de). Da die Auswahl der Stipendiaten sehr selektiv ist, gelten Stipendien darüber hinaus als eine gute Referenz im Lebenslauf. Gleichzeitig hat man als Stipendiat Zugang zu einem Netzwerk, das Türen für Kollaborationen und spätere Stellen öffnen kann.

Der Nachteil an Stipendien ist, dass dabei keine Einzahlungen in das Sozialsystem (z. B. in die Rentenversicherung) erfolgen, und auch die Kosten für die Krankenversicherung selbst getragen werden müssen.

Deshalb empfehlen sich Stipendien nur für eine begrenzte Zeitdauer. Finanziert man sich über ein Stipendium, ist man streng genommen weder dazu verpflichtet, Lehrtätigkeiten zu übernehmen, noch Arbeiten für das Institut zu erledigen. Insbesondere im Doktorandenbereich sind diese Grenzen nicht immer klar gezogen, wie aktuelle öffentliche Diskussionen zeigen.

Karrieremöglichkeiten

Der Karriereverlauf von Forschern an Forschungseinrichtungen ähnelt dem von Forschern an Universitäten. Oftmals erfolgt auch ein Wechsel zwischen Instituten und Universitäten im In- sowie Ausland. Die relevanten Stufen, die hierbei durchlaufen werden, sind die Promotion, eine Postdocphase von variabler Dauer, evtl. parallel dazu die Habilitation, die Leitung einer eigenen Forschungsgruppe und in manchen Fällen die Bereichs- oder Institutsleitung. Die einzelnen Abschnitte werden knapp beschrieben.

Die Promotion dauert in Deutschland in der Regel 3–4 Jahre. In letzter Zeit erfolgen immer mehr Promotionen in strukturierten Programmen, sog. Graduiertenschulen, in denen neben der methodisch-wissenschaftlichen Ausbildung auch Kurse zu theoretischen Aspekten sowie relevanten Fähigkeiten (wie wissenschaftliches Präsentieren oder Schreiben) integriert sind.

Die Postdocphase kann unterschiedlich lange dauern und wird selten ausschließlich an einem Institut abgeleistet. Nicht selten schließt sie auch einen Auslandsaufenthalt mit ein. Das Hochschulrahmengesetz in Deutschland schreibt jedoch vor, dass wissenschaftliche Mitarbeiter nicht länger als 12 Jahre auf befristeten Stellen beschäftigt werden konnen (dies schließt in der Regel die Promotion mit ein), sodass spätestens danach eine Festanstellung erfolgen muss, beziehungsweise der Mitarbeiter nicht mehr weiterbeschäftigt werden darf, falls er keine solche gefunden hat. Im Regelfall arbeitet ein Postdoc als erfahrener Mitarbeiter in einer Forschungsgruppe, deren Mittel von einem weiter fortgeschrittenen Forscher eingeworben und verwaltet werden. Dort verfolgt er in diesem Rahmen eigene Projekte und betreut Doktoranden und Studenten. Auch bietet sich die Möglichkeit des Einwerbens von Drittmitteln, z. B. bei der Deutschen Forschungsgemeinschaft. Damit verschafft man sich Unabhängigkeit und zugleich Pluspunkte bei späteren Evaluationen und Bewerbungen.

Ein zentraler Aspekt der Forscherkarriere ist der Aufbau einer Arbeitsgruppe. Oftmals sind Forschungsinstitute in viele einzelne „Labs" untergliedert, deren Strukturierung dem jeweiligen Gruppenleiter weitgehend selbst überlassen ist. Heute erfolgt dieser Schritt oftmals früher als noch vor wenigen Jahrzehnten, da neue Finanzierungsmöglichkeiten wie z. B. das Emmi-Nöther-Programm sowie institutseigene Programme jungen erfolgreichen Wissenschaftlern erlauben, früh unabhängig zu werden und Verantwortung zu übernehmen.

Als Beispiel sollen hier die Max-Planck-Forschungsgruppen dienen. Die Position des Forschungsgruppenleiters ist ähnlich wie die universitäre Juniorprofessur zunächst auf fünf Jahre begrenzt und wird an überdurchschnittlich qualifizierte junge Forscher vergeben. In der Regel verfügen die Bewerber über mindestens zwei Jahre Forschungserfahrung nach der Promotion und weisen eine exzellente Publikationsliste sowie relevante fachliche Erfahrung nach. Im Falle einer positiven Entscheidung seitens der Institutsleitung steht dem Forschungsgruppenleiter ein eigenes Budget zur Verfügung, um seine Forschung voranzutreiben und Mitarbeiter zu beschäftigen. Eine solche Tätigkeit gilt als exzellentes Sprungbrett für eine Übernahme auf eine Professorenstelle an Universitäten bzw. eine feste Stelle an Forschungsinstituten.

Während der Postdocphase kann auch die Habilitation erfolgen, die jedoch für Forschungsgruppenleiter oder Juniorprofessoren nicht verpflichtend ist.

Am Ziel der Karriereleiter steht eine Stelle als Arbeitsgruppen- oder Institutsleiter bzw. eine universitäre Professur. Kaum eine Forscherkarriere verläuft ausschließlich an einem Forschungsinstitut, und gerade im fortgeschrittenen Stadium erfolgt oftmals der Wechsel an eine Universität.

Dieser Schritt, der zum ersten Mal einen festen Vertrag bedeutet, erfolgt oftmals relativ spät in der Karriere – für viele einer der größten Nachteile der Tätigkeit als Forscher.

Persönliche Weiterbildung

Die Möglichkeiten zur persönlichen Weiterbildung während einer Tätigkeit an Forschungseinrichtungen sind vielseitig. Fachliche Trainings, wie das Erlernen neuer experimenteller Techniken oder Programme zur Datenanalyse, werden oft von den jeweiligen Instituten über Kollaborationen oder in Workshops (oftmals in Anbindung an Konferen-

Ausstiege aus der Wissenschaft

Oft wird jungen Forschern geraten, einen Alternativplan aufzubauen. Je nach Tätigkeitsfeld bieten sich Psychologen glücklicherweise vielseitige Möglichkeiten. Von klinischer und therapeutischer Tätigkeit über Wissenschaftsmanagement oder -journalismus, selbstständiges Arbeiten z. B. als Trainer/Coach für Wissenschaftler oder Tätigkeiten in der Wirtschaft stehen viele Türen offen. Gerade Unternehmensberatungen stellen auch Doktoranden aus verschiedenen Feldern ein (Abschn. 4.6.).
Viele Wissenschaftler haben Angst, irgendwann überqualifiziert und arbeitslos zu sein. Diese Ängste sind angesichts der derzeitigen Situation (insbesondere der 12-Jahresregelung, s. o.) sehr nachvollziehbar, jedoch sind die erlernten Fähigkeiten keinesfalls rein fachspezifisch. Schon während der Promotion sind eigenständiges projektbezogenes Arbeiten, gute technische und IT-Kenntnisse sowie das Beherrschen der englischen Sprache elementarer Bestandteil der Arbeit. Wissenschaftler sind es gewohnt, sich selbstständig in komplexe Sachverhalte einzuarbeiten, sich einen Überblick über umfangreiche und komplexe Literatur zu verschaffen und sich regelmäßig in internationalen Netzwerken zu bewegen. Diese Fähigkeiten können in Bewerbungsgesprächen angegeben und in anderen Arbeitsfeldern eingesetzt werden, falls die Entscheidung für eine andere Tätigkeit fällt.

zen) angeboten. Da sich die Methodik ständig weiterentwickelt, lernt man oft von den Entwicklern der jeweiligen Software oder Methodik bzw. diskutiert in Expertenrunden Vorgehen und Standards. Insbesondere im frühen Karrierestadium (Promotion, Postdoc) sind diese Angebote sehr wichtig und werden oft wahrgenommen.

Sog. Soft Skills wie Präsentieren, Schreiben oder Lehren, die sehr wichtig für den persönlichen Erfolg sind, rücken erst neuerdings immer mehr in den Fokus. Viele Institute oder Graduiertenschulen bieten jungen Wissenschaftlern solche Kurse an. Oftmals besteht auch die Möglichkeit, an derartigen, an Universitäten angebotenen, Kursen teilzunehmen.

Im fortgeschrittenen Stadium der Karriere stellt der Erwerb der nötigen Führungskompetenzen eine Herausforderung dar. Die Auswahl junger Arbeitsgruppenleiter erfolgt anhand deren wissenschaftlicher Leistungen, und Führungskompetenzen werden quasi *on the job* erlernt. Auch hier zeigt sich in den letzten Jahren eine Veränderung: Verstärkt werden Mentoring-Programme, Supervisionsworkshops und Gruppenleiterseminare angeboten und auch wahrgenommen.

Selbstständigkeit

Generell ist die klassische Selbstständigkeit in der Wissenschaft kaum anzutreffen. Es gibt jedoch die Möglichkeit, eigene Forschungsgelder einzuwerben und sich dadurch mehr Freiheiten bei der Auswahl und Durchführung der Projekte zu verschaffen. Hierfür ist allerdings die Anbindung an eine Forschungseinrichtung oder Universität, die den Rahmen für die Durchführung der Forschung stellt, Voraussetzung.

Die Rolle von Psychologen an Forschungseinrichtungen

In den für Psychologen relevanten Wissenschaftsfeldern finden sich fast immer Absolventen verschiedener Fächer wie Biologie, Medizin, Physik, Informatik, Soziologie, Pädagogik und Philosophie. Diese Interdisziplinarität ist erwünscht und erforderlich für die Erforschung komplexer Sachverhalte wie beispielsweise des menschlichen Gehirns, des Bewusstseins oder der Emotionen.

Kenntnisse qualitativer und quantitativer Forschungsmethoden, wie Psychologen sie mitbringen, sind hierbei von besonderer Wichtigkeit, ebenso auch die Statistik, die in vielen der oben genannten Studiengänge kaum oder gar nicht gelehrt wird. In Kombination mit dem im Studium erlernten Wissen über die relevanten psychologischen Konzepte bringen Psychologen ein besonderes Verständnis für die Komplexität des Gehirns und Geistes mit. Technische Fähigkeiten sowie biologische (anatomische) Kenntnisse sind bei Psychologen dagegen oft weniger ausgeprägt und sollten durch Kollegen aus anderen Fachbereichen ergänzt werden.

Anforderungen an eine Tätigkeit als Forscher

Dieses Berufsfeld ist enorm vielseitig und bietet daher gute Möglichkeiten, die eigenen Interessen zu verfolgen. Der Einstieg ins Tätigkeitsfeld erfolgt ausschließlich über eine Promotion. Welche Anforderungen hierfür an die jeweilige Person gestellt werden, hängt stark vom Forschungsbereich und Umfeld ab. Generell gilt jedoch, dass ein ausgeprägtes Interesse am Thema bestehen sollte sowie die Motivation, dieses Thema über einen Zeitraum von drei Jahren mehr oder weniger eigenständig zu verfolgen. Dazu gehört ein gutes Maß an Selbstorganisation und Selbstmotivation. Eine gut durchgeführte wissenschaftliche Untersuchung bietet noch keine Garantie für gute Ergebnisse, was für Berufsanfänger oft frustrierend ist. Hier gilt es dann, über einen längeren Zeitraum ein bestimmtes Ziel zu verfolgen und sich nicht entmutigen zu lassen, auch wenn das gewünschte Ergebnis nicht sofort eintritt. Eine hohe Lernbereitschaft spielt dementsprechend eine große Rolle.

Fachliche Inhalte

Die Themen in der Forschung sind mindestens so vielfältig wie die im Studium. Deshalb kann hier keine eindeutige Empfehlung bezüglich der Schwerpunktsetzung abgegeben werden, da letztlich für jedes psychologische Fach entsprechende Forschungsprojekte existieren. Grundlagenforschung wird viel im Bereich der allgemeinen Psychologie betrieben, aber auch soziale Gesichtspunkte rücken immer mehr in den Fokus. In vielen Fällen ist es eher so, dass das Interesse an einem bestimmten Fach den Wunsch weckt, hierzu Forschung zu betreiben. Ist das Interessengebiet erst einmal grob abgesteckt, kann man sich über Bücher und Artikel in Fachzeitschriften tiefer einarbeiten sowie auch schon während des Studiums Workshops und Konferenzen besuchen.

Computerkenntnisse

Computerkenntnisse sind in fast allen für Psychologen zugänglichen Forschungsbereichen von großer Bedeutung. Ein Großteil der Arbeit findet am Computer statt. Neben dem Beherrschen der gängigen Betriebssysteme/Anwendersoftware sind zumindest in den Neurowissenschaften Programmierkenntnisse von besonderer Bedeutung. Die gerade in der bildgebenden Forschung oft enormen Datenmengen lassen sich nur am Computer bearbeiten und erfordern oft eine besondere IT-Infrastruktur. Die meisten Forschungsinstitute haben hier ihre eigenen Netzwerke und Systembetreuer und arbeiten bei bestimmten Analysen oft auch mit im Haus entwickelter Software. Hier bieten Forschungsinstitute häufig eine bessere Infrastruktur an als Universitäten.

Auch statistische Programme und Grafiksoftware werden häufig benutzt, jedoch mit unterschiedlichen Präferenzen. In vielen Bereichen wird mit dem Programm *Matlab* gearbeitet, es gibt jedoch unzählige von den Forschern selbst geschriebene Erweiterungen bzw. eigenständige Programme, die dazu dienen, bestimmte Fragestellungen zu bearbeiten.

Sprachkenntnisse

Sehr gute Englischkenntnisse in Wort und Schrift sind unabdinglich, da die gesamte Forschungskommunikation auf Englisch erfolgt und sogar innerhalb der Arbeitsgruppen aufgrund der Internationalität oft Englisch gesprochen wird. Dabei ist ein Auslandsaufenthalt während des Studiums oftmals sehr hilfreich. Auch hilft es, Kurse zu besuchen, da sich akademisches Englisch vom umgangssprachlichen Englisch deutlich unterscheidet.

Praxis, Praxis, Praxis

Einen intensiven und realistischen Einblick in wissenschaftliches Arbeiten kann man während eines

Eine Perspektive aus der Praxis

Titel, Name	Dr. Markus Werkle-Bergner
Organisation	Abteilung Entwicklungspsychologie, Max-Planck-Institut für Bildungsforschung, Berlin
Berufsbezeichnung	Research Scientist, Projektleiter
Schwerpunkte im Psychologiestudium	Kognitive Psychologie, Kognitive Neurowissenschaften; studentische Hilfskraft für kognitive Modellierung und Methoden
Wieso haben Sie sich für eine Tätigkeit in der Grundlagenforschung entschieden?	Ich war schon immer daran interessiert, wie wir denken – wie aus Wahrnehmung unsere Realität konstruiert wird. Ich wollte untersuchen, wie unser Gehirn und unser Geist funktionieren.
Was ist an einer Forschungseinrichtung anders als an einer Universität?	Am Max-Planck-Institut kann man sich als Wissenschaftler ganz auf die Forschung konzentrieren, da keine Lehrverpflichtung besteht. Zudem erlaubt es die sehr gute finanzielle Ausstattung, auch Studien durchzuführen, die an einer Universität eventuell so nicht möglich wären.
Was hat Sie an Ihrer Tätigkeit am meisten überrascht?	Ich war von Anfang an gut über den Beruf informiert, deshalb gab es keine besonderen Überraschungen.
Ist es überhaupt möglich, diesen Beruf mit einem normalen Familienleben zu vereinen?	Jein. Wenn man sehr karriereorientiert ist, ist es schwer, das unter einen Hut zu bringen. Man muss viel jonglieren, ich denke aber, dass es mit ein paar Abstrichen bei der Optimierung von Karriereaspekten funktionieren kann.
Welchen Tipp haben Sie für Psychologen, die sich überlegen, in der Forschung zu arbeiten?	Sich konzeptuell und theoretisch breit zu bilden und auch in Nachbardisziplinen hineinzuschnuppern (z. B. Philosophie oder Soziologie). Für die Neurowissenschaften ist es zudem sehr wichtig, sich mit Informatik, Biologie und Mathematik vertraut zu machen.
Stoßen Sie manchmal auf Vorurteile wegen Ihrer Ausbildung?	An unserem Institut arbeiten überwiegend Psychologen, deshalb gibt es auch keine Vorurteile. Ich kann mir aber vorstellen, dass das in einem anderen Umfeld anders sein kann.
Welche im Studium erworbenen Kenntnisse erscheinen Ihnen für Ihre momentane Tätigkeit am relevantesten?	Besonders wichtig sind die methodische und statistische Ausbildung. Es hat mir aber auch geholfen, mich im Studium mit verschiedenen wissenschaftlichen Sichtweisen beschäftigt zu haben, z. B. im Nebenfach Philosophie.
Welche wichtigen Kompetenzen mussten Sie nach dem Studium erlernen?	Während der Promotionsphase musste ich Programmieren lernen sowie mir Kenntnisse aus der Physik aneignen, die ich für die Analyse von EEG-Daten benötigte. Später wurde es dann wichtig zu lernen, Projekte zu akquirieren und zu organisieren, die eigene Forschung zu planen, ein Team zu leiten und Teamprozesse zu moderieren, klassische Führungsqualitäten also. Diese habe ich besonders von meinen Mentoren erlernt, es gibt aber inzwischen auch viele Angebote seitens der Institute.
Was gefällt Ihnen am besten an Ihrem Beruf?	Mir gefällt der detektivische Aspekt. Man nimmt sich eine Fragestellung vor und findet etwas Neues heraus. Das ist ein kreativer Prozess, der im Team stattfindet.
Welche Nachteile sehen Sie?	Eine Menge Unsicherheit, sowohl im Bezug auf die Vertragssituation als auch beim Erreichen der eigenen Ziele. Hat man seine Fragestellung tatsächlich beantwortet? Das ist mit sehr viel Arbeit verbunden und man muss lernen, sich zu strukturieren.

Forschungspraktikums oder als studentische Hilfskraft gewinnen. Durch einen Wechsel der Arbeitsgruppe oder einen Auslandsaufenthalt kann man verschiedene Techniken und auch unterschiedliche Arbeitsstile kennenlernen sowie Kontakte knüpfen, die das Auffinden einer Promotionsstelle erleichtern. Das eigenständige Arbeiten erlebt man zum ersten Mal beim Anfertigen einer Abschlussarbeit. Der hierbei durchlaufene Prozess (Design der Studie, Datenerhebung, Auswertung und Interpretation) wiederholt sich später im Prinzip immer wieder. Daher bieten Bachelor-, Master- oder Diplomarbeiten eine gute Möglichkeit zu prüfen, ob man für wissenschaftliches Arbeiten geeignet ist.

Konferenzen können schon während des Studiums besucht werden und bieten eine gute Möglichkeit, Kontakte zu knüpfen und erste eigene Ergebnisse zu präsentieren.

Methodische und statistische Kenntnisse spielen eine große Rolle, und v. a. Psychologen werden diesbezüglich für ihre umfassende Ausbildung geschätzt.

Des Weiteren lassen sich die nötigen nichtfachspezifischen Fähigkeiten während des Studiums erlernen und üben. Hierzu gehören besonders das Lesen und Schreiben von Texten in englischer Sprache, das Präsentieren und die Erstellung von Ergebnisgrafiken.

Fazit

Aus meiner Sicht bietet die Tätigkeit an Forschungsinstituten sehr viele individuelle Entfaltungsmöglichkeiten und Freiheiten bei der Verfolgung eigener Fragestellungen. Eine derart große Vielfalt und Selbstbestimmung bei der Auswahl der Themen, mit denen man sich intensiv beschäftigt, ist wohl in kaum einem anderen Beruf so möglich. Gleichzeitig ermöglichen eine individuelle Schwerpunktsetzung (z. B. bei der Lehre) sowie eine großteils freie Zeiteinteilung ein sehr flexibles Arbeiten. Die Kehrseite dieser Freiheit besteht in der unsicheren Arbeitsmarktsituation und dem ständigen Erfolgsdruck, weswegen viele junge Wissenschaftler ihr Vorhaben aufgeben. Besteht jedoch Interesse an der Sache sowie die Motivation und das Vertrauen in die eigenen Fähigkeiten, irgendwann eine feste Stelle zu ergattern, bietet sich hier ein enorm vielseitiges und kreatives sowie spannendes und forderndes Arbeitsfeld.

6.4 Anforderungen an Tätigkeiten als Forscher und Dozenten

Birgit Heppt und Regina Staudenmaier

Während in den vorangegangenen Kapiteln die Tätigkeiten von Psychologen an Universitäten, Hochschulen und Forschungseinrichtungen bereits detailliert beschrieben wurden, werden im folgenden Kapitel die Gemeinsamkeiten und Unterschiede bezüglich der jeweiligen Anforderungen an Forscher und Dozenten an (Fach-)Hochschulen, Universitäten und Forschungsinstituten dargestellt. Nach einer allgemeinen Einführung mit Blick auf Arbeitsbedingungen und Arbeitszufriedenheit werden die jeweils spezifischen Anforderungen an Psychologen an Hochschulen, Universitäten und Forschungseinrichtungen miteinander verglichen.

Forscher und Dozent – was ist das?

Forscher und Dozenten an (Fach-)Hochschulen, Universitäten und Forschungseinrichtungen haben je nach Fachrichtung und Arbeitgeber sehr unterschiedliche Aufgaben zu bewältigen. Auch wenn sich die jeweiligen Tätigkeiten überschneiden, können dennoch einzelne Schwerpunkte ausgemacht werden. So liegt bei Beschäftigten an Forschungsinstituten der Fokus eindeutig auf der Forschung. Die Mitwirkung in der Lehre ist bei ihnen im Gegensatz zu ihren Kollegen an Universitäten und (Fach-)Hochschulen nicht zwingend vorgesehen, sodass hier nicht unbedingt von einer Dozententätigkeit auszugehen ist. An (Fach-)Hochschulen liegt demgegenüber ein Schwerpunkt der Arbeit auf der Lehre. Das zeigt sich auch in der Lehrverpflichtung von Professoren: Beispielsweise haben Professoren an Fachhochschulen in Bayern nach § 5 der Lehrverpflichtungsverordnung (LUFV) im Normalfall 19 Lehrveranstaltungsstunden, während die Lehrverpflichtung an den Universitäten nach § 4 der LUFV lediglich neun Stunden umfasst (Bayerische Staatsregierung 2007). Die Universitäten bilden daher einen Mittelweg: Auch wenn hier zumeist die Forschung im Vordergrund steht, ist die Lehre ein fester Bestandteil der Tätigkeit an Universitäten.

Obwohl sich die Tätigkeitsschwerpunkte je nach der Einrichtung, in der man tätig ist, unterscheiden, sprechen wir im Folgenden immer von „Forschern“ und „Dozenten“, um eine gute Lesbarkeit sicherzustellen.

Tätigkeiten von Forschern und Dozenten an Universitäten, Hochschulen und Forschungsinstituten

Wie wirken sich diese unterschiedlichen Schwerpunktsetzungen nun auf die Tätigkeiten aus, die Wissenschaftler an den verschiedenen Einrichtungen ausüben? Ergeben sich je nach Arbeitsplatz deutliche Unterschiede im Arbeitsalltag oder überwiegen doch die Gemeinsamkeiten? Hinweise zur Beantwortung dieser Frage gibt beispielsweise eine Untersuchung, in der wissenschaftliche Mitarbeiter an Universitäten und außeruniversitären Forschungsinstituten gebeten wurden, diverse Jobcharakteristika zu beurteilen (Jaksztat et al. 2010). Insgesamt ergibt sich hierbei ein sehr ähnliches Tätigkeitsprofil. Beide Gruppen beschreiben ihre Aufgaben übereinstimmend als sehr anspruchsvoll und geben an, dass zur Arbeitsbewältigung ein hohes Maß an persönlicher Initiative und Eigenständigkeit erforderlich sei. Unterschiede ergeben sich jedoch hinsichtlich der wahrgenommenen Interdisziplinarität und der Innovationsfreudigkeit am jeweiligen Arbeitsplatz. Beides scheint an Forschungsinstituten eine größere Rolle zu spielen. Überdies sind an Forschungsinstituten mehr Wissenschaftler in Forschungskooperationen eingebunden als an Universitäten – sowohl institutsintern und institutsübergreifend als auch international (Höhle et al. 2012).

Die gravierendsten Unterschiede ergeben sich aber sicherlich mit Blick auf das Kerngeschäft eines jeden Wissenschaftlers: die Forschung. Wissenschaftliche Mitarbeiter an Forschungseinrichtungen übernehmen häufiger Tätigkeiten wie das Verfassen von Anträgen zur Forschungsförderung (74 % vs. 54 % an den Universitäten), das Verfassen von Forschungsberichten und Publikationen (100 % vs. 89 %), die Verwaltung von Forschungsprojekten (65 % vs. 29 %) oder die Leitung von Forschungsteams (62 % vs. 23 %) (Höhle et al. 2012). Was den Vergleich zwischen Universitäten und (Fach-)Hochschulen betrifft, so publizieren Professoren an Hochschulen nur annähernd halb so viel wie Professoren an Universitäten. Zudem legen sie bei ihren Forschungsaktivitäten weniger Wert auf Grundlagenforschung, sondern betonen vielmehr deren Anwendungsbezug (Jakob und Teichler 2011).

Anforderungen an eine Tätigkeit als Forscher und Dozent an Universitäten, (Fach-)Hochschulen und Forschungsinstituten

Wie aus der Beschreibung der Tätigkeiten an Universitäten, (Fach-)Hochschulen und Forschungsinstituten in den vorangegangenen Kapiteln hervorgeht, ähneln sich die jeweiligen Arbeitsbedingungen zwar insgesamt sehr stark, es lassen sich jedoch auch einige Unterschiede identifizieren. In Tab. 6.1 wird zusammenfassend dargestellt, inwieweit sich diese Gemeinsamkeiten und Unterschiede auch in den Anforderungen widerspiegeln, die an Psychologen gestellt werden, die an Universitäten, Hochschulen oder außeruniversitären Forschungseinrichtungen als Forscher und Dozenten tätig sind.

Zwar wird weder für die Tätigkeit an Universitäten noch für die an (Fach-)Hochschulen oder Forschungsinstituten die Wahl bestimmter Studienschwerpunkte vorausgesetzt, dennoch zeichnet sich ab, dass an (Fach-)Hochschulen ein stärkerer Anwendungsbezug erforderlich ist als an den anderen Einrichtungen. Wer demgegenüber Grundlagenforschung betreiben möchte, ist sicherlich an einem Max-Planck-Institut besser aufgehoben. Im Hinblick auf die erforderlichen Computerkenntnisse bestehen zwischen den einzelnen Einrichtungen keine wesentlichen Unterschiede. Ein sicherer Umgang mit MS-Office und – zumindest in der quantitativen Forschung – mit gängigen Statistikprogrammen wird generell vorausgesetzt. Inwieweit darüber hinaus die Beherrschung weiterer Programme von Bedeutung ist, hängt sehr stark vom jeweiligen Forschungsbereich ab. In jedem Fall stellen aber sehr gute Englischkenntnisse in Wort und Schrift eine wesentliche Voraussetzung für eine wissenschaftliche Tätigkeit dar, nicht zuletzt auch deshalb, weil Psychologen aus dem deutschsprachi-

Wissenschaftliche Mitarbeiter an Universitäten und Forschungsinstituten und ihre berufliche Zufriedenheit

In einer Studie des Hochschulinformationssystems (HIS) gingen Jaksztat et al. (2010) der Frage nach, wie hoch die Zufriedenheit von wissenschaftlichen Mitarbeitern an Universitäten und Forschungseinrichtungen bezüglich ausgewählter Aspekte ihres Berufsalltags ist. Hierzu wurden die Teilnehmer zu verschiedenen Merkmalen befragt, die sich den Bereichen

- Bedingungen und Inhalte der Arbeit
- zeitliche Rahmenbedingungen der Arbeit
- Planbarkeit der Beschäftigung und
- Erträge der Arbeit

zuordnen lassen. Die größte Zufriedenheit besteht hinsichtlich der Bedingungen und Inhalte der Arbeit. Hier bei zeigen beide Gruppen die höchste Zufriedenheit bezüglich der Möglichkeit, eigene Ideen einzubringen sowie mit den Tätigkeitsinhalten selbst. Das jeweilige Themengebiet sowie die Forschung und Arbeit an der eigenen Promotion werden demnach als besonders motivierend erlebt (vgl. auch Schmidt 2007). Auch Aspekte wie die Möglichkeiten zur fachlichen Weiterbildung und die Qualifikationsangemessenheit schätzt die Mehrheit der Befragten als positiv ein. Mit der Förderung durch den Betreuer zeigen sich demgegenüber beide Gruppen deutlich weniger zufrieden. Die geringste Zufriedenheit berichten beide Beschäftigungsgruppen mit der Planbarkeit der Beschäftigung (z. B. Aufstiegsmöglichkeiten, Arbeitsplatzsicherheit), wobei dies für wissenschaftliche Mitarbeiter an Universitäten in noch stärkerem Maße zutrifft als für wissenschaftliche Mitarbeiter an Forschungseinrichtungen. Unterschiede in den Einschätzungen der Befragten lassen sich zudem hinsichtlich der allgemeinen Arbeitsbedingungen, der Ausstattung mit Arbeitsmitteln und des Arbeitsklimas feststellen. Diese Aspekte werden von Beschäftigten an außeruniversitären Forschungseinrichtungen durchweg positiver beurteilt als von ihren Kollegen an Universitäten.

gen Raum in zunehmendem Maße in internationalen Fachzeitschriften publizieren (Frensch 2012). Hinsichtlich relevanter Praxiserfahrungen lässt sich festhalten, dass für eine Tätigkeit an Universitäten oder Forschungsinstituten möglichst bereits während des Studiums erste Einblicke in die Forschung gewonnen werden sollten, etwa im Rahmen von Forschungspraktika oder Hilfskraftstellen. Für eine Beschäftigung an einer Hochschule spielen demgegenüber vor allem didaktische Kompetenzen, Lehrerfahrung und eine umfangreiche praktische Tätigkeit in dem jeweiligen Anwendungsbereich eine tragende Rolle. Diese Unterschiede lassen sich zum Teil sicherlich dadurch erklären, dass die Tätigkeit an Universitäten und Forschungseinrichtungen Universitätsabsolventen bereits direkt im Anschluss an das Studium offensteht, während Psychologen an (Fach-)Hochschulen zumeist erst im weiteren Verlauf ihrer beruflichen Karriere beschäftigt werden – nämlich dann, wenn sie einen Ruf auf eine Professur erhalten.

Zu guter Letzt sei noch das Schlagwort Schlüsselkompetenzen erwähnt. Auch diese sind sicherlich unabhängig von der jeweiligen Einrichtung und vom konkreten psychologischen Fachbereich gleichermaßen relevant für Tätigkeiten in der Wissenschaft. In diesem Zusammenhang sind u. a. Kompetenzen wie wissenschaftliches Schreiben, insbesondere auf Englisch, Vortrags- und Präsentationstechniken, Zeit- und Projektmanagement und nicht zuletzt auch Moderation, Gesprächs- und Verhandlungsführung zu nennen.

Tab. 6.1 Unterschiede und Gemeinsamkeiten bezüglich der Anforderungen an Forscher und Dozenten an Universitäten, (Fach-)Hochschulen und Forschungsinstituten

	Universitäten	**(Fach-)Hochschulen**	**Forschungsinstitute**
Schwerpunktsetzung im Studium	Keine besondere Wahl notwendig; Von Vorteil sind fundierte Kenntnisse in Forschungsmethoden und Statistik	Keine besondere Wahl notwendig; Anwendungsbezug erwünscht; Grundlagenfächer eher ungeeignet	Keine besondere Wahl notwendig; Von Vorteil sind fundierte Kenntnisse in Forschungsmethoden und Statistik; In Abhängigkeit vom Forschungsinstitut liegt ein stärkerer Fokus auf der Grundlagenforschung (z. B. Max-Planck-Institut)
Computerkenntnisse	MS-Office, SPSS, Kenntnisse in weiteren (Statistik-) Programmen (R, AMOS, MPlus, MAXQDA etc.) sind von Vorteil	MS-Office, SPSS	MS-Office, SPSS, ggf. Programmierkenntnisse und Kenntnisse in Programmen wie Matlab oder Eprime
Sprachkenntnisse	Sehr gute Englischkenntnisse	Sehr gute Englischkenntnisse	Sehr gute Englischkenntnisse
Praxiserfahrungen	Erfahrungen als studentische Hilfskraft sind von Vorteil, aber keine zwingende Voraussetzung	Relevante Praxiserfahrungen sind für eine Professur sehr wichtig; Lehrerfahrung und Auseinandersetzung mit Methoden der Didaktik sind von besonderer Bedeutung	Vorherige Forschungserfahrungen durch Praktika oder eigene Tagungsbeiträge während des Studiums sind hilfreich

Literatur

Weiterführende Literatur und Internetadressen Abschn. 6.1

Breuer, F. (2003). Qualitative und quantitative Methoden: Positionen in der Psychologie und deren Wandel. Ein Kommentar zu Texten von Jochen Fahrenberg und Jürgen Rost [36 Absätze]. *Forum Qualitative Sozialforschung/Forum: Qualitative Social Research, 4*(2), Art. 44, nbnresolving.de.

Grühn, D., Hecht, H., Rubelt, J. & Schmidt, B. (2009). *Der wissenschaftliche „Mittelbau" an deutschen Hochschulen. Zwischen Karriereaussichten und Abbruchtendenzen.* Berlin: PrintNetwork.

Jakob, A. K. & Teichler, U. (2011). *Der Wandel des Hochschullehrerberufs im internationalen Vergleich. Ergebnisse einer Befragung in den Jahren 2007/08.* Bonn: Bundesministerium für Bildung und Forschung (BMBF).

Kreckel, R. (2010). *Karrieremodelle an Universitäten im internationalen Vergleich.* Vortrag im Rahmen der Arbeitstagung „Der lange Weg zur Professur – Berufliche Perspektiven von Nachwuchswissenschaftler/innen", veranstaltet vom ‚Netzwerk Exzellenz an deutschen Hochschulen' der Friedrich-Ebert-Stiftung, Berlin, 7. Juni 2010.

Statistisches Bundesamt (2011). Bildung und Kultur. Personal an Hochschulen. *Fachserie 11, Reihe 4.4.*

Ware, M. (2008). *Peer review: benefits, perceptions and alternatives.* London: Publishing Research Consortium.

Wissenschaftsrat (2005). Empfehlungen zur Ausgestaltung von Berufungsverfahren. www.wissenschaftsrat.de/download/archiv/6709-05.pdf. Zugegriffen: 8. September 2012.

www.academics.de

www.bmbf.de

www.oeffentlicher-dienst.info

Weiterführende Literatur und Internetadressen Abschn. 6.2

Macke, G., Hanke, U. & Viehmann, P. (2012). *Hochschuldidaktik: Lehren – vortragen – prüfen – beraten.* Wiesbaden: Beltz.

Plahl, M. (2009). *Fachhochschulen.* In M.-E. Geis (Hrsg.), *Hochschulrecht im Freistaat Bayern: Handbuch für Wissenschaft und Praxis* (S. 401–414). Heidelberg: Müller.

Rompa, R. (2010). *Karriere am Campus. Traumjobs an Uni und FH.* Wiesbaden: Gabler.

Rummler, M. (2011). *Crashkurs Hochschuldidaktik: Grundlagen und Methoden guter Lehre.* Wiesbaden: Beltz.

Stock, S., Schneider, P., Peper, P. & Molitor, E. (2009). *Erfolgreich promovieren: Ein Ratgeber von Promovierten für Promovierende.* Berlin: Springer.

Waldherr, F., Walter, C. & Kurz, A. (2009). *Didaktisch und praktisch: Ideen und Methoden für die Hochschullehre.* Schäffer-Poeschel.

www.familienfreundliche-hochschule.org/

www.hlb.de
www.hochschulkompass.de

Weiterführende Literatur und Internetadressen Abschn. 6.3

Bundesministerium für Bildung und Forschung (2010). *Bundesbericht Forschung und Innovation 2010*. Berlin: BMBF.

Yong, E. (2012). Replication studies: Bad copy. *Nature*, 485, 298–300.

www.forschungsportal.net/de/forschungslandschaft
www.gew.de/Foerderwerke_und_Stipendien_2.html
www.mpg.de
www.stipendiumplus.de

Weiterführende Literatur Abschn. 6.4

Bayerische Staatsregierung (2007). Verordnung über die Lehrverpflichtung des wissenschaftlichen und künstlerischen Personals an Universitäten, Kunsthochschulen und Fachhochschulen (Lehrverpflichtungsverordnung, LUFV).

Frensch, P. (2012, September). Vortrag zur Lage der Psychologie. Vortrag auf dem 48. Kongress der Deutschen Gesellschaft für Psychologie (DGPs), Bielefeld.

Höhle, E., Jakob, A. K. & Teichler, U. (2012). Das Paradies nebenan? Zur Situation von Wissenschaftlerinnen und Wissenschaftlern an außeruniversitären Forschungseinrichtungen und Universitäten in Deutschland. *Beiträge zur Hochschulforschung*, 2, 8–29.

Jakob, A. K. & Teichler, U. (2011). *Der Wandel des Hochschullehrerberufs im internationalen Vergleich. Ergebnisse einer Befragung in den Jahren 2007/08*. Bonn: Bundesministerium für Bildung und Forschung (BMBF).

Jaksztat, S., Schindler, N. & Briedis, K. (2010). Wissenschaftliche Karrieren. Beschäftigungsbedingungen, berufliche Orientierungen und Kompetenzen des wissenschaftlichen Nachwuchses. HIS Forum Hochschule, 14, Hannover: HIS.

Schmidt, B. (2007). Lust und Frust am „Arbeitsplatz Hochschule“: Eine explorative Studie zur Arbeitssituation junger wissenschaftlicher Mitarbeiterinnen und Mitarbeiter. *Beiträge zur Hochschulforschung, 29(4)*, 140–161.

7 Weitere Berufsfelder

Claudia Clos, Wolfgang Fastenmeier, Franziska Hirt, Jan Mayer, Tobias von der Recke, Hans Peter Schmalzl, Susanne Tippelt und Elena Yundina

M. Mendius und S. Werther (Hrsg.), *Faszination Psychologie – Berufsfelder und Karrierewege*,
DOI 10.1007/978-3-642-37710-5_7,

7.1 Tätigkeit als Polizeipsychologe

Hans Peter Schmalzl

Wie dieses Buch zeigt, ist Polizeipsychologie in den Kanon der berufsorientierten psychologischen Disziplinen aufgenommen. Ein klar konturiertes Berufsbild wird man dennoch nicht finden. Vielmehr begegnet man der Polizeipsychologie sowohl innerhalb der Organisation Polizei, wenn es z. B. um Fragen der Auswahl, Qualifizierung oder Betreuung von Polizeibeamten geht, als auch außerhalb der Organisation, wenn es um die Frage geht, wie diese Polizeibeamten ihren Dienst verrichten, wie sie sich gegenüber dem Bürger verhalten (z. B. gegenüber einer hilfsbedürftigen Person), gegenüber Fußballfans oder gegenüber einem Gewalttäter. Polizeipsychologe ist damit auf den ersten Blick nur ein Sammelbegriff für die polizeibezogene Arbeit von Fachpsychologen. Vielleicht sollte man deshalb, wie Langer (2008), schlicht von einer „Psychologie bei der Polizei" sprechen.

Polizeipsychologie – was ist das und was ist das Besondere daran?

Polizeipsychologen sind zunächst für alles zuständig, wofür man aus der Sicht der Polizei glaubt, Psychologen gebrauchen zu können. So ist Polizeipsychologie die von Fachpsychologen bei der Polizei betriebene Disziplin, die sich unterteilen lässt in

- eine Psychologie der Polizei,
- eine Psychologie für die Polizei und
- eine Psychologie in der Polizei (Stein & Poppelreuter 1990).

Bei einer Psychologie der Polizei wird die Polizei zum wissenschaftlichen Betrachtungs- und Untersuchungsgegenstand, etwa in einer Studie zum Alltagshandeln des Streifenbeamten. Psychologie für die Polizei meint die Bereitstellung des fachpsychologischen Repertoires, etwa bei der Versorgung der Polizei mit Testverfahren zur Personalauswahl. Psychologie in der Polizei zielt auf den Einsatz fachpsychologischen Know-hows zum Nutzen der polizeilichen Aufgabenerfüllung, etwa bei Verhandlungen mit Geiselnehmern oder zur Aufhellung von Gewaltverbrechen im Rahmen einer Tathergangs- und Täteranalyse. Grundsätzlich muss man nicht einer Polizeiorganisation angehören, um solchen Tätigkeiten nachzugehen, weshalb auch die Unterscheidung in interne und externe Polizeipsychologen statthaft ist (Greuel 2001). Während Letztere jedoch meist nur zeitweilig Polizeipsychologie betreiben, etwa im Rahmen einer Forschungsarbeit oder eines befristeten Lehrauftrags, wird Polizeipsychologie für den polizeiinternen Psychologen meistens zum Lebensberuf. Daraus erwächst leicht eine starke Identifikation mit dem Selbstverständnis und den Aufgaben der Polizei, was den Psychologen einerseits „geerdet" und handlungssicher auftreten lässt, hat er doch eine gewaltige Organisation im Rücken. Andererseits beschwört dies aber auch die Gefahr herauf, dass er in dem Bestreben, integraler Teil der Organisation Polizei zu sein, seine angestammte Wissenschaft vernachlässigt. Dabei spricht ihm diese Organisation beizeiten den „Stallgeruch" des echten Polizeivollzugsbeamten ab und verweist ihn so in eine heimatlose Zone zwischen Polizei und Psychologie (Schmalzl 1999). Als Polizeipsychologe hat man somit den Spagat auszuhalten, einerseits der Wissenschaft verpflichtet zu bleiben und andererseits einer eher wissenschaftsfernen Institution anzugehören (Schmalzl 2003). Trotzdem lohnt es sich, Polizeipsychologie zu betreiben; denn schließlich ist die Polizei als gesellschaftspolitischer Akteur ein interessantes Forschungsfeld und die polizeiliche Arbeit, die fast ausschließlich mit menschlichem Verhalten zu tun hat, ist letztlich nichts anderes als überaus spannende angewandte Psychologie. Worin aber besteht konkret die Arbeit des Polizeipsychologen?

Aufgaben im Rahmen der Tätigkeit

Bevor die Aufgaben im Einzelnen beschrieben werden, erscheint es sinnvoll zu erwähnen, wie viele Polizeipsychologen es überhaupt gibt und wo sie eigentlich tätig sind.

Vor fast zehn Jahren habe ich einen entsprechenden Fragebogen an jeweils einen leitenden oder repräsentativen Polizeipsychologen pro Bundesland, Bundeskriminalamt (BKA) und Bundesgrenzschutz (heute Bundespolizei) geschickt mit der Bitte, über den Stand der Polizeipsychologie im eigenen Land Auskunft zu geben (Schmalzl 2003).

Deren Angaben zufolge waren bei den deutschen Polizeien von Bund und Ländern im

Ein Szenario

Diplompsychologe Hubert Klein hatte eigentlich davon geträumt, Psychotherapeut zu werden, eine eigene Praxis zu eröffnen und dann ein recht selbstbestimmtes Leben zu führen. Nun holt ihn mitten in der Nacht die Einsatzzentrale der Polizei mit einem Telefonanruf aus dem Bett. Ein junger Polizeibeamter habe sich suizidiert, im Keller seiner Inspektion erschossen. Ein Kollege, der schon nach ihm gesucht hat, habe ihn gefunden, da hätte er wohl noch gelebt. Dieser Kollege sei jetzt „völlig durch den Wind" und bräuchte dringend psychologische Betreuung. Ob er, der Herr Psychologe, nicht zur Polizeiinspektion X fahren könne. Nein, er müsse nicht selber fahren, selbstverständlich würde eine Streife ihn abholen … Hubert Klein ist kein Psychotherapeut mit eigener Praxis geworden, obwohl er nach dem Studium noch die Approbation als Psychologischer Psychotherapeut erlangt hat. Stattdessen ist er nun nominell Verwaltungsbeamter eines Bundeslandes, verdient so viel wie ein Oberstudienrat am Gymnasium, hat aber andere Arbeitszeiten. Hubert Klein ist bei der Polizei gelandet, die ihr Geschäft bekanntlich 24 Stunden am Tag betreibt. Dabei hat Herr Klein durchaus einen üblichen Tagesdienst mit Gleitzeitregelung. In der Regel ist er von ungefähr acht Uhr morgens bis 17 Uhr nachmittags auf seiner Dienststelle, dem polizeipsychologischen Dienst. In der Regel, denn Ausnahmen gibt es viele, längere Dienstfahrten beispielsweise, um an einer Bildungseinrichtung oder Behörde seiner Landespolizei einen Vortrag zu halten, an einer Arbeitsgruppensitzung teilzunehmen oder um eine psychologische Maßnahme durchzuführen wie z. B. eine Gruppensupervision oder eben eine Einzelbetreuung wie jetzt mitten in der Nacht. Der junge Polizeibeamte erzählt nicht viel, zu sehr steckt ihm der Schock noch in den Gliedern, aber Hubert Klein bietet ihm für die nächste Zeit weitere Gespräche an, nicht ohne ein paar Verhaltensempfehlungen zu geben, die der Stabilisierung und Psychohygiene dienen. Dann spricht er noch mit den anderen Kollegen der Dienstgruppe, die sich mittlerweile alle zusammen mit ihrem Leiter nach Schichtende auf der Dienststelle eingefunden haben. Tiefe Betroffenheit, Ratlosigkeit. Es ist aber auch ein erstes kollektives Abschiednehmen von ihrem toten Kollegen … Hubert Klein kommt erst im Morgengrauen nach Hause. Glücklicherweise stehen für den Vormittag keine Termine an. Trotzdem drängt es ihn ins Büro. Sein Chef und einige Kollegen im psychologischen Dienst wollen informiert werden, der Leiter der Polizeiinspektion X bittet um einen Rückruf und außerdem ist der Betreuungseinsatz als solcher zu dokumentieren. Dann fragt am Nachmittag die Pressestelle des Polizeipräsidiums an, ob er einem privaten Rundfunksender ein Interview geben würde. Suizide unter jungen Polizeibeamten, so der Reporter, hätten sich doch in letzter Zeit gehäuft. Hubert Klein ist erfahren genug, um dieses Ansinnen abzulehnen. Gerne unterstützt er sonst die Medienarbeit der Polizei, aber diese Anfrage behagt ihm nicht, zumal die Suizidstatistik, die er genau verfolgt, dem Reporter keineswegs Recht gibt. Dass Suizidalität neben diversen psychischen Belastungen und Störungen ein dennoch ernst zu nehmendes Phänomen bei der Polizei darstellt, erkennt er wohl. Präventionsarbeit in diesen Bereichen ist ihm deshalb ein großes Anliegen. Erst kürzlich hat er zusammen mit einem Beamten, einem trockenen Alkoholiker, ein Seminar für polizeiliche Suchtberater veranstaltet. Mit einer Fachkollegin bereitet er außerdem im psychologischen Dienst ein Projekt vor, das betriebliches Gesundheitsmanagement bei der Polizei seines Landes stärker verankern soll. Nur gut, dass weitere Kollegen für die übrigen Arbeitsfelder des psychologischen Dienstes zuständig sind, für Personalauswahl und Personalentwicklung beispielsweise, für die psychologische Aus- und Fortbildung der Polizeibeamten oder für die psychologische Einsatz- und Ermittlungsunterstützung.

Jahr 2003 etwa 140 Diplom-Psychologen beschäftigt, davon 53 Frauen. Meine Schätzung für das Jahr 2012 beläuft sich auf ca. 180, da mittlerweile keine Landespolizei mehr ohne Psychologen auskommt. Das ist das Resultat von Neueinstellungen vor allem aufgrund der „Bologna-tauglich" gemachten Fachhochschulen und der Umwandlung der herkömmlichen Polizeischulen in Bildungsinstitute. Einer ganzen Reihe von Psychologen hat diese polizeiliche Bildungsoffensive eine Festanstellung verschafft. Die an den polizeilichen Hochschulen und Instituten als Professoren, Dozenten, Seminarleiter oder Trainer tätigen Psychologen stellen inzwischen mehr als die Hälfte aller Polizeipsychologen. Eine weitere kleinere Gruppe von neu eingestellten Kolleginnen und Kollegen fand ihr Aufgabenfeld in den Landeskriminalämtern oder anderen Polizeibehörden, die sich mit der verhaltensorientierten Fallanalyse von ungeklärten Verbrechen oder der Einschätzung von Bedrohungs- und Gefährdungslagen befassen, also beispielsweise mit Erpresserschreiben, anonymen Amokandrohungen oder Hinweisen auf Terroranschläge. Hier zeigt sich übrigens ein seit Jahrzehnten gängiger Reflex der polizeipsychologischen Personalpolitik: Neue problematische polizeiliche Lagen wie die Aktivitäten von großen Protestbewegungen in den 1980er Jahren oder die Amokläufe an Schulen der letzten zehn Jahre haben die (vermutete) Bedeutung der Polizeipsychologie und damit die Bereitschaft zu Neueinstellungen wachsen lassen.

Daneben gibt es in einigen wenigen Bundesländern und beim BKA noch Psychologen, die als Handschriftensachverständige arbeiten, also z. B. die Echtheit von Unterschriften prüfen. Nahezu nicht existent ist das Tätigkeitsfeld Forschung im Aufgabenkatalog der internen Polizeipsychologen. Nur beim BKA sind Forschungsstellen ausgewiesen, andere führen zwar sporadisch empirische Untersuchungen durch, haben aber keinen expliziten Forschungsauftrag, außer vielleicht die Professoren an den Fachhochschulen, die zumindest bei Eigeninteresse und vor allem im Rahmen der Abschlussarbeiten ihrer Studierenden zunehmend kleinere Forschungsvorhaben realisieren.

Die zweite Großgruppe von Polizeipsychologen – nach den in der Lehre Tätigen – bilden die in Psychologischen oder Sozialwissenschaftlichen Diensten Beschäftigten. Diese etwa 60 Psychologen sind allerdings sehr unterschiedlich organisiert. Einesteils sind sie in tatsächlichen Psychologischen Diensten tätig und arbeiten in Dienststellen oder Sachgebieten, die eine echte organisatorische Einheit ergeben, zusammen mit Diplom-Psychologen und Vollzugsbeamten in einem gemischten Team und entsprechender Aufgabenteilung und Spezialisierung. Andernteils sind diese Psychologen nicht Teil eines Teams, das sich als *der* zentrale Psychologische Dienst der jeweiligen Landespolizei verstehen darf. Sie agieren entweder als „Einzelkämpfer" in einer zentralen Behörde ihres Landes oder sind zusammen mit anderen Psychologen dezentral untergebracht, sei es an verschiedenen Orten des gleichen Polizeiverbands oder über verschiedene Verbände verteilt. Gemeinsam ist diesen etwas dislozierten Psychologen, dass sie Aufgaben übertragen bekommen, wie sie für die Psychologischen Dienste typisch sind.

Welche Aufgaben sind gemeint? Es ist meist ein recht großes Aufgabenspektrum, das in der folgenden Abbildung näher aufgeschlüsselt wird (Schmalzl 2003; Schmalzl & Stein 2003).

Schon in der Einleitung klang an, dass man beim Blick auf das polizeipsychologische Aufgabenspektrum eine Binnenperspektive, also die psychologische Arbeit innerhalb der Organisation Polizei, von einer Außenperspektive, also der psychologischen Unterstützung der Polizeiarbeit „auf der Straße", unterscheiden kann. Die Binnenperspektive verweist auf personal- und organisationspsychologische Aufgaben, während die Außenperspektive sich in erster Linie auf einsatz- und kriminalpsychologische Aufgaben bezieht. Abbildung 7.1 berücksichtigt diese Zweiteilung und benennt einige wichtige Aufgaben. Man erkennt schnell, dass sich die beiden Aufgabenbereiche ergänzen und wechselseitig befruchten können. So kann ein Polizeipsychologe, der als Fachberater zu polizeilichen Einsätzen hinzugezogen wird, das dort praktisch erworbene Know-how in seine Schulungsbeiträge im Rahmen der Aus- und Fortbildung einfließen lassen.

Betrachtet man nun die Binnenperspektive genauer, findet man Tätigkeiten, die weitgehend der arbeits- und betriebspsychologischen Arbeit in allen großen Organisationen entsprechen. Besonderes Gewicht kommt der Personalauswahl und -förderung zu. Polizeipsychologen entwickeln Test-

Die Binnenperspektive:

Personal-und organisations-psychologische Aufgaben

Personalauswahl und Personalentwicklung bzw. Qualifizierung des Einzelnen

Personalentwicklung im und für das Team
(z.B. teamfördernde Maßnahmen
für Dienstgruppen oder Kommissariate)

Entwicklung der Organisation
(z.B. über Mitarbeiterbefragungen)

Lehre, Aus-und Fortbildung
Vorträge, Seminare, Trainings,
auch Train-the-trainer-Maßnahmen

Psychosoziale Versorgung:
Beratung
Einzel-und Gruppenbetreuung
Krisenintervention

Die Außenperspektive:

Einsatz-und kriminal-psychologische Aufgaben

Konzeptionelle und empirische Beiträge
z.B. zum polizeilichen Einsatzhandeln

Unterst ützung und Fachberatung
z.B. bei -Großeinsätzen
-Bedrohungs-und Geisellagen

Unterstützung der kriminalpolizeilichen Arbeit
z.B. bei Präventionskonzepten
Gefährdungseinschätzungen
Vernehmungen
Erpressungs-und Entführungsfällen
Operativen Fallanalysen

Öffentlichkeitsarbeit
Taktische Kommunikation

Abb. 7.1 Aufgabenfelder eines Polizeipsychologen

verfahren oder wählen auf dem Markt verfügbare Verfahren aus, führen selbst Testungen durch oder beteiligen sich an Auswahlprozeduren, von Einzelinterviews bis zu mehrtägigen Assessment Center. Überhaupt fällt auf, dass Polizeipsychologen auf allen Ebenen der Organisation tätig sind, auf der individuellen, etwa wenn eine Führungskraft gecoacht wird, auf der Gruppenebene, etwa um die Arbeitsbelastung eines Kommissariats zu eruieren oder eine teambildende Maßnahme nach der Umorganisation einer Polizeiinspektion durchzuführen, und schließlich auf der Ebene der Gesamtorganisation, wenn beispielsweise das Karriere- und Aufstiegsbedürfnis junger Beamter untersucht werden soll. Gerade die Palette von organisationspsychologischen Angeboten ist in einer Großorganisation wie der Polizei, die ständig neuen Herausforderungen und vielfältigen Belastungen ausgesetzt ist, schier unerschöpflich.

Ähnlich verhält es sich mit Polizeibediensteten, die der psychologischen Beratung oder Betreuung bedürfen. Bei 30.000 Bediensteten allein bei der Bayerischen Polizei und 250.000 bei den deutschen Polizeien von Bund und Ländern findet man zwangsläufig die gesamte Bandbreite an Belastungen, Krisensymptomen und psychischen Störungen. In unseren Zentralen Psychologischen Dienst der Bayerischen Polizei kommen viele Leute wegen dienstlicher Probleme, weil sie mit Vorgesetzten oder Kollegen nicht zurechtkommen, sich benachteiligt, überfordert oder ausgegrenzt fühlen. Nicht selten sind auch belastende dienstliche Vorfälle wie der Suizid eines Kollegen oder Belastungen des Privatlebens (z. B. ein Pflegefall in der Familie) sowie gravierende Einsätze der Anlass, zum Psychologen zu gehen. Als Beispiele sind hier schwere Verkehrsunfälle, Schusswaffengebrauch und die Konfrontation mit dem Tod zu nennen. Gehäuft zeigen sich depressive Krisen und damit einhergehend auch suizidale Tendenzen sowie immer wieder Suchtproblematiken, vor allem Probleme mit Alkohol und mittlerweile auch im Umgang mit den neuen Medien (z. B. Onlinesucht). Dieser Bereich der psychosozialen Versorgung findet seine Fortsetzung in akuten Fällen, bei Schadensereignissen, spektakulären Tötungsdelikten oder Katastropheneinsätzen, wo Polizeibeamte, aber auch Zeugen und Angehörige von Opfern polizeipsychologisch betreut werden. Hier bewegen wir uns im Bereich der psychosozialen Notfallversorgung mit Schnittstellen zu Rettungsdiensten, Notfallseelsorgern und anderen professionellen Helfern.

Damit ist bereits die Außenperspektive polizeipsychologischer Tätigkeit tangiert. Wenn man nochmals an den Amoklauf an einer Schule denkt, wäre es tatsächlich polizeipsychologische Aufgabe, zusammen mit anderen Polizeikräften die Eltern zu informieren und deren Betreuung zu organisieren. Damit Polizeieinsätze schwierigster Art wie bei Amok, Terroranschlag, Geiselnahmen, gewalttätigen Ausschreitungen oder auch nur bei deren Androhung professionell angegangen werden können, bedient sich eine moderne Polizei u. a. auch der Psychologie. Polizeipsychologen sitzen also in den Gremien, die Einsatzkonzepte erstellen, unterstützen Forschungsprojekte, die den genannten Gewaltphänomenen und anderen polizeilichen Herausforderungen auf den Grund gehen, und sind als Fachberater in Einsätze eingebunden. Um beispielsweise Gewaltaktionen bei einer Großdemonstration zu verhindern, muss man sich konzeptionell überlegen, wie man Protestteilnehmer frühzeitig anspricht, wie man ihnen die Absichten der Polizei verdeutlicht und wie man sie von der Notwendigkeit eines gewaltfreien Protests überzeugen kann. Polizeiexperten sprechen hier von einsatzbegleitender Öffentlichkeitsarbeit oder taktischer Kommunikation. Oder nehmen wir das Beispiel eines schweren Falles häuslicher Gewalt: Ein Ehemann macht Andeutungen, seine Familie und sich selbst zu töten. Kommt dies der Polizei zu Gehör, bestünde die Aufgabe des Polizeipsychologen darin, zusammen mit kriminalpolizeilichen Experten die Ernsthaftigkeit seiner Androhung und den Grad der Gefährdung einzuschätzen. Käme es trotz allem dazu, dass sich der Mann in seinem Haus verbarrikadiert und dort seine Familie in einer Art Geiselhaft hält, wäre auch hier der Polizeipsychologe gefordert, indem er die Polizeiführung oder unmittelbar die Beamten berät, die mit dem Mann Kontakt aufnehmen, um ihn von einer Eskalation der Gewalt abzuhalten. Neben diesen Tätigkeiten im Rahmen der polizeilichen Gefahrenabwehr findet man auch Psychologen im zweiten großen Aufgabenfeld der Polizei, nämlich der Strafverfolgung. Wenn heute Kriminalbeamte Präventionskampagnen starten, um beispielsweise dem Trickdiebstahl Einhalt zu gebieten, wenn sie neue Vernehmungsstrategien anwenden oder bei operativen Fallanalysen – fälschlich als „Profiling" bezeichnet – datenbasierte Hypothesen über den Tathergang eines Tötungsdelikts formulieren, sind zumindest beim BKA und bei einigen Landespolizeien Polizeipsychologen mit im Team.

Dieses breite, wenngleich nur grob und unvollständig skizzierte, Aufgabenspektrum macht deutlich, dass kein einzelner Psychologe in allen Feldern tätig sein kann. Die ersten Vertreter unserer Disziplin haben zwar versucht, möglichst viele der aufgezählten Aufgaben zu bewältigen, weil sie auf sich allein gestellt waren, aber lange schon ist klar, dass nur mit Aufgabenteilung und im Team das gewaltige Pensum zu erfüllen ist.

Anforderungen an eine Tätigkeit als Polizeipsychologe

Zunächst gibt es keine allgemeingültigen fachpsychologischen Anforderungen, wie schon die dargelegte Vielzahl an Aufgaben vermuten lässt. Je nach definiertem Tätigkeitsschwerpunkt wird man in der Stellenausschreibung alle möglichen Anforderungen aufgelistet sehen, von allgemeinen organisationspsychologischen Kompetenzen für Fragen der Personalauswahl und Personalentwicklung über klinisch-psychologische Zusatzqualifikationen für den Bereich der psychosozialen Versorgung bis hin zu sehr spezifischen Kenntnissen der Kriminologie oder Rechtspsychologie für die Gefährdungseinschätzung einer Mordandrohung oder für die operative Fallanalyse. So hat unser Psychologischer Dienst in den letzten Jahren einen ausgewiesenen Organisationspsychologen (Abschn. 4.4), einen Klinischen Psychologen mit der Approbation als Psychologischer Psychotherapeut (Kap. 3) und einen Forensischen Psychologen (Abschn. 7.2) gesucht – es wurden dann übrigens zwei Frauen und ein Mann eingestellt. Man sollte aber nicht davon ausgehen, dass einschlägige Zusatzausbildungen, wie etwa ein Kriminologiestudium, für sich genommen schon Türöffner sind. Gerade aufregende Traumjobs, die man aus Fernsehserien kennt, mit allwissenden „Kriminalpsychologen" und genialischen „Profilern" (Fachmann für die Erstellung eines psychologischen Profils eines gesuch-

Eine Perspektive aus der Praxis

Titel, Name	Dr. Silvia Oßwald-Meßner, Dipl.-Psych.
Organisation	Zentraler Psychologischer Dienst der Bayerischen Polizei (ZPD)
Berufsbezeichnung	Polizeipsychologin
Schwerpunkte im Psychologiestudium	Verhaltensmodifikation
Wieso haben Sie sich für eine Tätigkeit als Polizeipsychologin entschieden?	Durch ein Praktikum während meines Studiums konnte ich die vielfältigen Arbeitsfelder des ZPD kennenlernen. Die Arbeit bei der Polizei bietet eine schöne Mischung aus Theorie und Praxis: Man setzt Erkenntnisse und Ergebnisse verschiedenster (eigentlich fast aller) psychologischer Fachbereiche im beruflichen Alltag um. Und natürlich ist die Arbeit bei der Polizei und mit Polizisten sehr spannend.
Was glauben Sie, können Psychologen in diesem Berufsfeld bewegen?	Ich denke, Psychologen können bei der Polizei gute Dienste leisten – wirklich im Sinne von Dienstleistern: In allen Bereichen der Polizeiarbeit – sei es die Personalauswahl und -entwicklung, die Unterstützung von Kollegen nach traumatischen Erlebnissen oder die Ermittlungs- und Einsatzunterstützung – spielt Psychologie eine wichtige Rolle und daher kann (und sollte) in allen Bereichen die Psychologie einbezogen werden.
Was hat Sie an Ihrer Tätigkeit am meisten überrascht?	Es hat mich überrascht (und überrascht mich heute noch), wie schwer es die Psychologie in manchen Bereichen hat und auf welche Vorurteile man immer noch stößt. Es wird als Zeichen von Schwäche oder Unvermögen gesehen, mit einem Psychologen zusammenzuarbeiten. Auch herrscht teilweise großes Misstrauen oder die Arbeit wird verniedlicht, d. h. nicht ernst genommen.
Was sehen Sie als grundlegende Anforderungen und Qualifikationen für Psychologen in Ihrem Arbeitsfeld?	Je breiter und fundierter die psychologische Wissensbasis ist, umso besser, da man als Polizeipsychologe kaum in nur einem Teilbereich arbeitet. Ich habe in meinem Studium Verhaltensmodifikation als Schwerpunkt gehabt, dann zwei Jahre in einer Unternehmensberatung gearbeitet und in der Sozialpsychologie promoviert bzw. in der Forschung gearbeitet. Kenntnisse über verschiedene Bereiche hinweg helfen sehr, flexibel mit den unterschiedlichsten Anforderungen umgehen zu können.
Was sehen Sie als größte Herausforderung in Ihrer praktischen Arbeit?	Es gibt oft langwierige Entscheidungsprozesse; spontane schnelle Aktionen sind bei einem so riesigen Apparat wie der bayerischen Polizei kaum möglich (der ZPD ist für ganz Bayern zuständig). Auch ist es manchmal mühsam, wiederholt auf Sinn und Nutzen der Psychologie hinweisen zum müssen. Dies hat sich allerdings in den letzten Jahren erheblich gebessert.
Welchen Tipp haben Sie für Psychologen, die sich überlegen, als Polizeipsychologe zu arbeiten?	Man sollte Geduld mitbringen, denn es gibt nicht viele Stellen in Deutschland. Da die meisten Polizeipsychologen verbeamtet sind, ist auch die Fluktuation natürlich relativ gering. Am besten bekommt man sicherlich über ein Praktikum Zugang.
Stoßen Sie manchmal auf Vorurteile wegen Ihrer Ausbildung?	Oh ja, selbstverständlich. Das passiert jedoch meist, wenn man als Psychologe außerhalb der Universität arbeitet, und ich denke, jede/r Psychologiestudent/in wird bereits während des Studiums darauf vorbereitet. Ich habe jedoch festgestellt, dass sich diese Vorurteile durch ein selbstbewusstes Auftreten und gute Arbeit sehr schnell in Luft auflösen.

ten Täters), gibt es nicht. Bei den deutschen Polizeien arbeitet höchstens ein Dutzend Psychologen eng mit kriminalpolizeilichen Experten zusammen. Man findet sie vor allem in LKA-Abteilungen für kriminalpsychologische Einsatz- und Ermittlungsunterstützung, für Gefährdungslagenmanagement und für die erwähnte operative Fallanalyse (OFA). Nur ein Diplom-Psychologe arbeitet in Vollzeit als Teil eines OFA-Teams, die anderen werden fallweise hinzugezogen. Es lohnt also effektiv nicht, auf eine Einstellung als „Profiler" zu spekulieren.

Fachliche Inhalte

Viel wichtiger für einen vielseitig einsetzbaren Fachpsychologen, grundsätzlich und auch für die Arbeit bei der Polizei, erscheinen mir solide Kenntnisse der Allgemeinen Psychologie und der Sozialpsychologie. Man wird sowohl als praktizierender Psychologe im Einsatz als auch als (Fach-) Hochschulprofessor in der Lehre (Abschn. 6.2) immer wieder mit Fragen konfrontiert, die man nur seriös beantworten kann, wenn man sein Grundstudium ordentlich abgeleistet hat und sich auch weiterhin für neuere Forschungsergebnisse interessiert.

Einkommen

Besoldung und Aufstiegschancen entsprechen den üblichen Modalitäten für Hochschulabsolventen im öffentlichen Dienst. Bei Polizeibehörden und -instituten beginnt man als Tarifbeschäftigter, in einigen Bundesländern mit der Möglichkeit der Verbeamtung. Karrierechancen sind gering. Immerhin kann man beispielsweise nach einigen Jahren in einem Psychologischen Dienst versuchen, eine Professorenstelle mit W-Besoldung an einer Fachhochschule zu bekommen, oder man kann sich selbstständig machen. Etliche ehemalige Polizeipsychologen arbeiten sehr erfolgreich als Organisations- oder Sicherheitsberater, Trainer oder Coach, einige sogar mit eigenem Institut und mehreren Mitarbeitern.

Praxis, Praxis, Praxis

Zusätzlich ratsam ist es für einen Psychologiestudierenden mit polizeipsychologischen Ambitionen natürlich, ein Praktikum in einem Polizeipsychologischen Dienst oder bei einer Polizeibehörde zu absolvieren. Berufserfahrung war zwar in der Vergangenheit nicht immer erforderlich, ist aber bei der heutigen Spezialisierung und differenzierenden Stellenbeschreibung, etwa für eine klinisch- oder forensisch-psychologische Tätigkeit, dann doch wünschenswert. Interesse an der Polizei als Organisation und Beruf darf man voraussetzen. Das gilt gerade auch für eher akademisch oder theoretisch ausgerichtete Kollegen, die es in die Lehre drängt. Wer an einer Fachhochschule für Polizeistudierende lehren will, sollte vorher sowohl mit praktischer Polizeiarbeit als auch mit Polizeiforschung in Berührung gekommen sein. Im Übrigen setzt eine Anstellung als Fachhochschullehrer ohnehin eine mehrjährige psychologische Tätigkeit außerhalb des universitären Betriebs voraus.

Fazit

Meine Kollegin hat es im Interview betont und ich kann es nach fast 30 Berufsjahren nur bestätigen: Die Vielfältigkeit der Aufgaben und die immer wieder neuen Herausforderungen machen die Polizeipsychologie attraktiv. Das Spektrum reicht von der psychologischen Betreuung eines Polizeibeamten bis zur psychologischen Beeinflussung eines Gewalttäters während einer Geiselnahme. Daneben steckt in der ganzen Polizeiarbeit, von der Kontrolle einer Person am Hauptbahnhof bis zur Aufdeckung eines Mordfalls, unglaublich viel Psychologie. Den Erkenntnisschatz der psychologischen Wissenschaft für die Polizei nutzbar und letztlich zum Wohl von uns allen anwendbar zu machen, ist eine tatsächlich faszinierende Tätigkeit.

7.2 Tätigkeit als Forensischer Psychologe

Elena Yundina und Susanne Tippelt

Der Beruf des Forensischen Psychologen gehört zu den noch wenig bekannten potenziellen Tätigkeitsfeldern. Nicht selten sind die Vorstellungen darüber von (medial vermittelten) Vorurteilen geprägt, die mit der tatsächlichen Praxis oft nicht übereinstimmen. Im Folgenden sollen daher aufbauend auf einem typischen Szenario aus der Praxis die vielfältigen Aufgaben des forensisch tätigen Psychologen und die Besonderheiten dieses Berufsfeldes dargestellt werden.

Ein Szenario

Ein Landgericht muss darüber entscheiden, ob Herr Maier, der wegen Mordes an seiner damaligen Lebensgefährtin zu lebenslanger Freiheitsstrafe verurteilt wurde, vorzeitig auf Bewährung entlassen werden kann (sog. bedingte Entlassung). Der 45-jährige Herr Maier befindet sich seit nunmehr 15 Jahren in Haft. Er hat in dieser Zeit in der Justizvollzugsanstalt (JVA) eine Berufsausbildung absolviert und nimmt seit drei Jahren an einer speziellen Therapie für Gewaltstraftäter teil. Nun wurde Antrag auf Strafaussetzung zur Bewährung gestellt. Gemäß der Strafprozessordnung (StPO) ist das Gericht verpflichtet, zur Vorbereitung der Entscheidung ein Sachverständigengutachten zu der Frage einzuholen, „ob bei dem Verurteilten keine Gefahr mehr besteht, dass dessen durch die Tat zutage getretene Gefährlichkeit fortbesteht"(§ 454 StPO).
Da es sich um eine juristische Entscheidung von großer Tragweite handelt, wird der erfahrene Rechtspsychologe Herr Dipl.-Psych. Schmid mit der Erstellung des Gutachtens beauftragt. Darin soll nicht nur dazu Stellung genommen werden, ob zu erwarten ist, dass Herr Maier außerhalb des Strafvollzugs keine erheblichen rechtswidrigen Taten mehr begehen wird, sondern auch dazu, welche Maßnahmen zur Ermöglichung oder Vorbereitung einer bedingten Entlassung notwendig erscheinen, welche Weisungen im Falle einer bedingten Entlassung zu erteilen sind und welcher Zeitraum für die noch erforderliche Entlassungsvorbereitung voraussichtlich erforderlich sein wird.
Dem Gutachter Herrn Schmid wird mit dem Begutachtungsauftrag die Gerichtsakte übersandt. Er muss zunächst prüfen, ob die Fragestellung in sein Fachgebiet fällt bzw. ob er sie aufgrund seiner Kompetenzen bearbeiten und das Gutachten in einem angemessenen zeitlichen Rahmen fertigstellen kann, bevor er den Antrag annimmt. Im nächsten Schritt sichtet er das umfangreiche Aktenmaterial, v. a. das Gerichtsurteil, Vorgutachten von anderen Psychiatern und Psychologen sowie Berichte aus der JVA und des Behandlungsteams. Aufbauend auf dem Aktenstudium bereitet er die Untersuchung des Probanden vor und erstellt einen Untersuchungsplan. Er „übersetzt" die juristische Fragestellung in psychologische Fragen und Hypothesen und zerlegt den prognostischen Beurteilungsprozess in diagnostische Teilschritte bzw. einzelne Fragen, die er mithilfe psychologischer Methoden und Verfahren beantworten kann. Im ersten Schritt analysiert er die bisherigen Straftaten des Probanden und stellt eine Delinquenzhypothese auf, d. h. Annahmen darüber, welche Faktoren zur Begehung der Straftaten beigetragen haben. Er stellt fest, dass der über längere Zeit arbeitslose Herr Maier bereits vor der Anlasstat wiederholt gegenüber Lebenspartnerinnen gewalttätig wurde. Dies geschah immer dann, wenn er alkoholisiert war und ihm dann der seit längerem schwelende – wohl unbegründete – Verdacht aufkam, seine Partnerin würde ihn wegen eines anderen Mannes verlassen wollen. [Anm.: Ein solches Bedingungsgefüge ist in der Realität natürlich weit komplexer.]
Im nächsten Schritt widmet sich Herr Schmid der Frage, welche Entwicklung bei dem Probanden seit der letzten Tat stattgefunden hat, ob die damals wirksamen Faktoren weiterhin als Risikomerkmale oder -potenziale vorhanden sind und welche etwa durch die deliktspezifische psychotherapeutische Behandlung kompensiert werden konnten. Dem Therapiebericht ist zu entnehmen, dass vor allem die Themen Selbstwert, Bindung – Trennungsangst – Eifersucht, Alkoholmissbrauch und Tagesstrukturierung bearbeitet wurden. Im Verlauf der Therapie habe der Proband nach Einschätzung der Therapeuten so deutliche Fortschritte gemacht, dass eine bedingte Entlassung befürwortet werden könne. Die Frage, die sich Herr Schmid nun stellt, ist, wie er diese Fortschritte und den aktuellen Entwicklungsstand des Probanden am besten

erfassen kann. Er notiert sich zunächst, welche Bereiche er bei der Exploration des Probanden besonders eingehend beleuchten muss, welche standardisierten Beurteilungsinstrumente (Prognoseinstrumente) er als Hilfsmittel für die diagnostische Urteilsbildung heranziehen kann und wählt dann die geeigneten testpsychologischen Verfahren aus. Besonderes Augenmerk will er hier neben dem allgemeinen Persönlichkeitsbild auf die Diagnostik der Copingmechanismen, des Konfliktverhaltens und der Aggressionsbereitschaft legen. Da Herr Schmid weiß, dass nicht nur persönlichkeitsgebundene Merkmale des Probanden, sondern auch Umweltvariablen eine bedeutsame Rolle für die langfristige Legalbewährung, d. h. Straffreiheit nach Verbüßung einer Strafe, spielen, notiert er auch, welche Zukunftspläne der Proband laut Akte im Falle einer Entlassung hat und ob diese realistisch scheinen: Wo will er leben? Wo will er arbeiten? Wie will er seine Freizeit gestalten? Welche (pro-)sozialen Kontakte stehen nach der langen Inhaftierung zur Verfügung?
Mit diesem Untersuchungsplan als Leitfaden wird Herr Schmid nun in die JVA fahren, um den Probanden persönlich zu untersuchen. Er braucht insgesamt drei Untersuchungstage, bis er alle relevanten Befunde erhoben hat, um seine Hypothesen zu prüfen. Weitere drei Tage benötigt er, um die Befunde aus den unterschiedlichen Quellen zu integrieren und zu interpretieren. Im nächsten Schritt wird er zu einer Gesamtbeurteilung der Legalprognose kommen und das schriftliche Gutachten verfassen, welches er ans Gericht schicken wird. Später wird er als Sachverständiger zu einem Anhörungstermin geladen werden, um die Befunde und seine Schlussfolgerungen persönlich zu referieren. Vom Auftragseingang bis zur Fertigstellung des schriftlichen Gutachtens sind knapp zehn Wochen vergangen.

Forensische Psychologie – was ist das?

In der Forensischen Psychologie werden psychologische Theorien, Erkenntnisse und Methoden auf rechtliche Fragestellungen angewendet. Der Name leitet sich vom lateinischen „forum" ab – der Marktplatz, auf dem im antiken Rom Gerichtsverfahren stattfanden (daher auch das Synonym Gerichtspsychologie). Die Forensische Psychologie ist, wie die Kriminalpsychologie, ein Teilgebiet der Rechtspsychologie, eines der ältesten Fächer der angewandten Psychologie. Zu den wesentlichen Aufgaben des Forensischen Psychologen gehört die Sachverständigentätigkeit, d. h. das Erstellen von Gutachten, die vorwiegend von Gerichten und Staatsanwaltschaften, z. T. auch von Verteidigern oder anderen Einrichtungen in Auftrag gegeben werden, um bestimmte Fragen mithilfe psychologischer Fachkenntnis zu klären.

Im Strafrecht handelt es sich am häufigsten um die Frage der Gefährlichkeitsprognose, der Entwicklungsreife von jugendlichen oder heranwachsenden Tätern, der Schuldfähigkeit und der Glaubhaftigkeit von Zeugenaussagen. Familienpsychologische Sachverständige werden am häufigsten bei Sorge- und Umgangsrechtfragen und in Fällen möglicher Kindeswohlgefährdung hinzugezogen (Abschn. 7.5). Sozialmedizinische Gutachten beschäftigen sich u. a. mit Fragen der Erwerbs- oder Berufsunfähigkeit oder Schädigungsfolgen z. B. nach einer Straftat. Schließlich können auch zivil-, verwaltungs- oder verkehrsrechtliche Gutachten (Abschn. 7.3) zu dem Aufgabengebiet eines Forensischen Psychologen gehören.

Die Kriminalpsychologie, das zweite große Teilgebiet der Rechtspsychologie, beschäftigt sich mit der Entstehung von Kriminalität, ihren Erscheinungsformen, Präventions- und Interventionsformen (Abschn. 7.1). Als Forensischer Psychologe bewegt man sich häufig in beiden Tätigkeitsfeldern, wenn man z. B. in einer universitären Einrichtung Forschungsprojekte im Bereich der Grundlagenforschung (z. B. Ursachen von Sexualdelinquenz) durchführt oder als Psychotherapeut in einer Einrichtung arbeitet, in der (psychisch kranke) Straftäter behandelt werden.

Forensische Psychologie – ein ganz besonderes Tätigkeitsfeld?

Ein psychologisches Gutachten ist eine wissenschaftliche Leistung, die darin besteht, „dass auf der Grundlage von wissenschaftlich anerkannten Untersuchungs- und Beurteilungsmethoden und -kriterien im Hinblick auf die Beantwortung einer vom Auftraggeber vorgegebenen Fragestellung Daten bei Probanden erhoben, sachverständig ausgewertet und beurteilt werden, so dass der Sachverständige die Frage(n) des Auftraggebers auf Grund seines psychologischen Fachwissens, der Berücksichtigung des aktuellen Forschungsstandes und seiner einschlägigen Berufserfahrung beantworten kann" (Zuschlag 2006, S. 13).

Die Fragestellungen, die durch forensisch-psychologische Untersuchungen beantwortet werden sollen, sind sehr vielfältig und erfordern jeweils eine besondere Expertise, und das nicht nur in relevanten Bereichen der Psychologie. Man benötigt außerdem vertiefte Kenntnisse der jeweiligen rechtlichen Grundlagen sowie Kenntnisse aus den Nachbarwissenschaften Forensische Psychiatrie, Kriminologie, Kriminalistik, Rechtsmedizin und Rechtssoziologie.

Deshalb wird man sich als Sachverständiger in der Regel auf einzelne Rechtsbereiche (z. B. Strafrecht oder Familienrecht) spezialisieren. Die Spannweite möglicher Aufgaben ist so groß, dass hier nicht alle Bereiche näher erläutert werden könne. Der Schwerpunkt liegt exemplarisch auf strafrechtlichen Begutachtungen. Die Besonderheiten der Sachverständigentätigkeit werden im Folgenden beschrieben.

Aufgaben im Rahmen der Tätigkeit

Die Tätigkeit des Forensischen Psychologen beginnt nach Auftragserteilung entweder direkt durch das Gericht bzw. die Staatsanwaltschaft oder vermittelt durch den psychiatrischen Hauptgutachter, wenn ein testpsychologisches Zusatzgutachten erstellt werden soll. Dem Sachverständigen kommt die Rolle eines wissenschaftlichen Beraters zu, der das Gericht durch seine Expertise bei der Entscheidungsfindung unterstützt. Im Auftragsschreiben sind daher in der Regel genau die Fragen aufgeführt, die der Sachverständige in seinem Gutachten – zufriedenstellend und in einem angemessenen Zeitrahmen – beantworten soll. Diese Fragen dienen als Grundlage für die Vorbereitung und Durchführung der Begutachtung und das Verfassen des schriftlichen Gutachtens.

Zusammen mit dem Auftrag werden die Akten übersandt, in denen alle für die Beurteilung relevanten Dokumente enthalten sein sollten, wenn nicht, müssen sie vom Gutachter angefordert werden. Bei einer Begutachtung handelt es sich um einen hypothesengeleiteten Prozess. Am Beginn steht immer eine ausführliche Aktenanalyse, die dazu dient, die Fragestellungen zu präzisieren und überprüfbare Arbeitshypothesen zu entwickeln. So müssen etwa im Falle einer Prognosebeurteilung Annahmen darüber aufgestellt werden, welche Faktoren früheren Delikten zugrunde lagen, ob diese heute noch vorhanden und relevant sind oder etwa nach erfolgter Psychotherapie und der Entwicklung protektiver Faktoren kompensiert werden konnten. Die Hypothesen werden dann durch die Untersuchung des Probanden mit ausführlicher Exploration, Verhaltensbeobachtung und dem Einsatz geeigneter diagnostischer Verfahren überprüft und ggf. modifiziert. Die Auswahl der diagnostischen Methoden muss sorgfältig erfolgen, denn als Sachverständiger ist man nicht nur verpflichtet, nach strengen wissenschaftlichen Standards zu arbeiten, sondern auch möglichst ökonomisch. Das bedeutet, dass nur solche Merkmale untersucht werden sollen, die für die Beantwortung der Fragestellung relevant sind.

Wenn durch Aktenstudium und Untersuchung des Probanden genügend Informationen zur Verfügung stehen und die Fragestellungen anhand der erhobenen Befunde beantwortet werden können, wird das schriftliche Gutachten erstellt. Dieses bildet das Kernstück der Begutachtung, hat jedoch im Strafverfahren lediglich vorläufigen Charakter. Entscheidend ist die mündliche Erstattung vor Gericht im Rahmen der Hauptverhandlung bzw. Anhörung vor der Strafvollstreckungskammer. Über die Abfassung von Gutachten sind mittlerweile zahlreiche Monografien erschienen, und interdisziplinäre Arbeitsgruppen haben Qualitätskriterien und Mindestanforderungen entwickelt.

Mobilitätsbereitschaft

Die Untersuchungen der Probanden finden in unterschiedlichen Settings statt. Zwar können viele Probanden zur Untersuchung ins Büro geladen werden, die meisten befinden sich jedoch in Straf- oder U-Haft bzw. in einer geschlossenen Klinik. Als Sachverständiger muss man dann in der Regel für die Begutachtung in die entsprechende Einrichtung fahren. Die mündliche Erstattung des Gutachtens findet in dem Gericht statt, das die Untersuchung in Auftrag gegeben hat. Je nachdem, wie groß das Einzugsgebiet ist, aus dem Aufträge eingehen, ergeben sich also kürzere oder längere Anfahrtswege. Die Aufwendungen, die sich daraus ergeben (z. B. Fahrtkosten, Hotelübernachtungen etc.), werden aber vom Auftraggeber erstattet.

Arbeitszeit

Ist man neben einer Festanstellung als Sachverständiger tätig, müssen die Gutachten außerhalb der regulären Arbeitszeiten erstellt werden. Außerdem sind für die Vorlage des Gutachtens bei Gericht stets Fristen einzuhalten, ein Überschreiten kann zur Verhängung eines Ordnungsgeldes führen. Als Sachverständiger arbeitet man daher oft unter hohem zeitlichem Druck und verfasst die Gutachten im Sinne von bezahlten Überstunden abends oder am Wochenende neben der regulären Festanstellung.

Einkommen

Die Vergütung von Sachverständigen durch Gerichte und öffentliche Behörden richtet sich nach dem Justizvergütungs- und -entschädigungsgesetz (JVEG). Die Leistungen sind dort verschiedenen Honorargruppen zugeordnet, d. h. die Höhe des Stundensatzes richtet sich nach dem Gegenstand bzw. Schwierigkeitsgrad des medizinischen oder psychologischen Gutachtens. Einfache gutachtliche Beurteilungen (Honorargruppe M1) werden mit 65 Euro, beschreibende Begutachtungen mit durchschnittlichem Schwierigkeitsgrad (M2) mit 75 Euro, Gutachten mit hohem Schwierigkeitsgrad (M3, z. B. Beurteilung der Prognose) mit 100 Euro pro Stunde vergütet. Dabei wird die „erforderliche" Zeit vergütet, d. h. die von einem durchschnittlichen Sachverständigen bei durchschnittlichem Arbeitstempo benötigte Zeit. Es gibt also bestimmte Konventionen, wie viele Stunden für welche Tätigkeit dem Auftraggeber in Rechnung gestellt werden können (z. B. für die Ausarbeitung eines testpsychologischen Gutachtens 30 Minuten pro eingesetztem Testverfahren). Diese Stunden stimmen – mit Ausnahme der Untersuchungsdauer – nicht unbedingt mit der tatsächlich aufgewendeten Zeit überein. Einsteiger benötigen in der Regel mehr Zeit, erfahrene Gutachter dagegen oft weniger. Auch die mündliche Erstattung des Gutachtens vor Gericht bzw. die Anwesenheit während des Gerichtsprozesses, die Vorbereitung auf den Prozess und die Anfahrtszeit werden nach den o. g. Stundensätzen vergütet.

Ist man in einer universitären Abteilung oder einer Klinik als Mitarbeiterin oder Honorarkraft angestellt, muss jeweils ein bestimmter Anteil der Vergütung an die Einrichtung und ggf. den Supervisor, der 10–15 % des Rechnungsbetrages erhält, abgeführt werden, sodass z. T. weniger als 50 % des eigentlichen Rechnungsbetrages als Bruttolohn übrig bleiben. Pro Gutachten werden dem Auftraggeber je nach Fragestellung üblicherweise zwischen fünf Stunden (für einfache testpsychologische Kurzgutachten) und 60 Stunden (für schwierige Prognosegutachten) in Rechnung gestellt.

Im Falle einer Festanstellung erhält man ein Gehalt, das sich nach dem jeweils geltenden Tarifvertrag, z. B. TVöD in einer Maßregelvollzugsklinik, richtet. Die Sachverständigenvergütung stellt dann einen gesondert zu versteuernden Zusatzverdienst dar.

Karrieremöglichkeiten

An die Fachkompetenz eines Sachverständigen werden besondere Anforderungen gestellt:

- einschlägige Berufsausbildung mit wissenschaftlichem Abschluss
- Sachkenntnisse in dem jeweiligen Fachgebiet nach dem aktuellen wissenschaftlichen Stand
- einschlägige Berufserfahrung

Die meisten Forensischen Psychologen beginnen ihre Karriere mit dem Erstellen testpsychologischer Zusatzgutachten für das psychiatrische Hauptgutachten, in der Regel unter Supervision eines erfahrenen Gutachters. Erst durch den Erwerb spezifischer Zusatzqualifikationen bzw. die Teilnahme an Fortbildungsveranstaltungen und ggf. die Weiterbildung zum Fachpsychologen für Rechtspsychologie (siehe Abschnitt „Berufliche Weiterbildung") wird man über die Kompetenzen verfügen, die für die eigenständige Gutachtenerstellung notwendig sind. Mit zunehmender Berufserfahrung kann und wird man auch in schwierigeren Fällen als Sachverständiger beauftragt werden.

Darüber hinaus bietet sich erfahrenen Sachverständigen die Möglichkeit eines Zusatzverdienstes durch die Supervision von Gutachten und das Halten von fachspezifischen Seminaren.

Erfahrene Forensische Psychologen finden sich auch häufig in leitenden Positionen von Kliniken und Justizvollzugsanstalten. In universitären Einrichtungen sind die typischen wissenschaftlichen Karrieren (Promotion, Habilitation) möglich (Abschn. 6.1).

Berufliche Weiterbildung

Seit einigen Jahren besteht die Möglichkeit, nach Abschluss des Psychologiestudiums die Weiterbildung zum Fachpsychologen für Rechtspsychologie der Deutschen Gesellschaft für Psychologie (DGPs) und des Berufsverbandes Deutscher Psychologen e. V. (BDP) zu absolvieren (www.dgps.de/fachgruppen/rechts/index.html, www.bdp-rechtspsychologie.de/ und www.weiterbildung-rechtspsychologie.de). Diese Weiterbildung ist berufsbegleitend konzipiert unter der Voraussetzung, dass eine rechtspsychologische Tätigkeit unter Anleitung und Supervision ausgeübt wird. Das Weiterbildungsprogramm ist in der Regel auf drei Jahre angesetzt und umfasst neben Seminaren aus verschiedenen Schwerpunktbereichen (jeweils mit Abschlussprüfung) die Arbeit und Supervision in einem Fachteam sowie das Erstellen forensisch-psychologischer Prüfungsgutachten. Ziel der Weiterbildung ist „eine erweiterte und vertiefte wissenschaftliche und berufliche Qualifikation für die psychologische Tätigkeit im Rechtswesen" (Ordnung für Weiterbildung in Rechtspsychologie 2007). Die Weiterbildung wird mit einer Prüfung abgeschlossen und mit einem Zertifikat beurkundet.

Selbstständigkeit

Sich als Gutachter selbstständig zu machen, bietet sicher einige Vorteile, da man beispielsweise keine Abgaben an die Einrichtung oder den Supervisor zahlen muss. Allerdings trägt man als Selbstständiger die Kosten für Büroräume, Schreibkräfte, Anschaffung von diagnostischen Testinstrumenten, Fortbildungsveranstaltungen etc. selbst. Hinzu kommt ein höherer zeitlicher Aufwand, wenn man die Begutachtungsprobanden in den jeweiligen Haftanstalten oder Kliniken aufsuchen muss. Arbeitet man in einer Klinik, können die Probanden oft für den Zeitraum der Begutachtung dort stationär untergebracht oder ambulant vorgeführt werden.

Bevor man sich überhaupt selbstständig machen kann, muss man sich bei Richtern und Staatsanwaltschaften zunächst einen Namen als kompetenter und zuverlässiger Sachverständiger gemacht haben, um regelmäßig mit der Gutachtenserstellung beauftragt zu werden.

Die Rolle von Psychologen im Berufsfeld der Forensischen Psychowissenschaften

Ein Kompetenzstreit mit Psychiatern kann bei fachlich begründeter Aufteilung der Arbeit vermieden werden. Vor allem bei der Begutachtung zu Fragen der aufgehobenen bzw. verminderten Schuldfähigkeit (§§ 20, 21 des Strafgesetzbuchs, StGB) werden in der Regel psychiatrische Sachverständige beauftragt. In solchen Fällen muss oft beurteilt werden, ob eine schwerwiegende psychische Störung vorliegt, z. B. eine Erkrankung aus dem schizophrenen Formenkreis, und ggf. müssen Empfehlungen zur medikamentösen Behandlung diskutiert werden. Solche Beurteilungen fallen in den psychiatrischen Kompetenzbereich. Bei Prognosebegutachtungen sieht die Rollenverteilung meistens so aus, dass die psychiatrischen Sachverständigen Probanden aus den Forensischen Kliniken des Maßregelvollzugs, in denen psychisch oder suchtkranke Straftäter gem. §§ 63, 64 StGB untergebracht sind, begutachten, während psychologische Sachverständige Gefangene aus den Justizvollzugsanstalten untersuchen. Das „Hoheitsgebiet" der psychologischen Sachverständigen sind Gutachten zu fami-

Eine Perspektive aus der Wissenschaft

Prof. Dr. Renate Volbert ist Fachpsychologin für Rechtspsychologie (BDP/DGPs) und Professorin an der FU Berlin. Im folgenden Abschnitt erläutert sie, welche Möglichkeiten an der Rechtspsychologie interessierte Studenten während der universitären Ausbildung haben:

Da die Rechtspsychologie universitär in Deutschland leider nicht sehr gut verankert ist, besteht die erste Aufgabe darin, eine Universität zu finden, die entsprechende Angebote macht, wenn man sich als Studierender für diesen Bereich interessiert. Informationen hierzu finden sich auf der Homepage der Fachgruppe Rechtspsychologie der Deutschen Gesellschaft für Psychologie (www.dgps.de/fachgruppen/rechts/auwei.html). Es empfiehlt sich, die Angaben bezüglich ihrer Aktualität an der jeweiligen Universität zu überprüfen.

Wenn Sie bereits an einer Universität ohne rechtspsychologisches Angebot einen Studienplatz haben, besteht die Möglichkeit, für einen etwaigen Auslandsaufenthalt eine Universität mit einem solchen Angebot auszuwählen. Hierzu finden Sie Informationen u. a. auf der Homepage der Studentenorganisationen der european association of Psychology and Law (www.eaplstudent.com/studying-abroad).

In der rechtspsychologischen beruflichen Praxis gibt es meist eine Schwerpunktsetzung, sodass man sich entweder hauptsächlich mit der Begutachtung und/oder Behandlung von Straftätern oder eher mit Fragen der Glaubhaftigkeit von Aussagen oder mit der Begutachtung von familienrechtlichen Fragestellungen beschäftigt. Wenn man die Möglichkeit dazu hat, sollte man aber auf jeden Fall die Chance nutzen, Veranstaltungen aus allen Bereichen zu besuchen und sich nicht schon im Studium auf ein Gebiet beschränken. Selbst wenn man später nur in einem Bereich arbeitet, ist es immer hilfreich, die anderen Perspektiven zu kennen. In diesem Sinne ist auch zu raten, Veranstaltungen aus benachbarten Bereichen (z. B. Forensische Psychiatrie, Kriminologie) zu besuchen, wenn die Möglichkeit dazu besteht. Den Besuch rechtspsychologisch relevanter Lehrveranstaltungen sollten Sie sich bescheinigen lassen, Sie können sich diese später ggf. für die Weiterbildung zum Fachpsychologen für Rechtspsychologie BDP/DGPs anerkennen lassen (nähere Informationen hierzu unter: www.weiterbildung-rechtspsychologie.de).

Rechtspsychologische Tätigkeit setzt auch gute Kenntnisse in den Grundlagenfächern voraus. Für fast alle rechtspsychologisch relevanten Fragestellungen sind sehr gute diagnostische und klinische Kenntnisse wichtig – in Abhängigkeit von dem jeweiligen Schwerpunkt sind aber auch gute gedächtnis-, entwicklungs- oder familienpsychologische Kenntnisse notwendig.

Rechtspsychologisch Interessierten würde ich in jedem Fall raten, während des Studiums Praktika in diesem Bereich zu machen. Es handelt sich um ein Gebiet, in dem man sich in der Praxis regelmäßig mit schweren Delikten, massiven Opfererfahrungen, ungünstigen Sozialisationsbedingungen und schwierigen aktuellen Lebenslagen auseinandersetzen muss. Für diejenigen, die das als starke Belastung erleben, stellt das vermutlich eher kein geeignetes Arbeitsfeld dar. Außerdem kommen Probanden teilweise „halbfreiwillig" oder sogar unfreiwillig zu einem, man ist in der Regel nicht oder nur bedingt in der Rolle des Helfers und muss auch immer wieder Beurteilungen fällen, die zumindest nicht im vordergründigen Interesse der Probanden liegen. Auch wenn dies in der Praxis letztlich viel weniger Probleme verursacht, als man vielleicht denken könnte, hilft ein Praktikum, um festzustellen, ob man sich eine Tätigkeit unter diesen Rahmenbedingungen vorstellen kann oder nicht.

Wenn man an rechtspsychologischer Forschung interessiert ist, bestehen in Deutschland entsprechende Forschungsmöglichkeiten außer an einigen Universitäten auch an kriminologischen Forschungseinrichtungen (z. B. Kriminologisches Forschungsinstitut Niedersachsen, Hannover; Kriminologische Zentralstelle, Wiesbaden). Für Forschungsinteressierte ist ein Forschungspraktikum an einer (deutschen oder internationalen) Institution mit rechtspsychologischem Schwerpunkt zu empfehlen.

lienrechtlichen und aussagepsychologischen Fragestellungen. Aber auch bei psychiatrischen Begutachtungen spielen Psychologen im diagnostischen Prozess wegen des Einsatzes testpsychologischer Verfahren eine wichtige Rolle. Außerdem werden in Forschungsprojekten zu forensischen Fragestellungen bevorzugt Psychologen beschäftigt aufgrund ihrer methodischen und statistischen Kenntnisse.

Anforderungen an eine Tätigkeit als Forensischer Psychologe

Forensische Psychologen sind meistens als Psychotherapeuten in Forensischen Kliniken des Maßregelvollzugs und in Justizvollzugsanstalten, als Sachverständige und als wissenschaftliche Mitarbeiter an universitären Einrichtungen tätig. Für welchen dieser Bereiche sich ein Bewerber entscheidet, ist von seinem akademischen Werdegang, der Weiterbildung und natürlich den persönlichen Interessen abhängig. Für die Tätigkeit als Psychotherapeut ist eine psychotherapeutische Ausbildung unabdingbar (Abschn. 3.1).

Schwerpunktsetzung

Nur wenige Universitäten bieten Seminare oder gar eine Schwerpunktsetzung in Forensischer Psychologie bzw. Rechtspsychologie an. Eine spezifische Ausbildung wäre zwar wünschenswert, ein Einstieg in den Beruf ist jedoch auch mit anderen Schwerpunkten, z. B. Klinische Psychologie, möglich. Vertieftes Wissen in den Bereichen Diagnostik, Persönlichkeits-, Entwicklungs- und Sozialpsychologie ist auf jeden Fall hilfreich, da in diesen Fächern wesentliche Grundlagen für forensische Beurteilungen vermittelt werden.

Fachliche Inhalte

Um für den Beruf des forensischen Sachverständigen relevantes Wissen bereits im Studium zu erwerben, können und sollten neben den bereits erwähnten Fächern Veranstaltungen anderer Fakultäten besucht und ein entsprechendes Nebenfach gewählt werden. So sind etwa an der medizinischen Fakultät Seminare und Vorlesungen zu Psychopathologie und Forensischer Psychiatrie zu empfehlen. Sehr hilfreich ist es, sich an der juristischen Fakultät bereits während des Studiums mit den rechtlichen und kriminologischen Grundlagen vertraut zu machen. Diese können aber auch in entsprechenden Praktika (siehe Abschnitt „Praxis, Praxis, Praxis") erworben werden.

Computerkenntnisse

Abgesehen von einem sicheren Umgang mit den Office-Programmen sind für die Sachverständigentätigkeit zunächst keine besonderen Computerkenntnisse erforderlich. Anders sieht es aus, wenn man eine Stelle in einer wissenschaftlichen Abteilung anstrebt – das Beherrschen gängiger Statistikprogramme wird hier in den meisten Fällen vorausgesetzt. Spaß am Einarbeiten in neue Softwareprogramme sollte man auf jeden Fall mitbringen, wenn man Interesse daran hat, neue diagnostische Verfahren zu entwickeln.

Sprachkenntnisse

Da für die Sachverständigentätigkeit relevante empirische Arbeiten überwiegend aus dem angloamerikanischen Raum stammen, ist zumindest ein gutes Verständnis der englischen Sprache wichtig. Nur so kann man seine forensischen Beurteilungen, wie gefordert, auf dem aktuellsten wissenschaftlichen Stand halten.

Eine Perspektive aus der Praxis

Titel, Name	**Andreas Hasskerl**
Organisation	Justizvollzugsanstalt Straubing
Berufsbezeichnung	Diplom-Psychologe, Fachpsychologe für Rechtspsychologie (BDP/DGPs)
Schwerpunkte im Psychologiestudium	Betriebspsychologie, Eignungsdiagnostik
Wieso haben Sie sich für die Tätigkeit als Forensischer Psychologe in einer JVA entschieden?	Durch die Arbeit in einer JVA kommt man als diagnostisch tätiger Psychologe unweigerlich irgendwann in Kontakt mit der Aufgabe, fachpsychologische Gutachten im Hinblick auf prognostische Fragestellungen (Ausgang, Urlaub), später dann auch zur Frage der Entlassung, erstellen zu müssen; eine hochinteressante Tätigkeit und immer der Versuch, an den „Kern" zu kommen: Was für Menschen sind das, die solche Taten begehen? Wo liegen die Ursachen und Gründe?
Was glauben Sie, können Psychologen in diesem Berufsfeld bewegen?	Im Bereich der Gefängnispsychologie können Psychologen schon positiv intervenieren, z. B. hinsichtlich des Anstaltsklimas. Als abwägende, objektive Gutachter können wir etwas „Mehr an Sicherheit produzieren".
Was hat Sie an Ihrer Tätigkeit am meisten überrascht?	Wie schnell es gelingen kann, Vorurteile abzubauen, wenn man bereit ist, das Gegenüber als Mensch zu akzeptieren und nicht als Objekt zu sehen. Aber auch die teilweise sehr gute Zusammenarbeit mit Forensischen Psychiatern.
Ist es überhaupt möglich, diesen Beruf mit einem normalen Familienleben zu vereinen?	Durchaus. Allerdings sollte man das Vermögen aufbringen, innere Distanz zu wahren und professionell an seine Aufgabe heranzugehen; mental „abschalten können" ist etwas, was man rasch lernen sollte.
Welchen Tipp haben Sie für Psychologen, die sich überlegen, auf diesem Gebiet zu arbeiten?	Vor allem das Studium der entsprechenden Fachliteratur. Die Kenntnis spezifischer diagnostischer Testverfahren ist wichtig, wesentlicher ist es jedoch zu lernen, den Menschen durch Verhaltensbeobachtung ganzheitlich wahrzunehmen, um sein Denken und Handeln einordnen zu können. Vor allem aber: dem Straftäter vorurteilsfrei entgegentreten, keine übertriebenen Ängste aufbauen.
Stoßen Sie manchmal auf Vorurteile wegen Ihrer Ausbildung?	Eigentlich nicht, eher Neugier.
Wie beurteilen Sie die Berufschancen für junge Kollegen auf diesem Gebiet?	Für gut ausgebildete Kollegen bestehen in Anbetracht des steigenden Mehrbedarfs an zu erstellenden Gutachten, die auch eigenständig von Rechtspsychologen übernommen werden können, sowohl im Justizvollzug als auch in eigenverantwortlicher Tätigkeit als Sachverständiger für die Zukunft m. E. weiterhin gute Berufschancen. Aber auch Kollegen mit therapeutischer Ausbildung/Erfahrung im Bereich der Kriminaltherapie werden in Zukunft vermehrt im Rahmen der Justiz Betätigungsfelder finden.

Begutachtungsprobanden beherrschen nicht immer (ausreichend) die deutsche Sprache, sodass es gelegentlich von Vorteil sein kann, weitere Fremdsprachen zu beherrschen. Das ist jedoch kein Muss, denn wenn der Proband nicht über ausreichende Sprachkenntnisse verfügt, werden Begutachtungen in Anwesenheit eines Dolmetschers durchgeführt.

Praxis, Praxis, Praxis

Gerade durch die fehlende Ausbildung in Forensischer Psychologie an vielen Universitäten ist es umso wichtiger, während des Studiums durch Praktika in entsprechenden Einrichtungen das theoretische Wissen zu erweitern und erste Praxiserfahrungen zu sammeln. Vor allem, wenn man erwägt im strafrechtlichen Bereich zu arbeiten, sollte man

– quasi in geschütztem Rahmen – herausfinden, ob man über genügend emotionale Stabilität verfügt, um langfristig mit Straftätern arbeiten zu können (siehe Abschnitt „Eine Perspektive aus der Wissenschaft").

Über Begutachtungen lernt man sicherlich am meisten an Lehrstühlen oder in Abteilungen für Forensische Psychiatrie bzw. in speziellen Begutachtungsinstituten. Aber auch Praktika in Maßregelvollzugseinrichtungen oder Justizvollzugsanstalten sind hilfreich und wichtig, nicht zuletzt, weil man hier im sicheren und wertschätzenden Umgang mit der oft schwierigen Klientel geschult wird. Solche Praktika sind in der Regel unbezahlt, stellen aber die einzige Möglichkeit dar, auch ohne fachspezifisches Studium einen schnellen Berufseinstieg in die Forensische Psychologie zu finden.

Fazit

Die Tätigkeit als Forensischer Psychologe ist abwechslungsreich und verantwortungsvoll. Die ständige Herausforderung, kriminell gewordenen Menschen zu begegnen und als Gutachter ein Teil der Verantwortung für sie und ihre Zukunft zu übernehmen, macht diesen Beruf sehr spannend und gesellschaftlich wichtig.

7.3 Tätigkeit als Verkehrspsychologe

Wolfgang Fastenmeier

Die Verkehrspsychologie kann für sich in Anspruch nehmen, eine der ältesten psychologischen Disziplinen zu sein. Seit Münsterbergs Untersuchungen (1912) an Straßenbahnfahrern ist im deutschsprachigen Raum das Hauptarbeitsfeld von Verkehrspsychologen die Diagnostik der Eignung zum Führen von Fahrzeugen. Heute sind über 1000 Verkehrspsychologen sowohl mit der Diagnostik (medizinisch-psychologische Untersuchung, MPU) als auch mit der Verbesserung (Nachschulung, Verkehrsrehabilitation, Driver Improvement) der Fahreignung beschäftigt. Als kleinere, aber beständig wachsende Berufsfelder sind die ergonomische Verkehrspsychologie sowie die Mobilitätspsychologie hervorzuheben. Relativ wenige Psychologen sind mit verkehrspädagogischen Inhalten betraut.

Obwohl sich Verkehr auch in der Luft, auf Wasserwegen und Schienen abspielt, überwiegt die Betrachtung des motorisierten Individualverkehrs, also des Straßenverkehrs und des Autofahrens. Deshalb können psychologische Fragestellungen – etwa zum Verhalten von Fußgängern und Radfahrern – als eher randständige Themen bezeichnet werden.

Verkehrspsychologie – was ist das?

Verkehrspsychologie kann als Querschnittsdisziplin der Allgemeinen und Angewandten Psychologie mit starkem Bezug zur Arbeits- und Ingenieurpsychologie verstanden werden. Ihr Erkenntnisinteresse ist grundlagen-, anwendungs- und damit auch praxisbezogen. Im Mittelpunkt steht das Erleben und Verhalten von Menschen im Verkehrs- und Transportwesen und den diesen zugrundeliegenden psychischen Prozessen. Es handelt sich um ein innovatives Forschungsfeld mit z. T. eigener Methodik und theoretischen Ansätzen. Sie ist seit Anbeginn stark interdisziplinär ausgerichtet, Berührungspunkte gibt es insbesondere mit den Ingenieurwissenschaften, der Medizin sowie den Rechtswissenschaften.

Fahreignungsdiagnostik

Die Mehrzahl der Verkehrspsychologen befasst sich mit dem Verkehrsteilnehmer und der Beurteilung seiner Fahreignung: In der Bundesrepublik müssen sich jährlich mehr als 100.000 Kraftfahrer einer medizinisch-psychologischen Begutachtung unterziehen, weil von Seiten der Verkehrsbehörden Bedenken gegen ihre Eignung zum Führen von Kraftfahrzeugen bestehen. Dies betrifft angehende und junge Kraftfahrer ebenso wie erfahrene und ältere Autofahrer, die wegen der besonderen Art oder einer Häufung von Verstößen gegen die Straßenverkehrsordnung auffällig werden. Die Begutachtung soll die Frage beantworten, ob die Betroffenen in Zukunft bereit und in der Lage sind, sich an Gesetze und Vorschriften im Straßenverkehr zu halten (negative Auslese wie z. B. Verkehrsdelikte, Alkohol-, Drogen- und Medikamentenmissbrauch, körperliche Defekte, Versagen bei der Führerscheinprüfung). Diese Gutachten auf Grundlage einer medizinisch-psychologischen Untersuchung (MPU) werden von den amtlich anerkannten Begutachtungsstellen für Fahreignung erstellt (BfF),

Ein Szenario

Der Psychologe Herbert K. arbeitet bei einem Automobilhersteller als Gruppenleiter in einer Human-Factors-Unit. Für ein neues Fahrerassistenzsystem (FAS) sind bereits mehrere Iterationen des Anzeige- und Bedienkonzepts erstellt und in verschiedenen Versuchsdurchläufen in den beteiligten Abteilungen sowie mit Versuchspersonen am Fahrsimulator untersucht worden. Nun geht es darum, den seriennahen Prototyp in einem Feldversuch auf seine „Usability" hin zu überprüfen. Um „Betriebsblindheit" zu vermeiden, werden dafür „Externe" eingesetzt. Wie auch in anderen Bereichen muss er dazu (drei) Vergleichsangebote einholen – üblicherweise bei einem Stamm bereits bewährter externer Firmen oder Institute, die zudem vor Ort verfügbar sein müssen, da aus Geheimhaltungs- und versicherungsrechtlichen Gründen solche Versuche meist ausschließlich mit Mitarbeitern des Automobilherstellers durchgeführt werden. Herbert K. muss u. a. das passende Angebot auswählen und dafür sorgen, dass der Firmenzugang für die Externen organisiert und die internen Vpn (Versuchspersonen) eingeladen werden. Er muss sich fixe Zeitfenster für den Versuchsträger „erkämpfen", da dieser multifunktional eingesetzt wird und auch andere Abteilungen, wie z. B. die Fahrwerksentwicklung, ebenfalls laufend Versuche mit dem Fahrzeug durchführen. Die Feldüberprüfung erfordert zudem eine umfangreiche technische Ausrüstung des Fahrzeugs: Einsatz von Kameras, um Fahrerreaktionen und Szenerie zu erfassen, Synchronisation der Kamerabilder mit Fahrzeugparametern wie z. B. Geschwindigkeit, Bremskraft, Lenkung, Installation von Laptops oder Tablets zur Steuerung der eingesetzten Versuchstechnik sowie ggf. zur Onlinedatenerfassung durch die Versuchsleiter. Dazu muss er die dafür zuständigen Mitarbeiter entsprechend anweisen und in Zusammenarbeit mit den Externen die jeweiligen Versuchsanforderungen koordinieren – und letztlich dafür sorgen, dass am Tag X alles bereit steht und funktioniert. Nach Abschluss der Versuche werden die Ergebnisse zunächst innerhalb der Abteilung präsentiert und diskutiert. Eine zentrale Anforderung an Herbert K. ist anschließend, die Ergebnisse und Folgerungen für das Anzeige- und Bedienkonzept des untersuchten FAS gegenüber den weiteren an der Entwicklung des FAS beteiligten Abteilungen zu kommunizieren und schließlich von den letztlichen Entscheidern absegnen zu lassen.

die von Organisationen wie TÜV, DEKRA, AVUS u. a. betrieben werden. Eine positive Auslese wird z. B. bei der Auswahl von Berufsfahrern oder bei vorzeitiger Führerscheinerteilung getroffen. Dabei arbeitet der Verkehrspsychologe in einem Spannungsfeld: Er muss das gesamtgesellschaftliche Ziel zuverlässiger Verkehrssicherheit mit den individuellen Interessen nach uneingeschränkter Mobilität in Einklang bringen, da der Verlust der Fahrerlaubnis oft zu erheblichen Konsequenzen für Existenz und Lebensqualität führt.

Die sog. Begutachtungsleitlinien zur Kraftfahreignung (Bundesanstalt für Straßenwesen, BASt 2000; Schubert et al. 2005) unterstützen das Handeln aller Stellen, die mit der Prüfung und Feststellung von Eignungsmängeln nach dem Fahrerlaubnisrecht befasst sind. Die aktuelle Auflage beschreibt 18 verschiedene Untersuchungsanlässe (u. a. organische und organisch-psychische Auffälligkeiten, Fahrgastbeförderung) und bietet anlassbezogene Kriterien für die Beurteilung. Für den Betroffenen ist damit Transparenz gegeben, für die Akteure aus Verkehrspsychologie, Medizin, Justiz und Verwaltung stellen die Leitlinien die verbindliche Basis dar, die einheitliche Entscheidungen ermöglicht.

Fahreignungsdiagnostik: Grundlagen und Anforderungen

- Überprüfung der kraftfahrspezifischen Leistungsfähigkeit durch Testverfahren und -geräte zur Erfassung von Dimensionen, die nachweislich mit der Verkehrsbewährung verbunden sind.
- Überprüfung der psychischen Leistungsfähigkeit des Fahrers mit diagnostischen Instrumentarien, die neben klassischen Testverfahren auch die Beobachtung konkreten Fahrverhaltens in definierten Verkehrssituationen unter realen Verkehrsbedingungen umfassen. Dazu werden in der Regel Fehlerchecklisten herangezogen, die sich mittels psychologischer Fahrverhaltensbeobachtung erheben lassen.
- Überprüfung der Bereitschaft zur Verkehrsanpassung und des Veränderungsprozesses im Explorationsgespräch. Erforderlich: allgemeinpsychologisches Grundlagenwissen, anlassspezifisches Wissen, z. B. über Alkohol und die Stadien der Abhängigkeitsentwicklung, die Kenntnis der emotionalen Aspekte der Fahrzeugnutzung etc. sowie die Beherrschung professioneller Gesprächsführung.
- Anlassbezogen erhobene medizinische Befunde.
- Daten aus den Akten der Führerscheinbehörde.
- Biografische Daten.

Verkehrsrehabilitation

Verkehrssicherheit ist nicht allein durch Sanktionen zu erreichen. Zahlreiche Maßnahmen zielen deshalb auf eine Änderung der Einstellung (Driver Improvement). Sie richten sich an unterschiedliche Zielgruppen (Jugendliche, Fahranfänger, ältere Verkehrsteilnehmer) und thematisieren unterschiedliche Auffälligkeiten, die durch Alkohol- und/oder Drogenkonsum oder Straffälligkeit (z. B. durch Aggressionsdelikte) entstehen. Die „Kurse mit Rechtsfolge", auch § 70-Kurse genannt, werden solchen alkoholauffälligen Kraftfahrern angeboten, deren Mängel sich nach Einschätzung der Gutachter durch die Kursteilnahme beheben lassen. Danach wird die Fahrerlaubnis ohne erneute Begutachtung erteilt. Wer freiwillig an der verkehrspsychologischen Beratung teilnimmt, kann u. U. sein Punktekonto reduzieren. Rolle und Aufgabe des verkehrspsychologischen Beraters sind gesetzlich festgelegt. Pädagogisch ausgerichtete Maßnahmen problematisieren riskante Einstellungen und Verhaltensweisen. Sie sollen die Entwicklung neuer, angepasster Verhaltensweisen fördern und deren Integration in das Alltagshandeln unterstützen. Evaluationsstudien belegen die positive Wirkung dieser Maßnahmen.

Personen mit tief greifenden Eignungsmängeln (Alkoholkonsum, Verkehrsverstöße, Straffälligkeit) benötigen therapeutische, rehabilitativ ausgerichtete Maßnahmen. Dafür hat sich der Begriff der Verkehrstherapie durchgesetzt, in der die individuelle Problematik bearbeitet wird und alternative Einstellungs- und Bewältigungsmuster entwickelt werden. Die Rehabilitationsprogramme stützen sich zumeist auf kognitiv-verhaltenstherapeutische, aber auch auf individualpsychologische oder systemische Konzepte. Auch für diese Programme liegen Evaluationsuntersuchungen vor, die ihren Nutzen bestätigen. Dieses Arbeitsgebiet, das man auch als Klinische Verkehrspsychologie bezeichnen könnte, hat in den letzten Jahren stark an Bedeutung gewonnen.

Die im Rahmen der Begutachtung, Nachschulung und Rehabilitation tätigen Institutionen und Personen sollen bestimmten Qualitätsstandards genügen. Man orientiert sich dabei an den Normen EN 45011 und ISO 9001:2000. Festgelegt werden nicht nur formale Kriterien, sondern auch Anforderungen an Kursinhalte und an die Qualifikation der Kursleiter. Der Bundesanstalt für Straßenwesen (BASt) obliegt es, angemessene Standards und Verfahren (weiter) zu entwickeln und die Akkreditierung auszusprechen. Verkehrspsychologische Berater unterziehen sich einer regelmäßigen Qualitätskontrolle durch den Berufsverband Deutscher Psychologen (BDP). Es liegt nahe, dass Psychologen in diesem Bereich in der Regel selbstständig in eigener Praxis arbeiten.

Psychologische Unfall- und Sicherheitsforschung/Ergonomische Verkehrspsychologie

Nach der Devise „Unfallfreiheit ist nicht gleichbedeutend mit Sicherheit" ist die Sicherheitsforschung als Erforschung des Normalverhaltens zu einer spezifisch psychologischen Aufgabe geworden. Dabei beschäftigt man sich u. a.

- mit Fahraufgaben und den daraus resultierenden psychomentalen und sensomotorischen Anforderungen an den Fahrer
- mit dem Zusammenhang von Fahrerverhalten, Fahrfehlern und Unfällen
- mit unterschiedlichen Fahrerkollektiven (Altersgruppen, Arten der Verkehrsbeteiligung)
- mit Wahrnehmung, Kognition und Aufmerksamkeit beim Fahren
- mit Risikoverhalten
- mit dem Einfluss von Alkohol, Drogen und Medikamenten auf das Fahren
- oder mit Fahrzeug- und Verkehrsraumgestaltung.

Noch ist es ein kleines Arbeitsfeld, aber der Trend weist deutlich nach oben: Heute arbeiten Verkehrspsychologen nicht nur an Universitäten oder Forschungseinrichtungen, sondern zusehends bei Verbänden (z. B. Deutscher Verkehrssicherheitsrat DVR, Automobilclubs) und Versicherungen. In der Automobilindustrie erarbeiten Verkehrspsychologen Grundlagen einer psychologisch und ergonomisch günstigen Gestaltung der sog. Fahrer-Fahrzeug-Schnittstelle (Mensch-Maschine-Interaktion, MMI) und überprüfen beispielsweise die Wirkweise von Fahrerassistenzsystemen (FAS) in Fahrsimulator- und Usability-Studien. In der Verkehrsraumgestaltung (z. B. Verkehrsablauf, Bebauung, Signalisierung) geht es im Wesentlichen darum, verhaltens- und erlebensbezogene Entwurfskriterien für eine erwartungskongruente Straßenraumgestaltung zu entwickeln (vgl. zusammenfassend zu ergonomischen Aspekten Fastenmeier et al. 2007).

Pädagogische Verkehrspsychologie

Dabei geht es um Verkehrserziehung und um das Bestreben, Verhaltensänderungen bei Verkehrsteilnehmern mit Hilfe von Aufklärungs- und Qualifizierungsmaßnahmen zu erreichen. Dies betrifft zum einen die (außerschulische) Verkehrserziehung von Kindern und Jugendlichen, zum anderen die Einbindung lernpsychologischer Erkenntnisse in die Fahrschul- und auch Fahrlehrerausbildung. Zur Verkehrserziehung gehören auch die Gestaltung von z. B. Kampagnen (Aktionen in Massenmedien, Warn- und Informationsschilder an Straßen) und die Entwicklung von Soziomarketing-Konzepten. Auch hier handelt es sich um ein noch relativ kleines Arbeitsfeld, meist angesiedelt im Bereich von Verbänden.

Psychologie der Mobilität/Verkehrsplanung

Im Kontext zunehmender Umweltsensibilität hat in jüngerer Zeit das Schlagwort „nachhaltige Mobilität" das Interesse an psychologischen Aspekten der Mobilität geweckt. Stichworte dazu sind z. B. der Berufsverkehr und die mit ihm verbundenen individuellen und gesellschaftlichen Belastungen, berufsbedingtes Pendeln und seine Auswirkungen auf Gesundheit, Wohlbefinden und Arbeitsleistung von Beschäftigten, Freizeit- und Urlaubsverkehr sowie Motive der Verkehrsmittelwahl. Außerdem geht es um Möglichkeiten, die Verkehrsmittelwahl im Sinne einer nachhaltigeren Nutzung zu beeinflussen (z. B. Umstieg vom motorisierten Individualverkehr auf öffentliche Verkehrsmittel) und dies in verkehrsplanerische Maßnahmen zu integrieren. Übliche Arbeits- und Auftraggeber in diesem noch sehr kleinen Bereich sind in erster Linie Verkehrsunternehmen, Kommunen und Verbände.

Verkehrspsychologie im Bahn-, Flug- und Schifffahrtswesen

Obwohl es sich hier um Arbeitsfelder mit einer langen Tradition handelt, kann man sie – zumindest im deutschsprachigen Raum – als eher von der „herkömmlichen" Verkehrspsychologie abgetrennte Bereiche auffassen. Dies gilt insbesondere für die Schifffahrtspsychologie, die häufig auch als Marinepsychologie bezeichnet wird, was den stark militärischen Charakter dieses Bereichs hervorhebt. Nur wenige Psychologen arbeiten im Eisenbahnwesen, wo sie meist mit der Personalauswahl befasst sind. In jüngerer Zeit gewinnen dort Themen wie Mensch-Maschine-Interaktion, arbeitsorganisatorische und soziale Beziehungen am Arbeitsplatz sowie die Behandlung und Prävention posttraumatischer Belastungsstörungen an Bedeutung. Eine besondere Rolle nimmt sicherlich die Luft- und Raumfahrtpsychologie ein, die sich sowohl im zivilen als auch im militärischen Rahmen abspielt. Zentrale Aufgabe von Psychologen ist in erster Linie die Personalauswahl von Piloten und Fluglotsen. Als Besonderheit im Flugwesen kann gelten, dass die Auswahlverfahren bereichsspezifisch entwickelt werden. Dazu kommen typischerweise die Aus- und Fortbildung des Luftfahrtpersonals, die Durchführung von Unfallanalysen sowie Kriseninterventionsmaßnahmen.

Verkehrspsychologie – ein ganz besonderes Tätigkeitsfeld?

Im Folgenden werden die Besonderheiten des verkehrspsychologischen Tätigkeitsfelds dargestellt. Dabei wird auf die Verankerung auf Hochschulebene eingegangen, die für Psychologiestudierende als erster Berührungspunkt eine wichtige Grundlage darstellt.

Verankerung auf Hochschulebene

Aus der bisherigen Schilderung sollte deutlich geworden sein: „Die" Verkehrspsychologie gibt es nicht. Es handelt sich um ein ebenso breites wie heterogenes, ebenso interessantes wie auch anspruchsvolles und abwechslungsreiches Tätigkeitsfeld. Eine typische Aufgabenbeschreibung macht daher wenig Sinn. Zu leisten ist aber eine Darstellung wesentlicher Randbedingungen.

Zunächst sind verschiedene Besonderheiten der Verkehrspsychologie im Vergleich zu anderen psychologischen Berufsfeldern festzuhalten. Einerseits sind die Verkehrspsychologen im Augenblick neben den Psychologischen Psychotherapeuten die einzige Berufsgruppe aus dem Bereich der Psychologie, die rechtlich verankert ist. In § 4 Abs. 9 des Straßenverkehrsgesetzes ist die Tätigkeit des sog. Verkehrspsychologischen Beraters geregelt. Andererseits gibt es in Deutschland bisher kein durchgängiges System der Rekrutierung, Ausbildung und Akkreditierung von verkehrspsychologischen Verkehrsexperten, das der interdisziplinären Natur des Verkehrssystems entspricht, weder auf Hochschulebene noch darunter. Das bedeutet u. a., dass der Diplom- oder Masterabschluss in Psychologie zwar unabdingbare Voraussetzung für eine berufliche Tätigkeit ist, aber nicht unbedingt in ausreichendem Maße für eine Tätigkeit im verkehrspsychologischen Bereich qualifiziert. Dies gilt insbesondere für den Bereich der Fahreignungsbegutachtung, wo das *Training on the job* gang und gäbe ist, sowie für die Verkehrsrehabilitation. Daher hat der BDP bzw. die Sektion Verkehrspsychologie schon vor vielen Jahren eine fachpsychologische Zusatzausbildung geschaffen, in deren Rahmen man das Zertifikat „Fachpsychologe für Verkehrspsychologie" erwerben kann.

Aus einer Reihe von Gründen – die zu benennen den Rahmen dieses Beitrags bei Weitem sprengen würde – ist zudem die Verkehrspsychologie als eigenständige Disziplin auf Hochschulebene nur wenig vertreten. Durch die zunehmende Bedeutung arbeitspsychologisch-ergonomischer Fragestellungen hat sich in den letzten Jahren eine umfangreiche verkehrspsychologische Forschung insbesondere an Allgemein- und Kognitionspsychologischen Lehrstühlen entwickelt. Ein Lehrstuhl, der die Bezeichnung Verkehrspsychologie im Titel trägt, fand sich lange Zeit lediglich an einer einzigen deutschen Universität. Dies hat sich ab dem Wintersemester 2012/13 geändert, denn zwei neue verkehrspsychologische Studiengänge an zwei weiteren Universitäten sind dazugekommen. Am Ende dieses Abschnitts werden die Ausbildungsmöglichkeiten noch genauer erläutert.

Einkommen

Verbindliche Aussagen zu typischen Gehältern und Verdienstmöglichkeiten als Verkehrspsychologe fallen nicht so leicht, denn sie sind letztlich genauso heterogen wie das Tätigkeitsfeld selbst. Zunächst muss man unterscheiden, ob eher eine Angestelltentätigkeit überwiegt oder ob freiberufliche Tätigkeit vorherrscht. Im größten Arbeitsfeld, der Fahreignungsbegutachtung, sind Verkehrspsychologen häufig im Angestelltenstatus tätig. Die Gehälter orientieren sich hier an den üblichen Sätzen für Psychologen in der freien Wirtschaft und sind denen der Ingenieure ähnlich. Allerdings gibt es gerade in der Fahreignungsbegutachtung einen Graubereich, der sich u. a. deswegen konstituiert, weil man z. B. zwei Jahre psychologische Berufserfahrung braucht, um mit der Ausbildung zur Gutachtenerstellung beginnen zu können. Dies führt teilweise dazu, dass angehende Verkehrspsychologen lediglich Honorarvergütungen erhalten, die z. B. nach Fall/Volumen berechnet werden ohne zu berücksichtigen, wie viel Aufwand pro Fall tatsächlich notwendig ist. Es ist jedoch schwierig, hier zu quantifizieren, da dies je nach Träger einer Begutachtungsstelle unterschiedlich geregelt wird.

In den privatwirtschaftlichen Bereichen, in denen die Angestelltentätigkeit überwiegt – also in Firmen, Verbänden etc. – gelten die oben getroffenen Aussagen über die freien Wirtschaftssätze. Im universitären Forschungskontext und in allen Bereichen öffentlicher Arbeitgeber liegt der Fall ohnehin klar, hier gelten die Tarifbestimmungen des TV-L bzw. TVöD.

Einen Sonderfall bilden alle diejenigen Tätigkeiten, die üblicherweise mit Freiberuflichkeit bzw. Selbstständigkeit assoziiert sind: Dies betrifft in erster Linie die niedergelassenen Verkehrspsychologen in eigener Praxis, in geringerem Umfang auch einzelne Verkehrspsychologen, die als Forscher oder Berater für Firmen, Versicherungen, Verbände und Kommunen tätig sind. Hier werden je nach vorherrschender Tätigkeit entweder freie Honorare ausgehandelt (Abschn. 4.6) oder Forschungstagessätze (sog. Manntage oder Teamtagewerke) als Grundlage der Vergütung genommen. Für alle Bereiche gilt: Eine Gehaltsangabe analog zum Jahresgehalt ist kaum möglich, da es u. a. vom Einzelfall abhängt, vom Auftragsvolumen sowie von der persönlichen Bereitschaft, mehr oder weniger Arbeit investieren zu wollen. In der Verkehrsrehabilitation kann man zwar als Orientierung die üblichen Therapiesätze heranziehen (80–100 Euro), aber dann kommt es eben darauf an, ob die Praxis ausgelastet ist, wie viel Personal bezahlt werden muss, ob es eine Vollzeittätigkeit ist etc. (Kap. 8).

Karrieremöglichkeiten

Diese betreffen in erster Linie den angestellten Verkehrspsychologen. Hier gibt es keine Besonderheiten, sondern es gelten die üblichen Karrierewege, wie sie bei angestellten Akademikern anzutreffen sind. Aufstiegsmöglichkeiten gibt es i. S. von Vorgesetztenfunktionen, wie Teamführung, Gruppen-, Abteilungs- und Bereichsleitung bis hin zu Geschäftsführerfunktionen.

Persönliche Weiterbildung

Persönliche Weiterbildung ist von großer Bedeutung, denn das einmal erworbene Zertifikat „Fachpsychologe für Verkehrspsychologie" muss alle fünf Jahre erneuert werden unter Nachweis folgender Fortbildungsverpflichtung:

- durchschnittlich 10 Stunden Fortbildungsveranstaltung
- oder 20 Stunden Supervision pro Jahr.

Als Fortbildungsveranstaltungen zählen laut Liste der Sektion verkehrspsychologische Tagungen, Kongresse, Symposien sowie Seminare mit verkehrspsychologischem Bezug, die von der Fortbildungskommission anerkannt werden. Die Supervisionsanforderungen sind erfüllt entweder über ein offiziell angemeldetes verkehrspsychologisches Fachteam oder über Supervisionsbestätigung bei einem anerkannten Verkehrspsychologischen Supervisor. Darüber hinaus sollte es eine Selbstverständlichkeit sein, über aktuelle Entwicklungen, Erkenntnisse, Verordnungen, rechtliche Rahmenbedingungen etc. auf dem Laufenden zu sein.

Die Rolle von Psychologen im Berufsfeld des Verkehrspsychologen

Die Verkehrspsychologie ist seit jeher stark interdisziplinär ausgerichtet. In den klassischen Arbeitsfeldern Diagnostik und Verkehrsrehabilitation war und ist daher die Bereitschaft gefordert, in einem juristisch geregelten Umfeld mit Medizinern, Juristen und Behörden zusammenzuarbeiten. Das bedeutet einerseits, jenseits psychologischen Wissens auch medizinische Fachbegriffe oder gesetzliche Regelungen zu kennen, um als gleichberechtigter Partner anerkannt zu werden. Andererseits muss man als Psychologe (Führungs-) Verantwortung übernehmen und entscheidungsfreudig sein, da in der Diagnostik meist die psychologischen Fragestellungen überwiegen.

Bereits in dem Lehrbuch *Verkehrspsychologie* von Klebelsberg (1982) wird die Zielrichtung von einer diagnostischen hin zu einer pädagogischen und ergonomischen Verkehrspsychologie formuliert. Es wird argumentiert, dass der relativ größte Wirkungsgrad psychologischen Maßnahmen vorbehalten sein wird, die nicht primär für Minderheiten von Verkehrsteilnehmergruppen konzipiert sind, sondern das allgemeine Verhalten beeinflussen wollen. Man bedenke nur die vielen Möglichkeiten, in denen Gestaltungen des Straßenraums und des Kraftfahrzeuges durch Einbeziehung psychologischer Gesichtspunkte verbessert werden könnten. Gerade die rasante technische Entwicklung der letzten 25 Jahre mit all ihren Licht- und Schattenseiten gibt dieser Einschätzung nachhaltig recht. Das Zusammenspiel von Mensch und Technik wird das Verkehrsgeschehen viel nachhaltiger prägen als bisher. Neue Informations-, Steuerungs- und Regelsysteme werden dazu beitragen, den zukünftigen Verkehr sicherer, effektiver und umweltfreundlicher zu gestalten. Dem „Faktor Mensch" wird für das Funktionieren des Verkehrs dabei zu Recht eine Schlüsselrolle zukommen. Die Verkehrspsychologie – in enger Verknüpfung mit ihren arbeits- und ingenieurpsychologischen Wurzeln – hat dabei in enger Kooperation mit den Ingenieurwissenschaften eine Fülle von Aufgaben zuhack lösen, die ihre traditionellen diagnostischen und verhaltensmodifikatorischen Bemühungen wirkungsvoll ergänzen. Deshalb sollte ein Verkehrspsychologe keine Scheu vor der Aneignung technischer Begrifflichkeiten haben und sich in die völlig andere Gedankenwelt eines Ingenieurs eindenken und einfühlen können.

Anforderungen an eine Tätigkeit als Verkehrspsychologe

Die folgenden Abschnitte erläutern Zugangsvoraussetzungen und wichtige Rahmenbedingungen, die eine Tätigkeit als Verkehrspsychologe ermöglichen.

Schwerpunktsetzung

Wie erwähnt ist die Verkehrspsychologie als eigenständige Disziplin auf Hochschulebene so gut wie nicht vertreten. Hinsichtlich der großen Masse der Universitäten empfiehlt sich daher ganz allgemein, diejenigen zu wählen, in denen Schwerpunktsetzungen auf Diagnostik und Arbeitspsychologie (bzw. auch *human factors*) möglich sind.

Auf der anderen Seite gibt es jedoch viele Möglichkeiten, sich enger mit verkehrspsychologischen Inhalten vertraut zu machen oder sogar eine Qualifikation in Verkehrspsychologie zu erhalten:

- Am Lehrstuhl für Verkehrspsychologie der TU Dresden werden im Rahmen des Psychologiestudiums schwerpunktmäßig verkehrspsychologische Themen angeboten. Dies sind in erster Linie ergonomische Verkehrspsychologie, Verkehrssicherheit, Mobilitätspsychologie, Lichttechnik.
- Am Lehrstuhl für Allgemeine- und Arbeitspsychologie der TU Chemnitz sowie am Lehrstuhl für Ingenieur- und Verkehrspsychologie der TU Braunschweig sind verkehrspsychologische Inhalte insbesondere aus dem Bereich der ergonomischen Verkehrspsychologie integraler Ausbildungsbestandteil. Alle genannten Lehrstühle betreiben ausgedehnte verkehrspsychologische Forschung in interdisziplinärer Zusammenarbeit vornehmlich mit Ingenieuren und Informatikern.
- An verschiedenen weiteren Universitäten werden singulär Veranstaltungen mit verkehrspsychologischen Inhalten angeboten.

Ab dem Wintersemester 2013/14 existieren zwei neue (berufsbegleitende) Studiengänge, die explizit einen Abschluss mit der Berufsbezeichnung Verkehrspsychologe vorsehen:

- An der Universität Bonn ein „Master Verkehrspsychologie". Zugangsvoraussetzung ist ein B.Sc. in Psychologie, der Masterstudiengang ist auf drei Jahre ausgelegt und konzentriert sich auf die klassischen Berufsbilder verkehrspsychologischer Begutachtung und Rehabilitation.
- An der Psychologischen Hochschule Berlin (PHB) ein Masterstudiengang „Psychologie des Verkehrswesens". Dieser Begriff bringt ein modernes und integrierendes Verständnis aller Facetten der Verkehrspsychologie zum Ausdruck: Gestaltung des Transport- und Verkehrswesens, Mobilitäts- und Sicherheitsmanagement, verkehrspsychologische Begutachtung und Rehabilitation. Zugangsvoraussetzung ist ein Diplom/Master in Psychologie; die Ausbildung dauert zwei Jahre und soll langfristig den „Fachpsychologen für Verkehrspsychologie" entweder ablösen oder integrieren.

Fachliche Inhalte

Wichtig ist es, Expertenwissen in Statistik und Methodenlehre zu erwerben, da es ein Alleinstellungsmerkmal gegenüber den anderen Professionen darstellt. Darüber hinaus sind übergreifende Kompetenzen wie z. B. analytisches Denken, Ent-

Eine Perspektive aus der Praxis

Titel, Name	**Dipl.-Psych. Gerhard Laub** **Dipl.-Psych. Birgit Scheucher**
Organisation	Laub: TÜV SÜD Life Service GmbH Scheucher: Freie Verkehrspsychologische Praxis
Berufsbezeichnung	Laub: Fachlicher Leiter/Bereichsleiter Scheucher: Fachpsychologin für Verkehrspsychologie
Schwerpunkte im Psychologiestudium	Laub: A&O-Psychologie, Diagnostik (Uni Erlangen: dort war damals eine Mediz.-Psycholog.-Techn. Obergutachtenstelle, MPTO) Scheucher: A&O-Psychologie, Werbung, Verkehrspsychologie
Wieso haben Sie sich für eine Tätigkeit in der Fahreignungsbegutachtung entschieden?	Laub: Diagnostisches Interesse, Mitarbeit an der MPTO, einige Jahre Dozent für Diagnostik. Daher natürlicher Übergang in verkehrspsychologische Tätigkeit. Weitere Gründe: Gesellschaftliche Relevanz der Entscheidungen, die Psychologen dort treffen; verantwortungsvolle, ethisch beanspruchende Aufgabe für die Gesellschaft und das Leben vieler Bürger, man steht im gesellschaftlichen Fokus. Teamwork mit anderen Disziplinen, gleichberechtigte Partnerschaft Psychologie und Medizin. Insgesamt eine hoch interessante, abwechslungsreiche Tätigkeit. Scheucher: Nach längerer Tätigkeit beim TÜV als Gutachterin ist die Arbeit im Bereich der Therapie, Beratung und MPU-Vorbereitung sehr vielseitig und anspruchsvoll. Teilweise ist es auch immer wieder eine Herausforderung, mit verärgerten und uneinsichtigen oder sehr gekränkten Personen umzugehen und diese zu motivieren.
Was glauben Sie, können Psychologen in diesem Berufsfeld bewegen?	Laub: Durch engen Kontakt mit Juristen, Ingenieuren, Verwaltung, Polizei hat man Einfluss auf Regelungen und Rechtsgrundlagen. Beitrag der Psychologie wird geschätzt, sie etabliert sich, dies muss aber aktiv betrieben werden, um den „Faktor Mensch" angemessen einzubringen. Scheucher: Beitrag zur Sicherheit auf der Straße und natürlich in anderen Lebensbereichen. Angemessener Umgang mit Alkohol und illegalen Drogen bzw. Verzicht. Einstellungsänderungen in verschiedenen Delinquenzbereichen (Aggression, Straftaten, Tendenz zur Selbstdurchsetzung ohne Reflektion der Bedürfnisse und Rechte anderer etc.).
Was hat Sie an Ihrer Tätigkeit am meisten überrascht?	Laub: Arbeitsfeld gestaltet sich vielfältiger als zunächst gedacht. Die Arbeit in einem großen Unternehmen hat auch eine betriebswirtschaftliche Seite, das reichert die Tätigkeit an, denn man bleibt hier „geerdet", ist nicht im Elfenbeinturm. Man sammelt vielschichtige Erfahrungen mit den Lebensgeschichten aus allen gesellschaftlichen Bereichen, man trifft Leute, die sonst in ihrem Leben nie einen Psychologen sehen würden. Scheucher: Die Vielseitigkeit. Im negativen Bereich: man ist in hohem Maß rechtlichen Gegebenheiten und Regularien unterworfen (Leitlinien und Kriterien zur Begutachtung).
Was sehen Sie als grundlegende Anforderungen und Qualifikationen für Psychologen in Ihrem Arbeitsfeld?	Laub: Anforderungen sind generell hoch, man braucht z. B. zwei Jahre psychologische Berufserfahrung, um mit der Ausbildung zur Gutachtenerstellung beginnen zu können. Studium qualifiziert kaum für diese Tätigkeit, Lernen *on the job* ist vorherrschend, günstig ist diagnostisches Interesse. Zentral ist die Bereitschaft, in relativ kurzer Zeit schwerwiegende Entscheidungen über das Leben anderer Menschen zu treffen sowie die Bereitschaft, mit anderen Professionen in einem juristisch geregelten Umfeld prozessorientiert zu arbeiten, in Anlehnung an Qualitätsmanagementkriterien. Scheucher: Therapeutisches Wissen und Erfahrung; Erfahrung als Gutachter für Fahreignung; rechtliches Wissen; Flexibilität; Anpassungsbereitschaft an sehr unterschiedliche Personen (sprachliche Fertigkeiten, intellektuelle Leistungsfähigkeit, Bildung, Einstellungen).

Was sehen Sie als größte Herausforderung in Ihrer praktischen Arbeit?	Laub: Die o. g. Verantwortung gegenüber dem Einzelnen und gegenüber der Gesellschaft. Wichtig ist, Akzeptanz in der Gesellschaft zu erreichen (medizinisch-psychologische Untersuchung sorgt zugleich für Einzelfallgerechtigkeit und Verkehrssicherheit). Scheucher: Sich häufig ändernde rechtliche und gutachterliche Anforderungen.
Welchen Tipp haben Sie für Psychologen, die sich überlegen, in der Begutachtung bzw. Rehabilitation zu arbeiten?	Laub: Sich gut vorab informieren, da es ein sehr spezielles Arbeitsgebiet ist. Kontakt zu Psychologen in Begutachtungsstellen suchen. Scheucher: Finanzielle Situation, Mitbewerber, Marktlage …
Stoßen Sie manchmal auf Vorurteile wegen Ihrer Ausbildung?	Laub: Ja, innerhalb der Psychologenschaft („was macht eigentlich ein Verkehrspsychologe?"). Ja, allgemein hinsichtlich des üblichen Vorurteils gegenüber Psychologen: entweder werden sie überschätzt („die wissen alles") oder unterschätzt („die reden doch nur"). Scheucher: Eher Neugier.

scheidungsfreude, Kommunikations- und Präsentationsfähigkeit unerlässlich. Je nach Tätigkeitsschwerpunkt sind zudem Grundkenntnisse entweder in Medizin oder in Ingenieurwissenschaften unabdingbar.

Computerkenntnisse

Computerkenntnisse zu besitzen ist heutzutage selbstverständlich. Neben Textverarbeitungs- und Präsentationskenntnissen sind Kenntnisse in Statistikprogrammen hilfreich. In speziellen Anwendungsfeldern kommt man u. U. nicht darum herum, sich auch in technische Programme (z. B. MatLab) einzuarbeiten.

Sprachkenntnisse

Sprachkenntnisse sind immer von Vorteil, Auslandsaufenthalte kein „Muss". Für Tätigkeiten in der Verkehrspsychologie sind im deutschsprachigen Raum keine besonderen Fremdsprachenkenntnisse erforderlich.

Praxis, Praxis, Praxis

Praktika bei potenziellen Arbeitgebern sind natürlich sinnvoll. Hier sollte man Kontakt zu bereits tätigen Verkehrspsychologen suchen, um direkt Einblicke in den realistischen Arbeitsalltag in diesem Tätigkeitsfeld zu sammeln. Manche Firmen bieten zudem die Möglichkeit, Diplom-, Bachelor- oder Masterarbeiten mit einer auf die Dauer der Arbeit begrenzten und bezahlten Tätigkeit in ihrem Unternehmen zu verbinden, wodurch oftmals eine intensive Auseinandersetzung mit verkehrspsychologischen Fragestellungen möglich ist.

Fazit

Die Verkehrspsychologie ist ein relativ unbekanntes, häufig unterschätztes Tätigkeitsfeld der Psychologie. Dabei stellt die Verkehrspsychologie hohe Anforderungen an die persönliche Qualifikation, da sie stark anwendungsbezogen und interdisziplinär ausgerichtet ist und ein Grundwissen und Grundverständnis ihrer Nachbardisziplinen voraussetzt. Das macht m. E. aber gerade ihren Reiz aus. Fazit: Absolut empfehlenswert!

7.4 Tätigkeit als Sportpsychologe

Jan Mayer

„Gut sein, wenn's drauf ankommt!" – Das ist das, sehr allgemein und unter Vorbehalt zusammengefasste, Motto der Sportpsychologie. Bei der Sportpsychologie handelt es sich um ein noch relativ junges Fachgebiet der Psychologie, dessen Relevanz in den letzten Jahren jedoch deutlich angestiegen ist. Das liegt mitunter daran, dass das Erbringen von Höchstleistungen zu einem gewissen Zeitpunkt nicht nur im Sport, sondern auch in vielen anderen Bereichen unserer Gesellschaft mittlerweile eine zentrale Rolle spielt. Ebenso wie die Anwendungsbereiche ist auch der Beruf des Sportpsycho-

Ein Szenario

Jochen ist ein 20-jähriger Schwimmer. Er schwimmt Mittelstrecke Freistil, das sind 400 m und 800 m. Er ist Mitglied der deutschen Nationalmannschaft (A-Kader) und hat das Ziel, bei den nächsten Olympischen Spielen über 800 m zu starten. Dazu muss er bei nationalen und internationalen Wettkämpfen (Qualifikationswettkämpfe) die deutsche Qualifikationsnorm bestätigen, d. h. eine vom Deutschen Schwimmverband vorgegebene Zeit auf seiner Strecke unterbieten. Das Training der Mittelstreckler im Schwimmen ist sehr aufwändig. Vormittags um 07:30 Uhr schwimmt er 7,5 km (im Hallenbad mit einer 25 m Bahn sind das 300 Bahnen). Danach geht Jochen zur Uni, er studiert Sportwissenschaft und Englisch für Lehramt. Nach dem Mittagessen macht er Kraft- und Beweglichkeitstraining. Dann, am Nachmittag, noch eine Vorlesung und abends noch einmal ca. 7 km (280 Bahnen) Schwimmtraining.

Bei diversen Trainingswettkämpfen hat Jochen die geforderte Norm schon unterboten. Bei den offiziellen Qualifikationswettkämpfen ist er bisher allerdings deutlich daran gescheitert. Sowohl er als auch sein Trainer sind sich einig, dass dieses regelmäßige Scheitern nicht konditionelle, technische oder taktische Gründe haben kann, sondern mental begründet sein könnte. Da die nächsten Qualifikationswettkämpfe erst in sechs Monaten stattfinden, überlegen sich Jochen und sein Trainer, ob nicht die Zusammenarbeit mit einem Sportpsychologen hilfreich sein könnte. Da Jochen am Olympiastützpunkt trainiert, entscheidet er sich dazu, den dortigen Sportpsychologen zu kontaktieren. Jeder Olympiastützpunkt bietet den Kaderathleten kostenfreie sportpsychologische Beratung und Betreuung an. Da Jochens Trainer schon mehrfach mit dem Sportpsychologen zusammengearbeitet hat, nimmt er Kontakt mit ihm auf und schildert die Problematik aus seiner Sicht. Per SMS vereinbaren Jochen und der Sportpsychologe dann den ersten Termin und setzen sich kurz darauf im Besprechungsraum des Olympiastützpunkts zusammen.

Da der Sportpsychologe die Problematik schon vom Trainer ausführlich geschildert bekam, soll Jochen jetzt insbesondere aus seiner Sicht den Wettkampf (also Wettkampfvorbereitung, Wettkampfverlauf und auch die Situation nach dem Wettkampf) beschreiben.

„… Ich muss unbedingt im Wasser schnell sein. Schon lange vorher mache ich mir Gedanken, ob es gelingen wird, und was passiert, wenn ich es wieder nicht schaffen sollte. Dann habe ich nur noch eine Chance. Im Wettkampf achte ich natürlich darauf, was die Konkurrenten im Wasser machen. Und dann merke ich langsam, wie es anstrengend wird, und ich hab dann Sorge, dass die Zeit nicht gut genug ist …"

Der Sportpsychologe erkennt schon einige typische Muster. Um sich aber sicher zu sein, setzt er zusätzlich noch verschiedene diagnostische Verfahren ein (z. B. ein Inventar zur Wettkampfängstlichkeit, einen weiteren Fragebogen zur Handlungs- versus Lageorientierung und ein Persönlichkeitsinventar). Anhand der Befragung und der Testung kommt der Sportpsychologe zu dem Schluss, dass Jochen an seiner wettkampfbezogenen Kompetenzerwartung arbeiten muss. Das ist die Erwartung, aufgrund der eigenen Fähigkeiten Handlungen auch in schwierigen Situationen erfolgreich ausführen zu können. Der von Jochen empfundene Druck beim Qualifikationswettkampf, die Bestzeit jetzt unbedingt abrufen zu müssen, führt dazu, dass er aktiv in seinen Bewegungsablauf eingreift. Dadurch fehlen ihm die Lockerheit, und damit die Geschmeidigkeit, die schnelles Schwimmen ausmacht. Man nennt dieses Phänomen auch Koaktivierung: Der Gedanke „ich muss jetzt unbedingt schnell schwimmen" greift in den fein abgestimmten Bewegungsablauf (optimales Zusammenspiel von Muskelbeuger und Muskelstecker) ein, sodass dieser gestört wird. Die Bewegung wird verkrampft und unrund. Bei Jochen geht es also darum, dass er den Glauben an die eigene Wirksamkeit (Kompetenz) aufbaut, dass ein „Loslassen" möglich ist, damit die hoch automatisierten Bewegungsabläufe auch im Wettkampf ungestört ablaufen können. Jochen sieht schnell ein, dass er sich durch seinen zu starken Willen und die unzweckmäßigen „Muss"-Gedanken vor und während des Rennens selbst im Weg steht. Mit dem Sportpsychologen möchte er daran arbeiten, den Zustand der wettkampfbezogenen Kompetenzerwartung aktiv herstellen zu können. Gemeinsam entwickeln sie einen Plan für die nächsten Wochen. Abgestimmt auf die folgenden Vorbereitungswettkämpfe, anstehende Trainingslager und Qualifikationswettkämpfe erarbeiten sie, wie intensiv trainiert werden soll und welche psychologischen Fertigkeiten vermittelt und für den Wettkampf stabilisiert werden können.

Es ist Jochen völlig klar, dass sich eine wettkampfbezogene Kompetenzerwartung nicht durch ein oder zwei Gespräche mit einem Sportpsychologen einstellt, sondern dass er hier systematisch psychologisch trainieren muss.

In dem Interventionsplan werden regelmäßige Treffen mit dem Sportpsychologen (auch in der Schwimmhalle) vereinbart. Jochen wird dabei verschiedene sportpsychologische Techniken kennenlernen. So wird er sich seinen optimalen Bewegungsablauf im Wettkampf regelmäßig vorstellen (Mentales Training), er wird mit Relaxationstechniken vertraut und erlernt diese. Außerdem geht es darum, seine Gedanken vor und im Wettkampf aktiv zu steuern (Selbstgesprächsregulation). Zusätzlich wird Jochen viel an der Interaktion mit seinem Trainer arbeiten, da dieser auch den Zustand einer wettkampfbezogenen Kompetenzerwartung massiv beeinflussen kann. – Eine Zeit der intensiven Zusammenarbeit beginnt.

logen sehr vielfältig, was im Laufe dieses Kapitels deutlich werden wird. Im Folgenden soll zunächst eine typische Situation, in der ein Sportpsychologe zurate gezogen wird, das Tätigkeitsfeld anschaulich beschreiben.

Sportpsychologie – was ist das?

Ganz allgemein kann nach Thomas (1995) festgehalten werden, dass die Sportpsychologie als wissenschaftliche Disziplin die Ursachen und Wirkungen der psychischen Vorgänge und Erscheinungen untersucht, die sich beim Menschen vor, während und nach sportlicher Tätigkeit abspielen. Nach Brand (2010) zeichnet sich die praktische Sportpsychologie unter anderem dadurch aus, dass psychologisches Fachwissen und psychologische Methoden auf den Verhaltensbereich Sport (im weiteren Sinne) angewandt oder aus diesem generiert werden.

Der häufigste Grund für das Aufsuchen eines Sportpsychologen ist der, dass die Leistung des Athleten hinter der Erwartung und dem Potenzial zurückbleibt bzw. die Leistung nicht mehr konstant abgerufen werden kann (Kellmann et al. 2011). Man bezeichnet dieses Phänomen auch als Trainingsweltmeister-Phänomen: Es gibt Sportler, die im Training ihre volle Leistungsfähigkeit erreichen. Es gelingt ihnen aber nicht, diese in den Wettkampf zu übertragen.

Nach Eberspächer et al. (2002) kann als Ziel der sportpsychologischen Beratung und Betreuung das Abrufen der optimalen Leistung zum definierten Zeitpunkt angesehen werden. Dies setzt natürlich eine mentale Fitness oder mentale Gesundheit voraus und resultiert aus einer zweckmäßigen Regulation individueller Prozesse und der Gestaltung leistungsförderlicher Rahmenbedingungen.

Die Behandlung von psychischen Störungen und Krankheiten (z. B. einer Depression) fällt nicht in das Aufgabengebiet der Sportpsychologen. Die praktisch tätigen Sportpsychologen sollten jedoch sehr sensibel dafür sein und entsprechende Anzeichen früh erkennen. In diesem

Falle müssen die betroffenen Athleten an einen Spezialisten mit entsprechender Ausbildung (Psychiater/Psychotherapeut) verwiesen werden (Kap. 3).

Sportpsychologie – ein ganz besonderes Tätigkeitsfeld?

Noch vor zehn Jahren (zu Beginn des 21. Jahrhunderts) hatte die sportpsychologische Arbeit im Spitzensport nur einen geringen Stellenwert und sportpsychologische Forschung fand lediglich in geringem Umfang für die Belange des Spitzensports statt. Eine systematische und langfristige sportpsychologische Betreuung von Athleten oder Trainern erfolgte nur selten, geschweige denn im Nachwuchsbereich. Ursächlich hierfür waren Vorurteile, mangelndes Wissen, schlechte Erfahrungen und fehlendes Vertrauen bei vielen Sportlern und Trainern (Neumann 2012).

Mit der Initiative des Deutschen Olympischen Sportbunds (DOSB), 2002 eine zentrale Koordinierungsstelle für Sportpsychologie einzurichten, sowie mit der Bereitstellung einer Expertendatenbank durch das Bundesinstitut für Sportwissenschaften (BISp) können im deutschen Spitzensport die mentalen Leistungsreserven nun mit professioneller Hilfe ausgeschöpft werden. Der Bedarf und die Nachfrage an seriöser und qualifizierter sportpsychologischer Betreuung und Beratung sind mittlerweile groß. In nahezu allen Spitzensportverbänden betreuen sportpsychologische Experten die Kadersportler und stehen teilweise auch den Trainern für ihre Arbeit beratend zur Seite. Beispielsweise wird im Rahmen der Zertifizierung der Nachwuchsleistungszentren im Fußball durch den Deutschen Fußballbund (DFB) und die Deutsche Fußball Liga (DFL) sportpsychologische Betreuung sogar eingefordert.

Auch im Gesundheitssport spielt die Sportpsychologie eine immer größere Rolle, zum Beispiel bei der Ermittlung und Förderung der Motivation zum (Breiten-)Sport oder bei der Diagnose von Gefahren und Risiken im Gesundheitssport bis hin zur Burn-out-Prophylaxe.

Aufgaben im Rahmen der Tätigkeit

Die Aufgaben und Tätigkeiten des Sportpsychologen können sehr vielfältig sein, je nachdem, in welchem Kontext er arbeitet. Ein Sportpsychologe, der die Nationalmannschaft eines Olympischen Spitzenverbandes betreut, hat ein anderes Tätigkeitsprofil, als wenn er im Rahmen des Betreuungsangebots an einem Olympiastützpunkt mitwirkt oder bei einem professionellen Fußballclub für die sportpsychologische Betreuung im Nachwuchsleistungszentrum zuständig ist.

Ehrlenspiel et al. (2011) geben im Rahmen einer Studie einen Überblick über die Arbeitsschwerpunkte und Aufgabenbereiche der in Deutschland praktisch tätigen Sportpsychologen. Viele von ihnen sind gleichzeitig in mehreren der folgenden Bereiche tätig:

- Sportpsychologie im Leistungssport (d. h. sportpsychologische Individualbetreuung von Athleten, Ausbildung von Trainern und Beratungsleistungen für Trainer und Verbände)
- Trainer (lizenzierte Übungsleiter)
- Psychologisches Training und Coaching in der Wirtschaft
- Private Praxis (d. h. selbstständige Tätigkeit z. B. als Psycho- oder Sporttherapeut)
- Klinik (Tätigkeit z. B. als Psycho- oder Sporttherapeut in einer Klinik)
- Universität (Arbeit in Forschung und Lehre)

In einer regelmäßig stattfindenden Analyse der Arbeit von Sportpsychologen in der Nationalmannschaftsbetreuung der Olympischen Spitzenverbände finden Kuhn und Mayer (2012) eine enorme Bandbreite an Fragestellungen, mit denen sich Sportpsychologen innerhalb der Verbände beschäftigen:

Sportpsychologische Basiskompetenzen

- Allgemeine Wettkampfvorbereitung
- Psychoregulation: Schulung der willentlichen Entspannungs- und Mobilisationsfähigkeiten
- Konzentrationstraining
- Aufmerksamkeitsregulation, Entwicklung eines leistungsförderlichen Fokus im Wettkampf
- Zielsetzungstraining, Zielvereinbarungsgespräche
- Verbesserung der Fähigkeit zur Selbstregulation
- Mentales Techniktraining, Visualisierungsübungen
- Selbstgesprächsregulation im Wettkampf

- Stabilisierung von Handlungsroutinen unter Druck, Prognosetraining
- Verbesserung der Körperwahrnehmungsfähigkeiten, Wahrnehmungstraining
- Coachingeffektivität (Trainer)
- Teamunterricht: Vermittlung von sportpsychologischem Basiswissen

Diagnostik und Analyse
- Problem- bzw. Verhaltensanalysen
- Psychologische Diagnostik (Screening, regelmäßige psychologische Leistungsdiagnostik)
- Wettkampfnachbetrachtung und Potenzialanalyse (Debriefing)

Teamentwicklung
- Teamentwicklung (Mannschaftszusammenhalt, Kohäsion)
- Begleitung von Gruppenprozessen
- Trainer-Athleten-Interaktion, Kommunikationsprobleme im Team, Kommunikationsstrategien
- Gestaltung von Feedbackprozessen (Videoanalysen, Trainer-Athlet-Gruppengespräche etc.)

Individuelle Beratungsanlässe
- Trainerberatung (*coach the coach*): Kommunikation, Teamführung
- Persönliche Fragestellung der Athleten (z. B. berufliche oder private Probleme)
- Trainer-Athleten-Kooperation
- Umgang mit belastenden Situationen
- Umgang mit Verletzungen, Verletzungsangst, Verletzungsmanagement
- Umgang mit Stress, Angst, Leistungsdruck
- Umgang mit Niederlagen/Fehlern
- Krisenintervention, Mediation
- Burn-out und Depressivität
- Schlafprobleme, Essprobleme
- Motivationsprobleme
- Begleitung von Zielsetzungsprozessen, Zielvereinbarungsgespräche
- Veränderung negativer Selbstgespräche, kognitiv-emotive Umstrukturierung (Reframing)
- Optimierung von Abläufen, Zeitmanagement
- Kontrolle gewinnen über Spiel und Gegner
- Umfeldmanagement: Optimierung der organisatorischen Abläufe im Hinblick auf eine duale Karriere

Organisationsentwicklung
- Entwicklung von Lehrplänen und Verbandskonzeptionen
- Optimierung der Kommunikation und organisatorischen Abläufe im Verband
- Trainer-Trainer-Thematik
- Trainerweiterbildung

Sonstige
- Umgang mit der Presse, Medientraining
- Dopingtests

Mobilitätsbereitschaft

Sportpsychologen im Leistungssport arbeiten direkt mit den Athleten und den Trainern zusammen. Diese Arbeit findet üblicherweise direkt vor Ort statt, d. h. entweder an der Trainings- oder an der Wettkampfstätte. In der freien Wirtschaft ist die Arbeit ebenfalls kundenorientiert und viele Projekte finden beim Auftraggeber selbst oder an vom Auftraggeber festgelegten Orten statt. Mobilität und Flexibilität sind also bei einer sportpsychologischen Tätigkeit in den meisten Fällen von großer Bedeutung.

Einkommen

Wie bereits erwähnt, sind die meisten Berufstätigen in dem Arbeitsfeld Sportpsychologie in mehreren Bereichen tätig. Dementsprechend verteilen sich auch Arbeitszeit und Einkommen auf mehrere Arbeitsfelder. Da die meisten Personen in diesem Berufsfeld freiberuflich arbeiten – es sei denn, sie sind in der Klinik oder an der Universität tätig –, können sie sich ihre Arbeitszeit (natürlich in Abhängigkeit vom Auftraggeber) selbst einteilen. Das Jahresnettoeinkommen eines Sportpsychologen, der wie eben erwähnt nicht nur im Sportbereich tätig ist, liegt durchschnittlich bei 30.000 Euro. Bei diesen erhobenen Durchschnittswerten gibt es allerdings große individuelle Unterschiede. Bei einer Befragung von 98 Sportpsychologen im Jahr 2010 (Abb. 7.2) verdienen z. B. rund 15 % über 60.000 Euro netto im Jahr (Ehrlenspiel et al. 2011).

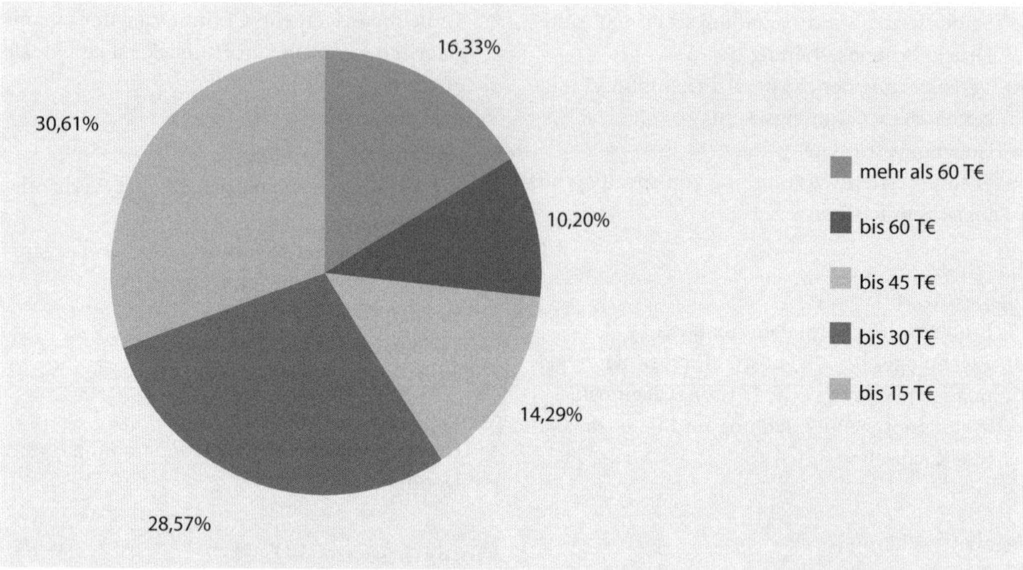

Abb. 7.2 Verteilung des durchschnittlichen Nettojahreseinkommens (N = 98)

Angestellt und finanziert werden die Sportpsychologen im Leistungssport hauptsächlich von Verbänden und Vereinen. Ihre Tätigkeit umfasst zumeist die Individual- oder Teambetreuung von Athleten auf höherem Leistungsniveau.

Eine Gebührenordnung für sportpsychologische Leistungen gibt Richtlinien vor, welche Honorarsätze für welche sportpsychologischen Leistungen angebracht sind (siehe www.bisp-sportpsychologie.de).

Persönliche Weiterbildung

Um in die sportpsychologische Expertendatenbank des Bundesinstituts für Sportwissenschaft aufgenommen zu werden, müssen neben einschlägiger Erfahrung in der Praxis und einer spezifischen Weiterbildung ein psychologisches und/oder ein sportwissenschaftliches Studium nachgewiesen werden. Diese und/oder-Verknüpfung erklärt sich daraus, dass das Fachgebiet Sportpsychologie originär der Sportwissenschaft als Mutterwissenschaft zugeordnet werden muss.

Dennoch verfügen die im Leistungssport tätigen Sportpsychologen nach Ehrlenspiel (2011) häufiger über einen Psychologieabschluss als einen sportwissenschaftlichen. Das Fach Psychologie wird von den Sportpsychologen auch als relevanter für die Tätigkeit eingeschätzt als die Sportwissenschaft. Viele der Befragten verfügen über Zusatzqualifikationen in den Bereichen Psychologie, Sport und Sportpsychologie.

Eine anerkannte und empfehlenswerte Fortbildungsmöglichkeit im Bereich der Sportpsychologie bieten die Modulserien der Arbeitsgemeinschaft für Sportpsychologie (asp) mit den Schwerpunkten „Sportpsychologisches Training“ und „Sportpsychologisches Coaching“ im Leistungssport. Beide Curricula umfassen 100 Unterrichtseinheiten zu den thematischen Schwerpunkten sportpsychologischer Beratung und Betreuung. Sie werden einmal („Coaching“) bzw. dreimal („Training“) pro Jahr angeboten. Zusätzlich zu den Ausbildungsmodulen sind 100 Stunden praktische Tätigkeit und 25 Stunden Supervision vorgesehen.

Die Rolle von Psychologen im Berufsfeld Sportpsychologie

Leider konnten bislang weder die Berufsbezeichnung „Sportpsychologe/Sportpsychologin“ noch die Inhalte der sportpsychologischen Betreuungs- und Beratungstätigkeit rechtlich geschützt werden. Aus diesem Grund arbeiten Personengruppen mit ganz unterschiedlichen akademischen, be-

Eine Perspektive aus der Wissenschaft

Prof. Dr. Hans-Dieter Hermann ist Diplompsychologe, Professor für Sportpsychologie und Experte für Leistungsoptimierung sowie psychische Gesundheit im Spitzen- und Profisport. Seit 1988 betreut er Kadersportler und Nationalmannschaften aus einer Vielzahl an Sportarten, seit 2004 ist er der Sportpsychologe der deutschen Fußball-Nationalmannschaft. Im folgenden Abschnitt erläutert er, was für die Ausbildung in Sportpsychologie beachtet werden sollte:

Sportpsychologische Masterstudiengänge und Weiterbildungsmaßnahmen können in Deutschland in der Regel sowohl von graduierten Sportwissenschaftlern als auch von Psychologen absolviert werden. Mehrheitlich besteht der Wunsch, anschließend in der Praxis, möglichst im professionellen und semi-professionellen Hochleistungssport, tätig zu werden. Deshalb sind die Inhalte der explizit sportpsychologischen Angebote vorwiegend praxisorientiert. Im Rahmen der praktischen Tätigkeit zeigt sich jedoch, dass dem psychologischen Basiswissen eine deutlich wichtigere Rolle zukommt als dem sportwissenschaftlichen. Dementsprechend ist der Einstieg in die Sportpsychologie nach einem Hochschulabschluss in Psychologie der m. E. sinnvollste Weg. Trotzdem sollte der sport(art)bezogene Aspekt nicht vernachlässigt werden. Erfolgreiche Sportpsychologen zeichnen sich nicht zuletzt dadurch aus, dass sie die Sprache der betreuten Athleten und Trainer sprechen und sich gut in ihre Situation hineinversetzen können. Deshalb ist es hilfreich, über eigene Erfahrung im (leistungs-)sportlichen Bereich zu verfügen. Diese kann z. B. durch das Betreiben von Wettkampfsport, eine Trainerausbildung oder aber wenigstens die Belegung sportwissenschaftlicher Fächer im Studium erworben werden. Außerdem sollten Sportpsychologen bei ihrer Aus- und Weiterbildung bedenken, dass sie mit einer Vielzahl von Anbietern unter nicht geschützten Berufsbezeichnungen wie Mentaltrainer und Motivationstrainer und dergleichen konkurrieren. Diese werden von Laien oft gleichgesetzt. Umso wichtiger ist es, sich durch qualitativ anspruchsvolle Methoden und durch fachlich-professionelles Know-how und Verhalten abzugrenzen. Studierende sollten sich deshalb nicht mit den Studieninhalten als Basis ihrer Arbeit begnügen, sondern ihr Profil als ambitionierte Sportpsychologen durch Weiterbildungen auch in anderen psychologischen Bereichen wie z. B. systemische Beratung oder Verhaltenstherapie sowie in modernen diagnostischen Verfahren schärfen.

ruflichen und sportlichen Hintergründen und Erfahrungen im Bereich des Sports, inklusive des Spitzensports, und bieten eine Vielzahl an sog. sportpsychologischen oder mentalen Hilfestellungen an. Entsprechend sind auch die Tätigkeitsbezeichnungen vielfältig, z. B. Mentalcoach, Mentaltrainer oder Personal Coach.

Zur Qualitätssicherung der praktisch-psychologischen Arbeit im Spitzensport haben das BISp, der DOSB und die asp im Jahr 2002 fachliche Qualitätskriterien festgelegt, die eine Person nachweisen muss, um über Bundesmittel finanzierte sportpsychologische Betreuungstätigkeiten im Spitzensport ausüben zu dürfen. Dazu gehören

- ein sportwissenschaftlicher und/oder psychologischer Hochschulabschluss
- eine sportpsychologische Zusatzausbildung der asp (Curriculum) oder ähnliche von der asp anerkannte sportpsychologische Ausbildungen
- ein Nachweis über Zusammenarbeit mit einem Bundessportfachverband, OSP oder sonstiger Sportinstitution im Spitzensport sowie über aktuelle sportpsychologische Betreuungs-/Beratungstätigkeit im Spitzensport.

Zur Erhöhung der Transparenz und zur Sicherung der benötigten hohen wissenschaftlichen und sportpraktischen Fachkompetenz sportpsychologischer Experten für ihre Tätigkeiten im Spitzensport wird seit 2002 beim BISp eine umfassende Expertendatenbank mit erfahrenen, in der Sportpraxis tätigen Sportpsychologen zur Verfügung gestellt.

Anforderungen an eine Tätigkeit als Sportpsychologe

In den folgenden Abschnitten wird erläutert, unter welchen Voraussetzungen ein Einstieg in die Tätigkeit als Sportpsychologe möglich ist.

Schwerpunktsetzung

Wie bereits ausgeführt ist ein psychologisches oder ein sportwissenschaftliches Studium eine Grundvoraussetzung für die Tätigkeit als Sportpsychologe. Es kann also zunächst ein Bachelorabschluss in einem der beiden Fächer absolviert werden. Die eigentliche Spezialisierung erfolgt dann im darauf folgenden Masterstudium für Sportpsychologie, welches von einigen Hochschulen und Universitäten angeboten wird. Die Qualität der Angebote ist allerdings nach Kellmann et al. (2011) schwer zu beurteilen, da für diese Studiengänge noch keine allgemeinen Rahmenempfehlungen (z. B. von der asp) vorliegen.

Ein Problem dieses Ausbildungssystems ist der sehr heterogene Ausbildungshintergrund, den die Studenten aus den Bachelorstudiengängen zum Masterstudium oder zu Weiterbildungsangeboten (z. B. Curriculum der asp) mitbringen.

Das zweite Problem stellt der Mangel an Möglichkeiten zum Sammeln von Praxiserfahrung während der Ausbildung dar. Weder das Bachelor- noch das Masterstudium bieten den Studenten gute Möglichkeiten, im Rahmen ihres Studiums Praxiserfahrung im Sport zu sammeln (wie es vergleichsweise in Australien der Fall ist). Lediglich die Modulserien der asp zum sportpsychologischen Coaching bzw. Training im Leistungssport verpflichten ihre Studenten zum Nachweis einer gewissen Anzahl an supervidierten Praxisstunden.

Fachliche Inhalte

Nach Eberspächer et al. (2002) ist neben der psychologischen Kompetenz ein Grundwissen in der jeweiligen Sportart Voraussetzung für im Spitzensport tätige Sportpsychologen. Sie sollten darüber hinaus über fundierte sport- und trainingswissenschaftliche Kenntnisse verfügen.

Die von Ehrlenspiel et al. (2011) befragten Sportpsychologen empfinden folgende Fachkompetenzen (Aufzählung nach Wichtigkeit) als wichtig für ihre Tätigkeit:

- Sportpsychologische Intervention (Biofeedback, Psychoregulation, Stressmanagement, Mentales Training, Psychologisches Fertigkeitstraining)
- Psychologisches Fachwissen (z. B. Psychopathologie)
- Sportwissenschaftliches Fachwissen (z. B. Trainingspläne verstehen)
- Kenntnis und eigene Erfahrung im Setting Leistungssport
- Kenntnisse über die jeweilige Sportart
- Psychotherapeutisches Wissen und Können (z. B. verhaltenstherapeutische Ausbildung)

Neben diesen fachlichen Kompetenzen sollte auch auf folgende Methodenkompetenzen Wert gelegt werden:

- (Sport-)Psychologische Diagnostik
- Kenntnis und Beherrschung von Methoden (z. B. Übungen und Coachingtools)
- Kommunikative Kompetenzen (Gesprächsführung, Moderation und Mediation, Umgang mit Medien und Computern)
- Statistische Methoden
- Präsentationsmethoden
- Ziel- und lösungsorientiertes Arbeiten

Praxis, Praxis, Praxis

Wie bereits im vorherigen Kapitel erwähnt, bieten weder das Bachelor- noch das Masterstudium viele Möglichkeiten zum Sammeln von Praxiserfahrung. Im Rahmen der Curricula der asp werden von den Auszubildenden 100 Praxisstunden sowie 25 Stunden Supervision gefordert (als Vorgabe, um das

Eine Perspektive aus der Praxis

Titel, Name	Dipl.-Psych. Lothar Linz
Organisation	Coaching Competence Cooperation Rheinland
Berufsbezeichnung	Sportpsychologe
Schwerpunkte im Psychologiestudium	Umweltpsychologie
Wieso haben Sie sich für eine Tätigkeit im Bereich der Sportpsychologie entschieden?	Weil mich Sport schon immer besonders interessiert und fasziniert hat. Weil ich spüre, dass ich dort mit meiner Persönlichkeit aufgehe.
Was, glauben Sie, können Psychologen in diesem Berufsfeld bewegen?	Ich kann Athleten dabei unterstützen, ihre bestmögliche Leistung gerade dann zu bringen, wenn es notwendig ist. Ich kann Teamprozesse positiv beeinflussen. Ich kann Trainer beraten, wie sie ihre Athleten und Teams (besser) steuern können.
Was hat Sie an Ihrer Tätigkeit am meisten überrascht?	Wie angenehm der Umgang mit den meisten Trainern im Bereich der olympischen Sportarten ist. Viele sind sehr aufgeschlossen und räumen der Sportpsychologie einen großen Raum ein.
Ist es überhaupt möglich, diesen Beruf mit einem normalen Familienleben zu vereinen?	Ja, das ist möglich, aber es erfordert die Fähigkeit, „Nein" zu sagen und attraktive/lukrative Aufträge abzulehnen, sowie ein gutes Gefühl für die eigene Belastbarkeit.
Welchen Tipp haben Sie für Psychologen, die sich überlegen, im Bereich der der Sportpsychologie zu arbeiten?	Es ist wichtig, eine Vorstellung von den eigenen Stärken sowie einen eigenen Stil zu entwickeln. Methoden sind nicht die Basis des Arbeitens, sondern nur eine Hilfe bei der praktischen Umsetzung der Arbeit.
Stoßen Sie manchmal auf Vorurteile wegen Ihrer Ausbildung?	Inzwischen nur noch gelegentlich. Das war vor ein paar Jahren noch ganz anders.
Welches war Ihr schönster Moment während der Tätigkeit als Sportpsychologe?	Die Tage im „Flow" während der Olympischen Spiele in London, als ab dem Achtelfinale spürbar war, dass wir gemeinsam die Goldmedaille gewinnen würden.
Welches war der bitterste oder schwerste Moment während Ihrer Tätigkeit als Sportpsychologe?	Am schwierigsten waren die ersten Jahre, als ich zunächst Kunden für meine Arbeit finden musste. Da habe ich viel Ablehnung und Geringschätzung durch potenzielle Arbeitgeber, besonders durch Fußballtrainer, erlebt. Schwer war auch die Machtlosigkeit angesichts des sportlichen und finanziellen Verfalls in Köln beim Eishockey, als sich mir die Spieler entzogen haben. Dazu kam dann noch die Krebserkrankung von Robert Müller (Eishockey-Torwart, Nationalspieler), die uns alle belastet hat.

Curriculum zu bestehen – Praktikumsplätze sind vom Absolventen eigenständig zu organisieren). Einige in der Praxis tätige Sportpsychologen bieten Möglichkeiten zur Absolvierung eines Praktikums an.

Fazit

Als Sportpsychologe zu arbeiten ist eine riesige Chance, sehr intensiv hinter die Kulissen des Spitzensports zu sehen. Man trifft unglaublich tolle Menschen und erlebt sehr intensive Momente (positive wie auch negative). Jeder Tag ist anders – ständig steht man vor neuen Herausforderungen. Ich habe es nie bereut und ich bin sehr dankbar, dass ich als Sportpsychologe arbeiten darf.

7.5 Tätigkeit als Familienpsychologe

Tobias von der Recke

Die Familienpsychologie ist eine relativ junge Disziplin innerhalb der Psychologie. Das ist für mich als Familienpsychologe eigentlich überraschend, da doch jegliche Psychologie in der Familie anfängt, zumindest ist dies meine Sichtweise. Der Ehrlichkeit halber muss ich anfügen, dass es zu meiner Studienzeit noch gar keinen Studienschwerpunkt Familienpsychologie gab. Allerdings kommt man zur Familienpsychologie auf vielen Wegen, wie in diesem Kapitel deutlich wird. Neben der Grundlagen- und Anwendungsforschung ist die Beratung und Therapie von Familien wohl die wichtigste Tätigkeit der Familienpsychologie.

Überschneidungen gibt es zweifellos mit der Klinischen Psychologie, der Entwicklungspsychologie, der Pädagogischen Psychologie und der Gesundheitspsychologie. Aber auch die Arbeits- und Organisationspsychologie profitiert von den Erkenntnissen der Familienpsychologie, wenn man etwa daran denkt, dass Menschen auf der Bühne ihrer beruflichen Tätigkeit immer auch ihre persönlichen Dramen inszenieren. Und die beginnen eben immer in der Familie.

Familienpsychologie – was ist das?

Die Familienpsychologie hat sich als eine der jüngsten psychologischen Disziplinen im Laufe der letzten 25 Jahre entwickelt und hat sich immer als eine Schnittstelle zwischen Forschung und Praxis verstanden. Die International Academy of Family Psychology (IAFP) wurde 1990 gegründet, um den internationalen Austausch und die Zusammenarbeit zwischen Wissenschaft und Praxis auf dem Feld der Familienpsychologie zu verbessern. Dabei schafft die wachsende Globalisierung den Bedarf einer weltweiten (wissenschaftlichen) Betrachtung von Familienthemen wie

- sich verändernde Formen von Familien,
- verschiedene Lebensbedingungen von Familien und ihre Auswirkungen auf die Entwicklung der Familien,
- Elternschaft und Kindererziehung,
- sich wandelnde Bedürfnisse,
- Erwartungen in Paarbeziehungen,
- familiäre Beziehungen im Alter sowie
- aktuelle Trends in der Familienpädagogik, der Familientherapie, der Familienpolitik und der entsprechenden Gesetzgebung (siehe www.iafpsy.com).

Auch im deutschsprachigen Raum gilt die Familienpsychologie inzwischen als etablierte und selbstständige Disziplin innerhalb der Psychologie, sichtbar an einigen familienpsychologischen Lehrstühlen und einer seit Anfang der 1990er Jahre stark gewachsenen Anzahl an Publikationen. Gleichzeitig haben familienpsychologische Lehrstühle nicht immer Bestand und im Berufsverband Deutscher Psychologen (BDP) sucht man ebenso vergeblich wie in der Deutschen Gesellschaft für Psychologie (DGPs) nach einer entsprechenden Fachgruppe. Wie das zu erklären ist, entzieht sich meiner Kenntnis, es wäre jedoch spannend und sinnvoll, dieser Frage nachzugehen.

Eine offizielle Definition der Disziplin lautet: „Die Familienpsychologie ist eine wissenschaftliche Disziplin, die sich mit der familiären Lebenspraxis, d. h. mit dem Verhalten, dem Erleben und der Entwicklung von Personen im Kontext des Beziehungssystems ‚Familie' beschäftigt, und zwar mit der Absicht der Beschreibung, Erklärung, Vorhersage und Veränderung der dabei auftretenden Phänomene und ihrer Bedingungen" (Schneewind 2002).

Im Rahmen der Grundlagenforschung geht die Familienpsychologie sehr interessanten Fragen nach, die sich – ohne Anspruch auf Vollständigkeit – wie folgt skizzieren lassen:

Ein Szenario

Fritz ist 13 Jahre alt und soll in einer geschlossenen Einrichtung der Jugendhilfe untergebracht werden. Aus drei Schulen wurde er wegen seiner Verweigerungshaltung und weiterer Verhaltensauffälligkeiten (Aggressivität) entlassen. Als ich Fritz im Juli 2011 kennenlernte, war er trotz bestehender Schulpflicht bereits fünf Monate zu Hause, weil sich keine Schule fand, die bereit war ihn aufzunehmen. Versuche einer Unterbringung durch das Jugendamt widersetzte sich Fritz erfolgreich, indem er z. B. seine Mutter anrief und sie aufforderte, ihn wieder aus der Einrichtung abzuholen. Auch verschiedene ambulante Versuche (Erziehungsbeistandschaft, Erziehungsberatung) vermochten an der desolaten Entwicklung nichts nachhaltig zu verändern. Vor diesem Hintergrund entstand auch der Beschluss zur geschlossenen Unterbringung durch das Familiengericht.

Bevor das Amt für Jugend und Familie diese Maßnahme einleitete, unternahm sie noch den Versuch einer „intensiven Familienberatung" (IFB). Die intensive Familienberatung wurde als systemisches Konzept mit dem Ziel entwickelt und eingerichtet, Familien systemisch so gut zu beraten, dass eine Fremdunterbringung des Kindes nach Möglichkeit vermieden werden kann. Wesentliches Ziel dieser Arbeit ist die Stärkung der elterlichen Verantwortung und damit die Erhöhung ihres Einflusses auf ihre Kinder, v. a. wenn diese sich durch ihr Verhalten selbst oder auch andere gefährden. Im Rahmen dieses Konzeptes sind es immer zwei Familientherapeuten (in der Regel eine Frau und ein Mann), die aufsuchend arbeiten. Das bedeutet, dass die Arbeit bei den Familien zu Hause stattfindet. Auch in diesem Fall war es wichtig, neben der intensiven Arbeit mit der Familie ein Bündnisnetzwerk zu schaffen, das Fritz in seiner Entwicklung unterstützt; dazu zählen die erweiterte Verwandtschaft, die beteiligte Schule (Klassenlehrerin, Schulsozialarbeit, Direktorat, Schulamt), die Ambulanz der Kinder- und Jugendpsychiatrie sowie die Trainer seines Sportvereins. Während der Arbeit mit Fritz, seinen Eltern und weiteren Verwandten gelang es im ersten Schritt, eine Regelschule als Kooperationspartner zu gewinnen, die bereit war, Fritz trotz seiner problematischen Vorgeschichte aufzunehmen. Dann aktivierten wir die erweiterte Familie (Onkel und Tanten am Ort), die sich bereit erklärte, ihrerseits aktiv zu werden und mit Fritz in Kontakt zu treten. Dadurch konnten die Eltern unterstützt und gestärkt werden. Schwierig war es immer wieder, die Eltern zu einer gemeinsamen elterlichen Haltung zu bewegen. Auf der Basis einer nahezu zerrütteten Ehe gelang es ihnen kaum, ihrem Sohn gegenüber gemeinsam eine Position einzunehmen. Die problematische Entwicklung ihres Kindes nutzen sie dann eher als Argument gegeneinander. Diese Dynamik geht zurück bis in die Schwangerschaft, die von der Mutter sehr gewünscht, vom Vater aber – im Gegensatz zum erstgeborenen Bruder Philip – abgelehnt wurde. Insofern konnte die geschlossene Unterbringung zwar bis jetzt vermieden werden, bis zum Schluss der schulischen Laufbahn sind es aber noch acht Monate und es bleibt zu hoffen, dass Fritz seine Schulpflicht regulär beenden wird. Interessanterweise haben wir mit der Familie vergleichsweise selten Termine: Wir hatten den Eindruck, dass das v. a. in sehr schwierigen Familien verbreitete Prinzip „viel (Hilfe) hilft viel" in diesem Fall eher hinderlich ist und die Familie stärker in die eigene Verantwortung kommt, wenn sie nicht ständig von Fachleuten „behelligt" wird.

- Was ist eigentlich eine Familie? Diese Frage hat in den letzten Jahrzehnten sehr an Aktualität gewonnen. Während das Modell traditionelle Familie durch eine Sinnkrise gegangen ist oder immer noch geht, haben sich neue Lebensformen entwickelt und etabliert (z. B. gleichgeschlechtliche Paare mit Kindern mit bekanntem oder anonymen gegengeschlechtlichen Elternteil)
- Wie entstehen Paarbeziehungen? Was stärkt und was schwächt sie?
- Wie beeinflussen frühe Bindungserfahrungen spätere Beziehungen? Hier sind die bahnbrechenden Ergebnisse der Bindungstheorie zu nennen, die ihrerseits nicht Ergebnisse familienpsychologischer Forschung sind, diese aber maßgeblich beeinflussen.
- Wie gestalten Paare den Übergang von Partnerschaft zu Elternschaft, wie können sie ihre Liebe bewahren und gestalten und gleichzeitig verantwortlich für ihre Kinder sorgen? Wie lassen sich diese Aufgaben mit beruflichen Ansprüchen und Erfordernissen im Sinne einer Work-Life-Balance verbinden?
- Wie entwickeln sich Beziehungen zwischen Geschwistern, welchen Einfluss hat die Geschwisterfolge? Wie werden diese Beziehungen durch Krankheit oder Behinderung eines Geschwisters beeinflusst?
- Was passiert bei Trennung und Scheidung, was sind die (möglichen) Folgen für die Kinder – auch in Abhängigkeit ihres Alters?
- Wie entwickeln sich Familien und Verhaltens- und Beziehungsmuster im Fokus einer Mehrgenerationenperspektive?
- Wie beeinflussen gesellschaftliche Entwicklun gen (z. B. Rezession und wachsende Arbeitslosigkeit) und historische Ereignisse und Prozesse (z. B. Nationalsozialismus und 2. Weltkrieg) die Entwicklung von Familien?

Im Rahmen der Anwendungsforschung geht es dann grundsätzlich um die Frage, wie sich die Ergebnisse der Grundlagenforschung für die Unterstützung von Familien nutzen lassen. Hier gibt es sicherlich starke Berührungen mit der Klinischen Psychologie (Kap. 3) und der Gesundheitspsychologie (Abschn. 7.7). Auf der Basis einer oftmals verhaltenstherapeutischen Orientierung wurden hier in den letzten zehn bis 15 Jahren verschiedene Präventions-, Ratgeber- und Trainingskonzepte für Eltern entwickelt, an Beispielen seien genannt: Das Programm „Starke Eltern – Starke Kinder“ oder das „Positive Parenting Program (Triple P)“. Eher systemisch orientierte Ansätze machen sich die Erfahrungen und Konzepte der systemischen Beratung und Paar- und Familientherapie zunutze.

Familienpsychologie – ein ganz besonderes Tätigkeitsfeld?

Ja, Familienpsychologie ist wirklich ein ganz besonderes Tätigkeitsfeld und im Folgenden will ich beschreiben, in welchen Kontexten und Bereichen ein Familienpsychologe beruflich tätig werden kann.

Ein klassisches Tätigkeitsfeld ist die Erziehungsberatungsstelle, heute häufig auch Beratungsstelle für Kinder, Eltern und Familien genannt; darin kommt zum Ausdruck, dass es eben nicht ausschließlich Erziehungsfragen sind, die hier bearbeitet werden (Abschn. 3.4). In diesen Beratungsstellen wird interdisziplinär gearbeitet – neben Psychologen sind in der Regel auch Pädagogen und Sozialpädagogen angestellt. In diesem Kontext sind es Probleme von bzw. Sorgen um Kinder und Jugendliche, die den Beginn einer Zusammenarbeit darstellen, was sich im Laufe der Beratung natürlich auch verändern kann. So zeigt sich häufig, dass problematische Verhaltensweisen oder Symptome von Kindern (z. B. Leistungsabfall in der Schule) als Hinweis darauf verstanden werden können, dass in der Familie an anderer Stelle etwas nicht in Ordnung ist (z. B. eine Krise in der elterlichen Beziehung). Familienpsychologische Beratungsarbeit heißt dann, solche Zusammenhänge sichtbar werden zu lassen und dann zweckmäßigere Lösungen zu finden (z. B. eine Paarberatung).

Mit Paarberatung oder Paartherapie ist ein weiteres Feld familienpsychologischer Tätigkeit angedeutet. Auf der Basis paartherapeutischen Wissens und paartherapeutischer Erfahrung (Paarphasen, elterliche vs. eheliche Beziehung, Bindungstheorie, Sexualität etc.) wird in diesem Bereich versucht, Paaren bei der Lösung ihrer Probleme zu helfen und sie bei der Bewältigung ihrer Krise zu unterstützen. In Beziehungen, in denen sich beide Partner schon zu sehr aus den Augen verloren oder über zu lange Zeit verletzt und enttäuscht haben, kann Paarberatung/-therapie auch Trennungs- und Scheidungsberatung bedeuten.

Die bisher genannten Themen können natürlich auch in eigener Praxis bearbeitet werden, wobei klassischerweise die Klinische Psychologie als Grundlage für eine spätere Niederlassung als Psychotherapeut gewählt wird (Abschn. 3.3). Im Rahmen einer familienpsychologischen Praxis stellt sich die Frage der Bezahlung, die zum einen von Zusatzqualifikationen (Psychotherapieausbildung, Kassenzulassung), zum anderen auch von regionalen Gegebenheiten (Über- bzw. Unterversorgung, Einkommensstärke der Klientel in der Region) abhängt. Wenn die Beratungsarbeit mit Kindern und Jugendlichen erfolgt, kommt auch eine Finanzierung durch die Jugendhilfe nach § 35 a SGB 8 in Frage.

Familienpsychologen können in unterschiedlichen klinischen und pädagogischen Einrichtungen eine gute berufliche Heimat finden. Familienpsychologisches Wissen ist etwa in kinder- und jugendpsychiatrischen Institutionen ebenso gefragt und erforderlich wie in teil- oder vollstationären Institutionen der Jugendhilfe (Heime, Wohngruppen, Heilpädagogische Tagesstätten etc.). Während im Kontext der Jugendhilfe ein familienpsychologischer Hintergrund und namentlich eine systemische Weiterbildung mittlerweile häufig vorausgesetzt werden, kommt es in der Kinder- und Jugendpsychiatrie sehr auf die Ausrichtung der Klinikleitung an, inwieweit der Familienaspekt bei der Arbeit Berücksichtigung findet. Im Rahmen der Jugendhilfe finden zunehmend Konzepte aufsuchender Familientherapie Anwendung (siehe Abschnitt „Ein Szenario").

Für alle bisher genannten Kontexte muss hinzugefügt werden, dass es nicht nur Psychologen sind, die hier arbeiten. Das bedeutet zum einen eine Konkurrenzsituation zwischen verschiedenen Berufsgruppen wie Ärzten, Pädagogen, Sozialpädagogen und anderen, zum anderen liegen hier auch all die Möglichkeiten und Optionen einer guten interdisziplinären Zusammenarbeit, die immer mehr gefragt ist, auch wenn sie noch nicht immer und überall gelingt.

Ein ganz anderer Kontext familienpsychologischer Tätigkeit ist die eines Sachverständigen im Rahmen gerichtlicher Auseinandersetzungen (Abschn. 7.2). In familiengerichtlichen Verfahren geht es dabei meist um Fragen des Sorgerechts und des Umgangs bei bzw. nach einer Scheidung. Ein familienpsychologischer Sachverständiger wird dabei um seine gutachterliche Stellungnahme gebeten, etwa auch zur Frage der Erziehungsfähigkeit eines Elternteils. Auch wenn es um Kindeswohlgefährdung (§ 8a SGB 8) geht, wird von Seiten der Gerichte immer wieder ein Gutachten eingeholt.

Ein besonderes Feld familienpsychologischer Tätigkeit ist die Führung eines Weiterbildungsinstitutes, in dem familienpsychologisches Wissen, systemische Methoden und familientherapeutische Konzepte vermittelt werden. Dabei geht es auch um systemische Methoden sowie Beratungsfälle zu Coaching (Abschn. 4.5) und Organisationsentwicklung (Abschn. 4.4), nachdem systemische Methoden Einzug in vielfältige Anwendungsfelder gefunden haben. Ich mache dies mit großer Leidenschaft, auch wieder im Bewusstsein, dass dies nicht ausschließlich Psychologen vorbehalten ist, was jedoch mehr bereichert als beschränkt.

Und schließlich gibt es universitäre und nichtuniversitäre Forschungseinrichtungen, in denen familienpsychologischen Fragen wissenschaftlich nachgegangen wird (Kap. 6). Ermutigend ist hierzu der Ergebnisbericht des Expertendialogs der Bundeskanzlerin: „Angesichts des eklatanten Mangels systematischer Familienforschung wird die Einrichtung eines Forschungsprogramms von BMFSFJ und BMBF zu ‚Familienleben und persönliche Entwicklung' vorgeschlagen. Längerfristig sollten eigenständige Institute eingerichtet werden, welche in Analogie zu internationalen Instituten Themen der interdisziplinären Familien- und Kindheitsforschung vertreten und hierbei Perspektiven der Familiensoziologie und -psychologie, des Familienrechts, der Entwicklungspsychologie, der frühkindlichen Bildungsforschung und der Sozialmedizin aufgreifen." (Dialog über Deutschlands Zukunft 2011/2012). Diesem Appell kann ich mich als praktizierender Familienpsychologe nur anschließen und hoffe, dass er auch in den deutschen Universitäten wieder ein stärkeres Echo finden wird.

Aufgaben im Rahmen der Tätigkeit

Die Aufgaben im Rahmen familienpsychologischer Tätigkeit werden natürlich maßgeblich vom jeweiligen beruflichen Kontext bestimmt.

In Beratungsstellen fallen Familienpsychologen neben der Beratungsarbeit auch die Durchführung und Auswertung psycho- und familiendiagnostischer Verfahren zu. Diese Verfahren helfen zum einen, beschriebene Probleme mit testdiagnostischen Ergebnissen (Intelligenz, Konzentrationsfähigkeit, Persönlichkeitsmerkmale, emotionale Beeinträchtigung etc.) in Beziehung zu setzen, zum anderen, über das Gespräch hinausgehende Informationen über das Beziehungsgefüge und die Rollenverteilung in einer Familie zu gewinnen und daraus Hypothesen für die weitere Beratungsarbeit abzuleiten.

Die Beratungsarbeit selbst findet in der Regel in der Einrichtung statt, sie wird dokumentiert und meist am Ende der Beratung evaluiert. Neben dem Gespräch kommt eine Vielzahl weiterer Methoden zur Anwendung, wie sie in der systemischen Beratung und Familientherapie entwickelt wurden (z. B. Familienskulptur oder Lebensflussmodell). In vielen Fällen ist die Kontaktaufnahme mit weiteren Stellen, Einrichtungen und Personen erforderlich. Das beginnt z. B. mit dem Bemühen um Kontakt zum getrennt lebenden Vater, geht über Gespräche mit der Schule, dem Hort und anderen (früher) beteiligten Stellen und Kollegen bis hin zu Round-Table-Runden mit allen Beteiligten oder Hilfeplangesprächen mit dem Jugendamt. Diese Netzwerkarbeit erscheint mir in sehr vielen Fällen (insbesondere in sog. Multiproblemfamilien) sehr maßgeblich, ist aber vielerorts noch nicht wirklich regelmäßiger Standard. Gleichzeitig ist es sicherlich ein oft mühevoller Aspekt familienpsychologischer Arbeit, der aber in Kauf genommen werden muss, um der Gefahr seriellen Scheiterns vorzubeugen. Auch Hausbesuche gehören zum Portfolio dieser Tätigkeit, sie geben oft noch einmal einen anderen und erweiterten Blick auf das Geschehen in Familien frei, die sich im „Heimspiel" oft authentischer zeigen als jenseits der Schwelle einer Beratungsstelle, Praxis oder Ambulanz.

Im Rahmen gutachterlicher Tätigkeit kommen ebenfalls eine Reihe diagnostischer Verfahren zur Anwendung. Neben der Exploration der Beteiligten (inkl. der Erhebung der jeweiligen Vorgeschichten) ist dann die Verhaltens- und Interaktionsbeobachtung häufig die Methode der Wahl, um zur familiengerichtlichen Frage fundiert Stellung nehmen zu können.

Und zur Führung eines Weiterbildungsinstituts gehört sicherlich eine ganze Reihe über die Familienpsychologie hinausgehende Tätigkeiten. Darüber hinaus ist umfangreiche Erfahrung in der Beratung und Therapie notwendig, um die theoretischen Grundlagen der Familienpsychologie entsprechend praxisnah zu vermitteln. Familienpsychologisch spannend ist die immer wieder neu zu beantwortende Frage, wie sich Theorien und Methoden so vermitteln lassen, dass sie sich gut mit den Geschichten, Erfahrungen, Berufsfeldern und Institutionen der Teilnehmer verbinden (Abschn. 5.3). Denn nur dann wird Beratung wirklich gut gelingen.

Im Sinne des narrativen Ansatzes (eine jüngere Strömung innerhalb der Familientherapie) lässt sich die Tätigkeit eines beratenden Familienpsychologen auch so zusammenfassen: Es geht darum, den Problemgeschichten der Klienten neue Geschichten entgegenzusetzen, die ihnen helfen, mit ihren Ressourcen und Kräften in Kontakt zu kommen und ihre Probleme zu lösen.

Bezahlung

Wer immer als Familienpsychologe im öffentlichen Dienst oder bei vergleichbaren Trägern beschäftigt ist, wird nach TVöD oder vergleichbaren Tarifsystemen bezahlt werden. Diese Gehälter machen einen nicht zum Millionär, gewähren aber doch ein gutes Auskommen. Wer sich selbstständig macht, wird sich an den regionalen Gegebenheiten orientieren müssen, die sich sehr unterschiedlich darstellen. Wer als Familienpsychologe eine Kassenzulassung anstrebt, muss sich nach wie vor einer tiefenpsychologischen, psychoanalytischen oder verhaltenstherapeutischen Ausbildung unterziehen (Abschn. 3.3). Die systemische Therapie ist zwar mittlerweile als wissenschaftliches Verfahren anerkannt, ob dies jemals zur Kassenzulassung führt, ist aus jetziger Sicht allerdings ungewiss. Zur Bezahlung gutachterlicher Tätigkeit sind im entsprechenden Kapitel detaillierte Informationen enthalten (Abschn. 7.2).

Karrieremöglichkeiten

Im Rahmen von Beratungsstellen können Familienpsychologen die Leitung übernehmen. Auch in anderen psychosozialen Einrichtungen sind Leitungsfunktionen häufig mit Psychologen besetzt; nur in klinisch-medizinischen Einrichtungen ist für Psychologen das Ende der Fahnenstange meist früher erreicht, da Ärzte in der Hierarchie immer weiter oben stehen.

Als Selbstständiger ist man natürlich sein eigener Chef. Die familienpsychologische Tätigkeit kann man u. U. noch um die Tätigkeit als Supervisor erweitern. Auch im weiten Feld der Weiterbildung sind Familienpsychologen und ihre Expertise immer wieder gefragt.

Und schließlich kann man als Familienpsychologe auch sein eigenes Unternehmen aufbauen, eine Einrichtung der Kinder- und Jugendhilfe eröffnen, einen Verein mit bestimmten familienpsychologischen Themen und Zielen gründen oder – wie ich – ein Institut für systemische Weiterbildung führen.

Auf einer etwas anderen Ebene wäre die Vision, dass sich in Gemeinden und Landkreisen familienpsychologische Netzwerke gründen, die sich mit der Frage beschäftigen, was es jeweils vor Ort für Einrichtungen und Angebote braucht, damit sich Familien gut entwickeln können. Dabei wird sich herausstellen, dass hierfür auch über die Familie hinausgehende Bedingungen erfüllt sein müssen, was nur gelingt, wenn auch politische und gemeindepsychologische Konzepte Berücksichtigung und Anwendung finden. Hier ist noch viel Pionierarbeit zu leisten, aber am Ende kann man auf diesem Gebiet womöglich noch richtig berühmt werden.

Persönliche Weiterbildung

Zunächst ist es natürlich sinnvoll, Familienpsychologie als Studienschwerpunkt zu wählen; wo dies nicht (mehr) möglich ist, führen sicherlich auch verwandte Schwerpunkte wie Klinische Psychologie gut zum Ziel. Wer im Anschluss im Bereich der Beratung und/oder Therapie tätig werden will, ist gut beraten, eine systemische Weiterbildung zu machen. Daneben ermutige ich alle Interessierten sehr, sich im Rahmen von Praktika in den verschiedenen Bereichen familienpsychologischer Professionalität kundig zu machen, um schließlich mutig und mit Zuversicht eine Entscheidung zu treffen.

Die Rolle von Psychologen im Berufsfeld Familienpsychologie

Das ist aus meiner Sicht kein einfacher Gliederungspunkt, weil das Thema „Familie" eine ganze Reihe von Professionen auf den Plan ruft. Psychologen teilen sich zumindest in vielen Berufsfeldern der Familienpsychologie Terrains mit Pädagogen, Ärzten, Sozialpädagogen und anderen. Ich persönlich finde das auch völlig in Ordnung und habe immer (v. a. während meiner Zeit in der Kinder- und Jugendpsychiatrie) die große Bereicherung interdisziplinären Arbeitens erlebt, die manchmal noch lebendiger wurde, wenn Erfahrungen aus völlig anderen Berufen integriert werden konnten (z. B. Handwerker). Problematisch wird das immer dann, wenn jemand aufgrund der Zugehörigkeit zu einer Berufsgruppe glaubt, er stünde über den Mitgliedern einer anderen Berufsgruppe. Ich habe Ärzte, aber auch Psychologen erlebt, die solche Überzeugungen vertraten und damit Interdisziplinarität gelegentlich sehr erschwerten. Auch lässt sich anmerken, dass Familienpsychologen auf dem Gebiet der Forschung methodische Kompetenzen und Konzepte der Sozialforschung mitbringen. Daneben verfügen sie – je nach Studienschwerpunkt und -verlauf – über klinische Erfahrungen und entsprechendes Grundlagenwissen (Psychopathologie, Entwicklungspsychologie, Bindungstheorie u. a.).

Anforderungen an eine Tätigkeit als Familienpsychologe

Neben den genannten fachlichen Voraussetzungen möchte ich folgende Anforderungen formulieren, die für die Tätigkeit als Familienpsychologe bedeutend sind. Als erstes braucht es ein Herz für Familien und damit für Menschen. Dann braucht es Neugier und Respekt vor sehr vielfältigen Lebensentwürfen, denen wir bei der Beschäftigung mit Familien begegnen. Und wenn Familienpsychologen beraterisch oder therapeutisch mit Familien arbeiten, brauchen sie eine gute Orientierung auf der Landkarte der eigenen Familiengeschichte, damit sie die Nöte und Bedürfnisse der Familie nicht unbemerkt mit den eigenen verwechseln.

Eine Perspektive aus der Wissenschaft

Prof. Dr. Klaus A. Schneewind ist emeritierter Professor für Persönlichkeitspsychologie, Psychologische Diagnostik und Familienpsychologie an der Ludwig-Maximilians-Universität München sowie zertifizierter Paar- und Familientherapeut. Er wurde 2007 mit der Hugo-Münsterberg-Medaille durch den Berufsverband Deutscher Psychologinnen und Psychologen (BDP) geehrt:

Als wissenschaftliche Disziplin beschäftigt sich die Familienpsychologie – auch unter Berücksichtigung außerfamilialer Gegebenheiten (z. B. berufsbedingter Einflüsse) – mit dem Verhalten, Erleben und der Entwicklung von Personen im Kontext des Beziehungssystems „Familie". Was aber ist eine Familie? – eine Frage, auf die es keine einfachen Antworten gibt, obwohl wir alle unausweichlich Familienmenschen sind. Mit anderen Worten: jeder hat Vater und Mutter, selbst wenn er sie nie erlebt und gekannt hat. Vor diesem Hintergrund lassen sich Familien als biologisch, sozial oder rechtlich miteinander verbundene Personen verstehen, die mindestens zwei Generationen umfassen. Dabei kann die Familienbiografie einzelner Personen im Laufe ihres Lebens sehr unterschiedliche Personenkonstellationen (sog. Kettenbiografien) umfassen.
Das Kerngeschäft der Familienpsychologie bezieht sich in Forschung und Anwendung insbesondere auf vier Beziehungsformen, nämlich Paarbeziehungen, Eltern-Kind-Beziehungen, Geschwisterbeziehungen und Mehrgenerationenbeziehungen. Dabei geht es vor allem darum, die Bedingungen für gelingende und misslingende Beziehungsmuster zu ermitteln. Daraus lassen sich mittels familialer Intervention (d. h. Prävention, Beratung, Therapie) Ansatzpunkte für die Gestaltung zufriedenstellender Beziehungen entwickeln und hinsichtlich ihrer Wirksamkeit überprüfen.
Da die Familienpsychologie quer zu den traditionellen psychologischen Disziplinen (u. a. Entwicklungs-, Persönlichkeits-, Sozialpsychologie; Biologische-, Klinische-, Pädagogische Psychologie) liegt, können Psychologiestudierende – auch mit Blick auf ihre eigenen Familienbeziehungen – viel für sich selbst sowie für eine integrative Sichtweise von Psychologie und deren Anwendung in ihrer späteren Berufspraxis lernen.

Schwerpunktsetzung

Auf den Studienschwerpunkt wurde bereits hingewiesen. An dieser Stelle würde ich auch gerne ermuntern, neben der Schwerpunktsetzung auch immer wieder über den Tellerrand zu schauen. Denn die zunehmende Spezialisierung im Rahmen des Studiums ist die eine Seite der Medaille mit all ihren Vorteilen und Berechtigungen. Die andere Seite ist, dass es im praktischen, professionellen Leben immer wieder darum geht, Konzepte, Ansätze, Spezialgebiete, Theorien und praktische Erfahrungen zu integrieren, nachdem die Realität nicht nach Studienfächern und damit verbundenen Schwerpunkten organisiert ist. Und dafür ist es gut, sich auch auf benachbarten Gebieten auszukennen. Den betroffenen Familien ist es später übrigens auch egal, ob sie von einem Familienpsychologen, einem Klinischen Psychologen, einem systemischen Psychiater oder einem familientherapeutischen Sozialpädagogen beraten werden; wichtig ist, dass es hilft.

Fachliche Inhalte

Neben den schon erwähnten Themenkomplexen Bindungstheorie, Entwicklungspsychologie und Klinische Psychologie scheint es mir empfehlenswert, sich mit der Geschichte und den verschiedenen Konzepten der systemischen Familientherapie zu beschäftigen. Ansonsten sollte die geplante berufliche Perspektive Ratgeber sein für dafür nützliche Inhalte.

Eine Perspektive aus der Praxis

Titel, Name	Dipl.-Psych. Stefan Dippold
Organisation	Münchner Institut für systemische Weiterbildung (misw) sowie in eigener Praxis
Berufsbezeichnung	Systemischer Therapeut, Supervisor, Lehrtherapeut
Was mögen Sie an Ihrer Tätigkeit am meisten?	Ich unterstütze Familien und vor allem Eltern darin, die Fähigkeiten zu entwickeln, die sie benötigen, damit Kinder in ihren Familien groß werden und sich entwickeln können. Diese Arbeit ist für mich auf individueller wie auch auf gesellschaftlicher Ebene bedeutsam, da sie es – wenn sie gelingt – jungen Menschen ermöglicht, familiäre Nähe, Unterstützung und Bedeutung zu erfahren und so einen gesünderen Selbstwert zu entwickeln. Dies wirkt sich wiederum auf ihre Fähigkeit aus, selbst Beziehungen im privaten und gesellschaftlichen Raum zu gestalten und zu leben. Zu dieser Entwicklung von Menschen beitragen zu dürfen, ist für mich immer wieder zutiefst sinnstiftend und befriedigend.
Welchen Tipp haben Sie für Psychologen, die gerne im Bereich Familienpsychologie arbeiten möchten?	Da die Praxis während der Arbeit mit Familien aufgrund der Komplexität der beteiligten Systeme (Familien, öffentliche Institutionen, Kliniken etc.) durchaus auch belastende Seiten hat, rate ich angehenden Psychologen, sich bereits während des Studiums in Form von Praktika mit dem Berufsalltag vertraut zu machen.
Zu welchen Aus- und Weiterbildungen raten Sie Psychologen, die in diesem Bereich tätig werden wollen?	Leider gibt es an den Universitäten Familienpsychologie als eigenen Schwerpunkt nicht (bzw. nicht mehr). Deshalb ist es wahrscheinlich zu empfehlen, als Schwerpunkt „Klinische Psychologie" zu wählen. Da die systemische Sichtweise in Theorie und Praxis der Familienpsychologie eine zentrale Rolle spielt, kann ich jedem, der in diesem Bereich arbeiten möchte, eine berufsbegleitende Weiterbildung zum „Systemischen Berater" und/oder zum „Systemischen Therapeuten" dringend empfehlen. Dabei sollte man vor allen darauf achten, dass es sich um ein von den Dachverbänden DGSF (Deutsche Gesellschaft für systemische Familientherapie) oder SG (Systemische Gesellschaft) anerkanntes Institut handelt. Inzwischen bieten verschiedene Institute auch Kurse für Studenten und Berufseinsteiger an, die es ermöglichen, schon mit gewissen Grundkenntnissen in die Arbeitswelt zu starten.
Welche beruflichen Entwicklungsmöglichkeiten sehen Sie für Familienpsychologen?	Familienpsychologie hat – besonders in Verbindung mit einer Weiterbildung zum Systemischen Berater/Therapeuten – in der Praxis der Familien- und Jugendhilfe inzwischen eine anerkannte und wichtige Stellung. In vielen Jugendhilfeeinrichtungen und auch in manchen Kliniken der Kinder- und Jugendpsychiatrie sind Familienpsychologen Teil eines interdisziplinären Teams. Man kann auch freiberuflich im Bereich der Therapie, Supervision oder der Ausbildung arbeiten, allerdings mit der Einschränkung, dass Systemische Therapie momentan (noch) nicht von den gesetzlichen Krankenkassen bezahlt wird.

Computerkenntnisse

Für Familienpsychologen sind Computerkenntnisse, wenn sie nicht in der Forschung tätig sind, nicht explizit erforderlich; heutzutage sind sie aber ohnehin vorhanden und sicherlich für jede Art familienpsychologischer Tätigkeit auch nützlich, beispielsweise für das Verfassen von Berichten.

Praxis, Praxis, Praxis

Schnuppern Sie in praktischen Feldern familienpsychologischer Tätigkeiten, wann und wo immer sich Ihnen hierzu Gelegenheit gibt, und fragen Sie die Menschen, die hier arbeiten, Löcher in den Bauch. Neben dem Studium kommt man wohl nur so in wirkliche Berührung mit dem Fach und seinen Anwendungen. Vielleicht haben Sie die Möglichkeit eines Praktikums, vielleicht können Sie an einem systemischen Einführungsseminar teilnehmen, vielleicht können Sie als Assistent einer Familienrekonstruktion beiwohnen – was immer sich Ihnen anbietet, nutzen Sie es. Eine gute Gelegenheit, die systemische Szene etwas besser kennenzulernen, sind die Jahrestagungen der Deutschen Gesellschaft für Systemische Therapie, Beratung und Familientherapie (www.dgsf.org).

Fazit

Es ist sicherlich deutlich geworden, dass ich meine familienpsychologische Tätigkeit sehr leidenschaftlich betreibe und auf eigene Weise konstruiert habe (eigene Praxis, Supervision, Weiterbildungsinstitut und aufsuchende Familientherapie). Das ist manchmal etwas anstrengend, aber ich würde es auf jeden Fall wieder so machen. Es gibt für mich nichts Spannenderes als Familien und ihre vielfältigen Beziehungen. Darüber noch mehr zu forschen sollte den Universitäten wieder ein viel stärkeres Anliegen werden und wir Kollegen aus der Praxis hätten dafür reichlich Stoff, Fragen und Anregungen. In den letzten zwei Jahren habe ich mich sehr intensiv mit Haim Omer und seinen Konzepten des gewaltfreien Widerstands und der neuen Autorität beschäftigt, die er für die Arbeit mit Familien entwickelt und transformiert hat. Allein seine Erfahrungen könnten einen Lehrstuhl füllen, der beforscht, wie diese Konzepte Phänomene von Gewalt und Jugendkriminalität mindern und Eltern wieder gut in ihre Verantwortung bringen können.

7.6 Tätigkeit als Klinischer Neuropsychologe

Franziska Hirt

Im folgenden Kapitel wird das Berufsbild des Klinischen Neuropsychologen vorgestellt. Ausgehend von einer exemplarischen therapeutischen Situation wird das Tätigkeitsfeld mit seinen Arbeitsinhalten skizziert. Anschließend erfolgt die Darstellung von Aufgaben, die zum Alltag eines Klinischen Neuropsychologen gehören. Danach folgen Exkurse wie z. B. Informationen zur beruflichen Weiterbildung. Nach der Beschreibung von Anforderungen an die Tätigkeit als Klinischer Neuropsychologe bildet ein Experteninterview aus der Praxis den Abschluss dieses Beitrages.

Klinische Neuropsychologie – was ist das?

Der unten beschriebene Therapieverlauf mit einem von einem Schlaganfall betroffenen Patienten (siehe Abschnitt „Ein Szenario"), stellt ein typisches Beispiel für das Tätigkeitsfeld eines Klinischen Neuropsychologen dar. Schlaganfälle sind neben anderen neurologischen Erkrankungen, wie Schädel-Hirn-Trauma, Hirntumor, cerebrale Hypoxie, Enzephalitis, Multiple Sklerose und Morbus Parkinson, die häufigste Erkrankung in der Neurorehabilitation (Frommelt 2010).

Die Gesellschaft für Neuropsychologie (GNP) e. V. beschreibt die Aufgaben des Klinischen Neuropsychologen wie folgt: Zu ihnen „gehören die Untersuchung der kognitiven Stärken und Schwächen von Patienten mit neurologischen Erkrankungen, des emotional-affektiven Zustandes sowie von Verhaltensauffälligkeiten und Störungen in der sozialen Kontaktfähigkeit, die Planung, Durchführung und Kontrolle von neuropsychologischen Therapiemaßnahmen" (www.gnp.de). Im dargestellten Szenario werden somit einige wichtige Bestandteile neuropsychologischen Arbeitens erwähnt. Auch das Führen eines Anamnesegespräches, der Aufbau einer tragfähigen Arbeitsbeziehung, das Einbeziehen von Angehörigen in der Therapie sowie der Austausch mit dem interdisziplinären Team kommen zum Ausdruck.

Ein Szenario

Herr Krause, ein 63-jähriger Patient, stellt sich mit der Diagnose eines vor drei Monaten stattgefundenen Posteriorinfarktes rechts in einer ambulanten Therapieeinrichtung für Patienten mit erworbenen Hirnschädigungen vor. Im Rahmen des neuropsychologischen Erstgespräches berichtet er, dass ihn vor allem die Schwierigkeiten mit dem linksseitigen Sehen beeinträchtigten. Er erschrecke schnell, wenn jemand beim Gehen von links ins „Bild" komme. Dadurch fühle er sich sowohl in vertrauter als auch in fremder Umgebung unsicher. Erschwerend komme hinzu, dass er sich nicht mehr wie gewohnt räumlich orientieren könne. Beispielsweise finde er im Vergleich zu früher in großen Einkaufszentren nicht mehr so schnell den Ausgang. Die genannten Beeinträchtigungen, vor allem die reduzierte räumliche Orientierungsfähigkeit, machten ihm u. a. auch deshalb zu schaffen, weil er aufgrund fehlender Fahreignung durch die bestehende Gesichtsfeldeinschränkung zur Fortbewegung auf die Benutzung öffentlicher Verkehrsmittel angewiesen sei. Dieses traue er sich derzeit allerdings nicht zu. Ferner beklagt sich Herr Krause über leichte Gleichgewichtsstörungen, die ihn neben der Gesichtsfeldeinschränkung beim Gehen zusätzlich verunsichern würden.
Um sich ein besseres Bild von dem Patienten zu verschaffen, erfragt der Therapeut neben den erlebten Beeinträchtigungen weitere Informationen, u. a. den beruflichen Status sowie die Lebenssituation. Beruflich ist Herr Krause seit ca. 15 Jahren in einem Elektrobetrieb im Bereich des Kundenservice tätig. Er ist verheiratet und lebt mit seiner Ehefrau zusammen. Seine beiden Töchter wohnen in der Nähe. Aus sozialen Aktivitäten, wie z. B. dem Besuch von Freunden, zieht er sich aufgrund der familiären Unterstützung nicht zurück. Auf der Verhaltensebene beobachtet der Therapeut zudem einen reduzierten Antrieb, was von der Ehefrau des Patienten im Rahmen eines Angehörigengespräches bestätigt wird. Beispielsweise falle es ihrem Ehemann manchmal schwer, früher selbstständig übernommene Haushaltsaufgaben zu initiieren. Bei externer Aufforderung sei deren Umsetzung für ihn jedoch möglich.
Zur Beleuchtung des kognitiv-funktionellen Leistungsvermögens führt der Klinische Neuropsychologe, neben der Erhebung subjektiver Angaben, eine neuropsychologische Untersuchung durch. Hierbei zeigen sich in der Mehrheit der durchgeführten Aufmerksamkeitstests Auffälligkeiten. Im Bereich des Gedächtnisses erweisen sich die verbalen Gedächtnisleistungen als durchschnittlich bis überdurchschnittlich, das figurale Gedächtnis dagegen stellt sich unterdurchschnittlich dar. Die Prüfung exekutiver Funktionen, d. h. Planen und Problemlösen, ergibt unterdurchschnittliche Ergebnisse.
Bevor therapeutische Interventionen eingeleitet werden, folgt der Schritt der Zielvereinbarung. Gemeinsam mit dem Patienten erarbeitet der Therapeut Ziele, die Herr Krause im Verlauf der Therapie erreichen möchte. Dabei wird deutlich, dass sein größtes Ziel eine bessere Kompensation der Gesichtsfeldeinschränkung ist. Dadurch hofft er, insgesamt mehr Sicherheit zu erlangen. Wenn er sich sicherer fühle, könne er sich die Benutzung öffentlicher Verkehrsmittel vorstellen. Eine berufliche Wiedereingliederung wird sowohl vom Klinischen Neuropsychologen als auch vom Patienten selbst als nicht realistisch eingeschätzt, da u. a. die Tätigkeit im Kundenservice das Vorhandensein einer Fahreignung voraussetzt.

Anschließend tauscht sich der Klinische Neuropsychologe mit den Therapeuten anderer Fachrichtungen aus, um gemeinsam an den vereinbarten Zielen zu arbeiten. Die vom Patienten erwähnten Gleichgewichtsstörungen werden im Fachbereich der Physiotherapie behandelt. Im Fachbereich der Neuropsychologie wird der Therapieschwerpunkt zunächst auf ein funktionelles sowie alltagsbezogenes Kompensationstraining zum verbesserten Ausgleich des Gesichtsfelddefizits gelegt. Im Verlauf der Therapie lässt sich beobachten, dass der Patient sowohl in vertrauter als auch in fremder Umgebung an Sicherheit gewinnt. Herr Krause kann sich nun vorstellen, das Benutzen öffentlicher Verkehrsmittel auszuprobieren. Nachdem der Patient über gute funktionelle Gedächtnisleistungen als Ressource verfügt, macht sich der Klinische Neuropsychologe diese im therapeutischen Prozess zunutze. Zur leichteren Orientierung werden an entscheidenden Stellen bei der Benutzung öffentlicher Verkehrsmittel gemeinsam mit dem Patienten räumliche Marker erarbeitet, an die er sich gut erinnern kann. Das Benutzen öffentlicher Verkehrsmittel wird trainiert, wobei zunächst vertraute Strecken erarbeitet werden und später auch fremde. In einem während des Therapieverlaufes stattfindenden Angehörigengespräch mit der Ehefrau stellt sich heraus, dass Herr Krause das in der Therapie Erlernte im Alltag wenig umsetzt, bedingt durch den reduzierten Antrieb. Beispielsweise müsse ihr Ehemann zum Einkaufen weiterhin aufgefordert werden, obwohl er sich mittlerweile auf dem Weg zum Supermarkt gut zurechtfinde und sich sicherer fühle. Aufbauend auf dieser Information stellt das Erarbeiten einer strukturierten Tagesplanung mit konkreten Aktivitäten gemeinsam mit dem Patienten einen weiteren Therapieschwerpunkt dar.
Während der gesamten Therapie steht der Klinische Neuropsychologe stets in engem Austausch mit dem interdisziplinären Team. Schwierigkeiten und Fortschritte im therapeutischen Prozess werden rückgemeldet, um an das aktuelle Geschehen in der jeweiligen Therapiestunde anknüpfen zu können.
Am Ende der Therapie steht das neuropsychologische Abschlussgespräch. Hierbei zeigt sich, dass Herr Krause das Gefühl hat, die erlernten Kompensationsstrategien umsetzen zu können. Mittlerweile traue er sich das Busfahren auf bekannten Strecken zu, auf unbekannten Strecken dagegen vermeide er noch öffentliche Verkehrsmittel. Auch das Gleichgewicht habe sich etwas verbessert. Inzwischen übernehme er wieder selbstständiger Haushaltsaufgaben. Dies wird von der Ehefrau des Patienten in einem abschließenden Angehörigengespräch teilweise bestätigt. Durch die strukturierte Tagesplanung falle ihrem Ehemann die Initiierung von Haushaltsaufgaben wie z. B. Einkaufen etwas leichter. Insgesamt sei sein Antrieb jedoch noch gemindert und er müsse im Vergleich zu früher zur Durchführung bestimmter Tätigkeiten weiterhin aufgefordert werden.
Letztlich erfolgt eine neuropsychologische Abschlussdiagnostik. In dieser zeigt sich eine leichte Verbesserung bestimmter visueller Aufmerksamkeitstests, des figuralen Gedächtnisses und auch mancher exekutiver Funktionen, vermutlich bedingt durch eine verbesserte Kompensationsleistung des Gesichtsfelddefizits. Die übrigen Testergebnisse bleiben weitestgehend unverändert auffällig.

Klinische Neuropsychologie – ein ganz besonderes Tätigkeitsfeld?

Klinische Neuropsychologen sind in der Regel in neurologischen Akut- und Rehabilitationskliniken sowie psychiatrischen Kliniken tätig, wobei sie in rehabilitativen Einrichtungen weitaus häufiger vertreten sind als in psychiatrischen. Zunehmend arbeiten Klinische Neuropsychologen auch in der freien psychologischen Praxis. In rehabilitativen Einrichtungen überwiegt das stationäre Versorgungssystem für Patienten mit Hirnschädigungen aller Schweregrade (Schönle 2009). Ambulante Einrichtungen sind immer noch selten.

Auch wenn die Klinische Neuropsychologie mit ihren Aufgaben in den Lehrbüchern eng umschrieben ist, können sich die konkreten Arbeitsinhalte eines Klinischen Neuropsychologen in Abhängigkeit von dem jeweiligen Tätigkeitsfeld bzw. der Einrichtung unterscheiden. So stehen beispielsweise in der Psychiatrie die diagnostische sowie die Gutachtertätigkeit des Klinischen Neuropsychologen im Vordergrund. Therapeutische Inhalte sind hier weitaus weniger vertreten. Diese nehmen einen höheren Stellenwert in rehabilitativen Einrichtungen ein.

Selbst im Bereich neurologischer Akut und Rehabilitationskliniken nimmt die Art der Einrichtung Einfluss auf die konkreten neuropsychologischen Arbeitsinhalte. Bei einer geriatrischen Einrichtung beispielsweise können, neben neuropsychologischer Diagnostik bei Demenzverdacht, bei Schlaganfallpatienten therapeutische Schwerpunkte auf unterstützenden Maßnahmen zur Wiederaufnahme bisheriger Freizeitaktivitäten liegen. In rehabilitativen Einrichtungen dagegen, in denen insbesondere auch jüngere Patienten vertreten sind, können z. B. Erwerb und Umsetzung von Strategien zur Kompensation bestehender Defizite für eine erfolgreiche berufliche Wiedereingliederung Arbeitsschwerpunkte bilden. Auch macht es einen Unterschied, ob der Klinische Neuropsychologe in einer Einrichtung mit Schwerpunkt auf einer frühen oder einer späten Rehabilitationsphase tätig ist. Bei ersterem wird er mit schwerer betroffenen Patienten arbeiten. Neben auftretenden affektiven und verhaltensbezogenen Störungen sind deren kognitive Einschränkungen u. a. durch Verwirrtheit und Desorientierung geprägt. Folglich wird der Klinische Neuropsychologe inhaltlich mitunter an der Verbesserung des Bewusstseins für Zeit, Ort und Person arbeiten (Koskinen et al. 2010). Ist er dagegen in einer Einrichtung mit Schwerpunkt auf einer späteren Rehabilitationsphase tätig, so können andere Inhalte, wie unterstützende Maßnahmen bei der häuslichen Reintegration, im Vordergrund stehen. Die Krankheitsbewältigung nimmt im Rahmen der neuropsychologischen Tätigkeit in allen Rehabilitationsphasen Raum ein, rückt jedoch in späteren Rehabilitationsphasen mit psychotherapeutischem Fokus mehr in den Vordergrund (Koskinen et al. 2010). Während in den frühen Rehabilitationsphasen u. a. die Wiederherstellung von Funktionen im Vordergrund der therapeutischen Bemühungen steht, gewinnt in späteren Rehabilitationsphasen die Unterstützung des Anpassungsprozesses mit oftmals schmerzlichen Gefühlen bei den Patienten um alte, nicht mehr vorhandene Fähigkeiten immer mehr an Bedeutung (Fischer & Scholler 2007).

Als letzter Aspekt, der einen Einfluss auf die Gestaltung neuropsychologischen Arbeitens nimmt, sei die „Rehabilitationsphilosophie" der jeweiligen Einrichtung genannt. So macht es einen Unterschied, ob ein eher funktionell orientierter Ansatz oder ein, im Sinne der *International Classification of Functioning, Disability and Health (ICF)* (WHO 2001), alltagsorientierter Ansatz gewählt wird, der jedoch ein funktionelles Training nicht ausschließt. Während ein funktionell orientierter Ansatz die Verbesserung beeinträchtigter kognitiver Funktionen beispielsweise mittels computergestütztem Training anstrebt, berücksichtigt der alltagsorientierte Ansatz die durch das Ereignis bedingten Veränderungen im alltäglichen Leben der Patienten und zielt auf das Üben von persönlich bedeutsamen Aktivitäten ab. Dabei ist davon auszugehen, dass im Rahmen von Zertifizierungsprozessen der Einrichtungen die ICF zunehmend Einzug halten wird.

Aufbauend auf dem Überblick über neuropsychologische Tätigkeitsfelder und den damit einhergehenden neuropsychologischen Arbeitsinhalten, werden im Folgenden alltägliche Aufgaben eines Klinischen Neuropsychologen beleuchtet. Nachdem rehabilitative Einrichtungen bisher das größte Tätigkeitsfeld für Klinische Neuropsychologen darstellen, beziehen sich die beschriebenen Aufgaben vor allem auf diesen Bereich. Allerdings lassen sich die meisten der folgenden Aufgaben in leicht abweichender Form auf alle Tätigkeitsfelder des Klinischen Neuropsychologen anwenden.

Aufgaben im Rahmen der Tätigkeit

Im typischen Alltag eines Klinischen Neuropsychologen stehen die Patiententermine im Vordergrund. Dabei kann die Therapie sowohl in Einzel- als auch in Gruppensitzungen stattfinden. Die Anzahl der Patiententermine am Tag ist davon abhängig, wie hoch die aktuelle Nachfrage nach neuropsychologischen Anliegen in der jeweiligen Einrichtung ist, d. h. die Anzahl der Sitzungen kann von Tag zu Tag variieren. Bis zu acht bzw. neun Patiententermine (inklusive Gruppentherapien) pro Tag sind nicht selten, wobei eine Therapiestunde in der Regel zwischen 30 und 35 Minuten dauert. Je nach Einrichtung kann es sein, dass zwischen den Therapieeinheiten kurze Pausen von ca. zehn Minuten geschaltet sind. Somit hat der Therapeut Zeit, die soeben abgeschlossene Therapiestunde kurz zu dokumentieren und sich inhaltlich auf die bevorstehende Therapiestunde einzustellen. Ist keine Pause vorgesehen, wird umso mehr eine hohe inhaltliche Flexibilität vom Therapeuten gefordert.

Eng verknüpft mit den Patiententerminen ist die Angehörigenarbeit, die im Bereich der Klinischen Neuropsychologie unerlässlich ist. Ziel der Angehörigenarbeit ist es u. a., die Angehörigen über Erkrankungsfolgen aufzuklären, Raum für die aus der Erkrankung entstehenden Anliegen und Ängste der Angehörigen zu geben und Lösungen zur Vermeidung emotionaler und physischer Überforderung zu finden (Pössl & Kühne 2010). Gerade bei Patienten, die auf die Unterstützung der Angehörigen angewiesen sind, ist die Angehörigenarbeit besonders wichtig. Die Häufigkeit des Angehörigenkontaktes kann daher in Abhängigkeit vom Zustand des Patienten variieren. Hervorzuheben ist, dass der Klinische Neuropsychologe bei der inhaltlichen Gestaltung der Patienten- sowie der Angehörigentermine über ein hohes Maß an Autonomie verfügt, was unter Klinischen Neuropsychologen sehr wertgeschätzt wird und zu einer hohen Arbeitszufriedenheit beiträgt.

Wie bereits eingangs erwähnt, gehören der Austausch mit dem interdisziplinären Team und Besprechungen über die Patienten zu den täglichen Aufgaben des Klinischen Neuropsychologen. Im Sinne eines ganzheitlichen Vorgehens und effektiven Arbeitens ist die Kenntnis des Therapeuten über die Therapieinhalte und mögliche Fortschritte des Patienten in anderen Fachbereichen notwendig. Teambesprechungen können in Einrichtungen einmal pro Woche oder auch täglich stattfinden. Eine weitere Form der Teambesprechung stellt zumindest in stationären Rehabilitationseinrichtungen die wöchentliche Chefvisite dar, d. h. dass der Chefarzt, der Stationsarzt, die zuständige Krankenschwester und in der Regel auch die jeweiligen Vertreter der unterschiedlichen Therapiebereiche die Patienten in ihren Zimmern am Bett aufsuchen. Auch hier gibt es die Möglichkeit, Informationen einzuholen und weiterzugeben. In einer interdisziplinären Zusammenarbeit ist allerdings der Austausch in den Teambesprechungen nicht immer ausreichend. Informationen werden deshalb zwischen den Therapiestunden oder am Ende eines Tages weitergegeben. Dies erfordert von Seiten des Klinischen Neuropsychologen eine hohe Kommunikationsbereitschaft. Die Unterstützung des Teams bezüglich des therapeutischen Prozesses wird von vielen Klinischen Neuropsychologen als große Entlastung und Bereicherung wahrgenommen.

Die Erstellung von Berichten und ggf. auch von Gutachten ist eine weitere Tätigkeit des Klinischen Neuropsychologen. Wie häufig Berichte verfasst werden, ist abhängig von der Auslastung des Fachbereiches sowie von der Aufenthaltsdauer der Patienten in der jeweiligen Einrichtung. Bei einer Verweildauer der Patienten von bis zu drei Wochen ist das tägliche Schreiben von Berichten eher die Regel als eine Ausnahme. Der Zeitaufwand für Dokumentation (z. B. am Patienten erbrachte Leistungen, computergestützte Erfassung therapeutischer Inhalte und Ziele für Teambesprechungen) ist nicht zu unterschätzen.

Hinzu kommen im Alltag eines Klinischen Neuropsychologen organisatorische Tätigkeiten. Dazu zählt z. B. die Teilnahme an „Leiterbesprechungen", in denen die Leiter eines jeden Fachbereiches sowie jeder Station hauspolitische Themen diskutieren. Daraus entstehende Arbeitsaufträge muss der Klinische Neuropsychologe dann in seinen Tagesablauf integrieren. Gerade in Einrichtungen, in

Tab. 7.1 Darstellung eines typischen Tagesablaufes eines angestellten Klinischen Neuropsychologen in einer stationären Rehabilitationseinrichtung

Uhrzeit	Termine
08:00–09:00	Teamsitzung Station 1
09:00–09:30	Patient A
09:30–10:00	Patient B
10:00–10:30	Patient C
10:30–11:00	Patient D
11:00–12:30	Teamsitzung Station 2
12:30–13:00	Mittagspause
13:00–13:30	Angehörigengespräch von Patient A
13:30–14:00	Patient E
14:00–14:30	Patient F
14:30–15:00	Patient G
15:00–15:30	Patient H
15:30–16:00	Berichte/Dokumentation
16:00–16:30	Berichte/Dokumentation

denen der Fachbereich der Klinischen Neuropsychologie eine kleine Abteilung darstellt, verteilen sich die organisatorischen Aufgaben nur auf wenige Schultern. Die Mitgestaltung hauspolitischer Angelegenheiten kann aber auch eine interessante Herausforderung und Abwechslung zu den Patiententerminen darstellen.

Auch wenn die Erstellung und die Durchführung von Fortbildungen für das interdisziplinäre Team keine alltägliche Aufgabe sind, seien sie an dieser Stelle genannt. Diese stellen in allen Einrichtungen, in denen unterschiedliche Fachbereiche zusammenarbeiten, einen wichtigen Bestandteil neuropsychologischen Arbeitens dar.

In Tab. 7.1 wird exemplarisch ein typischer Tagesablauf eines angestellten Klinischen Neuropsychologen in einer stationären Rehabilitationseinrichtung mit seinen Aufgaben dargestellt.

Einkommen

Bei der Bezahlung eines Klinischen Neuropsychologen kann man sich am Tarifvertrag für den öffentlichen Dienst (TVöD) orientieren, wobei die Gehaltseinstufungen in Kliniken bzw. in Praxen privater Träger vom TVöD abweichen können. Ein angestellter Psychologe mit einem abgeschlossenen Diplom- bzw. Masterstudium wird nach dem TVöD in der Entgeltgruppe (E) 13 eingestuft, was einem monatlichen Bruttoeinkommen von ca. 3109 Euro entspricht. Aufstiegschancen bestehen in E 14 bzw. E 15, wenn der Psychologe beispielsweise den Titel des Psychologischen Psychotherapeuten erworben hat (Kap. 3). Ob aber beim Vorliegen des Titels des Klinischen Neuropsychologen (erworben durch eine kostenpflichtige Weiterbildung bei der Gesellschaft für Neuropsychologie, GNP) eine höhere Eingruppierung als E 13 vorgenommen wird, liegt wesentlich im Ermessen des Arbeitgebers. Hier ist das Aushandeln der Gehaltseinstufung sicherlich lohnend.

Karrieremöglichkeiten

Klassische Karrieremöglichkeiten wie in manch anderen psychologischen Berufsfeldern sind in der Klinischen Neuropsychologie begrenzt. In größeren Rehabilitationskliniken besteht die Aufstiegschance für den angestellten Klinischen Neuropsychologen darin, Leiter der selbigen Abteilung zu werden. Die Leitung einer Station oder einer Klinik liegt naturgemäß in ärztlicher Hand. Möchte man langfristig keinen Chef über sich haben, ist der Weg in die Selbständigkeit reizvoll.

Berufliche Weiterbildung

In der Klinischen Neuropsychologie steht der Kontakt mit dem Patienten im Vordergrund. Wie im klinischen Bereich ist auch hier die Beziehung zwischen Patient und Therapeut von großer Bedeutung. Wie bereits beschrieben, sind in diesem Feld psychotherapeutische Kenntnisse nicht wegzudenken, die man derzeit nur in kostenpflichtigen psychotherapeutischen Ausbildungen erlernt. Tatsächlich raten viele tätige Klinische Neuropsychologen zu einer psychotherapeutischen Ausbildung.

In der kostenpflichtigen berufsbegleitenden Weiterbildung zum Klinischen Neuropsychologen bei der GNP lassen sich spezifische neuropsychologische Inhalte erwerben. Diese Weiterbildung ist jedoch an die Tätigkeit in einer akkreditierten Weiterbildungsinstitution gebunden. Dies bedeutet, dass die erforderlichen Nachweise über theoretische Inhalte und die 3-jährige praktische Tätigkeit im Umfang einer Ganztagsstelle nur anerkannt werden, wenn die Berufstätigkeit in einer akkreditierten Weiterbildungsinstitution ausgeübt wird.

Hervorzuheben ist, dass sich das Feld der beruflichen Weiterbildung ständig im Umbruch befindet. So gibt es beispielsweise von der Psychotherapeutenkammer Bestrebungen, eine Weiterbildungsordnung zur Erlangung einer Zusatzbezeichnung „Klinische Neuropsychologie" zu erlassen. Somit sollte derjenige, der sich nach seinem Studium im Bereich der Klinischen Neuropsychologie weiterbilden möchte, stets die aktuellen berufspolitischen Informationen z. B. bei der GNP (www.gnp.de) oder bei der jeweiligen Landespsychotherapeutenkammer bzw. Bundespsychotherapeutenkammer (www.bptk.de) einholen.

In Zusammenhang mit der beruflichen Weiterbildung sei auf manche Stellenausschreibungen hingewiesen, in denen eine fortgeschrittene Weiterbildung zum Klinischen Neuropsychologen und/oder Psychologischen Psychotherapeuten vorausgesetzt wird. Wenn man bereits praktische Erfahrung im neuropsychologischen Bereich sowie fachbezogene Kenntnisse im Studium gesammelt hat, sollte man sich von solchen Stellenausschreibungen nicht abschrecken lassen. Wird ein bereits abgeschlossenes Zertifikat gefordert, kann dies formale Gründe haben. Als Berufsanfänger macht es dann wenig Sinn, sich auf entsprechende Stellen zu bewerben.

Für Weiterbildungen sehen manche Einrichtungen eine bestimmte Anzahl an Weiterbildungstagen pro Jahr vor, an denen man für externe Fortbildungsveranstaltungen freigestellt wird. In anderen Einrichtungen müssen hierfür Urlaubstage in Anspruch genommen werden. Dies liegt im Ermessen des Arbeitgebers.

Selbstständigkeit

Der Gemeinsame Bundesausschuss beschloss 2011, die Neuropsychologische Therapie den anerkannten Behandlungs- und Untersuchungsmethoden anzufügen. Demnach können Psychologische Psychotherapeuten und Kinder- und Jugendlichenpsychotherapeuten mit fachlicher Befähigung in einem Verfahren nach § 13 der Psychotherapie-Richtlinie (d. h. psychoanalytisch begründete Verfahren und Verhaltenstherapie) sowie mit neuropsychologischer Zusatzqualifikation ambulant Neuropsychologische Therapie durchführen und mit gesetzlichen Krankenkassen abrechnen. Der Interessierte muss sich somit mit den Anforderungen einer psychotherapeutischen Ausbildung und mit den Bedingungen einer kassenärztlichen Zulassung auseinandersetzen (Abschn. 3.3).

Die Rolle des Klinischen Neuropsychologen im interdisziplinären Team

In einem interdisziplinären Team sind in der Regel neben Klinischen Neuropsychologen Ärzte, Pflegekräfte, Sozialarbeiter, Physiotherapeuten, Ergotherapeuten, Logopäden und Sekretäre vertreten. Auch Kunsttherapeuten und Musiktherapeuten bilden häufig einen wichtigen Bestandteil des interdisziplinären Teams. Durch die enge Zusammenarbeit mit den anderen Fachbereichen sind Offenheit und eine gewisse Fachkenntnis fachfremder Inhalte unabdingbar. Natürlich ist auch jeder Fachbereich jeweils für seine spezifischen Inhalte zuständig. So unterstützt der Klinische Neuropsychologe beispielsweise die Ärzte bei der Klärung der Fahreignung des Patienten.

Anforderungen an eine Tätigkeit als Klinischer Neuropsychologe

Im Folgenden werden Aspekte dargestellt, die hilfreich für einen Einstieg in den Beruf als Klinischer Neuropsychologe sind. Selbstverständlich können hier, wie in den meisten anderen psychologischen Berufsfeldern auch, keine Patentrezepte aufgezeigt werden.

Schwerpunktsetzung

Eine Spezialisierung im Studium auf Klinische Psychologie und Klinische Neuropsychologie ist sicher die beste Ausgangslage für eine Tätigkeit im Bereich der Klinischen Neuropsychologie. Tatsächlich lässt sich vieles, was im Rahmen des Studiums erlernt wurde (z. B. diagnostische neuropsychologische Verfahren), in der Praxis anwenden. Liebäugelt man kurz- oder langfristig mit einer Ausbildung zum Psychologischen Psychotherapeuten, so ist es sogar zwingende Voraussetzung Leistungspunkte nach dem European Credit Transfer System, ECTS, in der Klinischen Psychologie zu erwerben. Die konkreten Anforderungen können

Eine Perspektive aus der Wissenschaft

Prof. Dr. Claudia Wendel ist Professorin für Klinische Neuropsychologie an der Hochschule Magdeburg-Stendal. Im folgenden Abschnitt erläutert sie, welche Anforderungen an die Tätigkeit als Klinischer Neuropsychologe gestellt werden und inwiefern Studierende sich auf diese im Rahmen des Studiums vorbereiten können:
Studierende nähern sich dem Fach Klinische Neuropsychologie (KNP) in der Regel mit großem Interesse, haben jedoch gleichzeitig häufig Berührungsängste mit dem Arbeitsfeld. Die Schicksalshaftigkeit und die Schwere, die oft mit Erkrankungen und Verletzungen des Gehirns verbunden wird, sind hierbei maßgeblich. Ist diese Hürde durch ein Praktikum oder andere Praxiserfahrungen genommen, so entwickelt sich in der Regel eine große Begeisterung für die KNP. Wer neugierig ist und sich von Phänomenen des menschlichen Erlebens und Verhaltens faszinieren lässt, ist hier genau richtig. Die Fähigkeit, komplexe Sachverhalte zu verstehen und die Bereitschaft, kontinuierlich Neues zu lernen, sind für die KNP besonders wichtig. In der Regel wird in interdisziplinären Settings gearbeitet – hier ist es hilfreich, sich gut vermitteln zu können.
Manchmal fragen sich Absolventen, ob sie sich mit ihrem Wissen und Können wirksam für Menschen einsetzen können, die mit diversen Veränderungen ihrer Funktionsfähigkeit zu kämpfen haben. Je vielfältiger die Konzepte sind, je mehr die KNP als Klinische Neuro-Rehabilitations-Psychologie verstanden wird, desto mehr Handlungsmöglichkeiten sind gegeben: Angehörigenarbeit, Diagnostik, restitutive und kompensatorische Interventionen, Teilhabeförderung mit Begleitung der beruflichen und sozialen Wiedereingliederung und vieles mehr.
Wie kann man sich im Studium gezielt vorbereiten? Neben dem Wissenserwerb können sich Studierende mit den diagnostischen Verfahren beschäftigen, um möglichst umfangreiche Erfahrungen auf „beiden Seiten" der Diagnostiksituation zu machen. Weiterhin sollte die KNP-Lehre möglichst an Fallbeispielen veranschaulicht werden, hier können Gäste eingeladen oder zumindest Filmbeispiele analysiert werden. In (selbstorganisierten) Projekten können Studierende Kontakt zu Selbsthilfegruppen oder anderen Institutionen herstellen und sich aktiv einbringen (www.flechtwerk-demenz.de). Mein Fazit: Klinische Neuropsychologie – ein spannendes Arbeitsfeld mit Zukunft!

jedoch in Abhängigkeit von den jeweiligen Ausbildungsinstituten variieren. Es ist daher wichtig, sich zeitnah beim präferierten Ausbildungsinstitut zu informieren, welche Aufnahmevoraussetzungen gelten. Auch sei stets auf die aktuellen Informationen der Bundespsychotherapeutenkammer (www.bptk.de) und der Deutschen Gesellschaft für Psychologie (www.dgps.de) verwiesen.

Fachliche Inhalte

Neuropsychologische Diagnostik stellt im Rahmen der Tätigkeit als Klinischer Neuropsychologe einen wichtigen Bestandteil dar, sodass ein diesbezügliches Fach unbedingt besucht werden sollte. Allgemein gilt, dass vor allem solche Fächer für die praktische Tätigkeit von hohem Nutzen sind, die störungsspezifisches Wissen und entsprechende Behandlungsmöglichkeiten zum Inhalt haben. Empfehlenswert sind auch Fächer, in denen psychotherapeutische Methoden bzw. Vorgehensweisen gelehrt werden.

Praxis, Praxis, Praxis

Praktika sind das Sprungbrett in den Beruf. Gerade in Bereichen, in denen der Patient im Mittelpunkt des Arbeitens steht, ist die Erfahrung im

7

Eine Perspektive aus der Praxis

Titel, Name	**Dr. Markus Hieber, Dipl.-Psychologe**
Sie haben neben Philosophie, Medizin und Psycholinguistik Psychologie an der LMU studiert. Welche Schwerpunktsetzungen hatten Sie in Ihrem Psychologiestudium?	Im Hauptstudium konnten wir ein Hauptfach wählen. Hier hatte ich mich für Klinische Psychologie entschieden, weil ich zu diesem Zeitpunkt schon eine Stelle als psychologisch-technischer Assistent hatte.
Was haben Sie als psychologisch-technischer Assistent gemacht?	Ich war zuständig für Diagnostik und Therapie in einer Akutneurologie mit dem Schwerpunkt Multiple Sklerose.
Entstand dadurch Ihr Interesse für die Klinische Neuropsychologie?	Ja. Und zwar durch meine alltägliche Tätigkeit im Zusammenhang mit dem, womit ich Geld verdient habe.
Warum haben Sie sich letztendlich für die Klinische Neuropsychologie unter den vielen anderen Fächern, die Sie studiert hatten, entschieden?	Weil es ganz leicht war. Durch die lange Zeit, die ich schon in der Neurologie war, hatte ich schon viele Voraussetzungen erfüllt, um dahin zu kommen. Und mit dem, was ich mir parallel aufgebaut hatte (Psychotherapieausbildung, Promotion in der Psychosomatik), konnte ich noch nicht genug Geld verdienen.
Haben Sie in diesem Rahmen die Weiterbildung zum Klinischen Neuropsychologen gemacht?	Genau, man musste damals u. a. 120 Stunden Theorie besuchen. Das hatte ich dann nebenbei gemacht, um den Titel des Klinischen Neuropsychologen zu erwerben.
Glauben Sie, dass man im Bereich der Klinischen Neuropsychologie zusätzlich eine psychologisch-psychotherapeutische Ausbildung benötigt, um effektiv mit den Patienten arbeiten zu können?	Ja. Gerade wir Neuropsychologen lernen viel Faktenwissen. Aber wir lernen während der Weiterbildung zum Klinischen Neuropsychologen nicht, mit dem Patienten in Kontakt zu treten, sein Anliegen abzuklären und eine Beziehung zu ihm aufzubauen. Für mich ist die Psychotherapieausbildung eine Chance, das, was ich als Klinischer Neuropsychologe kann, wirklich an die Frau bzw. an den Mann zu bringen.
Was ist Ihr genaues Tätigkeitsfeld in der Fachklinik Bad Heilbrunn?	Innerhalb der Neurologie liegt mein größter Tätigkeitsbereich in der Behandlung von neurologisch erkrankten Menschen der Reha-Phasen B, C und D, sprich von schwer pflegebedürftig, teilweise beatmungspflichtig bis hin zur beruflichen Reintegration nach den typischen Erkrankungen: meistens zerebrovaskuläre Schädigungen, neurodegenerative Erkrankungen, Tumore und entzündliche Erkrankungen. Ich mache zum großen Teil neuropsychologische Diagnostik, die aber immer weniger Stellenwert bekommt, je länger man arbeitet. Ich trete mit den Menschen in Kontakt und versuche, sie dabei zu unterstützen, sich im Dickicht des Gesundheitsdschungels zurechtzufinden. Sie dabei zu unterstützen, einen Weg zu finden, den sie weiter gehen können, wenn sie bei mir draußen sind. Als Leiter der Abteilung der Klinischen Neuropsychologie habe ich im Rahmen meiner Tätigkeit aber auch einen hohen administrativen Anteil zu bewältigen.

Was macht Ihnen bei Ihrer Tätigkeit als Klinischer Neuropsychologe besonders viel Spaß?	Mir macht die direkte Arbeit am Patienten Spaß, mit dem Patienten in Kontakt zu treten, eine Beziehung zu gestalten und ihn im Dickicht des Gesundheitssystems ein Stück zu begleiten.
Was erachten Sie an Ihrer Arbeit als anstrengend?	Das Erfüllen von Qualitätsanforderungen, die gut gemeint sind, die aber dazu führen, dass ein sehr hoher Dokumentationsaufwand betrieben werden muss. Dieser geht zwangsläufig auf Kosten des Patienten. Ansonsten ist es anstrengend in meinem Beruf, dass man mit anderen Berufsgruppen zusammenarbeiten muss. Das ist Segen und Fluch zugleich.
Warum Segen und Fluch?	Weil man mit vielen Augen viele Perspektiven für einen Menschen bekommt. Das ist etwas ganz Wunderbares, weil ich viele Sachen nicht kann. Zusammen können wir mehr. Das Ganze ist immer mehr als die Summe seiner Einzelteile. Fluch, weil es in solchen Systemen Reibung gibt, ganz menschlicher Natur.
Was hat Sie an Ihrer Tätigkeit am meisten überrascht?	Dass die Menschen nicht so sind oder nicht so leben, wie ich es bis zu meinem Schulabschluss geglaubt habe. Ich darf in viele Familien- und Lebensgeschichten reinschauen, wobei es mich schon sehr überrascht hat, dass es hinter den Kulissen kaum irgendwo so aussieht, wie es vordergründig wirkt.
Welchen Tipp haben Sie für Studenten der Psychologie, die sich überlegen, in dem Bereich der Klinischen Neuropsychologie zu arbeiten?	Praktika zu machen. Lernen in einem Umfeld, in dem man nicht lernen muss. Als Praktikant muss ich nichts bringen, ich darf ganz dumme Fragen stellen. Das ist eine Riesenchance. Und durch das bloße Zuschauen lernt man so viel. Durch Praktika, am besten möglichst viele, möglichst lang, in möglichst verschiedenen Einrichtungen, sichert man sich baldmöglichst eine Stelle nach dem Diplom oder Master. Schließlich stellt man jemanden ein, der Erfahrungen hat.

Umgang mit ihm besonders wichtig. Das Hineinschnuppern in unterschiedliche neuropsychologische Tätigkeitsfelder ist zu empfehlen. Die meisten rehabilitativen Einrichtungen unterstützen Praktikantentätigkeiten. Auch Initiativbewerbungen ohne das Vorliegen einer offiziellen Ausschreibung sind sinnvoll, da sich auch auf diesem Wege Praktika ergeben können. Die ausgeschriebenen Praktikumsstellen auf der Homepage der GNP sind sehr nützlich (www.gnp.de).

Fazit

Direkt nach meinem Studium konnte ich über meine studentische Tätigkeit im diagnostischen Bereich in der Praxis Prof. Dr. Wolfgang Fries (jetzt Neuro Reha Team Pasing) in die Klinische Neuropsychologie einsteigen. An ihr fasziniert mich die Schnittstelle zwischen Psychologie und Medizin mit ihren spezifischen Fragestellungen in Kombination mit dem direkten Patientenkontakt. Und auch zukünftig wird es spannend bleiben, da sich die Neurowissenschaften stetig weiter entwickeln. Wer ähnliches Interesse hat, dem kann die Klinische Neuropsychologie nur Spaß machen!

7.7 Tätigkeit als Gesundheitspsychologe

Claudia Clos

Die Gesundheitspsychologie ist eine der jüngsten Disziplinen der Psychologie. Entsprechend neu sind auch die Tätigkeitsfelder, die sich in diesem Fachbereich eröffnen. Betriebliches Gesundheitsmanagement, Fort- und Weiterbildung oder die Koordination und Durchführung von Gesundheitsprojekten sind Beispiele dafür, in welchen Berufsfeldern Gesundheitspsychologen tätig sind. Die Möglichkeiten sind vielfältig, wobei sich die konkreten Betätigungsfelder in Zukunft stark weiterentwickeln werden, da die heute tätigen Gesundheitspsychologen in vielen Fällen noch Pionierarbeit leisten. Das folgende Kapitel gibt Ihnen einen Überblick über die vielfältigen Möglichkeiten, als Gesundheitspsychologe zu arbeiten.

Gesundheitspsychologie – was ist das?

Die Gesundheitspsychologie hat sich als eine der jüngsten psychologischen Disziplinen im Laufe der letzten drei Jahrzehnte entwickelt. 1978 wurde die *division of health psychology* innerhalb der *American Psychological Association (APA)* gegründet. Die Abteilung zählt heute über 5000 Mitglieder. Auch im deutschsprachigen Raum gilt die Gesundheitspsychologie inzwischen als etablierte und selbstständige Disziplin innerhalb der Psychologie. Die Deutsche Gesellschaft für Psychologie folgte 1992 mit der Gründung einer Fachgruppe Gesundheitspsychologie; einen solchen Fachbereich gibt es auch im Berufsverband Deutscher Psychologinnen und Psychologen (BDP).

Eine offizielle Definition der Disziplin lautet: „Gesundheitspsychologie ist die Wissenschaft vom Erleben und Verhalten des Menschen im Zusammenhang mit Gesundheit und Krankheit. Dabei stehen vor allem riskante und präventive Verhaltensweisen, psychische und soziale Einflussgrößen sowie deren Wechselwirkungen auf körperliche Erkrankungen und Behinderungen im Mittelpunkt." (Lippke & Renneberg 2006). Gegenstand der Gesundheitspsychologie sind damit insbesondere Verhalten, Kognition, Emotion und Motivation in Verbindung mit Erkrankungen, gesundheitlichen Risiken und Präventionsmaßnahmen. Die Gesundheitspsychologie befasst sich hauptsächlich mit der Analyse und Beeinflussung gesundheitsbezogener Verhaltensweisen. Die Wirkweisen werden sowohl auf individueller als auch auf kollektiver Ebene betrachtet. Ziel der Disziplin ist es nicht nur, Gesundheit zu erhalten und zu fördern, sondern auch Krankheiten zu verhüten, das System gesundheitlicher Versorgung zu verbessern und Rehabilitation zu ermöglichen.

Innerhalb der verschiedenen Fachbereiche der Psychologie gilt die Gesundheitspsychologie als Integrationsdisziplin, da einige Überschneidungen und gemeinsame Interessen mit anderen Disziplinen bestehen. So ist die Gesundheitspsychologie verwandt mit der Verhaltensmedizin. Beide Ansätze gehen davon aus, dass das Verhalten eine bedeutende Rolle bei der Entstehung und Bewältigung von Krankheiten spielt. Die Verhaltensmedizin befasst sich dabei als Schnittstelle zwischen Medizin und Sozialwissenschaften mit den Entstehungsbedingungen, der Prävention und der Therapie von Krankheiten. Die Gesundheitspsychologie befasst sich dagegen mit den Entstehungsbedingungen und der Prävention gesundheitlicher Störungen und Risiken. Verwandt ist die Gesundheitspsychologie auch mit der Gesundheitswissenschaft oder *Public Health*. Diese wird definiert als Wissenschaft der Krankheitsverhütung, Lebensverlängerung und der Förderung des psychischen und physischen Wohlbefindens durch gemeindebezogene Maßnahmen. Epidemiologen, Soziologen, Sozialmediziner sowie Psychologen erarbeiten im Rahmen der *Public Health* Empfehlungen für gesundheitspolitische und sozialtechnologische Maßnahmen.

Obwohl die Gesundheitspsychologie auch gemeinsame Bereiche mit der Klinischen Psychologie aufweist, gelten beide Bereiche als eigene Disziplinen. Während sich die Klinische Psychologie auf psychische Störungen und Abweichungen im Verhalten konzentriert, stehen diese nicht im Fokus der Gesundheitspsychologie, sondern werden nur am Rande berücksichtigt. Inhalte der Klinischen Psychologie werden im Rahmen der Gesundheitspsychologie vor allem dann relevant, wenn Komorbiditäten von körperlichen und psychischen Erkrankungen auftreten.

Gesundheitspsychologie – ein ganz besonderes Tätigkeitsfeld?

Der Gesundheitsmarkt boomt. Mehr als fünf Millionen Erwerbstätige sind in Deutschland im Gesundheitssektor tätig, zudem sollen in den kommenden zehn Jahren bis zu 100.000 neue Arbeitsplätze pro Jahr entstehen. Die Gesundheitsbranche entwickelt sich somit zu einem der Wachstumsmotoren der Volkswirtschaft und zählt – auch in schwierigen Zeiten – zu den stabilsten Branchen in Deutschland. Verantwortlich sind hierfür verschiedene Faktoren wie z. B. der demografische Wandel, der für einen höheren Anteil älterer Menschen in der Bevölkerung sorgt, die mehr Gesundheitsangebote in Anspruch nehmen. Darüber hinaus steigen das Gesundheitsbewusstsein der Menschen und die Bereitschaft, auch finanziell in die Gesundheit zu investieren. Trotz aller Kostendämpfungsmaßnahmen nimmt der Stellenwert der Gesundheitspolitik auch im gesamtpolitischen Rah-

Ein Szenario

Kathrin Freiberger ist auf dem Weg zu einem Außendiensttermin. Heute wird sie bei einem großen Handelsunternehmen den Arbeitskreis Gesundheit moderieren. Frau Freiberger hofft, mit dem Termin einiges voranzubringen, da alle erforderlichen Beteiligten dabei sein werden: die Unternehmensleitung, ein Vertreter der Personalabteilung, die Fachkraft für Arbeitssicherheit, der Betriebsarzt und der Betriebsrat. Ziel des Arbeitskreises ist es, über psychische Belastungen der Verkaufsmitarbeiter zu sprechen. Außerdem soll das Vorhaben, eine Betriebsvereinbarung zum Thema „Mobbing" zu erstellen, diskutiert werden. Der Hauptzweck dieser Sitzung ist es, die Unternehmensleitung für das Thema „psychische Belastungen" zu sensibilisieren, um im nächsten Schritt auf Basis sachlicher Diskussionen Lösungsvorschläge zu erarbeiten. Letztlich soll also die Gesundheit der Mitarbeiter kurz- und langfristig gefördert und erhalten werden. Der Betriebsrat hatte sich mit der Bitte um Unterstützung an die Krankenkasse gewendet, da sich gerade bei den Mitarbeitern im Verkauf und im Beschwerdemanagement die Ausfälle aufgrund psychischer Belastungen in letzter Zeit häuften. Das Serviceangebot „Gesundheitsmanagement" der Krankenkasse bietet in solchen Fällen Unterstützung durch Experten an.

Frau Freiberger ist als Referentin für betriebliches Gesundheitsmanagement eine dieser Expertinnen bei einer Krankenkasse. Das Team „Gesundheitsmanagement", zu dem Frau Freiberger gehört, berät Unternehmen zu relevanten Themen aus diesem Bereich. Am Anfang der Beratung müssen zunächst Strukturen geschaffen werden, die eine offizielle Beschäftigung mit dem Thema in der Organisation sicherstellen, beispielsweise die Etablierung eines Gesundheitszirkels oder eines Arbeitskreises Gesundheit. In diesem Gremium sitzen alle wesentlichen Entscheider, die Projekte diskutieren, auswählen und die Aktivitäten zur Umsetzung steuern. Häufig ist es hierbei hilfreich, mit einem externen Experten wie Frau Freiberger zusammenzuarbeiten, um objektive Meinungen und neue Ideen in das Unternehmen zu tragen.

Die wichtigsten Prozessschritte sind immer die Erarbeitung von Lösungsvorschlägen und deren zeitnahe Umsetzung sowie die Erfolgskontrolle der Maßnahmen.

Wenn Frau Freiberger nicht direkt beim Kunden ist, erarbeitet sie gemeinsam mit ihren Kollegen in der Zentrale der Krankenversicherung Präventionsmaßnahmen, die vielen der Versicherten zu Gute kommen. Im Fokus ihrer Arbeit steht auch hierbei neben der Entwicklung der Maßnahmen die Evaluation und Erfolgskontrolle.

men zu, sodass insgesamt von einer positiven Prognose für die Gesundheitswirtschaft ausgegangen werden kann.

Im Zuge dieser Entwicklung haben sich in den letzten Jahren verschiedene Arbeitsfelder für Gesundheitspsychologen herauskristallisiert, die im folgenden Abschnitt näher beschrieben werden:

- Management und Koordination von Gesundheitsprojekten in Unternehmen, Kliniken, Verwaltungen, Krankenkassen, Beratungsstellen oder Erziehungseinrichtungen
- Fort- und Weiterbildung
- Gesundheitswissenschaftliche Forschung und Lehre
- Gestaltung und Aufbereitung gesundheitsbezogener Informationen für die Öffentlichkeits- und Medienarbeit

Aufgaben im Rahmen der Tätigkeit

Management und Koordination von Gesundheitsprojekten

Insbesondere größere Unternehmen haben erkannt, dass sie nur zukunfts- und konkurrenzfähig sein können, wenn sie die Gesundheit ihrer Mitarbeiter fördern. Daher leisten sich nicht nur wirtschaftlich orientierte Unternehmen, sondern auch Verwaltungen und Behörden immer häufiger einen „Gesundheitsmanager". Dieser organisiert und koordiniert Projekte, um die Gesundheit der eigenen Mitarbeiter zu erhalten und im Idealfall zu fördern. Ein typisches Projekt ist beispielsweise die Einführung eines betrieblichen Gesundheitsmanagements im Unternehmen. Auch in Hauptverwaltungen der Sozialversicherung wie Krankenkassen und Berufsgenossenschaften sind Psychologen in der Prävention beschäftigt. Sie kümmern sich um die Beratung der versicherten Betriebe und Mitglieder. Psychologen sind dort zumeist mit dem Schwerpunkt Konzeptentwicklung, Beratung und Qualitätssicherung betraut. Die Krankenversicherungen arbeiten auch gerne mit Psychologen auf freiberuflicher Basis zusammen. In Kliniken und Rehabilitationseinrichtungen sind Gesundheitspsychologen eingesetzt, um psychische Störungen präventiv zu beeinflussen, oder um eine Chronifizierung von Erkrankungen zu verhindern.

Fort- und Weiterbildung

Auch die Fort- und Weiterbildung stellt ein großes Aufgabenfeld für Gesundheitspsychologen dar. Gesundheitstrainings werden in ganz verschiedenen Einrichtungen angeboten: Von der Volkshochschule bis zum Schuldienst zeigen öffentliche und private Organisationen Interesse an der Schulung von Erwachsenen und Kindern mit dem Ziel, die individuellen Kompetenzen in Bezug auf eine gesunde Lebensweise zu stärken (z. B. Ernährung, Bewegungsverhalten). Krankenkassen führen im Rahmen ihrer gesetzlichen Leistungen z. B. ausgewählte Gesundheitstrainings zu Themen wie Raucherentwöhnung oder Stressbewältigung mit Hilfe von Psychologen durch. Firmen investieren gerne in Gesundheitstrainings (z. B. Zeitmanagementseminare, Trainings zum Umgang mit schwierigen Kunden), um Stressoren zu reduzieren und die eigene Bewältigungskompetenz zu fördern. Ebenso haben Kurse und Workshops zu Themen wie kreative Fähigkeiten, soziale Kompetenzen oder Meditation Einzug in psychologische Praxen, Gesundheitszentren und Hospize erhalten und werden auch von Gesundheitspsychologen durchgeführt.

Lehre und Forschung

Die Gesundheitspsychologie wurde zunächst an Hochschulen initiiert, sodass die gesundheitspsychologische Lehre und Forschung ein wichtiges Aufgabenfeld darstellt. An psychologischen und gesundheitswissenschaftlichen Instituten erforschen die Mitarbeiter die Prädiktoren gesundheitsbewussten Verhaltens oder die positive Beeinflussung von Menschen im Sinne einer gesundheitsbewussten Lebensführung (Abschn. 6.1, 6.2, 6.3).

Öffentlichkeits- und Medienarbeit

Für Gesundheitspsychologen eröffnet sich darüber hinaus ein weiterer Arbeitsmarkt im Bereich der Öffentlichkeits- und Medienarbeit. Informationen zu relevanten Inhalten müssen für verschiedene Zielgruppen wie chronisch Kranke, Ältere, Kinder oder sozial Benachteiligte aufbereitet werden, um positive Effekte erzielen zu können. Die Nutzung verschiedener Medien wie Print, Fernsehen, Radio und Internet kann dabei zur Verbreitung herangezogen werden (Abb. 7.3). Sowohl Redaktionen als auch Presseagenturen, politische und andere Verbände stellen Gesundheitspsychologen für spezifische Schwerpunktthemen in diesem Bereich ein.

Einkommen

Ebenso breit gestreut wie die möglichen Aufgabenfelder von Gesundheitspsychologen verteilt sich auch das Einkommen. Psychologen, die im öffentlichen Dienst oder im kommunalen Bereich (Krankenhäuser, Krankenkassen, Verbände, Universitäten etc.) angestellt sind, werden nach dem Tarifvertrag des öffentlichen Dienstes (TVöD) bezahlt. Eine Übersicht zu den Gehältern im öffentlichen Dienst ist unter www.oeffentlicher-dienst.info abrufbar. Mit einem abgeschlossenen Universitätsstudium (Master oder Diplom) sollte die Eingruppierung auf E 13 erfolgen. Die Eingruppierung mit einem Bachelor erfolgt meist auf E 9 oder E 10. Wer freiberuflich tätig ist und sich auf einem bestimmten Gebiet einen Namen gemacht hat, kann als selbstständiger Berater oder Trainer einen hö-

Abb. 7.3 Ein Motiv der bundesweiten Präventionskampagne „Risiko raus!", die 2010 und 2011 von den Berufsgenossenschaften, Unfallkassen und der Landwirtschaftlichen Sozialversicherung für mehr Sicherheit beim Fahren und Transportieren durchgeführt wurde (© DGVV)

heren Stundensatz erzielen als ein Absolvent, der gerade erst in den Markt einsteigt. Bei freiberuflichen Tätigkeiten ist der Stunden- oder Tagessatz jedoch Verhandlungssache. Grundsätzlich gilt dabei, dass Kunden aus der freien Wirtschaft wie Banken oder Unternehmensberatungen mehr für Gesundheitsdienstleistungen wie Trainings oder Beratungen zahlen können als soziale Organisationen wie Krankenkassen oder Rehakliniken.

Karrieremöglichkeiten

In reinen Managementpositionen sind Psychologen bislang nur selten in Organisationen der Gesundheitspolitik und des Gesundheitswesens zu finden. Dies liegt daran, dass die Karrierewege von Psychologen weniger eindeutig und klar vorgezeichnet sind als bei anderen Berufsgruppen wie z. B. Juristen oder Wirtschaftswissenschaftlern. Insgesamt erfordert der Übergang in Leitungspositionen für Gesundheitspsychologen in Organisationen eine starke Ambition und das Glück, zur richtigen Zeit am richtigen Ort zu sein. Ein Aufstieg ist also in den meisten Fällen wenig planbar. Bessere Chancen haben grundsätzlich Mitarbeiter mit abgeschlossener Promotion. Im gesundheitspsychologischen Bereich findet sich darüber hinaus eine große Anzahl selbstständiger Anbieter, z. B. als Trainer, Coach oder Berater. Wer sein eigener Chef sein möchte, könnte somit in einer selbstständigen Tätigkeit seine Berufung finden. Der Einstieg in die Selbstständigkeit direkt nach dem Studium gestaltet sich sehr schwierig, doch bietet eine vorhergehende Angestelltentätigkeit eine durchaus gute Perspektive, um den Weg in das Unternehmertum zu ebnen.

Persönliche Weiterbildung

Fortbildung „Psychologische Gesundheitsförderung – BDP"

Für Psychologen, die sich in der Gesundheitspsychologie weiterentwickeln möchten und denen noch das nötige Fachwissen fehlt, hat die Deutsche Psychologen Akademie ein eigenes Curriculum entwickelt. Diese Fortbildung richtet sich an Psychologen, die haupt- oder nebenberuflich Aspekte der psychologischen Gesundheitsförderung in ihre Berufstätigkeit integrieren möchten. Im Rahmen dieser Fortbildung werden ebenso gesundheitspsychologische Grundlagen als auch medizinisches und epidemiologisches Basiswissen vermittelt. Ein weiteres Kernelement des Curriculums sind Methoden der Selbstmotivation, der Gruppenarbeit und der Moderation. Abgeschlossen werden die Kurse mit dem Zertifikat „Psychologische Gesundheitsförderung – BDP" (siehe www.psychologenakademie.de)

Master of Public Health

Eine weitere Möglichkeit, sich in der Gesundheitsförderung weiterzubilden, ist die Aufnahme eines gesundheitswissenschaftlichen Studiums. Für Hochschulabsolventen bieten sich hier vor allem postgraduale, in der Regel zweijährige Studiengänge an, die auch berufsbegleitend besucht werden können. Der Abschluss erfolgt als *Master of Public Health*, MPH. Inhaltliche Schwerpunkte eines gesundheitswissenschaftlichen Studiums sind Epidemiologie, Gesundheitsförderung oder Management im Gesundheitswesen (siehe www.gesundheitsmanagement-studieren.de).

Es ist zu berücksichtigen, dass das Studienangebot einem ständigen Wandel unterliegt und eine kontinuierliche Ausdifferenzierung und Erweiterung der Fachbereiche stattfindet. Interdisziplinären und berufsbegleitenden Studiengängen kommt hierbei zusehends mehr Bedeutung zu. Ein Aufbaustudium aus dem gesundheitswissenschaftlichen Bereich stellt für Psychologen neben einer Promotion auf diesem Gebiet die derzeit höchste Qualifikation für nichtheilkundliche Tätigkeiten im Gesundheitswesen dar und schafft damit eine gute Basis für verschiedene Tätigkeiten.

Masterstudiengänge im Ausland

Im Zuge der Umstellung vom Diplom auf Bachelor- und Masterabschlüsse bietet die nun flexiblere Studienplanung bessere Möglichkeiten, einen längeren Auslandsaufenthalt in das Studium zu integrieren. Insbesondere diejenigen, die sich für einen Masterabschluss in *Health Psychology* interessieren, haben in Großbritannien oder den Niederlanden gute Erfolgsaussichten. Auch in den Niederlanden werden englischsprachige Masterprogramme angeboten. Wenngleich das Studium dort mit höheren Studiengebühren als in Deutschland einhergeht, kann sich diese Investition in einen gezielt gewählten und spezifischen Berufsabschluss durchaus lohnen. Häufig dauern die Masterstudiengänge in Gesundheitspsychologie im Ausland ein Jahr. Interessenten sollten sich vorab allerdings genau informieren, welche konkrete Ausrichtung der Studiengang hat (Vorbereitung auf wissenschaftliche Tätigkeit etc.) und wer die Zielgruppe des Studiums ist, um dann vor Ort keine Überraschungen zu erleben. Auskunft über Tätigkeiten und Qualifizierungsmöglichkeiten im europäischen Ausland gibt die *European Health Psychology Society* (siehe www.ehps.net).

Promotion

Eine Promotion empfiehlt sich insbesondere für Psychologen, die eine wissenschaftliche Karriere oder eine Leitungsfunktion anstreben. Doch auch für selbstständige Psychologen ist eine abgeschlossene Dissertation durchaus von Vorteil, wenn es um die Behauptung und Vermarktung der eigenen Dienstleistungen auf dem Markt geht. Für die gesundheitspsychologische Arbeit in Kliniken, Praxen und Organisationen ist eine Promotion jedoch nicht erforderlich.

Selbstständigkeit

Die Gesundheitspsychologie ist ein besonders interessantes Feld für Existenzgründungen, denn gerade für Beratungsleistungen rund um das Thema „Förderung und Erhaltung der physischen und psychischen Gesundheit" besteht ein großer und dynamisch wachsender Markt. So gewinnt die Erkenntnis, dass die Gesundheit sowohl für den einzelnen Menschen als auch für die Gemeinschaft ein hohes Gut ist, zunehmend an Bedeutung. Laut Zukunftsforschern wird die Bedeutung der Gesundheitsförderung weiter zunehmen.

Für Psychologen, die den Wunsch haben, sich selbstständig zu machen, spielen auch Dienstleistungen im Bereich der Fort- und Weiterbildung eine große Rolle. Konkrete Themen wie „Stressmanagement" oder „Gesunde Führung" sind als

Eine Perspektive aus der Wissenschaft

Thomas Kubiak ist Professor für Gesundheitspsychologie an der Universität Mainz. Im folgenden Abschnitt erläutert er, was er Psychologiestudierenden während des Studiums empfiehlt und wie er die zukünftige Bedeutung der Gesundheitspsychologie einschätzt:

Bei der Wahl der Universität oder Hochschule ist es wichtig, auf ein breites Angebot an gesundheitspsychologischen Inhalten zu achten: Besonders sinnvoll ist ein konsekutives Studienangebot im Fach Gesundheitspsychologie, d. h. Angebote sowohl im Bachelor- als auch im Masterstudiengang Psychologie. Neben grundlagenorientieren Inhalten sind Veranstaltungen mit einem hohen Praxisbezug und außeruniversitäre Praktika im Bereich der Gesundheitspsychologie wichtig. Hilfreich für den Einstieg in die Praxis ist es auch, Veranstaltungen im Bereich der Klinischen Psychologie wahrzunehmen. Sinnvolle Neben- bzw. Wahlfächer können Public Health, Epidemiologie oder Psychosomatik sein. Ich würde auch dazu raten, frühzeitig Erfahrungen im interdisziplinären Arbeiten zu sammeln, z. B. mit KollegInnen aus der somatischen Medizin oder in Einrichtungen der Kostenträger im Rahmen von Praktika. Meine Prognose ist, dass die Bedeutung der Gesundheitspsychologie – auch für die Praxis – in den kommenden Jahrzehnten weiter zunehmen wird. Die großen Herausforderungen für die Gesundheitssysteme sind Erkrankungen, die in direktem Zusammenhang mit dem Verhalten der Menschen stehen, sog. Lifestyleerkrankungen wie Übergewicht, Typ 2 Diabetes oder kardiovaskuläre Erkrankungen. Eine Kernkompetenz der Gesundheitspsychologie besteht darin zu erklären, warum sich gesundheitsrelevantes Verhalten wie Ernährung, Bewegung oder die Inanspruchnahme von Vorsorgeuntersuchungen und Impfungen von Mensch zu Mensch oft stark unterscheidet und warum es oft schwerfällt, diese Verhaltensweisen zu ändern. Einer der wichtigsten Beiträge der Gesundheitspsychologie besteht in der wissenschaftlich fundierten Entwicklung, Evaluation und Implementierung von Präventions- und Interventionsstrategien. Diese sollen es Menschen erleichtern, Risikoverhaltensweisen (z. B. ungünstige Ernährung, Rauchen) abzubauen und günstige Verhaltensweisen (z. B. regelmäßige körperliche Aktivität) aufzubauen. Das Profil und die Kompetenzen praktisch tätiger Gesundheitspsychologen schließen dabei eine wichtige Lücke im interdisziplinären Team, sowohl bei der Arbeit mit Risikogruppen und PatientInnen als auch auf der Makroebene von Versorgung, Kostenträgern und Gesundheitspolitik.

Weiterbildungsveranstaltungen in Betrieben sehr gefragt. Wer eine entsprechende Nische mit einem relevanten und nachgefragten Thema findet, hat große Chancen auf eine erfolgreiche, selbstständige Tätigkeit. Lesern, die sich speziell für das Thema „Selbstständigkeit in der Gesundheitspsychologie" interessieren, sei das Buch *Selbstständig als Gesundheitspsychologin: Nischenfindung, Markenbildung, Kundenbindung* (2010) von Anne Kathrin Matyssek empfohlen.

Die Rolle von Psychologen im Gesundheitswesen

Im Gesundheitswesen ist eine große Vielfalt an Fachrichtungen zu finden: Man kann nicht davon ausgehen, dass es eine spezielle Nachfrage nur nach Psychologen gibt. Dennoch haben die Gesundheitspsychologen ein Alleinstellungsmerkmal gegenüber anderen Ausbildungshintergründen: Da es sich bei den Tätigkeitsfeldern häufig um Gesundheitsprojekte mit Konzeptionierung, Organisation, Durchführung und Evaluation handelt, kommt den Psychologen ihre empirisch ausgerichtete Ausbildung zu Gute. Insbesondere die vertieften Kenntnisse in Statistik und quantitativen Forschungsmethoden sind ein wertvolles Know-how. Denn derjenige, der sein eigenes Projekt nicht nur konzipieren und durchführen, sondern auch noch evaluieren kann, wird im Team und bei Arbeitgebern hoch geschätzt.

Anforderungen an eine Tätigkeit als Gesundheitspsychologe

Neben einer persönlichen Identifikation mit den Themen und Zielen der Gesundheitsförderung gibt es einige weitere relevante Anforderungen, die für eine erfolgreiche Tätigkeit von Bedeutung sein können. Letztlich entscheidend ist jedoch das individuelle und persönliche Profil, das manchmal sehr zielstrebig in Richtung Gesundheitspsychologie geht, in anderen Fällen jedoch auch auf ganz verschnörkelten (Um-)Wegen zum Ziel führen kann.

Schwerpunktsetzung

Die Gesundheitspsychologie gehört seit 1989 im Rahmen des Psychologiestudiums in Deutschland zu den Anwendungsfächern im Studium. Seit der Umstellung auf Bachelor- und Masterstudiengänge gibt es an einigen deutschen Universitäten sowie im Ausland die Möglichkeit, einen Master in Gesundheitspsychologie oder einen *Master of Health Psychology* zu absolvieren. Hilfreich ist es daher sicherlich, bereits im Studium Basiswissen auf diesem Gebiet zu erwerben. Da nicht alle Universitäten einen Master in Gesundheitspsychologie anbieten, kann auch durchaus die Wahl der Schwerpunktfächer Arbeits- und Organisationspsychologie und/oder Klinische Psychologie hilfreich sein, da auch diese Fächer grundsätzliche psychologische Kenntnisse vermitteln (z. B. Störungslehre, Therapiemöglichkeiten, Führungstheorien), die in jedem Fall für die späteren Tätigkeiten als Gesundheitspsychologe eine gute Basis bilden. Spezifischere Kenntnisse können je nach Bedarf im Rahmen eines Aufbaustudiums oder einer berufsbegleitenden Weiterbildung erworben werden.

Fachliche Inhalte

Für die Tätigkeit als Gesundheitspsychologe sind die Kenntnis gesundheitspsychologischer Theorien und deren praktische Anwendung entscheidend. Außerdem sind soziale Kompetenzen sehr wichtig. Nach Möglichkeit sollten daher schon im Zuge des Studiums Kenntnisse in den Bereichen Moderation, Präsentationstechnik oder Rhetorik erworben werden. An vielen Universitäten und Hochschulen können entsprechende Kurse belegt werden – diese Kenntnisse lassen sich auch studienbegleitend, z. B. in Career Centern, gut erwerben. Die Methodenlehre sollte ebenso wenig zu kurz kommen, da gute Statistikkenntnisse bei den meisten Tätigkeiten hilfreich sind.

Computerkenntnisse

Gesundheitspsychologen müssen sehr sicher im Umgang mit den gängigen Office-Anwendungen sein. Im Rahmen von Konzeption und Evaluation erstellen sie häufig Power-Point-Präsentationen oder erarbeiten Auswertungen in Excel.

Praxis, Praxis, Praxis

Erste Praxiserfahrungen sollten Psychologen auf jeden Fall schon während des Studiums sammeln. Wer sich für eine Tätigkeit als Gesundheitspsychologe interessiert, kann seine Pflichtpraktika dementsprechend gestalten. An Universitäten werden häufig studentische Hilfskräfte gesucht, und auch freiberufliche Gesundheitspsychologen freuen sich über studentische Mitarbeiter, die neue Ideen mit einbringen und sie bei einem Projekt unterstützen (z. B. die Auswertung eines Projekts oder die Konzeption einer Schulungseinheit). Es ist ratsam, bei potenziellen Arbeitgebern nachzufragen, da viele Stellen – sei es auf freiberuflicher Basis oder als Angestellter – nicht oder noch nicht öffentlich ausgeschrieben sind. Darüber hinaus ist ein Hinterfragen der Fachrichtung bei Stellenausschreibungen sinnvoll, nachdem diese nur selten explizit auf Psychologen zugeschnitten sind. In der Regel lohnt es sich deshalb nachzufragen und sich trotzdem zu bewerben. Wer erst einmal im Bewerbungsgespräch ist, kann dort mit Methodenkompetenz und anderen Fähigkeiten punkten.

Eine Perspektive aus der Praxis

Titel, Name	**Dipl.-Psych. Julia Scharnhorst, MPH**
Organisation	Health Professional Plus
Berufsbezeichnung	Unternehmensberaterin, Trainerin und Autorin
Schwerpunkte im Psychologiestudium	Klinische Psychologie, Arbeits-, Betriebs- und Umweltspsychologie
Beruflicher Werdegang	• 1988 Psychologie-Diplom in Hamburg • Tätigkeit in Rehakliniken und Approbation als psychologische Psychotherapeutin • 1996–98 *Master of Public Health* an der Medizinischen Hochschule Hannover • Aufbau und Leitung des Gesundheitsmanagements bei einer privater Krankenversicherung • Derzeit selbstständig mit dem Schwerpunktthema psychische Belastungen am Arbeitsplatz
Was mögen Sie an Ihrer Tätigkeit am meisten?	Schön ist an meiner Arbeit, dass ich auf der Seite der Guten bin und die Gesundheit unterstütze. Da ich freiberuflich tätig bin, habe ich außerdem einen sehr großen Freiheitsgrad und kann selbst bestimmen, welche Projekte ich wann und wie abwickle.
Welchen Tipp haben Sie für Psychologen, die gerne im Bereich Gesundheitspsychologie arbeiten möchten?	Ich kann die Gesundheitspsychologie als Berufsfeld mit Zukunft empfehlen. Man braucht keine psychotherapeutische Ausbildung. Ich rate zu Mut und Eigeninitiative, um Marktlücken ausfindig zu machen. Einsteiger sollten sich ein spezielles Thema suchen und nicht ein Thema bearbeiten, das alle machen, sondern sich auch an ausgefallenere Bereiche wagen. Wichtig ist es am Anfang, ein Profil zu entwickeln und sich auf bestimmte Zielgruppen, vielleicht ältere Menschen oder Kinder, zu konzentrieren.
Zu welcher Aus- oder Weiterbildung raten Sie Psychologen, die in diesem Bereich tätig werden wollen?	Gesundheitspsychologie als Schwerpunkt oder Nebenfach im Studium zu wählen, wo es das gibt, macht natürlich Sinn. Auch Klinische Psychologie und ABO-Psychologie sind gute Fächer für die betriebliche Gesundheitsförderung. Das Zertifikat der Deutschen Psychologen Akademie ist im Moment das einzige anerkannte Zertifikat auf diesem Sektor. Wer höhere Positionen in der Politik, Spitzenverbänden oder größeren Organisationen anstrebt, für den empfiehlt sich ein gesundheitswissenschaftlicher Aufbaustudiengang, z. B. ein *Master of Public Health*. Für die Arbeit in Praxen oder Kliniken ist das aber nicht erforderlich. Auch Kursleiterscheine wie z. B. für Stressmanagement sind heute schon fast Voraussetzung für einen Gesundheitspsychologen.
Welche beruflichen Entwicklungsmöglichkeiten sehen Sie für Gesundheitspsychologen?	Die Gesundheitspsychologie ist ein Bereich, in dem man sich wunderbar selbstständig machen kann. Für Führungspositionen muss man sich allerdings durchkämpfen, es gibt hier keine vorgebahnten Karrieren. Man muss einen gewissen Ehrgeiz und genügend Energie mitbringen, um sich hochzuarbeiten. Zusätzlich gehört dann auch noch ein Quäntchen Glück dazu.
Wie schätzen Sie den Arbeitsmarkt für Gesundheitspsychologen heute und zukünftig ein?	Den Arbeitsmarkt für Gesundheitspsychologen schätze ich glänzend ein. Das Thema „psychische Gesundheit am Arbeitsplatz" ist derzeit ja in der Presse sehr relevant, es wurde in den Betrieben ja auch sträflich vernachlässigt. Daher besteht jetzt ein Riesenbedarf an psychologischer Beratung und Dienstleistungen in den nächsten Jahren. Ich nehme auch an, dass sich die gesetzlichen Rahmenbedingungen ändern werden. Das wäre natürlich auch Rückenwind für uns und die Nachfrage nach Gesundheitsangeboten würde weiter steigen. Da die Gesellschaft außerdem zunehmend älter wird, gehe ich auch davon aus, dass der gerontopsychologische Bereich immer wichtiger werden wird.

Fazit

Da ich mich für die Förderung der Gesundheit am Arbeitsplatz einsetze, ist die Identifikation mit den Zielen meiner Arbeit sehr hoch. In der Prävention einer Unfallkasse agiere ich, bevor Störungen eingetreten sind, und kann diese – im Idealfall – abwenden. An der Arbeit als Gesundheitspsychologin schätze ich außerdem, dass ich mit vielen unterschiedlichen Menschen Kontakt habe und Einblicke in verschiedene Betriebe gewinne.

Literatur

Weiterführende Literatur Abschn. 7.1

Greuel, L. (2001). Polizeipsychologie in Deutschland: Neue Herausforderungen an Wissenschaft und Praxis. *Polizei & Wissenschaft,* 2, 3–12.

Langer, M. (2008). Psychologie bei der Polizei. In K. Sternberg & M. Amelang (Hrsg.), *Psychologen im Beruf. Anforderungen, Chancen und Perspektiven* (S. 299–308). Stuttgart: W. Kohlhammer

Schmalzl, H.P. (1999). Polizeipsychologie – Innenansichten einer „amphibischen" Disziplin. *Praxis der Rechtspsychologie,* 9(1), 5–14.

Schmalzl, H.P. (2003). Polizeipsychologie im Spagat zwischen Anspruch und Inanspruchnahme. In C. Lorei (Hrsg.), *Polizei & Psychologie.* Kongressband der Tagung „Polizei & Psychologie" am 18. und 19. März 2003 in Frankfurt am Main (S. 97–114). Frankfurt: Verlag für Polizeiwissenschaft.

Schmalzl, H.P. & Stein, F. (2003). Polizeipsychologische Aufgabenfelder im Wandel der Zeit in der Bundesrepublik Deutschland. In F. Stein (Hrsg.), *Grundlagen der Polizeipsychologie* (S. 11–21). Göttingen: Hogrefe.

Stein, F. & Poppelreuter, S. (1990). Polizeipsychologische Aufgabenfelder im Wandel der Zeit – in der Bundesrepublik Deutschland. In F. Stein (Hrsg.), *Brennpunkte der Polizeipsychologie* (S. 1–8). Stuttgart: Verlag für Angewandte Psychologie.

Weiterführende Literatur und Internetadressen Abschn. 7.2

Kury, H. & Obergfell-Fuchs, J. (2012). *Rechtspsychologie. Forensische Grundlagen und Begutachtung. Ein Lehrbuch für Studium und Praxis.* Stuttgart: Kohlhammer.

Volbert, R. & Dahle, K-P. (2010). *Forensisch-psychologische Diagnostik im Strafverfahren.* Göttingen: Hogrefe.

Volbert, R. & Steller, M. (Hrsg.). (2008). *Handbuch der Rechtspsychologie.* Göttingen: Hogrefe.

Westhoff, K. & Kluck, M.-L. (2005). *Psychologische Gutachten schreiben und beurteilen.* Berlin: Springer.

Wottawa, H. & Hossiep, R. (1997). Anwendungsfeld „Recht". In H. Wottawa & R. Hossiep (Hrsg.), *Anwendungsfelder psychologischer Diagnostik.* Göttingen: Hogrefe.

Zuschlag, B. (2006). *Richtlinien für die Erstellung psychologischer Gutachten.* Bonn: Deutscher Psychologen Verlag.

www.eaplstudent.com
www.dgps.de/fachgruppen/rechts/index.html
www.bdp-rechtspsychologie.de
www.weiterbildung-rechtspsychologie.de

Weiterführende Literatur Abschn. 7.3

Chaloupka-Risser, Ch., Risser, R. & Zuzan, W.-D. (2011). *Verkehrspsychologie, Grundlagen und Anwendungen.* Wien: facultas.

Fastenmeier, W., Pfafferott, I., Risser, R. & Schneider, W. (2007). Ergonomische Ansätze der Verkehrspsychologie. *Straßenverkehrstechnik*, 51/11, 573–577.

Klebelsberg, D. (1982). *Verkehrspsychologie.* Springer: Berlin.

Schlag, B. (Hrsg.). (2008). *Leistungsfähigkeit und Mobilität im Alter*. Schriftenreihe Mobilität und Alter der Eugen-Otto Butz-Stiftung, Band 03. Köln: TÜV-Media Verlag.

Schubert, W. et al. (Hrsg.). (2005). *Begutachtungsleitlinien zur Kraftfahrereignung. Kommentar*. Bonn: Kirschbaum Verlag.

Vollrath, M. & Krems, J. (2011). *Verkehrspsychologie.* Ein Lehrbuch für Psychologen, Ingenieure und Informatiker. Stuttgart: Kohlhammer.

Weiterführende Literatur und Internetadressen Abschn. 7.4

Baumann, S. (2011). *Psyche in Form. Sportpsychologie auf einen Blick.* Aachen: Meyer & Meyer.

Beckmann-Waldenmaier, D. & Beckmann, J. (2012). *Handbuch sportpsychologischer Praxis: Mentales Training in den olympischen Sportarten.* Balingen: Spitta.

Brand, R. (2010). *Sportpsychologie.* Wiesbaden: VS Verlag.

Eberspächer, H., Immenroth, M. & Mayer, J. (2002). Sportpsychologie – ein zentraler Baustein im modernen Leistungssport. *Leistungssport, 32*(5), 5–10.

Ehrlenspiel, F., Droste, A. & Beckmann, J. (2011). Das Berufsfeld Sportpsychologie im Leistungssport aus Sicht der in der Praxis tätigen. *Zeitschrift für Sportpsychologie 18*(2), 73–86.

Kellmann, M., Gröpel, P. & Beckmann, M. (2011). Evaluation und Qualitätsoptimierung der sportpsychologischen Betreuungsarbeit im deutschen Spitzensport. Positionsstatement. *Zeitschrift für Sportpsychologie, 18*(2), 49–59.

Kuhn, G. & Mayer, J. (2012). Analyse der sportpsychologischen Betreuung 2011. *Leistungssport, 42*(4), 24–27.

Mayer, J., Kuhn, G., Hermann, H.-D. & Eberspächer, H. (2009). Sportpsychologische Betreuung der Spitzenverbände 2003–2008 – eine Bilanz. *Leistungssport, 39* (2), 19–22.

Neumann, G. (2012). Angewandte Sportpsychologie im deutschen Spitzensport: Standortbestimmung – Entwicklungen – Strukturen – Schwerpunkte. In Bundesinstitut für Sportwissenschaft (Hrsg.), BISp-Report 2010/11. *Bilanz und Perspektiven* (S. 81–97).

Thomas, A. (1995). *Einführung in die Sportpsychologie.* Göttingen: Hogrefe.

www.asp-sportpsychologie.org
www.bisp-sportpsychologie.de

Weiterführende Literatur und Internetadressen Abschn. 7.5

Omer, H., von Schlippe, A. (2010). *Stärke statt Macht: Neue Autorität in Familie, Schule und Gemeinde*. Göttingen: Vandenhoeck & Ruprecht.

Schneewind, K. A. (2012). Familienpsychologie – Brückenschläge zwischen Forschung und Anwendung. *Familiendynamik*, 37(2), 104–112.

von Schlippe, A., Schweitzer, J. (2012). *Lehrbuch der systemischen Therapie und Beratung I: Das Grundlagenwissen*. Göttingen: Vandenhoeck & Ruprecht.

www.dgsf.org

www.iafpsy.com

www.newauthority.net

Weiterführende Literatur und Internetadressen Abschn. 7.6

Fischer, S. & Scholler, I. (2007). Bank, Post, Metzgerei: Erinnern, Planen, Organisieren im Alltag – Umgang mit kognitiven Störungen. In W. Fries, H. Lössl & S. Wagenhäuser (Hrsg.), *Teilhaben!* (S. 99–114).

Frommelt, P. (2010). Rehabilitation von Personen mit einem Schlaganfall. In P. Frommelt & H. Lösslein (Hrsg.), *Neuro-Rehabilitation* (S. 633–672). Berlin: Springer.

World Health Organization (2001). *ICF – International Classification of Functioning, Disability and Health*. Geneva: World Health Organization.

Koskinen Sanna, S. & Sarajuuri, J. (2010). Prinzipien der neuropsychologischen Rehabilitation. In P. Frommelt & H. Lösslein (Hrsg.), *Neuro-Rehabilitation* (S. 115–124). Berlin: Springer.

Pössl, J. & Kühne, W. (2010). Angehörige in der Rehabilitation: Beratung – Unterstützung – Perspektiven. In P. Frommelt & H. Lösslein (Hrsg.), *Neuro-Rehabilitation* (S. 441–458). Berlin: Springer.

Schönle, P.W. (2009). Rahmenbedingungen neurologisch-neuropsychologischer Rehabilitation: Das Phasenmodell der neurologischen Früh- und Langzeitrehabilitation. In W. Sturm, M. Herrmann & T.F. Münte (Hrsg.), *Lehrbuch der Klinischen Neuropsychologie* (S. 882–890). Heidelberg: Spektrum.

www.bptk.de

www.dgps.de

www.gnp.de

www.flechtwerk-demenz.de

Weiterführende Literatur und Internetadressen Abschn. 7.7

Lippke, S. & Renneberg, B. (2006). Inhalte der Gesundheitspsychologie, Definition und Abgrenzung von Nachbarfächern. In Renneberg, B. & Hammelstein, P. (Hrsg.), *Gesundheitspsychologie*. Heidelberg: Springer.

Matyssek, A.K. (2010). *Selbstständig als Gesundheitspsychologin: Nischenfindung, Markenbildung, Kundenbindung*. Books on Demand.

Rieländer, M. (2004). Gesundheitspsychologische Perspektiven: Arbeitsmarkt und Qualifikationsmöglichkeiten. Berufsverband Deutscher Psychologen. www.bdp-gus.de/gp/GP-Bestandsaufnahme.pdf.

Wachstumsmarkt Gesundheit, 23. Juni 2010, DIHK. Download unter: www.essen.ihk24.de/linkableblob/1086338/.3./data/Wachstumsmarkt_Gesundheit-data.pdf;jsessionid=4EC572976F3975095725F9406AADA957.repl2 (05.06.2012)

www.ehps.net

www.gesundheitsmanagement-studieren.de

www.oeffentlicher-dienst.info

8 Weitere Themen rund um den Berufseinstieg

Viola Kraus, Maximilian Mendius und Simon Werther

M. Mendius und S. Werther (Hrsg.), *Faszination Psychologie – Berufsfelder und Karrierewege*,
DOI 10.1007/978-3-642-37710-5_8, © Springer-Verlag Berlin Heidelberg 2014

Nachdem in den vorangegangenen Kapiteln verschiedene Tätigkeitsfelder für Psychologen näher vorgestellt wurden, bietet das folgende Kapitel einen Überblick zu weiteren Themen, die relevant werden, wenn sich das Studium dem Ende zuneigt und eine erste Beschäftigung angestrebt wird. In den folgenden Abschnitten werden Informationen zu den Themengebieten Bewerben, Vertragsdetails, Selbstständigkeit und Arbeitslosigkeit dargestellt.

8.1 Bewerbung

Viola Kraus

Kurz vor dem Abschluss eines Studiums stellt man sich oftmals die Frage: Wie geht es weiter? Was sind die nächsten Schritte? Für viele Absolventen ist der naheliegende erste Schritt die Bewerbung. Diese erfordert einiges an Zeit und Energie, denn man sollte sich damit beschäftigen, wie man sich attraktiv für den Arbeitsmarkt darstellen kann. Dies gilt für eine Bewerbung für ein Unternehmen genauso wie für eine klinische oder soziale Einrichtung. Wenn man die ersten Bewerbungen abgeschickt hat, kann man Glück haben und bald eine Zusage erhalten, manchmal dauert es aber ein paar Wochen oder Monate, bis der passende Job gefunden ist. Hier gilt es durchzuhalten und die Bewerbungen immer wieder auf die jeweiligen Stellen anzupassen und gegebenenfalls zu verbessern. Der nächste Abschnitt beschäftigt sich daher mit dem Thema Bewerbung, aber auch mit Hilfen bei der Entscheidungsfindung sowie mit dem Umgang mit Arbeitslosigkeit während der Bewerbungsphase.

Vom Lebenslauf zum Karriereweg – eine individuelle Aufgabe

Zwei unterschiedliche Lebensläufe, zwei unterschiedliche Personen und sehr unterschiedliche Kompetenzen, aber beide haben ihren Wunscharbeitgeber gefunden. Hat einer von ihnen nur Glück gehabt? Ist ein Lebenslauf besser als der andere? Gilt der von Inge als potenzieller Vorzeigelebenslauf? Inge, die alle relevanten Stationen einer ganzheitlichen Ausbildung durchläuft und nicht nur brillante Leistungen, sondern gleichzeitig auch soziales Engagement zeigt? Wie ist der Lebenslauf von Helge damit zu vergleichen? Helge, der an seiner lokalen Universität einen Bachelor passabel abschließt und nebenher gejobbt hat, anstatt ein Praktikum in einer renommierten Firma zu machen? Die Antwort lautet, dass beide für sich persönlich wichtige Erfahrungen gesammelt haben, welche für den Arbeitsmarkt relevant sind. Inge und Helge haben jeweils über den Tellerrand geblickt und durch Praktikum oder Job ihren Horizont erweitert. Jedoch ist auch der vermeintlich noch so perfekte Lebenslauf nicht immer der, der im Endeffekt das Jobangebot garantiert. Manche landen den Traumjob mit einem „anscheinend so normalen Lebenslauf", der andere fängt bei seiner Traumfirma an, weil er den „anscheinend so perfekten" Lebenslauf hat und wieder jemand anderes kommt über sein Netzwerk an eine interessante Stelle. Bei Helge war es letzteres, denn er wusste schon vor Ende seines Studiums, bei welcher Firma er gerne anfangen würde, und hat dementsprechend Kontakte geknüpft.

Es gibt also viele Wege, die zu einer Arbeitsstelle führen. Wichtig ist es herauszufinden, was der richtige Weg für einen ganz persönlich ist. Nur so kann man überzeugen und ist bereit, wirklich zu zeigen, was man kann und wie man sich engagieren möchte. „Herausfinden, was ich kann, und überzeugen, dass ich es kann", das ist das zentrale Thema dieses Abschnitts. Darüber hinaus geben wir Bewerbungstipps, und Experten aus der Arbeitswelt berichten in Interviews, welche Kompetenzen sie als wichtig erachten Außerdem geben sie Ihnen Tipps für Ihren ganz persönlichen Karriereweg, wie Sie Ihrem Ziel näher kommen können. Und Sie werden sehen, es gibt nicht den „One-size-fits-all-Lebenslauf", sondern es zählt immer Ihre eigene spannende Biografie.

Gerne möchte ich in diesem Zusammenhang auch meine Biografie kurz skizzieren: Meine Leidenschaft galt der Psychologie – mein Abitur war allerdings mein Hindernis. Psychologie, die Wissenschaft vom Erleben und Verhalten von Menschen, fasziniert mich seit ich 15 Jahre alt bin. Das hängt insbesondere damit zusammen, dass ich mit einem Psychologen, der als Trainer und Coach arbeitet, ins Gespräch gekommen bin. Er hat mir interessante Einblicke in sein tägliches Arbeitsleben ermöglicht und mich inspiriert, ebenfalls dieses Tätigkeitsfeld anzustreben. Das Problem war allerdings, dass mein Abitur mit der Note 2,5 für ein Studium der Psychologie an einer deutschen Hochschule nicht gut genug war. Ich musste also einen anderen Weg

Ein Szenario

Abitur mit der Note 1, das Bachelorstudium mit Bravour abgeschlossen, zahlreiche Praktika und ein Auslandssemester absolviert, ein soziales Jahr mit gemeinnütziger Arbeit in Ecuador und schließlich noch einen bilingualen Master an einer renommierten Universität abgeschlossen. Es ist 2012 und Inge, 25 Jahre (Name und Alter fiktiv), findet einen Job, den sie schon lange machen wollte. Ihr neuer Arbeitgeber schätzt besonders ihre Auslandserfahrung und ihr soziales Engagement. Helge, 26 Jahre (Name und Alter fiktiv), hat gerade seinen Bachelor abgeschlossen, während des Studiums im Call Center und Catering gejobbt, wobei er auch sein Englisch einsetzen konnte. Auch Helge fängt in vier Wochen bei seinem Traumarbeitgeber an.

finden oder mich auf Umwegen meinem Traum annähern. Meine Motivation war so hoch, dass mich nichts von meinem Ziel – einem Psychologiestudium – abbringen konnte. Nach langer Recherche erkannte ich folgende Optionen: Eine Ausbildung machen und über die Jahre durch die Wartezeit meinen Durchschnitt verbessern, eine Auszeit nehmen oder im Ausland studieren. Luxemburg kam mit einem deutsch-französischen Studiengang in Frage, jedoch überzeugte mich schließlich London. Nach einem Jahr Auszeit, welches ich mit Englischkursen, Jobs, von deren Erfahrungen ich bis heute profitiere, und Reisen verbrachte, fing ich mein Bachelorstudium an einer kleinen Universität im Westen Londons an. Andere renommiertere Universitäten hätten mich – wie die deutschen Universitäten – aufgrund meines mittelmäßigen Abiturdurchschnitts nicht angenommen. Nichtsdestotrotz, ich konnte mein lang ersehntes Psychologiestudium beginnen. Eine weitere Herausforderung stellte die Finanzierung vor Ort in London dar, aber durch Jobben, ein Taschengeld meiner Eltern und einen langen Atem meisterte ich auch diese Hürde. Nach drei Jahren schloss ich als Drittbeste ab, hatte zwei renommierte Praktika in der Tasche und ein Jobangebot bei einer globalen HR Beratungsfirma angenommen.

Warum dieser kleine Exkurs in meine Vita? Er soll verdeutlichen, dass man sich immer zuerst Ziele setzen muss. Wenn man diese mit Ausdauer, Verstand und Leidenschaft verfolgt, kann man sie auch erreichen. Ebenso ist es mit Bewerbungen, die zum Erfolg führen sollen.

Kenntnis der eigenen Präferenzen als erster Schritt zur erfolgreichen Bewerbung

Nun zum praktischen Teil. Wie weiß ich, welches Ziel ich habe, und ob ich es mit Ausdauer und Leidenschaft verfolgen kann? Wie weiß ich, ob der Musterlebenslauf, wie z. B. der von Inge, der Weg ist, den ich gehen und vorzeigen muss? Oder ist es der Weg von Helge, den ich einschlagen sollte? Psychologie, ein Fach, das viele interessiert, bietet viele Karrierewege. Die Karriereperspektiven für Psychologen sind gut, da man unglaublich verschiedene Wege einschlagen kann. Denkt man – von den eigenen Erfahrungen aus dem sozialen Umfeld oder den Medien geprägt – anfangs noch hauptsächlich an Berufsbilder der Klinischen Psychologie, so erschließt sich erst bei näherem Hinsehen das volle Spektrum der Möglichkeiten, das die Psychologie bieten kann.

Die vorherigen Kapitel zeigen sehr deutlich die große Vielfalt und die verschiedenen Einstiegsmöglichkeiten als Psychologe. Wenn Sie sich nun für eine der psychologischen Tätigkeiten entschieden haben, ist es hilfreich, bevor Sie mit Ihren Bewerbungen starten, mit den folgenden drei Schritten zu beginnen:

1. Sich selbst kennen
   a) Was ist meine Leidenschaft? Welche Berufsvorstellung zaubert ein Lächeln auf mein Gesicht?

Studieren im Ausland

Eine zentrale Anlaufstelle für jegliche Auslandsaufenthalte während des Studiums oder auch für ein Studium im Ausland wie in meinem Fall ist der Deutsche Akademische Austausch Dienst (DAAD), über den man nützliche Informationen zu einem Auslandsaufenthalt erhält: Anlaufstellen, Bewerbungsverfahren, kulturelle Gegebenheiten (www.daad.de). Wichtige Anlaufstellen rund um das Psychologiestudium und die Tätigkeiten als Psychologe sind der Berufsverband Deutscher Psychologinnen und Psychologen, BDP (www.bdp-verband.de) sowie die Deutsche Gesellschaft für Psychologie, DGPs (www.dgps.de/studium). Darüber hinaus ist die Bundesvereinigung Psychologiestudierende im BDP (www.bv-studenten-bdp.de) als Studierendenvertretung im BDP eine gute Anlaufstelle; dort erhält man nützliche Informationen rund um Studium, Praktika und Fördermöglichkeiten. In der Sektion „Studienstiftung Deutsche Psychologen e. V." des BDP kann man sich direkt für Förderungen bewerben. Darüber hinaus gelten selbstverständlich alle nationalen und regionalen Stipendienmöglichkeiten, die für Studierende vor und während des Studiums zur Verfügung stehen (www.stipendiumplus.de).

   b) Was sind meine Stärken? Und was sind meine Entwicklungspotenziale?
   c) Wie stelle ich mich dar? Kann ich meine Interessen und Kompetenzen artikulieren?
2. Das Berufsfeld kennen
   a) Was sind die Erwartungen in meinem ausgesuchten Berufsfeld (z. B. Kompetenzen, Arbeitsanforderungen)?
   b) Was gibt es für Einstiegsmöglichkeiten?
3. Ein Netzwerk aufbauen, zum Austausch, zum Lernen, zur Akquise
   a) Wo treffen sich Leute in ähnlichen Berufsfeldern?
   b) Wo kann ich potenzielle Arbeitgeber treffen?

Diese Schritte unterstützen Sie dabei, sich gezielt auf ein Berufsfeld vorzubereiten, bei der Jobsuche schneller fündig zu werden und im Bewerbungsprozess zu überzeugen.

Der Vorteil an einem Psychologiestudium ist, dass man sich in den meisten Fällen nicht sofort entscheiden muss. Wählt man einen Bachelor ohne Schwerpunkt, muss man sein „Arbeitsziel" noch nicht genau kennen. Man kann das theoretische Wissen aufnehmen und durch praxisnahe Beispiele Schritt für Schritt sein Interessensfeld definieren. Das erste Jahr geht im Flug vorüber und man erlernt erste Grundlagen. Im zweiten Jahr ist es meist ähnlich und man absolviert die ersten Praktika oder hat relevante Nebenjobs, vereinzelt kann man bereits Schwerpunkte im Studium wählen. Im dritten und potenziell im vierten Jahr (abhängig vom Angebot der Universität oder Hochschule) werden verschiedene Interessensfelder abdeckt und es sind oftmals eigene Schwerpunktsetzungen möglich. Darüber hinaus gibt es jedoch auch Bachelorstudiengänge, welche einen einzigen Themenschwerpunkt besetzen, sodass ein Themengebiet nicht erst im dritten oder vierten Jahr vertieft wird. Jegliche Arbeitserfahrung, welche man neben dem Studieren macht, ist sowohl relevant für zukünftige Arbeitgeber als auch für den eigenen Erfahrungsschatz und die damit verbundene anwendungspraktische Verknüpfung des psychologischen Wissens. Dabei sollte man auch bedenken, dass Arbeitserfahrung sich nicht nur auf ein Praktikum oder auf einen fachlichen Nebenjob bezieht. Sollten Sie sich in Vereinen, gemeinnützigen Organisationen, in der Politik oder in der Kunst engagieren, sammeln Sie auch hier relevante Erfahrungen wie z. B. Arbeiten im Team, Organisieren von Veranstaltungen oder Verhandeln mit Kunden.

Eine vertiefte Spezialisierung in der Psychologie ist in einem Masterstudiengang vorgesehen, was nicht bedeutet, dass man einen Master direkt an den Bachelor anschließen oder diesen in Erwägung ziehen muss. Während bis vor wenigen Jahren Arbeitgeber noch unsicher waren, wie sie Bachelorabsolventen einzuschätzen hatten, haben viele ihre Traineeprogramme, Arbeitsanforderungen und Gehaltstrukturen entsprechend darauf abgestimmt. Personalvorstände führender deutscher Unternehmen haben sich sogar öffentlich zur sinnvollen Eingliederung des Bachelors in ihre Unternehmen bekannt und eine Erklärung durch den Stifterverband für die Deutsche Wissenschaft unterzeichnet. Bei Großunternehmen sind mittlerweile fast 70 % der Einsteiger Bachelorabsolventen (www.stifterverband.info). Auch wenn Mittelständler und kleine Unternehmen diese Zahlen noch nicht vorzeigen können, der Weg für Bachelorabsolventen ist damit mehr als geebnet. Wie schon erwähnt, es kommt darauf an, welches Ziel Sie verfolgen und welche Anforderungen Ihr potenzieller zukünftiger Job an Sie stellt. Ich wollte beispielsweise immer einen Master in Organisationspsychologie absolvieren, dies aber mit Praxiswissen verbinden. Viele meiner Kollegen aus dem Studium stiegen direkt in ein Masterprogramm ein, ich jedoch begann mein Jahr bei einer Beratungsfirma und legte zwischenzeitlich noch eine kleine Weltreise ein. Die Erfahrungswerte in diesem Jahr, auch die Reiseerfahrungen, ermöglichten mir, solide Praxiserfahrung zu sammeln und mein Ziel beziehungsweise mein Interessensfeld klarer zu definieren. Der Beratungsjob zeigte mir, welche Kompetenzen ich mitbringe und wo ich noch Weiterbildungsbedarf habe. Die Reise ermöglichte Einblicke in unterschiedliche Kulturen, welche meine Offenheit für Neues förderte. Eine Eigenschaft, die im Berufsleben immer wieder gefragt ist, wenn man beispielsweise in neuen Teams arbeitet oder wenn ein neuer Arbeitsansatz gefragt ist. Im Masterstudium wurde mir schnell klar, dass ich all meine Erfahrungen einbringen und Praxisbezug herstellen konnte.

Für andere Kommilitonen war es wichtiger, als erstes das akademische Wissen auszubauen. Diese akademische Grundlage war für diejenigen besonders hilfreich, die sich weiter wissenschaftlich an der Universität beschäftigten oder in den klinischen Bereich gingen. Alle meine ehemaligen Kommilitonen aus dem Bachelorstudium haben – basierend auf ihren Interessen und Kompetenzen – ihre Nische gefunden. Jeder hat seinen individuellen Weg eingeschlagen. Der eine ging direkt in die Wissenschaft, der andere zurück in die Heimat, um zu jobben, startete dann jedoch noch eine Promotion in Sozialpsychologie. Eine andere Kommilitonin fand sich in der statistischen Mathematik wieder. Heute ist sie leidenschaftliche Statistikerin und entwickelt Modelle für medizinische Geräte. Wir fingen alle gleich an, haben uns jedoch in die unterschiedlichsten Richtungen entwickelt, basierend auf dem, was für jeden von uns erstrebenswert war und entsprechend unserer Kompetenzen. Die eigene ganz persönliche Zielvorstellung ist eine wichtige Voraussetzung, um im Arbeitsalltag zufrieden und auch erfolgreich zu sein.

Entwicklung eines individuellen Kompetenzprofils

Während Sie nun langsam auf ein grob definiertes Ziel zusteuern, auf Ihr Interessenspaket, sollten Sie wissen, was Sie können und wo Sie potenziell Entwicklungsbedarf haben. Wichtig ist dabei immer, das eigene Ziel im Kontext der Realität zu sehen. Jeder kann etwas und jeder kann sogar etwas besonders gut. Dieses Wissen beeinflusst z. B. das, was Sie in Ihren Lebenslauf schreiben, was Sie im Bewerbungsgespräch erzählen und wie Sie sich nach außen darstellen. Dieses Wissen können Sie auf verschiedenen Wegen einholen. Entweder Sie schreiben auf, worin Sie immer besonders gut waren, wo Sie oftmals positives Feedback erhalten und in welchem Bereich Sie gute Noten erreicht haben. Alternativ können Sie Freunde, Familie, Bekannte, Lehrer, Arbeitgeber oder Professoren bitten, eine Liste mit den Kompetenzen aufzuschreiben, welche sie als Ihre Stärken erachten bzw. sie bitten, Ihre persönliche Einschätzung zu validieren. Dabei spielt Ihr Ziel immer eine zentrale Rolle bei der Identifikation von Entwicklungsmöglichkeiten – so können manche Ihrer Eigenschaften in Bezug auf ein Ziel eine Stärke darstellen, jedoch in Bezug auf ein anderes Ziel eine Schwäche sein. Dies wird besonders deutlich im später folgenden Abschnitt zur Selbstständigkeit.

Welche Ziele verfolgen Sie?

Wie Sie in den vorigen Kapiteln erfahren konnten, bietet die Psychologie ein sehr großes Spektrum an Berufsfeldern. Daher ist es umso wichtiger, die eigenen Wünsche und Stärken ins Bewusstsein zu rücken. Was wollte ich schon immer machen, wie möchte ich meinen Arbeitsalltag gestalten, worin bin ich richtig gut und wie möchte ich meine Talente und Kompetenzen bei der Arbeit einsetzen? Haben Sie sich schon einmal vorgestellt, was Sie im Arbeitsalltag machen würden, wenn Sie auf Geld nicht angewiesen wären? Fingen Ihre Augen an zu leuchten, haben Sie mit Leidenschaft ihre Ideen erläutert? Falls nicht, gibt es doch bestimmt etwas, was Sie interessiert und womit Sie gerne ihre Zeit verbringen, oder? Jeder Mensch hat etwas, eine Aktivität oder ein Interesse, das ein Lächeln auf sein Gesicht zaubert.

Ziel der Übung ist es, seine Interessen aufzuschreiben und zu erkennen, welche einem mehr oder auch weniger bedeuten. Dafür brauchen Sie ein Blatt Papier und zwei verschiedenfarbige Stifte. Alternativ, wenn Sie lieber mit dem Medium Computer arbeiten, verwenden sie ein entsprechendes Schreibprogramm:

- Nehmen Sie sich ein Blatt Papier/Computer, schreiben Sie Ihre Interessen und Tätigkeiten auf, welche Ihre Leidenschaft packen, die ein Lächeln auf Ihr Gesicht zaubern. Schreiben Sie alles auf, was Ihnen dazu einfällt. Lassen Sie sich dabei nicht von äußeren Faktoren ablenken und limitieren Sie Ihre Gedankengänge nicht durch rationale Begründungen (z. B. „Ich liebe Bungee Jumping, aber was hat das mit meinem zukünftigen Beruf zu tun?" – listen Sie auch solche Aktivitäten auf).
- Um Ihnen den ersten Schritt zu erleichtern, schreiben Sie in die Mitte des Blatts Ihren Namen. Nun beginnen Sie von der Mitte aus nach außen Ihre ersten Ideen aufzuschreiben, wie ein Baumstamm mit Ästen. Egal wie unwirklich Ihnen diese erscheinen, schreiben Sie alles auf.
  Aller Anfang ist zwar schwer und ein weißes Blatt Papier kann sehr demotivierend sein, aber ich wette, dass Sie nach 30 Minuten das Blatt mindestens zur Hälfte beschrieben haben werden.
- Im nächsten Schritt priorisieren Sie Ihre Ideen: Was erscheint Ihnen besonders spannend oder befriedigend, wo leuchten Ihre Augen am meisten, wo kribbelt es am meisten in Ihnen? Unterstreichen sie diese Punkte, setzten Sie Markierungen, z. B. ein Sternchen für starke Interessen und zwei Sternchen für Ihre absolute Leidenschaft.

Sollte Ihnen das Format nicht zusagen, also ein Baumstamm mit Ästen, können Sie sich genauso gut eine Tabelle machen. Wichtig ist, dass Sie das Bild anspricht. Sobald Sie diese Übung abgeschlossen haben, werden sich schon mehrere Interessensgebiete, oder sogar das favorisierte Interessensgebiet, herausstellen. Auch wenn Sie ggf. zu diesem Zeitpunkt noch kein klares Berufsfeld sehen, Sie haben einen essenzielle Phase durchlaufen. Sie haben sich die Frage gestellt: Was macht mir Spaß und womit verbringe ich gerne meine Zeit? Dies wird die Wahl ihres zukünftigen Berufsfelds beeinflussen: Entweder den beruflichen Inhalt und Kontext oder die Arbeits- und Rahmenbedingungen, damit Sie neben der Arbeit auch Zeit für Ihre anderen Interessen haben. Im nächsten Schritt, damit Ihr Ziel greifbarer wird, beziehen wir Ihr Umfeld, die Realität mit ein, damit das Berufsfeld genauer definiert werden kann.

Als Psychologieabsolvent bringt man allein durch sein Studium zahlreiche vielseitig einsetzbare Kompetenzen mit. Durch wissenschaftliche Studien und Experimente werden unsere Beobachtungsgabe und Objektivität geschult, die Auswertung von Daten braucht analytische Fähigkeiten, gepaart mit anwendungsrelevantem Wissen in der Statistik. Dadurch, dass ein Großteil der Primärliteratur im Psychologiestudium in englischer Sprache abgefasst ist und auch Präsentationen auf Konferenzen und Publikationen in Fachzeitschriften in der Regel englischsprachig sind, sind wir gefordert, uns ein solides Englisch anzueignen.

Hinzu kommt, dass wir durch Seminararbeiten und Forschungsberichte lernen, Daten aufzubereiten, daraus Abhandlungen zu erstellen und diese ggf. unter Berücksichtigung gängiger Richtlinien zur Zitierung und wissenschaftlicher Darstellung zu publizieren. Die Fähigkeiten, Sachverhalte zu analysieren, Wirkzusammenhänge zu beschreiben und daraus Handlungsempfehlungen darzustellen, werden in den meisten Berufssparten erwartet.

Im nächsten Schritt ist es wichtig, Transferkompetenz zu erlangen, d. h. die im Studium erlernten Kompetenzen bei Anforderungen in der Arbeit direkt einzusetzen. In einem Bewerbungsprozess – egal ob im klinischen oder wirtschaftlichen Kontext – spielen anwendungspraktische Erfahrungen eine sehr große Rolle, da erfolgreiche Bewährung in einer thematisch verwandten vorherigen Beschäftigung als stärkerer Vorhersagefaktor für den Berufserfolg gilt als z. B. Studienleistungen. Erst neulich sprach ich mit einem Recruiter. Dieser meinte, dass die Studierenden zwar unglaublich schlau und fleißig seien, jedoch zu wenig Berufserfahrung mitbringen würden bei gleichzeitig zu hoher Erwartungshaltung bzgl. Verantwortung und Gehalt. Es ist daher wichtig, wie im Beispiel von Inge und Helge, Praktikums- oder Joberfahrung zu sammeln. Dabei geht es nicht darum, ein Praktikum im besten Krankenhaus oder im renommiertesten Unternehmen zu machen. Wenn Sie Sich dennoch entscheiden, sich bei einem attraktiven Großkonzern zu bewerben, seien Sie sich bewusst, dass diese Firmen meist aus einem großen Bewerberpool auswählen können und demzufolge teils hohe Erwartungen an Ihre Leistungen und praktischen Vorerfahrungen stellen. Auch wenn Firmennamen oder renommierte Krankenhäuser helfen und definitiv ein Hingucker auf dem Lebenslauf sind, das Tätigkeitsfeld sollte stimmen. So kann es sinnvoll sein, sich zunächst in einem kleineren Unternehmen erste Sporen zu verdienen, um sich im nächsten Schritt in einem Großkonzern zu bewerben. Alternativ zur Absolvierung von Praktika können Sie sich auch neben dem Studium einen Minijob, der zeitlich natürlich nicht mit dem Studium und der Lernzeit im Konflikt stehen darf, suchen. Hierbei kann ein erster Job im Servicebereich wichtige Kompetenzen im Bereich Kundenmanagement und Teamgeist vermitteln. Eine Bürotätigkeit fördert Organisation und möglicherweise Analysefähigkeit. Ein Pflegejob im Krankenhaus ermöglicht erste Einblicke in den Krankenhausalltag und die alltägliche Arbeit mit den Patienten. Die Mitarbeit in einem ehrenamtlichen Verein oder einer politischen Organisation fördert Kompetenzen wie Anpassungsfähigkeit, Kommunikation oder Verhandlungsgeschick. Lassen Sie sich auch nicht verunsichern, wenn Ihnen zu Beginn Ihres Studiums gesagt wird, dass das Studium möglichst in der Regelstudienzeit zu absolvieren ist und Freisemester für Praktika vermieden werden sollten. Aus der Sicht der Arbeitgeber ist genau das Gegenteil wichtig, ohne jedoch das Studienende vollständig aus den Augen zu verlieren (www.facebook.com/mutzurpraxis). Erst eine individuelle, mit Praxisphasen angereicherte Biografie macht den Bewerber interessant.

Sobald Sie Ihre Stärkenliste erstellt haben und sich Ihrer Kompetenzen bewusst geworden sind (z. B. die Fähigkeit detailliert und genau zu arbeiten), sollten Sie sich noch kurze Beispiele überlegen, in welchen Bereichen Ihre Kompetenzen zum Einsatz kommen könnten. Ähnlich können Sie vorgehen, um herauszufinden, was Sie noch lernen können oder was Sie verbessern möchten. Es ist wichtig zu wissen, wo man sich potenziell noch verbessern könnte, also welche Fähigkeiten noch ausbaubar sind. Jedoch bin ich überzeugt, dass man sich auf seine Stärken konzentrieren sollte, da dieser positive Fokus motiviert. Dieser Ansatz baut auf der positiven Psychologie auf, angefangen in den 90er-Jahren u. a. mit Martin Seligman (2002), einem Psychologen aus den USA. Mittlerweile haben viele Studien gezeigt, dass Menschen produktiver sind, wenn Sie sich zwar ihrer Verbesserungspotenziale bewusst sind, sich jedoch auf ihre Stärken konzentrieren. Dieser Ansatz, anfangs von Arbeitgebern belächelt, erhält mittlerweile immer mehr Einzug in die deutsche Arbeitswelt und wird von Personalabteilungen aufgegriffen. Stellen Sie sich einfach einmal mehrere Tätigkeiten vor, die Sie richtig gut können. Was für Gefühle entstehen bei Ihnen? Bei mir entsteht hier sofort ein positiver Zustand kombiniert mit Motivation und Willenskraft. Diesen kann und sollte man auch nutzen, wenn es darum geht, den nächsten Schritt zu gehen, z. B. einen zukünftigen Arbeitgeber zu finden.

In den vorangegangenen Kapiteln konnten Sie bereits sehen, dass sich Psychologen in verschiedenen Berufsfeldern durch ein ganz bestimmtes Set an Kompetenzen von anderen Mitbewerbern abheben können. Um diese Kompetenzen, aber auch Entwicklungsfelder noch einmal themenübergreifend herauszuarbeiten, wurden Interviews mit vier Personen durchgeführt: einem Staffing Manager (eine Person, die Mitarbeiter gemäß ihren Fähigkeiten einem Projekt zuteilt), einer Seniormanagerin eines Beratungsunternehmens (Deutschland), einer HR Managerin für ein IT Unternehmen (England) und einer Klinischen Psychologin (England).

Folgende Kompetenzen wurden genannt:

- Strukturiertes Arbeiten, analytische Fähigkeiten (z. B. auch Auswertungen eines Assessment Centers oder klinischer Testreihen)
- Statistisches Wissen, Umgang mit Zahlen
- Soziale Kompetenzen und Erkennen von Verhaltensmustern zur positiven Gestaltung von Teamarbeit
- Effektive, zielgerichtete Kommunikation (im Hinblick darauf, dass Psychologen wissen, wie Kommunikation auf andere Menschen wirkt)
- Neugierde und Offenheit für Neues

Die Experten identifizierten auch das Weiterbildungspotenzial:

- Im wirtschaftlichen Arbeitskontext sollte man die „Unternehmenssprache“ sprechen können, mit Kennzahlen umgehen können (z. B. Einblicke in die BWL/VWL).
- Im psychologischen/klinischen Kontext sollte man wissen, was die eigenen Grenzen und Hemmschwellen sind. Die eigenen Erfahrungswerte sind hier von großer Bedeutung.

Diese Einschätzung basierte bei allen auf den eigenen Erfahrungswerten sowie auf dem Austausch mit Kollegen, Vorgesetzten und Mitarbeitern. In allen vorangegangenen Kapiteln wird detailliert für die jeweiligen Tätigkeitsfelder darauf eingegangen, welche Kompetenzen für den Berufseinstieg wichtig sind. Diese Informationen bieten in Kombination mit Ihren individuellen Stärken und Kompetenzen eine wertvolle Ausgangslage für die Ausarbeitung Ihres Weiterbildungspotenzials.

In nicht wenigen Fällen zeigen sich jedoch auch durch vermeintliche Zufälle Perspektiven auf, die man davor gar nicht gekannt hat. Das gilt genauso für das Kennenlernen von Tätigkeitsfeldern, das oftmals an Personen gebunden ist und somit nicht immer systematisch geplant werden kann. Bleiben Sie offen für neue Entwicklungen, aber bleiben Sie auch fokussiert, wenn Sie sich Ihrer Ziele bewusst sind.

Die eigene Darstellung nach außen

Sie kennen nun hoffentlich Ihre Interessensfelder, sind sich Ihrer Stärken bzw. Kompetenzen bewusst und haben sich Beispiele überlegt, wo Ihre Fähigkeiten bereits jetzt zum Einsatz kommen. Jetzt geht es darum, diese entsprechend zu kommunizieren. Wenn Leute nicht wissen, was Sie können, warum sollten Sie dann mit Ihnen zusammenarbeiten wollen? Sympathie ist sicherlich ein wichtiger Faktor, aber irgendwann kommt der Zeitpunkt, ab dem von jedem Leistung gefordert wird. D.h., dann werden Sie spätestens zeigen müssen, was Sie können. Stellen Sie sich folgende Kaufhaussituation vor. Sie wollen eine neue Kaffeemaschine kaufen, wissen aber noch nicht welche. Der Verkäufer zeigt Ihnen verschiedene Kaffeemaschinen, artikuliert aber nicht deren Vorteile. Was machen Sie? Möglicherweise verlassen Sie den Laden und gehen in den nächsten, um ausführlicher beraten zu werden. Dort erklärt Ihnen der Verkäufer die Vor- und Nachteile der jeweiligen Kaffeemaschinen. Sie wägen die Informationen ab und können eine Entscheidung treffen. Unterbewusst haben Sie gleichzeitig auch Vertrauen zu dem Verkäufer aufbauen können, denn er hat Sie mit seiner Kompetenz oder seinem Wissen überzeugen können. Dieses Beispiel zeigt, dass man durch Kompetenz, Wissen und die entsprechende Kommunikation Vertrauen schaffen kann. Daher ist es so wichtig, dass Sie Ihre Kompetenzen und ggf. Ihre Interessen kommunizieren können. Dies

Anleitung	Die Übung dauert ca. 20 Minuten und zielt auf ein übersichtlichen ersten Persönlichkeitseindruck - das Selbstbild und Fremdbild. Dabei schätzen Sie sich selber ein, gefolgt von der Einschätzung einer Person, die sie gut kennt. Dabei ist es wichtig, dass die Person ihre Einschätzung vorher nicht gelesen hat. **Selbstbild**: Beurteilen Sie Ihre Ausprägung für jedes Adjektiv anhand der Legende. Wählen Sie dann in der Spalte "Selbstbild", anhand des Menüs die Punktzahl. Überlegen Sie dabei nicht zu lange. Falls Ihnen noch weitere Charakteradjektive einfallen können Sie diese unten hinzufügen. **Fremdbild:** Wenn Sie mit Ihrer Einschätzung fertig sind, lassen Sie sich die Spalte "Fremdbild" von jemanden ausfüllen, der Sie gut kennt

Selbstbild - Fremdbildanalyse

Adjektiv	Selbstbild	Fremdbild
sympathisch		
vertrauenswürdig		
vorsichtig		
lernbereit		
lernfähig		
leistungsorientiert		
sorgfältig		
aufgeschlossen		
ausdauernd		
konformistisch		
dominant		
gerecht		
fleißig		
wagemütig		
zielstrebig		
geduldig		
flexibel		
anspruchsvoll		
gefühlsorientiert		
impulsiv		
durchsetzungsfähig		
sachorientiert		
fordernd		
höfliche		
service-orientiert		
autoritär		
pflichtbewusst		

Legende	
3	sehr stark ausgeprägt
2	deutlich ausgeprägt
1	etas stärker als der Durchschnitt ausgeprägt
0	normal, unauffällig, Durchschnitt
-1	eher weniger ausgeprägt
-2	recht schwach ausgeprägt
-3	sehr schwach doer gar nicht ausgeprägt

Abb. 8.1 Stärken erkennen

Die eigenen Stärken erkennen

Nutzen Sie die in Abb. 8.1. dargestellte Liste von Adjektiven, um herauszufiltern, welche Eigenschaften bei Ihnen besonders stark ausgeprägt sind. Die Liste beinhaltet sowohl Raum für Ihre Selbsteinschätzung als auch für eine Fremdeinschätzung durch andere Personen.

- Gehen Sie die Spalte Selbstbild durch und vergeben Sie Bewertungen zwischen 3 und −3 (3 bedeutet „sehr stark ausgeprägt", −3 bedeutet „schwach oder gar nicht ausgeprägt") für jedes Adjektiv.
- Falls Ihnen noch weitere Adjektive einfallen, dann ergänzen Sie einfach die Liste.
- Im nächsten Schritt lassen Sie diese Liste auch von einer weiteren Person, die Sie gut kennt, ausfüllen; so bekommen Sie auch ein Fremdbild und somit ein ganzheitlicheres Bild Ihrer Person. Wir schätzen uns oftmals anders ein oder sogar schlechter. Das Fremdbild hilft dabei, eine potenziell objektivere Bewertung zu bekommen.
- Als Ergebnis können Sie die Eigenschaften nun nach Ihrer Selbsteinschätzung absteigend ordnen, d. h. hohe Einschätzung zuerst. Ihre Stärken liegen da, wo Ihre hohe Einschätzung mit der Fremdeinschätzung übereinstimmt.

schafft Vertrauen und Neugierde. Darauf kann aufgebaut werden, auch im Bewerbungsgespräch.

Jetzt kennen Sie sich, Ihre Ziele und Ihre Kompetenzen. Nun geht es darum, Berufsfelder kennenzulernen. Hierbei können Sie verschiedene Wege einschlagen:

- Arbeitserfahrungen sammeln, z. B. durch Praktika, Nebentätigkeiten, Mitarbeit in einer Organisation oder in einem Verein (Kunst, Politik etc.)
- Mit Freunden, Eltern, Bekannten, Universitätsmitarbeitern, Beratungsstellen etc. sprechen
- Den Berufsinformationskongress des Vereins Psychologie in Beruf und Praxis e. V. (www.pbp-muenchen.de) an der LMU München besuchen, der üblicherweise einmal im Jahr im Wintersemester stattfindet
- Im Internet recherchieren, z. B. bei der Agentur für Arbeit das Berufsfeld erkunden
- Auf Vorträge, Messen und Fachveranstaltungen gehen
- Netzwerke aufbauen, z. B. mit ehemaligen Arbeitgebern, und in Kontakt bleiben
- Und natürlich mit diesem Buch die vielfältigen Tätigkeitsfelder der Psychologie kennenlernen und sich einen Überblick darüber verschaffen, was jedoch nur der erste Schritt sein kann.

Es gibt also auch hier verschiedene Optionen. Dabei kommt es nicht darauf an, wen man schon kennt oder wen die Eltern kennen, sondern auf Ihre persönliche Nutzung sowie den Aufbau von unterschiedlichen Quellen. In den Experteninterviews wurde die „Erkundung von Möglichkeiten" ganz klar als wichtiger Bestandteil der Karrierelaufbahn erwähnt.

Frage: „Welche Tipps würden Sie Psychologen mit auf den Karriereweg geben"?

Antwort (Tomas Grundmann, Prüfungs- und Beratungsunternehmen, Deutschland):

„Man sollte rechtzeitig Erfahrung sammeln, z. B. im Zuge eines Praktikums. Dabei ist es hilfreich, alle Bekannten (welche schon im Beruf stehen) anzurufen und kurze ‚Interviews' zu führen. Jeder Einblick, egal in welches Berufsfeld, hilft dabei, den eigenen Karrierepfad zu definieren. Gerade am Anfang einer Karriere/eines Berufslebens hat man unglaublich viele Möglichkeiten, welche es zu erörtern gilt. Damit man nicht den Überblick verliert, kann das Aufmalen eines Entscheidungsbaums hilfreich sein".

Antwort (Ariane Köhler, Prüfungs- und Beratungsunternehmen, Deutschland):

„Man sollte so viel wie möglich erkunden, viele Praktika machen, die Welt außerhalb des Studiums kennenlernen und dort sein Wissen anwenden. Dabei sollte man ruhig auch mal aus seiner Komfortzone heraustreten und einfach mal etwas anderes machen. Erfahrungen, welche auf den ersten Blick z. B. nicht zur Psychologie passen, kann man trotzdem gut in den Lebenslauf eingliedern. Dafür sollte man nur eine gute Begründung haben. D.h., man sollte erklären können, warum diese Erfahrung von Vorteil war. Den perfekten Lebenslauf gibt es m. E. nicht. Für mich gibt es interessante Lebensläufe, die aus Bausteinen bestehen und sich wie ein Mosaik zusammenfügen."

Antwort (Alessandra De Acutis, Gesprächstherapeutin in einem Krankenhaus, England):

„Es ist wichtig am Anfang viele Erfahrungen zu sammeln, z. B. durch Praktika oder Nebenjobs. Im therapeutischen Umfeld ist es darüber hinaus auch relevant, eine eigene Therapie gemacht zu haben bzw. sich einmal auf die Rolle ‚Patient/Kunde' eingelassen zu haben. Man muss wissen, wie es ist, auf der anderen Seite zu sitzen. Dabei sollte man auch seine eigenen Grenzen und Themen kennenlernen, da diese später in der psychologischen Beratung/Therapie hinderlich sein können. Insgesamt sollte man sich gut kennen, reflektiert sein und es auch bleiben."

Antwort (Ingo Hock, Berater & Coach; managing partner creative careers, Deutschland):

„Während des Studiums ist es sehr nützlich, Kontakte aufzubauen, Netzwerke zu pflegen und Praktika zu absolvieren (mindestens sechs Monate am Stück). Dabei sollte man jedoch nicht vergessen, immer wieder seinen eigenen Interessen und seiner Leidenschaft zu folgen."

Anhand der Interviews erkennt man schnell, dass man über den Tellerrand blicken, Möglichkeiten wahrnehmen und Kontakte aufbauen sollte. Daher ist es sinnvoll, die Möglichkeiten genauer zu erörtern und zu überlegen: Wo möchte ich Kontakte knüpfen, in welchem Bereich möchte ich noch mehr lernen?

Folgende Schritte können dabei hilfreich sein:

- Vorträge/Veranstaltungen heraussuchen, die potenziell Ihr Interesse wecken. Ein guter Anfang sind die jährlichen Kongresse des Vereins Psychologie in Beruf und Praxis e. V.(www.pbp-muenchen.de)
- Nach interessanten Vorträgen die Themengebiete weiter erörtern und gezielt auf weitere Veranstaltungen gehen
- Ab diesem Punkt ergeben sich schnell Möglichkeiten, sich Arbeitsgruppen anzuschließen und neue Leute kennenzulernen

Während meines Bachelorstudiums fing ich an, auf kostenfreie Vorträge des Regent's Colleges zu gehen. Nach zwei Veranstaltungen traf ich eine Trainerin und Coach, welche mir ein Praktikum in ihrer Firma anbot. Dies war der Beginn meiner Laufbahn im Bereich Training & Coaching. Noch heute suche ich mir Vorträge aus, wenn ich neue Kontakte knüpfen möchte. Es ist eine Art „natürliches Netzwerken". Ich dränge mich nicht auf, sondern folge Menschen mit ähnlichen Interessen, tausche mich aus und baue dadurch Kontakte auf – ein Netzwerk entsteht. Man sollte beim Netzwerken daran denken, dass Menschen generell gerne ihre Erfahrungen teilen und bereit sind zu helfen. Interessiert Sie eine Person, ein Thema, nehmen Sie Kontakt auf und beginnen Sie einen Wissensaustausch. Gerade wenn Sie noch am Anfang Ihrer Karriere stehen, sind erfahrene Leute oftmals bereit, ihren Erfahrungsschatz mit Ihnen zu teilen. Nutzen Sie diese Bereitschaft, wenn Sie Interesse an dem Thema oder an der Person haben. Das Wichtigste dabei ist, dass Ihr Interesse authentisch ist. Der Kontakt wird sich höchstwahrscheinlich zu einem guten Netzwerkkontakt entwickeln, wenn Sie der Person Ihr ehrliches Interesse schenken.

Sollten Sie nun soweit sein, dass Sie sich gut kennen, dass Sie wissen, was Sie wollen, dass Sie Ihre Kompetenzen einschätzen können und auch die Berufsfelder erörtert haben, geht es darum, sich zu bewerben. Psychologen werden immer öfter in den verschiedensten Berufssparten angefragt. Allgemein gilt: Sie haben gute Aufstiegschancen, auch in Bereichen, in denen Sie mit anderen Fachbereichen konkurrieren. Sie müssen sich nur immer wieder Ihrer Kompetenzen bewusst sein. Ihre Kompetenzen und Ihre Persönlichkeit sollten daher in der Bewerbung effektiv dargestellt werden.

In vielen Fällen reicht mittlerweile eine Onlinebewerbung aus. Jedoch sollten Sie ein Basispaket erstellen, welches immer wieder verwendet, ausgebaut und angepasst werden kann. Dieses Paket sollte aus folgenden Komponenten bestehen:

- Zeugnisse: Ausbildung, Schule, Universität, Preise/Auszeichnungen
- Arbeitszeugnisse: Lassen Sie sich immer ein Zeugnis ausstellen, auch wenn es ein Nebenjob war, eine gemeinnützige Arbeit. Man weiß nie, wann man es gebrauchen kann.
- Publikationen und Kongressbeiträge
- Basislebenslauf auf Deutsch und Englisch: Dieser enthält alle wichtigen Stationen (ohne Lücken). Mittlerweile ist auch in Deutschland der nichtchronologische Lebenslauf im Einsatz, d. h. Sie starten mit der aktuellsten Tätigkeit
- Basisanschreiben auf Deutsch und English
- Elevator Speech auf Deutsch und English

Dieses Basispaket kann von nun an auf jede Stelle angepasst werden. Gerade der Lebenslauf oder auch das Anschreiben sind in der „Basisversion" lang und beinhalten alle für Sie relevanten Punkte. Jedoch sollte in Bezug auf jede Stelle die Version angepasst und gekürzt werden. Ein Lebenslauf und ein Anschreiben, mit dem Sie sich bewerben möchten, sind keine Auflistung Ihrer Lebensstationen.

Folgende Aspekte sind bei der Bewerbung wichtig:

- Welche Kompetenzen sind für die Stelle relevant? Stellen Sie diese im Lebenslauf und Anschreiben in den Vordergrund. Solche, welche für die Stelle irrelevant erscheinen, werden aus dem Lebenslauf genommen – dabei dürfen jedoch keine Lücken entstehen.
- Listen Sie Ihre Tätigkeiten nicht nur auf, sondern beschreiben Sie diese kurz und bewerten Sie diese wenn möglich auch, z. B. „Verantwortlich für die Entwicklung eines Verwaltungstools zur Bewerberselektion mit MS Excel – Reduktion der Bewerberdurchlaufzeit um 10 %."

In Vorbereitung für ein Interview sollten Sie Ihren Lebenslauf sehr gut kennen. Zu jedem Punkt müssen Sie Antworten und Beispiele nennen können. Folgende Aspekte sind für eine gute Vorbereitung auf ein Bewerbungsgespräch unabdingbar:

1. Sie müssen alle Stationen in Ihrem Lebenslauf mit passenden Beispielen und erfolgreichen oder schwierigen Situationen kennen.
2. Sie müssen zwei bis drei Ihrer Stärken und auch Entwicklungsmöglichkeiten kennen und diese mit konkreten Beispielen belegen können.
3. Sie müssen die Organisation sowie das zugehörige Umfeld kennen. Sie sollten darüber hinaus Fragen über die Arbeitsstelle und die Organisation haben, d. h. Sie sollten im Vorfeld die Organisation intensiv recherchiert haben und nach Möglichkeit auch über Ihre Netzwerke mit (ehemaligen) Mitarbeitern gesprochen haben.

Gerade der dritte Punkt wird oftmals unterschätzt. Man sollte nicht nur die Organisation kennen, sondern auch das Wettbewerbsumfeld, die Herausforderungen und Chancen, welcher sich die Organisation stellen muss. Dies ist besonders wichtig, wenn man sich in großen Konzernen für stark umworbene Stellen bewerben möchte. Was sind die Erwartungen des Recruiters? Im Allgemeinen ist es wichtig das Gefühl zu vermitteln, dass man sich gut vorbereitet hat (was Sie sind, wenn Sie die Punkte oben beachten) und dass Interesse und Motivation für die Arbeitsstelle besteht. Eine HR-Managerin Europa (Laurel Bailey, HR-Managerin eines IT Unternehmens, England) meinte im Interview Folgendes:

„Ich möchte sehen, dass der Kandidat weiß, worauf er sich einlässt. Die Basisinformationen über den Job sollte er kennen, sowie einige Aspekte der Organisation. Drüber hinaus sollte er Neugierde zeigen und Fragen stellen. Des Weiteren sind professionelles Auftreten, wie z. B. Verhaltensregeln und Höflichkeit wichtig. Insgesamt müssen die Bewerber zeigen, dass Sie sich gut einschätzen können. Sie sollten wissen, wo Ihre Stärken liegen und diese mit Beispielen belegen können."

Sie sehen nun, dass die Frage „Was möchte ich, was kann ich und wie stelle ich mich nach außen dar?" von Anfang an und bis zum letzten Punkt in einem Bewerbungsprozess von Relevanz ist. Das Gute ist, Sie können sich vorbereiten, auch wenn Sie noch gar nicht genau wissen, wie es für Sie beruflich weitergehen wird. Wir verbringen einen großen Teil unseres Lebens bei der Arbeit, sodass die Entscheidung für einen zukünftigen Arbeitsplatz von zentraler Bedeutung ist. In den verschiedenen Stationen dieses Abschnittes haben Sie Tipps und relevante Werkzeuge vorgestellt bekommen, um sich diesem Prozess zu widmen. Lassen Sie sich dar-

Effektive Außendarstellung und Aufbau tragfähiger Netzwerke

Das Ziel der nächsten Übung ist, sich darauf vorzubereiten, wie man sich effektiv nach außen darstellen kann. Hierzu bedienen wir uns der sog. Elevator Speech/Elevator Pitch. Sie benötigen nur ein Blatt Papier und Stift oder den Computer und ein Schreibprogramm.
Schreiben Sie einen kleinen Absatz über sich:

- Ich bin …
- Ich mache gerne …
- Dabei kann ich besonders gut …
- Meine Ziele sind daher folgende …

Mit Hilfe der Elevator Speech, also dieses kleinen Absatzes, können Sie sich innerhalb von wenigen Sekunden vorstellen: z. B. in einem Fahrstuhl (deshalb Elevator Speech), wo man unerwartet seinen potenziellen Arbeitgeber trifft, seine Kompetenzen und Ziele artikulieren, um Interesse zu wecken. Auch die bekannte Karriereberatungsagentur Hesse/Schrader gibt diesbezüglich gute Hinweise auf ihrer Webseite und hebt deutlich hervor, dass es unabdingbar ist, seine Kompetenzen zu kennen und seine Potenziale zu erörtern.

auf ein und erkunden Sie Ihre Persönlichkeit und Ihre Interessensgebiete mit Offenheit und Neugierde. Denken Sie auch immer daran, dass sich Ziele und Kompetenzen im Laufe der Jahre verändern können. Dabei sollte man sich auch auf Umwege gefasst machen und sich nicht entmutigen lassen. Manchmal probiert man einen beruflichen Weg aus und stellt nach einiger Zeit stellt fest, dass es nicht der richtige war. Kein Problem, Augen auf und weiter schauen, die nächste Möglichkeit kommt bestimmt und keine Erfahrung ist umsonst. Blicken Sie auch noch einmal auf die Biografien der Experten aus den vorigen Kapiteln zurück. Viele sind erst über einige Zwischenstationen zu ihrem heutigen Arbeitsplatz oder sogar zu ihrem Traumberuf gelangt.

8.2 Vor dem Vertragsabschluss

Maximilian Mendius und Simon Werther

In den meisten Fällen beginnt die berufliche Karriere in einem Angestelltenverhältnis. Haben Sie basierend auf Ihren Präferenzen und Kompetenzen einen Arbeitgeber identifiziert und war Ihr Bewerbungsprozess erfolgreich, so wird man Ihnen im Regelfall einen Arbeitsvertrag zukommen lassen. Zwar ist es rein rechtlich nach wie vor möglich, Arbeitsverträge mündlich abzuschließen, Sie haben jedoch immer die Möglichkeit, einen schriftlichen Arbeitsvertrag zu fordern. Von dieser Möglichkeit sollten Sie dringend Gebrauch machen, da sonst bei etwaigen arbeitsrechtlichen Auseinandersetzungen Wort gegen Wort steht und damit ein Ausgang des Verfahrens mehr von der Willkür, als von der realen Faktenlage abhängen kann. Im folgenden Abschnitt werden Empfehlungen gegeben, welche Rahmenbedingungen Ihrer Angestelltentätigkeit Sie mit dem künftigen Arbeitgeber abklären und ggf. im Arbeitsvertrag fixieren sollten, bevor sie diesen unterschreiben.

Tätigkeiten in Festanstellung

Bezüglich der Rahmenbedingungen gibt es sicherlich von Institution zu Institution gewisse Unterschiede, beispielsweise zwischen einer Klinik, einem Unternehmen und einem Forschungsinstitut. Dennoch sollten einige Punkte vor der Vertragsunterzeichnung in jedem Fall abgeklärt werden. Die folgende Auflistung ist keinesfalls komplett. Ergänzen Sie diese beispielhafte Darstellung bedarfsorientiert um Aspekte, die Ihnen persönlich besonders wichtig sind.

Mobilität

- Sind Projektbesprechungen oder -einsätze in anderen Regionen in Deutschland vorgesehen? Wenn ja, wie häufig (insbesondere bei Verbundprojekten mit Projektpartnern in anderen Städten)? Wie lange dauern diese Treffen üblicherweise? Wo werden sie stattfinden?
- Sind Kongressreisen geplant oder erforderlich? Wenn ja, in welchem Umfang? Besteht die Möglichkeit zur Kongressteilnahme, auch wenn keine eigenen Beiträge vorgestellt werden?
- Welche Mitbestimmungsmöglichkeiten hat man bei der Planung von Dienstreisen, z. B. bzgl. der zeitlichen Planung und der Anreise?
- Zu welchen Bedingungen reist man bzw. ist man untergebracht, z. B. 2. Klasse Bahn, kein Taxi etc.? In welchem Rahmen werden Spesen vom Arbeitgeber übernommen, z. B. Grenzen bei der Erstattung von Hotelkosten, Tagessätze für Verpflegung etc.?

Arbeitszeit

- Wie viele Stunden wird man tatsächlich pro Woche arbeiten? Werden beispielsweise unbezahlte Überstunden erwartet?
- Werden ggf. anfallende Überstunden vergütet? Wenn ja,: wie (Zeitausgleich oder Ausbezahlung)?
- Ist es realistisch möglich, dass man die Tätigkeit mit einer Familie vereinbaren kann?
- Gibt es eine Möglichkeit zu realistischer Teilzeit (z. B. wenn man Familie hat, einen Zweitjob ausüben oder eine Therapieausbildung machen möchte)?
- Wie flexibel kann die Arbeitszeit gestaltet werden? Gibt es beispielsweise eine Gleitzeitregelung oder Kernzeiten, zu denen man anwesend sein muss?
- Wird Wochenendarbeit erwartet?
- Wie wird die Arbeitszeit erfasst?
- Wie sieht ggf. das Verhältnis von Projektarbeit bzw. Arbeit am Lehrstuhl und Arbeit an der eigenen Dissertation aus (insbesondere bei Tätigkeiten an Universitäten, Hochschulen und Forschungseinrichtungen)?

Bezahlung und sonstige Leistungen

- Ist die Stelle eine 50 %-, 65 %- oder 100 %-Stelle?
- Wie erfolgt die Eingruppierung, wenn die Bezahlung nach TVöD/TV-L erfolgt? Gibt es einen Tarifvertrag bei Anstellungen in der Industrie, z. B. Metall- und Elektro oder Pharma Chemie? Werden ggf. vorhandene frühere Tätigkeiten als Dienstzeit für die Eingruppierung anerkannt?
- Wie hoch ist der Urlaubsanspruch?
- Gibt es Weihnachts- und/oder Urlaubsgeld? Wenn ja, in welcher Höhe?
- Werden übertarifliche Zulagen gewährt? Gibt es weitere geldwerte oder sachwerte Vorteile und Angebote, z. B. Dienstfahrzeug?
- Gibt es eine betriebliche Altersvorsorge? Wenn ja, in welcher Form?
- Gibt es eine erfolgsabhängige Bezahlungskomponente? Erfolgt eine Beteiligung der Mitarbeiter am Unternehmenserfolg?

Entwicklungsmöglichkeiten

- Welche Angebote zur Weiterbildung gibt es, z. B. allgemeine Weiterbildungsangebote der Institution, spezifische Workshops der Abteilung, finanzielle Ressourcen für die Teilnahme an externen Workshops und nationale sowie internationale Tagungsreisen?
- Wie viele Tage ist man pro Jahr für Weiterbildungen freigestellt?
- Besteht die Möglichkeit zur Promotion? Wenn ja, wie wird das Betreuungsverhältnis bei Dissertationen in etwa aussehen (d. h. wie viele Doktoranden gibt es am Lehrstuhl; wie viele Postdocs gibt es, die evtl. auch an der Betreuung der Doktoranden beteiligt sind; wie häufig ist der Betreuer vor Ort und wie häufig finden Besprechungen statt)?
- Welche Literatur wird zur Verfügung gestellt? Auf welche Datenbanken und Onlineressourcen kann zurückgegriffen werden?
- Welche Soft- und Hardware wird zur Verfügung gestellt, z. B. SPSS, Amos, MAXQDA auf einem Arbeitslaptop oder klinische Testbatterien? Sind die Programme auf dem aktuellen technischen und wissenschaftlichen Stand?
- Wie ist die Autorenregelung, wenn im Rahmen von Projekten Publikationen geplant sind? In welchem Umfang werden die Rechte an den Arbeitgeber bzw. Auftraggeber abgetreten?

- Wie stehen die Chancen auf Anschlussverträge bzw. eine Festanstellung, falls es sich um ein befristetes Arbeitsverhältnis handelt?
- Welche Aufstiegschancen gibt es (z. B. zum Projektleiter) und an welche Bedingungen sind diese Aufstiegsmöglichkeiten geknüpft?
- Ist die Einrichtung eine akkreditierte klinische Weiterbildungsinstitution, sodass die Tätigkeit im Rahmen der Therapieausbildung anerkannt werden kann (insbesondere bei klinischen Tätigkeiten)?
- Erfolgt eine regelmäßige Beurteilung der erbrachten Leistung (insbesondere bei einer Tätigkeit in einem Unternehmen)? Gibt es diesbezüglich einen klaren an der Zielerreichung orientierten Prozess, aus dem sich auch etwaige Gehaltsanpassungen oder Personalentwicklungsmaßnahmen ableiten?

Tätigkeiten als Freiberufler und Selbstständiger

Die Rahmenbedingungen von Tätigkeiten als Freiberufler und Selbstständiger unterscheiden sich erheblich, da beispielsweise ein Forensischer Psychologe im Rahmen seiner Gutachtertätigkeit auf andere Punkte achten muss als ein wirtschaftspsychologischer Coach in einem großen Unternehmen. Trotzdem gibt es zahlreiche Aspekte, die für die meisten Tätigkeiten als Freiberufler und Selbstständiger besser zu früh als zu spät geregelt werden sollten. Auch hier gilt: Ergänzen Sie diese Kriterien bedarfsorientiert je nach Ihren Erwartungen.

Mobilität

- Werden An- und Abfahrtszeiten vergütet? Wenn ja, ab welcher Dauer des Trainings bzw. des Coachings und bis zu welchem Umfang bzw. in welcher Kategorie (z. B. 2. Klasse Bahn)?
- Übernimmt der Auftraggeber Unterkunft und Verpflegung vor Ort (z. B. 3-Sterne-Hotel bis 80 Euro pro Nacht inkl. Frühstück)?
- Werden Hotel und Anfahrt vom Auftraggeber organisiert?

Arbeitszeit

- Welche Arbeitszeiten sind für die Tätigkeit vorgesehen, muss beispielsweise bereits am Vortag für die Vorbereitung angereist werden?
- Ist eine Mindestdauer pro Sitzung definiert, sodass eine weite Anreise nicht für eine einzelne Coaching-, Beratungs- oder Begutachtungsstunde erfolgen muss?
- Besteht die Notwendigkeit vom Auftraggeber, Trainings, Begutachtungen oder andere Tätigkeiten ggf. an Wochenenden durchzuführen?

Bezahlung und sonstige Leistungen

- Werden Materialkosten gezahlt oder wird das Material, z. B. Moderationskoffer und Flipchart, vor Ort gestellt?
- Sind spezifische Testverfahren notwendig, z. B. im gutachterlichen Tätigkeitsbereich, die auf eigene Kosten angeschafft werden müssen?
- Wird bei Trainings Konzeptionsgeld bezahlt, wenn das Trainingskonzept neu entwickelt wird, oder wird lediglich die Präsenzzeit vergütet?
- Erfolgt die Bezahlung pauschal oder nach der Anzahl angefallener Stunden? Wie hoch ist der Stundensatz, wenn eine Bezahlung nach Stunden erfolgt (z. B. auch bei Lehraufträgen)?

Entwicklungsmöglichkeiten

- Welche Weiter- und Fortbildungsmöglichkeiten gibt es? Ist man bereit, zu solchen Veranstaltungen zu reisen und daran ggf. an mehreren Tagen teilzunehmen?
- Besteht die Möglichkeit, bei erfolgreicher Evaluation in einen Pool des Auftraggebers aufgenommen zu werden, um weitere Aufträge zu akquirieren?
- Handelt es sich um feste Tagessätze oder besteht hier Spielraum, sodass bei längerer Erfahrung auch höhere Sätze bezahlt werden?

8.3 Selbstständigkeit

Viola Kraus

Die Frage „was will ich?“ beantworten viele mit der Aussage „ich möchte mein eigener Chef sein“. In Deutschland sind in der Sparte selbstständige freie Heilberufe die Ärzte die Berufsgruppe, welche am häufigsten selbstständig ist. Schaut man sich eine Studie des BDP unter Leitung von Kräuter und Kaimer aus dem Jahr 1999 an, dann stehen die folgenden psychologischen Berufe an den ersten fünf Positionen, wenn es darum geht, sich selbstständig zu machen:

1. Psychologische Psychotherapeuten (22,3 %)
2. Klinische Psychologen (17,2 %)
3. Freiberufliche Psychologen (13,3 %)
4. Arbeits-, Betriebs- und Organisationspsychologen (10,9 %)
5. Aus-, Fort- und Weiterbildung (8,7 %)

Es ist ersichtlich, dass ein großer Anteil von Psychologen freiberuflich tätig ist oder den Weg in die Selbstständigkeit wählt. Bei der Selbstständigkeit wird ein Gewerbe angemeldet und man erhält einen Gewerbeschein. Bei der Freiberuflichkeit ist dies nicht der Fall, da man hier in die Kategorie der „freien Berufe“ fällt (z. B. auch Ärzte). In beiden Fällen ist man sein eigener Chef, jedoch gibt es bei der Steuererklärung erhebliche Unterschiede. Die genaue Anzahl von selbstständigen oder freiberuflichen Psychologen ist jedoch schwer erfassbar. Viele Psychologen arbeiten in verschiedenen Branchen unter den verschiedensten Berufsbezeichnungen – das Spektrum reicht dabei vom Personalberater über Coach bis hin zum Gesundheitsmanager. Die Wege in die Selbstständigkeit sind unterschiedlich, genauso wie die Erfahrungswerte, welche mit auf den Weg gegeben werden können. Die Selbstständigkeit ist für viele das Richtige, aber nicht für jeden. Seit ich das Gymnasium abgeschlossen hatte, spielte ich mit dem Gedanken, etwas Eigenes zu machen, ein Produkt auf den Markt zu bringen oder für etwas bekannt zu werden. Viele Jahre wusste ich jedoch nicht genau, wie der Schritt in die Selbstständigkeit aussehen könnte. Darüber hinaus hatte ich auch nicht den nötigen Mut und die nötige Disziplin, dieses Ziel konsequent zu verfolgen.

Bevor man den Schritt in die Selbstständigkeit wagt, ist es hilfreich, sich im Vorfeld klar zu machen, welche Rahmenbedingungen einem bei der Arbeit wichtig sind:

- Ein fester Kollegenkreis und geregelte Arbeitszeiten? Dann kann die Selbstständigkeit eine Enttäuschung werden …
- Eigene Regeln setzen können, immer wieder neue Herausforderungen annehmen wollen? Dann kann die Selbstständigkeit genau richtig sein …
- Planungssicherheit und regelmäßiges Einkommen? Dann wird es zumindest am Anfang einer Selbstständigkeit schwer …

Bei mir war es eine Kombination von verschiedenen Aspekten. Bei meiner ehemaligen Arbeitsstelle wurden Anforderungen an mich gestellt, welche mich auf Dauer nicht überzeugten. Hinzu kam, dass ich eine Idee hatte, von der ich überzeugt war. Drittens wurde mir immer klarer, dass ich mir gerne meine eigenen Regeln setzen wollte. Des Weiteren hatte ich durch die Arbeitserfahrungen der letzten Jahre Kompetenz und Selbstbewusstsein erlangt, was mich bestärkte. Das bedeutet nicht, dass man sich nicht auch direkt nach dem Studium selbstständig machen kann. Hierzu später einige Beispiele.

Meine eigene Erfahrung und die Gespräche mit anderen Selbstständigen haben gezeigt, dass sich viele im Vorfeld mindestens über die folgenden drei Punkte intensiv Gedanken machen:

1. Sicherheit: Wie überlebe ich die ersten Monate oder Jahre ohne sicheres Einkommen?
2. Können/Wissen: Reicht mein Wissen, meine Erfahrung, ist die Idee gut genug, um im Markt platziert zu werden?
3. Alleine oder als Team: Bin ich ein Einzelkämpfer oder brauche ich ein Team, um effektiv arbeiten zu können?

Punkt 1 kann man recht pragmatisch lösen, wenn man Sicherheit folgendermaßen definiert: Sicherheit bedeutet, die Lebenshaltungskosten decken zu können. Diesbezüglich gibt es verschiedene Fördermöglichkeiten in Deutschland, die einem in den ersten Monaten diese Sicherheit geben können. Die

Praktische Perspektiven zum Thema Selbstständigkeit

Wie schon am Anfang erwähnt, gibt es verschiede Möglichkeiten der Selbstständigkeit: der Alleingang, die Firmengründung mit Partnern oder eine freiberufliche Tätigkeit beispielsweise neben einer Halbtagsstelle. Die nächsten drei Interviews zeigen Beispiele, wie Psychologen den Weg in die Selbstständigkeit gegangen sind. Über diese Beispiele hinaus gibt es Psychologen, die Firmen gegründet haben und mittlerweile mehrere Mitarbeiter beschäftigen. Es muss nicht immer die One-Man-Show sein, jedoch fängt jeder einmal klein an. Die Interviewpartner sind ein Coach, Trainer und Personalberater, eine Therapeutin und ein Sozial- und Organisationspsychologe.

Viola Skepeneit (VS): „Was hat in Deiner Selbstständigkeit zum Erfolg geführt"? Ingo Hock (IH), Berater & Coach; managing partner creative careers: „Zunächst sollte man sich fragen: Will ich wirklich selbstständig sein, kann ich ohne Firmenzugehörigkeit sein, ohne festes Team oder Kollegen? Möchte ich eine hohe Serviceorientierung an den Tag legen, kann ich mich auf der einen Seite zurücknehmen und auf der anderen Seite auch klar eigene Standpunkte argumentativ vertreten und die nötige Sicherheit ausstrahlen? Dabei muss man sich immer wieder auf neue Kunden einstellen können, flexibel bleiben und offen für Neues sein. Des Weiteren ist es wichtig von dem, was man tut, überzeugt zu sein und dafür zu brennen. Am Anfang ist es wichtig, die eigenen Kompetenzen aufzulisten und sich über die eigene Karriereplanung bewusst zu werden. Damit dann die ersten Erfolge erzielt werden können, spielen das persönliche Netzwerk und die Weiterempfehlung eine Rolle. Man muss mit den Leuten in Kontakt bleiben. Im Endeffekt verbindet man seine Kompetenzen mit Kontakten und man sollte sich dabei ein klares Profil ausarbeiten. Das bedeutet jedoch auch, dass man im Trial-and-error-Verfahren herausfinden muss, was einem wirklich liegt bzw. was man gerne macht. Hierbei kann es auch mal passieren, dass man ‚in den sauren Apfel beißt'. Bei Vertragsverhandlungen gilt es, sich nicht unter Wert zu verkaufen und sich vorher auf alle Fälle darüber Gedanken zu machen, in welcher Liga man spielt. Wenn in den ersten Wochen und Monaten keine Aufträge kommen, muss man sich dieser Herausforderung stellen können. Diese Phasen kommen immer wieder, auch wenn man schon etablierter ist. D.h., auch wenn man mal keine Lust hat oder es schwerfällt, muss man immer 100 Christoph Burkhardt (CB), M.Sc. Social Organizational Psychology – Doktorand und selbstständiger Innovationstrainer: „Erstens ist es wichtig, ein gutes Netzwerk zu haben und es auch zu pflegen. Dabei kann man auch mal etwas geben, was andere haben wollen, ohne etwas dafür zu verlangen. Zweitens sollte man daran denken, dass man von jedem etwas lernen kann. Man sollte in jedes Gespräch offen hineingehen und eine gewisse Neugierde an den Tag legen. Für mich persönlich war nach drei Monaten Findungsphase nach dem M. Sc. nicht klar, was ich machen sollte, und ich hatte keine wirkliche Idee. Mein Supervisor im Studium hat mich immer wieder gefragt, was ich machen will, und dann habe ich einfach mal das gemacht, was andere dachten, was ich machen sollte. Über meinen Professor bin ich dann an meinen ersten Auftrag gekommen. Dabei habe ich schnell festgestellt, dass man sich mit allen Leuten darüber unterhalten sollte, was man macht oder potenziell machen möchte. Dadurch kamen dann die nächsten Aufträge."

VS: „Welchen Rat würdest Du Psychologen mit auf den Weg geben"? IH: „In der Selbstständigkeit sollte man unternehmerische Belange verstehen und betriebswirtschaftliche Zusammenhänge erkennen können. Es kann durchaus sinnvoll sein, zunächst in einer Festanstellung zu arbeiten und von erfahrenen Kollegen zu lernen. Das Studium ist zwar eine gute Basis, um Wissen aufzubauen, jedoch macht es einen Menschen noch nicht zwangsläufig zu einem guten Diagnostiker. Man sollte bereit sein, die eigenen Kompetenzen zu entwickeln und stets offen bleiben, Neues zu lernen. Wenn man noch unsicher bezüglich des eigenen beruflichen Weges ist und eine komplette Selbstständigkeit überfordernd wirkt, kann auch eine Teilselbstständigkeit sinnvoll sein. In meinem Feld wäre das beispielsweise eine freie Mitarbeit bei einer Beratung. Entscheidet man sich nun voll für die Selbstständigkeit, gibt es viele Vorteile: selbstbestimmter Umgang mit der eigenen Zeit, man ist sein eigener Chef und hat potenziell die Möglichkeit, viele verschiedene Organisationen und Personen kennenzulernen, und dabei die Option, aus diesem System immer wieder heraustreten zu können." CB: „Kenn Deine Geschichte, also wer Du bist, was Du machst oder auch potenziell machen möchtest und erzähl diese. Das heißt jedoch nicht, dass man schon genau weiß, wo und wie. Beispielsweise wollte ich immer auf einer Bühne vor vielen Leuten stehen, daraus hat sich für mich eine Richtung entwickelt. Auch wenn es noch keine konkrete Berufsvorstellung beinhaltete, war es dennoch eine Richtungsweisung. Heute gebe ich Trainings." Wie wir gesehen haben, haben die Interviewpartner verschiedene Wege in die Selbstständigkeit gewählt bzw. verschiedene Tipps. Im nächsten Interview sprechen wir mit Alessandra De Accutis, angestellte Gesprächstherapeutin in einem Krankenhaus in London. Sie ist am Anfang ihrer Selbstständigkeit und behält dabei noch ihre Stelle im Krankenhaus. Ihr Beispiel zeigt, wie man sich aus dem klinischen Bereich heraus in die Selbstständigkeit begibt, auch wenn man nicht die klassische therapeutische Praxis eröffnen möchte. VS: „Was hat Dich dazu bewegt, den Schritt in die Selbstständigkeit zu wagen"? Alessandra De Acutis (AD), Gesprächstherapeutin in einem Krankenhaus, England: „Ich habe über drei Jahre darüber nachgedacht, wie ich mich selbstständig machen könnte. Noch während ich als Therapeutin Vollzeit arbeitete, ergab sich die Möglichkeit, ein Teamevent für unsere Angestellten zu organisieren. Mir hat es so viel Spaß gemacht, dass ich einer anderen Firma sowie auch anderen Teams im Krankenhaus meinen Service anbot. Daraus ergaben sich dann immer mehr Teamevents, größtenteils für Krankenhausangestellte." VS: „Was hat Dich motiviert, Deinen Job auf eine Teilzeitstelle zu reduzieren und Dich nebenher selbstständig zu machen"? AD: „Ich habe immer von der Selbstständigkeit geträumt, hatte jedoch nie wirklich Zeit, mir genauer Gedanken darüber zu machen. Durch einen Umzug in ein anderes Stadtviertel fing ich an, eine neue Arbeitsstelle zu suchen, und teilte meine reguläre Arbeitszeit auf eine Vier-Tage-Woche auf, sodass ich freitags frei hatte. Dadurch beschäftigte ich mich stärker mit meinen beruflichen Zielen und die Selbstständigkeit rückte immer wieder in den Vordergrund. Durch den Austausch mit befreundeten Selbstständigen erhielt ich wertvolle Tipps, wie ich meine eigene Teameventberatungsfirma gründen könnte. Dabei war es ganz besonders wichtig für mich zu hören, welche Kompetenzen ich aus meinem derzeitigen Job mit in die Selbstständigkeit bringen würde. Die Teilzeitstelle gibt mir momentan die nötige Sicherheit, der freie Tag die Freiheit, mich gezielt auf die Selbstständigkeit vorzubereiten."

Die Interviews zeigen, dass es unabdingbar ist, sich mit seinen eigenen Zielen und Wünschen auseinanderzusetzen. Es gibt verschiedene Wege in die Selbstständigkeit, doch alle Interviewpartner waren sich einig, dass man seine Kompetenzen kennen sollte. Die Selbstständigkeit ist potenziell ein Weg für Sie, Ihre Kompetenzen im Berufsleben einzusetzen, vielleicht ist es aber auch ein gutes Jobangebot in einer Firma oder einer Organisation. Es kann jedoch auch sein, dass Sie erst einmal auf die Suche gehen müssen, da sich das passende Jobangebot nicht gleich findet. Das Thema Arbeitssuche und Arbeitslosigkeit behandeln wir im nächsten Abschnitt.

folgenden Institutionen bieten relevante Informationen:

- Industrie und Handelskammer, IHK (www.dihk.de/themenfelder/gruendung-foerderung/unternehmensgruendung)
- Agentur für Arbeit (www.arbeitsagentur.de)
- Kreditanstalt für Wiederaufbau, KfW (www.kfw.de)
- Gründungszentren der Universitäten

Das Gründungsbüro der IHK und die Agentur für Arbeit halten Listen bereit, welche über Fördermöglichkeiten informieren. Die KfW informiert weiterhin über überregionale Fördermöglichkeiten und bietet die Möglichkeit, den Service eines Gründungscoachs anzunehmen. Dieser berät innerhalb des ersten Jahres, wie man den Anfang der Selbstständigkeit gut meistern kann. Gründungszentren innerhalb der Universitäten beraten hinsichtlich erster wichtiger Schritte. Neben verschiedensten Fördermöglichkeiten sollte man sich nach Möglichkeit ein kleines finanzielles Polster anlegen, bevor es in die Selbstständigkeit geht. Jeder Euro kann hier helfen. Ein weiterer Faktor zum Thema Sicherheit, der einen großen Einfluss nehmen kann, ist das Verständnis und die Neugierde der Familie und der Freunde. Es ist motivierend, wenn Familie und Freunde dem Wagnis positiv gegenüberstehen und sich für einen freuen – das kann eine wertvolle emotionale Sicherheit darstellen.

Punkt 2 ist eine gewisse Unbekannte, denn es wird gerade am Anfang einer Karriere immer Leute geben, die mehr Wissen oder Erfahrung haben oder eine noch bessere Idee besitzen. Das bedeutet, es ist wichtig, dass ich von dem, was ich machen will, überzeugt bin, jedoch auch realistisch meine Kompetenz diesbezüglich einschätze. Was biete ich, oder was kann ich vielleicht besser als andere? Was ist an meiner Idee so gut und wer wäre daran interessiert? Hier sollte man sich auch überlegen, welche weiteren Kompetenzen man für die Selbstständigkeit braucht. Nicht nur das Fachwissen ist ausschlaggebend, sondern auch unternehmerische Kenntnisse wie z. B. betriebswirtschaftliches Denken, Rechnungswesen und Marketing. Hier kann ich wiederum die IHK empfehlen, die effektive und kostengünstige Kurse anbietet, welche maßgeschneidert auf den Einstieg in die Selbstständigkeit vorbereiten.

Ich selbst hatte zuerst mit Punkt 1 und dann auch mit Punkt 3 am meisten zu kämpfen. Mit einem finanziellen Polster und einer Förderung der Agentur für Arbeit kündigte ich bei meinem damaligen Arbeitgeber, verließ einen sehr gut bezahlten Job und wagte den Schritt in die Selbstständigkeit. Dabei half immer wieder der Gedanke daran, dass ich zu meinem alten Arbeitgeber zurückgehen könnte. Hierbei war es von besonderer Bedeutung, sich von meinem Arbeitgeber im Guten getrennt zu haben und danach potenziell im Kontakt zu bleiben. Der Gedanke daran, alleine zu arbeiten, machte mich jedoch nervös. Schnell suchte ich mir „Gleichgesinnte" zum Austausch sowie gemeinschaftliche Büroräume, welche man tageweise mieten kann. Ich wollte zwar meine Idee alleine verwirklichen und nicht mit einem Partner zusammen, ich wusste jedoch auch, dass ich in der Gemeinschaft mit anderen effektiver arbeiten würde.

Nach zwei Jahren Selbstständigkeit kann ich für mich persönlich folgendes Resümee ziehen:

- Es war eine Achterbahnfahrt, was Einkünfte und psychisches Wohlbefinden betrifft.

- Ich bin sehr stolz darauf, was ich in dieser kurzen Zeit erreicht habe.
- Nach den ersten sechs Monaten konnte ich durch Aufträge meine Lebenshaltungskosten decken. Mittlerweile wird meine Kompetenz regelmäßig von Kunden angefragt, und es ist ein tolles Gefühl, meinen Arbeitsalltag selbst gestalten zu können.

8.4 Arbeitslosigkeit

Maximilian Mendius und Simon Werther

Auf den vorherigen Seiten haben wir uns immer wieder mit Kompetenzen und den eigenen Wünschen beschäftigt, welche als Ziel die „Beschäftigung" oder eine Arbeit haben. Manchmal klappt es jedoch nicht immer so, wie man gerade möchte, oder es gibt wirtschaftliche Umstände, die einen in die Arbeitslosigkeit schicken. Die Arbeitslosigkeit und alleine der Gedanke daran können Angst machen. Man denkt vielleicht, dass man nicht gut genug ist für den Arbeitsmarkt, man hat Angst, seine Lebenshaltungskosten nicht decken zu können, vielleicht schämt man sich sogar und verheimlicht seine Arbeitslosigkeit. Auch wenn es kein gutes Gefühl ist, arbeitslos zu sein oder keine Aufträge zu haben, der Gedanke daran gehört zum heutigen Alltag. Die Arbeitswelt fordert mehr Wechsel und es werden immer mehr Zeitverträge vergeben, welche uns mit einer ungewissen Zukunft konfrontieren und manchmal vielleicht auch überfordern. Arbeitslosigkeit ist immer noch ein oftmals tabuisiertes angstbesetztes Thema, das wir im Zuge dieses Kapitels ebenfalls streifen wollen.

Sicher macht man sich bereits während des Studiums häufig Gedanken darüber, wie es danach weitergeht: Je näher der Abschluss rückt, desto konkreter wird die Tatsache, dass es nun mit dem Studierendendasein zu Ende geht und der Übergang ins Berufsleben ansteht. So gut man sich auch vorbereitet hat, so viele Praktika und Nebentätigkeiten das eigene Profil ergänzt haben, kann es doch passieren, dass man nicht direkt im Anschluss an das Studium einen Arbeitsplatz findet, der sich mit den eigenen Wünschen und Vorstellungen deckt. Es kann natürlich auch sein, dass man geeignete Arbeitsplätze entdeckt, die Bewerbungen aber scheitern und einem bis zum Abschluss langsam die Zeit davonrennt. Dann muss man seinen Plan ändern und dabei flexibel bleiben.

Arbeitslosigkeit – was nun?

Das Wichtigste zum Anfang: Arbeitslosigkeit ist nichts, weswegen man sich schämen muss. Sie kann die verschiedensten Ursachen haben. Sei es, dass aufgrund der wirtschaftlichen Situation gerade wenige Stellen verfügbar sind oder dass zusätzliche Anforderungen an die Bewerber hinzugekommen sind, die Sie aktuell nicht erfüllen. Selbstverständlich ist es ein unangenehmes Gefühl, seiner Familie und seinem Bekanntenkreis zu berichten, dass es momentan mit der Jobsuche nicht so klappt, wie man es sich vorgestellt hat. Außerdem fühlt es sich auch etwas seltsam an, z. B. bei Eintrittskarten den Rabatt für Arbeitslose in Anspruch zu nehmen. Das Wichtigste aber ist, dass man nicht in Selbstmitleid verfällt und den Kopf in den Sand steckt. Auch in dieser Phase des Lebens kann man selbst bestimmen, wie es weitergeht. Eins ist jedoch klar, das Problem wird sich nicht von alleine lösen. Sie sollten sich nun arbeitslos melden. Wenn Sie Ihr Abschlusszeugnis in den Händen halten und Sie noch kein Angebot für einen Job angenommen oder vorliegen haben, sollte Sie einer Ihrer ersten Wege zur Bundesagentur für Arbeit führen, um sich arbeitslos zu melden. Das ist wichtig, denn nur, wenn Sie das tun, können Sie auf das volle Spektrum an Unterstützungsleistungen dieser Einrichtung zurückgreifen. Sie erhalten in der Regel kurz nach Ihrer Anmeldung einen Beratungstermin in einem sog. Jobcenter, bei dem Sie gemeinsam mit einem Berater ein Bild über Ihre Möglichkeiten und Optionen entwickeln und die weitere Strategie besprechen. Die Bundesagentur für Arbeit hilft Ihnen z. B. dabei, über eine eigene Jobbörse Kontakte zu potenziell interessanten Arbeitgebern herzustellen und unterstützt Sie bei voriger Anmeldung auch bezüglich eventuell anfallender Reisekosten. Außerdem können Sie von der Bundesagentur sog. Bildungsgutscheine erhalten, die es Ihnen ermöglichen, sich während Ihrer Arbeitslosigkeit gezielt weiterzubilden und so Ihren Marktwert für zukünftige Bewerbungen zu erhöhen. Je nach Ihrer Vermögens-, Karriere- und Familiensituation wird auch entschieden, ob Sie Anspruch auf Arbeitslosengeld oder Arbeitslosengeld II (im Volksmund auch Hartz IV) haben. Die genauen Festsetzungskriterien und den weiteren Leistungsumfang der Bundesagentur für Arbeit erschöpfend darzustellen, würde den Rahmen dieses Buches bei Weitem übersteigen. Wichtig ist es in jedem Fall, sich frühzeitig über die Arbeitslosigkeit und die dann verfügbaren Optionen zu informieren. Oftmals bietet die Bundesagentur eigene Beratungsteams an Hochschulen an, die schon während des Studiums mit Rat und Tat zur Seite stehen, um den Weg zum Traumjob wahrscheinlicher zu machen. Weitere Informationen können Sie auf der Homepage der Bundeagentur für Arbeit finden (www.arbeitsagentur.de)

Wie verbringe ich meine Zeit

Besonders wichtig ist es, die Arbeitslosigkeit nicht als Freibrief fürs Nichtstun zu sehen, sondern gerade in dieser Zeit am Ball zu bleiben. Halten Sie sich geistig und auch körperlich fit, um bei einem Angebot direkt durchstarten zu können. Das bedeutet, dass Sie die freie Zeit zur Weiterentwicklung und Vertiefung der persönlichen Kompetenzen nutzen sollten. Es kann beispielsweise bei einer angestrebten Tätigkeit im Personalwesen oder einer Beratung sehr hilfreich sein, sich im Bereich Arbeits- und Sozialrecht oder Betriebswirtschaftslehre weiterzubilden. In späteren Bewerbungssituationen sollten Sie in der Lage sein, zu jedem Zeitraum Ihres Lebenslaufs auskunftsfähig zu sein. Es wirkt sehr positiv, wenn deutlich wird, dass der Bewerber auch in einer persönlich schwierigen Zeit stets daran gearbeitet hat sich weiterzuentwickeln. Auf keinen Fall dürfen Sie Dinge in Ihrem Lebenslauf weglassen oder beschönigen – lückenlose oder geschönte Lebensläufe können ein Kündigungsgrund sein.

Setzen Sie sich auch während dieser schwierigen Phase Ziele im Hinblick darauf, was Sie bis wann erreicht haben wollen, und lassen Sie sich auch im Falle von abgelehnten Bewerbungen nicht entmutigen, sondern nutzen Sie diese, um Ansatzpunkte für die persönliche Weiterentwicklung zu finden. In Deutschland haben wir zusätzlich ein gutes Sozialsystem, das uns in dieser besonderen Situation unter die Arme greift. Das bedeutet vor allem, dass Sie Ihre Lebenshaltungskosten decken können.

Nutzen Sie die Zeit ohne feste Arbeit z. B. mit Fortbildungen der Arbeitsagentur und auch mit Hobbys. Seien Sie nicht untätig, bleiben Sie aktiv.

Wege aus der Arbeitslosigkeit

Früher oder später werden Sie Angebote für ein Beschäftigungsverhältnis erhalten. Wichtig ist es hier, den Spagat zwischen dem dringenden Wunsch nach einer Beschäftigung und der eigenen Anspruchshaltung sowie den eigenen Karrierezielen zu schaffen. Es kann durchaus vorkommen, dass Sie ein Angebot für eine Tätigkeit erhalten, die inhaltlich fast keine Schnittmenge mit Ihrer Ausbildung und Ihrem Berufsziel hat. Natürlich sollten Sie – gerade nach einer längeren Zeit der Arbeitslosigkeit – solche Angebote nicht achtlos aussortieren. Es ist aber empfehlenswert, auch auf das eigene Bauchgefühl zu hören. Wenn Sie sich mit der vorliegenden Option nicht vollständig wohl fühlen, sprechen Sie mit Ihrer Familie und Ihren Freunden darüber und überlegen Sie, ob Sie die Tätigkeit eventuell auch als Zwischenstufe in Ihrer Karriereplanung einbauen können. Es ist Ihnen ja nicht verboten, sich weiter nach Ihrem Traumjob umzusehen. Zumindest können Sie dann mit einschlägiger Berufserfahrung glänzen. Anders verhält es sich, wenn Sie Angebote erhalten, die bzgl. der Konditionen (Arbeitszeit, Bezahlung, Klima, Arbeitsbedingungen) so schlecht sind, dass Sie befürchten, psychische oder physische Schäden davonzutragen. Hier kann es mit dem Blick auf das Erwerbsleben, das noch vor Ihnen liegt, besser sein, diese Angebote auszuschlagen und vorerst weiterzusuchen.

Fazit

Jeder Werdegang und jeder Start ins Berufsleben ist individuell und nie komplett planbar. Jedoch können Sie sich vorbereiten, indem Sie sich anhand der aufgeführten Beispiele und Werkzeuge bewusst darüber werden, was Sie können und in welche Richtung es Sie zieht. Bleiben Sie dabei neugierig und offen für Neues, sprechen Sie mit Menschen in den unterschiedlichsten Berufen und erlangen Sie dadurch neue Einblicke. Ganz wichtig: Bleiben sie authentisch, sich selbst treu und geben Sie niemals auf! Es öffnet sich immer wieder eine neue Tür, es ergeben sich immer wieder neue Wege. Gerade am Anfang meiner eigenen Selbstständigkeit musste ich dies lernen, aber es hat sich bis heute immer wieder bewahrheitet; man muss nur durchhalten, Geduld haben und offen für Neues bleiben.

Literatur

Hesse. J. & Schrader, H. (2010). *Was steckt wirklich in mir? Die Potenzialanalyse*. Frankfurt: Eichborn

Hesse. J. & Schrader, H. (2010). *Berufsorientierung, definieren Sie Ihre Potenziale*. Zugegriffen: 15.Oktober 2012

Klark, T. Osterwalder, A. & Pigneur, Y (2010). *Business Model You, Dein Leben, Deine Karriere, Dein Spiel.* Frankfurt: Campus Verlag

Seligman, M. (2002). *Authentic Happiness: Using the New Positive Psychology to Realize Your Potential for Lasting Fulfillment*. New York: Free Press

Weidlich, O. (2010). *Wie geht Karriere? Promis im Interview.* Mannheim: Verlag Meyers

www.arbeitsagentur.de

www.bdp-verband.de

www.berufsstrategie.de/bewerbung-karriere-soft-skills/berufsorientierung-berufswahl-potenziale.php.

www.dihk.de/themenfelder/gruendung-foerderung/unternehmensgruendung

www.kfw.de

www.pbp-muenchen.de

www.stifterverband.info/wissenschaft_und_hochschule/hochschule_und_wirtschaft/bachelor_welcome/2012/index.html

9 Ausblick

Maximilian Mendius und Simon Werther

M. Mendius und S. Werther (Hrsg.), *Faszination Psychologie – Berufsfelder und Karrierewege*,
DOI 10.1007/978-3-642-37710-5_9, © Springer-Verlag Berlin Heidelberg 2014

Liebe Leserinnen und Leser,
wir hoffen, unsere gemeinsame Reise durch die vielfältigen Betätigungsfelder von Psychologen im Arbeitsleben hat Sie inspiriert und Sie haben daraus die richtigen Schlüsse für Ihre eigene berufliche Entwicklung gezogen.

Diese Reise findet sicherlich nie ein wirkliches Ende, da sich unentwegt neue Betätigungsfelder für Psychologen herausbilden. In gleichem Maße wie sich die Gesellschaft stetig weiterentwickelt, soll und muss auch die Psychologie mit ihr Schritt halten, um den aktuellen Gegebenheiten des Erlebens und Verhaltens des Menschen gerecht zu werden. Wir wünschen Ihnen deshalb bei der Erweiterung vorhandener und bei der Erschließung neuer Tätigkeitsfelder viel Freude, viel Pioniergeist und viel Mut – auf zu neuen Ufern!

Doch auch in den etablierten Betätigungsfeldern ergeben sich unentwegt zusätzliche Herausforderungen und neue Trends, sodass die Arbeit als Psychologe insgesamt eine sehr dynamische Tätigkeit mit sich bringt. Lebenslanges Lernen und die damit verbundene persönliche Weiterentwicklung dürfen hier nicht nur Schlagwörter bleiben. Nichtsdestotrotz sind wir gemeinsam mit allen Autoren dieses Werkes davon überzeugt, dass wir als Psychologen aufgrund eines fundierten Studiums ein sehr gutes Rüstzeug besitzen, das uns hilft, den kommenden Herausforderungen erfolgreich zu begegnen.

Dieses Buch kann Ihnen Ansatzpunkte für Ihre persönliche Entwicklung geben, Ihnen diese Aufgabe aber nicht abnehmen. Im Mittelpunkt sollten dabei immer Ihre eigenen Ziele und Motive stehen, da unserer Erfahrung nach nur durch die Berücksichtigung dieser wertvollen Ressourcen ein erfülltes und sinnhaftes Arbeitsleben erreicht werden kann. Die Überbewertung finanzieller Aspekte oder anderer vermeintlich rationaler Kriterien als Entscheidungsgrundlage für oder gegen eine Tätigkeit führen tendenziell in eine Sackgasse.

Ein letztes Wort möchten wir an alle Psychologen und damit auch an Sie als die kommende Generation richten. Die Psychologie bietet wie keine andere Wissenschaft Möglichkeiten zur Untersuchung und Beeinflussung des Erlebens und Verhaltens des Menschen. Damit tragen die Psychologie und wir als Psychologen eine große Mitverantwortung im Sinne der Humanisierung des Zusammenlebens der gesamten Menschheit. Das wirkt auf den ersten Blick als großes und schwer erreichbares Ziel, doch können nicht gerade Psychologen wichtige Beiträge dazu leisten? In der heutigen Zeit existieren wenige greifbare Feinde und Gegner, doch zeigen sich im Hintergrund beispielsweise bei der Vernichtung wertvoller Ressourcen, bei den Krisen der globalen Finanzwelt und bei grausamen Militäreinsätzen fragwürdige Entwicklungen, für die es aus psychologischer Sicht jedoch einige Erklärungsmuster gibt. Diese Erklärungsmuster aufzuzeigen und alle uns zur Verfügung stehenden Mittel zu nutzen, um aktiv und sichtbar, aber ohne die Anwendung von Manipulation oder Gewalt für eine humanere Welt einzustehen, halten wir für die Pflicht aller Psychologen. Das beginnt bei jedem einzelnen von uns, sowohl im Arbeitsalltag als auch im persönlichen Leben. Zivilcouragiert handeln und nicht vor Verantwortung zurückschrecken ist – im Sinne des gewaltlosen Widerstands nach Mahatma Gandhi – für jeden von uns möglich und in unserer heutigen Zeit aktueller denn je.

Wir wünschen Ihnen weiterhin eine gute Reise durch die Psychologie und viel Erfolg auf Ihrem persönlichen Weg!

Herzliche Grüße,
Maximilian Mendius und Simon Werther

Die Autoren

Dipl.-Psych. **Marcella Ammerschläger**, Psychologische Psychotherapeutin, Supervisorin, ist seit sieben Jahren in einer Kinder- und Jugendpsychiatrie im ambulanten Bereich angestellt. Sie studierte Psychologie in Bamberg mit den Studienschwerpunkten Klinische Psychologie, Entwicklungspsychologie und Verhaltenstherapie. Nach dem Diplom arbeitete sie sechs Jahre in einem Sozialpädiatrischen Zentrum. Nach der Approbation zur Psychologischen Psychotherapeutin einschließlich der Abrechnungsgenehmigung im Kinder- und Jugendlichenbereich wechselte sie in die Kinder- und Jugendpsychiatrie. Dort betreut sie Patienten im diagnostischen sowie therapeutischen Bereich, organisiert Kriseninterventionen und schreibt zusätzlich Gutachten über straffällige Jugendliche. Zudem engagiert sie sich in der Weiterbildung für jüngere Kollegen, hält Vorträge, Seminare und Workshops über verschiedene Fachthemen. Seit einem Jahr ist sie von der Psychotherapeutenkammer anerkannte Supervisorin.

Dipl.-Psych. **Claudia Clos** ist als Referentin für Arbeitspsychologie im Geschäftsbereich Prävention der Kommunalen Unfallversicherung Bayern tätig. Sie berät und betreut versicherte Unternehmen im Bereich psychische Belastungen sowie Arbeits- und Gesundheitsschutz. Zuvor war sie als Projektleitung für Hochschulkooperationen bei der TÜV SÜD Akademie für die Einführung neuer Studiengänge im Bereich Qualitätsmanagement und Risikomanagement zuständig.

Claudia Clos studierte Diplom-Psychologie an der LMU München mit den Schwerpunktfächern Arbeits- und Organisationspsychologie sowie Klinische Psychologie. Nebenher absolviert sie eine Ausbildung zum Systemischen Coach und Supervisor und ist als Fachjournalistin für psychologische Themen tätig.

Prof. Dr. **Wolfgang Fastenmeier** hat Psychologie (Schwerpunkt Arbeits- und Verkehrspsychologie) mit den Nebenfächern Pädagogik und Soziologie an der Ludwig-Maximilians-Universität München studiert. Von 1986 bis 1991 Leitung und Durchführung verkehrswissenschaftlicher Forschungsprojekte am Lehrstuhl für Psychologie der TU München. Seit 1991 selbstständig tätig als Inhaber des privaten Forschungsinstitutes mensch-verkehr-umwelt (mvu). Leitung und Durchführung zahlreicher verkehrs- und arbeitswissenschaftlicher Forschungs- und Beratungsprojekte. Seit Ende 2008 zusätzlich an der Ludwig-Maximilians-Universität München tätig auf der Medizinisch-Psychologisch-Technischen Obergutachtenstelle (MPTO) sowie als Dozent für Arbeits-, Ingenieur- und Verkehrspsychologie. Seit Wintersemester 2012/13 Professur für die Psychologie des Verkehrswesens an der Psychologischen Hochschule Berlin (PHB). Mitgliedschaft in verschiedenen Verbänden; Mitarbeit in wissenschaftlichen Begleitgremien. Herausgeber und Autor wissenschaftlicher Bücher, zahlreicher wissenschaftlicher Fachbeiträge in Büchern und Fachzeitschriften sowie zahlreicher Forschungsberichte, Expertisen etc. im nationalen und internationalen Rahmen.

Dipl.-Psych. **Josef Fischer** arbeitet als Berater im Bereich der Organisationsdiagnostik und -entwicklung und promoviert parallel an der Universität St. Gallen. Im Rahmen seiner Tätigkeit als freier Berater hat er Qualifizierungs- und Entwicklungsmaßnahmen konzipiert und diese im Hinblick auf Akzeptanz und Nachhaltigkeit evaluiert. Er ist Autor zahlreicher empirischer Studien und Artikel im Themenbereich „berufsbegleitendes Lernen“ und „Wissensmanagement im Innovationskontext“. Josef Fischer studierte Psychologie an der LMU München mit den Schwerpunktfächern Organisations- und Wirtschaftspsychologie und Pädagogische Psychologie sowie dem Nebenfach Psychopathologie. Zudem absolvierte er am Institut für systemische Beratung in Wiesloch eine Ausbildung zum Systemischen Berater und Coach.

Dipl.-Psych. **Marie-Christine Fischer** ist in einer Psychosomatischen Klinik als Teil des multidisziplinären Teams sowie selbstständig als Trainerin im Bereich der Arbeitssicherheit und Stressprävention tätig. Frau Fischer studierte an der LMU München Psychologie mit den Schwerpunktfächern Klinische Psychologie und Familienpsychologie und absolviert momentan die Psychotherapieausbildung in Verhaltenstherapie. Während ihres Studiums war Frau Fischer an verschiedenen psychologischen Projekten in der Türkei und in Afrika ehrenamtlich tätig und leitete in einer Beratungsstelle für Essstörungen eine Gruppe für junge Frauen. Frau Fischer hat neben ihrer aktuellen Tätigkeit die Zusatzqualifikation in Psychoonkologie (DKG) erworben.

Dipl.-Psych. **Birgit Heppt** ist wissenschaftliche Mitarbeiterin und Doktorandin im BMBF-Projekt „Bildungssprachliche Kompetenzen (BiSpra): Anforderungen, Sprachverarbeitung und Diagnostik", das von der Humboldt-Universität zu Berlin in Kooperation mit dem Institut zur Qualitätsentwicklung im Bildungswesen (IQB) durchgeführt wird. Zuvor war sie wissenschaftliche Mitarbeiterin im Arbeitsbereich Empirische Bildungsforschung der Freien Universität Berlin. Sie studierte an der LMU München Psychologie mit den Schwerpunktfächern Arbeits- und Organisationspsychologie sowie Familienpsychologie.

Dipl.-Psych. **Sophie Herbst** hat an der LMU München Psychologie (Diplom, Schwerpunkte Arbeits- und Organisationspsychologie, Neurokognitive Psychologie) sowie Neurocognitive Psychology (M. Sc.) studiert. Nach einem 1,5-jährigen Forschungsaufenthalt an der Harvard Medical School promoviert sie seit 2010 an der Berlin School of Mind and Brain.

Dipl.-Psych. **Franziska Hirt** ist Mitarbeiterin im Neuro Reha Team Pasing – Tagesklinik für neurologische Komplexbehandlung & Nachsorge (ehemals Praxis Prof. Dr. Wolfgang Fries). Dort ist sie im Fachbereich der Klinischen Neuropsychologie tätig, wobei der Schwerpunkt auf der Durchführung von Therapie mit Patienten mit erworbenen Hirnschädigungen liegt. Zudem arbeitet sie in der Klinik Indersdorf – Geriatrische Rehabilitation Amper Kliniken AG und ist im Fachbereich der Klinischen Neuropsychologie für die Diagnostik und Therapie neurologischer Patienten inklusive neurodegenerativer Erkrankungen sowohl im ambulanten als auch im stationären Bereich zuständig. Derzeit bildet sie sich zur Klinischen Neuropsychologin (GNP) weiter. Franziska Hirt studierte an der LMU München Psychologie mit den Schwerpunktfächern Klinische Psychologie und Psychotherapie, Familienpsychologie sowie dem Nebenfach Psychopathologie. Zusätzlich belegte sie Veranstaltungen der Klinischen Neuropsychologie im Rahmen eines freiwilligen dritten Schwerpunktfaches.

Dipl.-Psych. **Martin Krause** arbeitet als wissenschaftlicher Referent am Staatsinstitut für Frühpädagogik (IFP). Das Institut ist eine nachgeordnete Behörde des Bayerischen Staatsministeriums für Arbeit und Sozialordnung, Familie und Frauen (StMAS). Zu seinen Forschungs- und Arbeitsschwerpunkten zählen die Beobachtung und Dokumentation frühkindlicher Entwicklungsprozesse, Bildungsmonitoring und Einrichtungsqualität. Nebenberuflich ist er als Referent und wissenschaftlicher Berater für verschiedene Institutionen und Einrichtungsträger tätig. Martin Krause hat Psychologie an der Ludwig-Maximilians-Universität München (LMU) im Zweitstudium studiert. Als Schwerpunktfächer belegte er Familienpsychologie, Emotions- und Motivationsforschung sowie Klinische Psychologie. Sein Erststudium hat er an der Hochschule München absolviert. Dort studierte er Soziale Arbeit mit dem Schwerpunkt Jugendarbeit und schloss als Dipl. Soz.-Päd. (FH) ab. Er verfügt über langjährige Berufserfahrung als pädagogischer Mitarbeiter in der Kinder- und Jugendarbeit.

Prof. Dr. **Jan Mayer** (Dipl.-Psych., M.A. Sportwissenschaft, Dr. phil.). Professor an der Deutschen Hochschule für Prävention und Gesundheitsmanagement in Saarbrücken. Leiter der Zentralen Koordination Sportpsychologie des Deutschen Olympischen Sportbundes. Seit 1998 freiberufliche Tätigkeit als Sportpsychologe in der Betreuung von Spitzensportlern und (National-)Mannschaften (z. Zt. TSG 1899 Hoffenheim, Olympiastützunkt Rhein-Neckar, Golfclub St. Leon). Gesellschafter der Coaching Competence Cooperation Rhein-Neckar GbR (www.ccc-network.de). Jan Mayer studierte an der Ruprecht-Karls-Universität in Heidelberg Sportwissenschaft (M.A.) und Psychologie (Dipl.-Psych.) und promovierte in Sportwissenschaft zum Thema Mentales Training in der Rehabilitation.

Dipl.-Psych. **Katharina Mendius**, studierte Psychologie an der Ludwig-Maximilians-Universität in München mit den Schwerpunkten Klinische Neuropsychologie und Klinische Entwicklungspsychologie. Seit Mai 2010 ist sie als wissenschaftliche Mitarbeiterin am Lehrstuhl für Neuropsychologie der LMU tätig und fertigt parallel ihre Doktorarbeit zum kognitiven Leistungsniveau von Kindern und Jugendlichen mit psychiatrischen Erkrankungen an. Seit September 2012 ist sie tätig am kbo Heckscher-Klinikum gGmbH in der Allgemeinambulanz in München und absolviert zudem die Ausbildung zur Psychologischen Psychotherapeutin.

Dipl.-Psych. **Maximilian Mendius** verantwortet als Mitarbeiter in der strategischen Nachwuchssicherung bei der BMW Group die strategische Planung der akademischen Nachwuchsprogramme für Bachelor- und Masterstudierende sowie für Doktoranden. Außerdem ist er in Projekten zur Optimierung der Eignungsdiagnostik und dem Employer Branding eingebunden. Zuvor war er als Managementberater bei der globalen Unternehmensberatung Accenture und als wissenschaftlicher Mitarbeiter am Lehrstuhl für Organisations- und Wirtschaftspsychologie der LMU München tätig. Während seines Psychologiestudiums arbeitete er zudem freiberuflich als Trainer für Kommunikation und Zivilcourage. Maximilian Mendius studierte an der LMU München Psychologie mit den Schwerpunktfächern Wirtschafts- und Organisationspsychologie und Human Ressource Management sowie dem Nebenfach Betriebswirtschaftslehre.

Dr. **Luiza Olos** absolvierte das Studium der Wirtschaftswissenschaften in Rumänien und das der Psychologie an der Freien Universität Berlin. Dort forscht und lehrt sie seit 2002 im Bereich Arbeits-, Berufs- und Organisationspsychologie, insbesondere zu den Themen Arbeitspsychologie, Berufliche Entwicklung, Entrepreneurship, Professionalisierung der Psychologie und neue Erwerbsbiografien. Im Rahmen ihrer Dissertation untersuchte sie die Berufsverläufe von Psychologen mit sog. Portfolio-Karrieren, d. h. Berufsverläufe mit parallelen Erwerbstätigkeiten. Dr. Luiza Olos hat selbst eine solche Karriere: Neben der wissenschaftlichen Arbeit umfasst ihr Tätigkeitsportfolio auch Laufbahnberatung und Coaching von Studierenden, Existenzgründern, Selbstständigen und Führungskräften sowie die Konzeption und Durchführung von Maßnahmen der individuellen und betrieblichen Gesundheitsförderung.

Dipl.-Psych. **Tobias von der Recke** hat in München Psychologie studiert und im Anschluss zehn Jahre als Klinischer Psychologe in der Heckscher Klinik für Kinder- und Jugendpsychiatrie gearbeitet. Seine Leidenschaft für Familien hat ihn schon während des Studiums mit der Familientherapie und dem systemischen Denken in Kontakt gebracht. Heute arbeitet er selbstständig als Paar- und Familientherapeut, Coach, Supervisor und Leiter eines Teams für aufsuchende Familientherapie. 2005 hat er das Münchner Institut für systemische Weiterbildung (misw) gegründet, in dem Interessierte als Systemischer Berater, Familientherapeut, Coach und Supervisor ausgebildet werden. Als „Beziehungsarchitekt“ versucht er, systemische Erfahrungen und Erkenntnisse zunehmend auch für politische und wirtschaftliche Kontexte nutzbar zu machen.

Dipl.-Psych. Dr. phil. **Hans Peter Schmalzl** ist stellvertretender Leiter des Zentralen Psychologischen Dienstes der Bayerischen Polizei beim Polizeipräsidium München. Seit 1983 ist er dort als Polizeipsychologe tätig und war seither mit allen Aufgaben betraut, die – wie oben beschrieben – in den Arbeitsbereich eines Polizeipsychologen fallen können. Von 1991–1996 war er Dozent im Fachbereich Gesellschaftswissenschaften der Polizei-Führungsakademie in Münster-Hiltrup (heute: Deutsche Hochschule der Polizei). Er studierte Psychologie und Philosophie an den Universitäten Regensburg, Boulder, Colo. (USA) und Marburg. Diplom 1982 in Psychologie an der Philipps Universität Marburg, Promotion 2008 von der Universität Regensburg mit einer Dissertation zum Thema „Einsatzkompetenz im polizeilichen Streifendienst“. Seine aktuellen Arbeitsschwerpunkte sind Einsatzkompetenz, Deeskalation, Bewältigung von Konflikt- und Bedrohungslagen, Umgang mit Menschen in psychischen Ausnahmesituationen, Psychologie der Extremsituation und kollektives Verhalten bei Großveranstaltungen.

Viola Kraus (geb. Skepeneit) studierte Psychologie in London (Bachelor) und Organisationspsychologie in New York (Master) an der Columbia University. Sie startete ihre Karriere bei Mercer (damals noch Mercer HR Consulting) in London und arbeitete schließlich als Change-Management-Beraterin bei Deloitte Consulting in New York und später in Frankfurt. Seit 2010 ist sie als Karrierecoach, Trainerin und Organisationsberaterin selbstständig. Als Karrierecoach (www.talenteq.de) und Trainerin gibt sie an Universitäten deutsche und englische Workshops zum Thema Karrierefindung, Talent Management u. a. Als Organisationsberaterin berät sie weiterhin Firmen im Bereich Personalförderung und Change Management. In Zusammenarbeit mit einem Anbieter für studentisches Campuswohnen (www.youniq.de) bietet sie als integrierte Serviceleistung Karriereberatung für Campusbewohner an.

Dr. **Regina Staudenmaier** ist beim Berufspsychologischen Service der Bundesagentur für Arbeit angestellt. Davor hat sie als Stipendiatin des Programms „Förderung der Chancengleichheit für Frauen in Forschung und Lehre" der Friedrich-Alexander-Universität Erlangen-Nürnberg ihre Promotion abgeschlossen und war als wissenschaftliche Mitarbeiterin am Lehrstuhl für Empirische Unterrichtsforschung der Friedrich-Alexander-Universität Erlangen-Nürnberg tätig. Sie studierte an der LMU München Psychologie mit den Schwerpunktfächern Arbeits- und Organisationspsychologie sowie Familienpsychologie.

Birgit Stephan, Dipl.-Psych. und B. Sc. Betriebswirtin, studierte Psychologie und Betriebswirtschaftslehre als Doppelstudium an der LMU München. Sie setzte ihre Schwerpunkte in Psychologie auf Arbeits- und Organisationspsychologie sowie Markt- und Konsumentenpsychologie. Praxiserfahrung sammelte sie durch Praktika im Marketing sowie in einer qualitativen Marktforschungsagentur. Diese ergänzte sie durch eine freie Mitarbeit bei einem Marktforschungsprojekt einer anderen Agentur. Ihre Diplomarbeit schrieb sie bei BMW Forschung und Technik, wo sie sich mit Kundenbedürfnissen im Kontext mobiler Applikationen beschäftigte. Sie arbeitet nach ihrem Abschluss in einem E-Commerce-Unternehmen.

Dr. **Ulrich Stephany** ist bei der BMW AG in der zentralen Change Management Beratung angestellt und ist in der Abteilung für Konzepte und Methoden zuständig für Mitarbeiterbefragungen im Unternehmen. Nach seinem Studium der Wirtschaftspsychologie (B. Sc.) und der Psychologie (M. Sc.) 2002–2008 an der Ruhr-Universität Bochum hat Ulrich Stephany in Anstellung als Doktorand bei der BMW AG bei Prof. Dr. Felix C. Brodbeck am Lehrstuhl Organisations- und Wirtschaftspsychologie an der Ludwig-Maximilians-Universität München promoviert (Dr. phil.). Während des Studiums Ausbildungen in Mediation (2005–2006, Friedensbildungswerk Köln) und Coaching (2006–2007 „Coaching nach Wirkfaktoren", Matthis Wissemann, Bielefeld). Ausbildung in Systemischer Beratung (2011, osb, Prof. Wimmer) und in Grundlagen der Change-Management-Beratung (2012, Dr. Alexander Doujak). Nebenberuflich aktiv als Dozent und Berater.

Prof. Dr. **Mahena Stief** ist seit 2008 Professorin für Soziale Kompetenzen und Psychologie an der Hochschule Augsburg. Seit 2012 leitet sie außerdem das neu gegründete Zentrum für Sprachen und Interkulturelle Kommunikation der Hochschule und führt ein Team von 50 Personen. Vor der Berufung an die Hochschule war sie selbstständige Trainerin, Coach und Beraterin für KMUs (kleine und mittlere Unternehmen) und Großunternehmen aus verschiedenen Branchen (z. B. Energiewirtschaft, IT, Automotive, Versicherungen). Mahena Stief hat 2001 zu „Bedingungen von Berufserfolg" an der Universität Erlangen-Nürnberg promoviert und 1997 ihr Diplom als Psychologin in Eichstätt erworben. Während ihres Studiums und in frühen Praxisprojekten beschäftigte sie sich bereits intensiv mit Fragestellungen der Wirtschaftspsychologie und Erwachsenenbildung. Ihre heutigen Praxisschwerpunkte sind Personalentwicklung, Führungsverhalten, Teamarbeit, Gesundheitsmanagement, Change Management und Coaching.

Dipl.-Psych. **Sigrid Stiemert-Strecker** ist Mitarbeiterin und Stellvertretende Leitung der Caritas-Beratungsstelle für Eltern, Kinder, Jugendliche und Familien – Erziehungsberatung – in München-Sendling. Seit insgesamt 15 Jahren arbeitet sie im Bereich der Beratung mit den Schwerpunkten Trennung und Scheidung, Mädchen und Pubertät sowie Beratung von Eltern mit einem Frühgeborenen oder einem behinderten Kind. Sie arbeitet auch seit vielen Jahren in zwei Münchner Kinderkrippen als krippenpsychologischer Fachdienst. Neben ihrer Teilzeitanstellung ist sie freiberuflich als Ausbilderin und Supervisorin für ehrenamtlich tätige Frühchen-Eltern, als Supervisorin im Kindertagesstättenbereich sowie als Lehrsupervisorin am Carole Gammer Institut für Systemische Therapie tätig. Sigrid Stiemert-Strecker studierte an der LMU München Psychologie mit den Schwerpunktfächern Reflexive Sozialpsychologie und Pädagogische Psychologie/Familienpsychologie sowie dem Nebenfach Evangelische Theologie. Sie absolvierte eine Ausbildung zur Systemischen Paar- und Familientherapeutin sowie zur Supervisorin und Organisationsberaterin am Carole Gammer Institut für Systemische Therapie in München (jeweils Anerkennung durch den Dachverband „Deutsche Gesellschaft für Systemische Therapie", DGSF). Darüber hinaus ist sie ausgebildete Traumafachberaterin.

Dipl.-Psych. **Susanne Tippelt** ist wissenschaftliche Mitarbeiterin und Doktorandin in der Abteilung für Forensische Psychiatrie der Klinik für Psychiatrie und Psychotherapie der LMU München. Neben der Erstellung von Gutachten ist sie für verschiedene Forschungsprojekte verantwortlich, vor allem die Begleituntersuchung der psychotherapeutischen Fachambulanzen für Sexualstraftäter in Bayern. Seit 2011 absolviert sie zudem die Ausbildung zur Psychologischen Psychotherapeutin mit Schwerpunkt Verhaltenstherapie. Susanne Tippelt studierte an der LMU München Psychologie mit den Schwerpunktfächern Klinische Psychologie und Klinische Entwicklungspsychologie und absolvierte in dieser Zeit Praktika in der JVA München und der Forensischen Psychiatrie des Klinikums München-Ost.

Dr. **Simon Werther**, Dipl.-Psych., ist geschäftsführender Partner von HRinstruments und Geschäftsführer des Münchner Instituts für systemische Weiterbildung (misw). Als selbstständiger Berater, Coach und Trainer konzipiert und begleitet er darüber hinaus seit mehreren Jahren vielfältige Maßnahmen der Personal- und Organisationsentwicklung, insbesondere Mitarbeiterbefragungen, Vorgesetztenbeurteilungen und 360°-Feedbacks sowie damit verbundene Folgeprozesse mit Führungskräften und Teams. Außerdem arbeitet er mit Jugendlichen an ihren persönlichen Zukunftsvisionen und aktuellen Herausforderungen in ihrem Leben. Er ist Dozent an mehreren Hochschulen zu vielfältigen Themen der Personal- und Organisationspsychologie. Simon Werther studierte an der LMU München Psychologie mit den Schwerpunktfächern Wirtschafts- und Organisationspsychologie und Markt- und Konsumentenpsychologie sowie dem Nebenfach Sinologie und absolvierte eine Ausbildung zum Systemischen Berater am Münchner Institut für systemische Weiterbildung (misw). Er war mehrere Jahre wissenschaftlicher Mitarbeiter am Lehrstuhl für Wirtschafts- und Organisationspsychologie der Ludwig-Maximilians-Universität München und gründete und leitete 12 Jahre lang eine erfolgreiche Internetagentur.

Dipl.-Psych. **Jürgen Wolf** ist Leiter der Erziehungsberatungsstelle des evangelischen Beratungszentrums in München, mit einer Außenstelle in einem sozialen Brennpunkt, einer Unterabteilung Beratung bei Hörbehinderung und einer Nebenstelle, die sich um schulische Belange kümmert. Neben der High-Conflict-Beratung macht er vor allem Beratung von Familien mit jugendlichen Kindern. Weiterhin ist er Mitarbeiter der virtuellen Beratungsstelle der Bundeskonferenz für Erziehungsberatung (bke), Ausbilder und Supervisor für ehrenamtliche Beraterinnen am Kinder- und Jugendtelefon und bei „Jugendliche beraten Jugendliche". Freiberuflich als Ausbilder und Supervisor tätig u. a. als Lehrsupervisor am Carole Gammer Institut für systemische Therapie. Jürgen Wolf hat in Freiburg studiert. Praktikum während des Studiums an der städtischen Erziehungsberatung. Konzeptionsarbeit im Bereich Kindergruppen bei Trennung und Scheidung. Zusammenarbeit mit Prof. Fthenakis in München zum selben Thema. Ausbildung in Gesprächspsychotherapie, Systemischer Familientherapie in Weinheim, Hypnosystemischer Kinder- und Jugendlichentherapie und Systemischer Supervision und Organisationsberatung. Mitautor des Elternratgebers „Der Elterncoach. Aus der Online-Beratung mit Jugendlichen".

Dr. phil. **Elena Yundina** ist akademische Mitarbeiterin in der Arbeitsgruppe Forensische Psychologie des Fachbereichs Psychologie der Universität Konstanz. Davor war sie viele Jahre wissenschaftliche Mitarbeiterin in der Abteilung für Forensische Psychiatrie der Klinik für Psychiatrie und Psychotherapie der LMU München. Dort war sie verantwortlich für die Erstellung von Gutachten, Durchführung von Forschungsprojekten und Betreuung von Praktikanten und Diplomanden. Seit 2010 nimmt sie an der Fortbildung als Fachpsychologin für Rechtspsychologie teil. Sie studierte an der Ruhr-Universität Bochum Psychologie mit Nebenfächern Forensische Psychiatrie und Kriminologie und promovierte an der Friedrich-Schiller-Universität Jena. Während des Studiums absolvierte sie ein Praktikum an dem Institut für Forensische Psychiatrie der Universität Duisburg-Essen und war als studentische Hilfskraft in einer Kanzlei für Strafrecht sowie in der Sektion Rechtspsychologie des BDP tätig.

Printing: Ten Brink, Meppel, The Netherlands
Binding: Ten Brink, Meppel, The Netherlands